本书为国家社会科学基金重大项目
"日本全面侵华战争的决策问题研究"(19ZDA220)的阶段性成果

臧运祜　主　编
朱丁睿　副主编

九一八事变
与
日本侵华战争

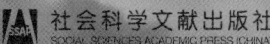

前 言

1931年9月18日夜，日本关东军在中国奉天（今沈阳）北郊的柳条湖，设计炸坏了南满铁路的一段轨道，随后反诬中国军队破坏，进攻东北军驻地北大营和奉天城，发动了侵略东北地区的九一八事变。由于国民党政府和东北当局奉行"不抵抗主义"，到1932年2月5日，日军在4个月零18天的时间里，侵占了中国东北的辽宁、吉林、黑龙江三省和一个特区，其面积达110万余平方公里，相当于日本本土面积的3倍左右。日本不久又扶植了以溥仪为首的伪满洲国傀儡政权，并于9月15日予以承认。是为日本历史上的所谓"满洲事变"。

九一八事变是近代日本为实现其侵华的大陆政策之"满蒙政策"的必然产物。以此为开端，日本又在华北事变之后，于1937年7月发动了七七事变，开始了全面的侵华战争；在1941年12月发动了珍珠港事变，开始了太平洋战争。日本史学界一般将这段历史称为"十五年战争"。与此同时，中国人民从九一八事变之时开始了从局部到全面、历时十四年的抗日战争。

前事不忘，后事之师。九一八事变不但是中国近代史、日本近代史的重要事件，也是近百年中日关系、东亚世界与百年变局的重大事件，值得后世与学界继续深入研究。2021年适值九一八事变90周年纪念。9月17~18日，我们在北京大学研究生院、区域与国别研究院的支持与资助下，举办了一次"九一八事变与近百年中日关系"的博士生学术会议，优选论文近20余篇。10月23~24日，我们在北京大学人文学部的支持与资助下，又举办了一次主题为"九一八事变与东亚世界及百年变局"的人文论坛，邀请国内青年学者进行专题研讨，收到论文30余篇。由于受到新冠肺炎疫情的影响，我们在北京大学举办的两次学术会议，均改为线上与线下相结合的交流方式，但这并没有影响到大家以文会友、切磋研讨的学术热情，因而也成为我们对于那个秋季的独特怀念。

九一八事变，是日本帝国主义侵华政策的产物和侵华战争的事件。这既是中外学界的共识，也是我们以上两次学术研讨的重点所在。为此，我们精选了与该主题相关的学术论文20篇，约请作者继续修改之后，编辑为这部文集。全部论文仍以九一八事变史为重点，适当追溯近代以来的日本侵华政策与行动，并延伸到日本全面侵华战争时期的决策与行动。各文的内容不一一简介，按照文责自负的原则，我们只是对于各篇论文的规范、体例与个别文字进行了处理。

自20世纪80年代以来，中国学界主要是东北地区的学者，对于九一八事变、伪满洲国史与东北沦陷区史，已进行了诸多的深入研究，硕果累累。中国抗日战争史学会、中国社会科学院中日历史研究中心曾分别于1991年、2001年的会后，编辑出版过论文集《抗日战争与中国历史》《九一八事变与近代中日关系》，进一步推进了中外学界的相关研究。但毋庸讳言的是，21世纪以来的近20年间，虽然日文资料出版方面有较大的进步，但国内学界的专门研究成果反而不多见了。长江后浪推前浪，江山代有人才出。我们的这部论文集，权当是国内青年学子关于日本侵华战争史研究的新作汇集，奉献于中外学界，以祈各位方家的批评与指正。

本书系国家社会科学基金2019年度重大项目"日本全面侵华战争的决策问题研究"（19ZDA220）中期研究成果之一部分，并受到其出版资助。北京大学历史学系博士研究生朱丁睿同学、社会科学文献出版社历史学分社副社长李丽丽女士及责任编辑汪延平、徐花等，对于本书的出版工作付出诸多辛劳，特此致谢。

臧运祜

2023年5月15日

目　录

一　近代早期的侵华行动与认识

琉球事件与近代日本侵华之肇始　　　　　　　　　　徐一鸣 / 3
汉口乐善堂的成立及其对华情报调查活动　　　　　　王雪驹 / 20
"二十一条"交涉前后日本对"满蒙问题"的认识　　　林晓萍 / 44
奉天满铁兽疫研究所与日本的侵华行动　　　　　　　陈敬瑞 / 57

二　九一八事变前后的侵华行动与决策

九一八事变前日本对中国东北地区关税自主政策的干涉（1927~1931）
　　　　　　　　　　　　　　　　　　　　　　　　张弘毅 / 77
九一八事变与中国治外法权交涉的夭折　　　　　　　吴文浩 / 119
九一八事变后国联调查团代表遴派的外交折冲研究　　陈海懿 / 135
九一八事变到太平洋战争前关东军对苏战略概述　　　郭循春 / 156
九一八事变后日本中国驻屯军的战略抉择与增兵企图　郭　鑫 / 172
九一八事变后关东军入侵华北的战事演变与中日外交折冲　左春梅 / 190

九一八事变后日本的尊孔活动与国民政府的因应
　　——以儒道大会为中心　　　　　　　　　　　　孔　明 / 214
石原莞尔"满洲国"设想述论　　　　　　　　　　马晓娟 / 244
1933～1935年美国在华报刊视野下的华北危局
　　——以《密勒氏评论报》为中心　　　　　　　刘　畅 / 267
九一八事变后日本在台湾的经济统制政策（1931～1945）　冯健伦 / 300

三　发动全面侵华战争及其决策

昭和天皇与卢沟桥事变再考察
　　——着重于《昭和天皇实录》的解读　　　　　龚　娜 / 327
战乎和乎：全面侵华战争初期近卫内阁的战略抉择　殷志强 / 343
贺屋兴宣与日本全面侵华初期的战时经济运营　　　崔金柱 / 374
全面侵华时期日本在内蒙古地区的情报搜集和调查活动研究
　　　　　　　　　　　　　　　　　　　　　　　赵秀宁 / 389
太平洋战争爆发后日本对华外交决策的变化　　　　张　展 / 413
近代日本的中国留日学生政策思考　　　　　　　　徐志民 / 444

一　近代早期的侵华行动与认识

琉球事件与近代日本侵华之肇始

徐一鸣*

九一八事变后，中国政府致国联李顿调查团的《关于中日纠纷问题之总说帖》将"琉球事件"列为日本侵犯中国之第一例；①《关于日本占领东三省之说帖》进一步指出：

> 日本以武力侵占东三省，原不过为其统治太平洋区域（如非统治亚洲全部）程序中之一阶段。此项程序由其明治时代之政治家所制定。肇始于兼并中国藩属之琉球岛，及专属中国之附庸台湾岛，继是则为朝鲜之被吞并。……至其获取旅顺租借地，及中东铁路由长春至旅顺之一段，以南满铁道会社专营种种工商事业，及其在所设铁路附属地一带，执行治理，皆秉行此同一之政策也。②

这段文字，把九一八事变以前、近代早期日本的对外侵略行动与政策进行了简要的表述。由于其将琉球事件作为日本侵华之肇始的说法，在迄今国内的日本侵华史论著中鲜有论及，本文拟就此进行一番论述，以就教于学界。

---

* 徐一鸣，南京大学历史学院助理研究员。
① 《关于中日纠纷问题之总说帖》，《中日问题之真相——参与国联调查团中国代表提出之二十九种说帖（一九三二年四月至八月）》，国民政府外交部印，白皮书第二十六号，1933，第1页。
② 《关于日本占领东三省之说帖》，《中日问题之真相——参与国联调查团中国代表提出之二十九种说帖（一九三二年四月至八月）》，第49页。

一

琉球立国于东亚海域长达数百年，明洪武五年（1372）加入东亚宗藩体系，至清末一直与中国保持宗藩关系。1609年，日本萨摩藩入侵琉球，在一定程度上控制了琉球，但琉球依然作为一个独立的王国存在。1879年，日本以武力侵占琉球王国，强行将琉球王国置为日本冲绳县。以往的研究大多把1874年日本出兵台湾视为近代日本侵华的开端。出兵台湾是近代日本第一次侵犯中国的领土，也是日本吞并琉球王国的一个步骤。① 从这个角度，可将琉球事件视为近代日本侵华之肇始。

琉球事件，包括日本吞并琉球王国的一系列步骤：1872年，明治天皇"册封"琉球国王为日本"藩王"，废琉球王国为"琉球藩"；1874年，日本以"牡丹社事件"为借口出兵台湾；1875年，明治政府派人前往琉球命其停止向中国朝贡以及接受中国册封，以断绝中琉之间的宗藩关系，并强行阻止已经准备出发的琉球庆贺使（为庆贺光绪帝即位）前往中国；1879年，日本以武力吞并琉球，进行"废球置县"，将琉球王国置为日本冲绳县。

西方国家于1842年、1853年分别成功地迫使中国、日本开放通商口岸后，在东亚地区的扩张一步步加深。面对西方国家来袭，中、日两国也根据东亚国际环境的变化，在国内进行了改革。清政府于19世纪60年代初开始了"师夷长技以制夷"的洋务运动，日本于19世纪60年代末开始了"求知识于世界"的明治维新。对19世纪中后期东亚地区国际秩序变动产生最大影响的不是西方国家的扩张，而是日本在东亚内部进行的侵略扩张，从而打破了传统的东亚宗藩体系，其中重要的一步就是吞并琉球王国。

在对外政策方面，1868年4月，日本新政权以天皇的名义颁布了《安抚亿兆宸翰》，"意欲继承列祖伟业"，制定了"开拓万里波涛，布国威于四方"② 的对外扩张方针，继承了自丰臣秀吉以来的对外侵略扩张思想。

---

① 中国社会科学院近代史研究所编《日本侵华七十年史》，中国社会科学出版社，1992，第10页。
② 「御宸翰之御寫」明治元年三月十四日、日本外務省調査部編纂『日本外交文書』第一卷第一冊、日本國際協會、1936、555－557頁。

17世纪30年代，日本幕府政权建立了日本独特的国际秩序——"大君外交体制"，因幕府将军对外自称"日本国大君"而得名。① 在该体制中，琉球与朝鲜是"通信之国"，指互通信义的关系；中国、荷兰是"通商之国"，只进行贸易，不承认国使往来和受理国书。② 虽然在1609年以后萨摩藩在一定程度上控制了琉球，但琉球一直和中国保持宗藩关系，接受中国册封，奉中国正朔。在大君外交体制下，日本幕府将琉球王国视为一个"异国"，琉球一直保持独立国家的地位，并在19世纪中叶以独立国家的身份与美国、法国以及荷兰等西方国家签订了通商条约。

日本将对外侵略作为转移国内矛盾的手段，以及面对西方列强对东亚地区的强势入侵，日本想"先发制人"，以对邻国扩张来抵抗列强对日本的侵略。通过1871年签订的《中日修好条规》，日本与中国建立了"平等"关系，日本对清政府交涉缔约的最初目的得以实现，即"日清两国地位平等"，改变了其在传统宗藩体系中的"东夷"地位。相比"对清恪守事大藩属之礼"的琉球和朝鲜，日本在"名分上"取得了优越地位，③ 这为此后日本侵略琉球和朝鲜提供了便利。

日本通过条约的形式取得与中国平等的地位，这打破了中国在东亚地区超然于其他国家的传统格局，标志着东亚地区传统的宗藩体系开始从内部瓦解。日本近代对外侵略的第一个邻国便是琉球。

二

明治二年（1869），日本各藩向明治政府"奉还版籍"，各旧藩主被明治政府任命为藩知事，在形式上保留着传统的权力和地位。为进一步加强中央集权，明治政府于明治四年七月下令进行"废藩置县"，原萨摩藩成为鹿儿岛县，琉球王国被"交由"鹿儿岛县"管辖"。明治五年正月，鹿儿岛

---

① 信夫清三郎编《日本外交史》上册，天津社会科学院日本问题研究所译，商务印书馆，1980，第17页。
② 信夫清三郎编《日本外交史》上册，第28页。
③ 信夫清三郎编《日本外交史》上册，第137页。

县县吏奈良原幸五郎和伊地知贞馨前往琉球，向琉球政府宣布日本进行了新变革，命令琉球进行政治改革，但是历经数月，也未有成效。

明治五年五月三十日，大藏大辅井上馨罔顾历史事实，混淆中琉、日琉之间的关系，无视琉球为一个独立国家，向正院（当时日本政府最高机关）递交一份建议书，提出应采取措施侵占琉球，其中称：琉球自1609年就为萨摩藩附属，但是琉球一直"奉中国正朔，接受中国册封"。两百多年来，日本"未匡正其携贰之罪"，如今"百度维新"，不可再对琉球的这种暧昧状况"置之不理"，应采取措施，"扩张皇国规模"。在具体措施上，应使用"怀柔"策略，令琉球主动归于日本，将琉球国王"招致阙下"，"谴责其不臣之罪……使其悔过谢罪，知晓茅土不可私有"，然后迅速"收其版籍"，明确琉球归日本"管辖"，随后在琉球进行制度改革，使"国郡制置、租税调贡等"都与日本本土一致，"一视同仁，以洽浃皇化"。① 这便是日本所谓"琉球处分"的开端。

正院在收到井上馨的建议书后命左院进行研究，在左院的回复中，有以下六点内容。第一，承认琉球的"两属"情况。"琉球国两属于我国与中国，乃是从前其国形势使然，无须再论。"第二，日本掌握了琉球的"要务之实"，而琉球与中国的宗藩关系是名义上的，如果进行纠正，将会与中国"开启争端"，因此，没有必要断绝中琉关系。第三，仍然将琉球视为外国而非国内地方，由外务省负责，但与欧美国家不同，应以属国对待。第四，不认可外务省提出的封琉球国王为日本藩王并叙列华族。因为琉球国王是琉球人族，与日本人族不同，不能混淆；可以将琉球国王封为"琉球王"或"中山王"。日本国内已经进行"废藩置县"，再将琉球国王封为藩王，十分不妥。第五，可承认琉球的"两属"地位。"我封之为琉球王，准许其接受中国册封王号，可看作两属。"第六，琉球历来由岛津氏派兵镇抚，可循此例，由九州镇台派兵前往琉球镇抚。② 左院虽建议承认琉球"两属"中日，但实质上也是要由日

---

① 『琉球処分』（上）、印刷本、3－5頁、国立公文書館蔵、A03023001900、JACAR（アジア歴史資料センター）。

② 『琉球処分』（上）、7－12頁、国立公文書館蔵、A03023001900、JACAR（アジア歴史資料センター）。

本控制琉球，因为在左院看来，中琉的宗藩关系只是名义上的，日本掌握了琉球的实务。左院提出向琉球派兵的建议后来也得到了落实。

明治政府并未完全采纳左院的建议，很快就根据外务省的建议将琉球国王"封为"日本"藩王"。

明治五年六月二十二日，鹿儿岛县参事大山纲良派人送信至琉球，要求琉球派出使团至东京，以庆贺明治天皇新政府的成立。琉球使团于九月三日抵达东京，负责接待琉球使团的是外务省。在此之前，明治政府已经决定不再以接待外国人的规格，而是按照国内宾客之礼对待琉球使团，单方面地不再将琉球王国视为一个外国。在使团带来的琉球国王庆贺明治天皇的国书中，落款仍为"琉球国中山王尚泰"这一中国册封的称号，落款时间为"壬申七月十九日"，并没有使用日本明治年号。日本外务省指出贺表的文字表述有问题，强迫琉球使者进行了修改，琉球国王的国书落款变为"琉球尚泰"，时间为"明治五年壬申七月十九日"。①

九月十四日，琉球使臣拜见明治天皇时，天皇突然颁布册封琉球国王为藩王，并列入华族的诏书。诏书中写道：

> 朕膺上天之景命，绍万世一系之帝祚，奄有四海，君临八荒。今琉球近在南服，气类相同，言文无殊。尔世为萨摩附属之藩，而尔尚泰能致勤诚，宜予显爵，升为琉球藩王，叙列华族。咨尔尚泰，当重藩屏之任，立众庶之上，体切朕意，永辅皇室。钦哉。②

琉球最初只是将明治政府的册封视为传统东亚宗藩体系中的行为，认为并不会影响琉球作为一个独立国家的身份，依然由其自行处理内政和外交事务，要求新政府减轻琉球的赋税，并讨要被萨摩藩强占的北方五岛。琉球使臣在东京会见日本外务卿副岛种臣时称："琉球为萨人管领，不堪其赋税重敛，国民疲敝。业已为天朝之直辖，切望垂爱特恩，减省贡物。且大岛、

---

① 「琉球使臣来朝ニ關スル件（第177条）」明治五年九月十四日、日本外務省調査部編纂『日本外交文書』第五卷、日本国際協会、1938、381頁。

② 「琉球尚泰ヘノ冊封ノ詔書」明治五年九月十四日『日本外交文書』第五卷、383頁。

德之岛、喜界岛、与论岛、永良部岛,本隶属于我琉球。昔庆长年间,为萨人所押领,此五岛亦乞返还于我。"副岛当时回复:"宜为琉球处置。"此后并没有再提归还五岛之事,不过将小笠原群岛划给了琉球,当时便将小笠原的地图及账本等文书交付给了琉球使臣。①

1872年,中国船只漂流到琉球八重山岛时,琉球当局坚持照旧例自行处理,与当时日本派驻琉球的官员发生争执。1873年5月,琉球国王尚泰专门派遣三司官等人前往东京,向日本外务省强调琉球与中国的宗藩关系,要求处理中国漂流民事件遵循旧例:"本藩自古以来亦隶属中国,往年中国皇帝曾命令吾等,若有中国人漂抵时,当将其送返福州。……今有中国人漂抵,若交由御在勤官员处置,有违既往之命,本藩碍难尊奉。本藩为海外不自由之孤土,全赖皇国和中国以求生存,故自古以来一直敬奉两国为父母之国。"② 外务省同意琉球暂时依照旧例处理,但必须与派驻琉球的日本官员商议。

日本政府想将琉球变为自己的领土,而琉球王国坚持维护与中国之间的宗藩关系,在很多方面做了抗争,使日本不能立刻完全吞并琉球。为尽快实现吞并琉球的计划,日本利用"牡丹社事件"③,以日本国民被害的名义,出兵征讨台湾"生番",企图间接使中国承认琉球属于日本。

日本出兵台湾事件以中日于1874年10月31日签订《北京专条》而告终:

> 照得各国人民有应保护不致受害之处,应由各国自行设法保全,如在何国有事,应由何国自行查办。兹以台湾生番曾将日本国属民等妄为加害,日本国本意为该番是问,遂遣兵往彼,向该生番等诘责。

---

① 喜舍场朝贤撰《琉球见闻录》,李艳丽译,商务印书馆,2020,第42页。
② 《琉球处理提纲》,《明治文化全集》第22卷,第127页,转引自佐藤三郎《近代日中交涉史研究》,徐静波、李建云译,上海人民出版社,2013,第85页。
③ 同治十年(1871)十月,琉球国宫古岛、八重山岛各有两艘船到那霸上缴年贡,返程中遇飓风漂流到台湾附近洋面。其中3人淹死,66人登陆,误入牡丹社"生番"乡内,被"生番"围杀54人,幸存12人被居住在附近的汉人救助,送至凤山县衙。由凤山县派人护送至台湾府,再由台湾府提供衣食、抚恤金等,派官船将幸存琉球人送到福州琉球馆,后乘接贡船回到琉球。

今与中国议明退兵并善后办法，开列三条于后：

一、日本国此次所办，原为保民义举起见，中国不指以为不是。

二、前次所有遇害难民之家，中国定给抚恤银两，日本所有在该处修道、建房等件，中国愿留自用，先行议定筹补银两，别有议办之据。

三、所有此事两国一切来往公文，彼此撤回注销，永为罢论。至于该处生番，中国自宜设法妥为约束，以期永保航客不能再受凶害。①

《北京专条》中的"保民义举"之语，日后被日本单方面声称是清政府默认琉球人是日本"属民"。将《北京专条》中的"日本国属民"与琉球"难民"等同起来，"与历史事实不符"。② 日本出兵台湾的借口除了"牡丹社事件"，还有明治六年日本备中州人在台湾被"生番"抢劫。在西乡从道率兵抵达台湾前致闽浙总督李鹤年的照会中除了提及"明治四年十二月，我琉球人民六十六名，遭风坏船，漂到台湾登岸，是处属牡丹社，竟被蛮人劫杀，五十四名死之，十二名逃生，经蒙贵国救护，送回本土"，还提及了"明治六年二月，我备中州人佐藤利八等四名漂到台湾卑南蛮地，亦被劫掠，仅脱生命。幸蒙贵国恤典，送交领事，旋已回国"。③

备中州为日本地方，之后的交涉中清政府都是将琉球受害者与备中州受害者区别对待的，总理衙门在给日本驻华公使柳原前光的一份照会中写道："如琉球曾受生番之害，应由琉球国请中国处置；至谓贵国人民曾受害，两国既有条规，如有其事，尤应明言某年月日某人在某处若何被害照会本衙门查办……无贵国自行查办之理。"④ 负责谈判的内务卿大久保利通在签约后也表示"中日北京专约内容与日本对琉球主权的声明拉不上法理

---

① 王铁崖编《中外旧约章汇编》第 1 册，生活·读书·新知三联书店，1957，第 342~344 页。
② 陈在正：《1874 年中日〈北京专条〉辨析》，《台湾研究集刊》1994 年第 1 期。
③ 「臺灣蕃族征撫事情通告ノ件」明治七年四月十三日、日本外務省調査部編纂『日本外交文書』第七巻、日本国際協会、1939、29–30 頁。
④ 「清國恭親王ヨリ清國駐箚柳原公使宛」同治十三年六月初九日『日本外交文書』第七巻、161 頁。

关系"。① 但条约中"日本国属民等"表述模糊,给日本日后吞并琉球留下了曲解该条内容的空间。随大久保赴华谈判的法律顾问法国人巴桑纳在1875年称:"1874年日清两国缔结的条约,最幸运的成果之一,就是使清帝国承认了日本对琉球的权力;因为,在条约的字面上把遇难的琉球人民'称作日本臣民'。"② 大久保听从了巴桑纳的建议,将"日本国属民""保民义举"曲解为中国承认琉球属日,以作为日本吞并琉球的"法理根据"。③

《北京专条》全文未提及"琉球",晚清学者王韬指出"所定条款两端,未尝一字及琉球,载在盟府,人所共见。乃遂欲以此指琉球为日本属地,掩耳盗铃"。④ 琉球也清楚日本的目的,琉球紫巾官向德宏指出"台湾之役,彼实自图其私,且将生端于琉球。故先以斯役为之兆,何尝为敝国计哉,敝国又何乐日本代为启衅哉"。⑤ "借口不等于事实",事实是日本自明治维新后开始向外扩张,而琉球则首当其冲。琉球系由于日本蓄意侵略而亡,并非中日《北京专条》所断送。⑥

在这次谈判中,中国竭力主张琉球非日本的领土,而是中国的属国。而且琉球方面也并不认同日本对台湾事件谈判结果的理解,琉球对中国的态度几乎未受什么影响。⑦ 日本其实清楚地知道这并不能代表清政府承认琉球已为日本所有,"此番与清国谈判结束,虽已使该国承认征讨番地为义举,并为受害难民支付抚恤银,表现出琉球多少为属我版图之实迹,然结局尚未明确,尚难言各国不生异议。当此万国交往之日,如此搁置,难保他日不生故障"。⑧ 明治政府加快采取措施断绝琉球与中国间的宗藩关系。

---

① 陈在正:《1874年中日〈北京专条〉辨析》,《台湾研究集刊》1994年第1期。
② 信夫清三郎编《日本外交史》上册,第154页。
③ 陈在正:《1874年中日〈北京专条〉辨析》,《台湾研究集刊》1994年第1期。
④ 《琉球向归日本辨》,王韬:《弢园文录外编》,上海书店出版社,2002,第124页。
⑤ 《向德宏登复寺岛来文节略》,光绪五年六月二十四日,顾廷龙、戴逸主编《李鸿章全集》(32),信函四,安徽教育出版社,2008,第459页。
⑥ 陈在正:《1874年中日〈北京专条〉辨析》,《台湾研究集刊》1994年第1期。
⑦ 佐藤三郎:《近代日中交涉史研究》,第86页。
⑧ 信夫清三郎:《日本政治史》第2卷,周启乾等译,上海译文出版社,1988,第452页。

在大久保利通赴中国谈判前，日本已经于 1874 年 7 月 12 日单方面将对琉球的"管辖权"由外务省移交内务省，"为确定琉球是日本的领土埋下重大伏笔"。① 大久保利通回国后不久便向太政大臣三条实美提出旨在断绝中琉关系的新建议：传唤琉球官员前往东京，向其谕示："肃清与中国之关系，在那霸港内，设置镇台分营，其余刑法、教育等等，顺次改革。至其与美国、法国、荷兰缔结条约之事，难以搁置，政府应从速实施交替手续。"②

大久保利通的建议被日本政府采纳，1875 年 3 月，大久保命琉球官员池城亲方等人前往东京，向他们宣称："维新以来，与外国交涉之事，悉依万国公法，而琉球藩尚为两属形式，今日若不改革，则将受到中国干涉，且有他日滋蔓纠葛之患。我政府有此忧虑，意在那霸设置镇台分营，以保护琉球人民。"③ 明确要求琉球断绝与中国的宗藩关系。

由于池城亲方等琉球官员坚持拒绝大久保利通提出的断绝中琉宗藩关系的要求，日本政府派遣内务大丞松田道之等人于 1875 年 7 月与琉球官员一起返回琉球，传达日本政府要求琉球与中国断绝往来的命令：

一 以往倡隔年朝贡，向清国派遣使者，在清帝即位之节，遣庆贺使，成规有之，今起列入被禁止之条。……

一 藩王交替之节，从前接受清国册封，今起列入被禁止之条。既成我政府之版图，无受清国册封之道理。……

一 藩内奉明治年号。年中仪礼等，皆按御布告遵行之条。……

一 刑法按定律施行。因此调查可派担当者两三名上京之条。……

一 藩制改革之条。……

一 为学事修业、时情通知，择少壮者约十名上京之条。……

---

① 信夫清三郎：《日本政治史》第 2 卷，第 452 页。
② 《大久保利通文书》第六，日本史籍协会，1928，第 237～239 页，转引自米庆余《琉球历史研究》，天津人民出版社，1998，第 155～156 页。
③ 岩仓公旧迹保存会编《岩仓公实记》下卷，1906 年发行，1927 年再版，第 572 页，转引自米庆余《琉球历史研究》，第 156 页。

一　废除福州琉球馆之事。

……既已绝朝贡，则公馆无存在之道理，当御废之。尤馆中向有商业之事业，幸清国为条约国，就商法上，人民往来稽留之事受我在厦门领事之管辖，无碍。……

一　阁下上京谢恩之事。……

一　设置镇台分营之事。

……政府经营国内，常在其要地所在设置镇台或分营，以备其地方之变。此乃保护政府、国土、人员安宁之本分义务，绝无拒绝之权利。……①

对此，琉球政府明确表示不会与中国断绝关系。虽经多次交涉，琉球政府始终没有屈从日本的要求，不仅拒绝与中国断绝往来，对于松田道之所谓的琉球为"我政府之版图"的说法也进行了反驳，言明琉球自成一国，称"本藩地处皇国与中国之中间，地理之气脉，与御两国相连续，难以陈述一定依靠何方"。②

日本政府不顾琉球国的拒绝，开始强硬地派遣官员前往琉球，逐步把持琉球的司法权等。光绪帝于1875年即位，按照惯例，琉球派遣庆贺使前往中国。琉球庆贺使以及接贡船（前往福州迎接进贡使者回琉球的船只）的相关事宜都已准备就绪，在那霸港等待顺风出发。日本断绝中琉宗藩关系的第一个措施便是阻止琉球庆贺使前往中国。琉球国王派遣陪臣紫巾官向德宏、通事林世功、都通事蔡大鼎等秘密前往福州，向中国报告日本阻贡之事。向德宏等人于1877年4月抵达福州，向福建布政使司递交了琉球国王的密咨，并请求前往北京礼部陈情。

此时，正值首任驻日使臣何如璋前往日本赴任前夕，清政府指示何如璋到日本后相机处理此事。何如璋到达东京后，琉球陪臣耳目官向德忠多次求见，面陈危迫情形，并将琉球与日本来往文书呈递给何如璋。经过反

---

① 喜舍场朝贤撰《琉球见闻录》，第49~52页。
② 喜舍场朝贤撰《琉球见闻录》，第91~92页。

复详阅，何如璋明白日本阻贡之目的在于吞并琉球，"缘琉球于明万历时役属日本之萨摩岛，数年前始改隶东京。该国王曾声请中、东两属，日本许之。近以日本废置诸藩，乃迫令改朔易制，其意直欲并举琉球而郡县之；以其臣事我朝，牵掣顾忌，未敢遽发，故百计挠之，欲琉球之携贰于我，而后可逞其志。此阻贡之所由来也"。①

何如璋向总理衙门提出了应对琉球问题的"琉球三策"："一面辩论，一面遣兵舶，责问琉球。征其贡使，阴示日本以必争，则东人气慑，其事易成，此上策也。""据理与争，止之，不听，约球人以必救，使抗东人。日若攻球，我出偏师应之，内外夹攻，破日必矣。东人受创，和议自成，此中策也。""言之不听，时复言之。或援公法邀各使评之，日人自知理屈，球人侥幸图存，此下策也。""坐视不救，听日灭之，弃好崇仇，开门揖盗，是为无策。"②

何如璋在东京与日本政府积极交涉琉球问题，日本政府拿不出琉球属于日本的合理证据，拒绝与清政府就此事进行正面交涉。而在东京的琉球官员也向法国、荷兰等与琉球立约的西方国家的驻日使节递交陈情书，详细叙述了中琉宗藩关系，控诉日本侵占琉球。

何如璋坚持有理有据地和日方进行交涉，琉球也拒不屈从，并将日本的行径广告西方各国。鉴于西方国家有愿意干涉的趋势，日本政府加速了吞并琉球的步伐。1879年3月，日本政府令松田道之带领部队以"不恭于使命"之名义前往琉球进行"处分"，"废其藩，更设冲绳县"。③ 日本军队占领了首里城，由日本内务省官员接管一切事务。1879年4月4日，日本政府在全国范围内宣布将琉球改置为冲绳县，并强迫琉球王族迁往东京。

在与日本政府据理交涉的同时，总理衙门设想了一个新的解决方向，请西方国家从中调停。此时恰逢美国前总统格兰特到亚洲游历，格兰特在

---

① 《总理各国事务衙门奏日本梗阻琉球入贡现与出使商办情形折》，光绪四年六月初五日，张生主编《钓鱼岛问题文献集·清季琉球交涉档案》，南京大学出版社，2016，第57页。

② 《与总署办论球事书》，温廷敬辑《茶阳三家文钞》，1925年排印本，张生主编《钓鱼岛问题文献集·清季琉球交涉档案》，第370页。

③ 喜舍场朝贤撰《琉球见闻录》，第154页。

南北战争中立下赫赫战功,在美国素有威望,而且当时传闻其返回美国后会再次担任总统。李鸿章提出可以趁此机会请格兰特调停,认为日本"实奉美国为护符",而格兰特又为"美之达尊",或许可以请格兰特"公评日、球之事"。① 1879 年 5 月,格兰特到达北京后,恭亲王将日本吞并琉球之事详细告之,请其主持公道,格兰特答应设法调处。

1879 年 9 月 7 日,总理衙门上奏称,接到何如璋函报,美国驻日公使平安(John A. Bingham)告诉何如璋,格兰特与其一起构想了一个解决琉球问题的方案:"琉球各岛本分三部,今欲将中部归琉球立君复国,中、东两国各设领事保护之。其南部近台湾,为中国要地,割隶中国。其北部近萨摩,为日本要地,割隶日本。"平安询问何如璋的意见,何答以"本国意在琉球,惟期球祀不绝而已"。总理衙门认为中国在琉球设领事,"揆诸字小之义,尚无不合",但是不赞同将琉球南部划归中国,中国不能"因以为利",而且"非朝廷抚绥藩服之意"。② 但是格兰特本人并未向中国提及"三分琉球"案。

总理衙门根据格兰特的提议,照会日本外务省,两国另外派遣人员会商办法。日本将琉球问题与修订《中日修好条规》联系在一起,提出了"分岛修约"案,中日"球案"交涉进入一个新的阶段。

日本对《中日修好条规》中没有给予日本在中国与西方国家同样的内地通商权和最惠国待遇而耿耿于怀;而且,明治政府一直致力于修改与西方国家签订的不平等条约,但是日本和西方国家的条约中都规定了"一体均沾",如此,即使日本和西方国家修订了条约中的不平等规定,西方各国依然可以"一体均沾"《中日修好条规》中的领事裁判权和关税税则规定,这使得日本更加迫切地希望与中国修订条规。③ 清政府坚持不放弃与日本交涉琉球问题,日本遂趁机将琉球问题与修约结合起来与清政府谈判。1880

---

① 《致总署 议接待美国前总统》,光绪五年闰三月二十一日,顾廷龙、戴逸主编《李鸿章全集》(4),奏议四,第 424 页。
② 《总理各国事务衙门奏美统领调处琉球事折》,光绪五年七月二十一日,张生主编《钓鱼岛问题文献集·清季琉球交涉档案》,第 61~62 页。
③ 廖敏淑:《〈中日修好条规〉与甲午战争——以修约交涉为中心》,《抗日战争研究》2014 年第 4 期。

年4月,日本政府拟订了与中国谈判的内容及条约方案,并派遣内阁大书记官井上毅前往北京。日本提出的方案是琉球群岛南部的宫古、八重山二岛归于中国,其他全归日本,即"两分琉球",并非格兰特提出的"三分琉球",而且日本的主要目的是以琉球的土地换取清政府同意与日本修约,给予日本与西方国家同样的条约权利。

当时中国正与俄国谈判伊犁问题,总理衙门担心"中国若拒日本太甚,日本必结俄益深","分岛修约"案"既以存球、并以防俄,未始非计"。清政府计划在南部岛屿上扶植琉球复国,以达到"存球祀"的目的。因此,清政府同意了与日本就"分岛修约"案进行谈判。

中日双方经过八轮谈判,于光绪六年九月二十五日(1880年10月28日)签订了《球案条约拟稿》,规定:

> 大清国、大日本国以专重和好,故将琉球一案所有从前议论,置而不提。大清国、大日本国公同商议:除冲绳岛以北属大日本国管理外,其宫古、八重山二岛属大清国管辖,以清两国疆界;各听自治,彼此永远不相干预。

《加约拟稿》规定:

> 大清国、大日本国辛未年(1871)所订条约,允宜永远信守;惟以其内条款有须一、二变通,是以大清国钦命总理各国事务王大臣、大日本国钦差全权大臣勋二等宍户,各遵所奉谕旨,公同商议,酌加条款。所有议定各条,开列于左:
>
> 第一款 两国所有与各通商国已定条约内载予通商人民便益各事,两国人民亦莫不同获其美。嗣后两国与各国加有别项利益之处,两国人民亦均沾其惠,不得较各国有彼厚此薄之偏。但此国与他国立有如何施行专章,彼国若欲援他国之益使其人民同沾,亦应于所议专章一体遵守。其系另有相酬条款施与特优者,两国如欲均沾,当遵守其相酬条款。

第二款　辛未年两国所定修好条规及通商章程各条款与此次增加条项有相碍者,当照此次增加条项施行。①

清政府最终未与日本正式签署条约,而是采纳李鸿章所提出的"延宕"之法,"今则俄事方殷,中国之力暂难兼顾;且日人多所要求,允之则大受其损、拒之则多树一敌,惟有用延宕之一法,最为相宜"。② 1881年3月5日,清廷下发上谕:"前因总理衙门奏拟办球案一折。商务一体均沾,为日本约章所无,今欲援照西国约章办理,尚非必不可行。惟此议因球案而起,中国以存球为重,若如所议划分两岛,于中国存球之意未臻妥善。着总理衙门王大臣,再与日本使臣悉心妥商,琉案妥结,商务自可议行。"③ 表明清政府与日本交涉的目的是保存琉球国,要先解决这个问题才会和日本讨论修约,"分岛修约"案以流产告终。

在中国进行救亡活动的琉球人对清政府最终拒签"分岛修约"案产生了很大影响。李鸿章原本同意接受日方提出的"分岛修约"案,却在双方正式签约前突然改变主意,反对签约,提出"延宕"之法,突变的直接原因是向宏德哭诉"二分"琉球,在南部复国是行不通的。④ 清政府最终拒签的根本原因是为了维护宗藩体系,与日本交涉的目的始终是"存球祀",保存琉球国体,不愿放弃对琉球的宗主权。⑤ 但"分岛修约"案非但不能实现中国的这一目的,反而要牺牲中国的其他利益,那中国就没有同意的理由。

此后,中日再没有正式交涉过琉球问题,清政府从未承认过日本对

---

① 《总理各国事务衙门奏与日本使臣议结琉球案折》,光绪六年九月二十五日,张生主编《钓鱼岛问题文献集·清季琉球交涉档案》,第66~68页。
② 《直隶总督李鸿章复奏球案宜缓允折》,光绪六年十月初九日,张生主编《钓鱼岛问题文献集·清季琉球交涉档案》,第73页。
③ 《军机大臣左宗棠奏办理琉球案说帖(附上谕二件)》,光绪七年二月初六日,王彦威、王亮辑编《清季外交史料》(2),李育民等点校整理,湖南师范大学出版社,2015,第480~481页。
④ 西里喜行:《清末中琉日关系史研究》上册,胡连成等译,社会科学文献出版社,2010,第360~361页。
⑤ 李细珠:《清末中日琉球案尚为悬案考》,《台湾历史研究》第2辑,社会科学文献出版社,2014。

琉球的占领，一直试图恢复琉球王国。但越南问题、朝鲜问题接踵而来，在琉球问题上清政府有心无力，找不到有效解决的方法，只能一直"延宕"。

日本在明治维新以后，一直宣称自己成了近代"文明"国家，实际上是打着"文明"的旗号，利用西方的万国公法，为其侵略扩张寻找法理依据。但是对于吞并琉球，日本始终没有找到法理依据，"完全是非法的"，当时清政府没有承认，国际社会也没有承认。因此，毫无疑问，琉球案是清末中日双方反复交涉而最终并没有解决的历史悬案。①

三

琉球王国是中国在近代失去的第一个藩属国，"所有朝贡的属国一个一个相继地被割去的一个序幕"。② 自此，中国"以琉球守东南，以高丽守东北，以蒙古守西北，以越南守西南"③ 的藩围格局逐步瓦解。在一步步侵吞琉球的同时，日本也开始实施对朝鲜的侵犯。1876 年，日本以武力逼迫朝鲜签署《江华条约》，向日本开放三个港口，给予日本在朝鲜的无关税贸易权和治外法权。1885 年，《中法新约》中清政府承认法国对越南的保护权。1886 年，英国宣布缅甸成为其领地，设为英属印度的一个独立省。1860 年，沙俄通过中俄《北京条约》获得在蒙古经商的权利；1881 年，通过中俄《伊犁条约》得以在科布多和乌里雅苏台设立领事馆，沙俄势力在蒙古全面扩张。1895 年，中日签订《马关条约》，第一款规定"中国认明朝鲜国确为完全无缺之独立自主，故凡有亏损独立自主体制，即如该国向中国所修贡献典礼等，嗣后全行废绝"，④ 断绝了中朝宗藩关系。日本通过甲午战争从根本上动摇了中国在东亚地区的传统国际地位。

---

① 李细珠：《清末中日琉球案尚为悬案考》，《台湾历史研究》第 2 辑。
② 马士：《中华帝国对外关系史》第 2 卷，张汇文等译，商务印书馆，1963，第 301 页。
③ 军机处原档编印《清光绪朝中法交涉史料》卷 2，沈云龙主编《近代中国史料丛刊》第 15 辑，台北，文海出版社，1973，第 2 页。
④ 王铁崖编《中外旧约章汇编》第 1 册，第 614 页。

康有为曾言"日本蕞尔岛国,其地十八万方里,当中国之一蜀,而敢灭我琉球,剪我朝鲜,破我辽东,跕我威海,虏我兵船,割我台湾",① 揭露了日本瓦解传统东亚宗藩体系的路径。日本进犯琉球和朝鲜,虽不是直接侵犯中国领土,但在传统东亚宗藩体系的视角下,日本的行为是对中国在东亚的传统国际地位进行挑战。从这一角度,可将琉球事件视为近代日本侵华的开端。

虽然明治政府利用西方的万国公法实行对外侵略,改变了东亚地区的权力构成,但是在实质上依然没有摆脱东亚传统宗藩体系的思维,从未真正"脱亚","亚洲的近代是以中华理念为基础,日本的近代化可以看成是日本试图取代中国而占据中华理念的主导地位的过程"。② 日本为实现这一目标,第一步便是断绝琉球与中国的宗藩关系,以武力吞并琉球王国;通过甲午战争,断绝了朝鲜与中国的宗藩关系,也开始与西方国家一起瓜分中国领土,割占了中国台湾和澎湖列岛;1905年日俄战争的胜利,更是进一步刺激了日本的扩张野心,开始了所谓的"大东亚政策"。

1927年7月25日,日本内阁大臣田中义一在上奏日本天皇的《帝国对满蒙之积极根本政策》③中提出:"惟欲征服支那,必先征服满蒙,如欲征服世界,必先征服支那。……使世界知东亚为我国之东亚,永不敢向我侵犯,此乃明治大帝之遗策,是亦我日本帝国之存立上必要之事也。"④ 表明日本自明治时代以来的对外侵略政策是一脉相承的,吞并琉球、朝鲜,发动侵华战争乃至太平洋战争都是其中一部分。为实施既定的侵略政策,建立所谓的"大东亚新秩序",日本向一战后建立的亚太地区国际秩序——华盛顿体系发起挑战,第一步就是1931年发动九一八事变,占领中国东北。

---

① 《日本书目志》,姜义华编校《康有为全集》第3集,上海古籍出版社,1992,第626页。
② 滨下武志:《近代中国的国际契机:朝贡贸易体系与近代亚洲经济圈》,朱荫贵、欧阳菲译,中国社会科学出版社,2004,第46页。
③ 即所谓的"田中奏折",虽然学界对"田中奏折"的真伪存在争议,但其中所表述的内容已得到公认。
④ 龚古今、恽修编《第一次世界大战以来帝国主义侵华文件选辑》,生活·读书·新知三联书店,1958,第91~94页。

由此，日本"先征服满蒙"，再经由华北事变，欲以"中国事变"征服全中国，最后以"大东亚战争"建立"大东亚共荣圈"，在十五年战争期间全面实施亚太政策。① 日本实施这一系列对外侵略政策的开端便是 1872 年开始逐步侵占琉球王国。

---

① 臧运祜：《近现代日本亚太政策的演变与特征》，《北京大学学报》（哲学社会科学版）2003 年第 1 期。

汉口乐善堂的成立及其对华情报调查活动

王雪驹*

日本明治维新后，随着其"经略满蒙""雄飞海外"的"大陆政策"成形，日本朝野上下对中国着手规模化的实用主义的情报搜集与实地踏查活动。自19世纪70年代起，日本官方有计划地向中国派遣军人展开军事情报搜集工作，尤其是日本参谋本部派遣的军事间谍，实地踏查中国，且有定期"内地旅行"的行为，①后来逐渐形成了派遣陆军将校至中国刺探情报的将校制度。与此同时，日本驻华使馆中设置武官处，有领导和管理日本在华将校之职责，但此时日本并无正式、系统化、组织化的在华情报机构。严格地说，1886年，在日本官方授意与民间机构的互相配合之下由日本陆军中尉荒尾精创办的汉口乐善堂，才算得上是日本在华的第一个正式情报据点。汉口乐善堂的成立标志着日本对华情报由个人和组织实施的零散化行为，转为官方直接授意委派下的组织化、系统化的调查活动。汉口乐善堂以创设在中国主要城市的支部为网络，让成员以旅行调查为名义，深入中国内陆，运用近代实证科学方法展开社会调查，搜集中国政治社会、经济地理、工商矿业的一手资料，并将此类情报集中整理，上交于日本政商界。自此起，日本对中国的情报调查成为受到日本官方鼓励、支持、资助的持久战略工程，其调查步入正轨，逐渐形成多方面、有层次的独特的情报调查体系。

---

* 王雪驹，北京工商大学传媒与设计学院讲师，日本爱知大学中国研究科博士候选人。
① 许金生：《近代日本对华军事谍报体系研究（1868～1937）》，复旦大学出版社，2015，第55页。

日本对华情报活动的研究，随着中日两国相关档案的逐步解封公开，已经得到中国学界的重视。中国学界基本从日本对华军事谍报角度进行研究，且已有一些代表性成果。如许金生从日本对华军事用兵的角度，细致研究了日本中央情报机构（参谋本部、海军司令部）、军事组织、军人群体的对华谍报工作，并论述了日本对华的谍报手段及谍报的处理与报知，其中将汉口乐善堂的情报调查活动称为"荒尾精谍报模式"。① 除此之外，张光新从近代以来日本发动的四次对外战争（甲午战争、日俄战争、侵华战争、太平洋战争）出发，探析了日本在这四次战争中的情报保障及其特点、主要影响因素，并对其成败做了评析。② 但是，对于日本在华第一个正式情报据点汉口乐善堂，中国学界的研究颇显不足，只是将其置于日本对华情报史中略做介绍和提及。在日本学者方面，大里浩秋的研究侧重于汉口乐善堂的诸多细节，反而忽略了其情报属性。③

汉口乐善堂作为近代日本在华创办的第一个正式情报据点，在组织运作、人员构成、情报活动、调查资料编纂等方面均发挥着"范式"功效，为我们提供了绝佳的研究范例，但其诸多细节亟待理清。本文的目的即在于对汉口乐善堂的发起背景、成立时间、人员构成、组织运作、规章制度、调查活动展开爬梳，为我们丰富中国近代史的认识与理解提供一种特殊路径，又能为把握中日关系的历史语境提供参考资源。

一 商业、文化、情报三重关系下的上海乐善堂

汉口乐善堂的源头是日本人岸田吟香创办的上海乐善堂——一个集商业、文化、情报属性于一体的日本在华民间机构。明治维新后，受其国内扩张主义思潮的影响，刺探中国情报以备对华侵略所需，遂成日本朝野共识。受此扩张风潮波及，自19世纪70~80年代起陆续有日本人

---

① 许金生：《近代日本对华军事谍报体系研究（1868~1937）》，第59页。
② 张光新：《日本近代对外战争决策中的情报保障研究》，时事出版社，2018。
③ 参见大里浩秋「漢口楽善堂の歴史（上）」『人文研究』（神奈川大学人文学会）第155期、2005年、59-87頁。大里此文对汉口乐善堂的成立、成员、主要活动做了梳理。

来华，岸田就是其中一位富有传奇色彩的冒险人物。自 19 世纪 80 年代起，岸田频繁往返于中日之间，他丰富的个人经历之下兼有商人、记者、文人的多重身份，代表了近代转型之际日本人初入中国时的际遇。但是，从日本方面来看，岸田的"最大贡献"无疑是创办了上海乐善堂。上海乐善堂作为近代日本在华情报人员的隐秘联络机关，其运作机制和商业模式又为汉口乐善堂的创办和人才养成提供了丰富的在地经验。因此，日本对岸田的评价极高，如藤田佳久认为"岸田吟香是日本明治以降，活跃于国际的第一号人物"，对东亚同文书院的创办者具有强烈影响，[①] 更有日本学者称岸田为"文明开化期新闻的先觉者"，[②] 可见此人在日本近代史上的影响力。

岸田吟香（1833~1905），日本本州冈山县人。1863 年，岸田为治疗眼疾，在日本横滨结识美国著名传教士同时也是医生的赫本[③]（James Curtis Hepburn，1815-1911）。赫本是北美长老派的传教士，曾于 1843 年在中国厦门创办诊所，两年后因家庭原因返回美国；1859 年，赫本到访日本，在横滨布教的同时，也开办诊所行医。1863 年，岸田在赫本的诊所治好了自己的眼疾，被西方眼药水的疗效所折服；随后，岸田自愿成为赫本的助手，跟随赫本学习英语和医术，并协助后者编辑日本最早的日英词典《和英语林集成》。1866 年，该词典编纂成功后，由于日本当时没有先进的铜版印刷设备和技术，岸田以日本印刷人的身份与赫本夫妇第一次到访上海，向美国长老派在上海的"美华书馆"寻求帮助，觅得了印刷出版《和英语林集成》的机会。岸田在上海一直待到 1867 年 5 月才返回日本。在沪八个月的时间内，对中国书画兴趣颇深的岸田，结识了张子祥、胡公寿等许多知名画家，以及后来成为中国驻日公使何如璋副手的张斯桂，[④] 初步与上海文化名人建立了联系。岸田还写下一部《吴淞日记》，记录了当时上海的景象和

[①] 藤田佳久『東亜同文書院中国大調査旅行の研究』大明堂、2000、2 頁。
[②] 秋山勇造「文明開化期新聞の先覚者—柳河春三と岸田吟香（特集メディアを呼吸する）」『解釈と教材の研究』2001 年第 6 期、105-115 頁。
[③] 翻译自日语"ヘボン"，也有学者翻译为"平文"。
[④] 陈祖恩：《岸田吟香与海上文人圈——以 1880 年代中日文化交流为中心》，《日语教育与日本学》2012 年第 2 辑，华东理工大学出版社，2012，第 120 页。

中国人的生活状况。①

1867年，《和英语林集成》在上海印制完成，收有20722个和英词条、10030个英和词条，初版1200部在日本立时售完，成为日本民众喜欢的英语工具书。《和英语林集成》不仅是日本英学史上的重要文献，在近代日本语资料方面也具有重要的价值。② 因协助编辑出版有功，赫本将有关眼药"精锜水"的配制秘方传授给岸田，③ 后者开始调剂贩卖"精锜水"。1868年2月，岸田以"卖药郎"的身份第二次到上海，他与小东门外的"瑞兴号"和洋泾桥的"万祥号"签约，将其作为销售眼药"精锜水"的代理店，店头挂上"东洋岸田吟香先生监制眼药水精锜水寄卖"的金字招牌。④ 同年，岸田返回日本，协助创办日本最早的民间报纸《新闻纸》，1868年协办《横滨新报·もしほ草》。1872年，岸田担任《东京日日新闻》记者、主笔兼总编辑，成为一位著名新闻人，与当时的成岛柳北、福地樱痴、石井南桥并称为"四大记者"。⑤ 1874年，日本借口琉球渔民被杀，派兵侵台，岸田以随军记者身份目睹了这次侵略行动，并在报纸上连载《台湾从军记》，广受日本读者追捧，岸田由此被称为"日本最初的从军记者"。⑥

1875年，岸田辞去在《东京日日新闻》的职务，在东京银座创办名为乐善堂的药铺，出售眼药"精锜水"与贩卖书籍，彻底转为一名职业商人。1878年，岸田吟香第三次来到上海，正式在上海英租界河南路开设上海乐善堂。⑦ 上海乐善堂采取书店与药铺合二为一的经营模式，主要业务是出

---

① 丁蕾「医薬・医療と『日中連帯』—岸田吟香の諸活動を中心に」『日本研究』第31卷、2005年、205頁。

② 陈祖恩：《岸田吟香与海上文人圈——以1880年代中日文化交流为中心》，《日语教育与日本学》2012年第2辑，第120页。

③ 太田原在文『十大先覚記者伝』大阪毎日新聞社、1926、11頁。

④ 杉浦正『岸田吟香：資料から見たその一生』汲古書院、1996、261頁。

⑤ 大学史編纂委員会編『東亞同文書院大学史—創立八十周年記念志』社団法人滬友会発行、1982、14頁。『大亜細亜先覚伝』则是将岸田吟香、成岛柳北、福地樱痴称为"三大记者"，参见田中正明『大亜細亜先覚伝』象山閣、1942、5頁。

⑥ 杉山栄『先駆者岸田吟香』大空社、1993、184頁。

⑦ 关于岸田吟香创办上海乐善堂的时间，陈祖恩在《岸田吟香与海上文人圈——以1880年代中日文化交流为中心》中认为是1880年；《东亚同文书院大学史——创立八十周年纪念志》记载是1878年。笔者对照岸田吟香的年谱，确定上海乐善堂创办的时间为1878年。参见杉山栄『先駆者岸田吟香』248頁。

售"精锜水"与印制出版书籍。岸田将流传至日本的中国汉学古刊本、汉籍和刻本,修订后在上海印刷出版,受到中国读书人的追捧,尤其是上海乐善堂推出了铜版诸子百家袖珍本式样的参考书和日用书,贩卖给当时的科举士子,广受后者欢迎。除旧学书籍之外,上海乐善堂的出版物中还有以西方历史和地理知识为主要内容的西学和地图类图书,有 20 多种。[①] 其中,"如美国人丁韪良(Martin, William Alexander Parsons)及英国人合信(Hobson, Benjamin)的译著、从魏源《海国图志》中抽出的《筹海篇》等适应当时读者新的需求的书籍"。[②] 上海乐善堂的图书业务中,最受中国读书人欢迎的是铜版汉籍,尤其是诸子百家袖珍本得到了《申报》主笔黄协埙的高度赞扬,认为岸田"更出其慧思,制为铜版袖珍书,细若牛毛,明于犀角。盈尺之书,可缩成方寸一、二本,殆人巧而夺天工者欤"。[③]

晚清的上海是西方国家争相竞夺的商业市场,利用报纸刊登商业广告成为当时在华外国企业家的通行做法,岸田也积极为上海乐善堂投放广告。岸田做过记者,深知广告对商品销售的刺激力,他利用报纸广告、锦绘(浮世绘)、传单等形式传播"精锜水"的功效与宣传乐善堂书籍的精良。不限于上海,岸田还利用中国贩夫走卒,将广告、传单带至附近偏远的山区乡村,大力宣传"精锜水"。[④] 1885 年 4 月 8 日《申报》第 4 版刊登《鸣谢雅贶》,提到了岸田的乐善堂"所制丸膏丹,试之辄有奇效",还为铜版印刷的袖珍本"打广告":

日本岸吟香先生,以蓬莱之仙客精芝术之奇方,航海至申,历有

[①] 关于上海乐善堂的书籍出版、书目种类等情况,陈捷利用中国国家图书馆和日本东京大学综合图书馆分别藏有的乐善堂在上海印发的销售目录《乐善堂书目》,对乐善堂在中国的图书出版及贩卖的具体情况进行了梳理。参见陈捷《岸田吟香的乐善堂在中国的图书出版和贩卖活动》,《中国典籍与文化》2005 年第 3 期,第 46~59 页。

[②] 陈捷:《岸田吟香的乐善堂在中国的图书出版和贩卖活动》,《中国典籍与文化》2005 年第 3 期,第 54 页。

[③] 黄式权:《淞南梦影录》,郑祖安标点,上海古籍出版社,1989,第 148 页。

[④] 杉山栄『先駆者岸田吟香』207 頁。

年。所其为人也恂恂尔雅，颇有隐君子风；会搜得中华珍籍数十种，镂以铜板，缩为袖珍，士林得之往往珍为枕秘；暇时更究心器术，利济为心，所制丸膏丹，试之辄有奇效。古人诗云半积阴功半读书，其先生之谓欤。昨承持赠自制中西合历数纸，细若牛毛，明于犀角，五光十色，分外新奇。本馆把玩之余，用志言以伸谢悃。

看得出，除了"精锜水"之外，乐善堂还利用《申报》宣传其他药品，所谓"丸膏丹"，指的是治疗"花柳病""痧症"的药物。为此，岸田吟香还专门撰写了《痧症要论》《花柳辨症要论》等药理知识的普及读物，《申报》主笔何桂笙作序《岸吟香先生痧症花柳辨症要论序》，指出"东瀛岸吟香先生居华多年，深悉中国之风土人情，故其卖药海上，莫不获效。近以卖药不如传方，遂著成《痧症要论》《花柳辨症要论》二书，专治痧气及毒门，所列诸方皆系万应万验，具所以惠济众生者，厥功匪小"。① 总之，岸田利用与《申报》前后两任主笔何桂笙、黄协埙的交情，在《申报》大量刊登乐善堂的药品广告，其数量之多，空前未有，仅1880~1893年就达100种之多。②

岸田的举动，证明了上海乐善堂并不是一个纯粹的商业机构。岸田第一次来沪之时，就与上海文人张斯桂结识，两人对谈近20次，结下深谊。1867年岸田第一次离沪返日时，张斯桂还特意设宴送行，此行算是岸田与上海文人交往的良好开端。岸田按照中国人的起名习惯，改名为"岸吟香"，以"海上卖药翁"自名。岸田到沪定居后，凭借着自身的文化修养和人际关系，加上他在新闻界的经历，迅速融入了以《申报》"吟坛"专栏为阵地的海上文化圈。

上海乐善堂成立后，岸田将商业重心转移到上海，而他的生活自然随之与上海紧密联系起来。岸田自幼学习汉学，熟读汉籍，在上海与文人墨客、显官富豪以诗酒应酬。以《申报》"吟坛"文人群体为基础，岸田还主

---

① 何桂笙：《岸吟香先生痧症花柳辨症要论序》，《申报》1888年7月27日，第3版。
② 陈祖恩：《岸田吟香与海上文人圈——以1880年代中日文化交流为中心》，《日语教育与日本学》2012年第2辑，第124页。

动发起了"玉兰吟社",推举王韬为众人之首。此外,岸田与当时著名学者俞樾交往颇深。① 总之,凭借《申报》"吟坛"与"玉兰吟社",岸田迅速融进了海上文化圈,成了上海名人,被沪上文人称为"东瀛仙客""东洋岸吟香先生"。如黄协埙在王韬住所见到岸田时形容他"恂恂儒雅,不愧前辈风流,与之谈诗,颇有见到处,亦彼国中翘然负异者也"。② 借由岸田的人格魅力所营造的人际关系,及其在《申报》上大力推行的商业广告活动,上海乐善堂成为沪上的著名文化场所,岸田的这些举动也使乐善堂染上了文化和商业的双重色彩。

自19世纪80年代起,上海乐善堂在经历了"抢滩夺陆"的商业活动和广告造势后,销路随之打开,其经营模式也逐渐稳定下来。岸田以一位商人兼记者的敏锐眼光察觉到了上海开埠后遍布的商机,并凭借自身的汉学造诣,顺利融入上海文化圈;他与上海文人交游,打造乐善堂的文化与商业声誉,售卖"精锜水"与兜售乐善堂印刷的书籍,借以巩固和拓展乐善堂的业务。随着岸田吟香与上海乐善堂在华业务的成功,来华的日本人(尤其是日本浪人)不约而同地将其作为在中国的第一个落脚点,上海乐善堂作为日本在华的民间机构和活动场所,一跃成为"大陆浪人的梁山泊"。③ 岸田吟香积极为荒尾精与汉口乐善堂成员提供各种方便,从而被后者看作"前辈导师"级别的开拓人物。换句话说,自19世纪80年代起,上海乐善堂淡去商业与文化的底色,演变成为日本来华情报人员提供资金和活动场所的情报机构。

二 荒尾精来华及汉口乐善堂的成立

自19世纪70年代起,日本军方开始有计划地派出军人将校至中国,调查中国地理、兵备、民俗等情况。日本参谋本部于1878年正式成立,作为日本陆军的谋略机关,积极展开对华情报活动成为其工作重心。1879

---

① 岸田吟香邀请俞樾选编了日本人的汉诗选集《东瀛诗选》,在中日汉学界有着深远影响。
② 黄式权:《淞南梦影录》,第148页。
③ 杉山栄『先駆者岸田吟香』207頁。

年，日本参谋本部派遣12名军官对清朝的兵制、军备、地理展开调查。日本参谋本部除每年派出谍报人员前往中国搜集军事情报之外，继续细化日本陆军省制定的"驻在将校"①制度，将之分为北京、天津、上海、厦门、广州、汉口长期派驻的"分驻将校"，同时在上海设"管理将校"一职，负责管理"分驻将校"。同时，日本参谋本部规定"所有谍报员在任第二年'内地旅行'两个月"，第三年需旅行四个月，搜集各地情报。②自1886年始，随着在华情报人员活动费用的支出日渐增多，日本参谋本部开始削减费用，缩小在华谍报人员的规模。在此情形下，日本开始探索着重培养、利用日本浪人或侨民在华组织情报网搜集情报的"荒尾精"模式。

荒尾精（1859～1896），号东方斋，父亲荒尾义济是尾张藩士，荒尾是家中长子。荒尾于1878年考入日本陆军教导团炮兵科，1879年毕业，成为陆军军曹，前往大阪镇台；1880年进入日本陆军士官学校，1882年毕业（旧第五期），在学校认识了第一期的根津一（1860～1927），成为挚交。荒尾在校时就展示出对中国问题的极大关切，并得到当时陆军大臣大山严的赏识，荒尾告诉大山严，"研究中国是为了取而代之"。③1883年，荒尾前往熊本镇台就任，隶属于步兵第三联队，立下了"世界大势下，挽回东亚的颓势，伸张皇国之大义于四海"④的目标，被人称为"当今的西乡隆盛"。荒尾服役时，跟随到过中国的留学生御幡雅文（1859～1912）学习汉语，了解中国情况。1885年，荒尾加入日本参谋本部中国课。按照户部良一的观点，从荒尾的人生轨迹来看，他称得上是当时日本陆军中的"中国通"。1886年春，荒尾受日本参谋本部的派遣，以"驻在将校"现役军人的中尉身份，前往中国组建情报据点。

---

① "驻在将校"是1874年日本陆军省第二次向中国派遣高级军官时确定的名称。
② 许金生：《近代日本对华军事谍报体系研究（1868～1937）》，第53页。
③ 周德喜：《荒尾精的在华情报活动》，南开大学日本研究院编《日本研究论集》，天津人民出版社，2005，第258页。
④ 田中正明『大亜細亜先覚伝』11页。

(一) 汉口乐善堂的成立

1886年4月,荒尾抵达中国上海后秘密会见岸田。岸田深知未来的中日关系能左右东亚的局势,他的目的是"建立日中经济伙伴关系,提携中国,密切关注西欧列强渗透中国的情况,从而思考日本的未来,担心亚洲的危机,并认为培训人才是当务之急"。① 因此,岸田有意扶植日本人深入了解与研究中国问题,积极传授荒尾中国事项;② 荒尾则是踌躇满志,立志"经略中国",促使日本取而代之。双方一拍即合,随即着手创建日本在华的第一个正式情报机关——汉口乐善堂。

1886年8月30日,荒尾作为发起人,在岸田的资助与日本驻汉口领事町田实一(1842~1916)的协助下,创立了上海乐善堂的支店——汉口乐善堂。③ 这是日本在华第一个正式的情报调查据点,标志着日本在华体系化、正规化情报调查的正式兴起。也就是说,"与之前被派遣将校的单独勘查活动不同,集团谍报活动被付诸实践"。④ 早在1884年,日本参谋本部的伊集院大尉以三河卧水的化名在汉口开店,经营书籍与药物,⑤ 店产隶属日本陆军。汉口乐善堂继承伊集院大尉的产业,地址选在汉口洋华街的英国租界内,店铺为中日混合风的二层建筑。⑥ 后因货物与店员的增加,且日本人来汉投宿日多,1887年,荒尾又另租借房屋一处,每月租金约66元,分别由岸田和町田实一承担一部分。汉口乐善堂配给荒尾每月40日元,外部津贴一年1000日元。开店伊始,荒尾还从日本参谋本部募集到1000元的活动资金。随着汉口乐善堂业务的拓展,其活动资金来源主要为售卖商品的利润,另有日本汉口领事馆、日本参谋本部、外务省的部分资助。汉口乐善堂标榜

---

① 『東亞同文書院大學史—創立八十周年紀念志』14頁。
② 藤田佳久『日中に懸ける:東亜同文書院の群像』中日新聞社、2012、31頁。
③ 汉口乐善堂的成立日期,参见田中正明『大亜細亜先覚伝』10頁。笔者查阅资料,只有『大亜細亜先覚伝』有汉口乐善堂成立的准确日期,其他资料一般记载成立日期为"1886年春"。
④ 户部良一:《日本陆军与中国:"支那通"折射的梦想和挫折》,金昌吉、諏访一幸、郑羽译,社会科学文献出版社,2015,第31页。
⑤ 大里浩秋「漢口楽善堂の歴史(上)」『人文研究』(神奈川大学人文学会)第155期、2005年、61頁。
⑥ 葛生能久『東亜先覚志士記伝』上、大空社、1997、344頁。

的商业噱头和上海乐善堂如出一辙——配制出售眼药水、印制贩卖诸子百家袖珍本书籍、经营杂货贸易，所有货物由岸田与上海乐善堂提供。

19世纪80年代，正是日本人陆续进入中国之际，其中不乏大批日本浪人，浪人是"超级爱国者"，中国是他们的"狩猎场"。① 所谓日本浪人，实际上大多可直接与间谍画等号——"'浪人'一词指极端民族主义政客和他们的代理人以及在日本不断出现的秘密会社的成员"，"他们利用各种方法隐瞒自己的真面目，以职员、农场主甚至传教士的身分出现，他们有时也把自己打扮成朝圣者或者乞丐。他们的经费毫无疑问是由这个或那个情报机关提供的"。② 佐佐博雄指出，中日甲午战争前，一些日本民间人士渡海前往中国，并以荒尾创办的汉口乐善堂为据点进行活动，其中大多数人在甲午战争期间担任日军翻译，加入"特别任务班"，这批人被看作"大陆浪人"和"志士"。③

荒尾将在中国各地周游的20多名日本浪人纠集整合，作为汉口乐善堂的成员。这批人主要是在日本西南战争中失败的南九州人、幕末败给官军之东北地区的浪人，以及在明治政府前途失意之人，④ 他们多是武士出身，少数是农民和读书人，出生地在日本九州的超过一半。荒尾将这些零星的调查人员聚集于汉口乐善堂，主要有宗方小太郎、山内岩、井深彦三郎、高桥谦、浦敬一、山崎羔三郎、藤岛武彦、石川伍一、北御门松二郎、河原角次郎、中西正树等20余人。⑤ 这批汉口乐善堂的间谍人员也被称作

---

① 理查德·迪肯：《日本情报机构秘史》，群益译，群众出版社，1985，第130页。
② 理查德·迪肯：《日本情报机构秘史》，第130~131页。
③ 佐々博雄「日清戦争後における大陸『志士』集団の活動について—熊本国権党系集団の動向を中心として—利用統計を見る」『国士舘大学文学部人文学会紀要』1994年第27期、45頁。
④ 藤田佳久「荒尾精と日本初のビジネススクール・日清貿易研究所の誕生」『同文書院記念報』2020年第28期、11頁。
⑤ 关于汉口乐善堂的成员人数，《东亚同文书院大学史——创立八十周年纪念志》中记录是30余人（第16页）；大里浩秋在《汉口乐善堂的历史（上）》中认为是20~30人，他列出了27人。笔者能找到资料的是29人，出生地和姓名如下。熊本：绪方二三、片山敏彦、广冈安太、宗方小太郎、井手三郎、松田满雄、前田彪；福冈：田锅安之助、高桥谦、山崎羔三郎；长崎：浦敬一；福岛：井深彦三郎、中野二郎、白井新太郎、山内岩；群马：大屋半一郎；岐阜：中西正树；冈山：黑崎恒次郎；秋田：石川伍一；鹿儿岛：藤岛武彦；山形县：荒贺直顺；出生地不详者：北御门松二郎、河原角次郎、阿部野利恭、高桥源助、浅野德藏、田川、姬田、小城。

"汉口组"①、"汉口梁山泊"②，他们也是甲午战争前后日本人"中国实践行动集团"的重要一环。③ 汉口乐善堂的成员是日本最早依托正规组织展开调查的情报者，大部分人后来是参与创办日清贸易研究所和东亚同文书院的骨干力量。以宗方小太郎、石川伍一为代表的许多成员，在甲午战争中大力展开对清情报工作，甚至成功刺探到中国北洋海军的重要军事情报，从而为日本立下"谍报奇功"。④ 因此有学者指出，在甲午战争中，"清朝政府并不是全部处于下风，日本取得大胜的原因之一就是全面可靠的情报"，⑤中国之败于日本，某种程度上是败于情报。

（二）汉口乐善堂的规则

荒尾在汉口乐善堂以私塾制度组织和培训成员，向成员们传授当时中国的基本知识，并制定了汉口乐善堂的制度规则，进行人事安排。首先，荒尾自任汉口乐善堂"堂长"，负责总理乐善堂事务，其他成员则为"堂员"。荒尾将"堂员"分为两组：负责实地调查的"外员"（外部调查人员）和负责文书工作的"内员"（负责资料整理）。"内员"下设外员理事、外员处、编辑处。其中，外员理事负责总理商业会计的一般性事务，谋划乐善堂业务的扩张；外员处负责通报审查在外堂员的情况，并教导堂员如何对内外情势进行选择汇报，且补助外员的调查活动；编辑处则负责从不同地方收集报告，也从各种报纸中获取信息，最后由堂长荒尾负责选摘整理。

自汉口乐善堂成立起，荒尾就以军事教练的指导方法对成员实行约束，对风纪、卫生、警卫均有详细规定。最重要的是，汉口乐善堂制定了具体的制度和行动规则，有所有成员必须遵守的《一般规则》、《内员概则》和

---

① 大里浩秋「漢口楽善堂の歴史（上）」『人文研究』（神奈川大学人文学会）第155期、2005年、59頁。
② 井上雅二『巨人荒尾精』大空社、1997、18頁。
③ 佐々博雄「日清戦争後における大陸『志士』集団の活動について―熊本国権党系集団の動向を中心として―利用統計を見る」『国士舘大学文学部人文学会紀要』1994年第27期、47頁。
④ 汉口乐善堂的成员石川伍一、藤岛武彦、山崎羔三郎在甲午战争中为日本刺探情报，被清军捕获处决。宗方小太郎在甲午战争中向日军提供了中国北洋海军的重要情报，受到日本天皇的接见和嘉奖，去世后更是得到褒奖。
⑤ 张光新：《日本近代对外战争决策中的情报保障研究》，第154页。

《外员探查注意事项》，且规定汉口乐善堂的根本精神为"我们同志的目的是，改造支那为世界的一等人类"。①

《一般规则》有七条，分别是：

第一条　我们众人的目标极为远大，可谓任重道远，要轻进缓慢地抵达我们现有能力所至的地步。我们的目的与自我兴亡关系虽不多，但必须深谋远虑，谨言慎行，重其行动，万无一失，能在疾雷激电中、掩耳烁眼之际抓住机会，以期达成目的。所以自我要慎重思虑，平时待人接物也要勤勉，以温和礼貌为宗旨，绝不能如年轻人般冲动。特别是遇到支那人的时候，为了减轻对方怀疑行为，可以假装商人，把谈话转移到商业上。

第二条　各自的事务不要外传，闲时也应言行谨慎，着重培养干事能力。

第三条　把汉口乐善堂支店的诸同志分成两个队伍，一为外员，一为内员，由堂长统领。

第四条　堂长要时常监督内外人员，注意其事业的进退。并注意一般形势的变化，根据形势做专门之计划。

第五条　外员独当一面，直接负责外出调查，要以最巧妙的言行来避免嫌疑，外员的各自任务切勿对外谈论。要注意到调查地区的大势，对于有利于他日利益的事情，不可遗漏。

第六条　内员对各自分担的事务要勤勉处置，要专门谋求事业的进展，并加强学习以使外员们受益。

第七条　每年春季召开外员大会。但可以根据汉口乐善堂支店或外员的情况以及在堂长或内员各地巡回的情况，决定是否应停止召开会议。但是，大会停止的情况、各地的情况及决议事项都应通知外员。

着重指出一点，对于"外员"的调查项目，汉口乐善堂制定了《外员

---

① 藤田佳久『東亜同文書院中国大調査旅行の研究』36頁。

探查注意事项》。"外员"身穿中国服装，梳中式发型，说中国官话，以行商、医病或游历为幌子，前往目的地展开调查。对于调查人物，"外员"的访查对象为"君子、豪杰、豪族、长者、侠客、富者"，① 要调查这几类人的住所、姓名、年龄、行迹，并详细记载这几类人的具体分类。

比如，在调查对象中又将"君子"分为六类：第一等，有拯救世界之方法的人；第二等，有复兴东洋之道的人；第三等，改良政治，拯救国家之人；第四等，鼓舞子弟，为后世指明道路之人；第五等，立于朝堂治理国家之人；第六等，遗世独立而等待机会之人。"豪杰"一类，就有"颠覆政府且推出之人""起兵割据一方之人""驱逐跋扈西洋人之人""欲想获取西洋利器之人"。② "长者"，则是家富而乐善好施之人、爱乡而导善之人、有学才之人、心地善良之人、意在济世却未成之人、似有识君子之人，总之，这些长者也是一乡所仰望之人。③ 尤其要注意哥老会、九龙会、白莲教等秘密结社团体，调查其思想、组织、实力。④

除调查各类人物与团体之外，"外员"的调查内容还有调查目标区域的政治、地势、气候、人情、风俗、产业、物资的种类与流通、交通状况。外员对调查对象探访记录后，上交汉口乐善堂，由荒尾负责整合纠集这些情报，最后上交日本参谋本部。这就是汉口乐善堂开启的以调查中国地理物产、人情风俗为主的"中国调查的试行调查"，范围重点在中国西北、西南地区，这也是东亚同文书院中国旅行调查的最初源头。

三 汉口乐善堂的"中国调查的试行调查"

自汉口乐善堂成立后，按照荒尾制定的调查计划，成员们以旅行、经商、卖药等名义"旅行调查"，正式展开了"中国调查的试行调查"，也可称为"中国试行调查"。与以往日本在中国零散的情报调查相比，在荒尾的

---

① 藤田佳久『東亜同文書院中国大調査旅行の研究』39–42 頁。
② 藤田佳久『東亜同文書院中国大調査旅行の研究』40 頁。
③ 藤田佳久『東亜同文書院中国大調査旅行の研究』41–42 頁。
④ 田中正明『大亜細亜先覚伝』24 頁。

组织下，汉口乐善堂的调查目的明确、计划周详，其调查方法、人员配置、组织系统均起着"范式"作用，成为近代日本在华正规化情报调查的开始和"先声"。这一调查方式和传统及调查资料的编纂方式，又直接影响了日清贸易研究所、东亚同文书院毕业生的年度旅行调查。

当初岸田与荒尾之所以选择在汉口创办乐善堂，最重要原因是汉口的优越地理位置极为方便日本情报人员的调查活动。另外，与欧美国家相比，荒尾和日本驻汉口领事町田实一感到日本在华商贸活动处于弱势地位，于是，如何利用汉口乐善堂这个据点向中国销售日本商品，也成为荒尾等人的自觉任务。1888年初夏，岸田曾到汉口考察，10月才返回上海，目的不外乎与荒尾等人筹划汉口乐善堂的行动计划。面对日本在"支那中部贸易素有潜力，但却商权不振"的现状，1888年汉口乐善堂特别制定了《汉口善乐堂委托贩卖使用规则》（『漢口樂善堂委托販賣取扱規則』，以下简称《使用规则》），上交给日本外务省通商局局长浅田德则。这份《使用规则》内含22条细则，明确了日本商家与汉口乐善堂的相互合作情况与各自义务，并规定了日本在华商品贩卖的种类。① 同样在1888年，町田实一还向日本外务省秘密报告，计划利用汉口乐善堂销售日本硝石、硫黄等矿产品。② 看得出，在荒尾等人的设想中，汉口乐善堂既是一个情报调查机关，也是一个循序渐进扩张日本在华商业版图的商贸机构。

但是，汉口乐善堂最引人注目的行为，还是以该堂为主体，由各支部展开情报调查的活动——"中国调查的试行调查"。早在各地支部成立之前，汉口乐善堂成员高桥谦就认为"当时中国诸省外人未曾踏足，欧美传教士却早先日本人一步，我辈同志须认清中国的具体内情"。③ 于是，尽快成立支部，拓展业务，刺探支部周边省份的情报，成为汉口乐善堂的新任务。荒尾计划将汉口乐善堂的支部逐渐开设至中国各地，按照三年、五年、

---

① 「本邦産紋棉南部試売品在清国漢口楽善堂へ送付方同堂ヨリ出願一件」（1888年）、外務省外交史料館（JACAR）、档案号：B11100756600。
② 『見本関係雑件　第一巻』（3-3-6-1_001）外務省外交史料館（JACAR）档案号：B10074352600。
③ 大里浩秋「漢口楽善堂の歴史（上）」『人文研究』（神奈川大学人文学会）第155期、2005年、74頁。

七年的时间段来具体实施；汉口乐善堂运送书籍、药物至支部卖出，所得盈利为支部的活动资金。因此，为在中国展开情报调查，汉口乐善堂逐步将业务拓展到汉口之外的其他城市，先后在中国境内开设了北京积善堂、重庆乐善堂、长沙乐善堂、天津积庆堂、福州乐善堂等支部，宗方小太郎、高桥谦、山内岩分任北京、湖南、重庆支部的支部长，每个支部有成员3~4人。

汉口乐善堂最为成功的支部，当数宗方小太郎经营的天津、北京两支部。1888年6月，汉口乐善堂召开"汉口会议"，制定了七条行动方针，其中最重要的是：第一，湖南支部、重庆支部负责探查该地情况；第二，实行防止俄国东侵之策，派人前往新疆，彼时须相机处置；第三，探查北京宫廷人物，视察中央政况，踏查关外"满洲"形势。①

在"汉口会议"行动方针的指示下，荒尾决定成立北京支部和天津支部，并计划先成立天津支部，作为拓展汉口乐善堂北方业务的前站。荒尾提醒宗方小太郎，此为"经略直隶、山东、山西、辽东"的必要措施。② 按照计划，宗方小太郎随即赶赴上海拜访岸田，共同商议成立天津支部的事宜。同年6月，荒尾给宗方小太郎写信，告知亟须设置天津支部，"能于遭遇时势变迁，在机会未有显露之时，能抓住机会，有所作为"。③ 在给宗方小太郎的信中，荒尾指出先设置天津支部有以下四个目的：

第一，探查朝野人物、马贼、白莲教的实情，收取其人心，以为将来所用；

第二，细查豪族，防止其来日有所妨害；访求朝野人物，寻找除去其之方法；

第三，探侦兵器、弹药、粮食、银钱等水陆军务的必要器材物料；

第四，探侦清朝内政外交的政策计划、事件。④

---

① 中下正治『新聞にみる日中関係史：中国の日本人経営紙』研文出版、1996、67頁。
② 《宗方小太郎日记》（未刊稿）上卷，甘慧杰译，上海人民出版社，2017，第170页。
③ 大里浩秋「漢口楽善堂の歴史（上）」『人文研究』（神奈川大学人文学会）第155期、2005年、81頁。
④ 大里浩秋「漢口楽善堂の歴史（上）」『人文研究』（神奈川大学人文学会）第155期、2005年、80頁。

1888年9月，宗方小太郎前往天津，正式创办了汉口乐善堂天津支部。随后，宗方小太郎前往北京，借用日本驻北京公使馆一位乔姓中国人之名，以开设药铺为掩护，在北京琉璃厂创办了汉口乐善堂北京支部。根据荒尾的指示，1888年北京支部的探侦任务以及需要买入的物件为"北京大小衙门的数目、组织及先行状况、最近六部处分则例，查找《枢垣记略》、各省处分则例，购买大清会典事例"。① 此外，在汉口乐善堂支部的设置问题上，荒尾还打算在中国北方除设置北京支部外，还要在东北开设盛京支部，并计划在1889年下半年于辽东寻找合适之处开办牧畜所，以探侦当地经济状况；除辽东外，依次设置直隶、山东、山西支部。②

由此，汉口乐善堂以各地支部为网点，正式开展辐射周边的短期局部之调查活动，这被称为"中国调查的试行调查"。各支部初期的调查活动在湖北周边的湖南、川蜀、云南等地开展；调查成员打扮成中国人，以经商、行医、游历的名义在调查区域活动，"他们是佯装中国商人，深入中国内地，以勘查中国情势，搜集情报为主"，③ "这些民间人士留起长辫伪装成中国人，言语不通的时候就装作是福建人，冒了许多危险踏入了内陆地区"。④

具体调查任务方面，长沙支部的高桥谦进入重庆调查，后由山内岩接手负责；山崎羔三郎深入云南、贵州等少数民族地区；石川伍一和松田满雄二人负责调查四川，并深入云贵，潜往西藏。石川伍一在四川打箭炉调查时，被怀疑带有军事目的而被当地官员逮捕，石川逃狱活命。石川和松田满雄将在四川的调查资料整理成《四川报告书》，详述了西南地区的山河形势、要塞、气候、人情、风俗、农工商现状、水路、物资的多寡、金融、运输交通状况等，并附有细致的图说。其调查资料十分珍贵，被汉口乐善

---

① 大里浩秋「漢口楽善堂の歴史（上）」『人文研究』（神奈川大学人文学会）第155期、2005年、82頁。
② 大里浩秋「漢口楽善堂の歴史（上）」『人文研究』（神奈川大学人文学会）第155期、2005年、81頁。
③ 黄福庆：《近代日本在华文化及社会事业之研究》，台北，中研院近代史研究所，1982，第7页。
④ 户部良一：《日本陆军与中国："支那通"折射的梦想和挫折》，第31页。

堂所重视。① 1888 年春，广冈安太就开始在中国北部进行调查，广冈与高桥谦、石川伍一、松田满雄四人在重庆成立乐善堂支部后，1889 年 4 月，广冈安太从重庆前往云贵，计划"潜伏于云贵的山区，投身于清朝化外之地的苗族之中，纠合苗族发动叛乱，若有机会，则骗取头领的赘婿地位，有朝一日以总头目的身份经略西南诸省"。② 后来，广冈在云南失踪，日人推测"恐为苗蛮杀害"。③ 以上诸成员的活动，就是汉口乐善堂及其支部在云贵川的早期调查活动。

汉口乐善堂的调查活动目的是向日本参谋本部提供在华调查情报，以期日本制定对华政策时能有所参考。实际上，荒尾的构想是通过汉口乐善堂联络纠合诸多分散的"志士"，制定统一的调查计划，并协力实现"为防卫白人的侵略，实现亚洲人的提携，复兴亚洲"，④ 即所谓的"支那改造论"。为能帮助日本攫取在华权益，荒尾尤为注目俄国在中国东北、蒙古、新疆的动态。1888 年，俄国公布了"西伯利亚铁路建设计划"。为遏制俄国在中国北方的势力，汉口乐善堂制定了四条行动方针：

1. 遏制俄国通过西伯利亚在清国伸张势力。
2. 清朝腐败，仇视日本，不了解协同防御的大义。所以乐善堂的同志，要帮助汉民族与助成其革命运动，期望十年以后中国进行改造，实现日中提携。
3. 经营东亚事务，需要培养必要人才，要在上海设立学校。
4. 为防止俄国东侵，派遣浦敬一前往新疆伊犁，督促伊犁总督刘锦棠有所觉悟。⑤

由此，紧接着汉口乐善堂及其支部在云贵川等地的调查，随着日本对

---

① 田中正明『大亜細亜先覚伝』36 頁。
② 绪方二三等：「我们的回忆录」『九州日日新聞』1934 年 9 月连载，转引自戚其章《论荒尾精》，《贵州社会科学》1986 年第 12 期，第 57 页。
③ 葛生能久『東亜先覚志士記伝』上、372 頁。
④ 『東亞同文書院大学史—創立八十周年纪念志』16 頁。
⑤ 『東亞同文書院大学史—創立八十周年纪念志』16 頁。

中国东北、蒙古、新疆动态的密切关注，荒尾开始逐渐将汉口乐善堂的调查范围转移扩大到中国西北地区，并不断派员前往调查。最具代表性的是浦敬一的两次西北之行，以及汉口乐善堂根据西北调查资料编纂而成的《兰州纪要》。

1888 年 3 月，荒尾派藤岛武彦与大屋半一郎从汉口出发前往兰州，两人抵达兰州后开设商店出售书籍和杂货，筹备资金，等待浦敬一等人。同年 6 月，浦敬一、北御门松二郎、河原角次郎出发前往新疆，目的是劝说伊犁总督刘锦棠谨防俄国势力的南下。浦敬一等三人梳中国人发型，穿汉式服装，但到兰州后并未找到藤岛与大屋所开的商店，① 在兰州等待 1 个月后因经费不续，三人决定返回。② 浦敬一返回汉口乐善堂，北御门松二郎、河原角次郎则回北京支部。这次失败让荒尾决定派遣熟习汉语的石川伍一再次前往新疆，让浦敬一留在汉口。浦敬一于是给宗方小太郎写信，表达自己想再次前往新疆调查的意愿。③

为避免失败，浦敬一对第二次西北之行做了周详的计划。按照浦敬一的《新疆地方巡视要目》，浦氏此行去新疆的目的有八。第一，考察俄国军队可能进入中国的路线（伊犁路、阿克苏路、塔尔巴哈台路、喀什噶尔路等四大路线）的状况；第二，尽可能考察新疆的防御状况，考察其地形、气候等的利用；第三，考察新疆的回族、喇嘛及屯田兵、流民等的状态，如为我所利用，最大限度可利用几许，还要考察研究如何收揽、统合利用之；第四，考察清朝政府对于俄国的防御方法、兵备配置，对回民、汉民

---

① 藤岛和大屋在从汉口运送书籍至兰州的路途中遇到强盗，货物被扣，仅以身免。等他们折回襄阳筹集到资金，再于 9 月到达兰州后，浦敬一等人已离开数日，两队人马没有会合，藤岛和大屋只好返回汉口。藤岛和大屋返回的时间是 1889 年 1 月。见葛生能久『東亜先覚志士記伝』上、378 頁。

② 实际上浦敬一与北御门、河原产生龃龉，不欢而散。具体情况见宗方小太郎 1888 年 11 月 23 日日记："汉口来信曰：本年六月赴伊犁之浦敬一抵甘肃兰州，约会大矢诸人，然事成龃龉。浦苦于旅资无所出，遂出离兰州，途中不意邂逅去年从北京出奔之外务留学生中西正树，再携归汉口云。又，北御门、河原等欲作旅行，来年五月，浦等三人将再会于兰州，赴伊犁云。"参见《宗方小太郎日记》（未刊稿）上卷，第 183 页。

③ 在兰州因去留问题，浦敬一和北京支部的北御门松二郎、河原角次郎产生分歧，因此北京支部长宗方小太郎不同意浦敬一再次前往新疆，这也是浦敬一写信给宗方表达想再次去新疆的原因。参见葛生能久『東亜先覚志士記伝』上、390 頁。

的施政,对屯田及流民的安置,对开垦、牧畜等的奖励法等;第五,考察清朝政府维持新疆的费用及其来源和对当地人、屯田兵及其他耕地的课税状况;第六,考察新疆各地的牧畜、耕作、商业、库藏等的实况,计算物资的多寡,而且分析一旦有战事,清朝的物资供应、运输等以何种方法准备;第七,考察新疆各地的要路,以及回民汉民的形势、官员配置以及人员的预算等;第八,考察畜牧业、开垦、商业等的状况,新疆官吏的管理以及本部费用和资本的状况。①

1889年3月,浦敬一、藤岛武彦从汉口出发前往中国西北,正式开启了第二次西北之行。② 浦氏化名"宋思斋",藤岛化名"宋克己",二人4月中旬至西安后,待至6月上旬,其间贩卖从汉口携带而来的书籍和药物,以充作路费。但因路费不济,二人在兰州附近决定分道扬镳。藤岛南返汉口,浦敬一继续西行。藤岛武彦于1890年4月返回汉口,浦敬一独自继续上路,之后失联,一直到1893年都没有任何消息。汉口乐善堂众人以为,"以浦敬一的才能和坚忍不拔,可能混在蒙古族牧民中牧羊,甚至当了柯尔克孜族首领,以及在西藏做了喇嘛"。③

在调查成果上,汉口乐善堂成员的旅行调查代表作是《兰州纪要》④,作者不详。现存原件始为白岩龙平(1870~1942)所有,后由东亚同文书院同窗会"沪友会"所藏,现为日本爱知大学保存,近年经日本学者藤田佳久整理而得以出版面世。⑤ 白岩龙平是日清贸易研究所的第一期学生,毕业后在中国经商,成为湖南汽船会社的副社长,被称为"亚细亚主义的实

---

① 垳薰藏『浦敬一』淳風書院、1924、219-220頁。
② 据宗方小太郎1889年2月26日的日记,荒尾本意安排浦敬一、北御门松二郎、河原角次郎三人前往新疆,但北御门、河原二人没有从北京出发与浦敬一会合,致使计划变更,荒尾与浦敬一写信责备。"是日汉口荒尾及浦敬一书信到,就赴伊犁行之事咎责北御门、河原二子违约。"参见《宗方小太郎日记》(未刊稿)上卷,第192页。
③ 葛生能久『東亜先覚志士記伝』上、393-394頁。
④ 日本学者藤田佳久推测《兰州纪要》成书在明治(1868~1912)中期,笔者认为成书于汉口乐善堂时期(1886~1889)。参见藤田佳久『東亞同文書院中國大調查旅行の研究』30頁。
⑤ 《兰州纪要》的日本原版内容参见藤田佳久『東亞同文書院中國大調查旅行の研究』65-79頁。中文版参见冯天瑜、刘柏林、李少军选编《东亚同文书院中国调查资料选译》(上),李少军等译,社会科学文献出版社,2012,第577~592页。

业家",① 是日清贸易研究所 89 名毕业生中最成功的一位。② 《兰州纪要》原件有"汉镇乐善堂藏"字样,此为汉口乐善堂的专属。藤田佳久认为,《兰州纪要》并非前往西北调查的藤岛武彦的手笔,而是汉口乐善堂"内员"编集的成果。③《兰州纪要》凡五章,内容如下:第一章,兰州的地理位置与条件;第二章,省城兰州的历史;第三章,兰州地域的交通网络状况;第四章,兰州市内设施与周边地区状况,兰州的兵制、税制、地亩制度、驿站制度、练兵状况;第五章,兰州的出入物资、商人出生地和经济活动。④ 总之,《兰州纪要》详细记录了甘肃的管辖范围、地域状况以及兰州的都市机能、经济活动。藤田佳久评价道:"《兰州纪要》行文简洁,含有丰富的情报信息,分为五章的方法,是一种情报分类的记录方式。"⑤ 可以说,《兰州纪要》这种编写材料的方式,对后来东亚同文书院调查成果的编写有着模板的作用。

四 汉口乐善堂的结局及其情报成果

1889 年,荒尾返回日本后,汉口乐善堂由中野二郎暂理,但该堂经营已经困难。荒尾等人虽野心勃勃,但是汉口乐善堂仅凭一批日本浪人的支持难以为继,毕竟存在人员经费短缺、力量薄弱的问题。大里浩秋认为,"在汉口乐善堂经讨论而付诸实施的计划中,一部分是在资金和经验都缺乏的情况下所进行的过于轻率之举"。⑥ 说到底,汉口乐善堂的情报调查活动难以满足当时日本对华扩张的急切需求,荒尾等人在中国的活动也受到了一定限制,荒尾转而向中日商贸方面寻求出路。其实,荒尾有意识地在汉口经营以日本驻汉口领事町田实一为中心的商业人脉,后者也从对华贸

---

① 中村義『白岩龍平日記:アジア主義実業家の生涯』研文出版、1999。
② 東亜文化研究所編『東亜同文会史 明治・大正編』霞山会、1988、31 頁。
③ 藤田佳久『東亞同文書院中国大調査旅行の研究』48 頁。
④ 藤田佳久『東亞同文書院中国大調査旅行の研究』50 頁。
⑤ 藤田佳久『東亞同文書院中国大調査旅行の研究』61 頁。
⑥ 大里浩秋:《辛亥革命与上海的日本人——以宗方小太郎为中心的研究》,薛明译,《近代中国》第 21 辑,上海社会科学院出版社,2011,第 207 页。

易的角度出发，注意培养日本商贸人才，这也是促成荒尾日清贸易商会构想的一个原因。①

这个突如其来的商贸计划，引起了汉口乐善堂的内部纷争。1889年9月17日，汉口乐善堂北京支部长宗方小太郎在日记中记载道："是日汉口片山、绪方两氏信到，报汉口乐善堂衰颓危急之况。嗟！数十名同志各抱意见，为小异争执，而不能和谐，措施错乱，缓急无序，实不能成大事也。"② 但是局势已经不可扭转，1889年底，汉口乐善堂迁至汉口马王庙。宗方小太郎在1890年3月3日的日记中记载：乐善堂转移后未开张。③ 这表明汉口乐善堂在1889年底就已名存实亡，其支部也先后解散。

在此情况下，荒尾转而从"振兴日清两国贸易"入手，改弦易张兴办培养对华商贸人才的学校。荒尾计划先成立日清贸易商会，并设立商会的附属机构——日清贸易研究所；在日清贸易商会的基础上，在中国各通商口岸设立分会；再进一步设立亚洲贸易商会，在亚洲各国设立分会。可见，汉口乐善堂解散后，荒尾的构想是打造一个可以类比英国东印度公司的商业机构，使计划中的亚洲贸易商会能"最终取代东印度公司，把亚洲的商权抢夺到日本手里"。④

除了初级版本的《兰州纪要》，荒尾回日后，将汉口乐善堂三年来的调查情报整理分析，汇编成6章约2.6万字的"内参版本"《归朝复命书》，提交给日本参谋本部。"复命书"对清朝的朝廷、内政、人物、兵事以及欧洲四大强国（英、法、德、俄）的对华政策都做了详尽分析。在"复命书"的最后，荒尾对清廷统治下的中国予以评价："（清朝）外表强盛，内实空虚，民治腐败，兵势不振，上下失信；朝野人物徒有虚名而不能平定匪乱，清廷以姑息政策苟延残喘，以维持其统治。"⑤ 他主张为实现中日经济"提

---

① 野口武「日清貿易研究所出身者の『立身』と教育機会(1)」『愛知大学国際問題研究所紀要』第147期、2016年、58頁。
② 《宗方小太郎日记》（未刊稿）上卷，第206页。
③ 《宗方小太郎日记》（未刊稿）上卷，第222页。
④ 阳美燕：《日本在华首家政论报纸〈汉报〉（1896~1900）研究》，中国社会科学出版社，2015，第227页。
⑤ 『東亞同文書院大学史—创立八十周年纪念志』20頁。

携"抵抗欧洲诸国，建议设立日清贸易商会，培养中日商贸人才，这实际是"兴亚论"的经济构想，日本做中日两国经济的霸主，使中国作为抵抗西方入侵的前站。1894年，荒尾在《对清意见》中也强调从东亚和世界格局而言中日经济合作的必要性，再次主张设立日清贸易商会，而这一设想后来由根津一具体实施。

而在日清贸易研究所时期（1890～1893），1892年，所长根津一根据汉口乐善堂的调查成果主持编纂了"公开版本"《清国通商综览》，这是对汉口乐善堂旅行调查成果系统处理后的集大成之作。《清国通商综览》的编纂起源，即为汉口乐善堂对中国诸省份矿业、林业、农务、通商贸易等的情报调查。① "该书基本资料是汉口乐善堂时代荒尾与其他堂员在中国进行的实地调查，是毫无隐晦的中国民众生活的记录。"② 《东亚同文书院大学史》也记载《清国通商综览》所用资料，为荒尾与汉口乐善堂成员于1886～1889年的四年间，跋涉中国400余州的山川荒野，对中国内地和秘境所做实态报告的文字记录，实际是对中国民众的生活记录。③ 《清国通商综览》凡二编（分为三卷），第一编内容为中国的地势、政治、财政、经济、交通运输、金融、贸易、商业组织、商贸习惯、渡航、内地旅行等问题；第二编为对中国工艺品、物产的介绍，事无巨细。相比《兰州纪要》，《清国通商综览》更为系统缜密，这直接影响了后来东亚同文书院编写调查报告的写作方式，这是世界对中国和中国人实态介绍的最早文献。④ "《清国通商综览》一书的公开发行，则在日本国内引起了很大的反响，使日本当局在积极准备发动侵华战争的同时，较前更为重视对中国的经济侵略了。"⑤ 《清国通商综览》不仅是当时日本窥探中国的情报百科全书，客观上也为后人了解当时中国的政治、经济、地理等诸多状况提供了一手资料。

---

① 井上雅二『巨人荒尾精』34页。
② 薄井由：《东亚同文书院大旅行研究》，上海书店出版社，2001，第7页。
③ 『東亞同文書院大学史—创立八十周年纪念志』34页。
④ 『東亞同文書院大学史—创立八十周年纪念志』34页。
⑤ 戚其章：《论荒尾精》，《贵州社会科学》1986年第12期，第59页。

结　语

本文对汉口乐善堂的发起背景、成立时间、人员构成、组织运作、规章制度、调查活动进行了爬梳。简言之，以荒尾1886年创办汉口乐善堂为起点，日本近代对华体系化、规模化的情报活动正式展开。情报调查活动与日本对外扩张政策相互配合，极符合日本明治维新以来"国权主义"的风潮及行事准则。①

从组织系谱而言，汉口乐善堂（1886~1889）与之后日本在华创办的日清贸易研究所（1890~1893）、东亚同文书院（1901~1945）实一脉相承，三个机构的发起人、参与人高度重合，三者均大力支持中国"旅行调查"活动。但从"中国调查的系谱"出发，汉口乐善堂是日本近代在华正式的情报据点，日清贸易研究所、东亚同文书院则更为隐蔽，成为培育"中国通"的"教育机关"。实际上，日本战前在华从事情报活动的主体包括外务省、领事馆、农商务省、陆军省、参谋本部、日本商社与民间商人等，还有新闻记者的积极参与。

在荒尾的主持下，汉口乐善堂的"四百余州之探险"搜集了大量有关中国的重要情报，受到日本参谋本部的极大重视，为日本制定侵华战争的作战方案提供了依据。② 汉口乐善堂解散后，大部分成员最后被吸收进东亚同文会中，继而依附于该会所属的在华报刊，摇身一变成为新闻记者延续其情报生涯。总之，日本战前在中国的调查活动带有强烈的"军国主义色彩"，所谓"旅行调查"收集的情报，最后指向"军事用兵"。③ 从汉口乐善堂时期相对隐晦的情报调查活动至日本侵华战争爆发，日本对华调查活

---

① 按照福泽谕吉的观点，日本奉行的"国权主义"行事准则，即认为近代以降的国际形势为弱肉强食的"禽兽的世界"，日本不必被道德所束缚，应行使日本之"私"的"权道"而成为"禽兽"的一员来行动，积极对亚洲大陆进行扩张。参见丸山真男《福泽谕吉与日本近代化》，区建英译，学林出版社，1992，第157页。

② 戚其章：《论荒尾精》，《贵州社会科学》1986年第12期，第59页。

③ 野口武「『日清貿易研究所』研究の整理と課題—東亜同文書院前史としての位置付けと荒尾精に関連して」『同文書院記念報』2015年第23期、71頁。

动经过几十年的发展，正式形成了体系化正规化的、带有明确侵略指向的情报体系。正因如此，对汉口乐善堂的研究，以点带面关涉整个日本对华情报活动，有助于我们厘清日本对华情报活动的初始脉络、整体走向，又能为把握中日关系的历史语境提供参考资源。

"二十一条"交涉前后日本对"满蒙问题"的认识[*]

林晓萍[**]

1915年1月18日,日本驻华公使日置益向中华民国总统袁世凯提出"二十一条"。之后,"二十一条"问题成为中日关系史研究中的重要问题。日本学者野村乙二郎、笠原十九司更是把"二十一条"问题视为九一八事变乃至之后中日战争爆发的一个远因。[①]

长期以来,中外学界对"二十一条"关注较多,编辑和出版了多部重要史料与著作。[②] 其中关于第二号"满蒙问题"的讨论,中文学界值得关注的是李毓澍的研究。其在《中日二十一条交涉》中利用《日本外交文书》《小村外交史》以及松本忠雄《近世日本外交史研究》等相关史料和著作梳

---

[*] 本文为国家社科基金重点项目"'二十一条'与近代中日关系研究"(18AZS013)阶段性成果。

[**] 林晓萍,北京大学历史学系2019级博士研究生。

[①] 野村乙二郎『近代日本政治外交史の研究:日露戦後から第一次東方会議まで』刀水書房、1982、133頁;笠原十九司『日中戦争全史 対華21ヵ要求(1915年)から南京占領(1937年)まで』高文研、2017、16頁。

[②] 其中关于"二十一条"的史料编撰成果有王芸生编著《六十年来中国与日本》,生活·读书·新知三联书店,2005;中研院近代史研究所编印《中日关系史料·二十一条交涉》,1985;黄纪莲编《中日"二十一条"交涉史料全编(1915~1923)》,安徽大学出版社,2001;等等。而关于外交交涉研究以及条约分析的则有,堀川武夫『極東国際政治史序説——二十一箇条要求の研究』有斐閣、1958;臼井勝美『日本と中国:大正時代』原書房、1972;鈴木隆史『日本帝国主義と満洲:1900-1945』塙書房、1992;吕慎华:《袁世凯政府与中日二十一条交涉》,新北,花木兰文化出版社,2011;北野剛『明治大正期の日本の満蒙政策史研究』芙蓉書店、2012;奈良岡聰智『対華二十一ヵ条要求とは何だったのか』名古屋大学出版会、2015;李斌《拒日图存:中国对日"二十一条"交涉及其影响》,社会科学文献出版社,2018;等等。

理了日方提出的"二十一条"中"满蒙问题"所扮演的重要角色。① 另外，近年来日本学界关于"二十一条"的重要著作《何为对华二十一条要求》，著者奈良冈聪智便将"满洲问题"视为"二十一条要求的起源"进行追溯研究。② 奈良冈聪智以中日交涉核心人物日本外相加藤高明为切入点，尝试通过探寻加藤高明的政治经历，展现日本政府的具体决策过程。从既往研究来看，日本提出"二十一条"的根本原因在于想趁第一次世界大战列强无暇东顾之际，彻底解决"满蒙问题"。但是，对于日本在1915年前后到底是如何认识所谓"满蒙问题"的由来，如何认识自己在"满蒙"的扩张行为，以及在日本各方看来如何才算彻底解决了"满蒙问题"的系统梳理尚缺乏。因此，本文拟以"二十一条"交涉前后日本对"满蒙问题"的认识为切入点，进行分析。

一 日本所谓"满蒙问题"的由来

1914年第一次世界大战爆发，英国卷入欧洲战局。在此情况下，日本趁欧洲列强无暇东顾，以日英同盟为借口，对德宣战，随后日本军队占领德国在华势力范围山东地区。这便是"二十一条"中第一号"山东问题"的由来。随后，日本以解决"山东问题"为口实，一口气提出了牵涉中国广泛地域权益的"二十一条"。其中关于第二号"南满洲及东部内蒙古"部分七条要求的具体内容如下：

第二号
日本国政府及中国政府，因中国向认日本国在南满洲及东部内蒙古，享有优越地位，兹议定条款如下：
第一款　两订约国互相约定，将旅顺、大连租借期限，并南满洲

---

① 李毓澍：《中日二十一条交涉》上册，台北，中研院近代史研究所，1982，第一章"日本二十一条要求的背景"。
② 「序章　満洲問題—二十一ヵ条要求の起源」奈良岡聡智『対華二十一ヵ条要求とは何だったのか』。

及安奉两铁路期限,均展至九十九年为期。

第二款 日本国臣民在南满洲及东部内蒙古,为盖造商工业应用之房厂或为耕作,可得其须要土地之租借权或所有权。

第三款 日本国臣民得在南满洲及东部内蒙古任便居住往来,并经营商工业等各项生意。

第四款 中国政府允将在南满洲及东部内蒙古各矿开采权,许与日本国臣民;至于拟开各矿,另行商订。

第五款 中国政府应允关于下开各项,先经日本国政府同意,而后办理。

(一)在南满洲及东部内蒙古允准他国人建造铁路,或为建造铁路向他国借用款项之时。

(二)将南满洲及东部内蒙古各项税课作抵,向他国借款之时。

第六款 中国政府允诺,如中国政府在南满洲及东部内蒙古聘用政治、财政、军事各顾问教习,必须先向日本政府商议。

第七款 中国政府允将吉长铁路管理经营事宜,委任日本国政府,其年限自本约画押之日起,以九十九年为期。[1]

从上述要求来看,日本计划依据此条款将"南满洲及东部内蒙古"纳入其势力范围,尝试在"满蒙"地区构筑排他性特权。毫无疑问,此种行为是一种侵略行径。但在当时,日本政要与知识分子是如何认识日本与"满蒙"地区所具有的特殊关系,以至于可以在此处尝试确立"优势"地位?其认识主要包括两方面内容。第一个是历史原因,即自甲午战争与日俄战争以来日本与"满蒙"地区所形成的特殊关系;第二个是日本在认识"满蒙"利权问题由来上,认为从国际局势来看,列强竞相划分在华势力范围,不仅是一种常态,而且通过秘密外交、大国协调等"旧外交"形式[2]扩

---

[1] 《日本公使日置益提出的"二十一条"要求原案(1915年1月18日)》,黄纪莲编《中日"二十一条"交涉史料全编(1915~1923)》,第20页。又见JACAR(アジア歴史資料センター)Ref. B06150002400『对支交渉颠末概要(極密)大正四年』(国立公文書館)。

[2] 千葉功『旧外交の形成:日本外交一九〇〇—一九一九』劲草书房、2008、2页。

张其势力在一定程度上也是"合理的"。此小节先介绍历史原因。

"二十一条"交涉时期主导日本外交的是重视与英国关系的日本外相加藤高明。因日英同盟关系以及英国在华利益广泛，日本欲向中国提出彻底解决"满蒙问题"，需先探明英国态度。1913年日本驻英公使加藤高明会见英国外交大臣格雷（Edward Grey）时便将"满蒙问题"追溯到甲午战争时期。加藤高明谈道："如关东州、旅顺、大连者，乃日本因中日战争结果，曾使清国割让，嗣以三国之不当干涉，不得已而交还，卒赌国运而与俄战，始得收归日本手中者。日本对是等地方之关系，非以利害之考虑所能律，而实有历史的感情的姻缘者也。"格雷则答曰："关于租借地之历史上之过程，谓该地于中日战争终结时已归日本，日俄战争之结果不过恢复其一旦获得之物而已，诚乃颇为有力之证据。因此日本国民对于领有之决心亦决非无理由，贵使言日本人植树，实则曾植骨于该地，毕竟此问题应由贵国与中国解决，他国不容置喙。"① 加藤高明关于甲午战争的叙述得到了英国外交大臣格雷的认可。

1894年甲午战争爆发，清朝军队遭受惨败。1895年4月17日中日双方签订《马关条约》，其条件包括：(1) 承认朝鲜独立；(2) 割让辽东半岛、台湾及其附属岛屿、澎湖列岛；(3) 赔款2亿两白银。② 但是在《马关条约》签订一个星期不到，俄、法、德三国则一同要求日本将辽东半岛归还清朝。1895年11月8日，中日双方签订《辽南条约》，日本归还辽东割地。③

日本知识分子清泽洌便指出，从日本出兵朝鲜后俄国的强硬态度，或许可窥得后来日俄战争发生的根本原因。清泽洌在《日本外交史》一书中，将三国干涉还辽之后的十几年称为"卧薪尝胆"时期，或许是对日俄战争前日人理解甲午战后日本之处境的一个高度总结性概括。④ 在此历史理解之

---

① 《日本驻英大使加藤高明会见英国外交大臣格雷问答（1913年1月6日）》，黄纪莲编《中日"二十一条"交涉史料全编（1915~1923）》，第1、2页。
② 「講和条約調印終了ノ旨通告ノ件」外務省編纂『日本外交文書』第28卷第2冊、日本国際連合協会、1953、363-366頁。又见王铁崖编《中外旧约章汇编》第1册，生活·读书·新知三联书店，1957，第614~619页。
③ 王铁崖编《中外旧约章汇编》第1册，第636~638页。
④ 清沢洌『日本外交史』上、東洋経済新報社、1942、260、6頁。

下，日本如何像越王勾践一般最终实现反败为胜，成为重要命题。而日本这一在东亚反败为胜的命题，则因三国干涉还辽，与"满蒙问题"紧密联结。正如法学博士米田实所言，虽然日本之前与"满洲"有一定联系，但两者之间真正的关系却是在甲午战争之后产生。①

三国干涉还辽之后，1896年俄国通过《中俄密约》获得中东铁路敷设权，并于1898年强迫租借旅顺、大连25年。不到五年时间，俄国便将当初以保全中国领土为借口迫使日本归还的辽东半岛占据。这引起了当时日本舆论的强烈不满，甚至在报刊上出现了"卧薪尝胆"之语。② 随后由于义和团运动爆发，俄国以此为口实派兵进入"满洲"，并逐步扩大在"满洲"的势力。在当时的日人眼中，俄国大有独占"满洲"趋势，这引起日本舆论就对俄方案问题主张日趋强硬。③ 日本甚至出现了"膺惩暴俄"之语，这与甲午战争开战前出现的"膺惩暴清"、20世纪30年代出现的"膺惩暴支"相同，企图"合法化"通过战争打败"暴虐"敌人的行为。④ 1904年日俄战争爆发，日本战胜俄国。1905年双方在美国签订《朴茨茅斯条约》。⑤ 1905年12月22日，日中签订《会议东三省事宜正约》（又称《满洲善后条约》）。据条约第一款，中国政府将俄国按照日俄和约第五款及第六款允让日本国之一切概行允诺。⑥ 在此之后，日本开始积极扩张在满势力。

从上文论述可知甲午战后的三国干涉还辽与日俄战争后日本"继承"俄国在满具体利权的过程。以此为基点，日本开始逐步形成所谓的"满蒙特殊权益"。三国干涉还辽与日俄战争，如前文所引的驻英公使加藤高明的叙述一般，此段历史经验成为日本政要与民间认识"合法化""二十一条"

---

① 米田實『満洲問題』帝国教育会出版部、1929、5頁。
② 社会教育会編印『満蒙研究資料』社会教育会、1931、41-42頁。关于三国干涉还辽之后日本民众的反应，尤其是"卧薪尝胆"一语出现的历史背景又可见山室信一『日露戦争の世紀：連鎖視点から見る日本と世界』岩波書店、2005、79-84頁。
③ 外務省編纂『小村外交史』上、紅谷書店、1953、233-249頁。
④ 山室信一『日露戦争の世紀：連鎖視点から見る日本と世界』107頁。
⑤ 《朴茨茅斯条约》，步平等编著《东北国际约章汇释（1689~1919年）》，黑龙江人民出版社，1987，第275~283页。
⑥ 《会议东三省事宜正约》，王铁崖编《中外旧约章汇编》第2册，生活·读书·新知三联书店，1959，第338~342页。

"满洲"部分"要求"的历史情感与记忆依据。日本文部省内部机构社会教育会，是专门发布"满蒙研究"成果的机构，其目的是帮助国民"理解"现在日本的"满蒙"立场与政策。其在1931年出版的《满蒙研究资料》中，在分析"满蒙与我国历史上的关系"章节中，认为日本与"满蒙"地区的历史渊源应该从甲午战争开始讲起。书中认为日本通过甲午战争获得辽东半岛，"对日本来讲，在实现和拥护维持东洋和平、保全中国领土和拥护我国在满蒙的权益使命上，具有重大的意义"，并视三国干涉还辽是"剥夺"日本正当权益，将后来俄国通过《中俄密约》窃辽，视为"我国民卧薪尝胆的忍辱史"。① 另外，三国干涉还辽与日俄战争时期的交涉经验，对日本"二十一条"交涉时期的外交方式产生了重要影响。奈良冈聪智在《何为对华二十一条要求》中从加藤高明的外交经历入手，亦指出甲午战争后由于"三国干涉"发生，当时身为日本驻英公使的加藤高明在寻求英国帮助的过程中，形成了其以后积极推进强化日英关系的认知。同时，日本政府在日俄战争之后，通过与俄国、中国交涉形成了"秘密交涉、前期解决、列强承认"这样一种"理想的"交涉形式。②

二 "满蒙"利益的巩固与扩大

日俄战争之后，日本政府外务省小村寿太郎是积极推动确保及扩张日本"满蒙"利益的重要人物。1905年4月21日，小村寿太郎向阁议提交了《日俄媾和条件预定件》，提出日俄战后日本对满基本政策是"满洲保全主义"。③ 小村寿太郎作为日俄媾和日方全权大使，从美国朴茨茅斯刚一回到日本，便积极阻止了美国哈里曼（Edward Henry Harriman）的满铁收购案。成功阻止美国东进政策的小村寿太郎得到战前研究者的盛赞，信夫淳平便高度赞扬了小村在日本在满势力摇摇欲坠之际，捍卫了日本在满建立"优

---

① 社会教育会编印『满蒙研究资料』1931、41-42页。
② 奈良冈聪智『対華二十一ヵ条要求とは何だのか』29、37页。
③ 「日露講和条件予定の件」外务省编纂『日本外交年表並主要文書』上卷、日本国際連合协会、1995、236-237页。

越地位"的特权。① 随后，小村寿太郎作为日本代表与清朝缔结了"满洲"相关的"日中协约"。1908年，小村寿太郎向内阁会议提交了《对外政策方针》与《关于满洲的对清诸问题解决方针》等草案，并获得日本政府批准。② 1909年，山县有朋向桂首相、小村外相、寺内陆相提出《第二对清政策》，积极建议在"关东州"租借地到期之前巩固日本在"满"经营。③

1911年10月24日，新任外相内田康哉向阁议提出了《对清政策相关文件》，提出目前日本的政策要点在于"维持满洲现状"，而所谓"维持满洲现状"是指解决旅顺、大连租借期将至问题，即确保日本在"满"已有的"优越地位"。④ 1913年因南京事件发生，牧野伸显外相希望趁机提出"关东州之租借年限延长为99年，在此期间内，南满铁路（包括安奉线及一切支线）不归还或售归中国"要求。不过，被驻北京公使山座圆次郎劝阻。⑤ 日俄战后在上述日本外交政策背景下，日本与中国就"满洲问题"展开交涉，并达成了《图们江中韩界务条款》与《东三省交涉五案条款》等协议。

同时，在1915年提出"二十一条"之前，日本通过与俄国签订三次《日俄密约》，在"满洲铁路中立化方案"等问题上共同排斥列国势力介入"满蒙"，努力确定其"优越地位"。⑥ 不过，在日本决策总体走向扩张"满蒙"利益的同时，也要注意到日本政府内部确实存在不同立场。正如栗原健关于日本对"满"政策的研究所提示的，日俄战争之后，日本政府基于文治和平主义的政策与奉行武断"进略"的"急进主义"的政策产生对立冲突，最终在几度调整之后，前者逐渐败退，后者占据优势，最终导致了九一八事变的爆发。⑦

---

① 信夫淳平『小村壽太郎』新潮社、1942、215-225頁。
② 「対外政策方針決定の件」「満洲に関する対清諸問題解決方針決定の件」『日本外交年表並主要文書』上巻、305-312頁。
③ 「第二対清政策」大山梓『山県有朋意見書』307-314頁。
④ 「対清政策に関する件」『日本外交年表並主要文書』上巻、356-357頁。
⑤ 铃木隆史：《日本帝国主义与满洲》，周启乾监译，台北，金禾出版社，1998，第182~184页。
⑥ 可参见蔡凤林《日俄四次密约——近代日本"满蒙"政策研究之一》（中央民族大学出版社，2008）对前三次《日俄密约》的梳理与介绍。
⑦ 栗原健「日露戦争後における満洲善後措置問題と萩原初代奉天総領事」栗原健編著『対満蒙政策史の一面：日露戦後より大正期にいる』原書房、1966、9頁。

日俄战争之后，正如前文提及的，日本通过与俄国、中国交涉形成了"秘密交涉、前期解决、列强承认"这样一种"理想的"交涉形式，希望借此一步步巩固与扩大其在"满蒙"的利权。这种以权力主义为原则的"秘密外交"方式，在一战结束之前，被学者概括为"帝国主义外交"[①]、"势力圈外交"[②]、"旧外交"[③]。在此时期，日本从两方面构筑在华势力范围。一方面通过与中国进行直接交涉，依赖强力与条约，巩固和扩大在"满蒙"的利权；另一方面积极构筑多边大国"协调体制"，通过与英国、俄国、法国、美国等大国缔结同盟、条约、协定等形式，谋求日本对"满蒙""优越地位"的国际承认。

虽然日本这一"帝国主义外交"被后来的学者辩称是学习欧美以此对抗欧美，而不在乎西洋是善是恶，是一种"无道德外交观""无思想的外交",[④]但毫无疑问，这种"帝国主义外交"在当时是日本国内的主流对外路线。井上清在分析在日本帝国主义形成时，专门对福泽谕吉、德富苏峰、高山樗牛、浮田和民以及亚洲主义者等的帝国主义思想进行介绍。井上清指出，19世纪末20世纪初期，日本知识人认为殖民扩张是顺应世界之大势。他们接受社会达尔文主义所主张的适者生存论，并认为日本应该成为帝国主义国家的一员。[⑤]

在外交交涉以及民间论著中，日本方面经常出现两种提出"满蒙问题"原因的主张。日俄战争结束之后，日本未能就东北问题与清朝进行充分协商。外交官松本忠雄提到日俄战争之后北京谈判时，桂内阁因种种事情而急于做出决定，最终没能进行充分协商。双方仅就大纲对问题进行了大致解决，导致后来中日两国围绕东北纷争不断。[⑥] 松本忠雄在《近世日本外交史研究》中更为详细地解释道，日俄战争之后，日本为确保在东北的地位，

---

① 入江昭『極東新秩序の模索』原書房、1968、1-4、13頁。
② 服部龍二『東アジア国際環境の変動と日本外交：1918-1931』有斐閣、2001。
③ 千葉功『旧外交の形成：日本外交一九〇〇-一九一九』。
④ 入江昭『日本の外交：明治維新から現代まで』中央公論新社、1966、19-20、27-29頁。
⑤ 井上清：《日本帝国主义的形成》，宿久高等译，人民出版社，1984，第131~148页。
⑥ 松本忠雄『対支国論の回顧：大正四年日支交渉前より講和外交迄』（非売品）、1-2頁。

派遣小村寿太郎出使北京，与清政府协商东北善后问题。由于当时桂内阁计划北京交涉结束即立刻决行总辞职，因此小村寿太郎与清政府进行协商的时间非常短暂。其结果是对于"关东州"租借、安奉铁路、南满铁路等关键问题也未能进一步商议，日方只继承了俄国相关租借期限与清朝购回条件。① 吉野作造也认为"二十一条"的提出主要是"日俄战争以来日本与中国之间存在一些尚未解决的重大问题"的缘故。② 上述观点被李毓澍所采纳。③ 日俄战争之前，日本在中国东北并无特别之利益，但日俄战争之后，日本态度发生了转变。伊东六十次郎认为日俄战争之后，日本开始逐步确立自己的对"满"方针。以此战争为节点，小村寿太郎开始为谋求日本在东北"特殊地位"获得列强承认而努力，而通过签订日中《满洲善后条约》，获得辽东半岛与南满铁路则是"日本满洲政策的出发点"。④

除此之外，日本觊觎其他列强在此阶段所掠夺的中国利益成果，尤其是日俄战争之后，日俄两国积极谋求在东北亚的势力均衡。1915 年中日对"二十一条"中日本在"满蒙"是否具有"优越地位"的交涉中，外相加藤高明在给驻华公使日置益的训电中，提出了五个说服中国承认日本具有"优越地位"的原因。其中第五个原因与 1912 年 11 月 3 日《俄蒙协约》所附《商务专条》第一条、第六条之旨趣相仿。⑤ 既然中国政府可以在外蒙古对俄承认，为何在南满洲不能对日本承认？⑥ 日俄战争之后，日俄两国积极谋求在"满蒙"地区的所谓"势力均衡"。例如，日俄战争之后，英美等国以

---

① 松本忠雄『近世日本外交史研究』博报堂出版部、1942、191－193 頁。
② 吉野作造『日支交渉論』18 頁。
③ 李毓澍：《中日二十一条交涉》上册，第 3 页。
④ 伊東六十次郎『満洲問題の歴史』上卷、原書房、1983、276－277、345、349 頁。
⑤ 1912 年 11 月 3 日（俄历 10 月 21 日），俄蒙签订《俄蒙协约》。其中《俄蒙协约》所附商务专条第一条、第六条是指：第一条"俄国属下人等，照旧享有权利，在所有蒙古各地，自由居住移动，并经理商务、制作其他各事项。且得与各个人、各货行及俄国、蒙古、中国暨其他各国之公私处所，往来协定办理各事"。第六条"俄国属下人等，得有利权在蒙古境内各城镇各蒙旗，约定期限，租赁地段或购买地段，建造商务制作局厂，或修筑房屋铺户货栈，并利用闲地开垦耕种。此种地段，或买或租，以为上开各项之用，自不得以之作谋利之举。此项地段，须按蒙古各地现行规例，与蒙古政府妥商拨给，其教务牧场地段不在此例"。《俄国对蒙谈判全权代表致俄国外交大臣电》，陈春华编译《俄国外交文书选译——关于蒙古问题》第 2 版，黑龙江教育出版社，2012，第 219～224 页。
⑥ 李毓澍：《中日二十一条交涉》上册，第 404～405 页。

门户开放、机会均等名义要求日本开放大连。尤其是由于大连尚未设置税关，从日本输入的货物无须交税，引起商业从业者不满，因此英美等国积极要求清朝与日本在大连设置税关。围绕大连税关设置问题，奉天省一等书记官萩原守一在1906年5月24日向林外务大臣提交了《奉天税关设置的利害相关意见呈报文件》。①报告认为俄中两国国境并没有设置税关，如果仅在大连设置税关将导致南满贸易与北满贸易处于不利地位，因此建议南北满要同时设置税关。②而在1915年中日签订《关于南满洲及东部内蒙古之条约》之后，俄国政府内部亦进行了相关讨论。《俄国外交部致日本驻彼得格勒大使本野备忘录（1915年2月22日）（俄历9日）》指出，俄国政府计划援用日本交涉成果于北满，"日本政府正设法从中国政府那里得到在南满之居住权和不动产占有权。倘若中国政府满足此项要求，则俄国政府认为自己也有权要求在北满推行这种办法"。"在这种情况下，为避免由此而产生的任何竞争及误解，最好对旨在消除两国在满洲一切竞争的俄日政治协定，补充若干新规定：缔约一方之国民不得在缔约另一方之范围内享有上述居住权和不动产占有权。"③日俄在1915年之前，既有积极谋求在东北亚的扩张性势力均衡的一面，又通过《日俄密约》确保了双方的协调。

因此，1915年前后日本延续"帝国主义外交"的逻辑，继续谋求巩固和扩大在华"满蒙权益"。除了与中国直接交涉以达到扩大利权目的之外，日本深信在东亚大国既竞争又合作的背景之下，只要与英俄等国达成共识，便可以"合理地"进行扩张。这一认识在官方与知识界中亦十分流行。

三 日本各方所认识的"满蒙问题"解决根本策略

关于日本各方所认识的"满蒙问题"解决根本策略，可以从外交、军

---

① 「奉天税関設置ノ利害ニ関シ意見上申ノ件」外務省編纂『日本外交文書』第39卷第1册、日本国際連合協会、1959、245－247頁。
② 北野剛『明治・大正期の日本の満蒙政策史研究』芙蓉書店、2012、34－36頁。
③ 《俄国外交部致日本驻彼得格勒大使本野备忘录（1915年2月22日）（俄历9日）》，类似建议又见《俄国外交大臣致驻东京大使马列夫斯基和驻北京公使库朋斯齐函（1915年3月15日）（俄历3月2日）》《俄国财政大臣致外交大臣函（1915年8月17日）（俄历8月4日）》，黄纪莲编《中日"二十一条"交涉史料全编（1915～1923）》，第323、334～335、375～376页。

部以及民间所提出的对华交涉方案具体内容进行分析。李毓澍、臼井胜美、野村乙二郎、铃木隆史等，通过比对 1914 年 12 月 3 日《对华要求相关加藤外相训令》中的具体内容，① 梳理当时外交、军部及民间三方向日本政府提出的对华方案内容，具体介绍"二十一条"日方原案是如何出现，并对原案产生了何种影响。

首先，是外交方面，日置益公使的提案。日置益关于"满蒙"部分的提案涉及"关东州"、南满安奉两铁路延期问题；日本援助下改革南满、东蒙军政和一般内政；允许日本国民在南满、东蒙居住与经营自由；友好公平处理因"满蒙""开放"而产生的中日国人间的交涉问题。

其次，是军部人员提交政府的多个对中政策提案。概括起来军部关于"满蒙"部分的诉求包括：承认南满、内蒙古"自治"；"关东州"租借期延长；租借"间岛"；南满安奉铁路永久归日本所有；让与吉长铁路；拥有土地所有权和居住、采矿、铁路敷设等利权或优先权；借款优先权；在财政、警务、法务和军事方面聘请若干日本顾问。

最后，是民间等方面的意见。臼井胜美介绍了黑龙会的内田良平、北京公使馆町田经宇少将以及吉野作造的看法。不过议论内容较为发散庞杂，与"满蒙"部分密切相关的是内田良平主张中国将南满、内蒙古统治权"委任"给日本。② 按照臼井胜美所说，日本提出"二十一条"的背景之一，是袁世凯先向日本表示了友好，表示若日本对中国经济方面的要求不太过分，中国将会回应日本的要求。当然，中国方面则希望日本以取缔在日革命党的活动作为回报。③

比对 1915 年 1 月 18 日《日本公使日置益提出的"二十一条"要求原案》各项，我们可以看到，比起军方提出的"满蒙""自治"方案或民间的"满蒙"统治"委任"案，日本政府选择了寻求中国政府承认的"优越地位"。

---

① 「対華要求に関する加藤外相訓令」『日本外交年表並主要文書』上卷、381–384 頁。又见「大正四年日支交渉二関スル公文書」現代中国研究資料室公開・近代中国関係日本語資料、1915 年 6 月 8 日、第 8352 号、1–7 頁。

② 臼井勝美『日本と中国：大正時代』148–154 頁。相关讨论又见野村乙二郎『近代日本政治外交史の研究：日露戦後から第一次東方会議まで』148–154 頁；铃木隆史《日本帝国主义与满洲》，第 189~193 页。

③ 臼井勝美『日本と中国：大正時代』54 頁。

至于具体的要求，军方的影响最直接。军方所提内容有：承认南满、内蒙古"自治"；"关东州"租借期延长；租借"间岛"；南满安奉铁路永久归日本所有；让与吉长铁路；拥有土地所有权和居住、采矿、铁路敷设等利权或优先权；借款优先权；在财政、警务、法务和军事方面聘请若干日本顾问。这些建议分别涉及原案第二号"满蒙"部分，第一条租借地延长问题符合军方要求，至于军方所提南满铁路永久归日本所有的建议，加藤高明则改为延长至99年。至于土地所有权和居住、采矿、铁路敷设等利权或优先权，借款优先权诉求，则分别对应第二条、第三条、第四条、第五条要求。吉长铁路诉求则对应原案第七条。在财政、警务、法务和军事方面聘请若干日本顾问建议，则对应原案第六条要求。除了"满蒙自治"建议与"间岛"问题之外，日本此次所提第二号"满蒙"部分要求，基本符合军方当时的"满蒙"政策设想。

在以往的研究中，尤其是"二十一条"的研究中往往偏重对"南满问题"的讨论，却缺少对东部内蒙古问题的详细分析。小川运平在《满蒙与山东　对支政策的结论》一书中认为在防止俄国"南进"的战略上，东蒙殖民统治扮演着比较重要的角色。① 王丽英在分析九一八事变前东蒙与日本关系时指出，日俄战争前日人便积极对东蒙进行调查研究，并出版了许多成果，比如 1906~1907 年出版的《东部蒙古志》。② 这提示 1915 年日本在第二号部分要求中提出东蒙相关条款，是有符合对华政策谋划的必然性的。对此，弥补此方面研究不足的是日本学者北野刚。北野刚以 1908~1914 年任职参谋本部第二部部长的宇都宫太郎为主要研究对象，分析了辛亥革命前后两次日本策划"满蒙独立运动"期间日本政府的内蒙古政策。③ 辛亥革命之后日本政府内部出现了这样的现象，比起租借地期限问题，外务省政务局局长阿部守太郎更加重视东部内蒙古对日本的意义。④ 在外务省阿部守

---

① 小川運平『満蒙と山東　対支政策の結論』泰東日報支社、1916、134‐136 頁。
② 王丽英：《论"九一八"事变前东蒙古与日本》，硕士学位论文，北京大学，1997，第 7~9 页。
③ 北野剛『明治・大正期の日本の満蒙政策史研究』97‐106 頁。
④ JACAR（アジア歴史資料センター）Ref. B03030279600、内田外務大臣ノ対支那（満蒙）政策ニ関シ伊集院公使ヘノ訓令（極秘）［阿部政務局長稿「対支那（満蒙）政策概要」］松本記録、大正元年 11 月 13 日（外務省外交史料館）。具体分析见北野剛『明治・大正期の日本の満蒙政策史研究』105‐106 頁。

太郎的推动下，1913年中日"满蒙五铁路案"中亦将日本势力延伸到东部内蒙古地区，比如内蒙古重要都市洮南。同时，外务省亦积极参与军方的"满蒙独立"运动。① 1914年2月，由参谋本部、外务省、农商务省、满铁合作的蒙古调查事业开始进行，调查时间长达六个月。参谋本部有第五课长石光真臣、外务省有小村俊三郎等参加。在调查结束之后，1915年5月3日，石光真臣提出报告书。报告书指出，日本应该在此地获得土地所有权，以便农业、畜牧业经营。其后，拥有在此地的矿山采矿权、开设商埠地、设立农事试验场和日蒙实业公司是今后日本必需的政策。北野刚感叹道，石光真臣报告书已经大致形成了"二十一条"交涉中日本所提对蒙古政策。②

追溯"二十一条"中第二号"南满洲及东部内蒙古"部分内容原案的出台过程，我们可以清晰地看到外务省、军部以及民间势力所认识的解决"满蒙问题"的具体内容。当时军部与民间势力都有声音要求，日本不仅应该在中国东北构筑势力范围，更应该谋求东北"自治"甚至要求中国将东北"委任"给日本统治。该群体希望趁此一战之机，将中国东北完全变为日本的殖民地。

早在日本提出"二十一条"之前，日本便有急切的声音希望彻底解决在日本看来在历史上与之形成了密切关系的"满蒙问题"。加之，一战前后，通过"帝国主义外交"在东亚瓜分势力范围、扩张国势被视为是"合理的"。于是，日本趁一战爆发，便向中国提出了欲把整个中国纳入其势力范围的"二十一条"。日本寄希望于一边与中国进行直接交涉达到目的，另一边与大国进行秘密外交达成共识，以实现自己的目的。一战结束后，由于中国民族主义觉醒、美国主导的"新外交"出现以及苏俄（联）的崛起，亚太秩序格局发生变动，传统的"帝国主义外交"面临挑战。另外，从日本各方对根本解决"满蒙问题"的预期来看，即使日本在"满蒙"占有优势地位，也并不符合部分人认为的应该将"满蒙"完全殖民地化的设想。

---

① 北野剛『明治・大正期の日本の満蒙政策史研究』107－113頁。
② 北野剛『明治・大正期の日本の満蒙政策史研究』112－113頁。

奉天满铁兽疫研究所与日本的侵华行动

陈敬瑞*

在日本对"满蒙"进行农林牧业资源掠夺过程中，南满洲铁道株式会社（下文简称"满铁"）扮演着重要角色，其中满铁设立的奉天满铁兽疫研究所的作用更是不容忽视。中国东北地区丰富的畜产资源引起了日本的觊觎，但东北地区兽疫频发成为日本在东北地区进行畜产扩张的巨大障碍。为了加强兽疫防治，1925 年，日本设立了奉天满铁兽疫研究所，进行家畜传染病及疾病的调查研究以及生产血清预防液和诊断液的科研活动。随着日本对华侵略的深入，奉天满铁兽疫研究所的科研活动逐渐转成为日本在中国东北地区进行畜产扩张活动提供卫生保障。当前学术界对奉天满铁兽疫研究所有一定的研究，[1] 但大多集中于考察奉天满铁兽疫研究所的军马防疫活动，鲜见有人论及该研究所军马防疫以外的科研活动以及这些活动与日本侵华行动的关系。本文拟就奉天满铁兽疫研究所的成立及其在九一八事变前后到日本战败期间的行动，分析奉天满铁兽疫研究所与日本侵华活动的关系，从而揭示奉天满铁兽疫研究所在东北进行科研活动的罪恶实质。

---

* 陈敬瑞，东北师范大学历史文化学院博士研究生。
[1] 赵士见、冯钰麟、小河孝、王冰和刘卉新等中外学者论述了奉天满铁兽疫研究所的军马防疫活动。参见小河孝『満洲における軍馬の鼻疽と関東軍：奉天獣疫研究所・馬疫研究処・100 部隊』文理閣、2020；赵士见《由"调查"走向"施疫"：近代日本对东北畜疫的因应（1895～1945）》，《民国档案》2020 年第 3 期；冯钰麟《侵华日军军马防疫研究》，《日本侵华南京大屠杀研究》2020 年第 3 期；王冰、刘卉新《近代日本对中国东北畜产资源的掠夺》，《中国社会科学报》2020 年 12 月 18 日，第 6 版；等等。

一　奉天满铁兽疫研究所的设立

东北自古以来物产丰富、土地肥沃，在这样优越的条件下孕育出了为世人所称道的农牧文化。畜产是东北农业的重要组成部分，蒙古牧民的衣食住行都依赖畜产业，汉人虽然以农耕为主业，但农耕也需要使用牛和马等牲畜，且在传统生活习惯上，肉类食物和毛皮也依赖畜产业。同时，"在广大之东北境内，运输、军事、警察等方面，所需牲畜亦不为少"。① 所以，在日本人眼里，"'满洲'的农业是以畜力作为基础的特殊形态，役畜的有无是决定营农成败的关键"。② 同时，日本人还认为，如果能改良土产家畜的质量，增加其数量，东北地区将成为世界上最大的畜产供给地之一。而另一方面，日本土地狭小，人口过剩，农业属于集约型，像畜产这样的粗放型产业得不到有效经营。因此，中国繁荣的东北畜产业引起了日本人的觊觎。

在日俄战争中，日本通过与俄国签订《朴茨茅斯条约》获得"关东州"的租借权和南满铁路的经营权，并在1906年成立南满洲铁道株式会社。由于东北地区地广人稀，而且拥有丰富的农业、森林和矿产等资源，因此，在"田中奏折"中，田中义一写道："我国因欲开拓其富源，以培养帝国恒久之荣华，特设南满洲铁道会社，借日支共存共荣之美名，而投资于其他之铁道、海运、矿山、森林、钢铁、农业、畜牧等业，达四亿四千余万元。此诚我国企业中最雄大之组织也。"③ 可见，满铁不仅是"国策会社"，还是"日本侵略我国东北的大本营"。而此时，日本对军马、乳肉、羊毛、兽毛以及皮革类等的需求不减反增。为了保证日本在东北地区的畜产扩张，1918年，内阁总理大臣寺内正毅向"关东都

---

① 东北物资调节委员会研究组编《东北经济小丛书·畜产》，中国文化服务社沈阳印刷厂，1948，第2页。
② 黑龙江省档案馆编《满铁调查报告》第2辑第8册，广西师范大学出版社，2005，第2页。
③ 王芸生编著《六十年来中国与日本》第8卷，生活·读书·新知三联书店，1982，第375~376页。

督"中村雄次郎提出应力求在南满洲及内蒙古东部进行绵羊的改良和繁殖以及马匹改良试验,而该事务由满铁来经营。同时,为了满足经济和国防需求,满铁还扶助东亚劝业株式会社进行活牛和牛肉的试验性输出。[1] 由此可见,满铁在日本对中国东北地区进行畜产扩张方面扮演着重要角色。

然而东北地区是各种家畜传染病频发的地方,每年感染兽疫的家畜占东北地区所有家畜的5%,造成的经济损失高达2000万元。[2] 可见,兽疫给东北地区的经济带来很大的损失,但是东北的家畜卫生状况非常恶劣,而且在面对兽疫时农民不知道用什么方法来应对。而东北地区长期饲养的家畜对这些兽疫是有一定免疫性的,但日本人改良之后的家畜对兽疫的抵抗力却有所下降,反而比改良之前更容易感染兽疫,东北地区兽疫的频发影响了日本在东北地区的畜产扩张计划。因此,日本人认为在这样兽疫横行的地方进行畜产改良,必须努力根除"满蒙"的家畜传染病。

于是,1925年,满铁农务课当局以311426元的事业费设立了奉天满铁兽疫研究所,从第二年开始加大量制造狂犬病以及猪疫的预防液,并于同年5月11日从"关东厅"那里正式得到血清类制造贩卖的许可。[3] 于是,越来越多的研究所制品在东北地区进行实地应用。

1937年,奉天满铁兽疫研究所根据伪满洲国的命令完成了研究马疫相关部门向马疫研究处的割让,并于1938年转移至伪满大陆科学院管辖之下。[4] 直到二战结束前,奉天满铁兽疫研究所在伪满大陆科学院管辖之下还进行除马疫以外的兽疫研究。

在东北地区进行兽疫的防疫工作,日本是实际上的获利者,因为日本的畜产品大多来自东北地区,若能在进口前就对这些畜产品的兽疫进行预

---

[1] 苏崇民主编《满铁档案资料汇编》第9卷《农林牧业扩张与移民》,社会科学文献出版社,2011,第85页。
[2] 南満洲鉄道株式会社社長室調査課『満蒙全書 第三卷』満蒙文化協会、1923、766頁。
[3] 富岡秀義『回想・奉天獣疫研究所の20年:1925-1945』札幌『回想・奉天獣疫研究所の20年:1925-1945』刊行委員会、1993、113、114頁。
[4] 満洲帝国国務院大陸科学院編印『満洲帝国国務院大陸科学院要覧:1937-1939』1938、5頁。

防，则必能保护日本内地和朝鲜的畜产。因此，满铁在奉天设立兽疫研究所对日本畜产品进口起着卫生保障的作用，具有经济战备意义。

二 奉天满铁兽疫研究所的侵华行动

（一）1925~1938年奉天满铁兽疫研究所的侵华行动

1. 对发生兽疫疫情地区的防治措施

在畜牧业方面，由于第一次世界大战的爆发，日本对羊毛的需求变大。为了满足日本国内对羊毛的需求，1918年8月8日，日本内阁决定由满铁来经营"南满洲"和内蒙古东部的绵羊改良事业。于是，满铁便通过设立家畜改良机构来对东北地区的绵羊进行改良，比如在1921年设立黑山屯种羊场、1924年设立公主岭临时种羊场、1929年设立沙里种羊场，并向种羊场输入美国美利奴种牡牝羊，以便改良内蒙古东部地区的绵羊。

此外，为了满足日军对军用食品的需要，日本还对东北地区的牛和猪进行掠夺。例如，日本在"关东州"和满铁附属地附近设立多个屠宰场对东北地区的畜牛进行宰杀；满铁从1925年开始在铁岭、瓦房店、鞍山等地设立种猪场，对当地猪进行改良。

可见，日本通过设立家畜改良机构以及屠宰场来对东北地区的牧业资源进行掠夺，而频发的兽疫是其进行牧业资源掠夺的巨大障碍。

（1）九一八事变前的防治措施

九一八事变以前，奉天满铁兽疫研究所基本在满铁附属地发生兽疫疫情地区进行防治，并以畜牛、绵羊和猪等的疫病防治为主。

畜牛方面，日本内地的畜产事业经常依赖中国东北地区畜牛的输出，东亚劝业株式会社则负责将其经营的"满蒙牛"输送至日本内地。然而畜牛疫病中的牛肺疫在东北地区却是广为蔓延的兽疫，因此，对这些"满蒙牛"进行牛肺疫血清诊断是日本从东北地区进口牛肉前的重要工作。由于大连输出港的检疫所以及"关东厅"的其他检疫机关没有能进行牛肺疫诊断的技术员，于是奉天满铁兽疫研究所每年都进行全所总动员，对这些"满蒙牛"进行采血和血清诊断，① 并在牛疫预防费方面降低了牛疫血清的价格，② 援助东亚劝业株式会社的畜牛检疫，保证日本从东北地区进口牛肉的质量。

绵羊方面，满铁成立后企图对东北地区的绵羊进行改良以满足日本对羊毛的需求。然而东北地区的羊痘传染病广泛流行，且该传染病对羊皮的质量有害，因此日本的羊毛生产受其影响极大。于是，为了保证东北地区羊毛向日本内地"输出"的质量，奉天满铁兽疫研究所负责进行羊痘预防。比如，1930 年，四洮线卧虎屯的林牧场羊群发生羊痘病毒感染，奉天满铁兽疫研究所便对这些羊进行紧急预防接种。③

此外，满铁在 1927 年于鞍山设立种猪场之后便对鞍山地区的猪进行品种改良，企图掀起东北地区的养猪热。但是，当地猪疫和猪霍乱却成了养猪业发展最大的障碍。于是，奉天满铁兽疫研究所派遣所员到当地进行血清紧急注射以及预防指导。比如，1928 年，奉天满铁兽疫研究所多次派遣所员对烟台、瓦房店、抚顺以及鞍山的猪进行血清诊断和预防液注射。④ 研究所对满铁附属地的猪疫以及猪霍乱的调查和防治实际上是为日本军用食品的供应提供保障。

（2）九一八事变后的防治措施

九一八事变之后，日本利用伪满洲国掠夺东北地区的畜产资源，而奉天满铁兽疫研究所也配合伪满洲国对发生兽疫疫情地区进行防治。

绵羊方面，为保证日"满"羊毛的自给自足，在 1933 年《关于满洲的羊毛改良增殖计划纲要案》中，关东军参谋长小矶国昭强调日"满"协力"促进"伪满洲国的羊毛改良增殖事业。于是，1934 年，日"满"绵羊协会在东京成立，并在伪满洲国设立支部。而 1936 年发生了日澳通商纷争，日本开始限制从澳大利亚进口羊毛，因此日本的羊毛原料输入受到限制。

---

① 辽宁省档案馆编《满铁机构》第 1 卷第 3 册，广西师范大学出版社，2004，第 108 页。
② 《满铁机构》第 1 卷第 20 册，第 316 页。
③ 《满铁机构》第 1 卷第 3 册，第 248 页。
④ 《满铁机构》第 1 卷第 13 册，第 198~306 页。

为了保证日本国内羊毛的自给自足，日"满"绵羊协会对日本内地、朝鲜、伪满洲国等地区的绵羊制订了长期的增产计划，并"赞助"伪满洲国和朝鲜的绵羊"改良事业"。① 而奉天满铁兽疫研究所也多次配合日"满"绵羊协会进行绵羊防疫。比如，1934年，日"满"绵羊协会委托研究所对海拉尔的500只绵羊以及从日本内地输送至哈尔滨的40只绵羊进行羊痘预防接种。②

伪满洲国成立之后，随着"北满"铁路被伪满洲国赎买，日本在齐齐哈尔和哈尔滨设立了种猪场，从而掠夺"北满"的畜产资源。为了辅助日本在"北满"进行猪疫和猪霍乱的防治，奉天满铁兽疫研究所多次向哈尔滨铁路局和齐齐哈尔铁路局输送猪霍乱和猪疫的血清及预防液。③

畜犬方面，军用犬是侵华日军重要的军用物资。九一八事变后，军用犬在伪满洲国的军用犬协会等组织指导下增殖培养，但是由于犬瘟热的蔓延相继病死。因此，1933年，奉天满铁兽疫研究所在欧美新研究基础之上对犬瘟热的血清及预防液进行研制。④ 日军为保障军用犬的卫生，1936年，关东军参谋长板垣征四郎向满铁副总裁大村卓一提出促进研究所关于犬瘟热的治疗以及预防的研究，以为将来战役中的军用犬整备提供保证。⑤

此外，奉天满铁兽疫研究所还在移民用地进行兽疫防治。九一八事变后，1932～1936年，日本一共组织了五次"武装移民"，且移民侵略的重点是"北满"地区，而奉天满铁兽疫研究所也多次援助移民用地的兽疫防治工作。比如，1936年，新京地方事务所长委托奉天满铁兽疫研究所向三江省依兰县及滨江省密山县的移民团输送血清和预防液。⑥

1925～1938年，奉天满铁兽疫研究所对东北发生兽疫疫情地区进行的

---

① 财团法人东亚绵羊协会编印《东亚绵羊协会概要》，1942，第4~5页，转引自丁晓杰《侵华战争期间日本东亚绵羊协会活动述论》，《社会科学研究》2007年第6期，第151页。
② 《满铁机构》第1卷第19册，第264页。
③ 《满铁机构》第1卷第23册，第409页。
④ 《满铁机构》第1卷第3册，第381页。
⑤ 《满铁机构》第1卷第10册，第353页。
⑥ 《满铁机构》第1卷第24册，第219页。

防治可以九一八事变为节点划分为前后两个阶段。九一八事变前，奉天满铁兽疫研究所主要是在满铁附属地的兽疫疫情地区进行兽疫防治，辅助满铁对东北地区牧业资源的掠夺。九一八事变后，研究所则主要为伪满洲国的畜产卫生状况提供保障，同时随着日本向"北满"地区移民，研究所的防疫范围也扩大至"北满"地区，为日本的"武装移民"提供卫生保障。奉天满铁兽疫研究所不仅以防疫为目的，更重要的是它还为日本的"武装移民"提供卫生服务，这暴露出日本科技殖民的真面目。

2. 对军马的防疫活动

军马是各国军队重要的军用物资。日本侵略中国东北时，军马仍然是重要的作战力量。比如侵华日军野战瓦斯第十三中队的器材几乎都是由军马牵引的马车搬运的，① 军马对于侵华日军的重要性不言而喻。但是在进行海外扩张时，日本本土每年仅能生产7.2万余匹军马。② 显然，这样的军马生产量并不能满足侵略战争的需要。于是，日本从1925年开始命令满铁对沈阳以南的满铁沿线以及内蒙古东部的马匹进行改良，③ 以满足日军对军马资源的需要。但无论是日本从本土征调军马还是在中国东北地区进行马匹改良，都需要面对东北地区鼻疽和炭疽之类的马疫的威胁。比如日俄战争时期，在东北地区因炭疽感染致死的日本军马有952匹，因鼻疽感染致死的军马有994匹。④ 可见，东北地区的马疫造成了大量日本军马的损失，威胁着日军战斗力。在此背景下，奉天满铁兽疫研究所设立后便开展鼻疽和炭疽等马疫的调查和研究工作，企图保证日本的畜产掠夺和作战力量。⑤

---

① 「野戦瓦斯第13中隊現況」（1938年7月15日—1939年1月30日）「第11軍中支那作戦覚書類綴　昭和13年7月15日-14年1月30日」防衛省防衛研究所蔵、支那-支那事変　武漢-20。
② 「馬政に関する細部の要望事項の件」（1938年8月1日—1938年8月31日）『密大日記　第6冊　昭和13年』防衛省防衛研究所蔵、陸軍省-密大日記-S13-6-13。
③ 《东北经济小丛书·畜产》，第105页。
④ 日本陸軍獣医部史編集委員会編『日本陸軍獣医部史』紫陽会、2000、254頁。
⑤ 南満洲鉄道株式会社総務部調査課編『満鉄会社経営自然科学研究所のなせる業績概観』南満洲鉄道、1932、74頁。

(1) 九一八事变前的军马防疫活动

九一八事变以前，奉天满铁兽疫研究所主要负责对从中国运到日本的军马进行检疫。1927 年，第十师团运送军马到日本内地之际，关东军兽医部部长委托奉天满铁兽疫研究所对第十师团运送的约 600 匹马进行鼻疽血清学诊断。① 1929 年，陆军卫生材料厂对奉天满铁兽疫研究所作战资料的战时整备情况进行调查，奉天满铁兽疫研究所根据其制造能力按照"平时"（即在平时的设备基础上最大的制造量）和"战时"（即在战争时期预计在进行设备扩张后最大的制造量）来向陆军卫生材料厂汇报研究所的血清类以及预防液类的生产量。② 可见，日本陆军相当重视研究所的防疫能力，研究所也根据日本国防需要汇报其平时和战时预计的生产量，随时准备将血清以及预防液运用于作战当中。

此外，奉天满铁兽疫研究所还对中国的"满洲马"进行研究。由于研究所成立之前很少有对"满洲马"进行实验的例子，为了能解决东北地区的鼻疽问题从而为东北地区的公众卫生提供保障，1927 年，奉天满铁兽疫研究所的拓植一夫、丰岛武夫和三好武文等三位研究员对 20 匹"满洲马"实施马鼻疽菌素反应以及血清学诊断。③ 这是日本兽医第一次对中国马匹进行鼻疽检测实验。④ 奉天满铁兽疫研究所在对"满洲马"进行实验的同时，还将其研究成果交给关东军使用。比如，1931 年 1 月，由于驻扎"关东州"的师团在交替时需要对返回日本的部队进行检疫，关东军兽医部部长田琦武八郎命奉天满铁兽疫研究所向大连关东陆军仓库转让了在研究所所藏的各种具有代表性的鼻疽菌株，以供返回日本的部队的检疫使用。⑤

另外，奉天满铁兽疫研究所还对东北军的军马进行检疫。比如，1930

---

① 《满铁机构》第 1 卷第 10 册，第 1~3 页。
② 《满铁机构》第 1 卷第 10 册，第 21~23 页。
③ 柘植一夫・豊島武夫・三好武文「支那馬に於ける鼻疽検疫実験」『中央獣医会雑誌』第 40 巻第 12 号、1927 年、1176 頁。
④ 坂本寛吉郎・黒髪善平・岩下光之・安藤栄之助「満洲馬ノ鼻疽検疫ニ就キテ」『日本獣医会雑誌』第 7 巻第 2 号、1928 年、35 頁。
⑤ 《满铁机构》第 1 卷第 10 册，第 65 页。

年东北边防军司令长官公署卫队骑兵队的军马因为一种来历不明的传染病，多数毙死。于是，该骑兵队不得不委托奉天满铁兽疫研究所进行病性鉴定以及检疫。① 在检疫过程中，奉天满铁兽疫研究所的技术员对全队558匹军马进行鼻疽菌素点眼反应实验并用各种血清学诊断法进行诊断。② 检疫之后，研究员向所长提出了一些防疫对策，比如军马购入之时需注意其传染病特别是鼻疽病，需要有经验的兽医技术者施行马鼻疽菌素点眼反应实验，临床检疫之后仅选取无反应马进行输送，其输送的方法也要特别注意；招聘兽疫特别是马匹传染病相关有经验的专家，并委托其作为军马卫生顾问等。③

综上所述，奉天满铁兽疫研究所自成立到九一八事变以前，主要是对运回日本本土的军马进行检疫、对中国东北地区的马匹进行考察研究、对东北军的军马防疫工作进行援助，同时还用其研究成果服务于日本陆军。奉天满铁兽疫研究所在这段时间主要是做一些军马防疫的探索性工作，从中积累军马防疫的经验并找到军马防疫的有效措施。

（2）九一八事变后的军马防疫活动

九一八事变后，由于占领中国东北地区的需要，关东军每年定期从日本本土调集大量军马以填补为九一八事变出动的部队缺马数。比如，1932年11~12月，日本需从本土调集牡马来填充近卫师团、第三师团、第七师团、第八师团留守部队、第十一师团以及第十四师团留守部队的缺马数，④ 而11月从本土调集的马匹数是144匹，很显然这个数字没法满足关东军占领中国东北地区的需要。为解决日军军马数量不足的问题，1933年，伪满洲国政府通过在伪军政部内设立马政局，并制定第一次"马政计划要纲"来对马匹进行增殖和改良。⑤

然而，无论是日军每年定期从本土调集的军马，还是伪满洲国生产的

---

① 《满铁机构》第1卷第10册，第29~30页。
② 《满铁机构》第1卷第10册，第31~32页。
③ 《满铁机构》第1卷第10册，第35~36页。
④ 「軍馬補充の件」（1932年10月31日）『満受大日記（普）其26 昭和7.11.16－7.12.10』防衛省防衛研究所蔵、陸軍省－陸満普大日記－S7－40－49。
⑤ 《东北经济小丛书·畜产》，第112页。

马匹，都需要面对东北地区的鼻疽和炭疽等马疫疾病。比如，1933年8月至1936年2月，洮南、嫩江、孙吴、哈尔滨、延吉等地暴发大规模炭疽疫病，感染疫病的马高达1.5万匹。① 同时，伪满洲国当局还缺乏卫生意识。在输送马匹时，伪满洲国当局是将马匹强行装载于各车内，健康马和病马混同进行输送，而且管理者在运输期间仅为马匹提供饲料和饮用水。因此有些潜在性鼻疽马会在运输过程中因疲劳或衰弱而病情恶化，有些马甚至在到达目的地以前就已死于货车内。② 由此可见，伪满洲国当局卫生防疫意识的缺乏加剧了马疫的蔓延。

在此背景下，奉天满铁兽疫研究所加强了中国东北地区马匹的防疫。从1932年开始，奉天满铁兽疫研究所经常向关东军提供军马的鼻疽检查、军马不明疾患的病性诊断和鼻疽诊断液类的紧急供应等。由于这些鼻疽马的检疫可以作为实验资料寄赠给研究所促进研究，因此研究所所长向地方长官免除军马鼻疽病检查诊断费用。③ 与此同时，由于伪满洲国军马经常感染鼻疽病，奉天满铁兽疫研究所也受伪满洲国军政部委托参与伪满洲国的军马防疫工作。④

另外，奉天满铁兽疫研究所还对其他机构的马匹防疫实施援助。比如伪马政局从1934年开始多次向奉天满铁兽疫研究所订购炭疽血清及疫苗，要求送至"新京"事务所、黑龙江省公署事业厅、黑龙江省拜泉县公署以及哈尔滨市公署卫生科等。⑤ 伪满洲国成立之初，日本在伪军政部之下通过设立马政局来统管马政，而伪马政局关于马匹的增殖和改良计划都是在间接帮助日本掠夺东北地区的马匹资源。所以奉天满铁兽疫研究所帮助伪马政局加强防疫，也是服务于日本对中国东北的侵略。

综上所述，九一八事变以前，奉天满铁兽疫研究所对军马的防疫主要

---

① 《安达诚太郎证言》（复印件）（1954年6月19日），伪满皇宫博物院藏，编号：W-Z29（原件藏于中央档案馆），转引自赵士见《由"调查"走向"施疫"：近代日本对东北畜疫的因应（1895~1945）》，《民国档案》2020年第3期，第76页。
② 《满铁机构》第1卷第14册，第414页。
③ 《满铁机构》第1卷第10册，第75页。
④ 《满铁机构》第1卷第10册，第99页。
⑤ 《满铁机构》第1卷第10册，第429~433页。

是通过对运回日本本土的军马检疫、对中国东北地区的马匹进行考察研究、援助东北军的军马防疫等工作来做一些探索性工作。九一八事变之后到1938年之前，主要是对关东军和伪满洲国的马匹进行防疫，为侵华日军的军用马供应提供保障。可见，奉天满铁兽疫研究所的军马防疫活动是从九一八事变前的探索性活动转变为九一八事变后为日本军马提供卫生保障的防疫活动，其性质的转变和时局的现实需求有密切关联，这就揭示了"殖民地科学"为侵略战争服务的性质。

3. 培训专业兽医人员

由于地处中国东北地区，日本国内没办法长期向奉天满铁兽疫研究所输送兽医技术人员。为了解决自身对兽医技术人员的需求，以及在东北地区更好地进行兽疫防治，奉天满铁兽疫研究所非常重视对兽医人员的培养，并采取了切实有效的措施。

（1）培训研究所内的兽医人员

由于东北地区的家畜传染病多数是过滤性病毒引起的，于是，1928年，研究所聘请日本庆应大学的过滤性病毒学专家小林六造博士对研究所员进行学术指导。① 由于研究所员接受小林六造博士的指导后受益匪浅，奉天满铁兽疫研究所便分别在1929年和1931年再次聘请小林六造博士对研究所员进行指导。②

此外，奉天满铁兽疫研究所还经常选拔所内的技术员到欧美国家去接受世界兽疫研究的权威专家的指导，以此来提升技术员的研究水平，进而"推进""满洲"各地的兽疫调查研究。比如1931年，为了提高对牛疫和羊痘的预防血清的制造效率，奉天满铁兽疫研究所派遣在研究所担任牛疫血清类制造以及羊痘相关实验研究的井上辰藏出国学习西方国家的兽疫研究技术。在德国期间，井上辰藏学习了血清类制造以及牛疫、羊痘相关研究。③ 奉天满铁兽疫研究所公费派遣技术员出国学习欧美国家先进的预防技术和防疫经验，而且出国学习的也是类似牛疫和羊痘等在中国东北地区广

---

① 《满铁机构》第1卷第8册，第44页。
② 《满铁机构》第1卷第8册，第77~80页。
③ 《满铁机构》第1卷第8册，第100页。

为蔓延的畜疫防治。

（2）培训伪满洲国的兽医人员

伪满洲国成立后，为了协助日本对伪满洲国畜产经济的殖民统治，奉天满铁兽疫研究所负责培训伪满洲国的兽医人员。1932年，奉天满铁兽疫研究所制定实习生规程，为在"满蒙"地区进行兽疫相关实务的兽医提供实习条件。① 1933年，伪满洲国实业部设立奉天兽医养成所。奉天兽医养成所是以培养从事兽疫防治的技术员为目的而设立的，技术员经过培训会被分配到伪满洲国畜产相关部门，② 因此奉天兽医养成所培养出来的兽医对于伪满洲国的牲畜保护非常重要。于是，1934年，伪马政局局长王静修根据满族兽医依托养成计划委托奉天满铁兽疫研究所派遣技术员到奉天兽医养成所培训兽医。③ 奉天满铁兽疫研究所在伪满洲国成立后受委托在奉天兽医养成所传授畜疫防治知识，为伪满洲国培养兽医人才，间接地保护了伪满洲国的畜产经济，巩固了伪满洲国的统治。

为了更好地改善伪满洲国的马匹卫生，奉天满铁兽疫研究所还多次在伪满洲国传授马疫防治知识。奉天兽医养成所所长分别在1937年和1938年两次请求奉天满铁兽疫研究所派遣讲师协助召开马匹卫生讲习会，④ 以更好地帮助伪满洲国进行马疫防治，为关东军提供优质军马。同时，伪满洲国第一军管区参谋长满良也向研究所所长实吉吉郎提出聘请培训满军兽医教官的要求，研究所所长派遣技师奥田金松和技术员伊藤定隆传授兽疫防治知识。⑤ 可见，伪满洲国建立之后研究所传授兽疫防治知识更加侧重于帮助伪满洲国巩固在东北地区的统治。

九一八事变前后，奉天满铁兽疫研究所通过聘请兽医专家来培养研究所内的技术员，同时还通过选派所员出国留学来提升所内技术员的技术水平。伪满洲国成立后，奉天满铁兽疫研究所通过向伪满洲国传授兽疫防治

---

① 富冈秀义『回想・奉天獣疫研究所の20年：1925–1945』106頁。
② 《满铁机构》第1卷第20册，第419页。
③ 《满铁机构》第1卷第9册，第388页。
④ 《满铁机构》第1卷第21册，第299页。
⑤ 《满铁机构》第1卷第10册，第345页。

知识并培养兽医教官来间接帮助伪满洲国巩固统治。可见，研究所不仅重视培养所内研究员的技术水平，而且还为伪满洲国培养专业兽医人员。当然，研究所对兽医人员的培养等措施和行为都是为加深日本对中国东北地区的侵略服务的。

4. 参加家畜防疫会议

奉天满铁兽疫研究所多次参加一些家畜防疫会议，通过与其他防疫机构的交流提升自己的防疫水平。比如，奉天满铁兽疫研究所多次召开南满兽医畜产学会、日鲜"满"家畜传染病预防会议、日本兽医学会和"间岛省"家畜防疫会议等地区性学术会议，而参加这些会议的有日本的农林省台湾总督府殖产局和朝鲜的釜山血清制造所等机构，这些机构均是和日本相关的畜产机构。可见，这些会议是为了促进日本及其占领地的畜疫防治。1930年，拓务省次官小村欣一在写给满铁总裁的信中强调，日鲜"满"家畜传染病预防会议的召开是为了日鲜"满"相互之间的畜产关系更加密切，期望扑灭各种传染病。[①] 由此可见，奉天满铁兽疫研究所通过参加学术会议跟中国台湾、朝鲜和日本等畜产机关加强了联系。同时，奉天满铁兽疫研究所与其他防疫机构在研究成果方面的交流不仅对东北地区的防疫有帮助，还间接帮助日本及其占领地进行兽疫防治。

九一八事变之后，1931年，在关于第四次日鲜"满"家畜传染病预防会议问题上，满铁地方部农务课长向兽疫研究所提出有必要对东北地区产的兽皮、兽骨类实施炭疽检疫法的事项，理由是兽皮的输出和日本的炭疽发生紧密相关。[②] 1932年，在关于召开第五次日鲜"满"家畜传染病预防会议问题上，满铁总裁林博太郎向拓务次官河田烈提出，东北的各种家畜传染病影响日本的畜产资源，对日本的家畜卫生产生巨大的威胁，因此希望日"满"相互"提携"，开展日"满"家畜防疫会议。[③] 九一八事变之后，奉天满铁兽疫研究所参与的学术会议的讨论重点开始倾向于对输入日本的畜产资源进行防疫，间接帮助日本在中国东北地区进行畜产扩张。

---

① 《满铁机构》第1卷第21册，第108页。
② 《满铁机构》第1卷第21册，第159页。
③ 《满铁机构》第1卷第21册，第192页。

综上所述，1925～1938年，奉天满铁兽疫研究所多次参与国际家畜防疫会议交流研究成果，其学术意识具有国际视野，并且这些国际学术活动促进了日本及其占领地的畜疫防治，具有其科学性。但在九一八事变后，研究所参加的学术会议更多是强调占领地之间相互"提携"、共同防疫，目的是保护日本在中国东北地区的畜产资源，带有经济侵略性质。随着日本在九一八事变之后对中国东北地区资源掠夺的加剧，奉天满铁兽疫研究所参加家畜防疫会议的目的也变得具有政治性。

（二）1938～1945年奉天满铁兽疫研究所的侵华行动

1. 继续完成防疫工作

伪满洲国成立后，为实现1933年制定的《满洲国经济建设纲要》中"把科学技术视为经济振兴和'实现高度国防国家之根本'"① 的目标，1935年，伪满洲国正式成立了伪满大陆科学院。

由于满铁方面的实验研究机关在伪满洲国的治外法权被废除之后提出了与伪满洲国合并的议案，奉天满铁兽疫研究所决定在1938年移至伪满大陆科学院的管辖之下。② 而在全国抗战爆发之前，伪满洲国根据关东军的要求，下达了将与马相关的所有传染病研究转移到马疫研究处的最高命令，奉天满铁兽疫研究所也完成了研究马疫相关部门的割让，"炭疽病关系"的研究室遂全部移交马疫研究处管理。但由于奉天满铁兽疫研究所的鼻疽研究室职员有成熟的治疗马鼻疽的技术，该研究室职员被要求担任"兼任马疫研究处职员"。③ 而这样转移研究项目的结果是奉天满铁兽疫研究所将除马以外的牛之类的各种动物作为研究和药品制造的对象，④ 继续完成防疫工作。

2. 对东北地区发生兽疫疫情地区的防治

在奉天满铁兽疫研究所转移到伪满大陆科学院之下后，随着抗日战争

---

① 刘国华：《伪满洲国大陆科学院》，《中国科技史料》1986年第4期，第49页。
② 『满洲帝国国务院大陆科学院要覽：1937－1939』5页。
③ 富冈秀义『回想・奉天獣疫研究所の20年：1925－1945』251页。
④ 富冈秀义『回想・奉天獣疫研究所の20年：1925－1945』251页。

进入相持阶段，战争的激烈程度加剧，日本对牲畜的需求更加旺盛，这时候作为役畜的"满蒙牛"的频繁移动，促使牛疫以及牛肺疫这样的传染性疾病暴发并蔓延。

1938年，吉林省和"北满"的兴安各省牛疫大流行，而日本很多的战时资源来自中国东北地区，这样的疫情对日本的战时畜产资源产生巨大威胁。因此，日本在当时制订了建立鲜"满"及外蒙古和"北支"之间牛疫免疫地带的计划。由于该计划需要大量的血清和预防液，奉天满铁兽疫研究所为此扩大了病毒研究室的牛疫室来加大血清的生产，并制订了血清10000cc、预防液6000cc的生产计划。①

1939年，伪滨江省发生牛肺疫，并且向伪兴安北、通化、牡丹江、吉林、间岛各省的役畜以及乳用种蔓延，给当时"北满"的农业以及"东满"的森林砍伐事业造成了巨大损失，奉天满铁兽疫研究所接到伪满洲国兴农部畜产司的邀请进行防疫协助。② 奉天满铁兽疫研究所对牛疫和牛肺的防治间接帮助了日本在中国东北地区的农业、林业和畜产业的扩张。

3. 辅助海南岛日军的兽疫防治工作

除了在东北地区进行防疫，奉天满铁兽疫研究所还辅助海南岛的日军进行畜疫防治。太平洋战争爆发后，日本海军省占领了海南岛，而海南岛的牲畜和"满洲"一样流行着各种传染病。为了保护当地的畜产资源，海军省向奉天满铁兽疫研究所提出了派遣防疫技术员的要求。于是，在1943年，奉天满铁兽疫研究所派遣了牛疫研究室的本村一郎以及鼻疽研究室的平田春雄赶赴海南岛协助当地的"海南省海军特务部家畜血清制造所"防疫。③

4. 辅助"满洲"移民侵略

伪满大陆科学院时期的奉天满铁兽疫研究所除了保护日本畜产资源外，还于1941年在所内附设了"满洲开拓青年义勇队特殊训练所"，④ 并从全"满"的各训练所选拔出训练生接受两年的畜产和兽医指导教育。在训练所

---

① 富冈秀義『回想・奉天獣疫研究所の20年：1925–1945』252頁。
② 富冈秀義『回想・奉天獣疫研究所の20年：1925–1945』252頁。
③ 富冈秀義『回想・奉天獣疫研究所の20年：1925–1945』364頁。
④ 富冈秀義『回想・奉天獣疫研究所の20年：1925–1945』622頁。

接受两年的畜产和兽医指导后，可以作为"义勇队""开拓团"的畜产指导员。

综上所述，随着马疫研究处的设立，奉天满铁兽疫研究所将从事马疫研究的相关部门割让于马疫研究处，并且也移至伪满大陆科学院管辖之下，但仍从事马疫以外的兽疫防疫工作，继续完成其防疫的使命。在抗日战争相持阶段以及太平洋战争时期，奉天满铁兽疫研究所不仅在东北地区加强防疫以帮助日本掠夺畜产资源，还派遣技术员到海南岛进行畜疫防治。同时，研究所还为"开拓团"提供畜产和兽医指导，从而辅助移民侵略。可见，奉天满铁兽疫研究所在移交伪满大陆科学院后，它的科研活动依旧带有支持殖民侵略的性质。

结　语

奉天满铁兽疫研究所在东北有20年的历史。

从纵向来看，随着日本对中国东北地区的侵略逐渐深入，奉天满铁兽疫研究所经历了从九一八事变前的调查探索阶段到九一八事变之后为日本侵略扩张提供卫生保障阶段，其科研活动的侵略性质逐渐显现。

从横向来看，奉天满铁兽疫研究所的科研活动虽然主要集中在东北地区，但是由于其科研活动的目的是对华侵略，所以不可避免地与其他机关、组织产生联系。

在九一八事变以前，奉天满铁兽疫研究所主要是为关东军和东北军进行军马疫情调查和对满铁附属地的家畜改良机构以及屠宰场的牲畜进行兽疫预防。

在九一八事变之后，随着伪满洲国的成立，奉天满铁兽疫研究所多次受伪满洲国政府的委托对伪满洲国地区的畜牧业提供防疫援助，间接为日本在中国东北掠夺畜产资源提供卫生保障。同时，研究所还为移民用地提供卫生保障，间接地促进了日本对中国东北地区的"武装移民"。

全面侵华战争爆发后，随着战事的扩大，日军对牛肉、羊毛等畜产品的需求加大，奉天满铁兽疫研究所也加强了对东北地区畜牧业的防疫工作。

在太平洋战争爆发后还派遣技术员到海南岛援助当地的畜产防疫工作。

综上所述，随着日本对中国东北地区的侵略逐渐深入，奉天满铁兽疫研究所逐渐调整其科研方式以及研究重点，并逐步建立起和其他侵华机构的联系，从而实现其完成东北地区防疫任务以及辅助解决日本的粮食（牛肉）、衣服（羊毛）、国防（军马）及其他（兽毛皮骨）等诸问题的目标。在研究学科分类、学术成果、研究能力以及管理水平方面，奉天满铁兽疫研究所在当时无疑是先进的，也是卓有成效的，但对于奉天满铁兽疫研究所的认识，绝不能仅仅停留在它所进行的科研活动上。奉天满铁兽疫研究所作为后藤新平"文装武备"思想中的"科学的（医学的）殖民政策"①的产物，是为日本殖民侵略服务的。日本宇宙物理学家佐藤文隆曾说，"从其他很多历史中也可以明显地看出，科学技术的知识是为邪恶的目的充分服务的"。② 奉天满铁兽疫研究所是以在东北地区进行兽疫研究为名，行促进日本在中国东北地区的畜产扩张之实，其科研活动是日本对华侵略的一部分，是在科技领域为日本军国主义提供服务的。

---

① 西宫紘『後藤新平の満洲経略』藤原書店、2002、349頁。
② 佐藤文隆『科学と幸福』岩波書店、2000、39頁。

二　九一八事变前后的侵华行动与决策

九一八事变前日本对中国东北地区关税自主政策的干涉（1927~1931）

张弘毅*

以1927年二五进口附加税开征为起点，中国在东北海关逐渐推行关税自主新政。东北地区贸易额占据全国三分之一，也是中国少有的贸易处于出超地位的地区，因此东北的关税收入对奉系北京政府和之后的南京国民政府的财政至关重要。中国政府渐次推进的开征附加税、废除陆境通关关税减免、关税征收金单位、裁厘改统、废除特定商品协定关税和返税制度及强化边境缉私等措施，使日本此前在东北海关运作享有的一系列"特殊权益"受到冲击。日本遂针对东北的海关新政发起一系列冲击行动，并引发中日间关于东北关税自主新政的旷日持久的交涉。对此，中国政府也利用中日"满蒙问题"交涉和关税自主谈判等有利因素，积极应对日本的一系列行动。

自日俄战争以来，日本通过在东北的殖民机关的运作，从东北海关中获取了减免关税、协定关税、铁道运输通关、租借地海关制度、附属地海关制度等特权，构成其所谓"满蒙特殊权益"的核心部分。因此，关税自主政策在东北的推行，直接触及了日本在东北的核心特权，这不仅引发了日本政府的强烈反弹，还使"满洲"殖民系统在维护"满蒙"特权的共同利益诉求下形成利益共同体，成为东北紧张局势的催化剂。

---

* 张弘毅，北京师范大学历史学院博士研究生。

中国海关在东北关税自主问题上的角色非常关键。中国海关是一个以条约体系为基础运作的"国际官厅"，由于关税承担赔付内外债的职责，中国海关倚靠列强的共同保护，在动荡的近代中国得以实现高效、稳定的运转，并与中国的内政外交深度纠缠。但面对以关税自主运动为代表的民族主义浪潮，中国海关被迫重新思考自身的角色定位，并调整了自身与国民政府和列强的相处方式。中国海关在推行关税自主政策时如何应对日本的冲击，东北海关体系由此发生何种变化，其对国民政府的海关政策和对日关系又产生了何种影响，是探讨东北关税自主亟须解决的关键问题。

目前学术界对中国关税自主运动的研究颇丰，对关税自主的各项措施如二五附加税问题、海关征金问题、统税问题、裁厘问题、缉私问题等都有了较为深入的研究，① 但较为遗憾的是对关税自主措施在东北的运行状况的探讨并不多。东北关税自主问题的相关史料相对比较分散，也需要结合中国海关改革、中日"满蒙问题"交涉、殖民系统内部运作等问题，才

---

① 目前关于关税自主的研究，整体性的研究有：何力「中国の関税自主権の回復と日中関係：国民政府の『連英米制日』を中心に」関西学院大学博士（法学），1999；单冠初《南京国民政府收复关税自主权的历程——以 1927~1930 年中日关税交涉为中心》，博士学位论文，复旦大学，2002；久保亨《走向自立之路：两次世界大战之间中国的关税通货政策和经济发展》，王小嘉译，中国社会科学出版社，2004；杨敬敏《1928~1936 年南京国民政府进口关税政策保护性与成效再研究》，《上海经济研究》2017 年第 12 期；李岩《中国近代关税自主权研究》，博士学位论文，华东政法大学，2020；等等。在具体问题方面，二五附加税问题的研究状况参见傅亮《民国海关税款的保管与分配（1912~1945）》，博士学位论文，华东师范大学，2017；张弘毅《东北海关二五附加税的开征和中日交涉》，《近代史学刊》第 21 辑，社会科学文献出版社，2019。海关征金问题的主要研究状况可参见吴景平、龚辉《1930 年代初中国海关金单位制度的建立述论》，《史学月刊》2007 年第 10 期。关于裁厘问题和统税问题的相关研究，可参见于广《近代国家税收体系的形成与发展——南京国民政府的裁厘和统税征收》，博士学位论文，复旦大学，2019；王涵、张皓《政经交织的央地博弈：东北裁撤厘金初探——以辽宁省为中心的探讨》，《中国边疆史地研究》2021 年第 1 期。中国海关缉私问题的相关研究有连心豪《近代中国的走私与海关缉私》，厦门大学出版社，2011，第五、六章；唐纳·布鲁诺《英帝国在华利益之基石——近代中国海关（1854~1949）》，黄胜强等译，中国海关出版社，2012，第五章；方德万《潮来潮去：海关与中国现代性的全球起源》，姚永超、蔡维屏译，山西人民出版社，2017，第 306~320 页；Felix Boecking, *No Great Wall: Trade, Tariffs, and Nationalism in Republican China, 1927-1945* (Cambridge: Harvard University Asia Center, 2017), pp. 161-170。这些著作也大都涉及关税自主的相关研究。

能做出更为深入的探讨。本文旨在基于前人关于东北海关问题的相关研究,① 以1927~1931年日本对中国东北关税自主的各种干涉事件为中心,探讨关税自主时期,日本如何运用一整套在东北的殖民体系干涉中国东北海关的关税自主事务,而中国海关和中国政府又做出何种应对之策,双方的动作对东北海关事务乃至东北局势产生何种影响,进一步揭示这一时期东北局势的复杂面相。

一 东北二五附加税开征与吉田茂对"满洲"殖民系统的干涉

笔者曾在《东北海关二五附加税的开征和中日交涉》中叙述了日本如何阻挠中国东北海关二五附加税的开征,但遗憾的是该文偏向于史料呈现和史实梳理,未能深入阐述一些关键问题。

其一,日本阻挠中国东北附加税开征的目的。副岛昭一指出东北二五附加税在日本的干扰之下未能彻底开征,大总统令颁布之后附加税开征区域不含东北地区,特别是大连海关因为未取得"关东厅"的同意更是无法征收。② 傅亮指出,奉系能够控制的海关仅有东三省海关,津海关、东海关和胶海关的二五附加税很大一部分被地方截留了。奉系军阀主政下的北京政府无法通过二五附加税征收获得有效的财源,是奉系难以抵抗北伐军的重要因素。③ 而阻挠奉系在东三省开征附加税的正是日本。日本将东北海关二五附加税问题作为奉系北京政府的命门操弄,试图控制奉系财源以扩大"满蒙"权益,进而阻挠中国南北统一。

其二,谁主导了阻挠东北附加税开征的行动。单冠初认为,1927年8月日本驻华使领馆系统与南京国民政府交涉出口附加税、吨税问题时,日

---

① 研究状况参见马跃、刘喜涛《日本侵华背景下的东北近代海关研究评论》,《日本侵华史研究》2017年第3卷;张弘毅《东北海关二五附加税的开征和中日交涉》,《近代史学刊》第21辑。
② 副岛昭一「中国の不平等条約撤廃と『満洲事変』」古屋哲夫『日中戦争史研究』吉川弘文館、1984、184、228頁。
③ 傅亮:《民国海关税款的保管与分配(1912~1945)》,第111、121页。

本驻上海总领事馆的矢田七太郎主导了整个交涉过程，因此1927年8月列强对华交涉重心正在转移至国民政府。①但是，在驻华公使芳泽谦吉参加完东方会议前往上海、南京等地访问期间，日本驻奉天总领事吉田茂却根据田中义一的命令，通牒奉天省省长莫德惠以及奉系北京政府高层，要切断京奉铁路跨越南满洲铁路段。公使馆强烈不满吉田茂直接干涉北京政府事务的做法，芳泽谦吉和堀义贵等人要求掌握北京政府交涉主导权。这表明，以日本驻奉天总领事吉田茂为代表的"满洲"殖民系统试图夺取北京政府事务主导权，日本对华政策的核心也正在转移到"满洲"。

而吉田茂也正是主导了中日东北附加税交涉的关键人物。吉田茂积极响应东北日商的利益诉求，积极谋求南满洲铁道株式会社、东亚劝业株式会社等殖民公司摆脱在东北扩张权益的困境，要求外务省在附加税问题上采取符合"满洲"殖民系统利益的政策。在田中义一上台后，吉田茂还试图与关东军、"关东厅"、朝鲜军、满铁等殖民机关联络，谋求协调各方压迫奉系。吉田茂的种种行动，实际上推动了"满洲"殖民系统内部形成确保"满蒙"特殊利益的共识。

北京政府于1927年1月12日发布大总统令，定于2月1日在包括东北地区在内的全国范围内开征二五附加税。②北京政府一开始考虑由海关征收附加税，但是海关总税务司安格联担心开征附加税会刺激南方，致使在南方控制下的各海关被武力接管，造成中国海关的分裂，因此拒绝征收附加税。北京政府于是罢免了安格联，并转由各地海关监督以及财政部的派员在海关内设立附加税局征收附加税。③

但在实际操作上，无论南北政府，实际上各地海关监督是利用关税征收银行（Bank Collecting Revenue）来掌控附加税的征收流程。中国各关一般有指定的征收关税的银行，即"官银号"。这些官银号在辛亥革命之前，

---

① 单冠初：《南京国民政府收复关税自主权的历程——以1927~1930年中日关税交涉为中心》，第50页。

② 《北京对于关税之三令 二·五税自二月一日实行》，《大公报》（天津版）1927年1月13日，第2版。

③ 傅亮：《民国海关税款的保管与分配（1912~1945）》，第109页。

"或系遐迩知名营业甚广之银钱票号所分设，或为纯粹之地方银号。其中且有由寻常商人承办借作稳利可图之副业，更有少数地方之银号，实系本关监督所经营。又闻经理某埠税款之银号，为是省巡抚之私产"。官银号征收的税款经由海关监督之手移交户部。① 辛亥革命后，海关税款保管制度发生重大变革，各地海关所征税款仍由官银号征收，但是经由税务司之手，将征收到的税款从中资银行或者官银号直接汇到总税务司设于外国银行中的账户，随后总税务司将所有税款解汇到上海汇丰银行备付洋债等项。张志云认为，这是安格联为了所谓的"程序正义"，维护海关税务司和已经沦为虚职的海关监督的微妙关系。② 中资银行遂在革命后仍负责实际的现金征税事务，而由于关税保管银行仅需备付关税担保的内外债即可，而且海关官银号并不能留存关税税款过久，关税收入每周或者每日都要由海关税务司汇到关税保管银行中，因此列强和海关总税务司并没有对关税征收银行有进一步干预行动。

这种征税银行和关税保管银行分离的机制，为地方当局在关税征收环节对关税征收银行施加影响提供了可能性，二五附加税的征收恰恰是利用了这一点。③ 比如，津海关的关税征收银行是交通银行，于是1927年2月11日津海关监督在津海关所设立的交通银行代收关税处贴出规定，交完附加税获得附加税收据后方可缴纳正税。④ 于是，货主在未缴纳附加税的情况下，交通银行将不允许货主缴纳正税，货主就无法获得海关允许通关的税款缴纳单（duty memo），海关也不会在提单（bill of landing）盖戳，货物就会因缺少单据无法通关。当然，海关税务司需要默许这种做法。虽然各地

---

① 魏尔特：《民国以来关税纪实》卷1，陶乐均译，第2~3页，张研、孙燕京主编《民国史料丛刊》第410册，大象出版社，2009。
② 张志云：《革命时期的财政秩序》，唐启华等：《近代中国的中外冲突与肆应》，台北，政大出版社，2014，第168页。
③ 「支那海関ノ現実徴税制度」（1927年1月）JACAR（アジア歴史資料センター）Ref. B09040080600（第271画像目から）『各国関税並法規関係雑件/中国ノ部/附加税関係　第一巻』（E-3-1-2-X1_C1-2_001）（外務省外交史料館）。
④ 《天津自昨日起开始征收二·五附税　由附税管理处办理　日商货物尚拒不纳》，《大公报》1927年2月12日，第2版；《天津开征附税与日本　明日星期一如何解决?》，《大公报》1927年2月13日，第1版。

海关包括南方控制的海关税务司曾因为这种做法与海关监督发生摩擦，但经由海关监督努力交涉，附加税得以平稳开征。① 由于日本不愿意承认附加税，外务大臣币原喜重郎就曾要求各地领事对这种征税方法向海关监督提出抗议，但是为了日商货物能够通关，他要求各地领事劝告各地日商只抗议缴纳附加税，在彰显日本不承认二五附加税立场的同时不至于耽搁货物通关。②

然而，东三省地区的情况与关内相比复杂得多，其中的核心问题是满铁附属地和租借地问题。满铁附属地即日本在南满洲铁道沿线非法占有的土地，日本以满铁各车站为中心构建了数个日本人聚居区，并在其中完全实行日本行政，实际上就是日本在中国东北各地的"租界"。东北最为重要的海关是大连和安东，大连关在1927年的进口贸易额是102118034海关两，安东关进口额为36691139海关两，营口关为12149147海关两。③ 然而，大连海关设在大连租借地内，海关不设海关监督，海关税务司兼办其他各埠海关监督事务，关税征收银行为中国银行和横滨正金银行。④ 安东海关于1911年根据《安奉铁路与朝鲜铁路国境通车章程》，在满铁的"邀请"下于安东满铁附属地内的安奉铁路安东车站设立了分关。由于安东的进口商品绝大部分是铁路通关，这就意味着安东海关的绝大部分海关业务是在满铁附属地中办理的。安东海关的关税征收银行为中国银行，不过为了跨境直通便利起见，货物关税全部由满铁先行向中国银行垫付，随后在货物目

---

① 如津海关税务司就与海关监督发生冲突，但最后妥协了，见《津海关征收附加税之经过中日交涉情形》，《益世报》1927年2月17日，第10版；江海关的梅乐和则是直接采取默许态度，见傅亮《民国海关税款的保管与分配（1912～1945）》，第102页。
② 「暗第一号」(1927年1月) 幣原喜重郎発高尾亨宛、JACAR（アジア歴史資料センター）Ref. B09040080400（第28画像目から）『各国関税並法規関係雑件/中国ノ部/附加税関係　第一巻』(E-3-1-2-X1_C1-2_001)（外務省外交史料館）；「暗第九号　二分五厘付加税問題件　貴電第二一号ニ関シ」(1927年1月26日) 幣原喜重郎発天羽英二宛、JACAR（アジア歴史資料センター）Ref. B09040080800（第412画像目から）『各国関税並法規関係雑件/中国ノ部/附加税関係　第一巻』(E-3-1-2-X1_C1-2_001)（外務省外交史料館）。
③ 南満洲鉄道株式会社総務部調査課『北支那貿易年報』南満洲鉄道株式会社、昭和2年上編、1928、35、57、95頁。
④ 王铁崖编《中外旧约章汇编》第2册，生活·读书·新知三联书店，1959，第394～397页。大连和安东的关税征收银行参见魏尔特《民国以来关税纪实》卷1，第29页。

的地向货主索取关税，货主方可提货。① 币原喜重郎认为，附加税局是一个中国机关，如果任其随意进入满铁附属地或者大连租借地运作，将会危及日本的满铁附属地行政权，因此坚决要求日本驻奉天总领事馆、日本驻安东领事馆、"关东厅"等"满洲"殖民机关抵制中国在租借地和满铁附属地设立附加税局征收二五附加税。②

于是，在大连，由于兼办海关监督业务的大连海关税务司无权发放附加税单，也不能要求中国银行和横滨正金银行按照津海关的交通银行那般运作，大连进口的货物仅需按照规定完纳正税、子口半税或者请领特别免重征专照单，即可免附加税装运列车通过满铁运出租借地。在安东，尽管关税征收银行是中国银行，但由于是满铁垫付货物关税，因此日本驻安东领事馆就与满铁协商后决定：（1）如果中国海关拒绝满铁缴纳正税，那么满铁和安东领事就与安东海关税务司交涉变更关税征收银行为朝鲜银行；（2）如果不行就往中国银行或者朝鲜银行预存正税金额，海关视情况放行；（3）如果海关税务司依然拒绝，就直接强制通关。③ 于是，从大连和安东进口的货物可以通过南满洲铁道，以未缴纳附加税的状态直接运入东北腹地各大车站，随后在各附属地车站卸货分发拆解，收货人即可将其运出满铁附属地运入开埠城市中国城区内销售。

---

① 「鮮満鉄道連絡後ニ於ケル税関取扱方ニ関シ続報ノ件」（1911年10月10日）林董発伊集院彦吉、小池張造宛、外務省編纂『日本外交文書』日本国際連合協会、1963、第44巻第2册、113–116頁；王铁崖编《中外旧约章汇编》第2册，第768~770页。根据满铁的统计，安东海关一般每年经由水路进口的货物总额大约在17000海关两，换算可知绝大部分安东进口货物由铁路运进，见「第六四号」（1927年4月19日）岡田兼一発幣原喜重郎宛、JACAR（アジア歴史資料センター）Ref. B09040081800（第261画像目から）『各国関税並法規関係雑件/中国ノ部/附加税関係　第三巻』（E–3–1–2–X1_ C1–2_ 003）（外務省外交史料館）。

② 「暗第三号　二分五厘付加税問題件　貴電第五号ニ関シ」（1927年2月14日）幣原喜重郎発児玉秀雄宛、JACAR（アジア歴史資料センター）Ref. B09040081300（第205画像目から）『各国関税並法規関係雑件/中国ノ部/附加税関係　第二巻』（E–3–1–2–X1_ C1–2_ 002）（外務省外交史料館）；「張作霖に二分五厘付加税徴収の黙認諒解を与えることは望ましくない旨の訓令」（1927年2月28日）幣原喜重郎発吉田茂宛、外務省『日本外交文書』昭和期Ⅰ第一部第一巻（昭和2年）、外務省、1989、129–130頁。

③ 「機密第六七号　関税付加税徴収方ノ件」岡田兼一発幣原喜重郎宛、1927年2月24日、JACAR（アジア歴史資料センター）Ref. B09040081300（第287画像目から）『各国関税並法規関係雑件/中国ノ部/附加税関係　第二巻』（E–3–1–2–X1_ C1–2_ 002）（外務省外交史料館）。

因此，对于东北地方政府而言，既然大连、安东两地的海关设卡被突破，要实现征收二五附加税，只能在满铁附属地与中国开埠城市之间的交通要道或者附属地地界处设卡征税，实际上将二五附加税转变为类似厘金的征收方式。

与此同时，奉天省政府又宣布1907年推出的特别免重征专照单制度废除，对一切进入奉天城的货物由税捐局征收3.3%的销场税，日商以往在大连、安东等地请领免重征专照后即可在运货沿途免纳任何内地税厘的权益被取消。① 由此，东北日商从附属地运货进入中国开埠城市时，就面临由税捐局征收3.3%的销场税和2.5%的关税附加税，日商遂不断要求日本政府和日本驻奉天总领事馆交涉。

可是，日本驻奉天总领事吉田茂与币原喜重郎在二五附加税承认问题上发生了严重的分歧。日商普遍指责地方税捐局的局卡随意估价，在验货时还会损毁货物，因此吉田茂建议币原喜重郎允许中国机关在大连、安东等海关征收附加税，这样日商可以凭借海关遵照税则估定的公允货值，在关税征收银行按照2.5%的税率缴纳附加税，避免经受税捐局的盘查。② 而且此时日商对于附加税其实态度上也并没有非常激烈，如满洲重要物产组合和大连商工会议所都提出如果必须征收二五附加税，至少给予日商六个月的缓冲期。③ 大连的日商也担心如果日货无附加税进入东北市场，将会进一步引发中国人的反日情绪，倾向于尽可能缴纳二五附加税。④ 但是币原喜重郎

---

① 南満洲鉄道株式会社庶務部調査課『満洲に於ける支那の特殊関税制度』南満洲鉄道株式会社、1928、148-155頁。

② 「商取引の円滑化のため二分五厘付加税徴収方法を日本側より暗示すべき旨の意見具申」(1927年3月4日) 吉田茂発幣原喜重郎宛、外務省『日本外交文書』昭和期Ⅰ第一部第一巻（昭和2年）130頁。

③ 「関外第五号」(1926年12月27日) 児玉秀雄発幣原喜重郎宛、JACAR（アジア歴史資料センター）Ref. B09040080300（第7画像目から）『各国関税並法規関係雑件/中国ノ部/附加税関係　第一巻』(E-3-1-2-X1_C1-2_001)（外務省外交史料館）；「支那関税付加ニ関シ請願ノ件」(1926年12月27日) 佐藤至誠発横竹平太郎宛、JACAR（アジア歴史資料センター）Ref. B09040080400（第45画像目から）『各国関税並法規関係雑件/中国ノ部/附加税関係　第一巻』(E-3-1-2-X1_C1-2_001)（外務省外交史料館）。

④ 「大連における二分五厘付加税徴収方法案について」(1927年3月23日) 吉田茂発幣原喜重郎宛、外務省『日本外交文書』昭和期Ⅰ第一部第一巻（昭和2年）137-138頁。

坚决反对，认为这是对满铁附属地行政权的冲击，并提出如果要避免税捐局卡的盘查，就让日商在附属地内将货物转卖给华商。① 但是吉田茂指出，满铁附属地并不是商业的中心，日商要完成交易就必须将货物运入开埠城市。②

与此同时，吉田茂认为，日本如果能够在二五附加税问题上对奉系给予善意，允许奉系从大连和安东获得附加税收入缓解北京政府财政危机，日本可以借机扩大"满蒙"特权。吉田茂为此斡旋满铁、大仓组和东亚劝业株式会社，试图为张作霖融资100万日元，还向外务省提出了包括辽阳"满洲"纺织会社货物税问题、东亚劝业株式会社土地商租问题、满铁农业试验用地问题、满铁本溪湖煤矿问题、东北大米出口问题、安东输电问题、南满制糖会社、奉天交易所等在内的解决"满蒙悬案"的一揽子方案，希望通过允许奉系获得财源换取扩大"满蒙"权益。③

吉田茂也向奉天省省长莫德惠提出，如果撤回销场税，他会尽力要求外务省同意奉天在东北全面征收附加税。莫德惠起初赞同，并表示将会与张作霖协商，但是此后又矢口否认自己愿意放弃销场税。④ 吉田茂为此决定终止与莫德惠的交涉，并希望外务省能够通过公使馆对北京政府施压，最好将莫德惠解职。⑤ 吉田茂本身就非常看不起张作霖，张作霖与莫德惠的虚与委蛇更让吉田茂极度讨厌。⑥

---

① 「海関内の付加税徴収機関設置を許容することは不可なる旨の訓令」（1927年3月8日）幣原喜重郎発吉田茂宛、外務省『日本外交文書』昭和期Ⅰ第一部第一巻（昭和2年）、131-132頁。

② 「第六二号」（1927年3月11日）吉田茂発幣原喜重郎宛、JACAR（アジア歴史資料センター）Ref. B09040081600（第59画像目から）『各国関税並法規関係雑件/中国ノ部/附加税関係 第三巻』（E-3-1-2-X1_C1-2_003）（外務省外交史料館）。

③ 吉田茂発木村鋭市宛（1927年3月14日）JACAR（アジア歴史資料センター）Ref. B09040081600（第82画像目から）『各国関税並法規関係雑件/中国ノ部/附加税関係 第三巻』（E-3-1-2-X1_C1-2_003）（外務省外交史料館）。

④ 「第五〇号」（1927年3月22日）吉田茂発幣原喜重郎宛、JACAR（アジア歴史資料センター）Ref. B09040081700（第130画像目から）『各国関税並法規関係雑件/中国ノ部/附加税関係 第三巻』（E-3-1-2-X1_C1-2_003）（外務省外交史料館）。

⑤ 吉田茂発木村鋭市宛（1927年4月4日）JACAR（アジア歴史資料センター）Ref. B09040081700（第86画像目から）『各国関税並法規関係雑件/中国ノ部/附加税関係 第三巻』（E-3-1-2-X1_C1-2_003）（外務省外交史料館）。

⑥ 衛藤瀋吉「京奉線遮断問題の外交過程：田中外交とその背景」篠原一・三谷太一郎編『政治家研究Ⅱ 近代日本の政治指導』東京大学出版会、1965、390頁。

然而，吉田茂利用附加税问题扩大"满蒙"权益的策略遭到外务省反对，外务省亚细亚局局长木村锐市还告诫吉田茂要收敛一下对莫德惠的交涉态度，否则极易引发奉天的又一轮反日浪潮。① 外务省最终决定，根据奉天总领事代理蜂谷辉雄在大连考察后的建议，采取一个调和方案。日商在将货物从附属地运至开埠城市的税捐局卡时，货主凭借从大连、安东等海关缴纳正税后得到的税款缴纳单所载明的货值，在税捐局处缴纳附加税并盖戳。货物获得附加税盖戳后，各地税捐局必须让日商货物免检过关。②

然而吉田茂却向奉天交涉员表示如果莫德惠同意撤回销场税，日本才会允许实行上述调和方案。③ 这表明吉田茂不满币原喜重郎未能理解"满洲"日商的困顿，因此擅自将币原喜重郎的训令附加了实施条件，继续维持对奉天的压迫。

尽管外务省做出了采取调和方案的决策，日本在中国东北各地的领事与各地海关的交涉仍然取得成效，显示了"满洲"殖民系统自身的主动性。滨江关 4 月 1 日开征附加税，但在日本驻哈尔滨总领事天羽英二的抗议下，滨江关向财政部请示后决定，不对从大连、安东经铁道运来的未缴纳附加税的货物补征附加税，可见此时奉系北京政府也决定对日本做出一定的妥协。④ 在安东，日商对于通过水路进口的日货，希望先将货物存入附属地内的满铁码头的仓库中，经由安东海关检查后，如果中国银行不能直接发放正税的税款缴纳单，从业者就向中国银行存入正税税款后直接从满铁处以

---

① 「満鉄等の張作霖に対する融資問題の実否および東三省における二分五厘付加税問題に関する対処について」（1927 年 3 月 24 日）木村鋭市発吉田茂宛、外務省『日本外交文書』昭和期Ⅰ第一部第一巻（昭和 2 年）139 頁。

② 「鉄道付属地外において商取引を阻害しない方法での付加税徴収策を講究実施しても可なる旨の意向通達」（1927 年 3 月 26 日）幣原喜重郎発吉田茂宛、外務省『日本外交文書』昭和期Ⅰ第一部第一巻（昭和 2 年）140－141 頁。

③ 「銷場税を撤回する代わりに付加税に関する日本側の承認を求める旨の中国側の申入れについて」（1927 年 4 月 11 日）吉田茂発幣原喜重郎宛、外務省『日本外交文書』昭和期Ⅰ第一部第一巻（昭和 2 年）144 頁。

④ 「第七八号」（1927 年 4 月 3 日）天羽英二発幣原喜重郎宛、JACAR（アジア歴史資料センター）Ref. B09040081700（第 181 画像目から）『各国関税並法規関係雑件/中国ノ部/附加税関係　第三巻』（E-3-1-2-X1_C1-2_003）（外務省外交史料館）。

无放行准单的状态提货。但是此前在铁路通关事务中表现强硬的满铁的社长却告知安东领事,满铁本身承担着监管货物的责任,如果满铁允许无放行准单地提货将会损害满铁与海关之间的关系。① 最终安东领事馆与安东海关监督经过协商,决定各自向本国政府申请将水路进口货物的附加税暂时存入指定银行保管,但是在两国政府同意之前安东海关监督不得对日货征附加税。② 然而此后币原喜重郎拒绝了安东领事的这一请求,安东海关监督也慑于日本的压力未向日货征附加税。③ 虽然营口、黑河、满洲里、瑷珲、延吉等地相继开征附加税,然而大连、安东未能全面开征附加税,奉系仍然无法获取充足的财源。

吉田茂要求日本在大连、安东等地允许中国征收附加税,并非所谓对奉系友好,而是考虑到维护并扩大"满洲"殖民系统的利益。在民族主义运动风起云涌之时,面对东北华商的竞争、奉系推动的反日运动,以及奉系崩溃的财政对日商利益造成的巨大冲击(奉票大幅贬值事件等),"满洲"日人弥漫着一种悲观情绪,"满蒙经营失败论"甚嚣尘上。④ 学者们普遍认为币原外交的实质之一是坚决确保"满洲"利益,⑤ 但是在二五附加税问题上,币原担心如果允许北京政府进入满铁附属地征税,事实上意味着日本承认了与北方的合作,并且为奉系提供了财源对

---

① 「第五三号」(1927年4月12日)冈田兼一発币原喜重郎宛、JACAR(アジア歴史資料センター)Ref. B09040081800(第238画像目から)『各国関税並法規関係雑件/中国ノ部/附加税関係 第三巻』(E-3-1-2-X1_ C1-2_ 003)(外務省外交史料館)。

② 「第五六号」(1927年4月13日)冈田兼一発币原喜重郎宛、JACAR(アジア歴史資料センター)Ref. B09040081800(第239画像目から)『各国関税並法規関係雑件/中国ノ部/附加税関係 第三巻』(E-3-1-2-X1_ C1-2_ 003)(外務省外交史料館)。

③ 「第三六号」(1927年4月15日)币原喜重郎発冈田兼一宛、JACAR(アジア歴史資料センター)Ref. B09040081800(第255画像目から)『各国関税並法規関係雑件/中国ノ部/附加税関係 第三巻』(E-3-1-2-X1_ C1-2_ 003)(外務省外交史料館);「第六四号」(1927年4月19日)冈田兼一発币原喜重郎宛、JACAR(アジア歴史資料センター)Ref. B09040081800(第261画像目から)『各国関税並法規関係雑件/中国ノ部/附加税関係 第三巻』(E-3-1-2-X1_ C1-2_ 003)(外務省外交史料館)。

④ 塚瀬進『満洲の日本人』吉川弘文館、2004、162-170頁。

⑤ 如信夫清三郎认为币原外交的一个核心是中国的收回利权运动不能"侵害"日本的正当权益,这个正当权益不是在特定地区的特殊利益,而是条约赋予的权益,参见信夫清三郎编《日本外交史》,天津社会科学院日本问题研究所译,商务印书馆,1980,第502页。

抗南方，国民政府也将会把日本作为对手。日本驻汉口总领事馆曾与武汉国民政府外交部部长陈友仁交涉后得知，当下武汉国民政府希望获取日本的支持和承认，因此尚未将日本作为反抗帝国主义的目标，但是如果日本支持援助张作霖，国民政府将会采取行动。① 自然，从中国整体局势来看，维持南北对峙对日本最为有利。于是，注重南北势力均衡，并且寻求与国民政府合作的外务省，就显示出抛弃奉系，乃至抛弃"满洲"以讨好南方的姿态，这是身处弥漫着悲观情绪的"满洲"的日本人难以接受的。

1927 年 4 月 20 日，若槻礼次郎内阁倒台，田中义一上台，吉田茂的机会来了。吉田茂一方面与"关东厅"、满铁等方面联络，认为日本要倾尽国力经营"满洲"，一旦奉系倒台退入关内，要适时采取必要措施维护日本在"满蒙"的"特殊优越"地位和权利；② 另一方面也开始思考如何用武力威压奉系。当时吉田茂还在与莫德惠交涉日本驻安东领事馆临江县帽儿山分馆设置问题，由于此事引发了临江县民众的强烈抗议行动，吉田茂还与朝鲜总督斋藤实联络，希望能够出兵压制事态，但是斋藤实拒绝了他。③

由于吉田茂坚持必须取消销场税征收才能承认附加税，奉系迫于财政困难决定在东三省全面征收附加税。5 月 1 日，张作霖命令东三省各地严征附加税。④ 由于日本坚决拒绝中国进入安东满铁附属地和大连租借地征收附

---

① 「二分五厘付加税への日本の反対および英国覚書に関する陳友仁外交部長の見解について」（1927 年 1 月 4 日）矢田七太郎発幣原喜重郎宛、外務省『日本外交文書』昭和期Ⅰ第一部第一巻（昭和 2 年）827－829 頁。

② 「満洲経営は日本の国力を以て遂行すべき旨関東長官に意見陳述について」（1927 年 4 月 21 日）吉田茂発木村鋭市宛、外務省『日本外交文書』昭和期Ⅰ第一部第一巻（昭和 2 年）外務省、1989、149－150 頁；「東三省現状維持の方針について」（1927 年 4 月 23 日）児玉秀雄発田中義一宛、外務省『日本外交文書』昭和期Ⅰ第一部第一巻（昭和 2 年）150 頁。

③ 「第一六五」（1927 年 6 月 12 日）吉田茂発田中義一宛、JACAR（アジア歴史資料センター）Ref. B02030032800（第 23 画像目から）『満蒙問題ニ関スル交渉一件 松本記録 第一巻』（A－1－1－0－1_ 002）（外務省外交史料館）。

④ 「第一二四号」（1927 年 5 月 1 日）吉田茂発田中義一宛、JACAR（アジア歴史資料センター）Ref. B09040081900（第 302 画像目から）『各国関税並法規関係雑件/中国ノ部/附加税関係 第三巻』（E－3－1－2－X1_ C1－2_ 003）（外務省外交史料館）。

加税,于是奉天省财政厅命令各地税捐局全面检查城内华商,对商号中的日货补征附加税,并加强进入奉天城的税捐局卡的检查,此举致使华商纷纷停止与日商贸易。① 营口②、安东税捐局也强化了对货物的检查。③ 尽管各地税捐局都收到命令,暂时不对通过局卡的日货征收附加税,但是仍然不断出现税捐局人员对日货征收附加税并扣留货物的现象,甚至还有税捐局派密探跟踪日货轨迹。④ 延吉海关也发生朝鲜人打砸延吉海关的事件。⑤

奉系对财源的渴望促使其采取严厉手段征收附加税,这进一步刺激了东北各地的反日浪潮,也刺激了吉田茂采取更为强硬的手段解决"满蒙悬案"。东方会议后,在田中义一的指示下,吉田茂向奉天省省长莫德惠发出通牒,同时外务次官出渊胜次也向中国驻日本公使汪荣宝发出通牒,如果奉天和北京不答应日本关于"满蒙悬案"的要求,就切断京奉线中断奉军向关内的军事运输(京奉线一头直通奉天兵工厂)。但是最后关头田中义一叫停了此举。⑥

尽管压迫奉系的策略被否决,但是吉田茂已经向"关东厅"、满铁、关东军各方发送了电报,请求予以配合。而这三方认为压迫奉系的时机尚未成熟,如果要求他们协力,需要政府在细节上给予训令。⑦ 这表明,"满

---

① 「公第四〇七号」(1927年7月4日) 蜂谷輝雄発田中義一宛、JACAR(アジア歴史資料センター)Ref. B09040082200(第17画像目から)『各国関税並法規関係雑件/中国ノ部/附加税関係 第四巻』(E-3-1-2-X1_ C1-2_ 004)(外務省外交史料館)。

② 「機密第二四八号」(1927年6月27日) 岸田英治発田中義一宛、JACAR(アジア歴史資料センター)Ref. B09040081900(第409画像目から)『各国関税並法規関係雑件/中国ノ部/附加税関係 第三巻』(E-3-1-2-X1_ C1-2_ 003)(外務省外交史料館)。

③ 「普通第二七七号」(1927年7月11日) 岡田兼一発田中義一宛、JACAR(アジア歴史資料センター)Ref. B09040082200(第62画像目から)『各国関税並法規関係雑件/中国ノ部/附加税関係 第四巻』(E-3-1-2-X1_ C1-2_ 004)(外務省外交史料館)。

④ 「奉天情報第七七号」(1927年8月11日) 鎌田弥助発南満洲鉄道株式会社情報課宛、JACAR(アジア歴史資料センター)Ref. B09040082400(第215画像目から)『各国関税並法規関係雑件/中国ノ部/附加税関係 第四巻』(E-3-1-2-X1_ C1-2_ 004)(外務省外交史料館)。

⑤ 《咨字第六五九号 据延吉关监督呈报办理进口附加税交涉经过情形查照由》(1927年8月29日),台北,中研院近代史研究所档案馆藏北洋政府外交部档案,档案号:03-19-024-04-010。

⑥ 参见衛藤瀋吉「京奉線遮断問題の外交過程:田中外交とその背景」篠原一・三谷太一郎編『政治家研究Ⅱ 近代日本の政治指導』375-429頁。

⑦ 「京奉線軍用列車満鉄付属地通過停止措置については慎重な考慮を要するとの意見具申」(1927年8月4日) 児玉秀雄発田中義一宛、外務省『日本外交文書』昭和期Ⅰ第一部第一巻(昭和2年)194-195頁。

洲"殖民系统内部的联合行动是存在基础的，而吉田茂事实上做了联合的尝试。

值得注意的是，1927 年 7 月 20 日，田中义一就训令吉田茂，日本可以同意中国征收附加税以换取奉系解决"满蒙悬案"，并与切断京奉线等强硬手段配合进行交涉。① 日本公使馆武官本庄繁也向陆军参谋次长南次郎指出，日本应该默认二五附加税的征收，再在财政上给予奉系一些好处，这样就足以解决"满蒙问题"，强制手段应作为最后选项。吉田茂的强硬做法只会让中国人想起"二十一条"的情形，对日本极为不利。② 公使馆代理公使堀义贵也指出，二五附加税问题不是一个在"满蒙悬案"中能够解决的问题，但是日本可以利用二五附加税的承认推进铁道问题的交涉，同时也能推进公使馆在北京的"主线"交涉，明确反对吉田茂的强硬手段。③

由于各方反对，吉田茂放弃了此前所要求的"先在问题所在地的奉天以莫德惠为目标，由本官开始交涉，间接地逼迫张作霖，北京和东京则从侧面对本官的交涉予以援助，同时未来由本官提供在中心地北京的交涉所需的材料"，④ 决定将交涉中心让与北京公使馆。⑤ 随后，由驻华公使芳泽谦吉等人进行与张作霖的交涉，并决定通过张作霖身边的本庄繁和松井七夫对张作霖进行劝说，田中义一同时让满铁社长山本条太郎与张作霖谈判铁道问题。

此时，南京国民政府也宣布将在 9 月 1 日实施关税自主，并全面开征二

---

① 「張作霖政権の条約違反その他不法措置に関する対処策について」（1927 年 7 月 20 日）田中義一発吉田茂宛、外務省『日本外交文書』昭和期 I 第一部第一巻（昭和 2 年）183–188 頁。

② 「帽児山分館設置問題に関する張作霖との会見および対中国強制手段実施を差し控えるべき旨の意見具申」（1927 年 7 月 30 日）本庄繁発南次郎宛、外務省『日本外交文書』昭和期 I 第一部第一巻（昭和 2 年）109–111 頁。

③ 「満蒙懸案解決に関する楊宇霆との会談について」（1927 年 8 月 10 日）堀義貴発田中義一宛、外務省『日本外交文書』昭和期 I 第一部第一巻（昭和 2 年）218–219 頁。卫藤沈吉认为，代理公使堀义贵在此处所言"主线"交涉，是对应吉田茂在奉天的支线交涉的。

④ 「満蒙懸案解決交渉の中心地を北京あるいは奉天に置くか指示要望について」（1927 年 8 月 13 日）吉田茂発田中義一宛、外務省『日本外交文書』昭和期 I 第一部第一巻（昭和 2 年）221–222 頁。

⑤ 「旅順会議に関する木村亜細亜局長への追加報告について」（1927 年 8 月 23 日）吉田茂発田中義一宛、外務省『日本外交文書』昭和期 I 第一部第一巻（昭和 2 年）233 頁。

五出口附加税和吨税，这引发了列强的强烈抗议。日本驻上海总领事矢田七太郎和正在南方游历的公使芳泽谦吉一方面向南京国民政府交涉要求其延期实施，另一方面向外务省提出同南京国民政府进行旨在承认附加税的关税自主谈判。① 这一建议遭到代理公使堀义贵的反对，他认为二五附加税问题在北方是一个促进"满洲悬案"解决的机会，北京政府外交部部长王荫泰在北京政府收到通牒后，仍然与日本交涉，希望日本能同意在大连、安东征收附加税，如果日本承认中国关税自主和附加税问题，将会失去对付北方的有力武器。② 而且，此时外务省政务次官森恪突然下达命令要求芳泽谦吉立即结束在南方的行程前往大连旅顺，商讨"满蒙问题"，③ 这可能也是外务省为防止芳泽谦吉与国民政府达成一些不利于维持南北对峙的协定。

吉田茂在各方的压力和反对下，让出二五附加税问题的对奉交涉主导权，而日本政府也继续将二五附加税作为维持中国南北对峙的工具。对此，岌岌可危的奉系为了获取财源，积极展开对海关总税务司、日本公使馆和列强的多线运作。海关代理总税务司易纨士在北京政府授意下出炉一份备忘录，希望通过英国表示出北京政府愿意协商解决关税自主问题的姿态。④ 易纨士又训令大连海关税务司，要求商人签订保证书，对3月7日以后的货物征收附加税预存款，此举也应是受到北京政府的指使。⑤ 外交次长吴晋也

---

① 「各国が強硬姿勢を持続する限り国民政府は新税率を実行せずとする芳沢公使の見解について」(1927年8月11日) 矢田七太郎発田中義一宛、外務省『日本外交文書』昭和期Ⅰ第一部第一巻（昭和2年）873-874頁。

② 「第八九〇号」(1927年8月13日) 堀義貴発田中義一宛、JACAR（アジア歴史資料センター）Ref. B09040082300（第154画像目から）『各国関税並法規関係雑件/中国ノ部/附加税関係 第四巻』(E-3-1-2-X1_C1-2_004)（外務省外交史料館）。

③ 「第一〇五九号」(1927年8月8日) 矢田七太郎発田中義一宛、JACAR（アジア歴史資料センター）Ref. B02030033600（第116画像目から）『満蒙問題ニ関スル交渉一件 松本記録 第一巻』(A-1-1-0-1_002)（外務省外交史料館）。

④ 「エドワード総税務司代理の中国南北両政府宛覚書についての重光とエドワードの会談について」(1927年9月3日) 芳沢謙吉発田中義一宛、外務省『日本外交文書』昭和期Ⅰ第一部第一巻（昭和2年）890-892頁。

⑤ 「第三〇七号」(1927年9月21日) 吉田茂発田中義一宛、JACAR（アジア歴史資料センター）Ref. B09040082400（第225画像目から）『各国関税並法規関係雑件/中国ノ部/附加税関係 第四巻』(E-3-1-2-X1_C1-2_004)（外務省外交史料館）。

与芳泽谦吉多次交涉，希望日本能够同意附加税征收。① 北京外交团也已经提出让物价评定委员会代行无法召开的关税会议职能，全面承认二五附加税。② 此后，杨宇霆针对日本关注的帽儿山分馆问题，又向芳泽谦吉提出如果日本同意中国在东三省等地全面征收附加税，中国可以考虑在帽儿山分馆问题上给予一定的同意。③ 但是，由于日本坚持既定的维持南北对峙的策略，奉系无法在东三省开征附加税，也无力抵抗南方的攻势，外务省试图以二五附加税作为维持南北对峙的工具的策略也遭到失败。

北京政府的二五附加税问题，实际上就是东北二五附加税问题。在关税自主浪潮下，日本在东北的领事馆系统试图维护"满洲"特殊利益，并且在吉田茂等人的运作下隐约出现了一个联合抵制关税自主的利益共同体的模糊轮廓。东北二五附加税问题被外务省作为控制奉系集团、维持南北对峙的工具，这导致了"满洲"殖民系统的强烈不满，他们认为日本政府并不理解"满洲"的特殊性，也不理解"满洲"的日本人所遭受的困难。于是以吉田茂为代表的"满洲"殖民系统希望主动出击，通过承认附加税从而扩大"满蒙"权益，甚至还企图主导日本的对华外交事务。在芳泽谦吉、堀义贵、木村锐市等协调派尚能控制政局的情况下，"满洲"殖民系统的企图未能得逞，但他们逐渐形成了确保"满洲"特殊利益的共识，为日后的联合行动提供了可能。

二 输出附加税问题与殖民系统的联合抵制

1929 年初，南京国民政府与日本之间关于承认中国关税自主的谈判虽

---

① 「第一一五一号」（1927 年 11 月 3 日）芳沢謙吉発田中義一宛、JACAR（アジア歴史資料センター）Ref. B09040082400（第 262 画像目から）『各国関税並法規関係雑件/中国ノ部/附加税関係 第四巻』（E-3-1-2-X1_C1-2_004）（外務省外交史料館）；「第一一七六号」（1927 年 11 月 9 日）芳沢謙吉発田中義一宛、JACAR（アジア歴史資料センター）Ref. B09040082400（第 265 画像目から）『各国関税並法規関係雑件/中国ノ部/附加税関係 第四巻』（E-3-1-2-X1_C1-2_004）（外務省外交史料館）。

② 「漸く我主張に耳を傾ける 英米其他各国の態度」（1927 年 12 月 11 日）JACAR（アジア歴史資料センター）Ref. B09040082700（第 341 画像目から）『各国関税並法規関係雑件/中国ノ部/附加税関係 第五巻』（E-3-1-2-X1_C1-2_005）（外務省外交史料館）。

③ 「不法課税問題及び帽児山分館問題に関する解決交渉について」（1927 年 12 月 22 日）芳沢謙吉発田中義一宛、外務省『日本外交文書』昭和期Ⅰ第一部第一巻（昭和 2 年）275-276 頁。

然还没完全达成一致，但已经执意在全国实施关税自主，东北各地日商和殖民机关都开始纷纷担心中日间可能再次出现争端，而且他们担心如果在1929年2月1日前中日间仍然无法达成协议，将会出现中国强行征税的局面。事实上，东北地方政府在此节骨眼上再次发起了反日运动，辽宁省省长召集开会，下令对于没有缴纳二五附加税的日货绝对禁止贩卖，厉行检查日货，禁绝对日贸易，直到日本承认附加税。① 特别是大连海关是中日间极为敏感的话题，包括"关东厅"和大连海关税务司在内都十分担心中国会在大连海关实现关税自主，这将极大地冲击大连的条约地位。② 最终，中日还是在2月1日之前达成了协议。

然而，南京国民政府曾在1927年6月28日宣布开征二五出口附加税，并试图在协议签订后推广至全国。③ 当时"关东厅"就向田中义一表示反对，但是田中义一为了达成协议，要求"关东厅"先承认。④ 然而在东北日人随即发起了反对二五出口附加税和陆境特惠减税的行动，东北海关在关税自主问题上再次遭到日本的冲击。

1月31日，梅乐和对全东北海关下令，从2月1日开始征收出口附加税、沿岸贸易税、出厂税。⑤ 于是大连海关税务司北代真幸致电询问梅乐和：大连没有附加税征收处，是否依然要坚决开征二五输出附加税？如果

---

① 「七種差等税の導入に関する東三省側の態度について」外務省『日本外交文書』昭和期Ⅰ第一部第三巻、外務省、1993、143-145頁。

② 「新税問題は危機を孕む　旅大回収熱に波及か　わが態度極めて重大」『中外商業新報』1929年1月10日。

③ 「外秘第一〇八六号」（1927年7月12日）田辺治通発田中義一等宛、JACAR（アジア歴史資料センター）Ref. B09040082200（第68画像目から）『各国関税並法規関係雑件/中国ノ部/附加税関係　第四巻』（E-3-1-2-X1_C1-2_004）（外務省外交史料館）。

④ 「新税率実施に際し関東庁令および関東州租借地税関仮規則改正の必要につき請訓」(1929年1月29日）木下謙次郎発田中義一宛；「中国側新税率は七種差等税にて協定成立海関告示のみにて対処方訓令」(1929年1月31日）田中義一発木下謙次郎宛、外務省『日本外交文書』昭和期Ⅰ第一部第三巻、667-668頁。

⑤ "Maze to All Manchurian Ports"（31st January, 1929), in "关于新进口税则及附加税总署与各关来往电报卷（一九二九年）", in Bickers, Robert, and Hans van de Ven, comps., *China and the West: The Maritime Customs Service Archive from the Second Historical Archives of China, Nanjing*（hereafter, *China and West*）（Woodbridge: Thomson Gale, 2004-2008), Reel 325, Little Classmark: 679 (9); Call number: 164.

是这样,他就必须开启对"关东厅"的谈判,同时希望海关方面指引接下来的行动。① 2月2日,梅乐和回复北代真幸,要求坚决执行新税则和征收三种附加税。② 2月4日午后,大连海关将告示张贴出来,宣布5日开始征税。"关东厅"得知后,迅速与北代真幸通话,"关东厅"外事课长三浦义秋对北代真幸称如果大连海关强行征收输出附加税,"关东厅"将只能实力阻止。北代真幸称此事是自己不得已为之,并追问"关东厅"将会如何采取行动实力阻止,三浦义秋称将会通过派遣人员,在现场制造海关官员和警察对立的局面。③ 北代真幸被迫向梅乐和请训,然而梅乐和表示海关没有权力违抗中国政府的命令,如果日本当局反对中国的关税政策,请让其直接与中国政府交涉。④ 受东北地区日人强烈抗议的影响,田中义一对大连及其他在华领事馆最终下达了全力阻止征税的命令,并要求各地参考东北地区实力阻止的做法。⑤ "关东厅"的态度更加强硬,2月5日起向大连海关、旅顺、金州、普兰店、貔子窝派遣警察警戒,并禁止大连的各个新闻社登载海关征税的告示,⑥ 于是大连海关一直无法征收出口附加税。

在安东,日本驻安东领事冈田兼一试图重演1927年二五附加税抗议压迫海关妥协的情形,他向田中义一请求以货车冲卡的方式实力通关,而田中义一则希望能保全海关的权限,不至于落下破坏海关的指责,遂指示冈田兼一,如果海关拒绝未纳出口附加税的货物通关,就要求日商将出口税寄存到领事馆后实力通关。⑦ 安东海关税务司福本顺三郎在收到冈田兼一的

---

① "Kitadai to Maze" (1st February, 1929), *China and the West*, 679 (9), 164.
② "Maze to Kitadai" (2nd February, 1929), *China and the West*, 679 (9), 164.
③ 「関東庁としては輸出付加税導入絶対反対の旨意見具申」(1929年2月4日)木下謙次郎発田中義一宛、外務省『日本外交文書』昭和期Ⅰ第一部第三巻、677-678頁。
④ "Maze to Kitadai" (5th February, 1929), *China and the West*, 679 (9), 164.
⑤ 「輸出付加税の導入は海関制度破壊の端を開くもの故英国と協調して同税の廃止、海関での徴税阻止方訓令」(1929年2月4日)田中義一発堀義貴宛;「関係国との協調を以て輸出付加税徴収阻止方訓令」(1929年2月4日)田中義一発各領事宛、外務省『日本外交文書』昭和期Ⅰ第一部第三巻、675-676頁。
⑥ 「不当課税の徴収を防止せよ 実力で徴収防止せよ 関東庁の請訓に対する 外務省の回訓内容 大連その他海関派出所へ関東庁が警官派遣」『東京朝日新聞』朝刊、1929年2月6日、3頁;《日本又无理取闹旅大日人拒征附税破坏中国关税行政》,《民国日报》1929年2月15日,第7版。
⑦ 「輸出付加税徴収を中国側強行の場合輸出正税の領事館供託方訓令」(1929年2月9日)田中義一発岡田兼一宛、外務省『日本外交文書』昭和期Ⅰ第一部第三巻、685-686頁。

威胁后向梅乐和请训，但梅乐和依然只是要求福本顺三郎立即开征出口附加税。① 福本顺三郎面对日本的压力和海关总税务司梅乐和的默许，向冈田兼一妥协了，安东海关允许日商在不缴纳出口附加税的情况下通关，但是为了让海关向总税务司显示是"不得已"的情况下放行的，日本就向安东海关提起抗议，日商在中国海关通关申报书中附抗议注明未纳出口附加税。② 而安东海关为了不落擅自放行未税货物的罪名，也向日本提出了抗议，安东海关在纳税通知书上填写附加税额，注明日商或领事馆拒缴附税等字样并收纳正税，同时对未纳附税提出抗议并发出输出许可证。③ 福本顺三郎对梅乐和表示，他采取的做法是为了"缓和局势，确保对海关的控制"，④ 而且虽然日商没有缴纳附加税，但日本最终没有执行实力通关。⑤ 梅乐和对于福本顺三郎的做法，最终也只能予以承认，只是要求福本将未纳税的日商记录在案。⑥ 由此可见，凭借着在安东海关中的人事，日本得以通过国家力量迫使海关人员放弃海关总税务司所要求的服务于中国政府的宗旨，为自己所属国家的民族增进利益，而梅乐和以"不得已"为由的变通原则，在安东海关的出口附加税问题上可见一斑。

安东海关与日本的"合作"，在稍后的陆境特惠减税废止中又再次上演。冈田兼一在向田中义一请训时，除了提出领事馆保管正税、进口税三分之一以外，还提出了派兵接管安东海关的设想。⑦ 福本顺三郎也已经警告梅乐和海关正面临着危险。⑧ 面对日本在安东海关咄咄逼人的态势，福本顺

---

① "Maze to Fukumoto"（8th February, 1929），*China and the West*, 679（9），164.
② "Fukumoto to Maze"（15th February, 1929），*China and the West*, 679（9），164.
③ 「輸出付加税については氷上通過および鉄橋を往来する者の物品に対してのみ徴税を認め鉄道貨物は除外することで妥協したき旨請訓」（1929 年 2 月 14 日）岡田兼一発田中義一宛、外務省『日本外交文書』昭和期Ⅰ第一部第三巻、694-695 頁。
④ "Fukumoto to Maze"（14th February, 1929），*China and the West*, 679（9），164.
⑤ "Fukumoto to Maze"（19th February, 1929），*China and the West*, 679（9），164.
⑥ "Maze to Fukumoto"（18th February, 1929），*China and the West*, 679（9），164.
⑦ 「予告期間なき陸境特恵関税撤廃に対し抗議およぴ領事館供託等の手段による実力阻止方請訓」（1929 年 2 月 23 日）岡田兼一発田中義一宛、外務省『日本外交文書』昭和期Ⅰ第一部第三巻、707-708 頁。
⑧ 「陸境特恵関税廃止実施前に国民政府または総税務司と阻止方交渉要請について」（1929 年 2 月 23 日）岡田兼一発田中義一宛、外務省『日本外交文書』昭和期Ⅰ第一部第三巻、708-709 頁。

三郎不得不再次附抗议地发放通关许可，而且他要求日本领事馆要尽可能表明其要实力阻止，由此使安东海关有更为充分的理由违背海关总税务司的命令。而梅乐和对于日本的压力束手无策，只能任福本顺三郎自行处置。① 安东海关在安东驻日本领事馆的压迫下面临巨大的压力，虽然日本在此时还不敢贸然对海关本身采取军事措施，但是在东北日人对于海关接管已经出现了苗头。相比1927年的二五附加税争端，日本已经越来越感受到南京国民政府和中国海关在东北海关问题上的强硬，因此采取强制措施解决"满蒙问题"的选项再次被提出。

军事解决的设想，不仅在安东这个与铁道附属地有关系的日本势力地区被提出，在营口这个中国传统的通商口岸，日本也试图以军事威胁压迫海关放弃出口附加税。日本驻营口领事荒川充雄向田中义一汇报，营口当地的日商受安东地区强制通关的启发，也强烈要求进行强制通关，但荒川充雄认为若要施行强制通关，需要足够的武力准备，建议日本方面派遣驱逐舰作为武力支持。② 日本海军方面也在营口港开冰之时以巡航的名义派遣驱逐舰到港停泊一段时间，3月13日，"关东厅"对于来访的北代真幸也称将在附加税征收时在开冰后的营口港外停泊军舰，以作为日本方面实力阻止征收的示威，"关东厅"长官木下谦次郎甚至指出，派遣军舰是税务司内心里"所希望的"，③ 因为北代真幸即可以此为理由暂缓征税而对总税务司有所交代。最终牛庄税务司佩治在荒川充雄的强硬抗议之下，向梅乐和致电请求解决方案。3月22日早上，梅乐和回应称允许像安东一样只纳付正税即可通关，④ 营口和安东地区的陆境特惠税暂时还是照常征收，不撤废；

---

① 「陸境特恵関税については抗議付許可証の発給により妥協方福本税務司と同意について」（1929年2月27日）岡田兼一発田中義一宛、外務省『日本外交文書』昭和期Ⅰ第一部第三卷、718-719頁。

② 「営口における本邦輸出業者保護のため強制通関および駆逐艦派遣等による実力行使したき旨意見具申」（1929年2月25日）荒川充雄発田中義一宛、外務省『日本外交文書』昭和期Ⅰ第一部第三卷、711-713頁。

③ 「輸出付加税徴収阻止の示威のため営口への駆逐艦派遣は可能について」（1929年3月14日）木下謙次郎発田中義一宛、外務省『日本外交文書』昭和期Ⅰ第一部第三卷、734-735頁。

④ 「対営口輸出も付加税留保 22日許さる」『東京朝日新聞』朝刊、1929年3月23日、4頁。

出口商在正税的纳税申请书中附上拒绝附加税的说明，并由日本方面签字，而海关方面则附带条件地发放出口许可。①

其他几个海关，在二五出口附加税问题上也面临着日本的强大压力。滨江关方面，2月8日滨江关税务司巴闰森向梅乐和请训称，日本领事已经向交涉员和海关监督提出正式抗议，日本称附加税征收侵犯日本条约权益，并已经向商会表示需要向海关税务司抗议纳税。② 在日本的唆使下，法国和丹麦领事也向中国海关提出了抗议。梅乐和只能将此向财政部关务署署长张福运请示，张福运则回复称，中国开征二五出口附加税是在出口新税则颁布以前，照旧税则附征二五，实际上各关已经从1926年次第实行，这一次只是将该税推行到东北地区以求得全国税收划一。③ 在哈尔滨的日商还发起了"输出税延期运动"，除要求输出附加税征收延期外，还要求即日起将强征的税款返还。④ 延吉关方面，2月13日延吉海关税务司福贝士汇报，"间岛"日本总领事已经向海关税务司发送了一份对海关监督征收输出附加税的来自日本政府的抗议副本。⑤ 此后福贝士2月23日宣布在2月25日废除陆境特惠税，征收附加税，当地日商特别是准备进行大豆大宗出口的日商认为损失太大，因此决定对新税则附抗议地办理新的出口手续，并向"间岛"海关进行严正抗议。⑥ 在沈阳，2月24日，日本领事馆代总领事森岛守人向海关监督李友兰提出交涉，认为这次陆境特惠税的撤废和输出附加税的征收是违反条约的，日本将凭实力通关，希望尽快撤销该布告，日

---

① 「陸境関税軽減撤廃は当分は実施せず　安東税関から布告」『東京朝日新聞』朝刊、1929年3月2日、4頁;「日本荷主に限りて徴収拒絶を承認　営口輸出附加税の暫定的措置につき海関当局との協定成る」『満洲日日新聞』1929年3月27日。

② "Barentzen to Maze" (8th February, 1929), China and the West, 679 (9), 164.

③ 《总税务司与关务署为驻哈日法丹三国领事抗议附加税事来往文件》(1929年2月)，中国第二历史档案馆编《中华民国史档案资料汇编》第5辑第1编《财政经济（二）》，江苏古籍出版社，1994，第139～142页。

④ 「輸出付加税に関係者周章　ハルビン商工会　外務省に抗議」『東京朝日新聞』朝刊、1929年2月7日、3頁;「ハルビン邦商、輸出税延期運動」『東京朝日新聞』朝刊、1929年2月10日、4頁。

⑤ "Forbes to Maze" (12th February, 1929), China and the West, 679 (9), 164.

⑥ 「陸境特恵関税撤廃のため多量手持ちの輸出大豆に損失を招くゆえ抗議付で輸出手続中なるが明確な対応方につき請訓」(1929年2月23日)鈴木要太郎発田中義一宛、外務省『日本外交文書』昭和期I第一部第三巻、707頁。

本驻沈阳总领事馆紧接着在次日以正式文书形式向东北政务委员会主席张学良提出严正抗议。① 日本驻沈阳总领事林久治郎向辽宁省政府发出照会，辽宁省政府则回信指出，输出附加税自1926年均已次第举办，各国商人亦皆遵章缴纳，东省各关自不能有所歧异，此时如日方有异议，可以将此事与中央政府接洽办理。② 尽管田中义一想进一步鼓动东北地区的领事采取行动对抗海关，但是当地领事反对，③ 且田中义一不敢再动用武力解决问题，由此导致日本唯有在附抗议纳税下通关，④ 而中国海关也无法按关税自主要求自主征收附加税。附加税问题再次成为中日在东北海关交涉中的悬案。

继二五附加税后，"满洲"殖民系统又对二五出口附加税发起冲击。而且这一次整个"满洲"殖民系统，包括"关东厅"、领事馆、商工会议所、满铁、朝鲜银行等，甚至军队，在一种维护"满洲"权益、抵制国民政府"侵犯""满洲"特权的氛围中被莫名其妙地动员起来，最终直接影响了外务省在对华关税自主问题上的立场，影响了日本承认中国关税自主的进程。尽管"满洲"殖民系统的这一行动使日本得以有机会在日后与中国签订更为"互惠"的关税协定，但是"满洲"殖民系统在这种影响日本对华政策大局的关税自主事务上的强硬表现，不得不说是一种可怕力量的酝酿。

三 外务省对关税协定的维护与对"满洲"殖民系统的协调

日本对中国关税自主政策有效的抵制行动，使"满洲"日人看到了以

---

① 「陸境特恵関税の廃止を布告　国民政府の不意討の暴挙に、奉天総領事厳重抗議」『東京朝日新聞』朝刊，1929年2月26日，2頁。
② 中国边疆史地研究中心、辽宁省档案馆编《东北边疆档案选辑（清代·民国）》卷26，第416~421、432页。
③ 外務省『日本外交文書』昭和期Ⅰ第一部第三卷，739－740、742－746、752－753、753－755、761頁。
④ 如田中义一称"实无可能阻止征收输出附税的当地，惟有和中方交涉一途"，参见「ハルビンにおいて輸出付加税徴収阻止は実質上不可能なる次第を同地商工会議所に対し説明方訓令」(1929年4月5日) 田中義一発八木元八宛，外務省『日本外交文書』昭和期Ⅰ第一部第三卷，749－750頁。

强硬行动确保"满洲"特殊利益的可能。在 1927 年二五附加税事件中,日商和满铁尚对中国的民族主义浪潮有所忌惮,但是随着关税自主政策的推行逐渐触及切身特权,他们的姿态逐渐强硬。此时日本政府经历了内阁更迭,币原喜重郎再次上台。币原希望调整田中义一的对华外交政策,全力与中国谈判达成《中日关税协定》。而为了促成《中日关税协定》,也为了掌握中日废除治外法权交涉的主动权,外务省不得不协调各方利益,防止"满洲"殖民系统的利益诉求加剧东北的紧张局势。其中,海关征金单位事件和煤炭出口附加税事件是颇具代表性的两个事件。

在田中义一下台、滨口雄幸组阁、币原喜重郎再次担任外务大臣后,中日关税协定谈判重开。而此时,正值世界经济危机席卷全球之际,中国也面临着金潮,金贵银贱,导致南京国民政府的关税收入受到很大的影响。1930 年 1 月 15 日,南京国民政府正式发布命令,海关引入金单位制度。① 尽管东北推行海关征金的进程比较顺利,但是在日本内部,在东北殖民系统和外务省之间,则发生了关于是否承认东北海关征金单位的争论。

日本政府认为,日本对华出口商品大部分是从量税征收,因此对华贸易将受到很大影响。日本大藏省则表示由于日本已经承认了中国的关税自主权,基于此原则对海关征金日本很难对中国政府抗议,但日本政府将针对其造成的相对现行税率明显增税的情况,对中国政府进行交涉和采取一些善后措施。② 外务省则认为,中国海关征金是中国政府将银价变动产生的负担转移到消费者、进口业者和外国对华贸易业者身上,但是由于英美对中国海关征金表示欢迎,再加上日本正在与中国进行关税谈判,因此很难有所动作。③

在东北的日商团体对海关征金反应也并不强烈,奉天商工会议所认为,由于银价暴落尤甚,对中国海关征金表示同情。也有人持稳健态度,倾向

---

① 《中华民国史档案资料汇编》第 5 辑第 1 编《财政经济(二)》,第 34 页。
② 「関税金建と対支貿易　実質上関税三、四分の増徴　銀安の影響を加重する」『大阪朝日新聞』朝刊、1930 年 1 月 17 日、7 頁。
③ 「関税金建問題は成行を静観　日支関税交渉開始の手前　外務当局は自重論」『東京朝日新聞』夕刊、1930 年 1 月 19 日、1 頁。

于不将其视为重大问题，①而且中日谈判势必可以实现重要品目协定互惠税率，厘金、内地通过税也将会完全撤废，因此议员对海关征金无太大意见。②哈尔滨商工会议则赞同，因为考虑到条约上的权利保障和与列国的关系，且实施海关征金对当地进口商人不会有大的影响，承认金单位还能改善中日关系，但希望日本政府在与中国进行交涉时能拟订一个缓冲期。③

然而，向来对东北海关关税自主持强硬态度的"关东厅"，向币原喜重郎强调了海关征金将对日本的出口业者、日货在中国的运销、期货市场、从量商品占主要地位的安东海关产生巨大冲击，而且还会牵涉到变更大连海关的关税规定问题。④对于"关东厅"的强硬姿态，不希望海关征金一事影响中日关税谈判的币原喜重郎指出，海关征金从条约形式上来说是非法的行为，但为了谈判一切顺利，就不能用"条约违反论"施压中国，同时为了自身立场考虑，"关东厅"可以不在厅报上刊登海关征金告示，⑤意即要求"关东厅"默认海关征金。

但是海关总税务司已经发来急电要求大连海关税务司张贴告示，尽管征金告示的"实力阻止"并不是最好的方案，但是"关东厅"决定采取这

---

① 「第二五号　貴電合第二五号ニ関シ（支那関税金建制度ノ件）」（1930年1月23日）林久治郎発幣原喜重郎、JACAR（アジア歴史資料センター）Ref. B09040516500（第90画像目から）『中国税関関係雑件/金単位問題　第一巻』（E-3-4-0-3-7_001）（外務省外交史料館）。

② 「奉商発第四一号　支那海関ノ金単位ニヨル輸入税徴収ニ関スル件」（1930年1月24日）庵谷忱発幣原喜重郎宛、JACAR（アジア歴史資料センター）Ref. B09040516600（第108画像目から）『中国税関関係雑件/金単位問題　第一巻』（E-3-4-0-3-7_001）（外務省外交史料館）。

③ 「第四八号」（1930年1月28日）八木元八発幣原喜重郎宛、JACAR（アジア歴史資料センター）Ref. B09040516600（第155画像目から）『中国税関関係雑件/金単位問題　第一巻』（E-3-4-0-3-7_001）（外務省外交史料館）。

④ 「外第三号」（1930年1月22日）太田政弘発幣原喜重郎宛、JACAR（アジア歴史資料センター）Ref. B09040516500（第75画像目から）『中国税関関係雑件/金単位問題　第一巻』（E-3-4-0-3-7_001）（外務省外交史料館）；「関機高収第一八五七号　関東庁警務局長心得　支那海関輸入税ノ金単位制実施ニ関スル件」、JACAR（アジア歴史資料センター）Ref. B09040516600（第104画像目から）『中国税関関係雑件/金単位問題　第一巻』（E-3-4-0-3-7_001）（外務省外交史料館）。

⑤ 「関税金建告示ニ関スル件　貴電外第三号ニ関シ」（1930年1月24日）幣原喜重郎発太田政弘宛、JACAR（アジア歴史資料センター）Ref. B09040516600（第109画像目から）『中国税関関係雑件/金単位問題　第一巻』（E-3-4-0-3-7_001）（外務省外交史料館）。

个手段。① 同日币原即回电太田政弘，称现在外务省还未形成决议，实力阻止等手段绝对不能使用，除了海关告示以外，其他的地方先暂时默认。② 为了防止各地领事做出不利于关税谈判的行为，1月27日币原喜重郎还专门致电各地领事，要求对中国海关征金予以默认。③

但是币原喜重郎的要求并没有被"关东厅"接受。在大连海关1月24日张贴告示并登报后，"关东厅"次日就要求大连海关撤下告示，1月28日大连海关再次发布告示，④ "关东厅"再次向币原要求授权进行实力阻止。⑤

币原面对"关东厅"如此执意实力阻止，最后于1月30日对太田政弘回电，怒斥"关东厅"不断向外务省请训的做法"多少有些变态"了。币原重申，当前不在厅报上刊载征金告示，也只是一时的策略，征金已经成为事实，这是不可能阻止的，希望"关东厅"把握分寸。⑥ 由于币原喜重郎坚决反对，"关东厅"最终没有干扰大连海关征金，但其宣称"会秉持不做积极阻止的不作为方针"，同时拒绝在厅报上刊载征金告示。⑦

在安东，日商认为海关征金影响较大，因此也试图密谋实力阻止海关

---

① 「外第五号　往電外第三号ニ関シ」（1930年1月25日）太田政弘発幣原喜重郎宛、JACAR（アジア歴史資料センター）Ref. B09040516600（第117画像目から）『中国税関関係雑件/金単位問題　第一巻』（E-3-4-0-3-7_001）（外務省外交史料館）。

② 「暗第三号極密至急　貴電外第五号ニ関シ　海関金建告示ニ関スル件」（1930年1月25日）幣原喜重郎発太田政弘宛、JACAR（アジア歴史資料センター）Ref. B09040516600（第126画像目から）『中国税関関係雑件/金単位問題　第一巻』（E-3-4-0-3-7_001）（外務省外交史料館）。

③ 「関税金建ニ関スル件」（1930年1月26日）幣原喜重郎起草、JACAR（アジア歴史資料センター）Ref. B09040516600（第141画像目から）『中国税関関係雑件/金単位問題　第一巻』（E-3-4-0-3-7_001）（外務省外交史料館）。

④ 『満洲経済統計月報』1930年1月上、"経済日誌"、2頁。

⑤ 「外第六号　往電第三号ニ関シ」（1930年1月28日）太田政弘発幣原喜重郎宛、JACAR（アジア歴史資料センター）Ref. B09040516600（第148画像目から）『中国税関関係雑件/金単位問題　第一巻』（E-3-4-0-3-7_001）（外務省外交史料館）。

⑥ 「暗第四号極密至急　貴電外第六号ニ関シ　支那関税金建ニ関スル件」幣原喜重郎発太田政弘宛、JACAR（アジア歴史資料センター）Ref. B09040516700（第199画像目から）『中国税関関係雑件/金単位問題　第一巻』（E-3-4-0-3-7_001）（外務省外交史料館）。

⑦ 「関機高収第二六九〇号ノ二　関東庁警務局長心得　支那海関金単位制実施問題ニ関スル件（一月二十四日付関機高発第一八五七号参照）」（1930年2月5日）JACAR（アジア歴史資料センター）Ref. B09040516900（第49画像目から）『中国税関関係雑件/金単位問題　第二巻』（E-3-4-0-3-7_002）（外務省外交史料館）。

征金。有一部分商人回想起1929年春抵制输出附加税时的成功经历，但是鉴于日本政府已采取默认姿态，安东商工会议所的日商试图自行发起实力阻止。安东日领宇佐美珍彦得知后，要求商工会议所放弃这一设想，因为这会影响中日关税谈判大局。于是安东日商转而试图附抗议纳税，但又被安东海关副税务司赤谷由助拒绝了，安东海关要求日商必须无条件纳税。面对安东海关的拒绝，安东商工会议所于1月31日晚7时召开第二次特别委员会进行协商，同时询问了大连商工会议所和营口商工会议所。大连商工会议所称因为日本政府默认海关征金，于是只能遵照海关要求纳税；营口商工会议所则表示会跟从大连和安东的做法。

最终安东日商放弃了实力阻止的想法。2月2日，安东商工会议所做出三个决议：一是向安东海关税务司提出附抗议纳税的正式文书，并同时与满铁方面联络，向满铁方面提交该附抗议纳税文书，与满铁保持同一步调；二是默认金单位征收，但是3月16日之后的一海关两折合1.75金单位换算比例是不能接受的，此由安东领事代为呈交日本政府请愿；三是会议所方面开展关于金单位制实施的比例的计算根据的研究，对于金单位征收后的对策，组建一个由五名会议所理事组成的委员会进行充分研究。[①] 但是宇佐美珍彦表示，在目前日本政府默认海关征金的局势下，即便安东日商附抗议纳税，日商也不会得到多少实际利益，要求安东日商直接承认金单位。最终，大部分日商对宇佐美的陈述表示认可。[②] 安东日商的金单位纳税最终平稳落地。[③]

最终东北海关的征金单位平稳推进，日本外务省通过强力压制"关东厅"和安东日商的反对行动，确保了《中日关税协定》能够比较平稳地达

---

① 「関機高収第二六九〇号ノ二　関東庁警務局長心得　支那海関金単位制実施問題ニ関スル件（一月二十四日付関機高発第一八五七号参照）」（1930年2月5日）JACAR（アジア歴史資料センター）Ref. B09040516900（第49画像目から）『中国税関関係雑件／金単位問題　第二巻』（E-3-4-0-3-7_002）（外務省外交史料館）。
② 「機密第五〇号　支那関税金建ニ対スル安東商工会議所ノ態度ニ関スル件」（1930年2月5日）宇佐美珍彦発幣原喜重郎宛、JACAR（アジア歴史資料センター）Ref. B09040516900（第36画像目から）『中国税関関係雑件／金単位問題　第二巻』（E-3-4-0-3-7_002）（外務省外交史料館）。
③ 「第七号　貴電合第四五号ニ関シ」（1930年2月4日）宇佐美珍彦発幣原喜重郎宛、JACAR（アジア歴史資料センター）Ref. B09040516900（第28画像目から）『中国税関関係雑件／金単位問題　第二巻』（E-3-4-0-3-7_002）（外務省外交史料館）。

成，由此中国正式收回了关税自主权，中日间旷日持久的附加税争端也因为《中日关税协定》的达成而暂告一段落。然而，在《中日关税协定》达成，中国即将执行新的出口附加税时，满铁方面又挑起了东北抚顺、烟台煤矿和本溪湖煤矿的出口附加税问题的争端，使《中日关税协定》的执行受到了严峻的考验。

"南满洲铁道株式会社抚顺炭矿"创建于1907年4月1日，是日本在东北建立的大型工矿企业。根据日本与清政府在1909年9月4日达成的《东三省交涉五案条款》，中国政府承认日本在东北煤炭外运时享受最惠税率。① 随后，日本又与中国签订了《抚顺烟台煤矿细则》十四条，其中第一条规定"抚顺、烟台两煤矿（以下单称'两煤矿'）所出之煤，允以出井原价百分之五计算之出口税缴纳于清国政府。但出井原价在每日出煤未满三千吨（英吨，以下同）期内，每吨定为库平银一两，又每日出煤过三千吨时，每吨定为日本金币一元，以此计算税额"，第二条规定"会社对于由海口运出两煤矿之煤，允每吨以海关银十分之一两，即银一钱计算之，出口税缴纳于清国海关"，第五条规定"会社所用之煤，免纳出井税，但其数量，每日定为七百吨"，第六条规定"两煤矿之煤，除按照第一条、第二条征税外，所有内地税赋、钞课、厘金、杂派，一概豁免。但对于他处之煤，有较该煤矿减轻课税时，亦允会社一律均沾。前项厘金等既经豁免，会社对清国政府每年当缴纳日本金币五万元，以为报偿，照第三条第二项，分四期缴纳"。② 正是这几条规定，使日本能够将抚顺、烟台煤矿以极低的价格出口，攫取巨额利益。

尽管《中日关税协定》达成后，币原喜重郎还特地向日本在东北机关发文，称届时中国将在大连、牛庄等日本向来阻止中国征收输出附加税的地方开征此税，日本只能对此默认。③ 但是满铁认为，根据抚顺、烟台煤炭课税的《抚顺烟台煤矿细则》第一、二、五条及第六条，以及关于满铁材

---

① 解学诗主编《满铁档案资料汇编》第7卷，社会科学文献出版社，2011，第69页。
② 解学诗主编《满铁档案资料汇编》第7卷，第90~92页。
③ 「中国側において関税協定成立後輸出付加税徴収開始するやも知れず内々手配方訓令」（1930年4月15日）、幣原喜重郎発宇佐美珍彦宛、外務省『日本外交文書』昭和期Ⅰ第一部第四卷、外務省、1994、432-433頁。

料关税免除的《合办东省铁路公司合同章程》第七条和《会议东三省事宜正约》以及附约第八条，满铁享有特别关税优惠，如果《中日关税协定》不能就此有明确规定，将对满铁造成重大打击。①

面对满铁的要求，谈判关税协定的重光葵认为如果再次向中国提出相关问题，会影响到《中日关税协定》，因此他希望满铁能对此问题沉默，并且他乐观地认为中国不会影响到满铁的特权。② 但是币原喜重郎却担心满铁会因为煤炭出口附加税问题，挑起实力通关的事端，导致《中日关税协定》遭到破坏，因此要求重光葵必须向中国方面明确该问题。③ 另一方面，"关东厅"和满铁不断向外务省施压，面对来自"关东厅"长官太田政弘和满铁总裁仙石贡的电报，币原喜重郎只得向重光葵表示，煤炭输出附加税在条约角度上是不正当的，如果在此问题上采取容忍态度，将会对未来的特权处理留下极大隐患。日本当前应该阻止中国的此举，在事态形成纠纷之前阻止，并授权重光葵采取适当措施。④ 面对东北日人的强烈要求，重光葵只得表示将与中国方面交涉。⑤

除了大连海关，作为安奉铁路一端的安东海关也是满铁煤炭出口的必经之路，因此安东海关对煤炭出口附加税的态度就显得十分重要。但是日本驻安东领事馆已经擅自向安东海关寻求支持。在安东海关税务司 6 月 1 日公告了 7 月 1 日开征出口附加税之后，安东车站站长就询问安东海关副税务

---

① 「別紙丙号　日支関税協定ニ関スル件」（1930 年 5 月 2 日）大蔵公望発大淵三樹宛、JACAR（アジア歴史資料センター）Ref. B09040084400（第 428 画像目から）『各国関税並法規関係雑件/中国ノ部/附加税関係　第八卷』（E－3－1－2－X1_ C1－2_ 008）（外務省外交史料館）。

② 「関税協定が満鉄の課税上の特権並び材料関税免除等に影響を及ぼさぬよう留意方について」（1930 年 5 月 6 日）重光葵発幣原喜重郎宛、外務省『日本外交文書』昭和期Ⅰ第一部第四卷、442－443 頁。

③ 「満鉄輸出石炭に対する付加税徴収方に関する件」（1930 年 5 月 14 日）幣原喜重郎発重光葵宛、JACAR（アジア歴史資料センター）Ref. B09040084400（第 390 画像目から）『各国関税並法規関係雑件/中国ノ部/附加税関係　第八卷』（E－3－1－2－X1_ C1－2_ 008）（外務省外交史料館）。

④ 「満鉄輸出石炭ニ対シ付加税徴収ニ関スル件　太田関東長官発本大臣宛電報第三一号ニ関シ」幣原喜重郎発重光葵宛、JACAR（アジア歴史資料センター）Ref. B09040084500（第 434 画像目から）『各国関税並法規関係雑件/中国ノ部/附加税関係　第八卷』（E－3－1－2－X1_ C1－2_ 008）（外務省外交史料館）。

⑤ 「中国側は撫順炭に対し輸出付加税徴収の積極的意向を持たぬと思われるについて」（1930 年 6 月 11 日）重光葵発幣原喜重郎宛、外務省『日本外交文書』昭和期Ⅰ第一部第四卷、445－446 頁。

司赤谷由助，安东海关是否对满铁煤炭出口征收附加税，赤谷由助表示依他个人之见，由于总税务司没有反对的训令，因此应该需要课税。① 对此，币原喜重郎指示森冈正平利用安东海关的赤谷由助进行运作，促使安东海关能够在中日交涉完结前采取现行税率。②

然而，币原喜重郎的设想落空了。赤谷由助虽然是日本人，但是面对日本领事的要求，表示国民政府已经收回关税自主权，且总税务司目前还没有发来任何训令，因此煤炭出口附加税就需要征收，并表示他将同安东海关税务司弼素乐协商向总税务司请示。由于赤谷由助不打算向日本妥协，森冈正平遂向重光葵表示，如果最终总税务司针对煤炭征收出口附加税，安东方面就将采取实力阻止，对车辆实行"实力通关"，对舢板船运载的煤炭则依靠安东领事馆警察的保护。③ 很快，总税务司向安东海关税务司发来了必须对煤炭征收出口附加税的训令，④ 于是森冈正平着手做实力阻止的准备，⑤ 并声称必须维护满铁的特殊权益。⑥

---

① 「第三四号　関東長官発閣下宛電報外第三一号ニ関シ」（1930年6月10日）森岡正平発幣原喜重郎宛、JACAR（アジア歴史資料センター）Ref. B09040084400（第418画像目から）『各国関税並法規関係雑件/中国ノ部/附加税関係　第八巻』（E-3-1-2-X1_C1-2_008）（外務省外交史料館）。

② 「満鉄輸出石炭ニ対スル付加税徴収方ニ関スル件　貴電第三四号ニ関シ」幣原喜重郎発森岡正平宛、JACAR（アジア歴史資料センター）Ref. B09040084500（第435画像目から）『各国関税並法規関係雑件/中国ノ部/附加税関係　第八巻』（E-3-1-2-X1_C1-2_008）（外務省外交史料館）。

③ 「第三七号　本官発上海宛電報第一四号　貴電第一号ニ関シ」（1930年6月13日）森岡正平発幣原喜重郎宛、JACAR（アジア歴史資料センター）Ref. B09040084500（第437画像目から）『各国関税並法規関係雑件/中国ノ部/附加税関係　第八巻』（E-3-1-2-X1_C1-2_008）（外務省外交史料館）。

④ 「撫順煙台炭に関し付加税徴収との税関長通知に対し実力阻止を免れぬものとして準備中について」（1930年6月14日）岡田兼一発田中義一宛、外務省『日本外交文書』昭和期I第一部第四巻、447頁。

⑤ 「第四二号　本官発上海宛電報　往電第一六号及第一七号ニ関シ」（1930年6月14日）森岡正平発幣原喜重郎宛、JACAR（アジア歴史資料センター）Ref. B09040084500（第442画像目から）『各国関税並法規関係雑件/中国ノ部/附加税関係　第八巻』（E-3-1-2-X1_C1-2_008）（外務省外交史料館）。

⑥ 「第四三号　本官発上海宛電報　第一七号　往電第一六号ニ関シ」（1930年6月14日）森岡正平発幣原喜重郎宛、JACAR（アジア歴史資料センター）Ref. B09040084500（第443画像目から）『各国関税並法規関係雑件/中国ノ部/附加税関係　第八巻』（E-3-1-2-X1_C1-2_008）（外務省外交史料館）。

面对森冈正平坚持采取实力阻止的态度，一方面币原喜重郎要求森冈正平必须再三确认中国海关的意图，不然会导致中日间关于此问题的交涉陷入困境；① 另一方面，重光葵也极劝森冈正平隐忍为重，等到中日间的交涉完结后再采取实力阻止也不迟，日本已经全力向中国政府表明立场了。② 森冈正平强硬回应称希望重光葵在 6 月 30 日前解决问题，不然他之后要在沈阳出席领事会议，海关局势就难以把握了。③

在东北日人的压力下，重光葵展开了对海关总税务司梅乐和的运作。由于时值阎锡山占领津海关，梅乐和正在焦头烂额中。对于重光葵的要求，梅乐和表示这是迫使海关偏离中国政府，将会使海关的运作陷入困境。重光葵则试图用关税协定向梅乐和施压，他称现行的煤炭出口税基于中日间订立的特别条约和契约，是"满洲"构成日本的"特殊地位"的重要基础，如果关税协定使"满洲"的"特殊地位"动摇，关税协定恐怕将无法成立，而且安东海关税务司要求征收煤炭出口税的行动也将刺激当地日本人。对于重光葵的说辞，梅乐和表示理解。④ 面对日本的发难，为了维护关税协定，梅乐和采取了妥协措施。梅乐和在 6 月 17 日早上拜访重光葵，称他向关务署汇报了日本的要求后，关务署同意对出口附加税问题维持现状。重光葵又称除非对此前中日间订立的契约更新，否则当下就应该维持现状。⑤ 由此，中国

---

① 「満鉄輸出石炭ニ対スル付加税徴収方ニ関スル件　貴電第三四号及上海発貴官宛電報第一号ニ関シ」（1930 年 6 月 13 日）幣原喜重郎発森岡正平宛、JACAR（アジア歴史資料センター）Ref. B09040084500（第 439 画像目から）『各国関税並法規関係雑件/中国ノ部/附加税関係　第八巻』（E-3-1-2-X1_ C1-2_ 008）（外務省外交史料館）。

② 「輸出付加税徴収に関し実力行使を前提としての交渉には反対の旨意見具申」（1930 年 6 月 15 日）重光葵発幣原喜重郎宛、外務省『日本外交文書』昭和期Ⅰ第一部第四巻、447-448 頁。

③ 「第四三号　本官発上海宛電報第一九号」（1930 年 6 月 16 日）、森岡正平発幣原喜重郎宛、JACAR（アジア歴史資料センター）Ref. B09040084500（第 445 画像目から）『各国関税並法規関係雑件/中国ノ部/附加税関係　第八巻』（E-3-1-2-X1_ C1-2_ 008）（外務省外交史料館）。

④ 「石炭付加税問題により日本の満洲権益が損なわれぬ様メーズ総税務司に申し入れについて」（1930 年 6 月 17 日）重光葵発幣原喜重郎宛、外務省『日本外交文書』昭和期Ⅰ第一部第四巻、448-449 頁。

⑤ 「石炭付加税問題につきメlズ総税務司より差し当たり現状維持の旨回答について」（1930 年 6 月 18 日）重光葵発幣原喜重郎宛、外務省『日本外交文書』昭和期Ⅰ第一部第四巻、449-450 頁。

海关最终接受了妥协案。

收到重光葵的交涉结果后，币原喜重郎表示，为了防止东北其他海关也发生类似的争端，最好是海关总税务司向营口、大连等地的海关税务司发布内部训令，以使得东北各地的海关能够同时不对满铁的煤炭征收出口附加税，① 由此使日本实现在全东北海关都能够满足满铁的诉求。

值得注意的是，尽管森冈正平在此前同意等候中日间的交涉完结，再考虑是否采取实力阻止的方式以维护满铁的既得利益，但安东海关税务司可能是想到此前附加税争端中，日本采取了附抗议纳税的办法，因此在总税务司暂无训令的情况下，遂向日本提议，从7月1日开始的三个星期内，将煤炭附加税暂时存放在海关中，若上海的交涉决定免征附加税，则将其返还。森冈正平认为如果在此案上向中国妥协，只会增加中国方面的底气，将会对今后的"满洲"案件形成极为不利的影响，因此他建议要坚决拒绝此妥协案，以显示日方的决心，如果中国方面态度强硬，就考虑采取实力阻止。② 林久治郎也认为，如果交涉仍然没有完成，煤炭输出附加税款在一定时期内则由日本领事馆代为保管；如果煤炭出口附加税款由海关托管，就会给人一种日本的立场软化的印象，还会波及营口和大连海关，因此如果强制通关，也需要做好相应的准备。③

东北日人在煤炭出口附加税问题上的强硬态度，迫使日本向中国提起交涉，也迫使重光葵极不情愿地与梅乐和交涉，最终，梅乐和方面妥协。6月22日，总税务司向大连海关税务司发送了不对抚顺、烟台煤炭征收输出

---

① 「満鉄輸出炭ニ対スル付加税徴収問題ニ関スル件　公第二七三号　貴電公第五九七号ニ関シ」（1930年6月19日）幣原喜重郎発重光葵宛、JACAR（アジア歴史資料センター）Ref. B09040084500（第498画像目から）『各国関税並法規関係雑件／中国ノ部／附加税関係　第八巻』（E-3-1-2-X1_C1-2_008）（外務省外交史料館）。

② 「石炭付加税問題に対してあくまでも実力阻止で臨むべき旨意見具申」（1930年6月17日）森岡正平発幣原喜重郎宛、外務省『日本外交文書』昭和期Ⅰ第一部第四巻、449頁。

③ 「第二五八号　安東発上海電報第二二号ニ関シ（撫順炭輸出付加税ノ件）」（1930年6月18日）林久治郎発幣原喜重郎宛、JACAR（アジア歴史資料センター）Ref. B09040084500（第491画像目から）『各国関税並法規関係雑件／中国ノ部／附加税関係　第八巻』（E-3-1-2-X1_C1-2_008）（外務省外交史料館）。

附加税的电报，也在海关进行了公告，但是并没有涉及本溪湖煤炭的问题。① 森冈正平起初质疑安东海关税务司，总税务司的训令是否包括抚顺、烟台煤炭和本溪湖煤炭，安东海关税务司表示上述煤炭当然包括。② 但是23日午后，安东海关税务司又称只有抚顺、烟台的煤炭才能免除输出附加税，而本溪湖煤炭不在免除之列。森冈正平对此表示不满，安东海关只得再度向总税务司请示。③ 6月26日，总税务司向大连海关税务司发来电文称，本溪湖煤炭也在本次输出附加税免除之列。④ 27日早上，弱素乐收到了总税务司的电文，本溪湖煤炭也在免税之列。⑤ 海关总税务司最终是全部接受了日本方面的诉求，答应对输往日本的煤炭不征输出附加税。最终，海关总税务司在1930年7月1日前再次与日本达成了对输出附加税问题的妥协，全盘答应了日本的要求，东北海关没有因此爆发实力阻止的事端。

在海关征金事件和煤炭出口附加税争端中，外务省为了维护《中日关税协定》，要求"关东厅"、日商、满铁乃至领事馆系统对中国政府的关税自主行动表示默认。但是外务省的这一策略势必引起"满洲"殖民系统的进一步反感，也会导致币原喜重郎的"协调"外交政策不能在东北被很好地贯彻。同时，随着日商和满铁的加入，"满洲"殖民系统确保"满蒙"特殊利益的共识基础逐渐牢固，他们对日本对华政策的主导能力也日渐增强，

---

① 「第三七号」（1930年6月23日）太田政弘発幣原喜重郎宛、JACAR（アジア歴史資料センター）Ref. B09040084500（第509画像目から）『各国関税並法規関係雑件/中国ノ部/附加税関係　第八巻』（E－3－1－2－X1_ C1－2_ 008）（外務省外交史料館）.

② 「第四七号　上海発大臣宛電報公第六二二号ニ関シ」（1930年6月23日）森冈正平発幣原喜重郎宛、JACAR（アジア歴史資料センター）Ref. B09040084500（第510画像目から）『各国関税並法規関係雑件/中国ノ部/附加税関係　第八巻』（E－3－1－2－X1_ C1－2_ 008）（外務省外交史料館）.

③ 「第四八号　往電第四七号ニ関シ」（1930年6月23日）森冈正平発幣原喜重郎宛、JACAR（アジア歴史資料センター）Ref. B09040084500（第511画像目から）『各国関税並法規関係雑件/中国ノ部/附加税関係　第八巻』（E－3－1－2－X1_ C1－2_ 008）（外務省外交史料館）.

④ 「第四〇号　往電第三七号ニ関シ」（1930年6月26日）太田政弘発幣原喜重郎宛、JACAR（アジア歴史資料センター）Ref. B09040084500（第516画像目から）『各国関税並法規関係雑件/中国ノ部/附加税関係　第八巻』（E－3－1－2－X1_ C1－2_ 008）（外務省外交史料館）.

⑤ 「第五一号　本官発上海宛電報第二七号　本官発大臣宛電報第四八号ニ関シ」（1930年6月27日）重光葵発幣原喜重郎宛、JACAR（アジア歴史資料センター）Ref. B09040084500（第520画像目から）『各国関税並法規関係雑件/中国ノ部/附加税関係　第八巻』（E－3－1－2－X1_ C1－2_ 008）（外務省外交史料館）.

甚至试图自行寻求事件的解决。外务省在协调"满洲"殖民系统的利益时，面对这样一个具有强烈的确保"满洲"特殊利益意识的利益共同体，也不得不采取妥协措施。外务省的"协调"外交正在受到"满洲"殖民系统的严重干扰，并逐渐被推向难以控制的方向。

四 中日安东缉私摩擦与东北局势的升级

"满洲"殖民系统寻求自行解决问题，走私遂成为抵制关税自主的有效措施。在安东，安东领事馆、"关东厅"下属满铁附属地警察、安东日商、满铁乃至朝鲜总督府互相勾结，沆瀣一气，构建了以安东满铁附属地为中心、横跨中国东北和朝鲜的庞大的走私体系。

安东海关曾请求日本领事馆警察对走私者加强监管和执法，日本领事和警察署长遂决定对走私者做出严肃警告，并且在江岸一带增加了警力和警备船只。① 但是，日本领事馆警察反而与走私者沆瀣一气，对走私常常熟视无睹，时人常认为走私者有与日警暗通声气。② 日本警察对于走私者，大都是将其抓获后令其补缴税款就放行，并没有对走私者做出惩罚，还让其将走私物品带离，③ 致使走私形势愈发严峻。《中日关税协定》签订后，面对变本加厉的武装走私，安东海关决定对海关关员自行武装，而这又进一步引起了日本在安东的殖民机关的强烈敌视；安东日本领事馆警察也不断挑起与安东海关关员之间的摩擦，意图逼迫安东海关关员解除武装，鸭绿江两岸的局势愈发紧张。④

日本警察对海关关员的人身威胁最终使安东海关忍无可忍。12月2日，

---

① 「機密第二〇七号」（1929年6月30日）JACAR（アジア歴史資料センター）Ref. B09040546800（第9画像目から）『各国ニ於ケル密輸出入関係雑件/中国ノ部/安東中国税関吏員ト本邦警察官トノ紛擾関係　第一巻』（E-3-6-0-3-3-1_001）（外務省外交史料館）.

② 连心豪：《近代中国的走私与海关缉私》，厦门大学出版社，2011，第122页。

③ 「第八九九号　本官発安東宛電報　第二号」（1929年6月30日）JACAR（アジア歴史資料センター）Ref. B09040546800（第30画像目から）『各国ニ於ケル密輸出入関係雑件/中国ノ部/安東中国税関吏員ト本邦警察官トノ紛擾関係　第一巻』（E-3-6-0-3-3-1_001）（外務省外交史料館）.

④ 「ベッセル帰国に際して由布副税務司と密輸取締りに関し会談について」（1930年10月31日）外務省『日本外交文書』昭和期Ⅰ第一部第四巻、288-290頁。

安东海关关员连续遭到三次走私者的武装袭击，关员身负重伤，但日本警察却在一旁帮凶，甚至将海关关员捉拿羁押于日领馆警察署。① 安东海关关员对此大为气愤，12月4日早上，安东海关在日租借地各分卡的全体外班华员发动罢工。② 同时，发表《安东海关外班全体华员宣言》，提出："一，撤职惩办该肇事之日警；二，日警署向海关道歉并登报表示歉意；三，惩办该偷税行凶之韩人；四，日方保证以后不再有上项事件发生；五，关员之值班于日租借地者其生命须有确实之保障。"③ 随后，海关华员联合会上海总部对于安东的罢工事件，向关务署提出交涉请愿。④

罢工事件引起了安东海关税务司的强烈不满。12月4日，税务司毕洛与副税务司由布镰太郎一同到日本驻安东领事馆表示强烈抗议，指责日本在阻拦海关关员合法履行职务，要求领事米泽菊二采取适当有效的措施保证海关能够履行职务。米泽菊二迫于压力，与领事馆警察署长协商，决定暂时让一名日本领事馆警察驻守在桥侧海关监视所内，同时常设一名以上日籍关员，负责巡缉员的行为。

毕洛为了不扩大事端，同意了米泽菊二的临时措施，同时劝说海关监督李友兰暂时不要向国民党中央报告。⑤ 但罢工华员对此交涉不服，坚持继续罢工，于是毕洛只能向总税务司请训。⑥ 与此同时，米泽菊二也趁机要求

----

① 《安东韩侨之暴行》，《新闻报》1930年12月11日，第7版。
② 「支那税関民国人外勤吏員罷業ニ関スル件　機密第四七八号」（1930年12月8日）米沢菊二発幣原喜重郎宛、JACAR（アジア歴史資料センター）Ref. B09040548600（第28画像目から）『各国ニ於ケル密輸出入関係雑件/中国ノ部/安東中国税関吏員ト本邦警察官トノ紛擾関係　第三巻』（E-3-6-0-3-3-1_ 003）（外務省外交史料館）。
③ 《安东海关外班全体华员宣言》，《东方公论》新年号，1931年1月10日，第48页。
④ 重光葵発幣原喜重郎宛（1930年12月22日）JACAR（アジア歴史資料センター）Ref. B09040547300（第423画像目から）『各国ニ於ケル密輸出入関係雑件/中国ノ部/安東中国税関吏員ト本邦警察官トノ紛擾関係　第一巻』（E-3-6-0-3-3-1_ 001）（外務省外交史料館）。
⑤ 「第一〇五号」（1930年12月7日）米沢菊二発幣原喜重郎宛、JACAR（アジア歴史資料センター）Ref. B09040548600（第22画像目から）『各国ニ於ケル密輸出入関係雑件/中国ノ部/安東中国税関吏員ト本邦警察官トノ紛擾関係　第三巻』（E-3-6-0-3-3-1_ 003）（外務省外交史料館）。
⑥ 「安東海関中国人外勤員スト継続について」（1930年12月5日）米沢菊二発幣原喜重郎宛、外務省『日本外交文書』昭和期Ⅰ第一部第四卷、301-302頁。

驻华公使重光葵与中国政府交涉，解除中国海关的武装，"防止海关人员继续对通行边境的无辜人员横加干涉"。①

于是，安东海关问题最终还是转为了中日间的交涉。重光葵通过与宋子文会谈，希望允许交涉在关务署和公使馆之间进行，不将问题提交给外交部，宋子文同意了。关务署的张福运也对重光葵表示，海关关员的武装并没有触及任何附属地的警察权的问题，希望日本方面能够给予谅解。②

海关总税务司态度强硬。海关总税务司梅乐和12月5日对日本驻上海总领事馆表示，希望能够和日本和平地解决此次事件，但希望重光葵训令安东领事，停止日本警察对中国海关事务的干涉。③ 随后，代理总税务司华善会面重光葵时，重光葵同意日本领事加强与海关的密切联系，又希望海关也要向税务司下达训令，以缓和安东海关局势，但华善对重光葵的回应非常不满，反问日本是否在帮助走私者。④

不过，财政部、关务署和日本公使馆都希望尽可能以平和的方式解决安东海关的纷争。于是，华善此后向毕洛训令，要求关员立即复工，否则做开除处理，同时在武装关员问题上对日本做出让步，海关外班人员要严格限制不允许在执勤以外使用警棍。⑤ 最终罢工的海关外班华员在12月10

---

① 「機密北公第二〇二号 民国税関巡緝隊員ノ武装ニ関スル件」（1930年12月8日）米沢菊二発重光葵宛、JACAR（アジア歴史資料センター）Ref. B09040548100（第270画像目から）『各国ニ於ケル密輸出入関係雑件/中国ノ部/安東中国税関吏員ト本邦警察官トノ紛擾関係 第二巻』（E-3-6-0-3-3-1_002）（外務省外交史料館）。

② 「安東海関員所持根棒奪取事件に対する外交部抗議の意図に関する張福運談および宋子文と問題の地方的解決方打合について」（1930年12月6日）外務省『日本外交文書』昭和期I第一部第四巻、302-303頁。

③ 「公第一一六七号 本官発安東宛電報 公第三号」（1930年12月5日）重光葵発幣原喜重郎宛、JACAR（アジア歴史資料センター）Ref. B09040547200（第352画像目から）『各国ニ於ケル密輸出入関係雑件/中国ノ部/安東中国税関吏員ト本邦警察官トノ紛擾関係 第一巻』（E-3-6-0-3-3-1_001）（外務省外交史料館）。

④ 重光葵発幣原喜重郎宛（1930年12月9日）JACAR（アジア歴史資料センター）Ref. B09040547300（第371画像目から）『各国ニ於ケル密輸出入関係雑件/中国ノ部/安東中国税関吏員ト本邦警察官トノ紛擾関係 第一巻』（E-3-6-0-3-3-1_001）（外務省外交史料館）。

⑤ 「本官発安東宛電報 公第七号 往電公第五号ニ関シ」（1930年12月10日）重光葵発幣原喜重郎宛、JACAR（アジア歴史資料センター）Ref. B09040547300（第390画像目から）『各国ニ於ケル密輸出入関係雑件/中国ノ部/安東中国税関吏員ト本邦警察官トノ紛擾関係 第一巻』（E-3-6-0-3-3-1_001）（外務省外交史料館）。

日下午 1 时开始渐渐复工，对于依然不肯复工的华员，税务司将采取开除措施。①

外务省和驻华公使馆希望压制安东殖民机关的野蛮行径。米泽菊二坚持不能承认安东设立武装巡缉队，这会导致中国在附属地事实上的武装，这是违背铁道附属地内的警察制度的。② 但是重光葵依然强烈要求米泽菊二必须尽可能缓和事态。③

在外务省和驻华公使馆的训令下，米泽菊二接受了日本政府缓和事态的方针。他向毕洛通报了日本方面在东京会议上确定的朝鲜总督府、"关东厅"、外务省联合打击走私的方针，并且对毕洛提出三点要求：第一，海关方面对附属地外的中国人走私情况严厉打击；第二，严格筛选巡缉队员；第三，在附属地关卡中派一名有能力的日籍关员常驻，对中国关员的行动负全责。毕洛对此全部同意。④ 在外务省的协调下，日本驻安东领事馆和安东海关最终互相让步。

海关罢工事件暂时解决后，基于中日间达成的不通过外交部谈判的默契，12 月 11 日，堀内谦介和张福运进行会谈，就解决安东的武装关员问题进行磋商。堀内谦介表示，日本已经要求安东领事在巡缉员和警察之间不引起争端的情况下，对携带警棍予以适当的默认，但日本坚持中国是在侵犯日本的附属地权益。随后堀内谦介又提出，录用具有良好素质的巡缉员，巡缉员的部长或者组长从现在天津、大连、上海等地的日籍外班人员中选

---

① 「安東密輸問題につき日中双方の友好的協力の上解決したき旨の張関務処長談について」（1930 年 12 月 10 日）重光葵発幣原喜重郎宛、外務省『日本外交文書』昭和期 I 第一部第四卷、306 頁。
② 「第一〇八号　本官発支宛電報　公第二六号　貴電公第六号ニ関シ」（1930 年 12 月 10 日）米沢菊二発幣原喜重郎宛、JACAR（アジア歴史資料センター）Ref. B09040547300（第 386 画像目から）『各国ニ於ケル密輸出入関係雑件/中国ノ部/安東中国税関吏員ト本邦警察官トノ紛擾関係　第一卷』（E-3-6-0-3-3-1_001）（外務省外交史料館）。
③ 「貴電公第二五号ニ関シ」（1930 年 12 月 10 日）、重光葵発幣原喜重郎宛、JACAR（アジア歴史資料センター）Ref. B09040547300（第 389 画像目から）『各国ニ於ケル密輸出入関係雑件/中国ノ部/安東中国税関吏員ト本邦警察官トノ紛擾関係　第一卷』（E-3-6-0-3-3-1_001）（外務省外交史料館）。
④ 「我が方安東密輸取締り規則制定に関する安東税務司の謝意表明並びに日本側警官増員要請について」（1930 年 12 月 12 日）米沢菊二発幣原喜重郎宛、外務省『日本外交文書』昭和期 I 第一部第四卷、310-311 頁。

取充任。张福运同意了日本的要求，但他称实行方式需要与梅乐和讨论。张福运又提出对于负伤的关员的抚恤金问题，堀内谦介称应由安东地方进行处理。① 由于中国海关需要来自日本的缉私力量的辅助，中日间也并不希望安东海关罢工事件和武装关员问题刺激两国关系，因此中国和日本基本采取了默认的态度，但是日本看到中国海关需要维持海关的稳定运作，于是趁机向中国海关要求扩大在安东海关中的人事利益，不得不说是别有用心的。

但是中国海关的妥协也不是没有底线的，为了多少回击日本唆使的暴力事件，中国海关还是强烈要求日本方面解决受伤关员的抚恤金问题。除了前述张福运的要求以外，12月15日，梅乐和来访重光葵，按照此前与张福运会谈的要旨针对安东问题的立场做了陈述，希望日本方面能够"协力"。关于海关关员的抚恤金问题，如果日本在地方不采取措施解决问题，或将通过外交部正式向日本提出抗议。② 而且，中国海关有意在日本方面解决抚恤金问题后，才处理日籍海关关员的转任问题。迫于外交部的压力，安东日本领事馆对中国海关受伤关员进行了一定的抚恤。③

在日本做出抚恤金的表示后，中国海关开始兑现张福运与堀内谦介的协议中关于调任日籍关员在安东的决定，梅乐和也认为安东海关的局势除了调任更多的日籍关员以外，已别无他法。④ 在做了预备工作后，梅乐和告

---

① 「安東密輸防止策につき堀内・張協議内容につき報告」（1930年12月11日）重光葵発幣原喜重郎宛、外務省『日本外交文書』昭和期Ⅰ第一部第四巻、308－310頁。
② 「公第一二二五号」（1930年12月15日）重光葵発幣原喜重郎宛、JACAR（アジア歴史資料センター）Ref. B09040547300（第410画像目から）『各国ニ於ケル密輸出入関係雑件/中国ノ部/安東中国税関吏員ト本邦警察官トノ紛擾関係　第一巻』（E-3-6-0-3-3-1_001）（外務省外交史料館）。
③ 「第四号　往電第二号ニ関シ」（1931年1月12日）米沢菊二発幣原喜重郎宛、JACAR（アジア歴史資料センター）Ref. B09040548600（第180画像目から）『各国ニ於ケル密輸出入関係雑件/中国ノ部/安東中国税関吏員ト本邦警察官トノ紛擾関係　第三巻』（E-3-6-0-3-3-1_003）（外務省外交史料館）。
④ 「国民政府外交部公文に対する我が方回答振りに関する堀内と張との会談要領報告」（1930年12月24日）重光葵発幣原喜重郎宛、外務省『日本外交文書』昭和期Ⅰ第一部第四巻、318頁。

知日本驻上海总领事馆，海关总税务司署铨叙科税务司溥荣德已经决定在安东海关中任用 6 名日本人，由此显示海关与日本协力打击走私的诚意。① 而此后张福运在与堀内谦介的会谈中还加码表示，关务署将在安东海关增加 10 名日籍关员，为此还停止了计划中的外籍人员增加计划，堀内谦介则对张福运给予如此权限表示满意并致谢意。② 1931 年 2 月初，毕洛与米泽菊二商定，由米泽菊二推荐 12 名候选人供安东海关选择，米泽菊二遂开始物色人选，并于 2 月 6 日在日本驻安东领事馆进行业务测验，在 23 名应募者中选定了 12 人提交海关税务司，安东海关最终确定 6 人成为安东海关新的外班人员。③ 在此之前，安东海关和海关总税务司也已决定将之前参与罢工的关员调离安东。④ 最终安东海关外班华员罢工事件，以中国海关满足日本在安东海关内以更有效打击走私为名增加日籍关员的要求而告终，罢工事件不仅没有使日本收敛其行为，还为日本进一步控制安东海关提供了机会，日本在安东海关的话语权进一步提高。

中国采取武装关员的行动，是在日本不允许中国在附属地内行使警察权的情况下，被迫采取的措施。但对于有警察权的日本而言，走私问题的严峻性也已经导致了殖民统治的不稳。"关东厅"就指出，中国奉天和其他地方将没有海关放行单的外国货物都视作走私品，对之扣留或者强制征税，这对日商造成了困扰。外务省也认为如此不正行为妨碍中日关系，干扰日

---

① 「第三八号　安東発閣下宛電報第二号ニ関シ」（1931 年 1 月 14 日）重光葵発幣原喜重郎宛、「JACAR（アジア歴史資料センター）Ref. B09040548600（第 184 画像目から）『各国ニ於ケル密輸出入関係雑件/中国ノ部/安東中国税関吏員ト本邦警察官トノ紛擾関係　第三巻』（E-3-6-0-3-3-1_003）（外務省外交史料館）。

② 「張福運が安東において日本人監視員十人採用方を総税務司に通告した旨を米沢に通知」（1931 年 1 月 21 日）重光葵発幣原喜重郎宛、外務省『日本外交文書』昭和期Ⅰ第一部第五巻、外務省、1996、22 頁。

③ 「安東海関に日本人監視員の採用実現について」（1931 年 2 月 17 日）外務省『日本外交文書』昭和期Ⅰ第一部第五巻、58-59 頁。

④ 「安東海関罷業事件主謀者転勤ニ関スル」（1931 年 1 月 7 日）米沢菊二発幣原喜重郎宛、JACAR（アジア歴史資料センター）Ref. B09040548600（第 176 画像目から）『各国ニ於ケル密輸出入関係雑件/中国ノ部/安東中国税関吏員ト本邦警察官トノ紛擾関係　第三巻』（E-3-6-0-3-3-1_003）（外務省外交史料館）。

本对华贸易的基调。① 于是日本在中国的压力下，也不得不考虑采取措施打击走私。

中国政府面对安东地区的附属地关系问题，由于没有独立行政权，只能与日本协商解决。最初，中国政府希望在安东满铁附属地内设立一个派出所，作为打击海关走私的前哨站，但该计划被"关东厅"拒绝了。② 后来又要求在新义州日本海关附近设立中国海关分局，但是日本对此以中国所援引的条约不合规为由，再度拒绝。③ 后来安东海关税务司弼素乐又要求日本制定针对走私的处理规定，以使日本方面严格执行，对此安东领事森冈正平表示日本正在考虑制定。④

但是一味拒绝中国只会让日本在中日关系中陷于尴尬处境，而外务省也很担心如果东北日人联合起来走私，将会使中日关系面临巨大挑战，特别是币原喜重郎上台后，希望再次推行协调外交以改善中日关系，同时外务省也担心东北日人在走私问题上的胡作非为将会使其进一步失去对东北局势的控制。⑤ 外务省在劝说"关东厅"后，"关东厅"同意了与外务省一同协调考虑如何打击走私，但是要求外务省主动与拓务省恳谈，请求朝鲜总督府及"关东厅"同时商议制定取缔法规，"关东厅"还建议，对走私者处以200元以下罚金，或处以拘留和罚款，并没收走私货物。⑥

由于"关东厅"的强烈要求，外务省和拓务省召集"关东厅"的警务

---

① 「安東密輸取締り規則案につき照会」（1930年12月20日）中谷政一発生駒高常宛、外務省『日本外交文書』昭和期Ⅰ第一部第四巻、316–317頁。

② 「関東庁の密輸入取締問題調査員税務司ベルによる安東満鉄付属地内中国海関出張所開設要請に対する応酬振りについて」（1930年1月21日）太田政弘発幣原喜重郎宛、外務省『日本外交文書』昭和期Ⅰ第一部第四巻、261–262頁。

③ 「国民政府財政部の新義州中国海関分局設置方要請につき重光代理公使宛報告」（1930年4月5日）上村伸一発幣原喜重郎宛、外務省『日本外交文書』昭和期Ⅰ第一部第四巻、263頁。

④ 「安東海関長より密輸取締りにつき我が方に協力方要請について」（1930年6月5日）外務省『日本外交文書』昭和期Ⅰ第一部第四巻、265–266頁。

⑤ 「密輸取締り法規制定前における取締り強化策につき意見具申」（1930年7月18日）林久治郎発幣原喜重郎宛、外務省『日本外交文書』昭和期Ⅰ第一部第四巻、280–281頁。

⑥ 太田政弘発幣原喜重郎宛（1930年7月22日）JACAR（アジア歴史資料センター）Ref. B09040547200（第282画像目から）『各国ニ於ケル密輸出入関係雑件/中国ノ部/安東中国税関吏員卜本邦警察官卜ノ紛擾関係　第一巻』（E-3-6-0-3-3-1_001）（外務省外交史料館）。

局局长、财务部部长,以及朝鲜总督府的财务局局长、警务局局长,外务省的亚细亚局局长、通商局课课长等人,于 1930 年 11 月 17 日在拓务大臣官邸召开安东走私取缔会议。会议实际上试图明确各机构在安东走私问题上应有何动作,但是会议中四方的矛盾十分尖锐。外务省要求在不触碰日本在东北的"特殊权益"基础上给予海关一定的支持,而"关东厅"以所谓的经费问题和意图缩小对自身的限制不惜挑起会议冲突,而朝鲜方面则在寻求放任走私者的空间。最终四方达成协议,外务省方面"不考虑在新义州设置中华民国海关分局的要求","与中华民国海关密切联络,要注意秉持以诚意执行职务";"关东厅"要"设定取缔规则","法规公布,即厉行走私取缔";朝鲜方面要"海关和警务当局与安东方面今后要更加紧密地联络,协力执行走私的取缔","具体的方法,应由地方关系者通过经常的会晤,对前述趣旨彻底磋商","尽力安抚走私取缔和走私关系者"。① 而达成的打击走私协议显示,走私罚金从"关东厅"建议的 200 元降至 50 元,② 显示了各方从轻发落的意图。

虽然日本只是制定了一个简单的走私处理协议,但是却引发了安东地区日商的强烈不满。安东商工会议所声称走私取缔规则损害了日本的国家体面,要求延期实施。③ 安东的日本进口联合体则指责走私取缔条令比海关法令更为严酷,一般的日侨日商则指责打击走私导致了物价腾贵并叫嚣要起事,而朝鲜走私者的走私行动逐渐减少,但大多数人开始转变走私方式,如藏在身体里走私,还出现了贿赂海关人员的现象。④ 总体而言,日本在中国的压力下,还是采取了一定的打击走私的措施,对于猖獗的走私情况有

---

① 「第二回安東密輸入取締会議録」(1930 年 11 月 20 日)外務省『日本外交文書』昭和期 I 第一部第四卷、293-298 頁。

② 「安東密輸取締り規則案につき照会」(1930 年 12 月 20 日)外務省『日本外交文書』昭和期 I 第一部第四卷、316-317 頁。

③ 「安東密輸取締り令は日本の恥辱に付発布取り止めか延期を希望との同地商工会議所決議について」(1931 年 1 月 16 日)米沢菊二発幣原喜重郎宛、外務省『日本外交文書』昭和期 I 第一部第五卷、19 頁。

④ 「安東における密輸取締り規則施行に対する現地日本人・朝鮮人の対応について」(1931 年 1 月 26 日)中谷政一発堀切善次郎宛、外務省『日本外交文書』昭和期 I 第一部第五卷、33-36 頁。

了一定的遏制。

然而，朝鲜总督府却向外务省提出，如果不能解决"失业"朝鲜走私者的救济问题，将会冲击走私取缔条令，而根据安东领事米泽菊二的测算，大约需要4100日元的资金。米泽菊二为了维护外务省的颜面，不得不答应朝鲜总督府由外务省承担其中的2000元。① 由于取缔条令是外务省主导的，为了调和领事、日商、朝鲜人和朝鲜总督府的关系，外务省最终只能答应这笔"救济金"。币原喜重郎计划从在外居留民临时保护取缔费机密费中支出日金2000元，但1930年度的机密费已经全部支出，因此外务省向高等法院请求预支1931年度的机密费2000元。② 尽管如此，不久米泽菊二还是发现，朝鲜总督府试图放松对走私的管制，③ 为此还特意向拓务省要求进一步督促朝鲜总督府打击走私。④ 安东走私问题最终成为一个无解的问题。

由于中国政府无法在附属地内行使警察权，安东海关不得不依靠来自日本领事馆警察的力量打击走私，然而领事馆警察的不作为，进一步将安东的缉私形势严峻化，中国海关不得不自行武装关员打击走私。安东海关走私打击不力，很大的原因在于安东海关面对的是整个日本在安东地区乃至东北地区、"满"鲜地区的殖民系统的压力。而日本在中国东北地区的猖狂走私行动，也显示了殖民系统在东北地区的运转已畸形化，已经危及了日本在东北地区的特殊利益的存在。外务省从中日关系层面出发，要求采取一定的措施遏制走私，这表明日本已经意识到了既定的"满蒙"侵略政策已经无法按照原计划推进。东北日本殖民系统的所作所为，越发地脱离日本政府的控制。

---

① 「安東密輸取締りに伴う困窮朝鮮人救済費に関し外務省も半額程度の支出を要請」（1931年1月26日）米沢菊二発幣原喜重郎宛、外務省『日本外交文書』昭和期Ⅰ第一部第五巻、31－32頁。

② 「安東密輸取締りによる困窮朝鮮人救済費二千円支出について」（1931年2月6日）幣原喜重郎発米沢菊二宛、外務省『日本外交文書』昭和期Ⅰ第一部第五巻、49－50頁。

③ 「朝鮮総督府の安東密輸取締り緩和策について注意喚起方要請について」（1931年4月3日）米沢菊二発幣原喜重郎宛、外務省『日本外交文書』昭和期Ⅰ第一部第五巻、79－81頁。

④ 「安東密輸問題に関し朝鮮総督府の取締り緩和方針に注意方要請について」（1931年4月5日）外務省『日本外交文書』昭和期Ⅰ第一部第五巻、85頁。

结 论

日本外务省和日本政府从对华政策的全局出发，先是认为坚持不承认二五附加税，维持中国南北对峙是最为有利的状态；而后又为了避免日本在国际上的孤立，决定承认中国的关税自主；因为过分的走私影响了日本的国际信誉，影响了中国海关事务，日本又决定限制满铁附属地内的走私，还专门针对满铁附属地制定了法规。然而这种"协调"外交，在"满洲"殖民系统看来，是无视"满洲"的特殊性，无视"满洲"的危机，无视"满洲"日本人的哀号的行为，是日本外务省为了讨好列强牺牲"满洲"利益的表现。

于是"满洲"殖民系统为了自身利益，希望日本政府反对中国进入满铁附属地征税，动员"满洲"殖民系统的每一个部分参与抵制中国的关税自主新政，又联合朝鲜包庇纵容走私。领事馆系统还公然违背外务省的对华政策方针。于是我们可以看到，对于满铁附属地，日本一时允许中国势力进入，一时又以"满蒙特权"不容侵犯为由坚决拒绝的怪异景象。

纵观东北关税自主的历程，可以发现，"满洲"殖民系统从吉田茂时代开始就有主导日本对华外交的企图，在北京政府时代甚至试图代替日本公使馆成为日本对华外交的中心。但在南京国民政府时代，日本要全力维持对南京的外交，这就导致日本外务省对"满洲问题"的注意力有所降低，外务省并不能全面掌控在华使领馆系统，致使"满洲使领馆"系统得以凭借其实力动员殖民系统的每一个组成部分参与抵制东北的关税自主新政。尽管后来稳健派林久治郎成为日本驻奉天总领事，并努力控制关东军等势力，然而"满洲"殖民系统在弥漫着悲观情绪的"满洲"早已发生了外务省难以控制的膨胀。

九一八事变与中国治外法权交涉的夭折[*]

吴文浩^{**}

南京国民政府成立后，在外交事务上高举"革命外交"的旗帜，推动改订新约，废除治外法权，并于1931年5月4日宣布，将自1932年1月1日起对在华外国人实施司法管辖，但却在1931年12月29日宣布暂缓实施，这主要是因为九一八事变，相关论著均约略及此，① 然缺乏详细论述，本文主要利用英美两国外交文书对此一过程进行探讨。

一 中国在治外法权交涉上的进展

完成了关税问题的谈判后，国民政府外交部着力进行废除治外法权的交涉。1928年6月15日，国民政府发表《对外宣言》，明确国民政府的目标是建设"实现总理所定之三民主义，内以谋国民之自由福利，外以图国际之平等和平"的新国家，将与列强"遵正当之手续，实行重订新约"，摆脱不平等条约的束缚，建立平等及相互尊重主权的外交关系。② 同一日，外

---

* 本文是2021年度国家社科基金青年项目"蓝浦生使华时期资料整理、译介与研究"（批准号：21CZS078）的阶段性成果。
** 吴文浩，武汉大学历史学院讲师。
① 代表性研究成果有：王建朗《中国废除不平等条约的历程》（江西人民出版社，2000）；李育民《中国废约史》（中华书局，2005）；石源华《中华民国外交史新著》（社会科学文献出版社，2013）；刘利民《条约关系趋向平等的改善及挫折（1927～1937）》（李育民主编《近代中外条约关系通史》第6卷，中华书局，2022）；等等。
② 《中华民国国民政府对外宣言》（1928年6月15日），《外交部公报》第1卷第3号，1928年7月，第131~132页。

交部发表《关于重订条约之宣言》,指出"为适合现代情势,增进国际友谊及幸福起见",国民政府一向重视并将着手"一切不平等条约之废除及双方平等、互尊主权新约之重订"工作,根据条约到期情形,将中外不平等条约分为三种类型分别进行处理:"(一)中华民国与各国间条约之已届满期者,当然废除,另订新约;(二)其尚未满期者,国民政府应即以正当之手续解除而重订之;(三)其旧约业已期满而新约尚未订立者,应由国民政府另订适当临时办法处理一切。"① 在向关系各国提出改订新约的照会后,7月9日,国民政府公布《中华民国与各外国旧约已废新约未订前适用之临时办法》,其中第四条规定在华外国人应受中国法律的支配及中国法院的管辖。②

国民政府首先与旧约期满且已被废除的比利时、西班牙、葡萄牙及条约已经到期的意大利、丹麦五国展开交涉,至1928年底,与比利时(11月22日)、意大利(11月27日)、丹麦(12月12日)、葡萄牙(12月19日)、西班牙(12月27日)签订了新约。中国与这五个国家的新约中均明定取消治外法权,但在附件中又规定了放弃治外法权条款的生效条件,或是要求在华享有治外法权的国家半数以上承认放弃治外法权,或是参加华盛顿会议各国同意放弃治外法权。至于日本,旧约虽已到期,但日本拒绝承认,国民政府亦未立即与日本进行废除治外法权的交涉。

1929年5月1日,外交部在一份文件中分析了废除不平等条约的形势,总结了此前的工作成果,指出了在治外法权问题上的下一步工作:中日商约已经到期,正在进行修约交涉;中国与瑞典的条约将于1929年到期,将比照中比新约等条约办理;墨西哥、秘鲁两国也在交涉中;瑞士的治外法权基于最惠国待遇,"当不致有何问题";因此就剩下条约尚未到期的英国、美国、法国、荷兰、挪威、巴西六国,外交部将以此为工作重心,"誓以奋

---

① 《中华民国国民政府外交部关于重订条约之宣言》(1928年6月15日),《外交部公报》第1卷第3号,1928年7月,第132页。
② 《中华民国与各外国旧约已废新约未订前适用之临时办法》(1928年7月9日),《外交部公报》第1卷第3号,1928年7月,第133页。

斗精神，积极进行"，预计能在年底成功撤废治外法权。① 然而，外交部的预估过于乐观，到九一八事变发生前，国民政府实际取消治外法权的国家只有墨西哥。1929年10月31日，中墨两国互换照会，墨西哥宣布放弃在华领事裁判权。② 中秘新约因牵涉到华侨利益，中方主张先就法权问题单独换文，取消治外法权，秘鲁同意"两缔约国人民在彼此领土内，应服从所在国法律、章程及其法院之管辖"，但拒绝就此问题单独换文，致使未能达成协议。③ 外交部于1929年11月19日令驻使与瑞典政府接洽，希望瑞典主动宣布放弃治外法权，但瑞典政府未满足中方期望。④ 驻瑞士公使吴凯声向瑞士提出了取消治外法权的要求，但瑞士仅表示愿意与中国订立商约，对放弃治外法权持观望态度。⑤

对于条约尚未到期的英、美、法、荷、挪、巴六国，外交部于1929年4月27日照会六国驻华使节，指出治外法权不符合时代潮流，侵犯了中国主权，导致了中外之间的隔阂，废除治外法权可增进中外友谊，有利于促进各国在华利益；中国在法律及司法改革上已经取得了很大的进展，并将持续推进；放弃治外法权不会损害外侨合法权利及利益，希望各国同意放弃治外法权。⑥ 因未得到积极回应，国民政府于1929年12月28日宣布将于1930年1月1日废除治外法权，迫使英、美等国同意进行废除治外法权的正式交涉。此后，中英、中美进行了一年多的交涉。王正廷非常看重英国

---

① 《外交部为办理废除不平等条约交涉情形的呈文》（1929年5月1日），中国第二历史档案馆编《中华民国史档案资料汇编》第5辑第1编《外交（一）》，江苏古籍出版社，1994，第47页；《外交部长王正廷呈》（1929年5月1日），台北，"国史馆"藏"国民政府档案"，档案号：001-064410-0001。如果严格依据条约生效要件来看，挪威实际上并不能享有治外法权，参见拙文《中智法权纠纷（1924~1925）——兼论近代在华享有治外法权的国家数目》，《民国档案》2018年第4期。

② 《关于墨国放弃领事裁判权换文》（1929年10月31日），王铁崖编《中外旧约章汇编》第3册，生活·读书·新知三联书店，1982，第734~736页。

③ 《中英及中国与其他各国间之法权谈判节略》，中国社会科学院近代史研究所藏顾维钧档案，档案号：Koo-Box0004-011-0003。该节略具体时间不详，当在1931年12月18日之前。

④ 《中英及中国与其他各国间之法权谈判节略》，中国社会科学院近代史研究所藏顾维钧档案，档案号：Koo-Box0004-011-0003。

⑤ 详情参见"国史馆"藏《外交部档案》，档案号：020-041800-0001。

⑥ 《关于领事裁判权致六国照会》（1929年4月27日），《外交部公报》第1卷第12号，1929年4月，第113~126页。外交部致英、美、法三国的照会内容完全相同，致荷兰、挪威、巴西三国的照会删除了有关巴黎和会及华盛顿会议的叙述，其余均相同。

的影响力,"我知道如果我首先赢得英国,废除令人厌恶的不平等条约的战斗将会成功",① 因此他亲自与英国驻华公使蓝浦生(Miles Wedderburn Lampson)进行废除治外法权的交涉。至于美国,王正廷"理所当然地认为美国会是最初一批同意修正不平等条约的",② 由驻美公使伍朝枢负责与美国国务院远东司司长项贝克(Stanley K. Hornbeck)交涉。英、美均希望能逐渐放弃治外法权,在保留地区、司法人员、案件类型等问题上与中方纠缠多时。1931 年 5 月 4 日,中方公布《管辖在华外国人实施条例》,宣布自 1932 年 1 月 1 日起实施该条例。之后,交涉进程明显加快。6 月 6 日,中英签订草约。中美交涉转移至南京后,7 月 14 日,王正廷也与美国驻华公使詹森(Nelson T. Johnson)就条约主要内容达成一致意见。

法国政府在治外法权问题上的政策一向是坚持必须双方同意,并给予充分的保障,才能逐渐废除治外法权。③ 国民政府于 1930 年 12 月底向法方提出了一份附有中国方案的备忘录,方案内容与 12 月 7 日伍朝枢提交给美国的基本相同,希望法国能在 1931 年 2 月底之前同意该方案,使双方能够通过谈判的方式完全解决治外法权问题,从而使中方不需要被迫采取其他措施。法国公使韦礼德(Henry Auguste Wilden)将其视作最后通牒。④ 法国政府计划对该备忘录答复如下:法国正在考虑中国提案,相信国民政府不会采取单方面行动破坏国际关系。⑤ 法国驻美大使曾判断国民政府即使宣布废除治外法权,但也只是保全颜面的策略,并不会干扰治外法权机构的实际运转,因此没有必要采

---

① 服部龙二编『王正廷回顾录—Looking Back and Looking Forward』中央大学出版部、2008、132 页。

② 服部龙二编『王正廷回顾录—Looking Back and Looking Forward』131 页。

③ "Mr. R. Campbell to Sir John Simon," Dec. 23, 1931, in Ann Trotter, ed., *British Documents on Foreign Affairs: Reports and Papers from the Foreign Office Confidential Print* (hereafter *BDFA*), Pt. 2, Ser. E, Vol. 38 (New York: University Publication of America, 1995), p. 160.

④ "The Minister in Chin (Johnson) to the Secretary of State," Dec. 18, 1930, in United States Department of State, ed., *Papers Relating to the Foreign Relations of the United States* (hereafter *FRUS*): *1930* (Washington, D. C.: U. S. Government Printing Office, 1945), Vol. 2, p. 495.

⑤ "The Minister in China (Johnson) to the Secretary of State," Dec. 22, 1930, in *FRUS*: *1930*, Vol. 2, p. 499.

取行动。① 1931 年 3 月，法国向中方提出了一份方案，与英、美方案相比，没有提及移审权及外籍法官问题，但要求保留在云南铁路区域的治外法权。② 但双方并未开始正式谈判，中法就法租界会审公廨达成协议后，法方表示愿意与中国协商治外法权问题，但进展缓慢，未能达成协议。

挪威对治外法权交涉的政策是，与英、美等国保持一致，"当大国放弃治外法权时，挪威将随之放弃，但同时将保留大国拥有的权利"。③ 1931 年 4 月 23 日，挪威公使欧伯（L. Aubert）与王正廷互换照会，挪威政府声明在华挪威侨民与各国侨民"同时受中国法律、章程之拘束，并受中国法院之管辖，在华挪国人民在所有民、刑诉讼中应享受现在或将来给予任何他国人民之同样权利"。④

1930 年底，由于英、美在治外法权谈判上的分歧，欧登科（William J. Oudendyk）建议荷兰政府与中国签订新的条约，以免其他列强与中国达成有关治外法权问题的协议时，荷兰处于被动地位。⑤ 4 月 23 日，欧登科与王正廷签订撤废治外法权的协定，其内容与中挪之间的互换照会相同。⑥ 九一八事变后，互换批准文件一事一直没有落实。⑦

巴西于 1931 年 2 月表示愿意主动放弃治外法权。⑧ 3 月底，巴西新任驻华公使魏洛索（Pedro Nieto Leao Velloso）到南京递交国书，与王正廷交涉治外法权问题。⑨ 但巴西方面一直未与中国公使戴恩赛进行正式谈判，亦未正式换文。

---

① "Sir R. Lindsay to Mr. A. Henderson," Feb. 12, 1931, in Robert L. Jarman, ed., *Shanghai Political & Economic Reports, 1842 – 1943: British Government Records from the International City* (hereafter SPER) (Slough: Editions Limited, 2008), Vol. 17, p. 17.

② "Sir M. Lampson to Mr. A. Henderson," Mar. 12, 1931, in *BDFA*, Pt. 2, Ser. E, Vol. 38, p. 160.

③ "Memorandum by the Assistant Secretary of State (Castle) of a Conversation with the Norwegian Minister (Bachke)," Feb. 27, 1931, in *FRUS: 1931* (Washington, D. C.: U. S. Government Printing Office, 1946), Vol. 3, p. 737.

④ 《关于在华领事裁判权之换文》（1931 年 4 月 23 日），王铁崖编《中外旧约章汇编》第 3 册，第 846～847 页。

⑤ William J. Oudendyk, *Ways and by-ways in Diplomacy* (London: Peter Davies, 1939), pp. 369 – 370.

⑥ 郭廷以：《中华民国史事日志》第 3 册，台北，中研院近代史研究所，1984，第 29 页。

⑦ 张力编辑、校订《金问泗日记（1931～1952）》上册，台北，中研院近代史研究所，2016，第 84 页。

⑧ 《巴西愿自动放弃领权》，《申报》1931 年 2 月 13 日，第 4 版。

⑨ 《今晨巴西新使进京》，《申报》1931 年 3 月 26 日，第 9 版。

在九一八事变前的中外治外法权交涉中，难度最大的是与日本的交涉，因为中国与其他国家之间的交涉主要在于实现两国关系的平等，而日本却对中国怀有领土野心，中国人亦清楚日本的野心；偏偏取消治外法权，又通常要给予对方内地杂居权及土地所有权，日本亦借口国际惯例及国际法，坚持要求取得这两种权利，对此，中方难以轻允。僵持之下，相关交涉几无进展。

通过前期的交涉，苏联、德、奥、芬兰、波斯、希腊、墨西哥、玻利维亚、智利、捷克、波兰等国侨民已服从中国法权，除了日本、法国外，中国与各国已经达成或是接近达成协议。一旦中国与英、美等国达成取消治外法权的协议，日本、法国亦将不得不让步，中国即可实现取消治外法权的目标。尽管根据即将达成的中英、中美条约，彻底取消治外法权还需要十年时间，但毕竟可以明确列强在华治外法权已经时日无多。故王正廷在中英草约签订前一天宣布，法权交涉大致可告一段落，接下来的主要任务是收回租界。然而，这一切因为日本侵略中国的九一八事变而功败垂成。

二 英美政策的转变

6月6日，王正廷与蓝浦生正式完成了草约的谈判，就等待双方政府审核后授权签字及互换批准。① 但随着情势的变化，英国政策发生转变，这一转变肇始于英侨的反对，有相当多的在华英侨反对放弃治外法权，他们主要批评中国的法律和司法不完善、政局混乱，无力保障英侨生命财产安全。② 这些反对意见在《费唐报告》（Report of the Hon. Richard Feetham to the Shanghai Municipal Council）发表和韬朋案发生后达到高潮，但是他们的

---

① "The Minister in China（Johnson）to the Secretary of State," Jun. 8, 1931, in *FRUS*：*1931*, Vol. 3, pp. 874 - 875. 草约全文及各附件见 "Draft Extra-territoriality Treaty," in *BDFA*, Pt. 2, Ser. E, Vol. 39, pp. 140 - 151.

② 参见拙文《西方侨民对放弃在华治外法权的意见（1919～1926）》，《民国档案》2021年第4期。

观点并不为英国外交部所接受，英国外相韩德生（Arthur Henderson）认为他们不论何时都坚称中国废除治外法权的时机尚不成熟，无法期待他们会同意支持废除治外法权。① 英国外交部的政策是出于对英国在华利益的考虑，最终因九一八事变而发生重大转变。

《费唐报告》自1931年4月起陆续发表，其中强调治外法权是租界繁荣发展的基础，建议无限期将上海排除在取消治外法权的地区之外。费唐（Richard Feetham）批评蓝浦生接受保留上海治外法权10年的条款是一个错误的行动，指出"理论上，时间条款仅仅确定治外法权不再存在的日期，而在事实上，它确定了租界交还的日期"。② 英国外交部也因未等《费唐报告》出炉就允许蓝浦生结束治外法权谈判而受到了指责，对此，英国外交部认为费唐忽视了中国人的看法，"中国主要的痛苦之一是列强习惯性地许下诺言又不兑现，结果是它的合理愿望只能通过暴力、罢市和单边行动来实现……中国人会拒绝在费唐建议的关于移交治外法权的基础上进行谈判"，指出王正廷提出在10年内保留上海的治外法权对英国是有利的，"如不接受，就是傻瓜"，另外，新的条约对保护英国在华利益十分重要，"六月份的草约签订，不仅是因为它解决了治外法权问题，而是因为接受它会使我们在未来可能出现的新情况下处于一个最有利的地位"。③ 英国外交部8月26日的一份备忘录更是详细说明了蓝浦生为何会与王正廷签订草约，即面对中国强烈且急切废除治外法权的要求，如果英国不能在1932年1月1日前与中国达成协议，将可能出现使英国在华利益遭受无可挽回损害的情况，虽然英国可以使用武力威胁，阻止中方对上海的英国侨民实施司法管辖权，但对其他地方则无能为力，为了避免其他地区的英国侨民陷入危险，必须尽快达成协议；作为最重要的列强，英国率先与中国达成协议，既是

---

① 李仕德：《英国与中国的外交关系（1929～1937）》，台北，"国史馆"，2001，第114页。
② 《费唐法官致英国驻华公使蓝浦生函》（1931年7月3日），王敏译《英国外交文书选译：英国对〈费唐报告〉的反应（上）》，上海市档案馆编《上海档案史料研究》第14辑，上海三联书店，2013，第250页。
③ 《英国外交部关于〈费唐报告〉的备忘录》（1931年8月6日～9月10日），王敏译《英国外交文书选译：英国对〈费唐报告〉的反应（下）》，上海市档案馆编《上海档案史料研究》第15辑，上海三联书店，2013，第314～315页。

英国领导地位的体现，也是英国无法逃避的责任；如果为了与《费唐报告》保持一致，从而推迟与中方达成协议，那么费唐的调查将被中方视作英国的阴谋，使中英处于严重对抗地位，危害英国在华地位和利益；中国政局混乱，如果谈判中断的话，则很可能丧失此前谈判中所得到的利益，且可以通过新的协议维护英国利益，故在王正廷同意保留上海地区10年的治外法权之后，英国必须抓住机会，与中方签订草约。①

6月，又发生了英国少年韬朋（John Hay Thorburn）失踪案。5月31日，韬朋自上海家中出走，不久媒体报道了符合韬朋身体特征的人因开枪射击两名巡逻的中国宪兵而被捕的消息，英方强烈怀疑此人即韬朋，要求中方展开调查，中国地方军政负责人否认存在此事。英国副领事斯科特（A. L. Scott）经过调查，确定韬朋6月2日在昆山一带被宪兵逮捕并押往苏州，但没能发现6月11日之后韬朋的任何踪迹。南京国民政府外交部也派人对此进行了调查，但没有收获。在英方的要求下，王正廷同意由外交部和军政部进行联合调查，但拒绝英国人参与调查。7月16日，王正廷通知蓝浦生，调查结果表明没有外国人被捕，也没有发现韬朋的踪迹，认定韬朋案只是寻常失踪案件，但不为英方接受，英方还认为这表明王正廷无法对军事当局施加影响力。此事引起了旅沪英侨和英国议会的注意，因此英国外交部在7月26日指示蓝浦生亲赴南京，当面与蒋介石交涉此事，要求查明韬朋的踪迹，如其尚存活，应将其移送英方依法处理；中方应惩罚虐待或致使韬朋死亡的军事人员，否则将严重影响两国关系。因蒋介石在江西指挥军事行动，故蓝浦生在与王正廷会晤后，要求其将此信息转达给蒋介石，王正廷遂派外交部欧美司司长徐谟及卫戍司令部副官徐藩前往南昌，向蒋介石报告相关情况。② 了解此事后，蒋介石记载道："英籍少年韬朋在昆山失踪事件，引起中英间之重大交涉。英使蓝浦生提觉书，而我王外长

---

① 《英国外交部关于〈费唐报告〉及与中国的治外法权谈判的备忘录》（1931年8月26日），王敏译《英国外交文书选译：英国对〈费唐报告〉的反应（下）》，《上海档案史料研究》第15辑，第317~318页。

② 《王正廷电蒋中正英人韬朋失踪案英方认定系中国军方逮捕并派蓝浦生来华要求查明踪迹移送回英等现已派徐谟等到赣面陈一切》，台北，"国史馆"藏"蒋中正总统文物"，档案号：002-090103-00012-065。

答以此事系发生治外法权不放弃之故,韬朋由租界入内地,未向地方官厅呈验护照,所有安全之保护,地方官不能负责云。呜呼!对外交涉必以吾国自身之强固安定为基本,我苟无瑕,何患外人哉!勉之!勉之!"① 蒋介石遂令军政部常务次长陈仪彻查此事。

9月24日,张群致电蒋介石,以英国对于韬朋案极为重视,并因此对中方不满,且影响到九一八事变后英国对华态度,考虑到"我国外交须国际间之同情慎重,而英人举足左右,结合尤关极重",故值此日本横暴之时,希望蒋介石推动早日设法解决此案,"俾将来对日交涉可得相当之臂助"。② 国民党中政会特种外交委员会成立后,在10月5日的第五次会议上,由陈仪报告此事的经过情形,并经委员会讨论,决议"应承认事实,由外交部妥拟答复节略",还先后于9日、15日讨论给英方的节略文本。③ 10月20日,中方正式通告英方,韬朋确因开枪袭击宪兵被捕,且被宪兵团长黄珍吾处死;中方承认应该将韬朋移交英方,对其遭遇表示歉意,并已将相关人员移送军事法庭处理。对此结果,英方表示满意。

在解决此事的过程中,英国方面一度将其与治外法权的存废联系起来。9月17日,蓝浦生在给新任外相李定(Rufus Daniel Isaacs, 1st Marquess of Reading)的报告中指出:他在治外法权问题上采取何种措施,取决于英国政府对治外法权问题与韬朋案关系的思考。④ 当时正值英国保守党执掌对外政策,坚持保留天津的治外法权,中英草约未得到英国政府同意,英国希望美国能推迟谈判。9月30日,李定指示蓝浦生,仍然希望能在1931年底之前与中国政府就治外法权问题达成协议,"尽管应竭力确保韬朋案的解决,我不认

---

① 《事略稿本》(1931年8月1日),台北,"国史馆"藏"蒋中正总统文物",档案号:002-060100-00039-001。

② 《张群电蒋中正转张学良称英国因韬朋案对我表示不满此次沈阳事变甚需国际支持而英国态度尤其重要应对韬朋案早日解决俾对日交涉时可得相当帮助》,《迭肇事端(二)》,台北,"国史馆"藏"蒋中正总统文物",档案号:002-090200-00015-041。

③ 民国历史文化学社编辑部编《近代中日关系史料汇编:九一八事变的发生与中国的反应》,香港,开源书局,2019,第197、204、209~210页。

④ "Sir M. Lampson (Peking) to the Marquess of Reading (Received September 18, 9.0 a. m.)," in Rohan Butler and J. P. T. Bury, eds., Documents on British Foreign Policy (hereafter DBFA), 1919-1939, Ser. 2, Vol. 8 (London: Her Majesty's Stationery Office, 1960), p. 614.

为该案应影响我们的治外法权政策",他接受了蓝浦生对此案与治外法权关系的见解:治外法权并未挽救韬朋的生命;韬朋被秘密杀害正是因为中方不愿意在他谋杀了两名中国人后,将他交由外国法庭审判;而如果中英之间的草约生效的话,中国军事当局很可能会将他移交法院依法审判。李定指出:"韬朋案和《费南报告》的建议已经激起了民众的情绪,增强了上海及其他地方之人的反对意见,但他们没能理解试图无限期坚持条约权利的危险。"他赞同其前任的意见,即"依靠武力维持我们的在华治外法权是不可能的,因此我们唯一的选择就是默许治外法权的消失或者通过谈判达成协议"。他认为应等待中美治外法权交涉重启,从而得到南京国民政府是要签订条约,还是会进一步在保留地区问题上提出新的意见的线索,然后再决定英国的具体策略。他希望蓝浦生照会中方,提及5月4日公布的《管辖在华外国人实施条例》,指出中方最近呼吁列强不要允许对条约神圣原则的公然违犯,那么中方就应该通过谈判解决治外法权问题。① 蓝浦生提出应根据情况的变化调整政策,条件允许的话,还是应该先于美国达成协议,但反对向中方提出前述照会,仍然希望能在年底前达成正式协议,可以先签字,然后延后批准及实施的日期。② 由此,英国政府的治外法权政策已经开始发生转变,虽然仍然希望能在1931年底达成取消治外法权的协议,但又采取拖延手段,以争取更多的利益。

  美国方面则有意搁置治外法权谈判。9月15日,王正廷致函詹森,希望其能尽快返回南京,继续治外法权交涉。③ 詹森有意将谈判进行下去,国务院虽希望能与英国同时或在其后进行谈判,但还是希望能在年底前签字。国务院因未下定决心,所以指示詹森借签订联邦农业委员会收购小麦合同的机会前往南京,但不要主动提起治外法权问题。④ 九一八事变的爆发,使

---

① "The Marquess of Reading to Sir M. Lampson (Peking)," Sep. 30, 1931, in *DBFP*, *1919 - 1939*, Ser. 2, Vol. 8, pp. 615 - 616.

② "Sir M. Lampson to the Marquess of Reading," Oct. 7, 1931, in *BDFA*, Pt. 2, Ser. E, Vol. 39, p. 257.

③ "The Minister in China (Johnson) to the Secretary of State," Sep. 17, 1931, in *FRUS*: *1931*, Vol. 3, p. 914.

④ "The Secretary of State to the Minister in China (Johnson)," Sep. 18, 1931, in *FRUS*: *1931*, Vol. 3, p. 915.

情况有了很大变化。9月24日，国务院正式指令詹森，要求他在给王正廷的回函中指出，"美国政府其实已经指示你立即前往南京，但是鉴于过去5天发生的事情，得出结论，你应该留在目前所在的地方，而你已经收到了命令"。① 国务院的意见是搁置中美之间的治外法权交涉对各方都有利，如果中方提起治外法权问题的话，詹森不能擅自做出任何承诺。② 国务院在给英方的备忘录中明确指出，"鉴于因满洲的危机引发的中国目前局势，国务院认为治外法权交涉的前景需要等待进一步的发展"。③ 11月初，詹森与蓝浦生讨论后，一致同意在1931年底前达成协议对英、美均有利，因为草约实现了两国的期望，还可以预先阻止中国实施5月份发布的命令，建议国务院同意其试探可能的外长人选的意向。④ 英国政府也倾向于等局势稳定，并且其他国家与中国的谈判也进展到与中英之间的谈判类似的程度时，再重启治外法权交涉事宜。⑤ 这表明，英、美两国虽未完全放弃在1931年底与中国达成协议的政策，但更倾向于根据中方的意向来决定进一步的动作。

在华外侨更是希望终止治外法权交涉。《北华捷报》1931年11月17日的一幅漫画就嘲讽中国若坚持推动治外法权谈判，就表明中方面对生死存亡危机时持一种鸵鸟心态（见图1）。

上海英国侨民组织了英国居民协会（British Residents' Association），英国商会与中国协会上海分会联合委员会也于12月15日向蓝浦生提交了有关治外法权问题的备忘录，反对中英条约草案，尤其反对放弃在天津、汉口及广州的治外法权。在与这两个组织的会谈中，蓝浦生重申真正的标准应是中国政府是否足够稳定、是否有决心彻底终止治外法权，因此治外法权

---

① "The Secretary of State to the Minister in China (Johnson)," Sep. 24, 1931, in *FRUS*: *1931*, Vol. 3, p. 916.

② "The Secretary of State to the Consul General at Nanking (Peck)," Oct. 26, 1931, in *FRUS*: *1931*, Vol. 3, p. 917.

③ "The Department of State to the British Foreign Office," Oct. 27, 1931, in *FRUS*: *1931*, Vol. 3, p. 918.

④ "The Minister in China (Johnson) to the Secretary of State," Nov. 2, 1931, in *FRUS*: *1931*, Vol. 3, pp. 919–920.

⑤ "Sir John Simon to Sir M. Lampson," Dec. 17, 1931, in *BDFA*, Pt. 2, Ser. E, Vol. 39, pp. 388–389.

图 1　鸵鸟心态

资料来源：*The North-China Herald and Supreme Court and Consular Gazette*, V. 181, No. 3354, Nov. 17, 1931, p. 1。

问题的解决取决于中国政府对英国的态度及英国政府准备如何以符合英国利益的方式处理中国的做法。①

三　中国决定暂缓废除治外法权

九一八事变后，国民政府决定寻求国联的援助，一改此前以情势变迁为由要求废除不平等条约的政策，转而主张维持条约神圣与尊严，以《国联盟约》和《九国公约》维护国家领土完整。面对日本的侵略，国民政府迫切希望得到列强的支持。接到张学良有关九一八事变经过的电报后，戴季陶、吴稚晖、邵力子、王正廷等人就初步决定"对外仍采诉之国际联盟，

---

① "Sir M. Lampson to Sir John Simon," Dec. 18, 1931, in *SPER*, Vol. 17, pp. 297–304.

请其主持公道"的政策。① 蒋介石也提出应将事变"先提国际联盟会及非战公约各国,以求公理之战胜"。② 中国出席国联大会的代表也根据外交部的指示,请求国联采取措施制止日本侵略。10月24日,施肇基在国联大会上宣布中国政府愿意履行条约义务。③ 中国既有求于英、美两国,英、美两国亦抓住机会促使中国放弃取消治外法权。

12月1日,国务院要求詹森找机会与代理外交部部长的李锦纶非正式探讨治外法权问题,以厘清局势,并获悉李锦纶的态度,"在谈话中,你可以表明如果代理部长确实期望重启谈判的话,你将得到授权,但国务院倾向于认为,在目前的情形下,搁置这个问题更为合适"。④ 在会谈中,詹森告诉李锦纶,希望国民政府不要如期实施《管辖在华外国人实施条例》。李锦纶表示国民政府没有为此做任何准备,希望美方不要提起该问题,在统一的政府出现后,他会找机会劝说新政府停止此事。一位国民党中执会成员也称,在目前的情况下,落实《管辖在华外国人实施条例》,对中国政府而言并不明智。⑤ 英国方面也有类似的举措,蓝浦生告诉李锦纶,中国既然正在寻求国际法及《国联盟约》的帮助,此时就更不应该不顾及中外条约,单方面废除治外法权。李锦纶承认不可能如期实施《管辖在华外国人实施条例》,问题是如何提出延期,南京方面的人都清楚应延期,但广州方面的有些人可能有不同意见,因此应等南京与广州重新实现统一后,再由新政府推迟实施《管辖在华外国人实施条例》。蓝浦生希望能推迟到1933年1月1日。⑥

詹森认为南京政府面临的局势如此动荡,进行治外法权谈判也没有什

---

① 王仰清、许映湖标注《邵元冲日记》,上海人民出版社,1990,第775页。
② 《蒋介石日记》,1931年9月21日。
③ "Mr. R. Campbell to Sir John Simon," Dec. 23, 1931, in *BDFA*, Pt. 2, Ser. E, Vol. 38, p. 160.
④ "The Secretary of State to the Consul General at Nanking (Peck)," Dec. 1, 1931, in *FRUS*: *1931*, Vol. 3, p. 920.
⑤ "The Minister in China (Johnson) to the Secretary of State," Dec. 15, 1931, in *FRUS*: *1931*, Vol. 3, p. 921.
⑥ "Sir M. Lampson to Sir John Simon," Nov. 12, 1931, in *BDFA*, Pt. 2, Ser. E, Vol. 39, pp. 330 – 331.

么用,所以未跟新任外交部部长顾维钧谈起治外法权问题,期待局势稳定后再有所作为。① 对于詹森未与顾维钧谈论治外法权问题,国务院感到失望,认为应该提起,因为由此就可以结束长期的谈判。② 因此,詹森于12月18日晚就治外法权问题与顾维钧交换了意见。詹森指出,希望国民政府不要实施《管辖在华外国人实施条例》,中美之间的谈判已经因九一八事变而中断,而实施该条例将破坏两国之间的友好关系。顾维钧询问如果国民政府过几天正式请求继续谈判的话,美国将如何对待。詹森称自己不清楚,但感觉到美国政府愿意继续谈判,然而在目前的情况下,最好是等一等。顾维钧说,如果美国能发表一份声明,表示准备进行谈判,将有利于南京国民政府处理该问题。③ 美国国务院很快回应了顾维钧的建议,于12月21日向中国驻美使馆提交了一份声明,指出"美国政府准备现在或中国政府方便的任何时候,继续进行本问题的讨论。同时,我们不认为当前时机是恰当的,因此建议继续暂停本问题"的谈判。④ 当时蒋介石准备离开南京,顾维钧准备辞职,伍朝枢也准备南下广州,南京国民政府已无法做出重大外交决策,因此詹森面临的形势是,"我目前在任何地方都找不到任何人能负责任地谈论这一问题或任何问题",万一南京宣布实施5月的命令,詹森认为唯一能做的就是通知南京国民政府,美国无法接受在现状下,《管辖在华外国人实施条例》适用于美国人,同时表示愿意继续完成治外法权谈判。⑤ 12月25日,蓝浦生告诉顾维钧,如果中国强行实施《管辖在华外国人实施条例》,将使事态更加复杂;在目前的状况下,没有一个列强愿意讨论治外法权这样重大的问题。对此,顾维钧未置可否。⑥

---

① "The Minister in China (Johnson) to the Secretary of State," Dec. 15, 1931, in *FRUS*:*1931*,Vol. 3,pp. 921 – 922.
② "The Secretary of State to the Minister in China (Johnson)," Dec. 17, 1931, in *FRUS*:*1931*,Vol. 3,p. 922.
③ "The Minister in China (Johnson) to the Secretary of State," Dec. 19, 1931, in *FRUS*:*1931*,Vol. 3,p. 923.
④ "The Department of State to the Chinese Legation," Dec. 19, 1931, in *FRUS*:*1931*,Vol. 3,pp. 924 – 925.
⑤ "The Minister in China (Johnson) to the Secretary of State," Dec. 21, 1931, in *FRUS*:*1931*,Vol. 3,pp. 925 – 926.
⑥ "Minute of Interview," Nov. 25, 1931, in *BDFA*, Pt. 2, Ser. E, Vol. 39, pp. 403 – 404.

美国的谋划是，在1932年1月1日前后，中国不会出现能有效行使权力的中央政府，且鉴于中日之间紧张的局势，任何中央政府都可能不会对治外法权采取措施，但某些地方政府可能会有所行动，这将让中央政府和列强都处于尴尬状态，难以处理。如果美国公民被地方政府依据5月4日的命令交由中国法院的话，美国政府将提出抗议，如果抗议无效的话，将根据当时的形势及列强的态度决定采取何种进一步的措施。英国政府在这种情况下，也是毫不犹豫要采取一切措施维持其条约权利。① 英、美还讨论了是否应该提前知会南京国民政府不能实施5月4日的命令，项贝克认为最好是静候1932年1月1日的到来，让中国人自己主动，尽管英、美都无法确定即将接任外交部部长的陈友仁将采取什么措施，但他们达成了反对中国单方面废除治外法权的共识。②

顾维钧则在离任前请国民政府迅速决定在取消治外法权问题上的方针，"预期本年底凡关于收回法权应行签订各约均可如期蒇事，乃英方自六月以后即借词延宕，最近仍拒绝签字结束。据英使表示，始因我国政局变动，继因韬朋案件及英侨反对，现又因东省事变，一时不能结束谈判，签订此项条约等语。美国态度大致相同，英、美如此，法国及巴西自难单独进行，现距二十一年一月一日施行《管辖在华外国人实施条例》之期至为迫促，究应如何办理之处，敬请裁夺施行"。③ 12月28日，国民党四届一中全会通过了改组后的国民政府人员名单。29日，国民政府以"各地天灾变故，所有应行筹备事项尚未就绪"为由，宣布暂缓施行《管辖在华外国人实施条例》，国民政府初期废除治外法权的斗争就此暂停。④

---

① "Memorandum by the Under Secretary of State," Dec. 23, 1931, in FRUS: 1931, Vol. 3, pp. 926 – 927; "The Department of State to the British Embassy," Dec. 28, 1931, in FRUS: 1931, Vol. 3, pp. 927 – 928.

② "Memorandum by the Chief of the Division of Far Eastern Affairs (Hornbeck) of a Conversation with the British Ambassador (Lindsay)," Dec. 29, 1931, in FRUS: 1931, Vol. 3, pp. 928 – 931.

③ 《关于实行废除领事裁判权案节略》（1931年12月24日），台北，"国史馆"藏，档案号：001 - 064410 - 00003 - 030。

④ 《国民政府为缓行管辖在华外国人实施条例的训令》（1931年12月29日），《中华民国史档案资料汇编》第5辑第1编《外交（一）》，第68页。

结　语

九一八事变前，经过数年的努力，中国在取消治外法权问题上已是胜利在望，特别是中英签订了取消治外法权的草约。然而，英国之所以愿意对华妥协，主要是为了在动荡的局势中维持英国的在华利益，避免成为中国民族主义运动的对象，是被动的，而非主动的。在九一八事变后，英国逐渐转变了对华治外法权政策，劝说中方暂缓施行《管辖在华外国人实施条例》，最终达到了目的。

就中国而言，之所以同意暂缓实施《管辖在华外国人实施条例》，是因为九一八事变后，为了抵抗日本的侵略，不得不寻求列强的支持。当然，国内政争、准备措施不足等也是不容忽视的因素，如《管辖在华外国人实施条例》所计划的增设专庭、扩大监狱等所需的15万元经费，司法院到1931年12月也一直没有收到，导致计划无法实施。①

九一八事变后，国人对此前的外交进行了反思，治外法权交涉亦处于被讨论的行列中。时人批评国民政府在交涉中"一度发宣言，再度定期撤销，三度发表法权停顿宣言，四度再发废约宣言"；列强认为中国的态度过于狂傲，反而抱定"任何千变万化，我有一定之规"的策略；国民政府过于狂妄的外交，在自身实力有限的情形下高喊"废除不平等条约"等口号，只会引起各国的反感，应该"以和蔼的态度、坚强的毅力，来用外交手腕与之折冲才对"，否则不仅于事无补，反而损害了"革命外交"的精神。②这一批评并不尽然正确，单就治外法权交涉而言，中方各种带有威胁意味的举措确实推动了治外法权交涉的进展，不应以突发事件否定王正廷等人的努力。

---

① 《行政院密公函第5474号》（1931年12月11日），台北，"国史馆"藏，档案号：001-064410-00003-029。

② 陆征宪：《中国外交何以着着失败？》，《大公报》1932年1月17日，第8版。

九一八事变后国联调查团代表遴派的外交折冲研究[*]

陈海懿[**]

引 言

九一八事变后的国际联盟调查团由英、法、美、意、德五国派遣代表组成，众所周知的五位代表分别是：

意大利代表马柯迪（Luigi A. Marescotti）
法国代表亨利·克劳德（Henri-Édouard Claudel）
英国代表李顿（Victor G. R. Lytton）
美国代表佛兰克·麦考益（Frank McCoy）
德国代表恩利克·冯·希尼（Heinrich Von Schnee）。

但是，1931年12月14日，国联理事会起草委员会向日本驻日内瓦代表团提出来的代表名单是：

意大利代表施恩泽（Carlos Schanzer）

---

[*] 本文为2020年国家社科基金青年项目"李顿调查团与大国博弈研究"（批准号：20CZS045）阶段性成果。
[**] 陈海懿，南京大学中华民国史研究中心暨历史学院副教授。

法国代表吉拉马特（Adolphe Guillaumat）

英国代表麦克米伦（Macmillan）

美国代表海因斯（Walker D. Hines）

德国代表希尼①

对比上下两份名单，可以发现只有德国代表在两份名单中是一致的，然日本偏偏仅不满由希尼出任德国代表，要求换成佐尔夫（Wilhelm Solf），可见国联调查团的代表遴选与派遣不仅不是一蹴而就的，内中外交折冲过程亦饶有趣味。

实际上，尽管国联调查团的五大代表是为人所熟知的史实，却鲜有人发问为何调查团的代表人数是 5 人，也少有人探究为何是上述五国代表构成调查团，遑论作为当事国的中日两国如何因应调查团代表遴派。对于调查团具体代表人员的遴选与派遣，各个大国及中日两国都各有所思，国家利益始终是外交因应中的重要考量因素。目之所及，学界对九一八事变后的国联调查团组建过程缺乏深入研究，尤其是没有分析调查团的人数与来源国设定、成员遴选与确定等问题。② 本文利用日内瓦国联与联合国档案馆藏李顿调查团档案③、日本外交档案、英美外交档案和台湾"国史馆"档案等多元资料，梳理复杂的国家外交折冲过程，一方面力图扩充赴东亚之前的国联调查团史实，具体呈现调查团的人数与来源国设定、具体成员遴派过程，窥视国联调查团所蕴含的大国意志；另一方面探析在调查团代表遴派过程中的中日因应，阐明中国的急切心态和日本的引导预谋，以跨国史路

---

① 「澤田局長から犬養外務大臣まで」（1931 年 12 月 15 日）Ref. B02030441700（第 16 画像目から）JACAR（アジア歴史資料センター）。

② 国内学术界近年的重要研究可参见洪岚《南京国民政府的国联外交》，中国社会科学出版社，2010；崔海波《九一八事变期间中国、日本与国联的交涉》，吉林大学出版社，2016；武向平《满铁与国联调查团研究》，社会科学文献出版社，2015；赵欣《试析〈李顿报告书〉的出台过程及其影响》，《东北师大学报》（哲学社会科学版）2016 年第 6 期；陈志刚《日本退出国联后中国知识界对外交出路的探究与省思》，《安徽史学》2019 年第 2 期。

③ 位于瑞士日内瓦的国联与联合国档案馆藏李顿调查团档案十分丰富，但大多数未被学者利用，值得深入挖掘，具体参见杨骏、张生《日内瓦藏李顿调查团档案文献的结构和价值》，《安徽史学》2019 年第 2 期。

径反观中国历史,从大国意志、中国心态和日本预谋三个层面透视九一八事变的"国际性"、国联调查团的权威性与紧迫性,及其东亚之行的必然结果。

一 调查团的人数设定和来源国构成

九一八事变爆发后,最早向国联建议派遣调查团的是中国,但日本反对第三方介入,以中日直接谈判为挡箭牌,派遣国联调查团的提议遭搁置。① 1931 年 11 月中旬,伴随着派遣调查团的舆论沸沸扬扬,国联对日本的抵制立场日趋不满。与此同时,日本需要时间布控中国东北,组建调查团反而成为日本可利用的策略之一,正在日本东京访问的国联秘书长德拉蒙德(Eric Drummond)的代表沃尔特斯(Walters)就指出"掌握邀请调查团的主动权是日本政府认为最紧要的事"。② 于是日本内部开始酝酿,"建议理事会派遣视察员前往当地是为一策……由我方提议派遣上述视察员,可以取得事态有利于日本的效果",③ 其目的是让调查团按照日本方案组建,从而利用调查团。

在日本的最初方案中,没有明确调查团的人数,对于人选则明确表示"视察员的人选按照我方希望进行设置"。④ 日本此时抛出被搁置的调查团提案,得到国联理事会的热诚对待,"各国理事最忧虑的事情是不能暴露国联没有实力的事实……解决此难题的一大对策就是派遣由一流人物组成的调查团,表面上可以被认为是国联努力的结果",⑤ 急于证明自身可以发挥和平效力的国联开始朝向组建调查团努力,调查团人数与来源国几经变化。

---

① 此过程可以参见陈海懿、郭昭昭《国际性与主体性:中日冲突和国际联盟调查团的产生》,《抗日战争研究》2017 年第 3 期。
② 「『ウォルタース』電報要旨」(1931 年 11 月 18 日)Ref. B02030393100(第 117 画像目から)JACAR(アジア歴史資料センター)。
③ 外務省編『日本外交文書 満洲事変』第 1 巻第 3 冊、1978、557–561 頁。
④ 「我代表部私案」(1931 年 11 月 17 日)Ref. B02030393100(第 105 画像目から)JACAR(アジア歴史資料センター)。
⑤ 「杉村『ドラモンド』会談」(1931 年 11 月 19 日)Ref. B02030393200(第 164 画像目から)JACAR(アジア歴史資料センター)。

首先，调查团最初的人数设定是3人，并由英、美、法三国代表充当。11月18日，德拉蒙德向日本代表团提出建议，"由英国的一流法学家、美国的一流实业家、法国的一流将军等担任视察员，他们所形成的意见必定可以获得各方面的重视，达到扫除中日之间危机的效果"。① 外务省的批示是同意"由英、美、法有力人士组成"，并建议"由通晓此事件的中日两国派遣代表参加"。②

外务省还专门针对调查团构成人数和团长对日本代表团做了批示，"调查团的构成应该充分尊重我方意见……召集英、美、法重要人物组成调查团非常合适。若以法国将军为团长，更是我方极为欢迎的"。③ 芳泽谦吉亦向国联理事会主席白里安（Aristide Briand）表示"调查团应该在与中国存在最直接利害关系的英、法、美三国中，选拔地位高且有能力的人组成"。④ 从上可见，日本计划中的调查团人数是3人，分别来自英、美、法的一流人士，并倾向于以法国为首。

其次，调查团人数因时变动，运作加入调查团的国家不断出现。11月20日，德拉蒙德向时任国联副秘书长的杉村阳太郎表示，"在法、美两国人士之外"，如何应对"荷兰要求加入，意大利和德国正在运作加入调查团"等问题，而且"英国在客气地谢绝"。⑤ 外务省对此的答复是："非常希望英国的一流法学家能够参加调查团，对荷兰与意大利的参加没有异议，鉴于德国的态度，希望能够避免德国参加。"⑥

11月26日，国联理事会成立起草委员会，具体商议组建调查团议决案

---

① 「杉村『ドラモンド』会談」（1931年11月18日）Ref. B02030393200（第146画像目から）JACAR（アジア歴史資料センター）。

② 「支那視察員派遣問題ニ関スル回訓」（1931年11月20日）Ref. B02030393500（第206画像目から）JACAR（アジア歴史資料センター）。

③ 「決議案第二附加ノ件」（1931年11月21日）Ref. B02030393700（第259画像目から）JACAR（アジア歴史資料センター）。

④ 「芳澤及『ブリアン』『ドラモンド』会談」（1931年11月20日）Ref. B02030393800（第283画像目から）JACAR（アジア歴史資料センター）。

⑤ 「『ドラモンド』杉村ニ対スル談話」（1931年11月21日）Ref. B02030393700（第271画像目から）JACAR（アジア歴史資料センター）。

⑥ 「決議案ニ対スル回訓」（1931年11月21日）Ref. B02030393800（第293画像目から）JACAR（アジア歴史資料センター）。

的起草事宜。意大利在起草委员会中继续积极运作，希望能够加入调查团，"小国也有同样的行动"，结果可能会造成"调查团的人数不得已要增加到7名"。① 日本对此很不满，松平恒雄表示"由与东亚毫无关系的小国担任代表，而不是权威人士，这些代表与英、美、法等代表具有同样的权限，不仅会对调查团报告的撰写造成消极影响，而且会削弱调查团自身的权威。最初方案仅限于英、美、法三国，迫不得已可以为意大利增加一个席位，不能再增加"。②

与此同时，德拉蒙德提出一个新方案，建议"调查团人数可以用5人来取代7人，在军人、法律家、实业家之外，再增加铁路及金融方面问题的专家"。③ 11月29日，外务省批示"对于意大利人加入调查团没有异议"，④而与意大利同时在运作加入调查团的德国却遭到日本拒绝，这引起法国驻国联代表团成员莱热（Alexis Léger）等人的不安，"鉴于德国不能加入调查团，意大利也不能派遣代表，否则会伤害大国的颜面"。⑤ 所谓"颜面"，实质是大国的意志，大国之间的均衡在当时尤为重要。

最后，随着德国加入调查团问题得到解决，调查团人数和来源国最终敲定。德国驻国联代表于12月2日会见杉村，指出"仅限于英、美、法三国人士的方案会影响调查团的效率发挥，起草委员会已经将调查团的人数定为5名，因此大国可以派出委员。德国作为常任理事国，且与中国有重大利害关系"，故要求任命德国人士参加调查团；德拉蒙德也询问杉村"由英、美、法三国人士的方案变为英、美、法、意各一人及其他国家一人的5人方案，德国要求再加入一人，目前形势是可能进一步变为6人方案。日本

---

① 「廿七日起草委員会経過」（1931年11月28日）Ref. B02030394900（第161画像目から）JACAR（アジア歴史資料センター）。
② 「調査委員会人数二関スル松平『ドース』会談」（1931年11月28日）Ref. B02030394900（第167画像目から）JACAR（アジア歴史資料センター）。
③ 「調査委員二関スル件」（1931年11月29日）Ref. B02030394900（第169画像目から）JACAR（アジア歴史資料センター）。
④ 「伊国人参加承認ノ件」（1931年11月29日）Ref. B02030394900（第175画像目から）JACAR（アジア歴史資料センター）。
⑤ 「調査委員会佛国委員二関スル件」（1931年11月29日）Ref. B02030394900（第173画像目から）JACAR（アジア歴史資料センター）。

政府对此意见如何"，杉村坚定表示人数必须限制在 5 人，至于赞成哪国人士参加，需要请示外务省。① 日本坚持 5 人方案和德拉蒙德暗中许可德国派遣代表加入，调查团的代表人数和来源国构成已经基本成形。

关于日本反对德国加入调查团的原因，杉村同德国代表会谈时的讲话内容给予了解释，根源在于日本担心德国会认可中国在东北地区的行为。杉村提出"德国希望在中国维持门户开放，在对待中国单方面抛弃条约问题上，德国与日、英、法等国存有不同态度，德国在欧洲提倡改订《凡尔赛条约》"，因此日本担忧德国赞成中国修改乃至废除中日之间的不平等条约，故反对德国加入；德国代表予以解释，"德国在中国的利益是被《凡尔赛条约》夺走，而不是德国主动放弃，可以断言德国不会有日本所担心的情况"，② 意在向日本表明德国不会支持中国"破坏"中日之间的协定。日德之间的会谈不仅体现了德国要求加入调查团的意志诉求，而且反映了日本对调查团的构成存在强烈预谋性质，力图排除任何不利于日本的因素。

实际上，日本对强硬拒绝德国加入调查团也存在犹豫，"相比于对待其他四个国家，日本对德国存在差别，将来会成为大国的德国肯定对此表示遗憾"。③ 当德国提出派遣驻日大使佐尔夫④加入调查团后，日本同意了德国参加调查团，转变的直接原因就在于佐尔夫属于亲日派。芳泽就表示"如果佐尔夫得到任用，对于我方是利好之事……希望同意由英、美、法、德、意五国人士担任调查团成员"。⑤ 德国外交部在 12 月 4 日向国联秘书处提交

---

① 「独逸調査委員会割込運動ノ件」（1931 年 12 月 3 日）Ref. B02030395700（第 321 画像目から）JACAR（アジア歴史資料センター）。
② 「独逸調査委員会割込運動ノ件」（1931 年 12 月 3 日）Ref. B02030395700（第 321 画像目から）JACAR（アジア歴史資料センター）。
③ 「独逸調査委員会参加問題」（1931 年 12 月 10 日）Ref. B02030395800（第 337 画像目から）JACAR（アジア歴史資料センター）。
④ 佐尔夫（Wilhelm H. Solf，ゾルフ，1862 年 10 月 5 日至 1936 年 2 月 6 日），德国学者、外交官、法学家和政治家。曾担任德属萨摩亚总督（1900～1911）、德国殖民部部长（1911～1918）、德国外交部部长（1918.10～1918.12）等职。1920～1928 年，佐尔夫历任德国驻日本代办和大使，其间主导恢复德日良好外交关系，并协助谈判达成《德日和约》，被视为亲日派。
⑤ 「独逸側『ゾルフ』任命意向ノ件」（1931 年 12 月 3 日）Ref. B02030395800（第 327 画像目から）JACAR（アジア歴史資料センター）。

了德国的 3 名候选人名单，以佐尔夫为首，另外两名是塞克特（Seeckt）和希尼。

至此，经过大国之间的较量与妥协，由英、美、法、德、意五国派遣代表构成调查团逐渐达成共识，中国亦不反对此五大国。1931 年 12 月 10 日，组建调查团议决案获得通过，随之开始成员的遴选与派遣程序，即先由五大国征求本国候选人的意见，向国联理事会提出潜在候选人，再由国联理事会向中、日两国征求赞成与否的意见，理事会根据意见最终确定正式代表。

二 调查团的成员遴选和大国权衡

英、美、法、德、意五国向国联理事会提出候选人的情况不一，费时颇久。由于每个国家遴选代表的步骤和过程都不尽相同，本文将依次介绍五大代表的产生。法国、意大利、英国代表较早确定，且未发生太多纠葛。美国代表确定较慢，涉及具体代表更换。德国的最终代表不是佐尔夫，引起日本不满，争论较大。

第一，法国代表的遴选过程。由于时任国联理事会主席白里安是法国人，日本提议由法国代表担任调查团团长，"鉴于白里安是理事会主席，可以考虑由法国委员担任委员长"。① 按照方案，法国应该派遣"一流将军"参加调查团，故法国提名的候选人都是将军出身。最初是建议吉拉马特将军参加，但该将军的家人顾及其年龄和健康状况，并不赞成将军前往东亚，吉拉马特遂申请退出。法国又提议里昂军团司令官塞里尼（Serrigny）为候选者，但未得到通过，原因可能是日本认为塞里尼资格不如吉拉马特，"作为调查团的首脑，也必须是如同吉拉马特这样地位的人才能够胜任"。② 法国提出的第三位候选人是克劳德将军，其担任殖民地防御委员会议长等职，

---

① 「松平『サイモン』談話」（1931 年 11 月 23 日）Ref. B02030394200（第 407 画像目から）JACAR（アジア歴史資料センター）。

② 「第 500 号　澤田局長から犬養外務大臣まで」（1931 年 12 月 16 日）Ref. B02030441700（第 29 画像目から）JACAR（アジア歴史資料センター）。

曾参加裁军会议,得到克劳德本人、国联和中日双方的认可。

第二,意大利代表的遴选过程。根据1931年12月15日日本驻意大利大使吉田茂致外务省电报,意大利向国联提出来的候选人有五人,分别是前驻德国大使马柯迪、上议院议员和驻法大使萨尔瓦戈(Marchese Salvago-Raggi)前外交大臣施恩泽、在任大使维托里奥·切瑞蒂(Vittorio Cerruti)海军大校德尔格雷科(Delgreco)。国联本计划委任施恩泽为意大利代表,① 不过意大利和日本都倾向于马柯迪,"意大利希望选用此人,并已经向国际联盟提出了申请。驻洛桑的日本代表也多次表示同意此人当选",② 最终确定马柯迪为正式候选人。

第三,英国代表的遴选过程。英国应该派遣"一流法学家"参加,国联理事会最初有意常任上诉法官麦克米伦,德拉蒙德则表示"如果张伯伦(Austen Chamberlain,前外交大臣)本人愿意的话,由他出任会更好"。③ 外相西蒙(J. Simon)首先询问麦克米伦"是否同意作为英国代表加入国际联盟任命的调解中日争端的调查团",④ 麦克米伦回复"鉴于我是两家公司的董事……无法辞去这些董事职位,除非获准休假,否则不能离开9个月之久",⑤ 变相地回绝了邀请。

西蒙随后致函李顿,一方面晓之以理,以调查团意义重大相劝导,"这项工作的价值对于英国乃至全世界来说都是难以估量的";另一方面动之以利,以调查团团长相诱导,"希望你能成为主席"。⑥ 12月18日,李顿向西蒙回信接受参加国联调查团的邀请。1932年1月21日,在调查团内部第一次会议中,李顿被推选为团长。

---

① 「第483号　澤田局長から犬養外務大臣まで」(1931年12月15日) Ref. B02030441700 (第16画像目から) JACAR (アジア歴史資料センター)。

② 「第197号　吉田大使から犬養外務大臣まで」(1931年12月15日) Ref. B02030441700 (第20画像目から) JACAR (アジア歴史資料センター)。

③ League of Nations Commission of Enquiry to Manchuria, 16th December, 1931, FO 371/15505, *Foreign Office Files for China*, 1919 – 1980, p. 565.

④ Mr. Patteson (Geneva) to Sir J. Simon, 14th December 1931, W 14305/14305/98, Documents on British Foreign Policy 1918 – 1939, *Documents on British Foreign Policy*.

⑤ The Letter from Macmillian to John Simon, 16th December, 1931, FO 371/15505, p. 567.

⑥ The Letter from John Simon to Lord Lytton, 17th December, 1931, FO 371/15505, pp. 570 – 571.

第四,美国代表的遴选过程。国联希望美国派遣"一流实业家"充任代表,海因斯成为德拉蒙德的理想人选。他曾于1925年受国联委托调查莱茵河和多瑙河的航运情况,受到国联认可,因此德拉蒙德建议美国先试探询问海因斯是否同意。① 12月17日,副国务卿卡斯托(William Castle)征求海因斯的意见,"国联调查团可以……促使持续威胁东亚和平的种种争端得到最终解决。很难想象还有什么工作能比这更有意义且完全值得去做"。② 不过,海因斯拒绝出任代表,"深思熟虑后打算将精力集中在自己的职业活动上,现在不能承担如此重大的、突然的调整……无法担此伟任"。③

海因斯拒绝之后,史汀生推荐麦考益将军,理由是麦考益"有在菲律宾、中美洲等地的广泛经验;曾任玻利维亚-巴拉圭调停委员会主席;作为伍德-福布斯代表团的一员前往菲律宾和东亚时,日本和中国均授予勋章,他巧妙而漂亮地完成了所承担的多项任务"。④ 不过,国联副秘书长爱文诺(Joseph Avenol)提出过反对意见,理由是人员配备要考虑到各领域人才,已经确定法国派遣军事将领,作为军人的麦考益不太合适,希望美国能够推荐铁路专家、经济学家或法学家,而且"鉴于麦考益将军曾与尼加拉瓜的事务有联系,理事会中的拉丁美洲成员会感到为难,甚至可能将尼加拉瓜和满洲的局势进行公开类比,这是最不幸的情况"。⑤ 尽管有爱文诺反对,美国还是坚持推出麦考益为最终候选人,并得到中日认可,麦考益当选为美国代表。

第五,德国代表的遴选过程。关于前述德国所推荐的三人情况,佐尔夫属于亲日派;塞克特在一战中是军团参谋长,战后投入政界;而希尼是国会

---

① The Letter from Gilbert to the Secretary of State, December 15, 1931, *Records of the Department of State Relating to Political Relations Between China and Japan* 1930-1944 (*SCJ*: 1930-1944), RG 59, M 976, Roll 65, No. 793.94-Commission/7.

② The Letter from W. R. Castle to Walker D. Hines, December 17, 1931, *SCJ*: 1930-1944, No. 793.94-Commission/9A.

③ The Letter from Walker D. Hines to W. R. Castle, December 19, 1931, *SCJ*: 1930-1944, No. 793.94-Commission/12.

④ The Letter from Stimson to the American Consul (Geneva), December 22, 1931, *SCJ*: 1930-1944, No. 793.94-Commission/12A.

⑤ The Letter from Gilbert to the Secretary of State, December 23, 1931, *SCJ*: 1930-1944, No. 793.94-Commission/13.

议员，在一战前曾担任德国殖民地阿非利加总督，长期在殖民部任职。德国外交部东方司司长曾向德拉蒙德明确表示希望"佐尔夫能够当选"。① 不过，由于中国的强烈反对、佐尔夫明显的亲日倾向等，在起草委员会拟定的初步名单中是希尼，这引起日本的强烈不满。国家间的外交折冲不断上演。

三 中国因应及其心态

在大国遴选调查团代表的过程中，国民政府、中国驻日内瓦代表团和媒体舆论都及时跟进，中国期待调查团尽早出发和能够遏制局势恶化的心态表露无遗，其对代表的选择基本上以立场中立为标准。

首先，中国对调查团代表产生的艰难性深有认知，希望尽早确定代表并启程。在通过组建调查团议决案后的第二天，媒体就感慨"该委员会人选，尚未确定一人"，② 并认识到"大约此事非短时所能办，盖于五国各种专家之中，选出工程家、法学家、经济家、军事家与普通商业家各一人，殊非易易，恐费相当时日"，③ 其原因是"惟人选一层，因须得中日及各调查委员本国政府之同意，故进行不能迅速"，因此调查团抵达中国东北的日期"当在明年开岁以后"。④ 基于调查团启程日期不定，日本甚至在日内瓦散播谣言，"中国表示如果调查团启程被延迟，将会开启直接谈判"。⑤ 日本散播谣言，其实是其自身希望调查团赴中国东北延迟，从而开启中日直接交涉。

鉴于调查团迟迟未定，中国驻日内瓦代表团成员胡世泽向白里安申述"有尽速将调查团派出需要"，⑥ 后来担任调查团秘书处成员的吴青峰亦向白

---

① 「独逸側調査員候補者ニ関スル件」（1931 年 12 月 9 日）Ref. B02030395800（第 333 画像目から）JACAR（アジア歴史資料センター）。

② 《决议案通过后，起草委员会前日开会》，《中央日报》1931 年 12 月 13 日，第 3 版。

③ 《日拟依基本五点直接交涉，国联调查团员一时难选定》，《大公报》1931 年 12 月 13 日，第 3 版。

④ 《国联调查团组织进行迟缓，新年始可成行》，《申报》1931 年 12 月 16 日，第 8 版。

⑤ 《第 159 号 巴黎中国代表团致外交部电》（1931 年 12 月 18 日），《国际联合会调查团（一）》，台北"国史馆"藏《外交部档案》，档案号：0200000036571A，第 29 页。

⑥ 《国联调查团人选又生波折》，《大公报》1932 年 1 月 1 日，第 3 版。

里安催促从速派出调查团。① 经过大国内部的权衡和成员遴选，到1932年1月上旬，调查团的五大代表才基本确定，当中国代表团向外交部发送名单电报询问是否同意任命时，国民政府外交部在电报上简明回复：同意。② 有关调查团的"主席未定"③、"行程未定"④、"经费未定"等都一定程度上牵动着中国希望调查团尽早启程的心态，其中的经费问题尤能反映中国在组建调查团事宜上的积极主动。

关于调查团经费负担问题，爱文诺最早提出"应由中日两国分担的意见"，日本代表团认为"既然本次调查团是由国际联盟派遣而来，那么也理应由国际联盟支付其费用"，⑤ 不同意由日本支付费用。相较于日本，国民政府外交部对于经费积极筹措，国联调查团的预算是瑞士币100万，而前两个月需要预支35万，外交部得知后马上"呈请行政院转饬财政部立即筹拨"。⑥ 1月25日，外交部告知代表团，"调查团川装……正竭力筹汇"。⑦ 中国在支付调查团经费问题上相对果决，目的之一自然是希望调查团可以尽早启程，免因经费而延宕。

其次，中国反对存有倾向立场的人充任调查团代表。中国从一开始就担心调查团受到日本的引导，1931年12月10日，顾维钧表示"国联视察团如果来华，在我如何筹划使不受日方包围……关系极为重要"。⑧ 对于何种人员可以出任代表，有媒体提出三项必要条件，"须年富力强，俾能服当

---

① 《国联漠视辽案，特别理事会无意召集，调查团迄未组织就绪》，《申报》1932年1月1日，第12版。

② 《第178号 巴黎中国代表团致外交部电》（1932年1月2日），《国际联合会调查团（一）》，台北"国史馆"藏《外交部档案》，档案号：0200000036571A，第33页。

③ 参见《国联调查团组织已告完成》，《申报》1932年1月7日，第4版。

④ 参见《国联调查团出发尚无确期，正式推举李顿为主席》，《申报》1932年1月22日，第4版。

⑤ 「第483号 澤田局長から犬養外務大臣まで」（1931年12月15日）Ref. B02030441700（第16画像目から）JACAR（アジア歴史資料センター）。

⑥ 《外交部与颜代表往来电文节要》（1932年1月），《东省事变之解决方针及措置（二）》，台北"国史馆"藏《外交部档案》，档案号：020000001416A，第178~181页。

⑦ 《第405号 外交部致日内瓦代表团电》（1932年1月25日），《国际联合会调查团（一）》，台北"国史馆"藏《外交部档案》，档案号：0200000036571A，第49页。

⑧ 中国第二历史档案馆编《中华民国史档案资料汇编》第5辑第1编《外交（一）》，江苏古籍出版社，1994，第471页。

地之水土；须有余暇远适；须有相当之声望"。① 顾维钧则表示"可以同意任命任何人，只要这个人既不亲华亦不亲日即可"。②

围绕五大代表的遴选，中国基本以赞成为主，仅在德国代表人选问题上反对佐尔夫。南京国民政府在1931年12月5日就明确反对佐尔夫，"由于调查员需要公平无私方可，而佐尔夫最近关于满洲问题发表了一些演说，存在明显的偏见，因此南京国民政府反对任命佐尔夫"。③ 国民政府外交部对调查团代表的要求是"对于人选须以不反对中国与不偏袒日本者，方可同意"。④ 中国媒体还专门报道希尼的立场，12月24日，希尼向新闻记者发表谈话，关于九一八事变，"余决定以最客观态度，观察此项事件，而提出报告"，关于调查团，"余参加调查团之工作，对两国将维持完全不偏之态度与同情"。⑤

最后，中国更为关心东北局势，对调查团的失望和期望辩证共存。在调查团代表的遴派过程中，日军没有停止侵略，借口镇压土匪等多种名义继续扩大军事行动，国民政府外交部要求"代表团备文通知行政院，提请注意，并请设法制止"。⑥ 1931年12月21日，中国代表团指出日本"违反12月10日议决案，仍在谋划扩大对满洲地区的军事占领"。⑦ 12月25日，国民政府行政院代院长陈铭枢致函白里安，要求国联"立即采取有效的措施处理这种情况，以使12月10日的议决案可以生效"。⑧ 尽管中国不断申诉，无奈国联没有遏制日军的能力和决心。1932年1月3日，日军占领了

---

① 《国联调查团人选极感困难》，《申报》1931年12月18日，第4版。
② 《第353号 外交部致国联中国代表团电》（1931年12月13日），《东省事变之解决方针及措置（二）》，台北"国史馆"藏《外交部档案》，档案号：020000001416A，第161页。
③ 「『ゾルフ』任命反対説ノ件」（1931年12月6日）Ref. B02030395800（第332画像目から）JACAR（アジア歴史資料センター）。
④ 《中华民国史档案资料汇编》第5辑第1编《外交（一）》，第474页。
⑤ 《国联满洲调查团德籍委员之谈话》，《大公报》1931年12月25日，第3版。
⑥ 《第363号 外交部致巴黎中国代表团电》（1931年12月21日），《东省事变声请国联》，台北"国史馆"藏《外交部档案》，档案号：020000001403A，第139页。
⑦ 《第163号 巴黎中国代表团致外交部电》（1931年12月21日），《东省事变声请国联》，台北"国史馆"藏《外交部档案》，档案号：020000001403A，第141页。
⑧ 《第371号 外交部致巴黎中国代表团电》（1931年12月25日），《东省事变声请国联》，台北"国史馆"藏《外交部档案》，档案号：020000001403A，第143~144页。

锦州。

军事局势不断恶化和调查团代表遴派艰难，两相纠葛，中国对调查团形成了双重逆反心态。有媒体舆论失望地表示："锦州已被暴日占领，国际联盟的中立调查团至今尚未派出。国联之不可恃，已成赤裸裸的事实。"① 当国联理事会第66届会议开幕时，调查团还未出发，媒体指摘道："当初希望开会期内，对于辽东至少可得一调查团之临时报告，但迄今调查团犹未启程，此种希望迨成泡影。"② 对于"整个满洲问题可搁置国联调查团赴华调查并提出报告后再谈"的无奈事实，媒体嘲讽这是国联的悲哀，国联调查团不过是"旅行团报告"而已。③

在悲观和失望的心态之外，对调查团存有期望的舆论亦未消失，遏制军事行动是催促调查团尽早出发的唯一目的。中国认为调查团的作用充分体现在"调查团首先调查事项"④ 上，"惟其第一任务，即在将届时日军之曾否撤退，报告理事会"，同时希望调查团能够为国联处理中日冲突提供依据，"至理事会将来对于辽案之行动，则将以此调查团之总报告与建议为根据"。⑤ 尽管调查团迟迟无法启程，但依旧期望调查团赴东亚之后，可以"首研究满洲情况，然后再考察中国本部情形"。⑥

伴随着日本军事行动不断继续，相较于调查团的代表产生，国民政府、中国驻日内瓦代表团和媒体舆论都更为关心东北局势，这也是中国对调查团期望的一种折射。

---

① 《短评：不能再坐待》，《大公报》1932年1月5日，第4版。
② 《国联理事会将举行定期会议，主要议案为军缩筹备，东省事件竟搁置耶?》，《中央日报》1932年1月20日，第4版。
③ 《国联滑稽的悲哀》，《大公报》1932年1月28日，第3版。
④ 1931年9月30日，国联理事会通过决议，规定日本军队撤入铁道附属地内，同时中日两国政府"为不使事件扩大或事态恶化，将各自采取一切必要之措施"，因此在通过"12·10"议决案的同时，理事会主席白里安发表声明，当调查团到达中国东北后，"如果两当事国尚未履行在9月30日决议中所作之承诺"，调查团"应尽快就其事态向理事会提出报告"，这就是"调查团首先调查事项"。参见赵朗编《"九·一八"全史》第5卷，辽海出版社，2001，第820~821、835~838页。
⑤ 《国联调查团组织进行迟缓，新年始可成行》，《申报》1931年12月16日，第8版。
⑥ 《调查工作程序于离欧前订定》，《大公报》1932年1月8日，第3版。

四 日本评估及其预谋

　　调查团成员遴派过程深刻反映了日本的利益诉求和预谋，尤其是德国代表人员的确定。对于拟定希尼出任德国代表，日本起初没有接受，而是经过协商、争论和质询，才无奈地接受，整个过程可以分为四步。第一步，日本进行内部协商。芳泽于12月15日向外务省汇报，"德国代表当初被指定为佐尔夫，我方也曾预想此人一定会得到任命……但现在推荐希尼代替佐尔夫，我方认为这是非常不合时宜的"。① 犬养毅外相回电表示，"关于德国的候补者，我方最初的基本方针是不同意德国加入调查团之中。在推选出佐尔夫之后，我方才认可，因此希望佐尔夫当选"。②

　　第二步，日本向国联争取任命佐尔夫。12月16日晚上，芳泽拜访爱文诺，指出"从理事会开始交涉本问题起，日本就一直主张接受德国参与调查团的前提条件是由佐尔夫出任。但事到如今却要换人，这让日本感到非常失望"，爱文诺则表示调查团代表需要得到当事国的同意才行，"如果当事国的某一方表示难以接受的话，选定佐尔夫就变得非常困难"。③

　　第三步，日本质询德国和德国解释。12月17日，日本驻德国参赞东乡茂德质询德国外交部东方司副司长，该副司长解释德国确实指定了"以佐尔夫为首"的三人候选名单，"由于最终的决定权在理事会主席、国际联盟秘书长以及日中两国的手中，德国无论做出何种努力都是很困难的"；中国不仅反对佐尔夫，而且反对军人身份的塞克特，以及长期对殖民政策抱有兴趣的希尼，"中国的非难一直存在"。④ 德国将佐尔夫未被选任的责任推给

---

① 「第486号　澤田局長から犬養外務大臣まで」（1931年12月15日）Ref. B02030441700（第22画像目から）JACAR（アジア歴史資料センター）。
② 「第313号　澤田局長から犬養外務大臣まで」（1931年12月16日）Ref. B02030441700（第32画像目から）JACAR（アジア歴史資料センター）。
③ 「第501号　澤田局長から犬養外務大臣まで」（1931年12月17日）Ref. B02030441700（第34画像目から）JACAR（アジア歴史資料センター）。
④ 「第170号　小幡大使から犬養外務大臣まで」（1931年12月17日）Ref. B02030441700（第45画像目から）JACAR（アジア歴史資料センター）。

国联和中国。

第四步，经过一番争取，日本内部开始接受希尼，主要原因是若不同意希尼，会引起对日舆论恶化。12月24日，芳泽向犬养毅汇报，"关于此事，正通过直接委托杉村公使，为选用佐尔夫而努力操作"，不过表示"如果我方仍然固执坚持选用佐尔夫的话，会出现不愉快的结果也未可知……请对此决定表示同意"。① 驻德大使小幡酉吉向犬养毅劝告"如果日本对任命佐尔夫以外的其他人选表示不满，因此拒绝德国派遣代表参加的话，德国肯定会很不愉快。在任命之前便对候选人表示不满，实非良策"。② 在对诸位候选人进行评估后，日本最终同意了包括希尼在内的代表人选。为了尽可能有利于日本，最低限度也要避免不利于日本的人士当选。日本对调查团的潜在候选人都进行评估，方式包括直接沟通和间接判断。

关于法国代表，日本对最初可能出任的吉拉马特将军的评估是"对日本抱有亲近感"，原因在于吉拉马特曾在八国联军侵华期间受伤，得到日本医生的救治而避免手臂截肢。③ 对克劳德将军的评估是"一位风评极佳的将军，在担任大演习总指挥时，特别向日本陆军军官表示善意"。④ 驻法代理大使栗山茂还于1932年1月4日同克劳德进行了会谈，栗山认为克劳德"表现出不少对于日本的善意态度"，属于"聪明温和的人，对日本没有任何不利的先入为主的印象"，⑤ 判断克劳德不会对日不利。

关于意大利代表，日本驻意大利参赞冈本认为施恩泽"对中日的感情可以说如同白纸一般"，评价其"是一位实干家、一位和蔼可亲的人……选

---

① 「第509号　澤田局長から犬養外務大臣まで」（1931年12月24日）Ref. B02030441800（第51画像目から）JACAR（アジア歴史資料センター）。
② 「第174号　小幡大使から犬養外務大臣まで」（1931年12月24日）Ref. B02030441800（第54画像目から）JACAR（アジア歴史資料センター）。
③ 「第483号　澤田局長から犬養外務大臣まで」（1931年12月15日）Ref. B02030441700（第16画像目から）JACAR（アジア歴史資料センター）。
④ 「第507号　澤田局長から犬養外務大臣まで」（1931年12月23日）Ref. B02030441800（第50画像目から）JACAR（アジア歴史資料センター）。
⑤ 「第4号　栗山代理大使から犬養外務大臣まで」（1932年1月4日）Ref. B02030441800（第56画像目から）JACAR（アジア歴史資料センター）。

用具有这种性格的人对日本来说是非常合适的"。① 在意大利正式推出马柯迪后，日本驻意使馆评估马柯迪"纯粹的外交系统出身"，曾在巴黎和会期间担任意大利代表团的秘书长，后供职于阿根廷和德国大使馆，且"对日感情已经得到认可"，②判断马柯迪的立场不会不利于日本。

关于英国代表，日本驻英大使松平恒雄表示麦克米伦不属于英国外交部人员，而是"颇有力之政治家，同时也是法律专家"。③ 对于最终被派遣的李顿，日本代表团仅报告李顿曾代理英属印度总督，④ 在李顿被推选为调查团团长之后，杉村对李顿的评价不高，称其"绝非领袖之材……不如说他是才子一样的人物……对东洋人之性格多少有所了解，处理事情较为融通灵活"。⑤ 或许是李顿担任过殖民地总督的经历让日本坦然接受，也或许是日本根本无法拒绝英国确定的代表，日本对李顿参加调查团没有异议。

关于美国代表，得知国联有意海因斯，日本就开始搜集有关海因斯的资料，判断他"没有处理过东亚事务，理应会做出公正的观察"。⑥ 12月17日，驻美出渊大使还专门拜访史汀生，试探海因斯的立场，再确认"海因斯迄今为止和东亚地区没有任何牵扯……可以做出公平的观察"。⑦ 对于最终被派遣的麦考益，日本评估就更多了：（1）日本代表团认为麦考益"在日本也广为人知，且是一位对日本持有良好印象和感情的人物"；⑧ （2）出

---

① 「第 199 号 吉田大使から犬養外務大臣まで」（1931 年 12 月 17 日）Ref. B02030441700（第 36 画像目から）JACAR（アジア歴史資料センター）。

② 「第 3 号 吉田大使から犬養外務大臣まで」（1932 年 1 月 8 日）Ref. B02030441800（第 60 画像目から）JACAR（アジア歴史資料センター）。

③ 「第 522 号 松平大使から犬養外務大臣まで」（1931 年 12 月 16 日）Ref. B02030441700（第 31 画像目から）JACAR（アジア歴史資料センター）。

④ 「第 505 号 澤田局長から犬養外務大臣まで」（1931 年 12 月 22 日）Jef. B02030441800（第 48 画像目から）JACAR（アジア歴史資料センター）。

⑤ 「杉村公使ト国際連盟支那視察委員トノ会見録」（1932 年 1 月 21 日）Ref. B02030442400（第 202 画像目から）JACAR（アジア歴史資料センター）。

⑥ 「第 560 号 出淵大使から犬養外務大臣まで」（1931 年 12 月 15 日）Ref. B02030441700（第 26 画像目から）JACAR（アジア歴史資料センター）。

⑦ 「第 571 号 出淵大使から犬養外務大臣まで」（1931 年 12 月 20 日）Ref. B02030441700（第 47 画像目から）JACAR（アジア歴史資料センター）。

⑧ 「第 2 号 澤田局長から犬養外務大臣まで」（1932 年 1 月 4 日）Ref. B02030441800（第 54 画像目から）JACAR（アジア歴史資料センター）。

渊大使汇报与其说麦考益是一名军人，不如说"是一名拥有卓越手腕的政治家";① (3) 吉田大使汇报麦考益"时常关心国际关系问题……厌恶共产主义，是一名现实主义者，是合适派往视察中国的人选";② (4) 日本驻厦门领事三浦汇报曾与麦考益共事的美国驻厦门领事傅克林（Lynn W. Franklin）的看法，"麦考益将军的当选，不论是对日本还是中日两国来说都是值得庆贺的事情。正如满洲之于日本，麦考益恰好被派遣到过有类似关系的尼加拉瓜，体会过辛酸，对于妥善处置困难的局面有经验"。③ 经过评估，日本判断麦考益出任美国代表是有利于日本的。

关于德国代表，日本最终认可希尼的原因中就有对希尼的评估结果。12月18日，小幡向外务省汇报，认为希尼"性格是官僚的"，希尼长期从事殖民事业，"对殖民地问题仍保有浓厚的兴趣"，更为重要的是，希尼"认为现在以及不远的未来，世界上的任何一个国家都不可能会出现国家主义衰退的情况"。小幡判断希尼"在一定程度上是能够理解日本的对华经略"，即"由于人口增殖，日本必然对中国采取帝国主义的方针"。④ 1932年1月27日，小幡与希尼举行私人会谈，希尼不仅肯定小幡对九一八事变的解释，而且表示"德国与日本，在政治上没有任何利害关系，可以保证完全中立的立场"。⑤

此外，日本针对调查团的准备工作从1931年11月底就开始了。11月23日，重光葵命令驻华各领事馆准备各种材料"向调查团说明日本立场";⑥ 11月30日，驻沈阳总领事森岛守人准备了"排外状况及排日状况"

---

① 「第8号 出渊大使から犬養外務大臣まで」（1932年1月5日）Ref. B02030441800（第57画像目から）JACAR（アジア歴史資料センター）。

② 「第1号 吉田大使から犬養外務大臣まで」（1932年1月7日）Ref. B02030441800（第60画像目から）JACAR（アジア歴史資料センター）。

③ 「第63号 三浦領事から芳澤外務大臣まで」（1932年2月9日）Ref. B02030442000（第110画像目から）JACAR（アジア歴史資料センター）。

④ 「第169号 小幡大使から犬養外務大臣まで」（1931年12月18日）Ref. B02030441700（第44画像目から）JACAR（アジア歴史資料センター）。

⑤ 「第18号 小幡大使から芳澤外務大臣まで」（1932年1月27日）Ref. B02030441900（第90画像目から）JACAR（アジア歴史資料センター）。

⑥ 「重光公使在支各領事宛訓令」（1931年11月23日）Ref. B02030394100（第393画像目から）JACAR（アジア歴史資料センター）。

"中国对国联的报告与事实相违背"等 13 种说明材料。① 在初步拟定调查团人选后,日本代表团指出调查团中"通晓中国事情的人非常少。在调查团代表到达中国之前,绝对有必要向他们预先传达正确的信息……应当抓住代表们在日内瓦集合会面之类的机会,分发资料"。②

1932 年 1 月 21 日,杉村以国联副秘书长的身份出席了调查团第一次内部会议,而中国代表颜惠庆则被理事会拒绝出席。杉村利用此次机会,对调查团做了诸多劝告工作:(1)向调查团分发"有极高价值"的参考资料,"旅途中预先获得必要之知识,到达现场方能完成充分之视察";(2)指出中国的情报存在来源不确定问题,"希望代表们每日开会,能仔细分析情报的来源,交换意见以避免观察流于偏颇";(3)建议调查团先抵达东京,"2月上旬从欧洲出发,3 月 10 日前后抵达东京,希望首先访问芳泽外相,并按照日本政府提出的计划进行活动",到 4 月下旬再去中国;(4)提议调查团应该"尽可能广泛地考察中国南北各地,同时会见各个阶层、类别之人士",并以大连为基地,"每次前往满洲地区考察 1 个星期或 10 天左右就返回大连休养"。③ 可见,杉村的劝告充满了试图让调查团远离中国而偏向日本的预谋。在调查团初步选择海上航线后,日本极力安排日本驻国际联盟事务局次长伊藤述史与调查团同行,若共渡大西洋无法做到,"横渡太平洋时一定要让伊藤和代表们同船",④ 目的就是利用各种机会诱导调查团。

结　语

1932 年 2 月 3 日,国联调查团终于从法国勒阿弗尔港出发,正式开启

---

　　① 「支那調査員説明材料調査項目」(1931 年 11 月 30 日) Ref. B02030394200(第 397 画像目から) JACAR(アジア歴史資料センター)。
　　② 「第 485 号　澤田局長から犬養外務大臣まで」(1931 年 12 月 15 日) Ref. B02030441700(第 19 画像目から) JACAR(アジア歴史資料センター)。
　　③ 「杉村公使ト国際連盟支那視察委員トノ会見録」(1932 年 1 月 21 日) Ref. B02030442400(第 202 画像目から) JACAR(アジア歴史資料センター)。
　　④ 「第 33 号　澤田局長から芳澤外務大臣まで」(1932 年 1 月 22 日) Ref. B02030441800(第 84 画像目から) JACAR(アジア歴史資料センター)。

东亚调查之行。由英、美、法、德、意五大国派员组成的国联调查团,在当时国际社会中可以称得上是豪华阵容,充分反映了中日冲突所产生的国际影响。九一八事变后,中日在国联理事会的外交博弈就显示了中日冲突的"国际性",国联调查团的组建过程更是进一步体现了国际争端解决模式在处理中日冲突过程中的实际操作,同时预设了各国国家利益在中国东北地区的汇合与角逐。

其一,英、美、法、德、意五大国遴选国联调查团代表的过程,充分反映了五大国对调查团所寄予的调查和调解的期望。从国联调查团代表的来源国构成中,可以明显地发现是当时的大国主导了整个政治运作过程,集中体现了大国的意志。从五大国遴选出的多名候选人身份中可以发现这些候选人都可以称为"一流",从而保证了调查团的"权威"。毫无疑问,五大国对调查团代表的遴选是国联调查团具有时局重要性的直接体现。

其二,被派遣的代表们确保了调查团的工作能力,这是调查团能够完成任务的前提保证。从代表的具体遴选过程中可以看到这些代表是各国精英,加之调查团秘书处成员,整个国联调查团囊括了政治、军事、经济、外交等关键领域的人才。团长李顿曾对调查团进行定性,调查团"不仅仅是一个事实调查机构,它的主要目标是向中国和日本提供服务,以便找到使这两个国家达成长期共识的基础",① 寻找中日之间恢复和平的解决方案是调查团的重要目标。在赴东亚途中,调查团频繁召开内部会议,在共同商定的"工作安排备忘录"中有关于调查团的行程安排,第一步就是"首先与中日的主要官员和民间人士沟通接洽"。② 前赴东亚的调查团进行了一定的合理规划。

其三,国联调查团成员的遴派过程,蕴含着国联和当事国的意志,确保了调查团的合法性。由国联调查团成员的遴派程序可知,调查团代表是在综合来源国、国联和当事国的三方共同意见基础上产生的,得到广泛程

---

① Draft of a Proposed Statement to the Press to be Issued on Arrival at Yokohama (Draft 1), February, 1932, S50/50/5, *League of Nations and United Nations Archives*.

② Memorandum sur l'Organization du Travail de la Commission, March 19th, 1932, S49/49/4, *League of Nations and United Nations Archives*.

度的认可。由此组成的调查团所主导的调查过程和所写的调查报告书，一定程度上可以体现公平与公正。以此反推，日本因调查团报告书退出国联，可谓搬起石头砸自己的脚，踩躏了国际联盟所代表的和平。

其四，中国在国联调查团代表遴派的过程中呈现出的心态，既反映出中国对代表的要求以立场中立为标准，也反映出中国寄希望于调查团可以遏制中国东北局势恶化，体现调查团派遣的紧迫性。在调查团代表确定过程中，一方面是相对于日本在代表人数、来源国构成及具体人员上的外交运作，中国的实际话语权不足，以代表不具有明显的政治立场倾向为底线；另一方面是中国关心的重点在于东北军事问题，调查团赶赴东北是中国的现实所需，而这并不是日本的努力方向。中日的这种反差是两国国家利益在国联外交层面的体现，日本预谋利用调查团为其服务和背书，中国则是以调查团遏制军事行动，阻止局势恶化为主要目的，调查团的能力和调查效果是最为中国所在意的。

其五，日本深谙国际外交手段，其在国联调查团组建过程中的预谋，对国联调查团造成的消极影响，一定程度上可以预测调查团东亚之行的必然性结果。日本外交模式之"狡猾"引起了时人的注意，"忽而以痛吓之手段慑我，忽而以甘甜如蜜之言语诱我……每进一步则初必以恫喝，继必以和缓"，① 在国联期间亦是"向以纵横捭阖著称"。② 在调查团组建过程中，日本代表团就曾向外务省表示"假使调查结果中有不利信息，日本也没有必要受到报告书的束缚"，③ 日本从一开始就决心不能受到调查团的束缚。在国联决定组建调查团后，从人数设定、成员遴派等过程中都可以看到日本的预谋，包括各类评估与引导，试图造成调查团及其具体代表倾向日本的结果。日本的预谋亦产生了一定的"效果"，调查团不仅迟滞启程赴东亚的日期，使日本有更多时间布控中国东北，消化"战果"，而且首先前往日本东京，给予日本进一步引导和影响调查团的绝佳机会，此环节对中国极

---

① 霆公：《论日本外交手段之狡猾》，《协和报》第5卷第27期，1915年，第3页。
② 《国联开会前之外交形势》，《申报》1932年12月20日，第3版。
③ 「三大使意見具申」（1931年11月24日）Ref. B02030394300（第12画像目から）JACAR（アジア歴史資料センター）。

为不利。

总之，赴东亚之前的国联调查团组建过程，尤其关于人数确定、来源国设定、具体代表遴选与派遣等环节，都深刻证明了调查团是国联意志、大国意志以及当事国意志融合的结果，并影响了调查团赴东亚之后的调查活动和调查结论。

九一八事变到太平洋战争前关东军对苏战略概述

郭循春[*]

1919年4月，原敬内阁为抑制军权，实行殖民机构的军政分离政策，将关东都督府分离为"关东厅"和关东军，所以"关东军"作为一个名词出现，更多是日本内政所致。在军事性质方面，关东军与此前的关东都督府陆军部下辖的驻扎师团和独立守备队并没有明显的区别，根据关东军司令部条令第一条规定，其任务是"防卫关东州并保护满洲铁路"。但军政分离也带来了另一个结果，即关东军不受"关东厅"长官管辖，脱离于内阁而完全归于统帅系统，这为后来关东军的独立行动创造了制度空间。20世纪20年代，关东军在陆军高层的授意下，先后秘密参与了第二次直奉战争、郭奉战争、冯奉战争。随着一次次对华干涉，关东军战略独立性增强，先是制造了皇姑屯事件企图趁乱侵占中国东北，失败后又发动九一八事变，达成了其在皇姑屯事件中未达成的目标。

围绕关东军战略的研究成果貌似不少，实际不多。国内学界的研究集中在关东军与九一八、关东军侵华暴行、关东军与满铁、关东军的失败等方面，少有针对关东军自身战略的论述。战后日本学界针对关东军的专著只有四部，其余皆为通俗读物，其他学术成果多以论文方式呈现出关东军的某个侧面，少有学者分析关东军整体战略。[①] 本文拟利用最新公布的陆军

---

[*] 郭循春，南开大学日本研究院副教授。

[①] 史丁：《日本关东军侵华史》南京出版传媒集团，2019；島田俊彦『関東軍』講談社、2005；林三郎『関東軍と極東ソ連軍：ある対ソ情報参謀の覚書』芙蓉書房、1974；中山隆志『関東軍』講談社、2000；小林英夫『関東軍とは何だったのか』KADOKAWA出版社、2015。

省档案及时人回忆,介绍并分析关东军在九一八事变至太平洋战争期间的军事战略。

一 九一八事变至华北事变期间关东军的战略规划

日俄战争结束初期,日本陆军依然将对俄作战当作主要的战略目标。为此,参谋本部授命田中义一中佐在1906年起草了以对俄国作战为主要内容的"明治三十九年日本帝国陆军作战计划",要求"日军战略着眼点应在于铁路的建设和资材的储备,抢在俄国前面完成相关准备工作,趁俄国力量分散在纵深线上时,先行攻击,占领哈尔滨,其后部队主力东进,联合海军进行乌苏里作战。战争爆发前,应尽力修建长春—吉林—珲春铁路线,以防备中东路从北边受到俄国威胁。另外还需注意俄国有可能修建从库伦到张家口甚至到保定的铁路,与中国合作威胁日本侧后"。① 从这个作战计划草案可以看出参谋本部在对俄战略中的三个考量:(1)战前修路备战;(2)防止俄国经内蒙古南下河北;(3)战时以东部为主战场,取东攻西守之策。这三点内容深刻影响了后来关东军在东三省的战略规划。

但是从1907年开始,欧洲战略格局深刻影响了东亚。俄国注意力向西,与日签订三回"日俄密约",日俄开战可能性骤降。其后一战爆发,俄国不仅无力对东亚作战,还要在武器、资金方面求助日本。十月革命进一步削弱了俄国对日威胁,使日俄之间爆发战争的可能性进一步降低。出兵西伯利亚期间,日本陆军认为苏俄战力顶多只有中国军的水平,再加上东西伯利亚地区政治形势混乱,使日军在制定对俄战略时更加自信,一度改变了1906年以来的战略规划,认为可较为容易地占领乌苏里地区,因此要求主力军在哈尔滨会战后不再向乌苏里进军,而是"向满洲里集结,寻找俄军主力,采取攻势作战,向后贝加尔地区挺进"。② 进入20世纪20年代,这一战略被沿用,尤其是随着四平—洮南铁路线的开通(1923年)以及长春—

---

① 防衛庁防衛研究所戦史室『関東軍〈1〉対ソ戦備・ノモンハン事件』朝雲新聞社、1969、57-59頁。

② 『関東軍〈1〉対ソ戦備・ノモンハン事件』61頁。

大赉铁路线的拟开通，日军进一步增强了向满铁以西运送部队的能力，对俄进行西部作战的战略规划进一步明确。① 另一方面，随着日苏建交，日军认为短期内对苏开战的可能性比较小，所以关东军把对苏备战视为远期目标，以修建铁路为实现这一远期目标的前期准备。在与中国交涉铁路问题的同时，陆军将战略考量转移到侵华作战上，在这个"大战略"之下，关东军更多关注的是中国军阀混战是否会影响到"南满洲问题"以及如何将"满蒙"从中国分离出去。因此关东军先后参与了与奉系相关的一系列战争，并在1928年制造了皇姑屯事件。自皇姑屯事件开始，分裂并侵占"满蒙"的战略在关东军内便完全成形，而1929年的中东路事件重新激发了关东军对苏备战战略，将苏联因素纳入关东军对华战略中，进一步加快了其侵占"满蒙"计划的实施，直至九一八事变发生。

九一八事变爆发后，参谋本部考虑到苏联出兵干涉，将造成日本同时对苏、对中作战的局面，为此在1931年11月联合关东军制定了《对苏中时局作战计划大纲》（参谋本部作战课河边虎四郎中佐草拟）。该作战计划大纲假定苏联将在开战后100天内向远东派遣20个师、中国将在华北布置27万兵力，当此局面，日军将迅速占领呼伦贝尔、辽西和乌苏里地区，然后向大兴安岭集中主力强行与苏军进行第一期会战。具体而言，作战纲领包括以下几个方面：（1）关东军以三个师团兵力平定南满，同时派遣一个师团和一个骑兵旅团"进驻"呼伦贝尔地区；（2）派遣两个师团占领乌苏里地区并溯黑龙江而上进攻海兰泡，以策应大兴安岭主战场；（3）驻朝鲜第19师团占领珲春地区后西进占领哈尔滨以东中东路；（4）对华作战方面，固守天津的同时，派遣4个师团在渤海湾登陆入侵京津地区；（5）在大兴安岭东部集中5~6个师团的主力，对苏军采取攻势作战。② 参谋本部和关东军基于两个条件制定了上述战略：第一，四平—洮南铁路线已经向北延伸至昂昂溪（齐齐哈尔），向西经过索伦至海拉尔线路的建设也在快速推进中，这就打开了关东军"西进"的通道；第二，苏军在乌苏里地区驻兵力

---

① 『第1卷・第1篇/第2章　満洲事変以前の対ソ作戦計画』（防衛省防衛研究所）JACAR（アジア歴史資料センター）Ref. C13010000600。

② 『関東軍〈1〉対ソ戦備・ノモンハン事件』98頁。

量薄弱。从这些内容可以看出，该战略延续了20世纪20年代的战略基干，参谋本部和关东军依然没有把乌苏里地区看作重要战场，而视为易于获取的地方，同时准备以6个师团不足15万人对抗苏军20个师约25万人，也说明其并未重视苏军的战斗力。但是此时关东军毕竟以肃清东三省反日力量为主要任务，所以实际上还是决定在不遭受进攻的情况下，对苏联采取防守策略。1932年伪满洲国建立后，参谋本部向关东军下达命令，"关东军在向珲春—牡丹江—三姓—墨尔根—大兴安岭一线以外出动的时候，须先向参谋本部报批"，[①] 等于限制了此时关东军的活动范围，确定了向北、向东、向西对苏联的不主动进攻姿态。所以在1932年日军进入黑龙江东部以后，即便双方在"满"苏边界线上有过小摩擦，也未产生大的冲突。关东军一方面避免在北满地区与苏联发生冲突，一方面对中国军则主动进攻。1933年初，关东军侵入热河并进逼察哈尔。这一战略固然包含逼迫国民政府承认伪满洲国、镇压抗日力量、建立伪满洲国缓冲区的目的，但是同时也是对苏作战的一种前期准备，即防止苏联通过蒙古南下经张家口从西部对关东军构成威胁——这正是日军早在1906年对俄作战计划中已经考虑过的战略。

1932年至1933年间，关东军在上述战略指引下，不断巩固在东三省的统治势力，但是随着苏联在东西伯利亚军事力量的增强，其对苏战略发生了重大转变。苏联在1933年完成了第一个五年计划，工业力量大幅度提升。从1933年下半年开始，苏联向远东急速增派军队，先后向乌苏里地区沿海州增派了4~5个师，达到23万人，向阿莫尔州和后贝加尔地区各增派了2个师。1934年夏季，苏联在伪满洲国的东部、北部、西部均有两三倍于日本的兵力。[②] 同时，苏军还增强了该地区的航空部队、装甲部队、远程自行火炮部队的力量，加强了乌苏里地区的防御工事。除此之外，苏联还开始推进卡雷姆斯科耶—哈巴罗夫斯克—海参崴之间的铁路复线建设，以增强运输能力。而这一时期日本全国现役部队还不足30万人，其中布置在朝鲜

---

① 『関東軍〈1〉対ソ戦備・ノモンハン事件』104頁。
② 『第1巻・第1篇/第3章　1932年乃至1936年頃の対ソ作戦計画』（防衛省防衛研究所）JACAR（アジア歴史資料センター）Ref. C13010000700。

和中国的也只有 8 万人，空军与重火力部队更不足以与苏联抗衡，阵地建筑规模也远远不足。这种对比令关东军惊恐，当时关东军作战主任参谋河边虎四郎在他的日记中写道："开战初期想要用关东军作为前锋，到底能否胜任令人担心，以前计划向沿海州进军能实现吗？更有可能会被敌人碾压。更何况在北面和西面，日本的状态更加破绽重重，战时恐将陷入无法收拾的局面。"① 由于上述原因，关东军在 1935 年较大规模地修改了此前的对苏作战纲领。其在要求中央向关东军增派兵力的同时，将过去拟定的主战场由西部改为东部，设定了两期作战计划。第一期作战拟定开战后一个半月内集中 11 个师团分别从海参崴东部海岸、朝鲜北部、绥芬河东部国境线进攻乌苏里地区，在北面黑河附近以一个师团兵力牵制可能增派的苏军以辅助东部战场。第二期作战拟定在东部战场取得胜利后派遣主力前往西部满洲里附近，与苏军后续增援部队决战，并向后贝加尔地区进军。② 从这个作战计划可以明显看出关东军对苏作战重心已经转向东部乌苏里地区，为了达成这个目标并弥补日军兵力不足的缺点，只能加紧修建铁路来提高运输效率，以快速移动的少数兵力应对苏军。所以从 1935 年开始，关东军在吉林和黑龙江东部开始增设图们—汪清—东宁线、林口—虎林线、辑安—通化—梅河口线，以期战时增强兵力。

但是日苏之间的军事力量差距以不可扭转的趋势发展，关东军预计苏军在战时可以向远东投入 150 万兵力，而日本最多只有 30 个师团与之对抗。同时，苏军在乌苏里的空军力量已经发展到了足以轰炸日本本土的程度，这令日本极为担忧并再次调整军事战略。1936 年 6 月，日本第三次修改国防方针，要求"有事之际，制敌先机，增强初期作战的威力，迅速达成战争目的，另外，将来的战争发展为长期战的可能性很大，对此，有必要做好觉悟和准备"。③ 在作战纲领中，针对苏联，要求"迅速击破乌苏里方面的苏军，尤其是其航空力量，与海军协同占领海参崴，然后转向阿莫尔州

---

① 『関東軍〈1〉対ソ戦備・ノモンハン事件』252 頁。
② 『第 1 巻・第 1 篇/第 3 章　1932 年乃至 1936 年頃の対ソ作戦計画』（防衛省防衛研究所）JACAR（アジア歴史資料センター）Ref. C13010000700。
③ JACAR（アジア歴史資料センター）Ref. C14061005100『帝国国防方針』（防衛省防衛研究所）。

和大兴安岭,向后贝加尔地区推进"。这里延续了过去从东向西的作战战略,但是突出强调了对乌苏里地区苏军"速战速决"的要求,尤其强调对其航空力量的摧毁。在新的国防方针指引下,关东军在1936年底制定了针对苏联的《昭和十二年度作战计划纲领》,内容包括:(1)对东部乌苏里地区取攻势作战,以航空歼灭为主导,以地面部队确保东部国境线战略要点,掩护主力集中进攻南部沿海州,寻求歼灭远东苏军主力,速战速决;(2)东部战事期间,在北面和西面做持久作战准备;(3)东部战事结束后主力向北或向西转移,消灭进入"满洲"内的苏军,在大兴安岭—呼伦贝尔一线坚持持久作战,最不利的情况下也要确保大兴安岭一线。① 相较于1935年,这一作战计划强调了航空作战的重要性,进一步明确了战时"东攻西守",东部"速战速决"、西部"长期作战"的方针,不再期望向后贝加尔地区进军。实际上,军部任何决策者都明白,日本无论如何都不是苏联的对手,在任何情况下都不应该主动挑衅发起战端,所能依赖者,唯有在外交上使德国在欧洲形成对苏联的牵制。就是在这样的心理背景和战略计划之下,日本发动了全面侵华战争。

二 从七七事变到诺门坎事件

七七事变的爆发,使陆军中央必须考虑同时对华、对苏作战的可能性,陆军中央部门因之制定了《昭和十三年度帝国陆军作战计划暂定纲领》。参谋本部首先假设对华作战的过程中苏联会参战,在这样的情况下日军就要放弃在华中的作战,同时确保华北的战略要线,以掩护对苏作战的后背,同时要求在华作战的主力部队转向对"满洲"苏军作战(但是后来把放弃华中修改为以三个师团确保对上海地区的占领)。从这个核心要求可以看出,日军中枢对日苏作战的重视程度远超日中作战,宁可放弃中国战场也要保证对苏作战力量。在这个方针之下,在此前制定的《昭和十

---

① 『関東軍〈1〉対ソ戦備・ノモンハン事件』262–267 頁。

二年度作战计划纲领》①的基础上，进一步细化了关东军对苏作战纲领，要求开战时将关东军兵力增加至 25 个师团，另外将大本营 5 个师团作为对苏作战的机动师团随时接受调遣。作战分为三期，第一期主要为调兵、空袭乌苏里苏军基地；第二期要求 10 个师团占领乌苏里地区，4 个师团在黑龙江方面配合乌苏里战线，3 个师团进入大兴安岭以西占领部分据点，迎接战争第三期的到来，做持久作战之准备；第三期，转入第三期时如果在结冰期，就将主力调往黑龙江战线，如果在非结冰期，就将主力调往大兴安岭以西，击破苏军主力。② 不难看出，这一方案与此前数年的作战计划相比并没有太大的区别，参谋本部和关东军的对苏战略似乎只剩下这一种方式。但是此时苏军在远东依然在不断增加乌苏里地区的堡垒防御设施和防御性火炮力量、黑龙江地区的铁路运输力量、后贝加尔地区的军事机械化水平，使苏军可以无须顾虑哪一面防守、哪一面进攻的问题，可以放手发动对关东军的全面进攻。在这样的背景下，参谋本部和关东军不得不考虑"东攻西守"这一传统方案的不足，因而在 1938 年又制订了所谓"八号作战计划"作为备选战略。③ 该计划分为两个方案，甲方案计划战时同时向东部乌苏里地区和北部黑龙江地区进行攻势作战，切断西伯利亚大铁路的黑龙江段，在孤立乌苏里地区的苏军的同时，吸引哈巴罗夫斯克和后贝加尔地区的苏军；乙方案考虑苏联利用机械化部队在西部平坦地形上大规模推进的可能性，因而将大兴安岭以西地区作为主战场，采取攻势作战，完全颠覆了过去的计划。这一大胆而颠覆性的计划由于参谋本部和关东军参谋部制订该计划的人员调动未能被贯彻下来，传统的"东攻西守"战略依然是关东军的主体战略。

上述各种作战计划，都是以苏军主动发起战争为前提的，也就是说，陆军中央并不鼓励关东军在没有受到挑衅的前提下与苏军开战。正因如此，对于具有争议的边境地区，关东军和朝鲜驻军司令部将具有争议的边境地

---

① 『第 1 卷・第 1 篇/第 4 章　1937 年乃至 1940 年頃の対ソ作戦計画 (1)』(防衛省防衛研究所) JACAR (アジア歴史資料センター) Ref. C13010000800。
② 『関東軍〈1〉対ソ戦備・ノモンハン事件』274 – 278 頁。
③ 『第 1 卷・第 1 篇/第 5 章　8 号作戦計画』(防衛省防衛研究所) JACAR (アジア歴史資料センター) Ref. C13010001000。

区地图涂上斜线，禁止日军前往具有争议的边境地区。然而，关东军领兵将领和一线作战人员此时对于对苏作战斗志高昂，并不惧怕与苏联之间的战争，这引起了与苏联之间的诸多纠纷，也暴露了现地部队同中央之间的矛盾，更加影响了其后关东军对苏备战战略的走向。受苏联"肃反运动"的影响，远东地区的苏军将领在发展地区军事力量的同时，从1935年起不时在苏"满"边境附近制造一些摩擦以保证自己不被"清洗"。根据统计，双方在1935年发生摩擦176次，1936年152次，1937年113次，1938年166次，1939年195次。① 其中最具代表性的就是干岔子岛事件。1937年6月19日，苏联军队强占了黑龙江上的王阿木河岛和干岔子岛。关东军将此事报告给陆军中央。6月24日，参谋本部告知关东军此事对将来影响重大，要求其采取措施恢复原来的边境线。关东军遂命令驻扎在齐齐哈尔的第1师团做出兵准备，同时将飞行第11连队的主力以及飞行第10连队的一个中队秘密派往北安机场。但是6月29日参谋本部突然要求关东军停止出兵，其原因是当时参谋本部第一部部长石原莞尔看到苏联军队中止了夏季例行的野营演习并向干岔子岛地区派遣了军队，害怕发生大规模的冲突，所以说服参谋次长今井清放弃出兵。而且此时日本与苏联已经展开了外交方面的交涉，苏联已经同意撤退当地集结的部队和舰艇。但是第1师团在得到了关东军的命令之后，就立刻派人前往干岔子岛附近，准备夺回该岛。就在关东军司令部命令关东军停止出兵的时候，苏联的两艘舰艇侵入干岔子岛以南的航道，并且对附近的日本军队进行射击。日军反击击沉了一艘苏军舰艇，但是随后两军得到中央停止开战的命令，保持了冷静的态度，未造成事态的扩大。② 这一事件说明关东军现地部队虽然鉴于中央的命令未主动挑起战争，但也并不惧怕与苏联开战。根据辻政信后来的回忆，这件事发生之后，关东军参谋部内的幕僚都开始嘲笑和责备平常很强硬的东条英机在这一事件中软弱的态度，并不满于中央部门急速变化的对苏方针，指责其扰乱了当地军队的作战计划。关东军现地部队对苏态度强硬，反感中央

---

① 『関東軍〈1〉対ソ戦備・ノモンハン事件』314頁。
② 『関東軍〈1〉対ソ戦備・ノモンハン事件』329－332頁。

部门的"软弱"政策,这一态度在张鼓峰事件中再次表现出来。张鼓峰位于珲春一带,平时的防务是由朝鲜军方负责的,但是由于地理原因,关东军也被卷入此事当中。1937 年 7 月 9 日,苏联士兵进入张鼓峰一带并修筑工事,驻扎在朝鲜北部的第 19 师团得到消息后战斗欲望高涨,认为第 19 师团自建立以来就没有打过仗,既然担任对苏作战的先锋,自然应该趁这个机会出动为将来做战争准备。大本营方面则认为不应该抑制第 19 师团高涨的战争热情,而且判断即便发生冲突苏军也不会将之扩大化,相信通过打击苏联军可以在一定程度上抑制多发的不法越境事件,所以同意了第 19 师团的出击。与此同时,正在进行武汉会战的大本营也不希望扩大冲突,因而要求第 19 师团不能用飞机和装甲部队,不能越境追击苏军。这就限制了日军战斗力的发挥,使日军在面对苏联的飞机和坦克时,只能保持防守姿态。战争从 7 月底持续到 8 月 10 日,第 19 师团未能在战争中占据实际优势。在战争期间,关东军要求中央和朝鲜军应该对苏态度强硬,同时强化了"满"苏东部边境线的战备,将第 2 师团、第 4 师团、第 8 师团、第 12 师团分别向边境推进,将第 1 师团向黑龙江江岸靠近,命令驻扎在齐齐哈尔的第 7 师团随时准备向西部边境开进。大本营认可了关东军的态度,并把在大连登陆的第 104 师团调到关东军手下,向珲春附近推进。由于 8 月 10 日日本和苏联签订停战协定,关东军未能实际进入战场。但是战争结束后,关东军向大本营要求对苏强硬。当时担任关东军作战参谋的辻政信在其回忆著作《诺门坎》中表示,张鼓峰事件发生时关东军的策略是"既不侵略,也不能被侵略",而中央的策略是"即使被侵略也不动用武力",如果张鼓峰事件发生的时候,能对苏联进行彻底的打击,恐怕就不会发生诺门坎事件,指责"中央采取软弱的政策,在敌前陷入消极,反而诱发了新的事件",称赞"关东军自上而下所秉持的信条就是,虽说只有苏联三分之一的实力,但是以来者必斩的威严态度防备之,这样才能保持北边的平静"。① 事件结束之后,苏联进一步加固了张鼓峰和东部地区防御设施,令日本认识到未来对苏开战的话,几乎不可能在

---

① 『関東軍〈1〉対ソ戦備・ノモンハン事件』416 頁。

东部占到便宜了。

正是在张鼓峰事件的"刺激"和上述态度的影响下,"满"苏西部边境发生了诺门坎事件。诺门坎战役爆发之前,辻政信草拟了"满苏国境纷争处理要纲",内容包括:(1)坚持既不主动挑衅也不容忍挑衅的原则,一旦被侵犯就要进行彻底的膺惩,扼杀对方的野心;(2)苏蒙部队如敢越境就采取断然措施予以打击;(3)为战术上的需要,可越境作战;(4)国境线不明确的地方由防卫司令官自己认定国境线;(5)万一发生纷争要断然积极果敢地行动,行动后的结果由上级来处理。① 这一方针虽然要求"不主动挑衅",但实际上无异于鼓励边境日军对苏开战。关东军司令官植田谦吉同意了该方案,并在1939年4月25日向关东军发布了上述内容。西部、北部边境的治安,最初是交给伪满洲国军队来处理的。1938年夏天,驻扎在齐齐哈尔的第23师团曾收到大本营传来的命令,要求边境部队专心于搜集情报和练军,并研究对苏作战问题,不要因为小纠纷而发展出大的冲突。但1939年4月该师团却收到了关东军司令部发来的国境纷争处理要纲,获得了强硬处理边界纠纷的命令。另一方面,苏联面对西欧即将爆发的战争,想要在东部通过打击日本来创造一个安定的环境。日本此时面临天津租界对英交涉问题、强化"日德防共协定"的问题,所以中央没有足够的空闲去处理边境事务,导致关东军在边境事务上有了更大的发言权。如此,关东军和苏联都是带着求战的心态进入这场战争的。在战略上,关东军认为苏军此时的战略机动能力有限,难以向海拉尔以东出动较大规模的部队,因此一个日军师团(第23师团)就足以应对西部边境的摩擦。在这种战略判断下,当1939年5月外蒙古军队多次进入哈拉哈河东部,第23师团数次派小规模部队前往作战,并在空军力量的帮助下(实行了越境轰炸)取得了一定战果。此时陆军中央对关东军的作战方法并没有提出异议。5月下旬,日苏部队发生直接冲突(第一次诺门坎事件),两军各有损伤,苏军退回哈拉哈河左岸,冲突表面上以日军的胜利告终。事后苏联转派朱可夫担任苏军第57军团司令,总结失败经验,扩大军事力量,准

---

① 『関東軍〈1〉対ソ戦備・ノモンハン事件』424 頁。

备再次发动进攻。但是日本大本营这时候制定了《诺门坎国境事件处理要纲》，原则上要求关东军"对苏蒙军队进行果断一击之后速速撤退，为防止事件扩大禁止越境攻击"，关东军自身在 6 月初也不积极对苏作战。所以在 6 月 17 日苏军再次跨过哈拉哈河（第二次诺门坎事件）的时候，关东军内部围绕是否大规模迎战发生分歧，最终还是增派第 7 师团部分兵力与第 23 师团联合迎战，大本营经过讨论追认了关东军的战略。战争开始后，作战部队没有顾虑中央不允许越境作战的限制，对哈拉哈河西岸的苏蒙军基地进行了轰炸，战争随之扩大，同时也扩大了关东军和参谋本部的分歧。在整个 7 月份的战斗过程中，关东军和参谋本部都在争论对苏作战是否应该有所限制的问题，参谋本部多次命令关东军划定作战范围，减少积极进攻甚至撤出战场，都没有被关东军执行。① 进入 8 月份，关东军甚至不再向大本营汇报作战信息，诺门坎之战随之成为关东军单独进行的一场战争。8 月中下旬，苏军步、炮、车协同推进，关东军在哈拉哈河右岸阵地被陆续占领，随后又进行战术性撤退，拟集结力量重新反攻，直到 9 月 6 日两次得到天皇停止作战的命令，关东军在实际上输掉了战争。

  诺门坎之战对日本自上而下都造成了极大的冲击。在意识层面，使日本的"恐苏"思想再次出现，以致到了苏德战争爆发松冈洋右极力主张对苏开战时，陆军坚持除非苏联在远东的军事力量削减一半才敢开战。② 在国家战略层面给日本当时的"南进北进"之争画上了句号，使日本不敢轻谈对苏开战的问题，"南进"成为最后的国策方向。对关东军来说影响更大。首先，大本营更换了诺门坎事件过程中关东军高层的所有将领，消除了关东军与中央之间的对立，使此后关东军放弃了自九一八事变以来"独走"的策略。其次，这次失败使关东军从精神上放弃了过去的对苏积极作战战略，但为防备苏联的进攻又必须从战法、训练、编制、装备方面提升自己，所以"保持北边安宁"与"充实战力"成为关东军接下来最主要的战略任务。

---

① 『関東軍〈1〉対ソ戦備・ノモンハン事件』580－583 頁。
② 軍事史学会編『大本営陸軍部戦争指導班　機密戦争日誌』錦正社、2008、128 頁。

三 太平洋战争爆发前关东军的战略

诺门坎事件后履新的关东军领导团体不再像以往的关东军领导人那样与中央对立，使得接下来关东军的战略从未越出中央的指导范围。诺门坎事件尚未完全结束的9月7日，大本营命令原在山西负责治安战的第一军总司令梅津美治郎接替植田谦吉担任关东军司令，同时安排原陆军大学校长饭村穰代替矶谷廉介担任参谋长，任命原本隶属于参谋本部的远藤三郎、有末次、中山源夫等人到关东军参谋部代替矢野音三郎、服部卓四郎、辻政信等对苏强硬派。按照惯例，九一八事变之后的关东军司令官一般是由现役陆军大将中年龄最大的人来担任，但是梅津美治郎这个时候只是中将，陆军中央越过20多个更有资格的大将破格提拔他来担任关东军司令，就是因为可以通过控制资历较浅的梅津美治郎来消除关东军与中央的对立。① 新任的饭村穰是一个更了解战史、理论知识丰富的学者型军人，远藤三郎等人出身于参谋本部作战课，都是便于中央直接管理和沟通的幕僚。此外，9月10日，大本营临时调派今村均为司令官的第5师团归于关东军麾下（11月被调往广西），以防止参加诺门坎战役的第23师团和第7师团不受管束。一系列的人事调动消除了关东军在战略上独立于中央的可能性，这在接下来制订1940年作战计划的过程中体现了出来。

按照惯例，参谋本部在每年秋季制订第二年的作战计划，新计划得到作为统帅的天皇的许可后传达给关东军，关东军在参谋本部作战计划的基础上制订出更加详细的作战计划。由于诺门坎事件的影响，履新的梅津美治郎、远藤三郎等人认为"与中国的战争尚在继续，在解决对华作战之前不应该再挑起与第三国之间的战争。如果真正对苏联开战的话，应该停止之前所设定的在东部方面发动进攻的作战战略，而应该利用东部地区多沼泽、山地的地形修筑坚固的防御性阵地进行防御性作战。而且诺门坎事件

---

① 上法快男编『最後の参謀総長梅津美治郎』芙蓉書房、1976、367頁。

进一步说明关东军没有能力对苏联采取攻击性作战"。① 这一作战计划说明了诺门坎事件对关东军战略思维的影响。不主动与苏联构衅当然是日本自上而下的共识，但对于一旦开战后的作战计划，参谋本部没有采纳其建议，原因有二：第一，如果采取防守策略，就会导致沿海州的苏联空军空袭日本时，关东军无法快速对苏作战；第二，如果改为防守作战的话，那么过去几年为攻击作战所准备的设施、道路、通信等都要做出重大改变，且建设新设施需要耗费好几年的时间。原本支持改变作战策略的梅津美治郎在得到中央的上述指示后未再做更多解释，而是表示会坚决执行参谋本部的决议。② 如此便在1939年底制订了1940年的作战计划。该作战计划与过去数年间的作战计划并无太大的区别，依然将战略目标设定为在东部击破苏军，在西部确保大兴安岭西麓至呼伦贝尔一线之间的主动权。在作战方针上，依然分为两期作战。第一期包括以下方面。（1）要求开战之初在东部和北部战场击破苏联空军力量。以往对于北部战场未进行空袭规划，此次规划说明随着苏军飞机作战半径的扩大，日本对苏军航空力量顾虑加深。（2）对东部地区苏军以20个师团从伪满境内进行三面攻击。（3）对北部战场在早期航空轰炸后，坚持持久作战战略，派遣4个师团阻止苏军跨过黑龙江。（4）在西部以4个师团为主力，确保对大兴安岭以西平原地带的占领，切断满洲里到海拉尔的交通线，将苏军拖延在大兴安岭以西，坚持持久战。第二期作战计划和过去一样，将东部主力转向北部或西部（根据苏军动向决定到底向何方转移），最终投入兵力扩大为43个师团。③ 这一点相比较于过去作战规划中准备投入25个师团有较大的变化。因为作战计划整体变化不大，所以1940年关东军并没有大规模的部队调整，只是鉴于诺门坎事件以及苏军空军力量的发展，进一步加强了航空作战力量，在边境地区建设了更多的机场、修建了更多的防御工事。

进入1940年，德国占领法国，英国局势不容乐观，使得日本大本营进

---

① 『最後の参謀総長梅津美治郎』367頁。
② 『最後の参謀総長梅津美治郎』369頁。
③ 『第1巻・第1篇/第4章 1937年乃至1940年頃の対ソ作戦計画（1）』（防衛省防衛研究所）JACAR（アジア歴史資料センター）Ref. C13010000800。

一步考虑结束中国战局并向南方迈进。在这一背景下，大本营政府联络会议在7月27日制定了《世界情势推移相伴随的时局处理要纲》，讨论了处理侵华战争和"南进"问题，对苏问题则强调进行更多的外交交涉。所以在1940年关东军只是默默地推进对苏战备，并未出现惹人注目的战略行动，一直到苏德战争爆发。

1941年6月德国进攻苏联，令日本震惊，对苏开战与否再次成为大本营的焦点问题。经过讨论，陆军内部提出"熟柿主义"，主张苏德战争出结果之后再根据结果决定具体行动。7月2日的御前会议通过了陆海军制定的《国策要纲》，同意"熟柿主义"，要求"虽以三国枢轴的精神为基调，但暂时不介入苏德战争，此时当秘密地进行武力的整备，采取自主的处理方法。苏德战争如果朝着有利于帝国的方向发展，就以武力解决北方问题以确保北方的安定"。① 在这一精神指导之下，7月7日大本营陆军部向关东军下发了第506号命令，② 要求"隐匿作战目的，集中各部队实行关东军特别演习"，这就是所谓的"关特演"。"关特演"表面上是一次特别演习，实际上是一次关东军军备增强活动。通过"关特演"，关东军人数增加到74万人（主要是兵站力量，野战军力只增加了两个师团），储备弹药足够18个师团进行两次大会战，粮秣足够16个师团使用2个月，燃料足够16个师团使用5个月，临时铁轨总长150公里，冬营用建筑材料76万吨，同时提高了关东军各铁路沿线兵站的储备能力。③

尽管大本营下了很大的力气增强关东军战备力量，但是对于能否实际上主动对苏作战，大本营并没有信心。就在"关特演"刚开始的7月中旬，大本营作战课就曾做出情势判断，认为"从兵力来考虑，很难同时南北两线作战。虽然应该先处理北方问题，但是现在的准备并不充分，再加上凛冬将至，年内动武，非常困难。明年春天虽然可行，但唯恐形势有所不测，

---

① 『関東軍〈2〉関特演』9頁。
② 『第1巻・第1篇/第6章 1941年乃至1945年の対ソ作戦計画（1）』（防衛省防衛研究所）JACAR（アジア歴史資料センター）Ref. C13010001100。
③ 『関東軍〈2〉関特演』33頁；『第1巻・第1篇/第6章 1941年乃至1945年の対ソ作戦計画（1）』（防衛省防衛研究所）JACAR（アジア歴史資料センター）Ref. C13010001100。

现在只是有必要以年内动武为目标来制订作战计划"。① 其后按照过去惯例制订了并无新意的对苏进攻作战计划。随着苏德战争的发展，苏联并没有像日本预想的那样抽调大批部队去往欧洲战场。至 8 月上旬，大本营陆军部对苏情报课进一步做出"对苏情势判断"，认为"苏军年内不会丢掉莫斯科，德国的短期决战计划难以实现，战况发展将不会对德国方面有利"。② 此外，再加上此时陆军省战备课警告称军备燃料将只能支持 50 个师团对苏作战半年，而且即便作战成功也无法获得更多燃料补给，呼吁"南进"为打开局面的唯一道路。海军也积极呼吁对南方作战等因素的影响。因此，大本营终于在 8 月 9 日颁布了新的《帝国陆军作战要纲》，要求"在鲜满 16 个师团保持对苏联警戒，继续对中国战场的既定作战，11 月末开始对南方作战的准备"，等于正式宣告了"北进断念"。③ 随后日本将对苏问题交给外交官，主动向苏联提议尊重《日苏中立条约》。

从"关特演"到"北进断念"仅一个月的时间，但关东军仍然在这一个月的时间内增强了战备力量。但是随着太平洋战争的爆发，关东军不仅无力继续扩充力量、以现实为基础制订对苏作战计划，还逐渐成为南方战场的兵源地，战略野心、战斗意志、战斗力同时下降，最终走向战败。

结　语

九一八事变后将近两年的时间里，因为忙于稳定伪满境内治安，再加上远东苏军军事力量尚未扩增，所以关东军将自己的战略范围限定为大兴安岭以东、黑龙江以南、兴凯湖至珲春一线以西，在整体上采取防御性警备的战略。1934 年以后远东苏军力量增强，关东军对此极为不安，遂将在西部的作战范围扩大到大兴安岭以西，并决定在发生战争时采取"东攻西

---

① 『関東軍〈2〉関特演』38 頁；『第 1 巻・第 1 篇/第 6 章　1941 年乃至 1945 年の対ソ作戦計画（1）』（防衛省防衛研究所）JACAR（アジア歴史資料センター）Ref. C13010001100。
② 『関東軍〈2〉関特演』64 頁；『第 1 巻・第 1 篇/第 6 章　1941 年乃至 1945 年の対ソ作戦計画（1）』（防衛省防衛研究所）JACAR（アジア歴史資料センター）Ref. C13010001100。
③ 『関東軍〈2〉関特演』66 頁；『第 1 巻・第 1 篇/第 6 章　1941 年乃至 1945 年の対ソ作戦計画（1）』（防衛省防衛研究所）JACAR（アジア歴史資料センター）Ref. C13010001100。

守"的战略,这一战略至日本战败为止都没有发生整体上的变化。大本营、参谋本部虽然要求关东军不主动构衅于苏联,但自九一八事变开始就有一定战略独立性的关东军司令部与关东军一线部队并不惧怕与苏联之间的战争,最终引发了诺门坎事件。关东军在诺门坎事件中被苏军击败后,高层被大量替换,消除了与中央之间的对立,成为老老实实保持"北边安宁"的战略防守部队。即便在苏德战争爆发后,陆军中央也因忌惮苏军的力量,未对关东军的战略进行过大的调整。太平洋战争爆发后,关东军成为南方战线的兵源地,失去了过去在日军对外战略中的主体地位。

九一八事变后日本中国驻屯军的战略抉择与增兵企图[*]

郭 鑫[**]

引 言

日本"中国驻屯军"是依据1901年清政府与英、法、德、俄、美、日、奥、意八国被迫签订的《辛丑条约》组建成立,在中华民国成立后又适时地将"清国驻屯军"[①] 更名为"中国驻屯军"[②]。在司令部设在天津的日租界海光寺,驻屯军时常举行军事演习,不仅使天津人民担惊受怕,也严重干扰了天津人民的日常生活、工作。而且驻屯军士兵过于蛮横,经常因一些琐事殴打、残害中国人,威胁到了天津人民的人身安全。九一八事变之前,驻屯军就已经激起了天津人民的愤怒。[③] 九一八事变爆发后,驻屯军求战心切,借口天津人民的反日情绪,向陆军中央部请求增兵。驻屯军想要借此机会实现战略转向,牟取自己在日本陆军体系中的地位以及与关东军对抗的资本。

---

[*] 本文受国家社会科学基金一般项目"日本华北驻屯军研究(1901~1937)"(20BZS133)资助。
[**] 郭鑫,辽宁师范大学历史文化旅游学院副教授。
[①] 清国驻屯军初设的目的是"保护帝国公使馆、领事馆及帝国臣民"。下辖驻屯军司令部,守备队司令部,2个步兵大队,骑兵中队,野战炮兵大队,工兵队,第一、第二野战医院,兵器厂,宪兵队,军乐队。古野直也『天津軍司令部:1901-1937』国書刊行会、1989、62頁。
[②] 日文为"支那驻屯军",在本文论述中均为"中国驻屯军"。
[③] 例如,1928年8月的"租界分段站岗恫吓行人、日报记者极尽造谣能事"(《天津日军蓄意挑衅》,《民国日报》1928年5月30日,第4版)和1931年6月的"日兵在老车站刺伤邮差事件"(《日兵刺伤邮差事件》,《大公报》1928年8月7日,第7版)都在天津掀起了一波反日浪潮。

关东军发动的九一八事变严重刺激到中国驻屯军，驻屯军也想在中国的华北地区挑起事端、造成既成事实。然而军事力量有限的驻屯军无法达成压制当地中国守军，借此牟取更大权益的目的。驻屯军以参与对张学良作战为由向日本陆军中央请求增兵，但遭到了陆军中央的拒绝。同时期关东军侵占中国东北地区取得了较大进展，击败了马占山领导的黑龙江省军，并占领了齐齐哈尔。驻屯军急于参战的心态更为迫切，但兵力不足问题依然急需解决。驻屯军方面认为天津事变时指使便衣队与保安队作战，是因为并未直接参与战斗才未引起陆军中央的重视，便蓄谋发动了第二次天津事变，是由于考虑到如果直接与中国军队交战，陆军中央必将会慎重考虑驻屯军的增兵请求。通过密谋策划第二次天津事变，驻屯军不仅实现了增兵企图，而且还把中方战斗力较强的保安队彻底驱逐出天津地区，更有利于其日后武力占领天津。

国内外对日本中国驻屯军的相关研究颇丰，① 本文以九一八事变后日本中国驻屯军的增兵企图为主线，探究该时期中日关系，分析该时期远东格局，期待能够间接地反映出当时日本的对华政策及其对日后驻屯军挑起卢沟桥事变、日本发动全面侵华战争的影响。

一 挑衅东北军借机制造事端

九一八事变后，驻扎在天津的中国驻屯军表现异常活跃，② 当时国内外

---

① 相关研究成果众多，仅简要介绍如下。关于驻屯军的编制沿革问题，代表性的研究成果有：张洪祥的《七七事变前的日本华北驻屯军》（《历史教学》1982 年第 10 期，第 43~45 页）主要介绍了从 1901 年设立到 1937 年七七事变前驻屯军的由来、组织机构、人数和历任司令官姓名以及侵华罪行；古野直也的『天津軍司令部（1901-1937）』（国书刊行会，1989）详细介绍了驻屯军在该时期从事的具体任务、编制演变以及当时中国面临的国际形势；武星月的《日本华北驻屯军及其侵华行径》（《近代史研究》1990 年第 4 期，第 201~215 页）一文介绍了驻屯军的由来、编制、强化以及驻屯军在华北的侵略活动。关于驻屯军增兵与侵华政策的研究成果有：松崎昭一的「支那駐屯軍增强問題——2.26 事件処分と盧溝橋事件発生への視角」（『國學院雜誌』1995 年）强调"二二六事变"后日本军方对政府决策的影响力大增，间接导致日本军国主义抬头和其后卢沟桥事变的爆发；徐勇的《日本的华北扩军及其全面战争序幕》（《抗战史料研究》2012 年第 1 期，第 57~64 页）论述了 20 世纪 30 年代中期日本在中国华北大力扩军以及扩军的战略背景、扩军在其军制上的巨大变化、扩军同后来全面战争的关系等问题。

② 《世界晨报》报道称：（驻津日军）"已装置沙袋。……（十九日）起，宣布戒严，连日演习

的社会舆论已经意识到驻屯军想要效仿关东军，企图制造摩擦窃取在华权益。1931年10月8日，日本驻天津代理总领事田尻爱义密电外务大臣币原喜重郎时也明确指出，"驻屯军在收到九一八事变的通报后，为没有及时采取积极的行动响应关东军而感到惋惜，也对错失占领天津的机会而感到羞耻"。① 该密电当中还提及驻屯军于9月20日夜晚实施警戒，并计划在9月23日进行实炮射击演习，"令中外人士惊惧不已"的情况。②

9月25日，驻屯军司令官香椎浩平向其他列强在华司令官声明，断不能容忍"中方危害到日租界的居留民，这是在践踏驻屯军的威信"，③ 同时指出"会密切关注中国方面的态度，今后一旦发生兵变等（情况），不能确保不出动军队"。④ 自此驻屯军开始频繁刺探驻守在天津的东北军的情况，并寻找时机逼迫东北军与其发生争端。

10月10日下午，东北军第二军司令部卫队营的哨兵在营地前发现了两名形迹可疑的男子，经盘问检查获悉二人是身穿便衣的日本士兵。二人态度蛮横，双方闹得很不愉快。驻屯军却声称两名正常巡逻的宪兵无故遭到了中国士兵三四十人的殴打，还在第二天派一名参谋前往第二军司令部，向第二军司令兼河北省主席王树常提出了严重抗议。⑤ 王树常迫于无奈答应了日方提出的全部条件。驻屯军又要求将上述协议形成书面文字，王树常也被迫答应。

机关枪，并准备沙袋电网，以备拦阻交通，全市居民颇恐慌。（二十日）"（《津日军准备暴动》，《世界晨报》1931年9月22日，第1版）。《中央日报》报道称："本市日本驻屯军，自东省事件发生后，即将军需粮秣集中于海光寺驻屯军司令部，同时并由大连等地运来枪械子弹甚多，截至三十一日止，运津子弹已达一千五百三十一箱，枪枝七百二十只，均系由塘沽改装拖船驶至日租界码头卸下，故知者极少。海光寺，南市路口，东南城角一带，日军对防御工事已准备完成；惟因遭各国领事之反对，所有地雷、钢炮、机关枪等物，遂不得明目张胆之布置，然日军三五成群，梭巡于日租界内，则较往日为严，并时派浪人随处挑衅，希冀造成东省第二，则其居心尚堪问耶。"（《防御工事布置成功》，《中央日报》1931年11月7日，第7版）

① 外務省編『日本外交文書　滿洲事變』第1巻第2冊、外務省、1987、6頁。
② 『日本外交文書　滿洲事變』第1巻第2冊、6頁。
③ 『日本外交文書　滿洲事變』第1巻第2冊、6頁。
④ 『日本外交文書　滿洲事變』第1巻第2冊、6頁。
⑤ 驻屯军要求：（1）王树常向日方道歉；（2）在驻屯军参谋的见证下严惩犯人以及守卫营营长以下责任者；（3）向被殴打的日本士兵赔偿损失及医药费；（4）保证以后不会再发生类似事件。稲葉正夫等編『太平洋戦争への道　別巻　資料編』朝日新聞社、1963、141頁。

此次冲突迫使东北军第二军做出让步，使驻屯军认为王树常软弱可欺。11日晚，驻屯军参谋长武内俊二郎向参谋本部参谋次长二宫治重汇报了此次事件的经过，并提到"第二军司令部极为小心谨慎，极力避免因此事而引起事端"。① 驻屯军由此窥探到了东北军第二军的虚实，由此在下一阶段挑起事端有了"底气"。

另一方面，驻屯军司令官香椎浩平想要参与九一八事变的战斗，目的不仅是要解决兵力不足的问题，而且要获得陆军中央的授权与许可。10月11日，驻屯军参谋长武内俊二郎致电陆军参谋总长金谷范三，介绍"随着山海关方向的局势愈发险恶，当地的日本侨民前往守备队寻求避难。由于在本日（11日）形势曾一度紧张，领事馆指示撤走当地的日本侨民"。② 驻屯军希望陆军中央能授予其不经请示即自行决定对中国军队开战的权力，同时将战争的责任推卸给中国方面。因而特别在电报中提及"当山海关发生冲突时，驻屯军在天津的主力或许得与中国军队交战，这种情况完全是突发的，事前来不及请示，希望提前给予许可。而且此时发生破坏北平、天津地方和平的事件，责任全在中国方面，驻屯军需要迅速将中国方面的责任通报给各国驻军"。③

而陆军大臣南次郎和参谋总长金谷范三同属于陆军派系中的"宇垣派"④，支持内阁主张的"不扩大方针"。因此陆军中央在驻屯军增兵问题上立场一致，既不同意增加驻屯军兵力，也不同意驻屯军擅自行动。陆军大臣南次郎回电指示驻屯军司令官香椎浩平，"鉴于目前国内外的形势，贵军采取行动时一定要极其慎重，尤其是面临重大的时机，贵军的新谋划一定要经过中央承认才能实施"。⑤ 随后金谷范三也致电香椎浩平，指示"贵军为应对目前的形势提出直接增加现有的兵力，可是只要适当地安排贵官麾

---

① 稲葉正夫等編『太平洋戦争への道　別巻　資料編』141頁。
② 稲葉正夫等編『太平洋戦争への道　別巻　資料編』141頁。
③ 稲葉正夫等編『太平洋戦争への道　別巻　資料編』141頁。
④ 宇垣一成担任日本陆军大臣时形成的陆军"改革派"势力，主张实现"军备现代化"。1931年荒木贞夫担任陆军大臣前该派系长期在陆军中央部处于优势地位，其主要成员后来逐渐演进为"统制派"。川田稔：《日本陆军的轨迹（1931~1945）——永田铁山的构想及其支脉》，韦平和译，社会科学文献出版社，2015。
⑤ 稲葉正夫等編『太平洋戦争への道　別巻　資料編』139頁。

下的部队就能完成任务。一旦在山海关附近突发事变,将会与海军方面协商,要求海军出动舰艇、飞机提供协助"。① 以"宇垣派"为核心的陆军中央担心驻屯军"不受控制",因而拒绝了驻屯军的请求并限制了驻屯军的行动。

香椎浩平不甘心屈服于陆军中央的决定,转而联系关东军方面。10月中旬,驻屯军司令官香椎浩平致电关东军司令官本庄繁,强调关东军"对张学良的败退不可以掉以轻心。为了更加容易地解决满蒙问题,不仅要在满蒙地区消灭原有的旧东北军阀,而且要尽快摧毁张学良在河北的势力"。② 驻屯军司令官香椎浩平力图让关东军意识到有必要消除张学良在华北地区的势力,而这一行动的开展需要驻屯军发挥"积极作用"。而关东军司令官本庄繁也想借机插手华北事务,遂决定派遣土肥原大佐前往天津支援实力较弱的驻屯军,或利用韩复榘等人,或使用各种谋略搅乱京津地区。③

10月14日,金谷范三致电关东军司令部,提出"在山海关方面发生突发事件很难得到海军的协助,该突发事件由天津军自行处理。但关东军司令官需做好出动飞机支援天津军的准备"。④ 金谷范三的建议,为关东军干涉华北问题提供了极好的借口。关东军于10月20日制定颁布的《形势判断》强调:"形势的发展有利于我方,关东军应采取更持久的策略进一步推动华北及北满形势的好转,以彻底实现既定方针。"《形势判断》要领中指出,"眼下最要紧的事情是促成华北张学良政权的崩溃,关东军为此应在华北设置强有力的机构",因而决定起用土肥原贤二前往天津密谋相关事项。如若"华北的日中两军发生冲突,关东军为援助友军,将立即清剿锦州、山海关之张学良军队"。⑤ 10月27日,携带有相当数量的"谋略费"的土肥原贤二秘密前往天津。⑥ 此次赴天津除了支援驻屯军外,还负有诱使溥仪

---

① 稻叶正夫等编『太平洋戦争への道 别卷 資料編』140頁。
② 日本国際政治学会太平洋戦争原因研究部編『太平洋戦争への道』第2卷、朝日新聞社、1963、89頁。
③ 小林龍夫・島田俊彦編『現代史資料7 満洲事変』みすず書房、1964、208頁。
④ 小林龍夫・島田俊彦編『現代史資料7 満洲事変』211頁。
⑤ 小林龍夫・島田俊彦編『現代史資料7 満洲事変』223頁。
⑥ 小林龍夫・島田俊彦編『現代史資料7 満洲事変』232頁。

离开天津前往"满洲"①的秘密使命。

土肥原贤二在抵达天津后协助驻屯军召集浪人、联络失意军人,为发动暴乱做好准备。在土肥原贤二的建议下,驻屯军密谋在国际联盟理事会召开会议(11月16日)之前制造骚乱。驻屯军试图利用此事件扰乱天津治安,并以此为借口向陆军中央申请增兵。于是就有了11月8日天津事变的爆发。第一次天津事变结束后,日本驻天津总领事桑岛主计向外务大臣币原喜重郎汇报土肥原来津目的时,明确指出是"根据关东军军部的意图,为满洲独立(需要)立即带走宣统皇帝,以彻底摧毁张学良势力"。②

二 借助天津事变请求增兵

1931年11月8日晚10时半,两千多名武装便衣队成员在驻屯军的主导下集结于天津日租界海光寺③。11时左右,便衣队在驻屯军的掩护下分成三路从日租界冲出,然后向河北省政府、天津市政府以及公安局发起进攻。提前做好准备的保安队和警察立即展开反击,一时之间枪声大作,往日繁华的天津城瞬间陷入混乱状态。④驻屯军司令官香椎浩平在武装便衣队集结前一小时就下令让驻屯军做好了出发的准备,而后又以便衣队和保安队的交火地点靠近日租界为由,于当晚11时20分下达应急警备命令。驻屯军在占领了日租界的外围地区后,对外宣称此举是因便衣队与保安队在驻屯军阵地附近交火,不时有流弹飞入驻屯军阵地,直接影响到租界治安。⑤ 同日,驻屯军司令官香椎浩平声明,"此次在天津中国市街一带突然发生骚

---

① "满洲"在清初时指民族名称,清末更多指地理名称。列强侵入东北,将黑龙江、吉林、辽宁、内蒙古东部的广大地域称为"满洲",并以吉林长春划分为"北满""南满"(马伟:《"满洲":从族名到地名考》,《东北史地》2013年第3期,第62~67页)。
② 『日本外交文書 満洲事変』第1卷第2冊、80頁。
③ 该地是日本中国驻屯军司令部所在地。
④ 政协天津市文史资料研究委员会编《天津便衣队暴乱》,中国文史出版社,1987,第6页。
⑤ 「陸軍省調査班 事件経過と交渉の経緯」『昭和6年11月8日乃至26日 天津事件の概況 昭和6年12月2日(防衛省防衛研究所)』JACAR(アジア歴史資料センター)Ref. C13032430000。

乱……由于肇事地点靠近日租界，直接影响到租界治安"，为保护日本侨民生命财产安全以及各种权益不受迫害才下令实施应急警备。香椎浩平一面强调驻屯军保持中立态度，表示"对此内政问题不欲干预"；一面又打着"行使自卫权"的旗号，公然侵占天津日租界外围地区。①

11月9日凌晨，便衣队再次发起进攻，并击退了天津二区六所的警察。随后驻屯军士兵占领了该公所，并升起了日本国旗。② 此后，驻屯军司令部又以保安队打死一名驻屯军士兵为借口，警告河北省主席兼第二军军长王树常，限中国保安队及警察在早上6时之前撤退至租界边界线300米以外。美其名曰是"为了防止日华之间发生误解，引起不良事端"，而驻屯军所谓的"严正的中立"纯粹是无稽之谈。③ 王树常为避免事态扩大，同意从被封锁的日租界口后撤300米。然而在5时又发生了日军曹长被打死事件，驻屯军遂于6时50分展开"报复行动"。由1个步兵山炮分队、1个步兵炮小队、2辆装甲汽车、4个机枪分队、6个轻机枪分队、若干掷弹筒等组成的驻屯军，对天津市的许多建筑和道路进行了长达20分钟的狂轰滥炸。④

11月9日下午，英、美、法、意在天津驻军司令官会同日本中国驻屯军司令官香椎浩平召开各国司令官会议。各国驻军司令官在会议上就此次天津骚乱、中日冲突以及有关各国共同警备问题交换了意见，同时一致希望日本能严格遵守《辛丑条约》，不要轻启衅端、妨碍天津治安。而日本中国驻屯军司令官香椎浩平则再次重申"将会严守中立，对便衣队扰乱闹事不负责任，也不加干涉"，但同时强调"为保护在津6000日侨的生命财产，驻军负有重大责任，必须采取应急警备。如果受到挑衅，定会采取适当措施"。⑤

---

① 「陸軍省調査班　事件経過と交渉の経緯」『昭和6年11月8日乃至26日　天津事件の概況　昭和6年12月2日（防衛省防衛研究所）』JACAR（アジア歴史資料センター）Ref. C13032430000。

② 《天津便衣队暴乱》，第7页。

③ 《天津便衣队暴乱》，第100页。

④ 日本参谋本部编《中华民国史资料丛稿　译稿　满洲事变作战经过概要》第1卷，田琪之译，中华书局，1981，第125页。

⑤ 『日本外交文書　満洲事変』第1巻第2冊、35頁。

尽管香椎浩平做出了上述"不加干涉"的承诺，但驻屯军依然出动坦克、装甲车试图恐吓保安队。11月10日，天津市市长张学铭向日本领事馆提出严正声明，抗议驻屯军士兵占据天津二区六所。次日，日本驻天津总领事桑岛主计拜访张学铭商谈解决办法。桑岛主计表示"因时有流弹飞入日租界，驻屯军情绪甚为激动。但驻屯军司令官已经保证绝不会首开挑衅，希望中方制止中国军队行动"。① 张学铭则反驳称"中方警察的行动完全是正当防卫而不是向日军挑衅。便衣队出没的地区离日本军营很近，中方警察前往搜查时却得不到日方允许，希望日方能设法解决便衣队（问题）"。② 双方的协商因分歧较大没有得出结果，只是"约定在中日交界处双方都不能开枪"。③ 然而，驻屯军并没有解决问题的诚意，当晚仍然实行特别戒备，在一些重要建筑上布设机枪、大炮，俨然做好了战斗准备。④

11月12日，天津市成立了戒严司令部，由市长张学铭担任戒严司令，保安队总队长王一民担任副司令。当日下午，桑岛总领事携驻屯军参谋三浦少佐拜访张学铭，继续商讨解决办法。⑤ 11月13日上午，中日双方再次协商议定："一、从14日上午9点开始，截至下午3点，保安队将在日租界外300米范围内搜查便衣队；二、双方约定，在搜查过程中，若有暴徒反抗，中国警察可以开枪反击；三、已经搜查完毕的地段，驻屯军士兵向租界后退50米，同时由中国警察恢复站岗执勤。"⑥ 14日上午，保安队按约定派遣90余人与驻屯军会合实施搜查行动。但在搜查过程中，驻屯军以电话

---

① 《天津便衣队暴乱》，第17页。
② 《天津便衣队暴乱》，第18页。
③ 『日本外交文書　満洲事変』第1卷第2册、45页。
④ 驻屯军在天津南市建物大街布设了4挺机枪、1门山炮、2门小炮，在南市治安大街口架设了2挺机枪，在中原公司架设了2挺机枪。此外日本警备队还在宫岛街火柴公司附近增加了2挺机关枪、2门炮，在花园街花园内的炮台增加了2门山炮、4挺机枪（《天津便衣队暴乱》，第18页）。
⑤ 日方提议：由双方共同搜查300米缓冲区，以便肃清便衣队，防止他们盘踞于此惹是生非。中日双方初步达成协议："一是中方在日租界外300米以内搜查需通知日本领事馆要搜查的时间、地点以及搜查者的着装样式。二是对海光寺附近300米范围内实行封锁，必要时可以请驻屯军协助。三是允许保安队人员在日租界各路口蹲点，与日方人员共同查看是否有便衣队出没。四是一旦发现日租界有便衣队，可以随时通知日本领事馆，而后共同抓捕。五是保安队经过海光寺附近时，要提前电话联系驻屯军，驻屯军将派人引导通过。"（《天津便衣队暴乱》，第19~20页）
⑥ 中国国民党浙江省党部编《日军铁蹄蹂躏下之血迹》，1932，第179页。

局内小红桥处有防御工事以及 3 名保安队队员（系前几日交战中的失踪人员）为由，指责中方没有诚意并中止了搜查行动。日本领事馆不顾中方的解释，要求中方与驻屯军司令部直接交涉。①

另一方面，南京国民政府于 11 月 14 日训令河北省主席王树常，要求其在与驻屯军司令官香椎浩平谈判时"向日方道歉，同意取缔反日言论，同意由中方先撤离防御工事"。② 这是由于日本驻华公使重光葵在同月 12 日向国民政府提出抗议，称中国军队及保安队在天津骚乱中向日租界和驻屯军开火，并造成日方伤亡，中方的行为已经违反了 1902 年交还天津时的协定，即中国军队不得进入天津外国驻军所在地 20 华里范围内。重光葵还威胁国民政府，称日本将采取必要手段保护天津日租界以及日本侨民，所造成的后果也由中方负责。③ 驻天津日本总领事桑岛主计也致函王树常，要求将保安队调到天津城 20 华里之外。

迫于南京国民政府的压力，王树常于 11 月 15 日拜访香椎浩平，不仅当场答应了香椎浩平所提的要求，④ 还做出了书面回应。⑤ 王树常对驻屯军的让步，使接下来的交涉变得顺利起来。虽然王树常迫于南京国民政府的压力不得不向驻屯军致歉，但委婉地规避了《辛丑条约》中规定的"20 华里"范围，并将"持有手枪的巡警"代替保安队进驻距日租界 300 米的范围内。

---

① 《日军铁蹄蹂躏下之血迹》，第 179～180 页。
② 《天津便衣队暴乱》，第 23 页。
③ 《天津便衣队暴乱》，第 24 页。
④ 香椎浩平强调中国军队在天津发生骚乱事件后对驻屯军以及日租界采取了有意识的敌对行动。身为中国天津地区军政方面的主要负责人，王树常和张学铭都应为此向日方道歉。还要求中方立即答应："一、撤除天津市内外针对日军新设的军事工事并停止有关活动，而且驻屯军还可以随时进行检查。二、按照规定将中国军队撤退到距驻津各国军队的规定距离以外，即将公安局保安队撤退到连接东门大街、南门大街、南马路、南开中学、徐胡圈、中日书院一线之外。三、要严格禁止类似这次骚动中侮辱日军的谣言。"（《中华民国史资料丛稿 译稿 满洲事变作战经过概要》，第 126 页）
⑤ "事件发生以来对日军采取敌对行动，致使日军出现伤亡……王树常对此深表遗憾和歉意"。与此同时，王树常还表示："中方将取缔排日、辱日的宣传。中方将撤除距离日租界 300 米一带针对驻屯军新设的一切军事设施和行动，驻屯军可以随时检查中方的执行情况。亦要求驻屯军在中方撤离完毕后，尽快拆除新设的防御设施。保安队不会进入距日租界 300 米线范围内，但是持有手枪的巡警不在此列。直到日本撤除防御线为止。"『日本外交文书 満洲事変』第 1 卷第 2 册、77 页。

11月16日，中日双方讨论恢复天津市原状的具体办法，最终达成了共识。①同日，王树常致函总领事桑岛主计，强调"租界附近向来不存在中国军队"，日方主张并不符合事实。为了避免引起中日双方误会，除保留必要卫队外，王树常同意"将一直驻扎在天津、河北一带的少量军队暂时调往其他地方"。② 11月17日，中日双方商讨恢复300米缓冲区的具体办法。③ 中方定于18日开始拆除防御工事，地点从东南城角起到海光寺分段进行。虽然尚未明确日方从何时开始执行约定，但天津市的形势已经大为好转，逐渐安定下来。

三 策划发动"第二次天津事变"

天津事变甫一爆发，驻屯军司令官香椎浩平立即向陆军中央汇报暴乱情况以及驻屯军所采取的措施，极力向陆军中央表明驻屯军有必要、有能力、有准备、有决心参与到对东北军的作战当中。但在天津事变爆发初期，陆军中央却并不愿意驻屯军参与到此次事变之中。日本陆军中央认为要想"解决中国问题派遣少量军队反而有害，莫不如先由中国方面肆意妄为，给日本方面造成若干牺牲，再以此作为大量出兵的借口就更好了"。④ 11月9日夜，参谋总长金谷范三训令驻屯军，"首先声明日本决定对此次天津中国方面的兵乱持严正的中立态度；其次要求驻屯军要极力避免卷入漩涡，因为天津兵乱必然会有针对日军的恶意宣传，对此驻屯军应表明绝对的严正中立态度。至于如何处理此事以后再做决定，此时绝不可以采取激烈的惩

---

① 第一，中国方面应从16日起率先将中日交界300米外中方面向日本租界的临时防御工事拆除；第二，防御工事拆除后，即可在300米范围内用普通警察代替保安队；第三，电话局关系重大，仍可由保安队守卫；第四，日本方面的防御工事，待中方拆除完毕后再行拆除。《日军铁蹄蹂躏下之血迹》，第183页。

② 『日本外交文書 満洲事変』第1巻第2冊、97頁。

③ 经过6个多小时的讨论，双方议定："一、日租界外300米以内以及300米线上的防御工事全部拆除。二、300米内的保安队全部撤退到300米以外，并用武装警察来维持秩序。三、双方约定，从早上8点到下午3点是撤除防御工事的时间。四、双方办理拆除防御工事的人员，在往来时应各持本国国旗作为标语。五、为保护在300米范围内的公安局、电话局，双方同意设置必要的戒备。"《日军铁蹄蹂躏下之血迹》，第183~184页。

④ 稲葉正夫等編『太平洋戦争への道 別巻 資料編』150頁。

戒手段"。①

但香椎浩平认为"事变发生以来中日关系已经恶化,驻屯军即使慎重行动也会不可避免地与中方发生冲突"。② 因此,香椎浩平在11月11日再次向陆军中央提出增兵请求。金谷范三参谋总长回电表示,虽然"能够体谅驻屯军司令官在动荡不安的形势下以少量兵力承担重任的苦衷,亦充分考量过一旦陷入最坏处境时应该采取的对策",但基于对全局的判断,陆军中央不能马上增加驻屯军兵力。③ 陆军中央再次拒绝了驻屯军的增兵请求,同时关东军也以专心"北满作战""无暇分身"为由拒绝了驻屯军的增援要求。而中国方面对驻屯军的无理要求又不断让步,致使驻屯军引发骚乱,借机牟取自身利益的阴谋破产。

在天津事变接近尾声、日租界周边形势趋于缓和的时候,关东军也逐渐击溃马占山指挥的黑龙江省军,遂于11月16日制定颁布了《随时局变化之对苏中两国作战计划大纲》(属于开战初期部分)。④ 在《计划大纲》第六项"帝国军队之作战指导"当中,关东军建议陆军中央"在平津方面迅速增加支那驻屯军所需要的兵力,即以不少于一个混成旅团的兵力坚守天津",⑤ 随后继续向平津以及山东两个方向派遣4个师团,以快速平定平津地区。⑥ 此时,驻屯军的增兵期望得到了关东军的声援。

11月19日,关东军在占领齐齐哈尔后,驻屯军也觉察到了契机稍纵即逝,不仅未撤除日租界前的防御工事,还加强了警戒力度。此外,驻屯军还拒绝将海光寺前的二区六所归还给天津市政府,且在该地增设了两架机关枪,继续封锁交通。⑦ 驻屯军完全无意执行先前与中方达成的协议,仍要继续挑起事端,"东南城脚、南市牌坊、首善大街、富贵庄等处的沙袋电网

---

① 《中华民国史资料丛稿 译稿 满洲事变作战经过概要》,第127页。
② 《中华民国史资料丛稿 译稿 满洲事变作战经过概要》,第127页。
③ 安井三吉『柳条湖事件から盧溝橋事件へ』研文出版、2003、53頁。
④ 稲葉正夫等編『太平洋戦争への道 別巻 資料編』155頁。
⑤ 稲葉正夫等編『太平洋戦争への道 別巻 資料編』155頁。
⑥ 稲葉正夫等編『太平洋戦争への道 別巻 資料編』155頁。
⑦ 《天津便衣队暴乱》,第63页。

依然树立"。① 11 月 20 日，日本参谋本部参谋次长二宫治重再次致电驻屯军参谋长武内俊二郎，称赞了驻屯军以"寡弱的兵力"在危难的时局里承担起保护"多数居留民"的重任。陆军中央同时劝告驻屯军，如今中国方面态度缓和，除有必要加强警戒外，"并无必要继续依然如事件发生当时不眠不休之备战"。② 之后陆军中央向驻屯军保证"如果中国方面再行暴戾的攻击，陆军中央将支持驻屯军的积极行动"。③ 最后陆军中央告诫驻屯军，"鉴于中日两军现在签订的协议，很难让政府相信驻屯军有增兵的必要"。④ 关于日本侨民的自身保护问题，陆军中央则强调"应当由驻天津总领事提出增兵请求，才是理所应当的方式"。⑤

陆军中央明显不支持驻屯军寻衅滋事，并想要打消驻屯军的增兵企图。而驻屯军却曲解了陆军中央的意图，不仅继续对中国地方当局采取强硬态度，还将"由驻天津总领事提出增兵请求"视为陆军中央的暗示。11 月 22 日，关东军开始向锦州方向进军的消息传到天津，引起天津民众的极大恐慌，市内到处谣传中日两国可能于 11 月 25 日或 27 日开战。⑥ 上述岌岌可危的形势，为驻屯军策划发动第二次天津事变提供了可乘之机。

驻屯军司令官香椎浩平电告驻天津总领事桑岛主计"有信心应对中日冲突"，在"危急情势下可将妇幼集中于兵营，然后武装全体男性"。⑦ 11 月 26 日晚 8 时，天津海光寺兵营附近突然响起了枪炮声，⑧ 不时有子弹落入驻屯军军营和日租界，且交战范围还在不断扩大，驻屯军因此将警戒线扩展到了中国市街一带。随后香椎浩平司令官通告中方"枪弹已经落到我方阵地，这样的

---

① 《天津便衣队暴乱》，第 35 页。
② 稻叶正夫等编『太平洋戦争への道　别卷　资料编』156 – 157 页。
③ 稻叶正夫等编『太平洋戦争への道　别卷　资料编』156 – 157 页。
④ 稻叶正夫等编『太平洋戦争への道　别卷　资料编』156 – 157 页。
⑤ 稻叶正夫等编『太平洋戦争への道　别卷　资料编』156 – 157 页。
⑥ 《中华民国史资料丛稿　译稿　满洲事变作战经过概要》，第 127 页。
⑦ 『日本外交文書　満洲事変』第 1 卷第 2 册、100 页。
⑧ 驻屯军军官亲自指挥便衣队向位于东浮桥的公安局和位于金刚桥的省政府发起进攻。驻屯军早在晚 7 时左右就提前进入警戒状态，由日本侨民组成的义勇队也随之出动。晚 10 时后，驻屯军向中国方面展开炮击，发射了大概 30 枚炮弹，炸死、炸伤保安队警士数人，并对中方建筑物、各种设施造成不同程度的损坏。《天津便衣队暴乱》，第 64 页。

行为实在难以容忍,断然不能允许",并要求停止射击。① 中方认为"第二次便衣队暴动,是驻屯军为配合东北形势,有计划的企图破坏天津市治安,而后进一步占领夺取天津"。② 继而回应驻屯军,强调并非针对日军,而是攻击南开女子中学附近出现的便衣队,并保证在晚 10 时 30 分之前停止射击。

但在 11 月 26 日晚 9 时,香椎浩平司令官就命令驻屯军各部队进入战斗状态。③ 9 时 30 分,香椎浩平司令官电报陆军中央,指出由于中国方面的挑衅行为,驻屯军迫不得已行使自卫权以击败当面之敌,并请求陆军中央在最短时间内给予增兵,同时将相关情况通报给关东军和其他方面。④ 10 时 30 分之后,由于中方射击不仅没有停止,反而更加激烈,驻屯军炮兵队对中方进行了威吓性的射击。⑤ 27 日凌晨 0 时 30 分,香椎浩平司令官再次召集义勇队,命令"我军第一线各部队在占领阵地后立即开始战斗"。⑥

实际上,不仅中方资料显示驻屯军夸大了当时的情况,而且身在第一线的驻天津总领事桑岛主计的记录也证实了驻屯军夸大事实的丑恶嘴脸。⑦ 驻屯军的真正意图在于展现驻屯军现有兵力的不足,以期陆军中央临时增兵。由于很难预测中方何时采取敌对行为,驻屯军认为"便衣队开枪就是绝好的行动机会"。⑧ 桑岛主计身为外交人员,对驻屯军肆意活动的不满和无奈,也反映出日本对华事务中各部署之间难以达成共识的现状。

---

① 《中华民国史资料丛稿 译稿 满洲事变作战经过概要》,第 129 页。
② 《天津便衣队暴乱》,第 39 页。
③ 香椎浩平声明,"为了华北和平,我军在 15 日接受中方道歉后全部履行了中方提出的条件,撤出兵力并解散了义勇队。但 26 日晚 8 时 20 分以后,中方又以大炮以及轻、重机枪对我军阵地进行猛烈射击。我军在遭到攻击后并未反击,立即对中方的不法行为进行质问,并警告其立刻停止射击。然而中方依然向我军阵地猛烈进攻……为保护租界及侨民,我军在不得已的情况下决定行使自卫权,膺惩中方"。『日本外交文書 満洲事変』第 1 卷第 2 冊、100 頁。
④ 小林龍夫・島田俊彦編『現代史資料 7 満洲事変』278 頁。
⑤ 《中华民国史资料丛稿 译稿 满洲事变作战经过概要》,第 129 页。
⑥ 『日本外交文書 満洲事変』第 1 卷第 2 冊、100 頁。
⑦ 11 月 27 日上午,桑岛主计总领事密电(部外绝密)日本外务大臣币原喜重郎,报告"自 26 日夜枪炮声开始以来,据北旭街瞭望台的警察报告,中方开炮并非如我方描述的那样激烈夸张(在驻屯军司令部前发重炮,窗户玻璃全被震碎)。又驻屯军报告称,中国街道出现便衣队向我方通告在 10 时半前停止射击,现在仍然继续是没诚意的表现。实际上中方射击的激烈程度也不是驻屯军所报告的那样"。『日本外交文書 満洲事変』第 1 卷第 2 冊、101 頁。
⑧ 『日本外交文書 満洲事変』第 1 卷第 2 冊、101 頁。

四　陆军中央被迫同意增兵

1931年11月26日，即第二次天津事变爆发当天，日本参谋本部就曾讨论"华北大规模派兵方案"。计划编成"第一次北支那派遣队"，规模为一个混成大队，士兵来源于第十二师团；"第二次北支那派遣队"，规模为一个混成旅团，士兵来源于第十师团；"临时北支那派遣工兵队"，规模约一个小队，士兵来源于第五师团。"第一次北支那派遣队"和"第二次北支那派遣队"在中国华北登陆后即归入中国驻屯军司令官隶下。① 其后由于陆军中央认为"北支那方面情况不稳，还未至实现派兵阶段"，②"华北大规模派兵方案"因此成了废案。

第二次天津事变爆发后不久，驻屯军司令官香椎浩平分别致电日本陆军中央和关东军，请求部队增援。③ 关东军在收到驻屯军求援的电报后，立即命令"除了在齐齐哈尔附近留下以两个步兵大队为基干的部队外，其余全部兵力尽快集结向山海关进发"。④ 与此同时，关东军还向日本驻朝鲜军队发出增援要求。关东军为扩大战果，对增援驻屯军表现出极大的热情，而驻屯军的增援请求也恰逢其时。11月27日清晨，关东军的先头部队开始沿北宁铁路集结，进一步向山海关方向发起进攻。

然而关东军企图进攻山海关的计划并没有得到日本陆军中央的授权，陆军中央对于关东军的擅自行动很是不满。在确定天津方面的事态没有进一步恶化的迹象后，参谋本部在一昼夜间连续向关东军下达了4次《临参委命》，强制要求关东军停止向锦州方向发起进攻。参谋本部致电身在"满洲"的参谋次长二宫治重，强调"关东军没有接到陆军中央任何具体指示……擅自进攻锦州附近的敌人"，同时指出"相信关东军会服从参谋总长

---

① 安井三吉『柳条湖事件から盧溝橋事件へ』54頁。
② 稲葉正夫等編『太平洋戦争への道　別巻　資料編』157頁。
③ 小林龍夫·島田俊彦編『現代史資料7　満洲事変』278頁。
④ 日本国際政治学会太平洋戦争原因研究部編『太平洋戦争への道：開戦外交史2（満洲事変）』朝日新聞社、1962、93頁。

在今晨再次发布的有关停止进攻的命令",陆军中央绝不允许关东军做出与中央背道而驰的行为。①

实际上陆军中央并非不允许关东军增援驻屯军,而是反感关东军擅自向山海关方向发起进攻。虽然参谋本部曾考虑若天津日侨遭到屠杀,便会同意关东军派兵增援驻屯军。但此次关东军进攻锦州的行为,如九一八事变后陆军中央被迫追加命令承认关东军的行动,极大地损害了陆军中央的权威。因此陆军中央一再强调海外驻军的行动要经中央批准后才能实行。驻屯军借口中日军队在天津的交战严重威胁到了日侨的生命财产安全,同样也是在逼迫日本陆军中央同意增兵请求。

从11月27日凌晨开始,日本参谋本部几乎每隔一小时就会收到介绍天津中日两军交战状况和请求增援的电报。参谋本部作战部成员连夜召开会议商量对策,金谷范三还在进宫晋谒天皇前于27日早上致电驻屯军司令官香椎浩平询问天明后的情况。②当天参谋本部就做好了颁布增兵命令的准备,本来拟定派遣2个步兵大队,但因南次郎陆军大臣在内阁会议上声明是一个大队,因而对此进行了修改。随后又因还没有确定先前的报告就派遣一支小部队的弊害太多,故没有发布准备命令。③

此时虽然日本国内还没有形成决议,但停泊在塘沽的日本军舰"朝阳号"已于11月27日上午开赴天津,11时在日租界山口街靠岸停泊。"朝阳号"上搭载着500多名海军陆战队成员以及无数军火,在登岸之后暂时编入驻屯军麾下,驻屯军的实力得到很大的增强。④ 同日,币原喜重郎外务大臣通知桑岛主计总领事,虽然"目前关于驻屯军增兵还未作决定,但政府已决定派军舰'八云号'前往贵地,最迟在明天早上从佐世保出发,大约两昼夜后就可以抵达塘沽。军舰上搭载着约100名陆战队成员"。⑤ 香椎浩

---

① 「錦州政権ニ対スル対策案、電報(案)他」『満洲事変作戦指導関係綴 別冊其の1 昭和6年9月19日-8年8月2日』(防衛省防衛研究所) JACAR (アジア歴史資料センター) Ref. C12120031000。

② 稲葉正夫等編『太平洋戦争への道 別巻 資料編』157頁。

③ 稲葉正夫等編『太平洋戦争への道 別巻 資料編』157-158頁。

④ 《天津便衣队暴乱》,第41页。

⑤ 『日本外交文書 満洲事変』第1巻第2冊、110頁。

平也命令在塘沽执行警备的驱逐舰将 90 名成员编成陆战队，前往天津保护日租界。①

11 月 28 日，陆军中央向天皇上奏《关于关东军派遣兵力至华北事请求颁发命令案》，建议有必要"由关东军派遣一部分兵力至华北方面"。② 下午 3 时 50 分，天皇应允了该上奏案。随后参谋本部向关东军司令官和驻屯军司令官下达了《临参第六号》命令，指派关东军司令官从其所属部队中抽调一个步兵大队迅速派遣至华北地区，自进入华北地区起即纳入中国驻屯军司令官的指挥之下。③ 币原喜重郎外务大臣也通告桑岛主计总领事，"为防卫租界和保护居留民尚需补充贵地驻屯军兵力之不足，今日本国政府决定从关东军抽调 1 个步兵大队（约 500 人）增援驻屯军。于今明两日下达命令后，立即由大连运往贵地"。④

此次增兵华北，是驻屯军自九一八事变以来的数次请求首次得到陆军中央的应允，驻屯军的实力得到了明显提升。策动天津事变时，驻屯军在天津的兵力有 583 人，总兵力为 1000 余人。⑤ 到第二次天津事变临近尾声时，关东军支援驻屯军的第 77 联队第 3 大队 11 月 29 日从大连出发，于 12 月 1 日抵达天津。此时驻屯军的总兵力增加了二分之一，达到 1500 余人，而驻扎在天津的兵力直接翻了一番。⑥ 这对驻屯军而言是一次巨大的胜利。

12 月 5 日，桑岛主计总领事再次密电币原喜重郎外务大臣（部外绝密），表示驻屯军在事件突发时就直接下令开始战斗，还使用了机关枪、山炮以及 12 厘米炮。桑岛主计总领事强调，香椎浩平驻屯军司令官虽然有"彻底膺惩中方"的声明，但在反击上过度。桑岛主计总领事认为驻屯军是要以扩大事态作为增兵的借口，同时挑衅中方的正规军，制造一举瓦解张

---

① 『日本外交文書　満洲事変』第 1 卷第 2 冊、105 頁。
② 稲葉正夫等編『太平洋戦争への道　別卷　資料編』157 頁。
③ 稲葉正夫等編『太平洋戦争への道　別卷　資料編』157 頁。
④ 『日本外交文書　満洲事変』第 1 卷第 2 冊、114 頁。
⑤ 安井三吉『柳条湖事件から盧溝橋事件へ』49 頁。
⑥ 桜井良樹『華北駐屯日本軍』岩波書店、2015、108 頁。

学良政权的机会。① 虽然桑岛主计总领事清楚地认识到驻屯军的企图,但他也无法阻止驻屯军继续扩大事态。

总之,驻屯军通过第二次天津事变,成功迫使河北省政府将保安队的大多数成员调离天津地区,削弱了中国在天津地区的军事力量;同时又迫使日本陆军中央同意增加驻屯军兵力,继而增强了驻屯军的实力。驻屯军的增兵企图初步得到满足,进一步助长了驻屯军"建功立业"的野心。此后关东军与张学良锦州军政当局的冲突加剧,实力大增的驻屯军亦想参与其中,借机扩大自身在华北地区的影响力。

结　语

眼见发动九一八事变的关东军势力剧增,在陆军中央的话语权得到了极大的增强,中国驻屯军迫切希望改变自身"被动防守"的局面,创造时机与关东军争夺在陆军中央的话语权。该时期中国驻屯军的编制萎缩、实力有限,想要"有所作为"先要解决兵力不足的问题,其后才有可能扩大驻屯军势力范围进行战略转向。然而唯有中国局势发生变化,严重影响日本对侵占华北的战略与政略之时,日本陆军中央才有可能同意增兵驻屯军。同时日本政府还要顾及同在华北地区驻军的各国列强可能出现的反感情绪,使驻屯军欲想实现增兵的企图变得难上加难。

陆军中央对中国驻屯军的定位决定了驻屯军的"被动防守"性质,短期轮换驻守严重导致上下级磨合困难、将士升迁难以保证。由此,中国驻屯军迫切希望改变现有状况,由"抽调轮换"到"固定轮换",由"短期勤务"到"长期勤务",最终形成有利于驻屯军持续发展的模式。该时期正是驻屯军试图利用日本对华北政略、战略转向的重要时期,日本中国驻屯军企图利用天津事变实现增兵,但没有得到陆军中央的许可。

同时期关东军侵占中国东北地区取得了较大进展,击败了马占山领导的黑龙江省军,并占领了齐齐哈尔。驻屯军急于参战的心态更为迫切,但

---

① 『日本外交文書　満洲事変』第 1 卷第 2 册、134 頁。

兵力不足问题依然急需解决。驻屯军方面认为并未直接参与天津事变，而指使便衣队与保安队作战，才会没有引起陆军中央的重视。如果驻屯军直接与中国军队交战，陆军中央必将慎重考虑驻屯军的增兵请求。正是在此种考虑之下，驻屯军蓄谋发动了第二次天津事变。然而，陆军中央在天津事变之后已谋划考虑过《华北大规模派兵方案》，驻屯军密谋策划的第二次天津事变与增兵请求也只是应运而生的产物罢了。总之，驻屯军通过两次天津事变不仅实现了增兵，而且把中方战斗力较强的保安队彻底驱逐出天津地区，更有利于驻屯军日后武力占领平津地区。

九一八事变后关东军入侵华北的战事演变与中日外交折冲*

左春梅**

从1933年2月至1933年5月，关东军为侵略华北，相继发动了热河作战、滦东作战和关内作战三次作战。① 日军通过这三次作战在三个多月的时间里便入侵至华北。我们有必要探究日本从侵略东北到华北的战略演变，以及战事变化背后中日双方在短时间内签订《塘沽停战协定》的原因，这种军事与政治相重叠的方式又对此后的中日关系产生了怎样的影响。

目前学术界对1931~1933年的中日关系研究有一定积累，主要就日本政府对华政策的决策过程、国民政府"攘外必先安内"政策的形成以及长城抗战期间地方部队的抵御等问题进行了分析，② 但缺少对关东军对华作战

---

* 本文受中央高校基本科研业务费专项资金"卢沟桥事变前中日之间的华北问题研究"（7110400009）、西南大学创新团队项目"中国抗战大后方研究"（SWU1709101）的资助。
** 左春梅，西南大学历史文化学院中国抗战大后方研究中心讲师。
① 中国一般将日军的热河、滦东和关内三次作战统一称为"长城抗战"。
② 以日本外交史为视角研究日本外务省对华政策的相关成果主要有酒井哲哉『大正デモクラシー体制の崩壊』东京大学出版会，1992；井上寿一『危機のなかの協調外交——日中戦争に至る对外政策の形成と崩壊』山川出版社，1994；陈群元《日本外务省与1933年中的华北危局——以应对黄郛北上为中心》，《近代史研究》2006年第3期，第76~91页。从日本侵华史视角讨论驻华日军对华侵略过程的研究主要有古屋哲夫『日中戦争史研究』吉川弘文馆、1984；臧运祜《七七事变前的日本对华政策》，社会科学文献出版社，2000；安井三吉『柳条湖事件から盧溝橋事件へ——一九三〇年代華北をめぐる日中の対抗』研文出版、2003；内田尚孝『華北事変の研究——塘沽停戦協定と華北危機下の日中関係 一九三二——一九三五年』汲古書院、2006。有关国民政府对日外交方面的研究集中讨论了蒋介石的对日政策以及停战协定签订的过程，主要有江绍贞《热河失陷与长城抗战》，《河北学刊》1983年第3期，第54~59页；金以林《论长城抗战》，《抗日战争研究》1992年第1期，第127~144页；余子道《长城风云录——从榆关事变到七七抗战》，上海书店出

的演变与政治逼和的细致研究。本文主要利用日本陆军战斗详报与外务省档案等资料，兼顾中文及英文史料，分析日本侵华步骤由东北到华北的转变与内在联系、军事与外交之间的折冲及其对20世纪30年代前期中日关系演进的影响。

一 关东军攻占热河与彻底打倒张学良

九一八事变后不久，1931年9月27日关东军高层与前来"视察"的参谋本部第二部部长桥本虎之助商讨形势，达成了眼下无法一举占领东北全境的共识，并在此基础上形成了三点意见："将满蒙从中国内陆分离出来并树立以中国人为首的政权，统一满蒙，实权掌握在我方手中。"① 对于建立伪政府，关东军计划"建立以宣统帝为首的包含东北四省及蒙古地域的政权"。② 关于"统一满蒙"，主张占领热河和彻底打垮张学良势力："不允许在满蒙存在锦州临时政府及任何旧政府，对其军队也要进行毁灭性的打击……捣毁张学良的华北政权，在华北设置最强有力的机关，统领并促进各种反张运动。"③ 关东军认为，攻占热河与彻底打倒张学良是"一体两翼之事"。④

可以说，日军侵占热河与彻底打倒张学良密切相关。日军深知热河是张学良收回失地的重要跳板，张学良想将士兵、军械、弹药、粮食等补给物资经北平和天津输送给辽西地区的抗日义勇军就不得不经过热河。⑤ 若能侵占热河就意味着扼住了张学良的命脉。此外，热河本身地理位置优越，

版社，1993；刘维开《国难期间应变图存问题之研究——从九一八到七七》，台北，"国史馆"，1995；刘大禹《抗日与"剿共"：蒋介石的两难选择——以1933年的热河危机为中心》，《历史教学》2008年第24期，第35~41页。华北地方部队对日抵御方面的研究主要有许晓敏《张学良与长城抗战》，《日本研究》1991年第3期，第49~51页；齐福霖《宋哲元与长城抗战》，《团结》2005年增刊，第11~14页。

① 小林龍夫・島田俊彦編『現代史資料7 満洲事変』美玲书房、1964、195頁。
② 小林龍夫・島田俊彦編『現代史資料7 満洲事変』189頁。
③ 小林龍夫・島田俊彦編『現代史資料7 満洲事変』205、222頁。
④ 小林龍夫・島田俊彦編『現代史資料7 満洲事変』490頁。
⑤ 「熱河事件の経緯に就て」『各種情報資料・陸軍省新聞発表』日本国立公文書館蔵、JACAR（アジア歴史資料センター）Ref. A03023823600、2頁。以下所引日文档案如非特别标注，均出自该处，不再一一标注。

"向南向西可直通中国腹地和察哈尔，向北亦可通外蒙古"。因此，不管是彻底打败张学良势力以稳固伪满，还是"北进"外蒙古威胁苏联，侵占热河都是日军的必然之举。

关东军虽然已将侵占热河作为既定方略，却一时"苦于"师出无名。正如当时英国驻日大使林德利（Sir Francis Lindley）的观察，"热河与其他东北三省情况不一样，日本在热河没有特殊利益"，日军并不具备向热河用兵的理由。①

对此，日本陆军中央于1932年初公然宣称"热河是旧东四省的一部分，是满洲国的一部分"，为自己的侵热行动作宣传"铺垫"。② 此外，他们还声称"日满紧密的关系，日本对满洲国国防负责"，"满洲国的国防等同于日本在满蒙的国防"。③ 值得注意的是，陆军中央的此种说法接受了关东军在《满蒙问题解决案》中"将满蒙的国防委之于日本"的建议。④ 由此，日军构建了对热河用兵的所谓"大义名分"。

在决定对热用兵之后，关东军并未立即采取军事行动，而是暂取旁观之策。⑤ 这是因为，当时日军出兵热河的条件不够成熟。1932年1月中旬，关东军判断，热河多险峻山地，交通不便，现有兵力难以进攻，而且无法以保护日本居留民和日本权益为借口而使用"自卫权"来"讨伐兵匪"。也就是说，在不干涉中国内政的情况下，日军几乎没有向该地出兵的理由，只能实行缓慢的政治分化工作。⑥

具体而言，关东军想诱导热河省主席汤玉麟主动与伪满合并。⑦ 然而，关东军也意识到，对汤玉麟的政治诱导并非易事。这不仅是因为汤玉麟本

---

① No. 337 Sir F. Lindley (Tokyo) to Sir J. Simon, 17 Feb., 1933, Documents on British Foreign Policy 1919 – 1939, Documents on British Policy Overseas, F1084/33/10. Hereafter cited as DBPO.
② 参谋本部『熱河省兵用地誌』（1932年3月）日本国会国立図書館蔵、請求番号：GE376 – 19、3頁。
③ 「満洲国ノ国防ニ関スル件　昭和7年4月7日」『満洲事変作戦指導関係綴　別冊其の1　昭和6年9月19日 – 8年8月2日』Ref. C12120031500、1頁。
④ 小林龍夫・島田俊彦編『現代史資料7 満洲事変』198頁。
⑤ 小林龍夫・島田俊彦編『現代史資料7 満洲事変』223頁。
⑥ 小林龍夫・島田俊彦編『現代史資料7 満洲事変』346頁。
⑦ 小林龍夫・島田俊彦編『現代史資料7 満洲事変』361頁。

身的态度摇摆不定，还因为热河省会承德远离沈阳和旅顺，日方较难与汤取得直接联系。不过，日军也非毫无机会。一方面，热河并非如东三省那样受张学良直接统治，汤、张二人关系并不融洽；另一方面，张学良对热河主要经济来源的鸦片种植和贩卖加以重税，引起汤的强烈不满。① 在这样的情况之下，关东军制订了以政治诱导为主的收买计划。在此期间，关东军还计划修筑锦州与热河之间的铁路，为军事侵略打下基础。②

1932年7月17日发生的日军北票联络员石本权四郎被绑架的朝阳寺事件，是关东军对热河的策略从"文攻武备"到以武力为主的转折点。此次事件使得日方认为，汤玉麟只想在关东军和南京国民政府之间左右逢源、谋求自我保护。③ 然而，该事件最终并没有成为关东军扩大事态的口实，只是加速了其武力备战的步伐。究其原因，主要是日军既要应付东北境内的抗日义勇军，又要防止苏联出兵东北，致使其无多余可用兵力。④

面对越来越紧张的热河局势，日本外务省虽知晓对热作战是日本陆军的必然行动，但由于其战火极有可能会波及华北，且此时正值国际联盟审议九一八事变的关键时期。于是，外务省判断"就算将热河置为满洲的一个省，利用'讨伐匪贼'为借口，国联也会认为这是日本对中国的新一轮武力进攻"，因而对关东军的军事行动深表疑虑。⑤ 但是，日本陆军中央却认为"兵至平津是没办法的事"。⑥

在日本政府内部有分歧的情况下，陆军中央为了攻占热河的行动能够顺利实施，一方面指示关东军做好舆论造势，提前向日本国内外就军事作

---

① 「熱河事件の経緯に就て」（1932年7月23日）『各種情報資料・陸軍省新聞発表』Ref. A03023823600、1頁。
② 「熱河省対策卑見　大同元年10月6日」『住谷悌史資料』Ref. C14030586000、1-5頁。
③ 「熱河、朝陽寺事件」『各種情報資料・陸軍省新聞発表』Ref. A03023824100、3頁。
④ 「熱河方面形勢ニ関スル件」（1932年7月21日）『満洲事変（支那兵ノ満鉄柳条溝爆破ニ因ル日、支軍衝突関係）/善後措置関係/国際連盟ニ於ケル折衝関係/日支事件ニ関スル交渉経過（連盟及対米関係）第10巻上（1）』Ref. B02030417300、3頁。
⑤ 井上寿一『危機のなかの協調外交——日中戦争に至る対外政策の形成と崩壊』38頁。
⑥ 伊藤隆・佐々木隆・季武嘉也・照沼康孝編『真崎甚三郎日記　昭和七・八・九年一月－昭和十年二月』山川出版社、1981、88頁。

战波及平津地区的必然性进行不断的宣传。① 另一方面，在 1933 年 1 月 13 日的内阁会议上，陆军向政府内阁各方保证，"绝对不向长城以南出兵，不论张学良取何种攻击，也绝不追击，目的只在热河一省"。② 结果，陆军的保证获得了日本政府的认可。

1 月 21 日，外务大臣内田康哉对外宣称，日本政府对热用兵的"正当性"是基于《日满议定书》中日本对伪满"国防"负责的约定，旨在帮助伪满建立一个和平有序的"新国家"，并没有将军事作战扩展到平津一带的意图，只是为了让张学良放弃"挑战性"行为。③ 日本陆军方面也借机诬陷，"因张学良派军进入热河，以兵器、弹药、金钱收买并煽动热河军民，导致省内出现内讧和掠夺等混乱状态"，因而日本"不得不以武力解决热河问题"。④

综上考察，日本关东军和陆军中央在九一八事变后为巩固伪满政权，决定攻占热河和彻底打倒张学良。日本政府借《日满议定书》及"讨伐匪贼"宣称其作战的正当性，为日军的侵略行径鸣锣开道。可以说，将侵华战线推进至长城一线是日本关东军、陆军中央和政府的一致意志。

二 关东军作战行动的流变和停战谈判的开启

1933 年元旦，日本华北驻屯军山海关守备队挑起山海关事件，随后关东军趁机占领山海关。以此保证了长城一个重要关口对日方随时开放。⑤ 接着，关东军相继发动了热河作战、滦东作战和关内作战，三次作战各有侧重。随着关东军两易作战行动，日军一步步入侵至华北。

---

① 「熱河問題に関し輿論指導の件」（1933 年 1 月 4 日）『昭和 8 年「満密大日記　24 冊の内其 1」』Ref. C01002835300、4 頁。
② 原田熊雄『西園寺と政局』第 2 卷、岩波書店、1950、430 頁。
③ No. 303 Sir J. Simon to Sir F. Lindley（Tokyo），7 Feb.，1933，DBPO，F861/18/10.
④ 「熱河問題に就て陸軍当局者談」（1933 年 2 月 9 日）『各種情報資料・陸軍省発表』Ref. A03023863900、2 頁。
⑤ No. 174 Sir F. Lindley（Tokyo）to Sir J. Simon，5 Jan.，1933，DBPO，F763/18/10.

（一）热河作战与关东军占领长城主要关口

1933年2月7日，关东军制订《热河经略计划案》，作为侵略热河的行动大纲。《计划案》强调热河作战的目的是将热河省纳入伪满统治之下，摧毁张学良扰乱伪满的华北基地；计划首先夺取热河的东境，然后南下至热河与河北两省交界处切断华北和热河之间的联系，进而构筑工事全力压制张学良势力；规定第6师团和第8师团分别负责在热河北部和南部作战；指出在没有其他命令的情况下，前线部队不得在河北省内实施作战行动。① 然而，根据申报馆1933年出版的《中国分省新图》，热河省与河北省的行政省界并非完全在长城一线，比如河北省的兴隆县、都山县等部分地区都在长城以北，却并非属于热河省。② 因此，该计划案本身前后矛盾，暴露日方罔顾中国法规，肆意践踏中方主权，为其侵略行动提供注脚。

在这种掩人耳目的手法下，关东军分别向第8师团主力和混成第14旅团下达了作战任务：占领古北口，截断华北和热河之间的联络并在此建成威力带，同时攻占罗文峪、马兰关、界岭口、冷口和喜峰口等长城重要关口。③ 从中国的地域划分可知，北平北面的古北口、马兰峪与喜峰口，以及东面的冷口、界岭口分别环绕着兴隆县和都山县。可见，关东军从一开始就将占领长城主要关口纳入战斗计划，再一次证实了日军侵略华北的企图，其所谓的"只在热河一省"不过是幌子而已。

1933年2月17日，日军正式展开热河作战。由于关东军攻热行动准备充分，热河主要城镇迅速被攻占，省会承德亦在3月4日沦陷。继东北三省之后，中国再度痛失大片国土。正如学者分析的那样，除了日方强大的战斗力和有计划的侵占之外，蒋介石重"剿共"轻抗战、张学良缺乏明确的抵抗政策、汤玉麟临阵脱逃以及中方各军队之间缺乏协同指挥都是中方的

---

① 「第一目的 第二用兵関係事項」『混成第14旅団 作命綴（甲）昭8.1.12-8.5.25』Ref. C14030164700、1-3頁。
② 丁文江编纂《中国分省新图》，申报馆，1933，第33~34页。
③ 「第一目的 第二用兵関係事項」『混成第14旅団 作命綴（甲）昭8.1.12-8.5.25』Ref. C14030164700、13-14頁。

败因。① 在此情况下，张学良引咎请辞，由军政部部长何应钦代行军事委员会北平分会委员长职权，负责前线战事及维持华北局势的稳定。

承德沦陷后，关东军并未停止进攻。3月4日，关东军司令官武藤信义发布新的作战命令：一是迅速占领长城各重要关口；二是防止中方反扑，准备进攻华北；三是扫荡热河省内的中方残兵。② 7日，中日双方军队第一次在长城附近展开激战。③ 至3月12日，长山峪、铁门关、喜峰口、古北口等长城重要关口纷纷被攻破。

随着中方支援部队的到达，关东军遭到了中国军队的强力抵抗。10日晚，宋哲元部的冯治安师抵达喜峰口，中央军关麟征部的第25师抵达古北口，开始对关东军发动猛烈还击。在这种情况下，武藤于13日下令第六师团抽出一个联队增援第八师团。④ 此后，中日双方在长城一线展开了一周的军事对峙。在中方军队的有力抵御下，武藤于18日下令终止热河作战。

（二）滦东作战与关东军作战行动的再调整

在承德沦陷和张学良下野之后，关东军虽达成了攻占热河与彻底打倒张学良的双重目标，但也失去了再向长城以南的平津地区用兵的借口。⑤ 为了入侵华北，关东军不得不调整作战行动和方针。

此时，关东军一面命令前线部队等待增援，一面派遣副参谋长冈村宁次和天津特务机关长板垣征四郎返回东京向陆军中央汇报，请求将战线延长至长城以南。关于冈村等人的东京之行，在日方史料里并未发现相关谈话记录，倒是可以从时任美国驻日大使格鲁（Joseph C. Grew）发回给美国

---

① 余子道：《论热河抗战及其历史教训》，《民国档案》1993年第2期，第92~93页。
② 「作戦3月4日」『第8師団熱河作戦戦闘詳報第10号　昭和8.2.20-3.28』Ref. C14030128200、19-20頁。
③ 島田俊彦「華北工作と国交調整」日本国際政治学太平洋戦争原因研究部編『太平洋戦争への道』第2巻、朝日新聞社、1962、14頁。
④ 日本政府参谋本部编《满洲事变作战经过概要》第2卷，田琪之译，中华书局，1982，第91页。
⑤ The Minister in China (Johnson) to the Secretary of State, March 20, 1933, United States Department of State, Foreign Relations of the United States Diplomatic Papers, 1933 Volume III The Fast East, Washington, D. C.：U. S. Government Printing Office, p. 243. Hereafter cited as FRUS.

国务院的电报中管窥一二。据格鲁报告，冈村等人强调，如果不在长城以南作战，则无法保证将中方军队彻底扫出热河，也就难以确保其侵占的"胜利果实"。面对关东军的意见，陆军中央虽然认为在长城一线作战会对日本造成不利的国际影响，但是允许关东军"有限定地作战"。①

获得陆军中央的支持后，关东军随即于 3 月 27 日以"鉴于长城附近的反抗势力"为借口，"必须用最快速度歼灭冷口附近的敌军，推进至冷口附近，确保长城一线"为方针，下令在滦河以东展开攻击。② 这就是滦东作战。关东军计划以第六师团为主、第八师团为辅，进攻驻守此地的商震部队。③ 有研究者认为，关东军是为了缓解古北口附近的军事压力才开辟滦东战场。④ 然而，这种解释无法回答关东军何以以长城东部的冷口作为突破口。对于这个疑惑，可以从关东军司令部与前线部队的不同意见中得到答案。

3 月 25 日，前线的第八师团司令部指出，"敌方阵地在冷口北侧高地附近，地形险峻，阵地相当坚固，我方必须要增派部队，特别是以炮兵为主力"，因而认为攻占冷口有难度，也没有必要攻占冷口附近的要塞。⑤ 关东军司令部却坚持突破冷口，其原因主要有三。第一，冷口当时划归商震部队防御，相比其他关口，防御最为薄弱，较为容易攻破。⑥ 第二，冷口是"滦河的咽喉地带，与其北方形成掎角之势"，中国军队控制当地，"势必会对日军形成强烈的抵抗之势"。⑦ 第三，获得对华北可攻可守的战略优势。据当时开滦煤矿英方负责人观察，日军意图在滦河以东、长城以南的区域建立一个面朝渤海的中日中立区，以完全控制自喜峰口经冷口至界岭口这

---

① The Ambassador in Japan (Grew) to the Secretary of State, March 25, 1933, p. 251, FRUS.
② 「作戦 3 月 27 日」『第 8 師団熱河作戦戦闘詳報第 10 号昭和 8.2.20 – 3.28』Ref. C14030130400、3 頁。
③ 《满洲事变作战经过概要》第 2 卷，第 93 页。
④ 内田尚孝『華北事変の研究——塘沽停戦協定と華北危機下の日中関係 一九三二 – 一九三五年』59 頁。
⑤ 「作戦 3 月 25 日」『第 8 師団熱河作戦戦闘詳報第 10 号昭和 8.2.20 – 3.28』Ref. C14030130200、3 – 4 頁。
⑥ 金以林：《论长城抗战》，第 133 页。
⑦ 「作戦 3 月 27 日」『第 8 師団熱河作戦戦闘詳報第 10 号昭和 8.2.20 – 3.28』Ref. C14030130400、8 – 9 頁。

条长城重要通道。如此,日军对华北就拥有可攻可守的战略优势地位,即使无法一举占领华北,也可通过此优势在华北建立一个亲日政府。① 可见,从纯粹的军事作战上讲,进攻冷口并非兵家可取之举,但是从军事战略和政治目的出发,夺取冷口是关东军威胁平津的重要部署。这也正是关东军司令部决定突破冷口的关键原因。

随着滦东作战的推进,关东军以山海关为跳板,开始向石门镇和海阳镇进攻,并迅速突破了华北的东面大门。② 4月4日,何柱国向英国在开滦煤矿秦皇岛的负责人通报,尽管日军一再宣称他们不会越过长城,但他们以清除义勇军为借口,向石门寨靠近。③ 同时,受关东军支持的李际春等伪军,从山海关入关,向抚宁及昌黎方向进攻,并与攻破冷口的关东军第6师团在冀东一带汇合。4月10日,第6师团占领冷口。11日,关东军下达追击命令,日方前线部队随即越过长城进入河北省东部,先后占领建昌营和抚宁。

4月18日,日本天皇就关东军侵入河北省内一事质问参谋本部次长真崎甚三郎,后者于次日下令关东军退回到长城以北。④ 19日,关东军司令部下令撤回在长城以南作战的部队。实际上,关东军撤退的仅是在滦东作战的第6师团。对于第8师团,关东军指示其"继续执行原有任务,保持对华北反抗势力的威胁态势"。⑤ 也就是说,第8师团仍在古北口及喜峰口与中方军队保持相持状态。由于日本天皇反对日军越过长城作战,关东军不得不暂时收拢军事行动,认为"一举攻入北平必须是符合战略的需要",转而把瓦解中方军事抵抗的希望,寄托于板垣征四郎在华北策动的"反蒋派工作"。⑥

---

① No. 514 Sir J. Simon to Sir R. Lindsay, 20 Apr., 1933, DBPO, F2601/18/10.
② 《中国军后退 日满军猛击结果》,《盛京时报》1933年4月7日。
③ No. 486 Sir M. Lampson (Peking) to Sir J. Simon, 4 Apr., 1933, DBPO, F2218/18/10.
④ 島田俊彦「華北工作と国交調整」『太平洋戦争への道』第2巻、22頁。
⑤ 「第5 第6師団冷口附近の敵陣地攻撃に協力/24 作戦4月20日」『第8師団熱河作戦戦闘詳報 第2号(完) 昭8.3.28-8.5.2』Ref. C14030133400、4頁。
⑥ 「第5 第6師団冷口附近の敵陣地攻撃に協力/23 作戦4月19日」『第8師団熱河作戦戦闘詳報 第2号(完) 昭8.3.28-8.5.2』Ref. C14030133400、1頁。

可见，关东军实施滦东作战的原因，一是缓解第八师团在古北口和喜峰口的军事压力，二是打通山海关、石门寨、界岭口、建昌营的长城关口，将东起山海关、西至建昌营、南至滦河入海口的区域连成一片，在地域和战略上获得对华北的凌驾之势。其在滦东作战戛然而止的原因，也在于关东军违反了不在长城以南作战的保证，"出师无名"的军事入侵会引发国际社会对日舆论的恶化，这就促使日本最高领导人出面干涉，从而迫使日军中止作战。

第六师团撤走后，关东军的进攻重点重回攻破古北口和喜峰口。然而，古北口有国民政府中央军第二师及第八十三师的精锐抵御，喜峰口也有宋哲元部队在死守，日军进攻受阻。这就意味着关东军不得不再次调整作战行动。在此情况下，关东军命令前线部队暂时按兵不动，一方面寄希望于板垣的政治策动工作，一方面与陆军中央商讨接下来的战略方针。

（三）关内作战与中日停战谈判的正式开启

在关东军攻热之际，板垣就开始了在华北的阴谋活动，但是并不顺利，策动的原北洋军阀人物均未给予明确回应。① 特别是当关东军在南天门久攻不下之时，冈村要求板垣策动华北政治运动，以策应古北口和新开岭的进攻，但板垣未能完成任务。②

另一方面，关东军参谋长小矶国昭返回东京，旨在谋取："一，满洲资本统制之根本案；二，关于满洲国治安维持方针；三，讨伐后热河之警备事务。"③ 乍看之下，小矶东京之行的目的与军事作战无直接联系，事实上，他与陆军中央商讨了下一步的作战方针。陆军中央认为："在撤退命令之下，很难占领抚宁、永平、昌黎以及横渡滦河……只有向外界宣传进攻的目的，旨在扫荡中方对日挑战的根据地，是为日方不得已为之的作战。"④ 4月19日以后，由于关东军逐渐从关内撤出，中方开始收复迁安、卢龙等地，

---

① 臧运祜：《日本在热河——长城作战期间的华北谋略》，《团结》2005年第4期，第58页。
② 小林龍夫・島田俊彦編『現代史資料7 満洲事変』533-544頁。
③ 《小矶参谋长回国任务重大》，《盛京时报》1933年4月14日。
④ 「四月十八日朝参謀本部酒井大佐ニ確カメタル灤東方面ノ情勢要領」『満洲事変（支那兵ノ満鉄柳条溝爆破ニ因ル日、支軍衝突関係）/華北問題（日、支停戦協定及満、支国境諸懸案解決交渉ヲ含ム）松本記録　第一巻』Ref. B02030475200、3-4頁。

并进行大力宣传。① 这正好给了关东军"中方挑战"的借口。

在此期间,关东军参谋部作战课参谋远藤三郎起草制订了新的作战计划。对于这份计划,关东军内部发生了龃龉。远藤认为,由于中方军队再次进入滦东地区并有反攻迹象,日方应该对其进行强力打击。关东军参谋部第二课(情报课)则指出,发动进攻的对象应该是与第八师团对峙的中央军,这样既能对北平形成威慑,也能提升作战效果。远藤坚持再次在滦东发动攻击,因为突破古北口意味着将投入更多兵力,"对于滦东中方军队的挑战态势,不论其兵力多寡,我方都应予以惩戒"。最后,第二课以作战课的作战名义"不明确"为由,拒绝在计划书上签字。② 其后,5月1日第二课课长喜多诚一从东京回到长春,又同意了作战计划,其理由是"体会作战课的苦心"。3日,远藤三郎到大连向小矶说明了作战计划并获得了同意,二人随后一起奔赴旅顺征得了武藤的认可。武藤随即下令,第八师团以古北口、第六师团以滦东为突破,同时从北面和东面向北平和天津逼近。③ 这就是关内作战。

为此,关东军命令第八师团主要兵力在5月8日前全部在古北口附近集结,同时利用飞机队和汽车队对古北口至怀柔一带的地形进行侦察。通过侦察,日军发现新开岭附近山峦重叠,攻击较为困难;密云以南有一面是平地,但树木较多,不利于远视和射击;怀柔西面连接着平地,是要害之地,河川水量较少,不影响徒步过河。④ 由此,关东军判断中国军队的前方阵地比后方更为坚固,并以此推测抵抗最激烈的应在前方阵地。如此一来,关东军认为进攻之时就可省去分期作战,一鼓作气攻破前方,直捣后方阵地。⑤ 也就是说,关东军只要攻破南天门和石匣镇,便可利用河北省的平

---

① 《一周间国内外大事述评(自廿二年四月二十一日起至廿二年四月二十七日止)》,《国闻周报》第10卷第17期,1933年5月1日,第1页。
② 小林龍夫・島田俊彦編『現代史資料7 滿洲事変』537頁。
③ 「第3 作戦経過/其1 新開嶺附近敵陣地攻撃準備(2)」『第8師団河北作戦戦闘詳報昭和8.5.2-5.23』Ref. C14030147200、1、3頁。
④ 「第2 戦闘地の地形及気候」『第8師団河北作戦戦闘詳報昭和8.5.2-5.23』Ref. C14030147000、1-2頁。
⑤ 「第3 作戦経過/其1 新開嶺附近敵陣地攻撃準備(2)」『第8師団河北作戦戦闘詳報昭和8.5.2-5.23』Ref. C14030147200、27-28頁。

地，长驱直入，兵锋直指北平。5 月 10 日晚，第八师团开始进攻新开岭。

由于事前进行了较为充分的准备，关东军成功突破中方长城防线。第 8 师团在较短时间内相继攻陷南天门、新开岭。① 第六师团方面亦于 5 月 12 日横渡滦河，将中方军队逼退至滦河西岸。由此，关东军发动进攻两日之后，便取得了压倒性优势。13 日，关东军司令部发布命令，将作战范围限定在密云、平谷、玉田、丰润、永平一线以北区域，夺取长城南面的重要据点，保持对北平和天津的威胁态势。② 至此，中方已由南天门退至密云阵地，关东军对平津形成"大军压境"之势。同日，关东军发出声明，表示接受中方停战交涉的诉求，双方开始谈判。

综上可知，关东军首先通过热河作战攻占热河和打垮张学良，并将战线推进至长城一线，为进犯华北做铺垫。接着，关东军通过滦东作战开辟长城东线战场，通过占领冷口、打通锦州、山海关一线，直达渤海湾，形成威逼天津的态势。最后，关东军通过关内作战分别从长城北面和东面进攻，攻破中方防线，威逼平津。可见，日军通过三次精心设计、环环相扣的非法军事行动，最终成功侵入华北。

三　日本军事作战背后的停战谈判与政治目标

日本在军事入侵取得突破的同时，也与中方展开了谈判接触。据日本海军记录，日本此时有三个不得不考虑谈判的因素：第一，日本没有一举占领华北的打算；第二，因为中东路，与苏联在远东的关系相当紧张；第三，世界经济会议即将召开，如果中方借此控诉日本，那日军有可能会被迫放弃占有的部分华北区域。③ 对国民政府而言，在长城一线的抵抗更大的

---

① 「新開嶺付近戦闘経過の概要」『第 8 師団熱河並北支作戦経過の概要　昭 8.3.20 – 5.23』Ref. C14030136200、13 – 14 頁。

② 「第 3　作戦経過/其 2　新開嶺附近敵陣地攻擊実施（2）」『第 8 師団河北作戦戦闘詳報昭和 8.5.2 – 5.23』Ref. C14030147400、17 – 18 頁。

③ 「駐支海軍情報部発駐支海軍各部」（1933 年 4 月 28 日）『島田史料 12　北支停戦協定関係綴 2/3 分冊』日本防衛省防衛研究所藏、請求番号：重要国策文書 432、140 頁。

意义在于向国人"表态",实际更希望尽早与日本签订停战协议。① 5月3日,国民政府宣布成立驻平政务整理委员会(以下简称"政整会"),任用黄郛为委员长,专办对日交涉。从背景来讲,中日双方都有停战谈判的内在动因。

(一) 日本的停战诉求与中日双方的相互试探

日军侵占热河后,即向中方释放谈判信号。据当时英国驻华公使兰普森(Miles. Lampson)观察:"日本占领了热河,这正如他们当初宣称的那样,伪满得到了圆满……也毫无疑问地希望巩固他们的成果,因此在3月中旬以各种直接和间接的方式,向中方释放以谈判来解决问题的信号,企图让过去的事情过去。"② 兰普森的观察在日方档案里得到了印证。3月14日,日本陆军省起草了一份考虑与中方谈判的停战协议,但未见具体内容。③ 与此同时,参谋本部中国班班长根本博和参谋岩松义雄分别于15日和17日在上海秘密访问了湖北省主席张群和军政部次长陈仪。根本等人向中方提出停战诉求,表示其形式可以是双方默契,若中方因为政治原因难以立即停战,可在获得关东军的谅解之后,采取佯攻,日军绝不侵入关内一步。④

此外,日本政府也通过外交渠道试探中方。日本驻华一等书记官须磨弥吉郎向外交部部长罗文干表示了日方的停战意向。罗回应,只要日本承认错误,归还侵占的中国领土并向中方道歉,即可谈停战。⑤ 3月18日,在北平的一等书记官中山详一走访美国驻华公使詹森(N. T. Johnson),请其出面调停中日冲突,提出中方南退到北平至山海关一线、日军撤回到长城

---

① 黄自进:《蒋介石与日本:一部近代中日关系史的缩影》,台北,中研院近代史研究所,2012,第215页。
② No. 497 Sir M. Lampson (Peking) to Sir J. Simon, 8 Apr., 1933, DBPO, F3500/26/10.
③ 「停戦議定書案昭和8年3月14日、刻下ニ於ケル対『ソ』情勢判断 昭和9年9月」『満洲事変作戦指導関係綴別冊其の1 昭和6年9月19日~8年8月2日』Ref. C12120032000、1頁。
④ 《陈仪致蒋介石电》(1933年3月18日),台北,"国史馆"藏"蒋中正总统文物",档案号:002-090200-00010-178。
⑤ The Minister in China (Johnson) to the Secretary of State, FRUS, March 14, 1933, p. 235.

的停战条件。① 然而，此后月余时间，日本主动和谈举措陷入沉寂。结合前文所述，日方此时中断试探的原因，一是中国军队在长城一线的有力抵抗迫使日军停止向南入侵，二是关东军还未获得东京的明确指示。

4月19日晚，中山复访兰普森，请求其像在签订《淞沪停战协定》时那样充当中日之间的斡旋角色。中山告诉兰普森："关东军只想清扫中方军队……没有进驻滦河甚至渡河的意图……但为了防止中方反扑，日本需在中日军队之间建立一个空白地带。"兰普森答道："上海的情况与此时不同。上海的情况是日方已经准备撤军，且中日双方都有意愿签订协定。……我也没有看到其他列强的代表去劝解中方停止保卫他们的领土。"虽然最后兰普森表示愿意充当中间人，但条件是"中方要求我调停"。②

可是，日方并没有进一步采取和谈行动。23日，兰普森询问中山19日所谈一事。中山这时明显有退缩之意，强调在中方有意愿之前，日方很难有所表示。③ 这是因为，日本政府于4月17日同意关东军在长城以南实施有限定范围作战的要求。

在日方停止和谈试探之后，国民政府反而开始改变此前不愿与日方交涉的态度。4月19日晚，何应钦在北平召集于学忠、胡适、丁文江及蒋梦麟等人商讨与日和谈一事，结果一致同意请蒋梦麟出面询问兰普森，看其是否愿意在中日之间斡旋。21日，兰普森告诉蒋梦麟，自己愿意从中斡旋，同时告诫中方两点：第一，获得南京国民政府的允准是先决条件；第二，这个允准可以是非正式的，但它必须明确且精确地规定中日停战谈判的范围。④

同一时间，黄郛和张群在上海秘密会见已经转任上海武官的根本博，试探日方意向。事后，根本向关东军汇报了国民政府以政治手段解决华北问题的方案。根本认为，起用段祺瑞再加上黄郛和张群等人对日有利，可以通过彼等来整理杂军及旧东北军，以滦河为界把河北省作为中日缓冲地

---

① The Minister in China (Johnson) to the Secretary of State, *FRUS*, April 18, 1933, p. 279.
② No. 511 Sir M. Lampson (Peking) to Sir J. Simon, 19 Apr., 1933, DBPO, F2649/18/10.
③ No. 523 Sir M. Lampson (Peking) to Sir J. Simon, 25 Apr., 1933, DBPO, F2727/18/10.
④ No. 517 Sir M. Lampson (Peking) to Sir J. Simon, 21 Apr., 1933, DBPO, F2659/18/10.

带。关东军立即回复："平津并非蒋介石政权的延长地带,应该树立独立的政权……起用段祺瑞或者阎锡山亦不在考虑之列……天津特务机关正在策动反蒋派,其行动是适当的,我方应静观华北形势发展。"① 言外之意,日军试图在平津扶植一个亲日政权,顺带也就否定了黄郛北上。

29日,在汪精卫的授意下,陈仪与根本密谈并转达了何应钦撤军的意向,表示中方将首先改变古北口作战计划以表谈判诚意,接着中方军队退至南天门附近,同时希望日军在中方撤退后停止追击。根本认为,陈仪的信息可靠。② 然而,关东军否定了此项提议。在关东军看来,何应钦改变古北口的作战计划不是主动撤退,因为日军已经攻破南天门阵地,在滦东方面也准备诱敌深入痛击中国军队。关东军认为,中方的诚意应该体现在"撤回长城以北的军队,并将主力部队撤退至密云、平谷、玉田、滦河一线的南面"。③ 板垣指出,南京的提议只是为了延缓日军的攻击,进而镇压华北的反蒋运动。④ 北平公使馆武官永津佐比重也强调,此时还不是谈停战的时候,最重要的是中方主动且自发的撤退。⑤

不仅如此,日本陆军中央也主张不必回应中方的停战试探。真崎指出:"鉴于现在国民政府屈服退让的态度,停战谈判是水到渠成之事。我方暂时不必理会中方为了维持面子而提出停战的诉求,也绝对反对第三国介入谈判。"⑥

由此可见,停战谈判尽管是由日本率先提出,但并非日本内部的集体意志,更非真心停战,而是诱使中方停止抵抗,企图以政治手段巩固侵华"果实"。所以,面对中方的停战要求,日方不以为意。

(二) 关内作战期间日本在停战交涉背后的政治图谋

经过3月中旬以来中日双方停战谈判的接触,关东军基本掌握了国民政府的求和心态。关东军遂将作战目的调整为"逼退中方军队至长城以南,

---

① 小林龍夫・島田俊彦編『現代史資料7 満洲事変』534頁。
② 小林龍夫・島田俊彦編『現代史資料7 満洲事変』535頁。
③ 小林龍夫・島田俊彦編『現代史資料7 満洲事変』535頁。
④ 小林龍夫・島田俊彦編『現代史資料7 満洲事変』536頁。
⑤ 小林龍夫・島田俊彦編『現代史資料7 満洲事変』538頁。
⑥ 小林龍夫・島田俊彦編『現代史資料7 満洲事変』538頁。

威吓北平当局,消灭长城南面的中方军队,进而在北平建立亲日政权"。①至此,日本染指华北政局的企图已然明显。在关内作战期间,日本逼迫中方妥协并最终签订停战协定,可以从两条线展开讨论。一是军事上不断要求中方南移撤退线,二是政治上对华北局势提出要求。

在军事要求方面,首先,关东军一再逼迫中方往南撤退。5月3日,关东军通过永津告知中方,要求退至密云、玉田、滦河右岸一线,甚至宣称这并非军事上的撤退线,而是对日诚意的表示。也就是说,"中方撤退至这一线之后,放弃挑战态度,待日军确认后,方可开始谈判"。② 5月6日,陆军中央起草了《华北方面应急处理方案》,指示关东军在缔结停战协定之时,向中方提出两个条件:"(一)中国军队大致撤退至宣化、顺义、三河、玉田、滦县、乐亭一线以南及以西,并以事实证明不能再进入以上地区;(二)中方必须保证事实上的取缔排日。"③ 比较关东军和陆军中央的对华要求可以看出,陆军中央提出的撤退线更为靠南,并向中方提出了取缔排日的政治性意图。然而,不管是关东军还是陆军中央的要求,都超出了中方所能接受的范围。因为,何应钦在此前致黄郛的函电中称,"密云至新开岭间,我军已构有数线阵地,足以限制敌人重兵器之使用,碍难再行撤退",④明确表示不能舍弃新开岭阵地。然而,5月10日以后,何应钦的态度出现转变。这是因为,10日晚关东军司令部命令进攻,第八师团逐渐逼退中央军第二十五师、第八十三师及第二师,第六师团也击溃了王以哲部队的左翼。在这种情况下,13日何应钦致电汪精卫及黄郛说明前线战况,并表示同意黄郛的撤退提议,决定于18日前撤退至密云、平谷、玉田、蓟县、唐山一线。⑤ 黄郛随后将何应钦的电报内容告知根本,后者却以陆军中央对停战的暧昧态度为由,拒绝将中方信息传递给关东军。

其次,关东军对中方主动撤退的范围并不满足。5月13日关东军发布命令,

---

① No. 559 Sir M. Lampson (Peking) to Sir J. Simon, 12 May, 1933, DBPO, F3196/18/10.
② 小林龍夫・島田俊彦編『現代史資料7 満洲事変』542頁。
③ 小林龍夫・島田俊彦編『現代史資料7 満洲事変』544頁。
④ 何应钦将军九五纪事长编编辑委员会编《何应钦将军九五纪事长编》(上),台北,黎明文化事业公司,1984,第297页。
⑤ 《何应钦将军九五纪事长编》(上),第309~310页。

要求第八师团和第六师团分别从北面和东面对北平和天津形成威胁态势。① 在取得军事优势的情况下，关东军继而发表声明，表示只要中方军队放弃抵抗，远离长城一线，日军就能退回长城。随后，关东军一面通过根本通报国民政府，称日军有接受停战提议的意向；一面向陆军中央请示，希望日本政府也能向中方提出撤退要求，最好是退至顺义、玉田、唐山一线以南。② 关东军采取的这一系列行动，表明其具有明确的谈判目标，要求的中方撤退线也更为靠近平津。

最后，逼迫中方放弃密云一线。在发布停战声明之后，关东军委托永津负责与中方接触。5月14日，永津提出日方可以不追击，但必须驻扎在密云后再谈停战问题。北平军分会总参议熊斌强调，日军可停在石匣镇，中方撤退至密云，因为顺义邻近北平，为避免引起民心不安，中央军断不能退至顺义。15日，熊斌催促日方答复。永津表示，"个人意见是中方退至顺义、宝坻、芦台一线，我可负责与关东军谈"。熊斌也告知根本，他与何应钦商量的结果是丰台、宝坻方面可按日方要求撤退，但密云方面还在与前线部队商量当中。此外，根本也警告黄郛，关东军要求国民政府不要讨价还价，迅速地撤退至顺义、玉田、唐山一线，此后不得再越过此线，不得有对日挑战态度。③ 到5月15日，中日双方关于撤退线的问题实际上并没有谈拢，其争论的焦点在于国民政府能否迅速放弃密云。为此，关东军趁机发动进攻，施加军事压力。18日，关东军命令前线部队占领密云和平谷。④ 20日，关东军发布了在热河及关内作战期间的最后一道作战命令，"追击敌军至怀柔、密云、平谷、蓟运河一线即可停止"。23日，第8师团占领怀柔。此间，陆军中央指示关东军，要求中方军队必须在五日内撤完，尽快开启谈判。⑤ 日军决策层要求关东军尽快与中方谈判的原因，一方面是关东军已进至离北平25公里的地方，达到了威逼华北的目的；另一方面则

---

① 「第3　作戦経過/其2　新開嶺附近敵陣地攻撃実施（2）」『第8師団河北作戦戦闘詳報　昭和8.5.2－5.23』Ref. C14030147400、18頁。
② 小林龍夫·島田俊彦編『現代史資料7 満洲事変』549頁。
③ 小林龍夫·島田俊彦編『現代史資料7 満洲事変』550－551頁。
④ 「第3　作戦経過/其4　石匣鎮附近より密雲附近に向ふ追撃実施」『第8師団河北作戦戦闘詳報　昭和8.5.2－5.23』Ref. C14030147600、22頁。
⑤ 小林龍夫·島田俊彦編『現代史資料7 満洲事変』552頁。

是不给欧美列强反应时间，避免其干涉中日华北停战问题的解决。①

在政治要求方面，日本政府在热河作战胜利之后便称："讨伐热河告一段落后华北情势之有力观测，谓张学良大概圆满下野，华北时局由蒋介石支持安定……倘蒋介石依然续行抗日工作，则日本为日满华之民众计，对蒋介石之措置，讲自卫的对策。"② 也就是说，日本将对华北的政治要求与蒋介石的对日政策相挂钩。而蒋介石的对日政策宏观上说是"攘外必先安内"，具体地说就是让黄郛在华北主持局面。在日本内部，如何看待华北新局势和接受黄郛主政华北有一个变化的过程。

一方面，日本内部对于华北"新政权"的认识存在分歧。如前所述，关东军反对国民政府中央势力进驻平津。在关内作战期间，关东军和天津驻屯军对反蒋势力充满期待："希望在平津建立第三种势力……绝对不允许在北方存在任何形式的受国民政府影响的势力。"③ 对此，日本政府却信心不足，因为阎锡山、冯玉祥、吴佩孚、孙传芳、东北军将领等旧北洋军阀人物之间缺乏联络，活动资金也不足，进而判断彼等"很难做出一番新局面"。④ 因此，日本政府认为"不论是黄郛还是其他要人，只要能担负起责任处理华北事态"，"就可根据形势缓急与其进行商谈"，并通报关东军"日本政府没有树立第三势力的计划"。⑤ 5月21日，陆军中央下令板垣停止没有产生实际效果的政治策动工作。这样一来，日方能交涉的对象就只剩下国民政府政务整理委员会委员长黄郛。

另一方面，侵华日军对黄郛的态度有一个转变的过程。由于是军事停战交涉，负责与国民政府交涉的自然是日本陆军。然而，陆军中央和关东军对黄郛的态度不尽相同。陆军中央对黄郛持静观态度，关东军则抱消极

---

① The Ambassador in Japan（Grew）to the Secretary of State, *FRUS*, May 20, 1933, p. 336.
② 《讨伐热河完了后 日政府之对华政策》，《盛京时报》1933年3月11日。
③ 「在天津桑島総領事より内田外務大臣宛」（1933年5月16日）外務省編『日本外交文書 満洲事変』第3巻、外務省、1981、853頁。
④ 「内田外務大臣より在英、米、露各大使」（1933年4月）『支那地方政況関係雑纂/北支政況 第五巻』Ref. B02031825400、50頁。
⑤ 「内田外務大臣より在天津桑島総領事宛」（1933年5月17日）『日本外交文書 満洲事変』第3巻、855頁。

态度，认为他"难于做出成绩"。① 可见，最开始不论是陆军中央还是关东军，对黄郛的态度都算不上欢迎。在黄郛北上之前，张群、黄郛的助手李择一及心腹许卓然先到北平和天津与日方接触，为黄郛做铺垫。张群也分别于5月8日、11日走访天津总领事桑岛主计和中山详一，力说黄郛有打开华北局势之策的抱负，值得期待。②

5月17日午后，黄郛抵达北平。然而，在平津的日本驻华人员皆未与其会面。在此情况下，李择一联络了自己的旧识海军武官藤原喜代间，请其代为与日本陆军方面联络。20日，藤原与黄郛会见。黄郛说，自己是在"中方军队在20日前撤退，关东军不再追击"的日本谅解之下北上的，"如今中方已于19日撤完，而日方仍在进攻"，这使自己的立场非常尴尬。藤原告知黄郛，"中方军队不能在撤退线驻扎，必须要退到之后的相当距离，放弃抵抗，谈判随之就会开启"。③ 而预定的21日黄郛与永津会面一事，也因20日中国爱国青年刺伤日本步哨事件而取消。

5月20~22日，日方通过观察何应钦和黄郛的动向认为，军事方面何应钦等将领完全陷入狼狈之势并准备撤出北平，政治方面黄郛除了茫然之外亦毫无办法。④ 对此困境，黄郛也在日记中有所记录。22日，黄郛记曰："观居仁堂方面已不能安居，日兵有来袭之势，天津方面复报告明晨有日兵五百名将开来北平，通州顺义两保复跌电告急，不得已决定离平，拟自移驻长辛店。"⑤ 日方判断"停战时机已经成熟"。受永津之托，藤原于22日晚邀请黄郛至海军武官官舍与中山会见，催促他做出决断。

此次秘密会面，中山一共向黄郛提出四项质问。第一，关于打开华北局面的办法。中山表示华北局势的第一步就是停战问题，这需要消除关东

---

① 「在天津桑島総領事より内田外務大臣宛」(1933年5月16日)『日本外交文書　満洲事変』第3卷、853頁。
② 「在天津桑島総領事より内田外務大臣宛」(1933年5月8日)「中山書記官発内田大臣宛」(1933年5月11日)『日本外交文書　満洲事変』第3卷、843、844頁。
③ 「在北平藤原補佐官より次官次長宛」(1933年5月21日)『島田史料12　北支停戦協定関係綴2/3分冊』日本防衛省防衛研究所蔵、請求番号：重要国策文書432、190頁。
④ 「在南京須賀武官より軍令部軍警局宛」(1933年6月5日)『島田史料11　北支停戦協定関係綴1/3分冊』日本防衛省防衛研究所蔵、請求番号：重要国策文書431、47頁。
⑤ 《黄郛日记》(1933年5月25日)，台北，中研院近代史研究所图书馆藏。

军对国民党及中央军的疑虑,并质问黄郛如何消除国民党及中央军的排日思想,是否有决心消除此种排日思想。第二,关于华北排日问题。中山提出,中方的诸如排日团体、国民党党部的解散以及排日教科书的废除,应该怎么处理。中山也表示,这方面的具体要求需要等日本政府的训令下达之后再与中方具体交涉。第三,关于如何处置中央军驻防地及其与杂军之间的关系。第四,关于华北的军权和警察权归属问题。对此,黄郛一一做出答复。首先,中日亲善决不能假欧美人之手,不能给他们渔翁得利的机会。其次,停战协定达成之后,即开始整理华北的三十万军队,会留中央军的一部分在北方(此点遭到中山的强烈反对,要求中央军必须南返)。最后,停战协定签订之后,何应钦会返回南京,届时军权和警察权都会掌握在自己手上。中山对黄郛的回答很是满意。①在此情况下,藤原遂请永津移至官舍,参与秘密谈判,至凌晨四时半,双方达成四项条款的谅解。随后,黄郛告知何应钦谈判情况,何同意交涉结果,并拟派遣参谋徐燕谋赴密云正式提出停战要求。

至此,无论是军事上的迫和,还是政治上的要求,日方都达到了预期目标。23~25日,中日双方围绕停战开始正式谈判。最后,双方于31日签订《塘沽停战协定》,标志着日军入侵华北告一段落。

由上可知,在滦东和关内抗战期间,中日双方都提出过停战诉求。首先,日方的停战试探并非真的停战交涉,是辅助于军事侵略的一种手段。其次,对于中方所提停战交涉,日方要求中方先撤军后谈判,并一再逼迫中方军队往南撤退。最后,关东军在停战谈判中,威逼黄郛在排日问题、华北政局和军权等方面做出政治承诺。最终,日本在九一八事变后所计划的三大目标——占领热河、彻底打倒张学良、树立华北亲日政权,都实现了。

余 论

1933年11月,关东军与政整会在谈判停战协定的善后交涉之际,冈村

---

① 「在北平中山書記官より内田外務大臣宛」(1933年5月24日)『島田史料11 北支停戦協定関係綴1/3分冊』日本防衛省防衛研究所蔵、請求番号:重要国策文書431、227-233頁。

宁次告知黄郛九一八事变对于日本的"意义"："事变以来，日本已经在满洲投资了数亿，更有万余人的死伤者，即便如此日本也以退出国联为代价，坚决维护在满洲国的利益。"① 那么日本的这些所谓的"投资""死伤""代价"，将会通过何种方式来寻求"补偿"呢？答案即是必将通过继续和加深对华北的侵略来实现。通过考察九一八事变后关东军对华北侵凌的战事变化及政治要求，或可窥悉全面侵华战争爆发前中日冲突解决的一种模式。

首先，自九一八事变发生后，关东军即将侵略目光向南延展，彻底打倒张学良政权是其侵占热河和入侵华北的外在口号。在日本陆军中央看来，"热河问题和山海关事件在性质上是完全不同的，前者是满洲国国内事务，后者是在中国领土上发生的事件"。② 热河作战是九一八事变后关东军进一步侵略中国领土的又一次军事入侵，从战略上讲是日本完善"满洲事变"之举，得到日本政府的同意与支持。关内作战是日本占领热河之后，企图染指华北政局，以便在华北建立一个伪满和国民政府之间的中立地带，所采取的一次侵略行动。从战略上讲，关内作战是日军侵略华北的肇始，同时日本与苏联之间在远东的冲突以及列强的对日压力，使得日本对华北的侵略方式更多以间接性的逼和手段为主。而夹在两者之间的滦东作战，则起到了"承上启下"的作用：既保证了日本占领热河的"战果"，又从平津的东面打开了侵略华北的大门。三次作战之间并非单独存在，而是一种递进关系。它们之间虽各有侧重，但无疑都带着剑指华北的一面。

其次，需要指出的是，《塘沽停战协定》得以签订的主要原因，绝不能简单地归结为黄郛等人的"亲日"。因为日方看重的是停战之后华北政局该何处去从。这一点从本文论述日本对黄郛的态度便可理解一二。黄郛做出了相应的政治性承诺，日本看到了其"诚意"，才以其为谈判"对手"，并最终签订停战协定。这也暗示了国民政府在华北的危局并非以停战协定的

---

① 「停戦協定善後処理ニ関スル北平会議々事録」（1933年11月7日）『満洲事変（支那兵ノ満鉄柳条溝爆破ニ因ル件、支軍衝突関係）/華北問題（日、支停戦協定及満、支国境諸懸案解決交渉ヲ含ム）松本記録第三巻』Ref. B02030477300、9頁。

② 「熱河問題に就て陸軍当局者談」（1933年2月9日）『各種情報資料・陸軍省発表』Ref. A03023863900、1頁。

签订而结束，而是以此为开始。日本决心迫使中国站在"祈求者"的位置。① 当政整会成立之后，黄郛便开始着手与关东军商谈收复战区及改编杂军等善后问题。然而，关东军对政整会的性质并不满意，板垣认为，"虽然成功树立了黄郛和何应钦政权，但亦只是河北省一省而已，并且该新政权极其不彻底，也无法支撑华北的时局"。② 可以说，对于政整会管辖下的华北政局，中日双方从一开始就是"同床异梦"。在停战协定签订至1935年1月黄郛离开北平这段时期，除了黄郛对日本侵凌华北的意图认识不清，③ 还有日本对政整会的亲日进度不满。这些都是造成华北危机的潜在因素。在停战协定签订三个月之后，关东军向陆军中央报告，"伴随着停战协定的善后问题，我方希望解决华北政权与满洲之间通商、交通、通信等诸问题"。④ 日本企图通过"三通"⑤（即通车、通邮、通航）交涉问题，迫使政整会承认伪满并建立所谓的"日满中"亲善关系。9月25日，冈村如是评价与中国之间的善后交涉，"只谈判了战区接收、整理杂军等基本问题，别说政治协定，就连一般性的政治问题都未能触及"。⑥ 这就暗示了在接下来的善后交涉中关东军必然将对黄郛进行政治性"加码"。

此外，停战协定虽然暂时遏制住了日军侵略的步伐，但并没有真正解决华北的危机，以历史的后见之明而言，这种以武力为后盾来达到政治目的的交涉模式反而成了中日全面战争爆发的关键。日本以《塘沽停战协定》为文本划定了一个"非武装地带"，使华北的东北面大门大开。关东军和日

---

① No. 576 Sir M. Lampson（Peking）to Sir J. Simon, 24 May, 1933, DBPO, F3457/18/10.

② 「板垣少将歓迎懇親会（1933年7月13日）」『大亜細亜協会年報　昭和9年3月』日本国会国立図書館蔵、請求番号: 14.5 – 345、31頁。

③ 贺江枫：《无以为继：黄郛与1935年华北危局》，《近代史研究》2018年第3期，第55页。

④ 「満洲国卜北支政権卜ノ交渉ニ関スル件（8月30日）」『満洲事変（支那兵ノ満鉄柳条溝爆破ニ因ル日、支軍衝突関係）/華北問題（日、支停戦協定及満、支国境諸懸案解決交渉ヲ含ム）松本記録第二巻』Ref. B02030476500、28頁。

⑤ "三通"问题是黄郛主政华北一年八个月的时间里与日本交涉的主要内容。在黄郛下台之前，日本除了未达到"通航"目标，其他两个都已实现。参见李君山《全面抗战前的中日关系（1931～1936）》，台北，文津出版社，2010，第201～261页。

⑥ 「菱刈大使発広田大臣宛（9月25日）」『満洲事変（支那兵ノ満鉄柳条溝爆破ニ因ル日、支軍衝突関係）/華北問題（日、支停戦協定及満、支国境諸懸案解決交渉ヲ含ム）松本記録第三巻』Ref. B02030477000、6 – 7頁。

本政府企图通过热河作战"圆满"伪满,进而在伪满和国民政府之间建立一个政权,这个政权最好是亲日的,最次也应该是保持中立的。这个目标在卢沟桥事变爆发之前都没有变过。1933年5月21日,关东军在接受国民政府求和的同时即向参谋本部建议,在与中方签订停战协定的同时进行第二阶段的交涉是有必要的,"包含与华北战事相关联的善后问题"。根据关东军的计划,这个第二阶段的协定,"应该包含相当广泛的内容,至少应该有三条:(一)彻底取缔抗日及侮日,(二)严禁策动反满行为,(三)在禁止中方军队驻扎的缓冲地带维持治安和交通"。① 24日,内田电令中山,以政整会为交涉对手,提出"弹压一切排日运动及反满义勇军的活动、消除满洲国境的交通障碍、维持停战区域的治安"等要求。② 29日,内田又以"大至急"电报训令中山暂缓提出政治协定,而是先与政整会以"约定"的形式解决排日等问题。而关于提出政治协定的时机,内田认为可以是签订《塘沽停战协定》之时或者待黄郛主政华北政局之时。③ 日本突然改变策略,固然有外务省和陆军省之间沟通不及时的原因,④ 而"在停战交涉当中插入政治条件,恐会使谈判耗时数月",是当时不得不考虑的关键问题。⑤ 但这并不意味着日本放弃了政治要求,在随后开展的"三通"交涉中得到了体现。这种以武力威胁为后盾以实现政治目的的交涉方式在《塘沽停战协定》签订过程中被建构起来,这既成为中日20世纪30年代前期交涉最常见的模式,也是中日矛盾不断积累的关键点。比如1935年签订的《何梅协定》和《秦土协定》,前者将国民政府的党政军势力驱逐出河北省,后者则使日本获得在察哈尔省的一系列政治权益,这都是九一八事变后日本侵凌华北未

---

① 小林龍夫・島田俊彦編『現代史資料7 満洲事変』555頁。
② 「内田大臣発中山書記官宛(5月24日)」『満洲事変(支那兵ノ満鉄柳条溝爆破ニ因ル日、支軍衝突関係)/華北問題(日、支停戦協定及満、支国境諸懸案解決交渉ヲ含ム)松本記録 第一巻』Ref. B02030475700、18頁。
③ 「内田大臣発中山書記官宛 暗第81号(5月29日)」『島田史料16 塘沽停戦協定の経緯、越界路問題、天羽声明問題 3/3分冊』日本防衛省防衛研究所蔵、請求番号:重要国策文書436、26頁。
④ 陈群元:《日本外务省与1933年中的华北危局——以应对黄郛北上为中心》,第16页。
⑤ 「停戦協定ニ伴フ我ガ政治ノ要求ノ問題」『島田史料16 塘沽停戦協定の経緯、越界路問題、天羽声明問題 3/3分冊』日本防衛省防衛研究所蔵、請求番号:重要国策文書436、24頁。

完成的目标。

  总之，研究九一八事变后关东军发动的军事侵略行动和所图谋的政治目标，证明了其对30年代前期的中日关系有巨大影响。在这种模式下，中日冲突阶段性的"解决"成了下一轮对抗的前提，从而不可能得到真正的解决，只要日本不放弃这种以武力实现政治目的的对华交涉方式，中日全面战争就随时会爆发。

九一八事变后日本的尊孔活动与国民政府的因应

——以儒道大会为中心

孔 明*

中日两国同属儒学文化圈,在两国文化交往史上,儒学长期占据重要位置。近代以来,随着国力的上升,日本的文化优越意识日益膨胀,并公然以儒学正统自居。随着列强在华竞逐的激烈,日本在对华文化活动中积极运用尊孔手段,试图以此引起中国对"同文同教"之共鸣,进而确立自身东方文化盟主地位,辅助在华利益扩张。[①] 九一八事变后,中日民族矛盾迅速激化,日本在国际社会陷入孤立。为消弭反日情绪、巩固侵华成果,日本不仅在伪满打出"王道立国"的旗号,还试图通过尊孔活动开展对华文化侵略,1932～1935 年御用儒学团体斯文会与当局密切配合重修东京汤岛孔庙并举办邀请中国儒者和圣裔参加的儒道大会[②]是其标志性活动,亦是抗战全面爆发前日本对华文化侵略的一个

---

* 孔明,中国人民解放军军事科学院军队政治工作研究院助理研究员。

① 如一战后,为缓和因占据山东而高昂的反日情绪,1915 年,涩泽荣一、井上哲次郎、服部宇之吉等日本儒界名流倡议中日于青岛合建"儒教大学",谓欲通过发扬儒学,取得"伟大的精神上之效果",进而"助长两国亲善";1917 年 11 月,青岛守备军司令官、中将本乡房太郎甫上任,"第一位即参拜奉祀儒教本尊之曲阜圣庙",并献纳银鼎。参见「青島に儒教大学 日支共同の経営 井上文学博士談」『東京朝日新聞』(東京/朝刊)1915 年 7 月 10 日、4 頁;本郷房太郎「精神的に復興せよ」『斯文』第 12 編第 10 号、1930 年 10 月。

② 该会议由贵族院议员、斯文会副会长阪谷芳郎于 1931 年与 1932 年之交首次提出,初泛称儒学会议,后于 1934 年 9 月 20 日正式定名为"儒道大会"。为行文方便,除引文外,统一称作"儒道大会"。参见斯文会编『湯島聖堂復興記念儒道大会誌』斯文会、1936、1、380 頁。

高潮。

　　日本的尊孔活动是推动南京国民政府走向全面尊孔的直接外因。为抵制日本文化侵略、避免圣裔为日利用，南京国民政府在固有内在尊孔动力的基础上，一举落实了恢复祀孔、大修孔庙、优待圣裔等议论有年的悬案，走向全面尊孔。同时，国民政府积极回应日本儒道号召，欲借儒道外交改善中日关系。中日围绕儒道大会展开的官方交涉和互动发生于1935年上半年的中日邦交调整期，在该时期，为因应日外务大臣广田弘毅所倡导的"协和外交"政策、缓和中日关系，国民政府蒋汪当局采取了一系列"亲日"举措（如严禁国民排日等），以中央政府名义派员参加儒道大会亦属其一。凡此举措均在国民党尊孔史和对日关系史上具有标志性意义。

　　关于儒道大会及其与国民政府走向尊孔之关系，先行研究已有一定之论及。在批孔类著作中，1977年版《鲁迅杂文选讲》在对鲁迅于1935年发表的《在现代中国的孔夫子》一文的解说中认为，九一八事变后日本极力鼓吹通过"王道"和"孔子之教"建立"东亚新秩序"，儒道大会"使这丑剧达到了高潮"，而国民政府附和尊孔则是中日反动派"在孔丘的亡灵前结成了反革命的同盟"；① 在儒学与日本军国主义关系类论著中，刘岳兵将大会视为日本导引中国对日感情之手段，道破了儒道大会举办方斯文会的军国主义鹰犬性质；② 在国民党文化政策类研究中，蔡渊絜明确指出，九一八事变后国民党之所以加速尊孔，除巩固民族团结、恢复固有道德之目的外，对日本儒道大会等文化侵略行为的抵制是其"直接原因"③；李俊领也指出，国民政府尊孔和将孔子嫡裔纳入党国体制的原因之一在于与日伪竞争，防止日人对圣裔加以利用。④ 此外，关于1935年上半年之中日邦交调

---

① 长春市钢厂、吉林大学中文系三结合编写组：《鲁迅杂文选讲》（2），吉林人民出版社，1977，第115页。
② 刘岳兵：《日本近代儒学研究》，商务印书馆，2003，第107页。
③ 蔡渊絜：《抗战前国民党之中国本位的文化建设运动（一九二八～一九三七）》，博士学位论文，台湾师范大学，1991，第296页。
④ 李俊领：《"文治"与圣裔：国民政府对孔德成的借助及其困境》，《抗日战争研究》2018年第3期，第125～140页。

整，学界多认为出现了缓和改善的迹象，此不一一列举。①

然而，就笔者目力之所及，相关研究对儒道大会之经过与国民政府之因应尚缺乏专门性探讨，对大会与1935年中日邦交调整之关系更未见论及。本文以日本亚洲历史资料中心公布之外交文书、斯文会史料与台北"国史馆"档案等原始资料为中心，参酌新闻报道、回忆录、日记等，全面梳理九一八事变后中日两国围绕儒道大会展开的博弈与互动，以期为认识日本对华文化侵略、国民政府走向全面尊孔之外因以及1935年中日邦交调整提供一新视角。

一 斯文会的国策拥护与儒道大会之缘起

儒学与日本政治关系密切，在幕藩体制时期，曾长期居于政治理念和道德文教的支配地位。明治维新后，虽然在欧化风潮冲击下，儒学一度式微，但出于巩固绝对天皇制国体的需要，日本政府通过颁布《教学圣旨》（1879）、《教育敕语》（1890）等一系列思想统制法令，使之重新"国教化"，上升为天皇制政权的精神支柱和教化手段。② 与此同时，甲午战争、日俄战争后，日本的对华文化优越意识和儒教正统观念迅速膨胀，领导东方文化建设之使命感日趋增强。1917年，汉学家服部宇之吉毫不隐讳地宣称，"孔子之教在支那仅存其形骸，其精神实存于日本"。③ 这种优越意识和使命观念，使日本儒林对内维护绝对天皇制国体，对华以"同文同教"相昭示，通过开展文化活动，辅助本国在华利益扩张，即所谓"以斯文扶翼皇运，兼为东亚诸民族缔盟之一要素"。④ 其中，近代日本最大的御用儒学

---

① 参见余子道《敌乎？友乎？三十年代关于中日关系的一场论争》，《复旦学报》（社会科学版）1998年第2期，第111~119页；臧运祜《七七事变前的日本对华政策》，第154~157页；刘维开《〈敌乎？友乎？——中日关系的检讨〉新探》，《抗日战争研究》2012年第1期，第142~151页；彭敦文《30年代蒋介石对日思维——以〈敌乎？友乎？——中日关系的检讨〉一文为中心的考察》，《民国档案》2009年第2期，第94~102页。
② 刘岳兵主编《明治儒学与近代日本》，上海古籍出版社，2005，第160页。
③ 服部宇之吉『孔子及孔子教』明治出版社、1917、391頁。
④ 德川圀顺「弔辞」『斯文』第24編第2号、1942年2月。

团体——斯文会是其典型。

斯文会系于1918年在众多小型儒学团体"大同团结"的基础上成立，如其《趣意书》所宣示，其宗旨在"大举振张儒道，以期宣扬《教育敕语》之圣旨"，① 即以维护绝对天皇制国体为己任。职是之故，自诞生起，斯文会即受到当局的格外青睐：其核心成员均是当朝贵胄和御用学者，皇族伏见宫博恭王和德川将军家第16代宗主、贵族院议长、公爵德川家达长期担任总裁和会长，涩泽荣一、阪谷芳郎、井上哲次郎、服部宇之吉等名流是其骨干；文部省将国有教化设施东京汤岛孔庙划归其管理，其年度祭孔大典，多有内阁总理及主要大臣致辞或亲临；天皇更数度下赐内帑金嘉奖，并屡从该会成员中选拔御前进讲的讲师，所获圣眷与恩渥实为同类团体所仅有。

御用团体之性质决定斯文会及其成员积极配合日本对华文化侵略，早在九一八事变前，此种倾向即已非常明显。自1919年起，斯文会即长期向政府呼吁以汉学这一"同文"手段与欧美展开在华文化竞争，并甘当先锋开展对华"调查研究"，宣扬以日本之"兵强"攫取中国之"国富"；② 1921年3月，斯文会成员推动国会通过《汉学振兴案》，其宗旨之一即为以汉学为手段实现中日"亲善"，进而攫取中国资源，宣扬"国威"于海外；③ 1923年3月，日本政府"对支文化事业"启动后，斯文会总务服部宇之吉、常议员狩野直喜长期担任"对支文化事业调查会"委员、东方文化事业总委员会委员等要职，主导了日本政府对华文化事业的策划与实施；④ 此外，如后文所述，斯文会尤其强调借由尊孔和建立中日"斯文同盟"来争夺在华文化霸权，其表现形式为曲阜祭孔、援助孔府建设文化设施、力邀衍圣公东渡、干涉国民政府反孔，甚至呼吁拥立衍圣公为君主等。

九一八事变后，伪满洲国傀儡政权建立，其"王道立国"的口号极大

---

① 斯文会「財団法人斯文会趣意書」『斯文』第1編第1号、1919年1月。
② 斯文会「時評」『斯文』第2編第3号、1920年6月。
③ 斯文会编『斯文六十年史』斯文会、1929、327-328页；「漢学振興ニ関スル建議案」『官報』号外（第44回帝国議会衆議院議事速記録第34号）、1921年3月25日、898页。
④ 山根幸夫「服部宇之吉と中国」『社会科学討究』第32卷第2号、1988年12月。

地鼓动了斯文会为军国主义鼓吹和效力的热情。1932年4月，斯文会将其机关刊物《斯文》5月号定为"王道号"，广泛征集鼓吹诗文，用于上呈溥仪。① 最终形成的《斯文》"王道号"特辑刊有"大满洲国肇建志喜"系列汉诗和以服部宇之吉、小矶国昭、大仓喜七郎为首的御用文人、军国主义分子和财阀头领等20余人的鼓吹文章。② 5月3日和17日（正值"五一五事件"发生后的戒严期间），半月之内该会编辑部部长、东京帝国大学教授盐谷温两次被召至宫内，为天皇进讲"王道之理论及现实"，"在（进讲）末尾，（盐谷）言及满洲国之宣言，并拜言祈祷满洲国依靠陛下之御稜威获得健全之发展"。次日，盐谷温又前往伪满"朝贺"，向溥仪呈上明治天皇御制图书数种。③ 此外，斯文会成员还实际参与对伪满文化政策的制定。1933年3月，该会总务服部宇之吉等被任命为外务省"对满文化事业审查委员会"委员，④ 提出《儒佛二教研究机关设置案》等一系列推行奴化政策的建议，⑤ 充分体现了斯文会军国主义鹰犬的本质。

当然，斯文会在为侵略狂热鼓吹的同时，也较早意识到应开展对华文化"亲善"，以消弭中国的反日情绪，巩固既得侵略成果，儒道大会之议遂起。

最先提出大会构想的是贵族院议员、斯文会副会长阪谷芳郎。阪谷出身汉学世家，父为汉学家阪谷素，岳父为著名实业家涩泽荣一。阪谷本人曾担任大藏大臣，并曾于辛亥革命后受聘为北京政府财政顾问，对华外交经验丰富。阪谷是对华文化外交的积极倡导者，早在1922年他即曾提出中日于曲阜合办祭孔大典，以消解五四运动后两国之"不和"。⑥

九一八事变后，阪谷兼任以推动"对满国策之有效进展"为宗旨的

---

① 斯文会編輯部「敬告」『斯文』第14編第4号、1932年4月。
② 斯文会「塩谷博士西遊送別会」『斯文』第14編第6号、1932年6月。
③ 塩谷温「我国体と漢文」『斯文』第12編第9号、1937年9月。
④ JACAR（アジア歴史資料センター）Ref. B05015990400（42-431頁）『日満文化協会関係雑件/文化研究員関係』（H-6-2-0-29_4）（外務省外交史料館）。
⑤ JACAR（アジア歴史資料センター）Ref. B05015212200（334-335頁）『対満文化審査委員会関係雑件（対満文化事業）第一巻』（H-3-3-0-1_001）（外務省外交史料館）。
⑥ 阪谷芳郎「支那古代の文明」『斯文』第4編第1号、1922年2月。

"中央满蒙协会"会长,其子阪谷希一更担任伪满国务院总务厅次长,实际参与殖民统治,这种身份无疑进一步强化了阪谷为侵华服务的立场。相较服部宇之吉、盐谷温等学院派儒者对伪满一边倒式的鼓吹,阪谷较早"理性地"认识到缓和中国反日情绪、改善对华关系的重要性。据盐谷温回忆,阪谷曾特别提醒他,"关于支那与满洲之顺序,从国际上看,应称日、支、满",足见其在中日关系认识上之侧重。①

至于改善对华关系之手段,阪谷自然将儒学视为首选。1931~1932年,阪谷"深鉴于时势,为团结同文同种之东亚民族,并有所资取于世界和平",向斯文会会长德川家达进言"以东亚诸国共有之儒学思想为中心大兴会议",并咨于副会长服部宇之吉,是为儒道大会倡议之始。②

时斯文会正复建于1923年关东大地震中焚毁的东京汤岛孔庙,阪谷芳郎专董其事。对于这一"国民教化"工程,朝野倍极重视,不仅总理大臣发起募款,天皇亦钦赐孔子像、内帑金,并于1930年3月躬亲垂问修复进展。③ 九一八事变后,孔庙修复更被视为展示对华文化"亲善"的重要手段。1932年1月,在向文部大臣鸠山一郎请求拨款的信中,阪谷强调,"作为此次满洲事变善后之策,必须以日支两国民亲善之恢复为最要",他推断伪满之"王道建国"必然带动"支那全国多数儒者及其他老成势力之复兴",建议利用这一"大势",迅速修复孔庙,开展对华尊孔活动,并将其意见书提交给其他内阁大臣。④ 4月,汤岛孔庙举行奠基仪式,在焚毁10余年后,终于在皇命和对华文化侵略需求的驱使下动工修复。对于日本修复孔庙的对华意图,中国亦有所察觉,时人认为,在日本民间为促进事变后的"中日提携"而举办的各项活动中,"最最令人注意的,就是斥资数十万,在东京修筑孔庙"。⑤

---

① 塩谷温「阪谷子の薨去を悼む」『斯文』第24编第2号、1942年2月。
② 『湯島聖堂復興記念儒道大会誌』1頁。
③ 参见斯文会「御物孔子像御交付」『斯文』第6编第1号、1924年4月;斯文会「恩賜金披露宴」『斯文』第4编第4号、1922年8月;斯文会「聖堂復興の聲」『斯文』第12编第11号、1930年11月。
④ 聖堂復興期成会編『聖堂復興略志』聖堂復興期成会、1935、78-79頁。
⑤ 《日本举行祭孔典礼》,《上海报》1935年4月27日,第5版。

与此同时，斯文会着手落实儒道大会计划，并从中国提前物色出席人选。1933 年初，在盐谷温的指示下，斯文会会员、在鲁山东文化研究者马场春吉开始游说孔府，推动孔子第 77 代孙、衍圣公孔德成届时来日参会。①5 月 10 日，斯文会召开理事会，指定宇野哲人、盐谷温、山口常察三理事为制定会议方案的特别委员，负责制定会议方案。6 月 5 日，服部宇之吉会同三委员对方案进行了审议，该方案共编列经费预算 10 万日元，除用于召开日、"满"、中儒者参加大会外，还制订了共同考古、善本复制等计划。②其后，斯文会向外务省报送会议方案和经费申请书，并极言会议在对华外交上之意义，其文曰：

> 现下世界之趋势，虽以促进东亚民族之团结为急，然国际诸种之情势，使之难期遽然实现。独于学术思想上不尽然，尤其相信使用同一文字如日、满、支三国者，其融合理解必有较易之途。财团法人斯文会同人在此有所见焉：以右述三国共有之儒学思想为本，广招学者，大兴会议，创造精神联络之机会，敦笃同种同文之信谊，谋求东亚民族之团结，进而有所资取于世界人类之和平。是以，乃期于东京召开第一次会议，并请交付费用拾万圆于本会。③

在此基础上，德川家达、阪谷芳郎亲自向外务大臣内田康哉"力说该国际会议之意义所在"，请求支持，获内田"深甚之赞意"。④

9 月 28 日，为笼络沦陷区民心，营造"王道乐土"的假象，伪满执政溥仪亲自祭孔。日本侵略当局大肆吹捧此举之意义，甚至认为其人心导向作用将及于全中国。关东军司令官、驻伪满大使菱刈隆在给外务大臣广田弘毅的报告中，建议进一步利用尊孔手段笼络中国民心：

---

① 川上荣一『礫荘雑話』菁莪書院、1940、141 - 142 頁。
② 『湯島聖堂復興記念儒道大会誌』380、1 頁。按，1935 年日本内阁总理大臣的年俸为 9600 日元，其他国务大臣为 6800 日元。参见内閣印刷局編『職員録』内閣印刷局、1935、1 頁。
③ JACAR（アジア歴史資料センター）Ref. B05015962500（470 - 473 頁）『聖堂復興記念儒道大会関係一件』（H - 6 - 2 - 0 - 17）（外務省外交史料館）。
④ 『湯島聖堂復興記念儒道大会誌』5 頁。

民国革命以来，尊孔之风日衰，徒宣传三民主义、共产主义流行，圣教之传统将亡焉。在中华民国人民苦于兵乱之际，于满洲国提倡王道，必将大举振张文教也。类此依古礼严修孔子祭典且执政亲行释奠礼之举，其予满洲国人心上之巨大感化自不必言，如助长此美风，自然于中华民国人心影响较大，故复兴孔子祭典，纵于政治上言之，亦有注意之必要。①

其时，广田弘毅甫于 9 月 14 日接替曾扬言不惜"焦土外交"也要承认伪满的内田康哉出任外务大臣。虽然在对华侵略之基本国策上，广田、内田与军部并无二致，但由于自当年 5 月《塘沽停战协定》签订后日本的侵华重心已从大规模军事进攻暂时转向巩固既得侵略成果，且急于摆脱国际孤立的局面，故广田一上任即高调标榜极具欺骗性的"协和外交"方针，称如中国确实展现出放弃反日之"诚意"，则日本"可相应采取善意的态度"。② 其实，广田弘毅亦极其尊孔，并因"嗜读《论语》，无论何时，必以袖珍本《论语》，携置衣袋中"，而被时人呼为"论语大臣"。③ 斯文会和关东军之先后建议可谓正中其下怀，何况此时关东军势力正盛，在对华政策上拥有较强的话语权。事实上，广田弘毅也确于上任后第一时间就原则上同意了斯文会的提议，并指示外务省文化事业部研究实施方法，④ 关东军之建议亦被其下发给斯文会参考。⑤

11 月 29 日，广田弘毅主持召开上任后首次"对支文化事业调查会"例会，讨论如何以有效之手段促进所谓"事变后支那对日感情渐次好转"的趋势。斯文会总务服部宇之吉和会员白岩龙平、入泽达吉以委员身份参会。

---

① JACAR（アジア歴史資料センター）Ref. B05016153600（422-424 頁）『参考資料関係雑件　第二巻』（H-7-2-0-4_ 002）（外務省外交史料館）。
② JACAR（アジア歴史資料センター）Ref. B02030015200（10 頁）『帝国ノ対外政策関係一件（対支、対満政策ヲ除ク）/五相会議関係』（A-1-0-0-6_ 3）（外務省外交史料館）。
③ 王揖唐：《东游纪略》，新民印书馆，1940，第 10 页。
④ 『湯島聖堂復興記念儒道大会誌』7 頁。
⑤ 斯文会「満洲国執政親ら孔子祭を執行す」『斯文』第 16 編第 1 号、1934 年 1 月、55-57 頁。

会上，白岩龙平提出与菱刈隆相似的主张，认为溥仪祭孔表明尊孔于中国民众影响仍大，故应借大修东京汤岛孔庙之机大力联络中国思想界。服部表示将邀请中国人士参加落成典礼暨儒学大会。对此，广田虽意识到"国民党系之人或反对之"，但仍认为"使中国人感受到日本研究且保存了在支那已经湮没不彰的文化，日本十分尊敬对方（中国）"是日本对华文化政策之"根本"，支持儒道大会计划。①

二 南京国民政府之警惕与恢复祀孔

与日本大肆开展尊孔活动相反，南京国民政府自成立以来，国民党内围绕尊孔与否始终存在尖锐之对立。一方面，因"清共"后激进势力消退，蒋介石、戴季陶等文化保守主义者掌权，儒家化之三民主义逐渐上升为官方理论，实权派之文化取向日趋保守；另一方面，受大革命余波和自由派掌握文教的影响，党内年轻党员和新式知识分子中仍存在激烈的反孔倾向。早在1927年6月18日，蒋介石即要求"不必反对礼教，……尤其是对于孔子更不好反对"。② 但1928年2月18日蔡元培主导的大学院却以孔子思想"实与现代思想自由原则及本党之主义大相悖谬"为由，通令废止祀孔旧典。③ 4月，蒋介石重新上台开启二次北伐后，尊孔态度更加明显。19日，国民政府通令恢复中国旧有道德，定儒家七端、八目为国民道德标准，要求"凡我国民咸秉斯旨"④；22日，蒋介石更于军旅途中亲至曲阜祭孔、礼敬孔府，两度以总司令名义发布保护林庙布告，称颂孔子为"万世人伦之表"。⑤ 然而，7月，就职于国民党中央党部的鲁籍青年党务人员于心澄等

---

① JACAR（アジア歴史資料センター）Ref. B05015061600（538-539頁）『東方文化事業調査委員会関係雑件　第三巻』（H-1-4-0-2_003）（外務省外交史料館）。
② 蒋介石：《政工人员的责任》，秦孝仪主编《总统蒋公思想言论总集》卷10，台北，中国国民党中央委员会党史委员会，1984，第265页。
③ 中华民国大学院：《令各大学各省教育厅及各特别市教育局为废止春秋祀孔旧典由》，《大学院公报》第1卷第3期，1928年3月，第22页。
④ 《中华民国国民政府令》，《国民政府公报》第51（6）期，1928年4月，第9页。
⑤ 《孔德成电国民政府为请加意保护山东曲阜至圣孔子林庙》（1928年5月24日），《孔林孔庙保护（一）》，台北，"国史馆"，典藏号：001-051821-00001-001。

17 人却呈请废除孔府衍圣公世爵，并没收孔子林庙、祀田用于办理公共文化事业，引发了南京国民政府初期最大规模的反孔与尊孔对立。①

在尊孔与反孔的颉颃中，由于前者之势盛及建立政权文化合法性之需要，反孔运动多被压制。但是，由于反封建在国民党话语体系中具有天然合法性，又因政权肇建时期戎马倥偬未遑文治，国民政府始终未能全面恢复、承认儒家道统。如，关于祀孔，虽然在蒋介石、孔祥熙、李宗仁、鲁涤平、何键等实权派的抵制与倡导下，大学院不得不于当年 9 月规定以孔子诞辰为纪念日，但纪念范围仅限于各学校，② 作为国家典礼的祀孔仍付之阙如；对于孔裔世爵和林庙维持，国民政府虽未采纳于心澄等人提案，但在公文中已停用"衍圣公"称谓，岁俸、经费亦相应停发，行之 2000 余年的圣裔优待和林庙奉祀事实上被中止。此外，1930 年 7 月，曲阜孔庙在中原大战中受损后，虽然蒋介石等要员 20 余人曾联名募款，国民政府亦决议拨款 10 万元以图修复，③ 可是，不但募款进展极其缓慢，蒋介石等人认捐之款项亦未到位，甚至政府之拨款决议也因未及编入年度财政预算和国库支绌而成为一纸具文，最终导致孔庙修复不得不于 1933 年 2 月停止进行，④ 其他诸如戴季陶等人所提优待圣裔、保护其地位财产之意见亦未见下文。⑤

总之，自南京国民政府成立以来，一方面，国民党内始终存在走向

---

① 参见孔明《南京国民政府初期的尊孔与反孔——以改革曲阜林庙案为中心》，《理论月刊》2020 年第 10 期，第 150~160 页；吴佩林、姚志良《"封建遗存"的近代境遇：1928~1930 年曲阜孔庙祀田的国有化争端》，《近代史研究》2021 年第 2 期，第 100~116 页。

② 《国民政府代秘书长吕苾筹函内政部等为鲁涤平等请明定孔子祀典一案奉谕交内政部及大学院》（1928 年 8 月 13 日），《孔子祀典案》，台北，"国史馆"，典藏号：001-051610-00001-002。

③ 参见《鲁省府募捐兴修孔庙》，《申报》1931 年 3 月 28 日，第 4 版；《修葺孔庙》，《大公报》（天津版）1931 年 4 月 2 日，第 6 版；《募捐修复曲阜林庙》，《大公报》（天津版）1931 年 4 月 26 日，第 4 版；《国民政府文官处函行政院为国府委员戴传贤等提议请中央拨助十万元修复孔庙经决议照办录案函达行政院查照办理》（1931 年 4 月 7 日），《曲阜先圣先贤林庙修复申请资助》，台北，"国史馆"，典藏号：001-051800-00004-007。

④ 参见《国民政府主计长陈其采呈主席林森为呈送行政院函据财政部呈复编具二十二年度修复曲阜孔庙补助费临时岁出概算书附具意见书仰祈鉴核转送》（1934 年 3 月 27 日），《曲阜先圣先贤林庙修复申请资助》，台北，"国史馆"，典藏号：001-051800-00004-022；《修复孔庙停止进行》，《申报》1933 年 2 月 22 日，第 2 版。

⑤ 《戴传贤刘纪文修孔庙意见 复圣亚圣宗圣庙同时修葺 制定奉祀官条例以传久远》，《大公报》（天津版）1931 年 4 月 16 日，第 5 版。

尊孔的内在动力和政治需要，恢复祀孔、修复孔庙、优待圣裔等呼声也久已有之（祀孔已部分恢复）；但另一方面，反孔运动亦如影随形且不时激化，文化分歧和政局动荡导致各项尊孔举措无法落实。虽然尊孔逐渐占据上风，但始终未能具备走向全面尊孔之条件。这一僵局最终在民族危机日益加深、日本以尊孔为手段开展对华文化侵略的外因催化下得以打破。

日本素来敌视国民党的文化激进主义，并直接干涉其反孔运动。1927年11月，著名实业家、斯文会副会长涩泽荣一向下野赴日求援的蒋介石明确表示，"我将自己之主义置于孔子教，民国为日本师事之国，然最近所谓新潮之恶思想、恶学问浸染于两国间，如贵国之抵制日货"，建议蒋以《论语》领导青年。① 1928~1930年初，在于心澄等人发起的没收林庙案中，斯文会成员马场春吉、峰间信吉与军部成员金子定一、战后被定为甲级战犯的军国主义理论家大川周明等两度运作张学良向蒋介石施压阻止没收林庙；1929年5月，日本立宪政友会领袖、后担任首相的犬养毅来华参加孙中山奉安大典时，亦劝蒋介石尊重传统文化，并严厉批评了曲阜山东第二师范学校的"子见南子"辱孔举动。曲阜林庙在中原大战中遭兵燹后，前文部大臣、战后被定为甲级战犯嫌疑者的水野錬太郎和涩泽荣一均曾先后敦促国民党当局加速修复。②

当然，日本的尊孔倡议，并非徒出于道义和文化认同，其根本目的不过是为维护其赖以对华昭示的"同文同教"前提。因为在以东方文化盟主和儒教正统自居的日本看来，中国走向反孔，即意味着西化、"赤化"，"与反日为同一目标"，如坐视不顾将引起连带反日，影响日本在华利益。③ 同

---

① 「中華民国前革命軍総司令蒋介石招待」竜門社編『渋沢栄一伝記資料』第39巻、渋沢栄一伝記資料刊行会、1961、29、31頁。
② 参见孔明《全国抗战爆发前日本对孔府的接触利用与国民政府之因应》，《军事历史研究》2021年第5期，第42~44页。
③ 1927年10月，阪谷芳郎在演讲中指出，鲍罗廷和国民党反孔的目的在于推行"赤化"，因为儒教已浸润中国，"如不破坏之，共产主义、赤化主义即不得流行"；1928年9月，曾任日本驻青岛守备军司令部军政署调查部长兼教育科主任的田中逸平更赤裸裸地宣称："排孔即与排日为同一目标者也，断不可允许。"参见阪谷芳郎「孔子祭典に就て」『斯文』第10編第1号、1928年1月；拓殖大学創立百年史編纂室編『田中逸平』その5（随想・時論）、拓殖大学、2005、131頁。

时，防止文化激进主义波及日本、动摇绝对天皇制国体亦为其重要出发点。① 唯在和平时期，中国尊孔与否，其影响所及仅限于内政，与外交及中日关系相涉较浅，加之党内外围绕尊孔仍存在相当之对立，故日本之干涉除得到蒋介石等要人的赞同表态外并未对国民政府的尊孔转向产生多大实际影响。

九一八事变后，中日民族矛盾激化，在救亡御侮的旗帜下，尊孔、读经、礼教救国等复古救国论一时并起，地方军政首长何键、陈济棠、韩复榘等人纷纷以古礼祀孔，倡导读经，大肆开展文化复古运动。1934 年 2 月，为重整社会伦理、振奋民族精神，蒋介石发起"新生活运动"，倡导以儒家"礼义廉耻"为行事准则，统摄国民生活各个方面。民族危机的加深和文化复古运动的兴起，为国民政府走向全面尊孔提供了现实合理性，奠定了舆论基础。在此背景下，日本之尊孔，自然被作为文化侵略受到格外警惕，促使国民政府加快尊孔步伐。

1934 年 3 月，江苏省教育厅派教育管理人员 9 人赴日考察教育。作为事变后首个官方考察团，一行以"洞悉日本非常时代教育之真相"为使命，对日本教育之侵略性高度关注。团长周厚枢认为，日本教育"一切教学之知识技能，多以向外发展，尤以对华侵略为目的"，提醒国人"奋发警惕"。② 在考察过程中，周厚枢侦知到日本大修孔庙、邀请衍圣公东渡的计划（从考察中与外务省文化事业部有接触，③ 且该部职司儒道大会方案制定可推知此消息应源自该部）。归国后，一行随即将考察情形和日本尊孔阴谋报告给国民党当局，行政院院长汪精卫专门为其考察报告集《江苏教

---

① 早在 1912 年 10 月 21 日，服部宇之吉即曾在纪念孔子的演讲中论及中国革命和祀孔存废可能对日本产生的影响："窃以为中国将行民主共和政体，中国人心亦将大变，进而对我国之影响亦堪忧虑。……道德伦理之根本有动摇之征兆……吾人须大加警惕。"大川周明亦曾表示："吾等绝不畏惧中国之赤化……然其及于日本之深刻影响实堪忧虑。"参见服部宇之吉『支那研究』明治出版社、1926、243－244 頁；吴怀中『大川周明と近代中国：日中関係の在り方をめぐる認識と行動』日本僑報社、2007、141 頁。

② 《周厚枢谈考察日本教育之印象》，《中央日报》（南京）1934 年 4 月 13 日，第 8 版。

③ JACAR（アジア歴史資料センター）Ref. B05015782000『満支人本邦視察旅行関係雑件/便宜供与関係　第五巻』（H－6－1－0－4_ 3_ 005）（外務省外交史料館）。

育——考察日本教育专号》题写了书名。① 蒋介石亲信、江苏省政府主席陈果夫当即将周厚枢之情报函告蒋介石，并建议由政府提倡尊孔，以抵御文化侵略。他后来回忆说：

> 省立扬州中学校长周厚枢同志特来报告日本情形，并谓日本政府正在建筑一座庄严华丽之孔庙，准备完成后迎接孔德成赴日，奉行盛大典礼。我听了之后颇有所感，因为我前两星期去看镇江之孔庙，其大成殿上竟改为织布工厂，虽系民教馆为训练平民织布手艺而设，但总觉太不懂尊重孔子之道。以镇江之大，不能另造一屋，作为工厂之用吗？日本尊孔，当然不怀好意。我当天就去函蒋先生报告此事，并认日本文化侵略之准备，中国不能不加强文化上之国防，更应由政府提倡进行。②

5月25日，行政院院长汪精卫亦电请在南昌的蒋介石与之联名提案恢复祀孔：

> 南昌。蒋委员长赐鉴。密。弟与季陶拟联名提议中央，请以八月二十七日为先师孔子诞辰纪念为荷，联名至祷，盼复。弟兆铭敬叩。

该提议获蒋介石首肯，当即回复"极赞成，请附弟名提议"。③ 5月31日，蒋介石、汪精卫、戴季陶联名提案定先师孔子诞辰为国定纪念日，并经国民党第123次中常会议决，由是长期饱受争议的祀孔典礼得以恢复。④

---

① 汪精卫：《封面题字》，《江苏教育》第8期，1934年，封面。
② 陈果夫：《祭孔》，陈果夫先生奖学基金管理委员会编《陈果夫先生生活回忆遗著选辑》，陈果夫先生奖学基金管理委员会，1979，第196页。
③ 《汪兆铭电蒋中正拟与戴传贤联名提议中央请以八月二十七日为孔子诞辰纪念及联名至祷盼复》（1934年5月25日），"蒋中正总统文物"，台北，"国史馆"，典藏号：002-080200-00166-040。
④ 《中国国民党中央执行委员会函国民政府为本会决议定每年八月二十七日为孔子诞辰纪念日请明令公布并拟定纪念办法》（1934年6月8日），《孔子诞辰记念日案（一）》，台北，"国史馆"，典藏号：001-051616-00002-001。

据陈果夫回忆：

> 下一星期中央政治〔常务〕会议开会，当即通过蒋先生所提恢复祭孔案，决定自当年起，即以八月廿七日为国定孔子诞辰。此时各同志大半均了解中央的用意，少数年轻的同志颇有责难，经我解释之后，就无人反对了。①

陈果夫在回忆中仅将恢复祀孔归功于自己和蒋介石，而绝口不提汪精卫，无非因为汪日后沦为了反面人物。由陈之回忆可见，纵然九一八事变后尊孔氛围渐浓，但政府基层组织（如民教馆）仍然占用孔庙，"太不懂尊重孔子之道"，年轻党员对恢复祀孔亦"颇有责难"，足见围绕尊孔与否分歧弥深。但在日本尊孔之"不怀好意"和"文化侵略"面前，出于"加强文化上之国防"的需要，不同意见最终不得不在当局"解释"下选择服从。换言之，若无日本文化侵略之外压，尊孔或仍将道阻且长。

除儒道大会的直接外因外，中日两国舆论在宏观上亦普遍将国民政府恢复祀孔视作对日本与伪满的因应。在恢复祀孔后的首个纪念日上，上海市教育局局长潘公展在演讲中反复强调"今日纪念孔子，应有复仇的精神"，认为"只孔子学说的一小部分，而日本竟成强国"，呼吁国人"做到大统一、能复仇"。② 伪满《三江报》社论宣称，"国民党人提倡主张新生活、提倡尊孔"，是因应"我国（指伪满）之主张王道、振兴儒术，相形之下，非此不足笼络人心"。③ 日本《满洲日报》指出，南京国民政府恢复祀孔系因"悟得满洲国独立目的之真谛"。④ 御用理论家、斯文会前副会长井上哲次郎表示："看到满洲正实现着美满的王道乐土，（南京国民政府）终究无法无动于衷，作为其多少影响下之结果，于昨年八月二十七日举行释

---

① 陈果夫：《祭孔》，《陈果夫先生生活回忆遗著选辑》，第196页。
② 《昨晨各界举行孔子诞辰纪念大会》，《申报》1934年8月28日，第3版。
③ JACAR（アジア歴史資料センター）Ref. B05015962400（372頁）『聖堂復興記念儒道大会関係一件』（H-6-2-0-17）（外務省外交史料館）。
④ 「南京政府の孔子祭復活：満洲国独立目的の端緒を得」神戸大学経済経営研究所、新聞記事文庫（神戸大学付属図書館デジタルアーカイブ）『満洲日報』政治（第47巻第173号）。

奠，以孔子生诞日为国祭日。"① 另一位军国主义汉学家、斯文会编辑部部长高田真治也宣称："（国民政府）自昭和九年（即1934年）起，急忙恢复孔子祭、采取尊崇孔教之方针者，何也？实为东京汤岛圣庙复兴并将以此为契机召开儒道大会之影响所致也。"②

如上可见，南京国民政府成立以来，虽然蒋介石等实权派之文化取向日渐保守，不断释放尊孔信号，但党内不同群体之间围绕尊孔与否始终存在尖锐对立，祀孔的阙如，林庙修复和圣裔优待的迟滞，无不体现了走向尊孔之困境。九一八事变后，民族危机的加剧和精神动员的需要，再次为尊孔复古开辟了道路，而日本大修孔庙和召开儒道大会则起到了催化剂的作用，加速了这一进程，直接促使国民政府克服内部文化分歧，恢复作为国家典礼之祀孔，这在国民党乃至近代中国尊孔史上具有里程碑式的意义。

三　衍圣公渡日风波与纳入国民政府体系

在企图"以儒侵华"的日本看来，国民政府恢复尊孔不仅客观上符合其长期以来的对华文化主张，更增强了举办儒道大会的现实合理性，视其为对华儒道号召之良机。伴随汤岛孔庙主体工程的完工，斯文会与外务省加速推进儒道大会计划。1934 年 5 月 10 日，基于全部工程将于次年 4 月竣工的预期，德川家达、阪谷芳郎再次向外务省提交儒道大会备忘录和经费申请书，正式提出将会议与孔庙落成典礼合并举办，并在一般学者外另邀孔、颜、曾、孟后裔 15 名与会，以增其隆重。③ 6 月，为使儒道大会之"准备工作得见进一步之进展"，德川家达和阪谷芳郎再次向内阁总理冈田启介和外务大臣广田弘毅请求协助。鉴于"支那尊孔之风"的复兴，阪谷极力开陈会议的必要性："借此机会自民国招待学者名士，与我国上下之人相会，察看我国实际国情，进而以此实地之经验，引导彼国之舆论。"④ 6 月

---

① 井上哲次郎「孔子の人格と信念」『斯文』第 17 編第 6 号、1935 年 6 月。
② 高田真治「聖廟及び亞聖廟に謁するの記」『斯文』第 19 編第 6 号、1937 年 6 月。
③ JACAR（アジア歴史資料センター）Ref. B05015962500（465－469 頁）『聖堂復興記念儒道大会関係一件』（H－6－2－0－17）（外務省外交史料館）。
④ 『湯島聖堂復興記念儒道大会誌』6－7 頁。

13 日，广田弘毅训令驻华（含伪满）各使领馆秘密调查各该地区出席学者与圣贤后裔，并强调儒道大会"作为联络东方民族精神之文化事业实有意义"。①

孔子后裔在日本久具神圣化色彩，被视为儒教之象征，常被与天皇之"万世一系"相提并论。近代以来，无论朝野均欲借助这一特殊文化符号开展对华活动。早在辛亥鼎革之际，日本朝野即有拥立孔子嫡裔衍圣公为帝的呼声。② 民国以来，各界日人之来曲祭孔者络绎不绝。1922 年，鹿儿岛孔子祭典会甚至通过外交渠道向孔府通告日本尊孔盛况。③ 1926 年后，斯文会会员、在鲁山东文化研究者马场春吉与孔府建立常态化交往。1927 年，在马场建议下，曾任日本驻青岛军政署调查部主任兼教育科主任的军国主义"孔教徒"田中逸平呼吁日本向孔府捐建图书馆并前往祭孔，以建立两国的"斯文同盟"，他同时建议拥立孔裔为君主，建立"王道国家"。④ 1928 年 2 月，田中之内兄、斯文会编辑部部长、东京帝国大学教授盐谷温在外务省资助下率团来曲祭孔，并力邀衍圣公赴日留学，后因济南惨案发生而未果。⑤ 此后，斯文会副会长涩泽荣一等仍长期力邀衍圣公赴日游历。⑥ 另外，如前文所述，1928 年 7 月改革曲阜林庙案发生后，马场春吉、峰间信吉与金子定一、大川周明等曾运动张学良阻止，不仅如此，他们还要求张迎衍圣公于奉天，以借助其在东北建立"王道国家"。⑦ 自 1931 年起，马场春吉

---

① JACAR（アジア歴史資料センター）Ref. B05015962200（135 - 137 頁）『聖堂復興記念儒道大会関係一件』（H - 6 - 2 - 0 - 17）（外務省外交史料館）。
② 竹田柳吉『支那漫遊』竹田龍太郎出版、1919、183 頁。
③ 鹿児島孔子祭典会編『孔子二千四百年祭典略誌及講演録』孔子祭典会、1922、9 - 10 頁。
④ 拓殖大学創立百年史編纂室編『田中逸平』その 2（中国論）、拓殖大学、2003、503 - 509 頁。
⑤ 川上栄一『礫荘雑話』140 頁。
⑥ 1930 年 2 月，马场春吉根据盐谷温指示邀请孔德成赴日参加当年 4 月举办的祭孔典礼；1931 年 4 月，服部宇之吉在给马场春吉的信中表示，"孔德成君如有东游之意向，本人可多少提供便宜"；7 月，曾任山东师范学堂总教习且与孔府有旧交的大东文化学院教授内堀维文到访孔府，代表涩泽荣一邀请孔德成赴日参加当年 10 月举办的朱子 800 年诞辰祭典。参见斯文会「衍聖公太夫人の計」『斯文』第 12 編第 6 号、1930 年 6 月；馬場春吉「憖焉擔つがごとし」『斯文』第 21 編第 9 号、1939 年 9 月；竜門社編『渋沢栄一伝記資料』第 41 巻、163 頁。
⑦ 参见孔明《全国抗战爆发前日本对孔府的接触利用与国民政府之因应》，《军事历史研究》2021 年第 5 期，第 43 页。

的山东文化研究获得外务省资助，他出入孔府"采其门外不出之贵重家谱和记录"，对圣迹和圣裔状况做整体调查。① 1932 年 1 月 30 日，马场春吉受邀在外务省报告"孔孟之遗迹及其后裔"，② 其演讲稿后被印发给外务大臣、省内各部局课以及驻外各使领馆，为外务当局认识和利用孔子后裔提供了重要参考。③

前文已述，早在 1933 年初斯文会即曾命马场春吉先期斡旋衍圣公赴日参加孔庙落成和儒道大会事，其虽"竭尽精力"历访孔族长老，但有于九一八事变后的"周围情势"，孔府"终究未有允诺"。④ 鉴于此，1934 年 8 月 3 日，驻济南总领事西田耕一在向外务大臣报送其物色的圣裔和鲁籍学者人选时，特别强调由省政府主席韩复榘"逐一怂恿"的重要性。为便于利用韩之权威，在衍圣公孔德成以外，西田主要推荐了在省政府各机关任职的孔族成员（教育厅科长孔令灿、民政厅主任孔令伟、财政厅科长孔令煜、建设厅改技正孔令烜）以及赵新儒、庄陔兰、靳云鹏等鲁籍名流共 15 人。其余各使领馆也陆续将本辖区内学者名人名单报送外务省参考：北平公使馆推荐了江瀚、孙雄、吴宓、黄节 4 人，上海公使馆（南京国民政府成立后，日本驻华公使馆未迁南京，分驻平沪两地）推荐了章炳麟、蔡元培、董康、章士钊、黄侃、叶恭绰、许世英、于右任等 14 人，上海总领事馆报送了王一亭、章炳麟、陈柱尊等 5 人，天津总领事馆报送了王揖唐、陈宝琛、方若、赵元礼等 7 人。⑤

8 月 27 日，中国举国上下举行了恢复祀孔以来的首次祭孔大典，受到日本的密切关注，外务省文化事业部将各处使领馆呈报之祭孔盛况汇集成

---

① 参见 JACAR（アジア歴史資料センター）Ref. B05015561200（177 - 178 頁）『在華本邦人留学生補給実施関係雑件/選定関係　第一巻』（H - 5 - 7 - 0 - 2_ 1_ 001）（外務省外交史料館）；広瀬了義「馬場春吉君を悼む」『斯文』第 25 編第 10 号、1943 年 10 月。

② JACAR（アジア歴史資料センター）Ref. B13091652400『外務省報　第十七巻』（外務省外交史料館）。

③ JACAR（アジア歴史資料センター）Ref. B05016033700『寄贈品関係雑件　第十一巻』（H - 6 - 2 - 0 - 26_ 011）（外務省外交史料館）。

④ 川上栄一『礫荘雑話』141 頁。

⑤ JACAR（アジア歴史資料センター）Ref. B05015962200（144 - 152 頁）『聖堂復興記念儒道大会関係一件』（H - 6 - 2 - 0 - 17）（外務省外交史料館）。

册，下发斯文会及各涉华文化团体参考。① 中国的尊孔风潮无疑进一步提高了举办儒道大会的现实合理性，于是斯文会加速推进会议计划，并于9月20日正式将会议名称确定为儒道大会。同时，斯文会委托受外务省派遣前往伪满及华北考察文化事业、曾长期担任驻华领事的"中国通"岩村成允代为斡旋出席人选。②

根据外务省训令，人员筛选均秘密进行。然而，9月21日，日本联合社却根据对斯文会副会长服部宇之吉的采访，发布了一则《孔孟之子孙悉数来朝》的消息，将儒道大会计划公之于世，并提及孔德成、孔令灿受邀，伪满国务总理郑孝胥亦参加。③ 该消息经两国报刊转载后，立即引起国人大哗，舆论咸将大会视为文化侵略与政治阴谋，认为：日本将"借孔德成参加祭礼一事，作为中国民心倾向亲日的宣示"；"相机挟孔德成到伪国去，以便在王道主义的口号下，期得以收拾未死的东北的民心"；"争得孔德成，实无异争得王道的正统，于收拾民心上，得益必多"；"日人利用溥仪之余，再来愚弄一个孔德成"。④ 在强大的舆论压力下，9月25日，孔府以孔德成名义登报声明绝不赴日。⑤

面对孔府之声明，9月26~28日，西田耕一在给外务大臣的机密报告中坚信"孔家对日本并非有恶化之感情"，其判断依据为：（1）当年5月其本人访问孔府时受到恳切招待；（2）孔府向来为到访日人提供便利。他分析，孔府发表声明之原因为：（1）"最近国民党之方针倾向儒教崇拜，恢复祭孔、修理孔庙，对于停发已久之衍圣公府补助金，公府和政府也在折冲之中，此种问题（指赴日问题）有刺激党部等相关方面感情之虞"；（2）"最近，以日本之策动，拥立孔德成（为傀儡）于华北之谣言流布于部分支那人士之间，对舆论有显著刺激之虞"。⑥

---

① JACAR（アジア歴史資料センター）Ref. B05015987500『寄贈品関係雑件　第十巻』（H-6-2-0-26_010）（外務省外交史料館）。
② 『湯島聖堂復興記念儒道大会誌』380、7頁。
③ 「孔子や孟子の子孫打ち揃って来朝」『東京日日新聞』1934年9月21日、11頁；《日伪也要祭孔》，《新闻通讯》第19期，1934年10月1日，第10页。
④ 《孔德成不愧为圣人之后》，《申报》1934年10月1日，第28版。
⑤ 《孔族登报启事否认东渡意》，《申报》1934年9月27日，第3版。
⑥ JACAR（アジア歴史資料センター）Ref. B05015962200（163-165頁）『聖堂復興記念儒道大会関係一件』（H-6-2-0-17）（外務省外交史料館）。

面对极其不利的舆论环境，9月27日，西田会见山东省政府教育厅厅长何思源，强调邀请圣裔参加孔庙落成"超越国际关系，基于尊崇儒教且发扬东方文化之宗旨，不含任何政治意味"。何表示，无论孔府如何声明，山东作为孔子文化的发祥地，理应派适当人选出席。10月14日，岩村成允抵鲁交涉（此前其已在伪满拜谒溥仪，并在北平拜会何应钦、黄郛、袁良以及傅增湘、汤尔和、伦明等人①）。10月15日，西田和岩村分别往访韩复榘和孔府。韩表示"此举诚有意义之事"，但也说明"孔德成尚年幼且学业在身，不可能出席"，将另简孔族代表及本省儒者赴会；岩村抵孔府后，孔德成称病不见，仅令属员招待并礼貌性表达谢意。10月17日，朝鲜银行总裁加藤敬三郎亦携西田耕一介绍信到访孔府，孔德成仍以病中为由未予接见。出于外交礼节，次日，孔德成致函西田表达对未接见岩村与加藤的歉意："鄙人亟愿竭诚接见，借亲贵国时贤。不料天不假缘，适抱采薪之疾，不可以风，心殊愧歉。"此信令西田重拾乐观，在给外务大臣的报告中，他重申"绝对不出席之声明不过为时事所迫之不得已之举"，孔家"甚至感谢我方之好意"，并建议今后充分动员韩复榘。②

继在日本文化侵略的外压下恢复祀孔后，国民政府又着手筹划修复孔庙和优待孔裔。1934年8月28日，即首次祀孔大典次日，行政院院长汪精卫进一步提出尊孔办法，其要点为：（1）对77世衍圣公孔德成，决另予封号，以示尊重；（2）孔裔免赋田亩，计10万亩，亦决由政府加以整理，以赡其后裔；（3）由内政部拟具修复孔庙办法。③ 8月30日，国民党第136次中常会推戴季陶筹拟尊崇孔子发扬文化办法。④

衍圣公东渡风波发生后，国民政府的尊孔步伐进一步加快。9月27日，韩复榘电蒋介石、汪精卫等，谓修复林庙不敷甚巨，请中央速筹办法。⑤ 10

---

① 岩村成允「滿蒙北支文化視察記」『書道』第4卷第1号、1935年1月。
② JACAR（アジア歴史資料センター）Ref. B05015962200（172－174頁）『聖堂復興記念儒道大会関係一件』（H-6-2-0-17）（外務省外交史料館）。
③ 《祭孔大员叶楚伧等返抵京》，《申报》1934年8月29日，第3版。
④ 《祭孔典礼由国府派六员至曲阜致祭祭孔祝文刻石建碑并推定委员筹拟尊崇办法》，《中央党务月刊》第73期，1934年，第237~238页。
⑤ 《修复孔庙 估计至少需八十万元 筹捐近廿万不敷尚巨 韩电汪蒋等请指定专款》，《大公报》（天津版）1934年10月2日，第3版。

月3日，韩又急派何思源赴南京面见汪精卫、戴季陶等，敦促修复孔庙与优待孔裔。① 4日，国民党第141次中常会通过《修理维持曲阜孔子陵庙办法》，规定中央拨款20万元，各省参照孙中山陵寝例分担费用，② 将孔庙修复提升为国策工程。其后，中央又拟成立"修理孔庙委员会"，戴季陶任会长，加聘孔氏后裔为委员，首批拨款10万元亦于当月汇抵。关于孔氏嫡裔待遇，《办法》规定由政府协助其整理田产，以法定形式否定了改革林庙案以来喧嚣多年的收归公有论调，保障了孔氏财产安全。同时，国民政府内定改封衍圣公为"大成至圣先师奉祀官"③，继于11月15日由国民党第147次中常会议决，畀以特任官待遇，正式将孔氏嫡裔纳入国民政府体系。④ 孔子之尊号亦因之从1934年恢复祀孔时的"先师"跃升至王朝时代追封的"大成至圣先师"，国民党之尊孔达到顶峰。

对于国民政府加速尊孔与日本拉拢圣裔之关联，中日两国舆论有充分之认识，多将两者相提并论。如《申报》新闻《衍圣公孔德成拒绝日人诱惑》标题下有"鲁省修复孔庙会议进行中"之副标题；⑤ 该报还以"日人劝曲阜衍圣公孔德成赴日引起各方注意"为背景详细介绍了国民政府修复孔庙、整理孔氏田产的动向。⑥ 井上哲次郎也认为，"南京政府本年对孔、颜二氏子孙大表敬意，无论如何思考，都无外乎是受到儒道大会之影响"。⑦ 尽管我们可以认为孔庙已受损有年，对其修复与日本无必然关联，可是若不抢先将衍圣公纳入国民政府体系，即无由限制其东渡，两者关联不言自明。

---

① 《修复孔庙　何思源赴京商洽》，《大公报》（天津版）1934年10月4日，第3版。
② 《中国国民党中央执行委员会函国民政府为函送修理维持曲阜孔子陵庙办法请饬交主管机管妥拟详细计划送会核定》（1934年10月13日），《曲阜先圣先贤林庙修复申请资助》，台北，"国史馆"，典藏号：001-051800-00004-027。
③ 《修复孔庙　何思源入京结果圆满　中央已拨到经费十万》，《大公报》（天津版）1934年10月13日，第12版。
④ 《中国国民党中央执行委员会函国民政府为本会常会决议改赠衍圣公名义为大成至圣先师奉祀官等五项函请查照并令行政院转饬教育部办理》（1934年11月23日），《奉祀官职位承袭优待办法（一）》，台北，"国史馆"，典藏号：001-051610-00003-001。
⑤ 《衍圣公孔德成拒绝日人诱惑》，《申报》1934年9月27日，第8版。
⑥ 《曲阜孔氏族人计划刊印曲阜丛书》，《申报》1934年9月29日，第11版。
⑦ 『湯島聖堂復興記念儒道大会誌』387-388頁。

四 国民政府代表团的派遣和儒道大会的召开

自 1933 年 5 月《塘沽停战协定》签订后，中日关系一度进入"平静期"。然而，自 1935 年 1 月起，日军重新进犯华北，"自一月至十二月，华北风云，殆无虚日"。作为日本形式上的最高外交主官，广田弘毅自就任以来一面处处追认、配合军部的侵略行动，一面又标榜"协和外交"，试图巩固侵略成果、避免加剧国际孤立。与此同时，奉行"攘外必先安内"政策的国民党蒋汪当局，在维持与日军局部折冲的同时，亦亟思从外交上寻求与日妥协，1935 年初蒋介石发表的旨在打破两国关系僵局的《敌乎？友乎？——中日关系的检讨》一文是其代表。或受此影响，1 月 22、25 日，广田弘毅在国会贵众两院的全体会议上提出了"不威胁、不侵略"外交原则，并信誓旦旦地宣称"在我任期内断无战争"。对此，国民党当局不无主观地认为日本内阁与军部"不一致"，迅速采取了一系列"亲日"举措回应广田外交：1~2 月，蒋介石破例接见日公使，蒋汪数次发表"亲日"谈话，密集发布禁止排日令，撤换党内反日派等。作为"回报"，5 月 17 日，日本外务省避开军部将两国外交等级提升至大使级，日本与国民政府之"亲善"达到高潮。6 月 10 日，国民政府更颁令"敦睦邦交"，强迫国民对日"不得有排斥及挑拨恶感之言行"。这就是发生于 1935 年上半年的被称为"中日新阶段"的两国邦交调整经过。①

中日儒道大会交涉恰在这一"新阶段"内展开，其过程与结果深受该时期两国外交格局的影响。

1935 年 2 月 20~21 日，外务大臣广田弘毅通知驻华各使领馆，将于 4 月 28 日起举办儒道大会，要求各处即行确定出席人选。广田特别要求济南总领事在"与韩主席及孔家等方面充分接洽"的基础上，促使其派遣孔、颜、曾、孟四圣后裔各一名及本省儒者一两名赴会。② 3 月 3 日，文部大臣松田源治召集财阀头领、外务省、斯文会等方面商议会议资金问题，在三

---

① 臧运祜：《七七事变前的日本对华政策》，第 154~157 页。
② JACAR（アジア歴史資料センター）Ref. B05015962200（178-180 页）『聖堂復興記念儒道大会関係一件』（H-6-2-0-17）（外務省外交史料館）。

菱银行会长串田万藏、第一生命保险相互会社社长兼斯文会监事矢野恒太的带领下，当场基本完成资金筹措，① 可见斯时以尊孔开展对华文化活动已成为日本政经界之共识。

接广田弘毅电令后，3月2日，西田耕一面见韩复榘，怂恿其派遣圣裔学者参会，并借机考察日本教育，西田同时表示将视情况直接与孔家沟通。韩劝其"孔家等各家对政府及外界颇有忌惮，实难自主决定"，且孔德成为中央任命之特任官，允宜由政府出面商请，试图阻止西田与孔家直接接触。韩还暗示"在当前形势下如给外界造成山东省政府独断行之的印象，有招致种种误解之虞，故在形式上有报告中央之必要"，在维持对日合作的同时力避招致亲日之非难。4日，应韩复榘要求，西田以公文照会山东省政府，圣裔赴日问题正式上升为两国外交交涉案件。②

3月12日，省政府民政厅厅长李树春与何思源专程前往孔府，得到孔德成"决不赴日本，来访日人均拒绝"的承诺，两厅长也允诺为孔府查清抗租田产，严厉催缴，③ 洵有通过优加安抚，使其一唯政府之意是从，不与日本单独接触之目的。

为加快邀请进度，日外务当局在与山东省政府局部交涉的同时，还直接活动中央政府加以推进。3月16日，西田耕一面见韩复榘再行催促，韩告其已电请行政院院长汪精卫指示。19日，西田建议外务大臣和驻南京总领事须磨弥吉郎直接活动汪精卫。21日，须磨函外交部常务次长唐有壬希望"汪院长怂恿孔德成参加"。唐允为斡旋，并表示"如其本人主动要求参加则简单矣"。④

对正积极与日谋和的国民政府蒋汪当局而言，尽量满足日本之要求无疑是展现亲日"诚意"的良机，且弱势姿态也不允许其完全拒绝日方要求。但从国民政府自身立场出发，所有迎合都必须以规避圣裔被利用为傀儡为

---

① 『湯島聖堂復興記念儒道大会誌』10-13頁。
② JACAR（アジア歴史資料センター）Ref. B05015962100（18-20頁）『聖堂復興記念儒道大会関係一件』（H-6-2-0-17）（外務省外交史料館）。
③ 《鲁两厅长视察曲阜》，《申报》1935年3月13日，第8版。
④ JACAR（アジア歴史資料センター）Ref. B05015962100（26、29頁）『聖堂復興記念儒道大会関係一件』（H-6-2-0-17）（外務省外交史料館）。

前提。早在该年 1 月 30 日，军事委员会秘书长杨永泰即曾将其亲信、北平实报社社长管翼贤发来的日本将利用孔德成的密电呈报蒋介石："日使馆消息，日文部省在东京修建孔子庙，已派员来平购买古物及孔庙用器。日方拟必要时携衍圣公德成东渡，作将来对华北军事上傀儡。"① 如孔德成重蹈溥仪之覆辙，将极大地助长日本对华侵略之气焰，不可使其赴日殆无异议。

在对日妥协与政治安全之间，主持外交的汪精卫当局采取了折中措施。26 日，汪电示韩复榘政府方针，据 27 日唐有壬向须磨透露，汪以"孔德成为小学毕业程度之少年"，决定另简鲁省学者代其出席。同日，西田面见何思源请其"至急决定"人选，何以正待中央回训为由，仅将奉韩复榘"内命"铨考中之名单交付西田，内定曲阜明德中学校长孔昭润或民政厅主任孔令伟代孔德成出席，其余为颜、曾、孟各氏奉祀官及学者赵新儒、王献唐等人。随后，韩复榘在会见西田时，也向其透露了"汪院长以孔子后裔渡日无大碍，应许可"的原则同意意见。②

在此基础上，汪精卫当局决定以中央政府名义派圣裔代表赴会。3 月 30 日，内政、教育两部电令山东省政府，儒道大会不必使孔德成亲往，应由民政、教育两厅遴选圣裔及儒者代表，开具履历报部审核，并须于赴日前来京请训。③ 4 月 3 日，西田再访韩复榘确认中央回训，韩告其："汪院长令外交、内政、教育三部会商后，准孔子后裔代表人等赴日，尤其对该人等采取中央派遣之形式，赴日前须进京请训。" 5 日，西田耕一复面催韩复榘提交最终名单，当日，韩派孔令灿前往日领馆口头通知以孔昭润为孔德成代表，并再次透露中央指令："各后裔皆正式代表，均由中央给资、中央派遣，且出发前须赴南京，由中央派适当人员带领赴日。"④ 14 日，山东省政

---

① 《管翼贤电蒋中正日军在察哈尔东南强迫民众修筑汽车路每日运输汽车往来不断及日机仍不断四飞侦察等文电日报表》（1935 年 1 月 30 日），"蒋中正总统文物"，台北，"国史馆"，典藏号：002 - 080200 - 00446 - 124。

② JACAR（アジア歴史資料センター）Ref. B05015962100（36、65 - 66 頁）『聖堂復興記念儒道大会関係一件』（H - 6 - 2 - 0 - 17）（外務省外交史料館）。

③ 《日本斯文会邀请圣裔赴日》，《申报》1935 年 4 月 4 日，第 10 版。

④ JACAR（アジア歴史資料センター）Ref. B05015962100（47、49、69 - 70 頁）『聖堂復興記念儒道大会関係一件』（H - 6 - 2 - 0 - 17）（外務省外交史料館）。

府正式将行政院核准的出席人员名单函告西田耕一，分别为：至圣奉祀官孔德成代表孔昭润，复圣奉祀官颜世墉代表颜振鸿，儒者代表聂澄泽、赵新儒，省政府秘书处外事股主任王守德。① 虽无法确定这是否为事变后国民政府首次派遣国家代表团赴日，但从中不难窥出当局欲借此改善中日关系的迫切愿望。

颇值一提的是，虽然韩复榘、孔令灿两经表示各代表均由中央给资和派遣，但在正式名单通报后，韩复榘却向日领事馆馆员暗示希望日方承担费用。为避免因旅费问题影响代表赴日，外务大臣指示西田耕一，日方可承担一切费用，下榻地点亦可定在日本最豪华之帝国饭店，还要求西田"至急"提出所有礼遇要求，避免再生枝节。这一细节从侧面佐证了日方对圣裔赴日的重视程度。②

与圣裔邀请工作相同步，平、津、沪使领馆亦按照斯文会提供的名单邀请学者名流。由于与日本的历史渊源（多为曾任东方文化事业总委员会中方委员或参与其事者）和前期工作，受邀对象多欣然应允。加之彼等均以个人身份出席，与外交无涉，故较易决定。受邀者中，除陈焕章已于1933年去世外，傅增湘、江瀚、孙雄、吴廷燮、王一亭以抱疾或家事为由谢绝，最终出席者为：前北京政府司法总长董康，前北京政府秘书长、东方文化事业总委员会委员梁鸿志，辅仁大学教授、东方文化事业北京人文科学研究所研究员伦明，前北京政府教育部次长陈任中，前北京政府教育部次长、东方文化事业总委员会委员汤中，前北京政府众议院议员张海若及随员等共20余人。其中，汤中为唐有壬所推荐，体现了汪精卫当局对儒道大会的配合。③

受中日关系影响，名单以外的一般人员邀请工作举步维艰。杭州总领事力劝当地学者钱文选与会，汉口总领事请求省政府主席张群推荐人选，

---

① JACAR（アジア歴史資料センター）Ref. B05015962200（110－112頁）『聖堂復興記念儒道大会関係一件』（H－6－2－0－17）（外務省外交史料館）。
② JACAR（アジア歴史資料センター）Ref. B05015962100（76頁）『聖堂復興記念儒道大会関係一件』（H－6－2－0－17）（外務省外交史料館）。
③ JACAR（アジア歴史資料センター）Ref. B05015962100（36、51－52、44、50頁）『聖堂復興記念儒道大会関係一件』（H－6－2－0－17）（外務省外交史料館）。

广东总领事亦劝汕头孔教会主席杨雪立、副主席温廷敬出席，均未果。苏州总领事亦未觅得有意出席者。① 值得注意的是，与主动邀请受挫相对照，未受邀请而志愿自费出席者亦不乏其人。河南"孔学研究会理事长"乔作栋、河南大学教授汪昑龙、天津市政府监察事务主任裘世廉在阅报得知后，均主动向济南、天津总领事申请参加，汪昑龙还称赞"贵国之尊崇先师孔子实为吾辈同人之所感谢者也"，② 折射出当时国人对日态度和赴日目的多样化的特点。

在伪满方面，郑孝胥一度表示"如能遍邀欧美各国学者来东京观礼，则必设法请假，前往与会"，③ 但实际并未出席。揆之当时状况，或因：（1）溥仪同期访日，郑须在伪满留守；（2）仅有两名欧美学者出席，国际化程度较低，郑若出席易遭到国民政府代表的抵制。最终，伪满派出伪文教部次长许汝棻、伪奉天省教育厅厅长韦焕章、伪吉林省教育厅厅长张书瀚、伪大同报社社长王光烈及随员等共6人参会。为避免给外界造成承认伪满的印象，国民政府十分注意政府代表与伪满代表的区隔。4月17日，唐有壬向须磨弥吉郎要求，勿使国民政府代表与伪满代表同场参拜。接须磨报告后，外务大臣复称"孔子祭典亦有相当数量之欧美学者参列，毋庸投以政治化考虑"，并允诺采取"适当之措施"规避之。④ 4月23日，即代表离沪出发当日，唐有壬和外交部亚洲司日本科科长高宗武再次告知须磨务必加以区隔。⑤

日本将孔庙落成与儒道大会视为举国之盛事，先后举办了一系列高规格纪念活动。3月29日，天皇向斯文会下赐青铜孔子像；⑥ 4月13日，访

---

① JACAR（アジア歴史資料センター）Ref. B05015962100（50、56、59、67頁）『聖堂復興記念儒道大会関係一件』（H-6-2-0-17）（外務省外交史料館）。
② JACAR（アジア歴史資料センター）Ref. B05015962200（37-38、72-73、117頁）『聖堂復興記念儒道大会関係一件』（H-6-2-0-17）（外務省外交史料館）。
③ 劳祖德整理《郑孝胥日记》第5册，中华书局，1993，第2950页。
④ JACAR（アジア歴史資料センター）Ref. B05015962100（58、79、92頁）『聖堂復興記念儒道大会関係一件』（H-6-2-0-17）（外務省外交史料館）。
⑤ JACAR（アジア歴史資料センター）Ref. B05015962200（113頁）『聖堂復興記念儒道大会関係一件』（H-6-2-0-17）（外務省外交史料館）。
⑥ 斯文会「謹告」『斯文』第17編第4号、1935年4月。

日的伪满皇帝溥仪参拜孔庙；① 28 日，汇集东亚儒者名流数百人的儒道大会召开；30 日，孔庙落成后首次祭孔大典举行，斯文会总裁伏见宫博恭王、内阁总理及各大臣或亲临或致贺词。从该年度起，祭孔经费开始从国家公费中开支，标志着祭孔上升为"国祭"。此外，日方对国民政府代表尤其圣裔备极优礼，斯文会总裁、会长、内阁总理、外务大臣、文部大臣以及财阀首领大仓喜七郎、矢野恒太等纷纷设宴或游园招待，宫内省还特别开放皇家御苑供代表观赏。②

对于大会和国民政府派代表出席在中日关系上的意义，日本官方和舆论均高度评价。内阁总理冈田启介称："同文同种之人相集，召开儒道大会，尤其得见自山东曲阜而来之孔家、颜家两代表，以及其他诸外国之硕学，其于儒道上之深远意义，自国际上言之，亦已产生非常之效果。"文部大臣松田源治表示："召开儒道大会，以此阐明孔夫子之盛德，谋求东亚同文民族之亲善……更自友邦中华民国派来孔家代表之孔子裔孙，洵为锦上添花之事，大会之意义为之益加深刻，实可谓我史上空前之盛事。"③《东京朝日新闻》发表社论，建议"当此以孔教为中心实现日、满、支三国文化提携之际，我外务、陆军等相关当局……应配合当面之外交折冲，谋求对支文化工作之划时代发展"。④

对于日方在大会期间的诸般"亲善"，国民政府亦予以积极回应。在儒道大会致辞中，孔昭润盛赞"贵国复兴圣堂，并开儒道大会，提倡儒术，鄙人实万分钦佩，不但为圣道庆，且预为世界大同庆"，⑤ 可谓体现了国民政府的对日立场。归国后，代表一行循外交惯例晋京复命，报告大会详情。⑥ 为表达对日方优待的感谢，6 月 28 日，何思源专门陪同孔德成前往日驻济南总领事馆拜访来华考察的外务省文化事业部部长冈田兼一。当晚，省政府主席韩复榘复率孔德成与儒道大会代表参加日领事举办的宴会，再

---

① 「盟邦の元首御来訪第八日」『東京朝日新聞』(東京/夕刊) 1935 年 4 月 14 日、1 頁。
② 『湯島聖堂復興記念儒道大会誌』23 - 70、91 - 97、359 - 360、79 - 89 頁。
③ 『湯島聖堂復興記念儒道大会誌』84 - 85、28 - 29 頁。
④ 「対支文化工作の発展」『東京朝日新聞』(東京/朝刊) 1935 年 4 月 30 日、3 頁。
⑤ 『湯島聖堂復興記念儒道大会誌』34 頁。
⑥ 《孔圣后裔孔昭润等已返鲁　来沪并未多留》，《申报》1935 年 5 月 11 日，第 3 版。

表答谢。① 此外，未出席大会的湖南省政府主席何键也向斯文会赠送了孔子画像。② 可见，在中日邦交调整的大背景下，国民党中央和地方当局均欲通过文化手段对日示好。

从日本在中国代表尤其是圣裔邀请上所表现出的迫切心情和对大会意义的过高评价可见，日本朝野上下亟欲通过尊孔导引中国之对日倾向。面对日方的力邀，国民政府采取了制而用之的策略，一方面派血缘较疏的圣裔代表与会，另一方面又畀之以中央代表的高规格，如此对应，既降低了被日人利用的风险，宣示了道统在我，又展示了政府对日"重视"之意，显有借文化外交配合邦交调整之意图。然而，文化侵略的本质决定了日本的尊孔举动无法获得中国的好感，除一部分人表示应借鉴"日本吸取了我国文化，潜心研究，国势日强"的经验"对我国固有的文化，应当要发扬广大之"外，③ 多数民众对此持警惕和反感态度。加之，民主与科学已成为中国的时代潮流，儒道外衣实难引起新生代知识分子的共鸣。儒道大会时，鲁迅曾专门撰写日文文章《在现代中国的孔夫子》发表于日本《改造》月刊，以"日本的汤岛，孔子的圣庙落成了，湖南省主席何键将军就寄了一幅向来珍藏的孔子的画像"为例，讽刺尊孔"是大人老爷们的事"，批判国民政府和日本尊孔的逆潮流性。④

五　结语

以儒道大会为契机，日本的"以儒侵华"观念进一步强化，对圣裔的拉拢亦有增无减。斯文会会员、汉学家松本洪不惜鼓吹法西斯主义，呼吁军部将日本化的儒学强推于中国和伪满，以反客为主，使中国儒者"叩头"；井上哲次郎抛出与田中逸平如出一辙的圣裔拥戴论调，称中国应"立

---

① JACAR（アジア歴史資料センター）Ref. B05015962400（379 – 380 頁）『聖堂復興記念儒道大会関係一件』（H – 6 – 2 – 0 – 17）（外務省外交史料館）。
② 『湯島聖堂復興記念儒道大会誌』卷頭。
③ 寒僧：《日本举行祭孔典礼》，《上海报》1935 年 4 月 27 日，第 5 版。
④ 鲁迅：《在现代中国的孔夫子》，鲁迅先生纪念委员会编纂《鲁迅三十年集·且介亭杂文二编》，鲁迅全集出版社，1947，第 98 ~ 105 页。

孔子之子孙为君主，政治亦行孔子理想之王道"。① 1936 年 6 月，天津日本驻屯军司令部派员秘密拜会孔德成，欲高薪聘为"孔圣传教使"邀其东渡；② 当年 12 月，孔德成大婚时，外务大臣指示驻华大使和文化事业部部长致电祝贺；③ 1937 年 3 月 28 日，在外务省资助下，斯文会编辑部部长、东京帝国大学教授高田真治一行 13 人赍会长德川家达等所赠礼品到访孔府。④ 此外，全面抗战爆发前，日本还曾三次派说客运动孔府奉卫官孔令俊劫持孔德成，以作为未来政权之傀儡。⑤

国民党当局早已洞悉日本拉拢圣裔的图谋，所以预先采取了一系列防范措施。1935 年 8 月 27 日，国民政府举行了比上年更加隆重的祭孔活动，有观点认为，这是因为儒道大会使国民政府相形见绌。⑥ 10 月 6 日，国民党中央政治学校教授左舜生报告蒋介石，日本"如必欲另建傀儡国，则孔德成亦为日所属意"。⑦ 1936 年 2 月 1 日，国民党中央民众训练部与国民政府内政、教育两部讨论孔教总会立案问题时，考虑到"敌人利用尊孔心理，多方勾引孔裔，以遂行其阴谋"，专门将入会资格限定为中国籍。⑧ 七七事变后，为避免圣裔落入敌手，1938 年 1 月 2 日，国民党军奉蒋介石之命将孔德成送至汉口。对此，媒体纷纷猜测孔德成系为拒绝日本扶植其为伪政权皇帝而随政府赴汉。⑨

---

① 『湯島聖堂復興記念儒道大会誌』369、132 頁。
② 《侵略方式无孔不入　日人想利用圣裔孔德成》，《南宁民国日报》1936 年 6 月 27 日，第 2 版。
③ JACAR（アジア歴史資料センター）Ref. B05016156700（108－122 頁）『参考資料関係雑件　第四巻』（H－7－2－0－4_004）（外務省外交史料館）。
④ 高田眞治「聖廟及び亞聖廟に謁するの記」『斯文』第 19 編第 6 号、1937 年 6 月。
⑤ 孔德深：《我和我的家庭》，政协山东省曲阜市委员会文史资料委员会编印《曲阜文史》第 9 辑，1989，第 104 页。
⑥ 高田眞治「聖廟及び亞聖廟に謁するの記」『斯文』第 19 編第 6 号、1937 年 6 月。
⑦ 《左舜生函蒋中正中央政治学校讲课心得观察时局所得日祸决不缓和可言又义阿纷争及华北工作计划等文电日报表》（1935 年 10 月 6 日），"蒋中正总统文物"，台北，"国史馆"，典藏号：002－080200－00458－210。
⑧ 中国第二历史档案馆编《中华民国史档案资料汇编》第 5 辑第 1 编，江苏古籍出版社，1991，第 572 页。
⑨ 参见孔明《全国抗战爆发前日本对孔府的接触利用与国民政府之因应》，《军事历史研究》2021 年第 5 期，第 50 页。

圣裔南下后，日本表现出计划落空后的极端恼怒，1月4日，即曲阜陷落当日，日军迅即探查孔德成去向。① 当确认其已南下后，半月之间，主要报纸连篇累牍登载孔氏夫妇的"受难详报"，谴责"蒋以暴力挟持孔德成夫妇南下"。② 斯文会也抨击蒋介石之举"丝毫不容于人道"，并称"皇军在对孔德成氏之安否采取万全对策的同时，已承担起保护圣庙、圣墓以及孔家于万无一失的大任"。③ 据1939年6月12日孔德成日记记载："日人有至家中惇惇问余重庆住址者。"④ 1942年，国民党在日情报人员还曾报告，日军大本营有人主张利用大轰炸之机，派空降兵劫持孔德成出川，然后立为皇帝。⑤ 此外，全面抗战期间，儒道大会的出席者如董康、梁鸿志、伦明、孔昭润、汪吟龙等均不同程度出任伪职，⑥ 也在一定程度上印证了儒道大会所欲达到的"非常之效果"。

如上所见，九一八事变后，中日两国围绕儒道大会展开的博弈与互动，不仅为抗战全面爆发前日本对华文化侵略的一个高潮，亦在国民党尊孔史和对日关系史上具有标志性意义。综观全文，不难得出以下几点结论。

第一，日本的对华尊孔有着明确的政治目的和外交需求，在根本上服务于其侵华国策。中日两国同属儒家文化圈，近代以来，为唤起中国对"同文同教"的共鸣，日本积极利用儒学对华号召，儒道大会正是该策略的延续和实践。九一八事变后，日本朝野尤其是以广田弘毅为代表的外务当局，在"协和外交"的旗号下通过儒道大会方式开展对华文化活动，其目

---

① 「孔子生誕の地曲阜占領」『同盟旬報』第2巻第1号（支那事変）、1938年1月。
② 「寝込を襲って孔子の子孫拉致　孔德成夫妻受難の詳報」『読売新聞』1938年1月9日、2頁。
③ 「孔德成氏拉致さる」『斯文』第20編第2号、1937年2月。
④ 《孔德成先生日记》，台北，艺术家出版社，2018，第81页。
⑤ 《赵一明：潜入日本的抗日谍战将军》，凯雷、白林森主编《致敬：不能忘记的抗战老兵》，浙江摄影出版社，2018，第54~57页。
⑥ 董康曾任北平伪临时政府委员、司法委员会委员长、最高法院院长，汪伪国民政府委员、伪华北政务委员会委员；梁鸿志曾任南京伪维新政府行政院院长，汪伪国民政府监察院院长、立法院院长；汪吟龙曾任伪安徽省政府教育厅厅长；孔昭润曾在孔德成随国民政府南下后，"勾引日敌派人到曲，借词余（指孔德成）不在家，应选族中年高有德者，进府主持"，后任伪省立曲阜师范学校教务处主任。参见刘寿林等编《民国职官年表》，中华书局，1995，第1019~1020、1033、1025、1052~1054、1041、1114页；《孔德成先生日记》，第87~88页；中共曲阜市委党史研究室编《中共曲阜地方史》，中共党史出版社，2003，第98~99页。

的不过为麻痹中国国内的反日情绪，巩固其对华侵略成果。同一时期广田弘毅在华北事变上对军部侵华亦步亦趋的配合，更足以说明其儒道号召乃至"协和外交"的虚伪性。此外，日方动用外交手段反复交涉圣裔渡日，大会后复加以持续笼络甚至不惜劫持，征之田中逸平、井上哲次郎等人的圣裔拥立论调和儒道大会出席者多沦为汉奸的后发史实，实不难看出儒道大会还负有为侵华预选代理人之使命。

第二，为对抗日本之文化侵略，国民政府果断采取了一系列文化自卫措施，走向全面尊孔。国民党建政以来，出于建立政权合法性、巩固统治之需要，蒋介石等实权派不断在文化和意识形态上尊孔复古，这是国民党走向尊孔的内在动力和主因。但受文化分歧和政局动荡之影响，国民党始终未能全面恢复和承认儒家道统。在民族危机加深的背景下，日本以尊孔开展文化侵略，不仅有弱化国民政府向心力、动摇民族精神之虞，更有圣裔被挟持为傀儡政权首领之风险。在此外部威胁下，国民政府克服内部文化分歧，一举恢复祀孔、大修孔庙、优待圣裔，走向全面尊孔。从该意义上讲，日本之文化侵略是促使国民政府走向全面尊孔的直接外因。

第三，在儒道大会交涉中，国民政府在维护政治安全的前提下，高规格派员赴会，有借此改善中日关系之考量。中日儒道大会交涉发生于1935年上半年的两国"亲善"期，为国民政府展示亲日"诚意"提供了良机。虽然汪精卫当局力避孔子嫡裔赴日，却另以中央政府名义派圣裔代表参会，可谓最大限度"诚意"之展示。对此，日本朝野均给予正面评价，并极力优礼其代表，在一定程度上改善了国民政府的反日形象。日本外务省宣布将对华外交等级提升至大使级，正是发生在儒道大会召开次月。如果说邦交提升是日本对国民政府亲日转向的"总回报"，那么派员出席儒道大会作为国民政府直接亲日的表现之一，其与1935年中日邦交调整的关联似应得到注意。

石原莞尔"满洲国"设想述论

马晓娟*

石原莞尔等日本陆军"中坚层"在经过多次实地考察和周密的策划后，发动九一八事变，实施了武力夺取"满蒙"计划的第一步。随后，就如何善后，日本政府和陆军中产生了各种讨论。最终，在日本策划下，名为"独立国家"实为傀儡政权的伪满洲国诞生。石原莞尔围绕"满洲国"从政治、经济、文化等方面提出了一系列侵华战略设想。本文拟利用石原莞尔个人相关档案文献，对石原各个时期的"满洲国"设想做一梳理，从而揭示日本宣扬"五族共和、日满华提携"的虚伪本质。

一 "占领"还是"独立"

近代以来，围绕对中国东北的侵略方式，日本国内一直存在各种讨论。九一八事变爆发之前，日本陆军中包括石原莞尔在内的中坚参谋开始主张"满蒙领有论"。比如，1928 年 3 月 1 日，在陆军省和参谋本部中坚参谋的集会——第五次木曜会①上，时任陆军省军事课高级课员的东条英机就提

---

* 马晓娟，中国社会科学院近代史研究所副研究员。
① 木曜会，由陆军中坚参谋组成的小团体，成立于 1927 年 11 月。主要成员由陆军士官学校第二十一至二十四期毕业生铃木贞一、石原莞尔、根本博、村上启作、土桥勇逸等，第十六期毕业生永田铁山、冈村宁次，以及第十七期毕业生东条英机等组成。该会定期于木曜日（即星期四）聚会，讨论和研究军备、国防等军政问题。参见川田稔『満洲事変と政党政治　軍部と政党の激闘』講談社、2010、83 頁。

出:"国军的战争准备主要以对俄战争为主体。第一阶段的目标是在'满蒙'树立完全控制该地区的我方的政治势力","中国不足为虑,日本用半年时间即可整备对中作战的兵力,满蒙向来被中国视为'华外之地',不可能倾全国之力与日本一战"。① 石原莞尔也是当时坚定的"满蒙领有论"者。1928年,石原在给陆军大学学生的报告中讲道:

> 日俄战争后,日美关系恶化,因而这场大战(日美之战)即将爆发,日本国民应该有时刻为此做准备的觉悟。对此,日本国防应做的重要准备就是对满蒙的经济开发。满蒙地区无论从历史上还是经济上都与日本更为接近。日本在开发满蒙的同时,还应出兵维持满蒙地区的治安和经济。②

在这份报告中,石原提出应出兵维持"满蒙"地区的治安和经济,对武力出兵"满蒙"提出了初步的设想。

1928年10月,石原被派任关东军参谋,在对中国东北进行实地考察后,关于如何解决"满蒙问题",石原更明确主张"日本必须占领该地区"。③ 1929年7月3~12日,为了最终在"满蒙"策动军事事变,关东军组织了一次重要的参谋旅行,以期为此后行动做好全方位的调研。④ 7月4日,关东军参谋旅行的第二日,石原莞尔在长春的名古屋酒店为参加参谋旅行的关东军参谋做了名为《战争史大观》的报告。在这一报告中,石原进一步强调日美之间必有一战,解决"满蒙问题"是为日美战争做准备。⑤ 次日,石原又提出了《扭转国运的根本国策——满蒙问题解决案》。这一方

---

① 鈴木貞一「木曜会記事」『鈴木貞一氏談話速記録』下卷、日本近代史料研究会、1974、375-379頁、转引自川田稔『満洲事変と政党政治 軍部と政党の激闘』18、32頁。
② 「現在及将来ニ於ケル日本の国防」角田順編『石原莞爾資料 国防論策』原書房、1975、58-68頁。
③ 「国運転回の根本国策たる満蒙問題解決案」(昭和四年七月五日)角田順編『石原莞爾資料 国防論策』40-41頁。
④ 参见日本国際政治学会・太平洋戦争原因研究部編『太平洋戦争への道 第一卷 満洲事変前夜』366頁。
⑤ 「戦争史大観」(昭和四年七月四日)角田順編『石原莞爾資料 国防論策』35-39頁。

案是后来他提出的解决"满蒙问题"的基础,也是后来关东军发动九一八事变、扶植成立伪满洲国,并进一步蚕食整个中国的全盘规划的雏形。该方案的主要内容有四点。第一,"满蒙"之于日本具有巨大价值,解决"满蒙问题"是日本唯一的生存途径。积极解决"满蒙问题"不仅为日本之所需,也是为了多数中国民众,此为正义之行为,日本必须推进。从历史关系等方面看,与汉民族相比,"满蒙"更应该"属于"日本民族。第二,解决"满蒙"问题的关键是由帝国军队对其进行控制。要完全解决这一问题,日本必须占领该地区。对中外交即等同于对美外交,为达到武力控制"满蒙"之目的就要有与美国一战之觉悟。第三,关于"满蒙问题"的解决方针有二。其一,为日美战争做准备,或假设日美马上开战,则必须将"满蒙政权"收入日本之手。通过对该地区进行合理开发,日本经济自然可以得到恢复,使失业者得到救济。其二,如果战争持续则须有东亚被封锁之觉悟,因而有必要占领中国本土之重要地区,以武力消除阻碍中国民族前进道路之障碍,给中国经济新的"生命力",确立东亚自给自足之道路,有利于领导长期战争。第四,关于准备对美战争的调查方针。其一,假设东亚被封锁,应事先调查其经济状况,以确定对策方案(政府各部门的业务水平存在一定差距,应借助专门机构——满铁经济调查局进行调查)。调查方式不应采取西方学问式调查,应以武力破除中国之积弊,赋予四亿中国民众经济上的新生命,并借此机会振兴日本工商业,为迅速与欧美列强对抗,要使日本工业完全独立,此为根本。其二,应确立占领"满蒙"及中国其他地区后的方案(由军部立案,细部则参考各专家的具体研究)。"以战养战"为根本方针,日本海军所需军费的一部分或大部分应由中国负担。①

石原这一方案的内容在理念构建上有关键的三点,也是后来日本侵华政策的核心。第一,将"东亚"作为一个整体提出,这也是其后来"东亚联盟论"的核心内容。他将"东亚"视为与美国对抗的整体,并将日本作为代表"东亚"各民族和国家的唯一核心,从而在理论上使侵犯并占领其

---

① 「国運転回の根本国策たる満蒙問題解決案」(昭和四年七月五日)角田順編『石原莞爾資料 国防論策』40-41頁。

他主权国家的行为具有所谓的"正当性"。从"东亚"的视角来看，日本积极介入"满蒙问题"，不仅是为了日本的利益，也是为了大多数中国国民的利益（帮助其摆脱美帝国主义的控制），因此石原莞尔认为日本采取的行动是正义的。但实质是日本为了消除国内的不稳定要素，需要对外扩张，并构建一个假想的外部敌人——美国。

第二，从历史的观点来看，尤其是建立在清朝的统治历史的基础上，石原莞尔主张"满蒙"原本并不属于中国，而是在语言、历史等方面与日本有更深的渊源，因此应该属于日本。这一点他在很大程度上借鉴了日本当时汉学家、考古学家等所谓的"东亚研究"的成果。为配合日本的侵略政策，证明"'满洲'非'支那'领土"，其时日本学界做了各种考证。日本学者加藤阳子对日本陆军宣扬"满洲"不是中国固有领土的目的，总结了如下两点。其一，对内（日本国内），通过详细列举数据和分析"满蒙"历史变迁，说明"满蒙"对日本的经济、政治、军事价值，煽动、鼓励日本人移民"满蒙"，为陆军出兵"满蒙"制造正当性的借口。其二，对外，武力侵占"满蒙"毫无疑问是违反国际法的。因此，强调"满蒙"不是中国固有领土，强调"满洲人"的"独立"愿望，实际上是为躲避国际法的制裁寻找依据。①

第三，石原莞尔不仅提出了由日本军队直接控制"满洲"和热河的方案，与东条英机的"满蒙领有论"相一致，还提出了有必要占领整个中国的长期战略布局，认为只有这样才能在对美国的持久战中获得胜利的可能性。这一设想，完全无视中国主权，目的是使中国沦为日本的殖民地，这成为日后日本侵华政策的雏形。②

在同月提出的《关东军满蒙领有计划》中，石原对占领方案做了详细的阐释，其核心内容如下。一是平定。消灭中国东北地区的军阀、官僚并没收其私有财产，由关东军对该地区进行支配、控制。二是统治。在军政体制下，日本人、朝鲜人、中国人自由竞争。但日本人经营大规模企业，

---

① 加藤陽子『満洲事変から日中戦争へ』岩波書店、2010、14-19頁。
② 参见『太平洋戦争への道 第一巻 満洲事変前夜』366-368頁。

从事需要运用智力的事业；朝鲜人开拓水田；中国人从事小商业劳动。即按士农工商对三国人进行分工。行政上则为了稳定暂保留原有制度。三是国防。即在"满蒙"派驻四个师团，以防止苏联入侵。①

按照这一计划，日本应首先军事占领"满蒙"地区，然后把该地区划入日本领土，由关东军进行统治。在社会经济分工上，日本人从事高端事业，朝鲜人次之务农，中国人则经商，地位最低。②石原的设想也是当时关东军大部分人的主张。

而短短两年后，对中国东北进行过深入调查的石原莞尔，主张从占领变为吞并中国东北。1931年3月，石原在给关东军调查班的讲座中提出："日本与全世界为敌亦不足为惧的理由是，这一战不是消耗战，而是决战，因此，如果从占领下的满蒙调派所需物资和战争经费，我国就可以像拿破仑对英战争那样，甚至与拿破仑相比更加占据有利地位。"③4月，石原进而提出了详细的《为解决满蒙问题的战争计划大纲》，并在其中赤裸裸地声称要使"满蒙成为我国国土"。其主要内容如下：

战争的目的是，第一，使满蒙成为我国领土。第二，确保西太平洋制海权。使菲律宾、关岛成为我国领土，万不得已时，令其独立。争取使夏威夷成为我领土，或撤去其守备。

战争指导方针是，第一，争取仅以美国为敌。尽量避免出兵中国本土。通过威胁，防止中国的反日活动及参战。第二，如上述行不通则占领中国中部以北的重要地区。第三，争取英国的认可，但亦不惜与英国为敌。第四，继续与苏联保持亲善关系，如万不得已，则迅速进攻，速战速决。第五，与欧洲各国保持亲善关系以牵制英、苏。第六，日本国内必须进行适应战争体制的社会改革。第七，如果战争过程不顺利，并受到经济封锁的话，日本国内和占领地应实行计划经济，并确立以我国产业的大跃进和中国大革新为目的的军事法西斯体制。

---

① 「关东军满蒙领有计画」（昭和四年七月）角田顺编『石原莞爾資料　国防論策』42頁。
② 「关东军满蒙领有计画」（昭和四年七月）角田顺编『石原莞爾資料　国防論策』42頁。
③ 『太平洋戦争への道　第一卷　満洲事変前夜』383頁。

如果日本本土遭遇空袭，则考虑将政治经济设施迁往中国大陆。为此，日本国民必须有忍耐一切牺牲的觉悟。①

在这份大纲中，除"满蒙"地区和中国其他地区外，东南亚也被列入日本的占领计划，并且提出战时实行军事法西斯体制的设想。而确立军事法西斯体制的前提是"汉民族没有维持治安的能力"，必须接受日本人的"领导"，使日本军队对"满蒙"的占领和对中国本土的政治指导"合理化"。这些对东亚的战略构想和对世界局势的预测与推演，如今看来充满了石原莞尔的一厢情愿和异想天开，甚至可以说是狂妄自大。但在当时日本陆军"中坚层"看来，恰好符合他们所受的"精英"教育，反而颇能引起共鸣。

同样在1931年4月，日本陆军参谋本部也提出分三个阶段解决"满蒙问题"的策略。第一阶段，日本根据条约或契约等正当手段取得的权益因中国方面的背信弃义而受到阻碍，须打破这一局面，确保日本权益之实际效果，并进一步扩大之。为此，在"满"建立取代张学良的亲日政权，但该政权仍在中国中央政府主权之下。第二阶段，在"满蒙"建立"新政权"，使其从中国中央政府"独立"。即在"满蒙"地区成立新的"国家"。第三阶段，即石原和关东军主张的"满蒙领有"方案。②

在九一八事变爆发前4个月的1931年5月22日，石原莞尔应关东军要求撰写了《满蒙问题之我见》。③ 在这份文件中，石原再次强调："解决满蒙问题的唯一方策是将其并入我国领土。"并辩称日本吞并"满蒙"具有行为的"正义性"。"据吾人直感，中国人是否有能力建设近代国家，深有疑问。不如说吾人确信汉民族在我国维护治安之下的自然发展，会真正给他们带来幸福。打倒满洲三千万民众共同敌人的官僚军阀，是我日本国民肩负的

---

① 「満蒙問題解決ノ為ノ戦争計画大綱」（昭和六年四月）角田順編『石原莞爾資料　国防論策』70–73頁。

② 参见日本国際政治学会・太平洋戦争原因研究部編『太平洋戦争への道　第二巻　満洲事変』朝日新聞社、1963、24–25頁。

③ 「満蒙問題私見」（昭和六年五月二十二日）角田順編『石原莞爾資料　国防論策』76–81頁；许育铭：《石原莞尔与九一八事变》，《中华军史学会会刊》（台北）第8期，2003年，第147页。

使命。我国的满蒙统治还能带来中国本土的统一，为欧美各国对华经济发展上最受欢迎之处。"因此，作为国家，日本武力解决"满蒙问题"是"堂堂正正"的；作为军部，应主动通过谋略制造解决的机会；关东军则应主动抓住这些机会。对武力占领"满蒙"的成功概率，石原分析道："乍看对我国困难极大，但如从东亚兵要地理关系考察，则并非如此。其一，俄国已从北满撤退，对于占有该地的我方难以发动有力攻势。其二，以海军迫使我国屈服，为难事中之至难之事。其三，因经济因素对战争悲观之士甚多，但这场战争所需战费不多，大部分可从战场获得，故不但在财政上无须任何担心，且可在国民经济所必要之时，在本国及占领地之范围内施行计划经济。此举固然会导致经济界一时之大动摇，但只有打开困境，日本方能跃进先进工业国之水准。"关于出兵的时机，石原认为："此次战争在俄国复兴及美国海军实力增加之前（即最迟1936年之前）开战为有利。而战争将持续相当长时期，因此国家预先制定战争计划至为关键。"此外，石原还进一步强调了"满蒙"之于日本的价值：

一、政治价值

1. 为使国家雄飞于世界，良好的国防地位为其最重大之条件。德国如今的状态，多源自其不稳定的国防地位；十九世纪英国的霸业，亦多受惠于其有利之国防状态。美国海军的发展，使英帝国之国防陷于危殆，加上美国经济实力的增长，使西洋民族之代表权日渐落入美国手中。我国在应对北方俄国侵入之同时，亦须应对南方美英之海军力量。但呼伦贝尔兴安岭一带具有战略上特别重要之价值，我国若将北满地区完全置于己方势力下，则俄国之东进将极为困难，我方仅靠满蒙之力也不难阻止之。换言之，我国于此首次免于应对北方之负担，可依据国策或向中国本土，或向南洋勇敢地谋求发展。

满蒙正是我国运发展最为重要的战略据点。

2. 将满蒙置于我势力之下之后，对朝鲜的统治方能稳定。

3. 我国以实力解决满蒙问题，显示断然决意，就能立于指导中国本土的地位，促进其统一和稳定，最终确保东洋的和平。

二、经济价值

1. 满蒙的农产品足以解决我国民的粮食问题。

2. 鞍山的铁、抚顺的煤等足以确立目前我重工业的基础。

3. 满蒙的各种企业能解救我国现有的有识失业者，打破不景气局面。

要言之，满蒙的资源虽不能使我国成为东亚代表，然足以救眼下之急、形成大飞跃之根基。①

这份文件是为了促使关东军干部实现思想统一的宣传性文件。其内容虽然与以往石原莞尔的主张多有重复，但是此时，世界性的经济危机已经发生，日本也受到波及，于是"满蒙"的战略重要性和经济价值尤其凸显，在石原看来入侵"满蒙"的紧迫性也日益加剧。因此，这份文件的措辞更加直白和激烈，明确提出要通过"谋略"来制造机会，不待统帅命令，以武力占领解决"满蒙问题"，并将此作为日本国内国家改造计划发展的一大契机。②

武力出兵"满蒙"在 4 个月后的 9 月 18 日得到遂行。但是，武力占领、吞并"满蒙"并未如石原莞尔设想的那般顺利。九一八事变后第二天，日本陆军中央首脑决定先采取上述参谋本部在 4 月提出的分三个阶段解决"满蒙问题"策略的第一阶段方案，即建立亲日政权的方案，不同意直接进行军事占领。这一方案受到"中坚层"军人的反对，东京参谋本部作战课课长今村均直接向参谋总长金谷范三提出反对意见。③ 同日，在沈阳，参谋本部作战部部长建川美次向关东军参谋板垣征四郎、石原莞尔、花谷正、片仓衷等人提出采取第一阶段方案，板垣和石原相继反驳，坚持主张直接采取第三阶段方案。④

---

① 「満蒙問題私見」（昭和 6 年 5 月 22 日）角田順编『石原莞爾資料 国防論策』76 – 81 頁。

② 当时，日本陆军内的激进派将校之间，围绕国家改造的手段存在对立，有的主张在国内发动军事政变排挤政党政治，然后建立军部政权；有的主张在国外挑起事端，并以此为契机图谋建立高度国防的国家。石原莞尔的主张接近后者。

③ 参见『太平洋戰爭への道 第二卷 満洲事變』25 – 28 頁。

④ 「満洲事變機密政略日誌」（9 月 19 日）小林龍夫・島田俊彦編『現代史資料 7 満洲事變』184 頁。

9月20日，建川向关东军司令官本庄繁建议："消灭东北现政权，建立以宣统帝为盟主的日本支持下的政权为良策。"① 在双方僵持不下的局面下，最终关东军司令部和陆军中央决定折中采取第二阶段方案，即"满蒙""脱离"中国政府，成立一个"独立的国家"。9月22日，在关东军参谋长作战办公室，三宅光治参谋长、土肥原贤二、板垣征四郎、石原莞尔、片仓衷等人举行会议，共同制定了《满蒙问题解决策案》，提出伪满洲国建立的方针和要领："建议由我国支持成立领土包括东北四省及蒙古、以宣统皇帝为元首的中国政权，成为满洲各民族的乐土"；"根据新政权的委托，国防和外交由日本帝国掌管。交通、通信的主要部分也加以管理"。②

石原莞尔和关东军主张的第三阶段方案，即由日本直接将"满蒙"吞并为领土的计划，面临着重重困难。关东军作战部参谋远藤三郎提出，"解决满蒙问题的唯一办法，就是将之纳入我领土，以之作为国防上之据点，统治朝鲜、指导中国之根据，同时挽救目前经济之急迫"局面。③ 而"要实现满蒙成为我国领土的目标，我国就要有实现的能力"。④ 也就是与各利益相关国爆发战争。根据远藤的判断，日本要直接将"满蒙""纳入领土"，就需做好战争准备，尤其是对美战争的准备。"努力届时仅以美国为敌，在领有满蒙，进军占领菲律宾、关岛之外，尽量用兵威吓中国，防止中国排日和参战，如果无法改变中国的态度，则一举攻占南京，占领华中以北各个要点"，"以菲律宾和关岛作为我国领土，不得已时让菲律宾独立，如果有可能，让夏威夷成为我国领土，或者非常时期解除武装"。⑤ 而这样一个

---

① 「満洲事変機密政略日誌」（9月20日）小林龍夫・島田俊彦編『現代史資料7　満洲事変』187頁。

② 「満蒙問題解決策案」（1931年9月22日）角田順編『石原莞爾資料　国防論策』85頁。

③ 遠藤三郎「対満要綱/要旨」（1934年8月）（史料标注1934年8月，但本文所用远藤三郎之资料，根据其内容，应为九一八事变前后，远藤任参谋本部作战参谋时制定）JACAR（アジア歴史資料センター）Ref. C13010095600、満蒙計略計画　昭和9年8月（防衛省防衛研究所）。

④ 遠藤三郎「対満要綱/満蒙問題解決」（1934年8月）JACAR（アジア歴史資料センター）Ref. C13010095800『満蒙計略計画　昭和9年8月』（防衛省防衛研究所）。

⑤ 遠藤三郎「満蒙問題解決の為の戦争計画大綱/第2　戦争指導方針」（1934年8月）JACAR（アジア歴史資料センター）Ref. C13010096400『満蒙計略計画　昭和9年8月』（防衛省防衛研究所）。

"宏大"的战争计划,显然不是在短期内所能实现的。最终,军部上层考虑国际国内因素,退而求其次,决定在占领地建立"独立国家"。

二 "满洲国"成立前石原莞尔关于"新国家"的设想

基于形势,日本陆军"中坚层"武力占领"满蒙"且进一步使其成为日本领土的打算暂时落空,被迫同意采取"满洲""独立建国"的方案。石原莞尔在《满蒙问题解决策案》后写了一小段注记,反映了他当时的心情:"由于9月19日中央对满蒙占领意见不予采纳,且建川少将也不同意,故占领计划无法实施,只能忍住眼泪接受满蒙独立国家方案,期待再有好的时机,能早日实现满蒙领土论。"①

面对即将成立的"独立国家""满洲国",石原莞尔转而开始关注所谓"新国家"的行政建设。1931年底,石原在题名为《满洲建国前夜之心境》的采访中表露,自己已经从"满蒙领有论"转向"独立建国论"。石原谈道,"满蒙问题"不仅仅是对中国的问题。军阀和官僚是"满洲"三千万民众的共同敌人,而操纵官僚和军阀致使亚洲生灵涂炭的是欧美的霸道主义,打倒他们是日本的使命。必须赋予"满蒙""新的生命",按照"满洲人"的愿望建设新的国家。在"满洲"建立日本人和中国人相互"提携"的"范本",提出通过"民族协和"建设真正的"王道乐土"的可能性。他表示放弃"占领论"对他来说是一大"飞跃",他对"满洲国建国"燃起了极大热情。对"民族协和"的确信和对在"满"汉民族的信任应成为"满洲国建国"的基础。②

从这一心态的转变可以看出,在不得不接受以建立傀儡政权的形式统治中国东北的现实后,石原开始为日本殖民中国东北积极构建合理性。即强调"满洲国""独立"于中国,强调在"满"汉族人或"满洲人",以此区别于关内的中国人。虽然他一直强调"满洲国"不应和朝鲜、台湾一样

---

① 「满蒙问题解决策案」(1931年9月22日) 角田顺编『石原莞爾资料 国防論策』85页。
② 「满洲建国前夜の心境」(1932年) 角田顺编『石原莞爾资料 国防論策』85页。

成为日本的殖民地,但从其之后的各种设想中都映射出"满洲国"是日本附属的影子。

正如石原所说,日本决定在中国东北成立"满洲国",燃起了他对"建设新国家"的极大热情。随后至"满洲国"成立前的短短几个月内,石原撰写了多篇文章,按照自己的理想对"新国家"建设提出了一系列设想。

1931年12月2日,石原在齐齐哈尔写下《满蒙问题之走向》。他在该文中写道:"(新国家)中央政权应在日本的监督指导下实施简明直接的统治,尤其国防应委任日本管理。地方则可以适合汉民族性情的自治形式为主……新满蒙的建设不能由中国人担任最高领导者。中央政府应该完全委托给日本。日本担此重任并非为了自己,而是为了三千万满洲民众乃至世界和平。"①

1932年1月25日,石原撰写了《在新国家内有关日本人的地位》,对所谓"新国家"中日本人和中国人的分工问题做了详细的论述:

> 日本及中国住民的地位是平等的。为此日本人尤其应舍弃其优越感,反之也不要误解觉得新国家是中国住民的,对加入新国家产生犹豫。
>
> 一、官吏
> 1. "新国家"的官吏以在满洲生活的人为主要候选。
> (1) 日本人中优秀人才更多。
> (2) 为了增加作为多数民族的中国人的幸福感,合适人选多为通晓民情习俗的中国人。
> 从以上两点来看,高级官吏应多任用日本人,下级、从属可适当增加中国人。
> 2. 同级的日本人与中国人官吏,俸禄也应相同。
> 3. 原则上不安排专给"日本人的位置",不得已的情况下控制在最低数量。
> 4. 不设置监视中国人官吏的顾问。

---

① 「満蒙問題ノ行方」(1931年12月2日)角田順編『石原莞爾資料 国防論策』88頁。

二、日本的农业移民

为了日本民族的发展并为了在满洲的朝鲜和中国农民的进步，希望尽可能多地让日本农民移民。但是范围限于日本农民中能力优秀、有周密计划、敢于献身、努力付诸实践的人。拒绝寻求政治保护的人。

三、工人移民

为了满洲能生产品质良好的制造品，迫切需要各工业的技术人员，应限定日本工业劳动者的活动范围。

四、从中国本土来的中国人移民

为日本移民能有更多土地而禁止中国本土的移民的意见不能赞同，然而放任移民涌入，增加满蒙人口，以提高购买力的意见也有待商榷。满蒙是和平之地，中国本土的移民超过了满蒙的收容量，致使居民的素质降低，盗匪丛生。为合理开拓满蒙，需要妥当调节移民方法。①

这篇文章虽然在开篇标榜中日两国平等，但实际上则强调日本人中优秀人才更多，适合任用为高级官吏。希望日本的农业"移民"和工业"移民""到""满洲"，而拒绝中国当地民众。认为一旦中国民众大量涌入，就会导致当地超出收容能力，并使居民素质降低。这完全是侵略者的逻辑。

紧接着，2月，石原又发表了《关于满蒙的开发》一文。② 第一，对军队的任务进行了规划，认为军队的任务应为拥护新成立的"国家"并在"新国家"强制推行日本的经济计划。第二，关于"满蒙"的"开发"，石原认为"满蒙的经济开发计划是全体日本国民高度统一的智慧结晶，在日满关系中，满洲不能决定的相关事宜须由中央（日本）决断，其余由当地推进计划，因此应将适合国家社会进步的人员选送往满蒙地区。以这些权威人士为中心编成军特别业务部，隶属军司令官。不过，军司令官除特别事项以外不应插手制订有关计划"。"第三，迅速成立特别业务部不仅需要陆军的努力，还需要国民的热情，这是我们与同伴所急切期望的。从眼下

---

① 「新国家内に於ケル日本人の地位に就テ」（1932年1月25日）角田順編『石原莞爾資料　国防論策』93頁。
② 「満蒙ノ開発に就テ」（1932年2月頃）角田順編『石原莞爾資料　国防論策』94頁。

所允许的条件来看，特别业务部及满铁经济调查会应团结一致，即刻开始尽全力制订计划"。"第四，在现在的制度下，特别业务部很难招募人才，刚刚被吸收进来的人很难迅速投入方案制订。因此，现阶段（满铁经济）调查会应发挥其重要作用。而关于与调查会的联络需特别注意几点：1. 应充分理解前述情况（即将来特别业务部招募到人才后，则调查会仅作为调查机构）；2. 关于驹井德三[①]氏，应令其充分认识制订计划与实施的区别，他应主要负责实施。3. 原有的统治部（特别业务部）应将收集的各种资料、制订的各种计划全部提供给调查会。4. 不间断向调查会通报新国家施政的情况，使其制订的计划符合实际情况，同时调查会制定的方针也能适时指导新国家。即在完整的统一计划完成前，军幕僚应特别注意新国家的实行情况和调查会的计划之间的平衡。5. 熟知调查会提出的方案的情况，避免一时兴起提出的无理要求"。"第五，如上所述，调查会制订的计划一旦被通过，将必要部分适时在新国家公布，使国民知晓在满蒙着手的活动，以做好相应准备。公布的内容应接受国民从各个方面的批评，一方面可以获取修正计划的资料，另一方面可作为从国民中选拔优秀的人才送入特别业务部的依据"。

三 "满洲国"成立后，石原莞尔的一系列设想

1932年3月1日，伪满洲国成立。名义上是"独立建国"，实际则由"日本监督指导"，日本人担任"高级官员"。无论形式上是"占领"也好"独立"也罢，实质上，在石原莞尔等陆军"中坚层"军官的精心策划和逐步实践下，"满蒙"地区终于彻底沦为日本发动战争的"生命线""补给线"。通过发动九一八事变，日本武力占领了广袤的中国东北大地，这是日

[①] 驹井德三（1885年6月10日至1961年5月13日），中国通，日本滋贺县人，父亲是农业资本家。1911年毕业于东北帝国大学，次年来中国，担任满铁职员达8年。九一八事变后，被关东军聘请为顾问。1932年3月任伪满洲国的第一任"国务院总务长官"，后改任"参议府参议"。日本战败后因向盟军总部自首而免于战犯处理。著有《马贼谈》《日支外交秘话》《新支那建设秘录》《麦秋》《大满洲国建设录》《大陆小志》《到大陆的凤愿》等多部与中国相关的著作。

本陆军中坚军人的第一次实践。在大陆上建立一个隶属于日本的"新的国家"则不啻为另一个实践的开始。对此，石原莞尔充满了热情。虽然在"满洲国"成立不久之后，石原就因为陆军人事调动，离开了中国东北，又在其后的短短四五年内经历了从参谋本部作战课课长到被编入预备役的大起大落，但在此期间，石原从国防、政治、经济、文化等方面，提出不少关于"满洲国"建设的设想。特别是国防，随着苏联国力和军事力量的增强，石原在这一时期开始更多关注对苏国防和对苏备战。而石原设想的最终流产则折射出日本对外侵略这一非正义行为终将失败的必然性。

1932年4月5日，石原向本庄繁司令官提交了一份文件《满蒙与日本的国防》，这份文件是作为提交给李顿调查团的说明而写的。文件中写道："日本的国防与对满蒙资源的利用密切相关。特别是苏联陆军有可能利用北满作为其作战的根据地，因此日本必须扩充兵力，把兴安岭、黑龙江一线作为日苏之间的国防界线，加以严守。"① 从这一时期开始，石原越来越重视对苏战略，把防备苏联作为"满洲国""国防"最重要的举措。

4月24日和6月5日，石原先后提出《满洲平定方略》和《满洲经济计划》。② 前者论述镇压马占山对策和各师团的部署，后者强调政治和经济两方面对"国家"建设的重要性，两者都强调了对苏"国防"。

8月8日，因为日本陆军的定期人事调动，本庄繁、石原莞尔双双离开关东军，只有板垣征四郎继续留在中国东北。石原莞尔被派驻外务省。10月，石原作为国联总会临时会议日本代表团随员，前往瑞士苏黎世。石原从海参崴沿西伯利亚铁路前往苏黎世，途经莫斯科，一路对苏联国力进行了调查，特别对乌苏里、西伯利亚进行了深度观察。而采取这一路线是因为受到时任苏联总参谋长叶戈罗夫的邀请。③

1933年3月，石原从苏黎世回国，8月任仙台第二师团步兵第四联队联队长。在就任联队长前的6月，应参谋本部任职的今田新太郎（今田是与

---

① 早瀬利之『石原莞爾 満洲国合衆国』光人社、2003、130頁。
② 「満洲平定方略」（1932年4月24日）角田順編『石原莞爾資料 国防論策』98頁；「満洲経略計画」（1932年6月5日）角田順編『石原莞爾資料 国防論策』99頁。
③ 早瀬利之『石原莞爾 満洲国合衆国』133頁。

石原一同发动九一八事变时的关东军同僚）之请，发表了《军事上所见皇国国策及国防计划要纲》一文。① 关于所谓"皇国国策"，文中主要写道：

一、皇国与盎格鲁－撒克逊人之决战，乃为统一世界文明所进行人类最后、最大之战争。其时期未必久远。二、为准备上述大战争，当前之国策应先完成东亚联盟。三、东亚联盟之范围，应由军事及经济两方面之研究决定。人口等问题之解决，需求之于南洋，特别是澳洲。而当前急务则应首先实现东亚联盟之核心——日、满、华三国之协同。四、满洲国之成立，为中日亲善、亚细亚团结之基础。五、对华政策，避免以军阀为对手之政治工作，须着眼于中国经济之切实改善。由于日中经济提携，结合满洲国之进步，以期坚实推进东亚联盟之完成。六、断然经营北满，以使苏联放弃东进而转向印度与近东方面。在可能范围内，且应努力牵制英国于欧洲方面。

关于国防计划纲要，他还提出：

战争之动机，在于出现妨害我成立东亚联盟国策之敌国。而此敌国无论其为美、苏、英，均难避免成为持久战争，并须估计到美、苏、英共同武力以及中国之反抗。对此，我国防方针在于以迅速巧妙之手段使中国本部归我支配，以日、满、华之国为基本范围实行自给经济。以武力对付苏联陆上及英、美海上之武力，切实掩护我东亚联盟地区，进而寻求制服敌人之方策，开拓战胜之途径。

文中更具体地提到"东亚联盟"一词，认为为做好战争准备，目前的国策就是要先完成"东亚联盟"，并希望能将"中国内陆""满洲"作为世界战争到来时日本的基地，短期则可以防备苏联南下之用。

---

① 「軍事上より見たる皇国の国策並に国防計画要綱」角田順編『石原莞爾資料　国防論策』113－114頁。

1934年3月，鉴于苏联实施的五年经济计划取得成功，石原进一步痛感对苏战备之急迫，遂向参谋本部和陆军省提出《满洲国育成构想》。① 主要内容如下：

一、所谓满洲国就是日、汉、鲜、蒙、满各民族共有和睦相处的国家。

二、蒙古族住在兴安河，满汉两族居住在满洲。

日、汉、鲜三族人民如何在满洲国内居住，相互扶持，确立东亚和平的基础是待解决的问题。

三、汉民族以满洲南部为主要居住地。而汉民族已有近三千万人，因此拒绝中国内陆的汉民族再移民满洲。中国内陆恢复治安并实现复兴后可增加对其人口的收容能力。

满洲南部地域的农民收容量已接近饱和，向满洲北部移居的倾向显著，但是如果在满洲南部进行农业改革，那么其收容量就很容易加倍。

四、朝鲜族主要居住在间岛，负责开拓满洲南部的水田。

五、日本人主要居住在满洲北部同时也是对抗俄国的第一防线处，从民族协和的角度出发，也应尽快将那些纯良的日本农民安置于此。

六、关于满洲国，为表示对建立满洲国极尽努力并牺牲的日本国民的感谢，将满洲北部未开垦土地全部提供给日本移民。

七、北满中部的哈尔滨市为中心的最佳区域已经被多数汉族所居住，由此日本民族的移民地预定在吉林省依兰道、黑龙江省北部及中部地区、奉天省西北部等荒地处。先将重点放在依兰道，为此在附近行政区域改革时选定合适的日本人作为依兰道的长官。

［附］

1. 关于将北满未开垦地提供给日本移民这一问题，虽然没有抓住执政即位的好时机提出来，但可以在归还附属地行政权力之际宣布。

2. 依兰道的长官最适任人选为东宫铁夫少佐。

---

① 「満洲国育成构想」（1934年3月）角田顺编『石原莞爾資料　国防論策』115頁。

石原这一设想是日本在哈尔滨驻军，同时让日本农民"开拓团"进驻哈尔滨北部，从而强化对苏情报网。让擅长种植水稻的朝鲜人移民"间岛"一带，种植水稻，日本移民则在黑龙江北部主要种植大豆，并通过中东铁路和满铁运出。

1935年8月，石原莞尔被任命为参谋本部作战课课长，他在给就任关东军参谋的花谷正的信中写道：关于政治，"满洲国"不应采取立宪君主制，应通过"建国主义"同志的团结，实行简单直接的"独裁政治"。关于经济，应以关东军经济顾问部为"满洲国"经济参谋部，发挥其重大使命。为完善"满洲建国"，绝对必须向北满强制性地大量"输送"日本人移民。"满洲国"必须以此为"国策"，向北满未"开发"的地方输送。日本军人必须敢于维持最低生活标准，敢于成为"经营"北满的先驱。"这是完成昭和维新的前瞻性任务的道路。"①

石原出任参谋本部作战课课长时，正是日本被世界孤立、外部和内部都不稳定的时代，特别是苏联第二个五年计划已经进行到第三年，远东的军事力量得到强化，1935年苏联将中东铁路卖给日本，用获取款项作为支持其第二个五年计划、第三个五年计划的资金。在日苏军事对比中，苏联占绝对优势。此外，苏联和外蒙古签订互助条约，确立苏蒙协同防卫体制，在"满洲"西侧强化了其势力范围，且苏联的图哈切夫斯基元帅则扬言苏联可以东西两线作战。这对关东军造成威胁。也正因如此，参谋本部和陆军省的中坚参谋们认为能够应对这一局面的只有石原。于是，时任陆军大臣的林铣十郎、陆军辞官桥本虎之助、陆军省军务局局长永田铁山决定起用石原任参谋本部作战课课长。② 永田主张先充分发展日本国内的国防力量，同时把"满洲国"作为重工业中心进行"开发"，逐步积蓄力量对抗苏联。这与石原莞尔的主张是一致的。掌握预算的军务局局长永田和掌握作战的石原联手，准备"开发""满洲国"，积蓄实力，对苏作战的计划刚刚开始。不过，8月12日，永田铁山就在陆军省军务局局长室被相泽三郎中

---

① 「為花谷正君」（1935年8月）角田顺编『石原莞爾資料　国防論策』116頁。
② 早瀬利之『石原莞爾　満洲国合衆国』144–146頁。

佐刺杀身亡，石原因此失去了后盾。1935年，石原在访问海军军令部第一课（负责作战）课长福留繁大佐时说：仅仅以补充兵力来充实军备，是绝对无法进行战争的。如果不在"满洲"发展日军作战所必要的军需工业，则无法战胜远东的苏联。另外，如果不进行对苏军备，则也无法与美、英、苏进行持久作战。把对苏军备作为日本重点，排除北方的威胁，一边与中国保持协调，一边大力寻求与英美的合作，在此期间，把发展"满洲国"放在重点，扩大其重要产业，同时坚决在国内推行改革，提升国力，这是当务之急。但是海军从一开始就反对"满洲事变"，主张北守南进。① 随后，石原在和满铁协商后，起用满铁经济调查会东京驻在员宫崎正义创立日满财政经济调查会，着手研究《日满产业五年计划》。②

1936年6月12日，由于对苏联五年计划取得的成果感受到威胁，石原莞尔向参谋总长提交了《对满洲国的希望》。③ 在这份文件中，石原提议为对苏战争做准备，以日、"满"和中国华北进行持久战所必需的产业"开发"，生产军需品，并向北满大量"输送"日本开垦农民等。同时，石原动员满铁的松冈洋右，劝说其将满铁产业开发部门独立出来，从而促使其他日本本土企业进驻"满洲国"。在石原和松冈的动员下，且因为在伪满可以免税，日产公司将其总部迁至伪满。

6月30日，以石原为首的战争指导课制定了《国防国策大纲》，并获得了参谋总长的批准。《大纲》的目标很明确，就是解除苏联对"满洲国"的威胁。《大纲》分析，"满洲国"地处要冲，是应对苏联的"军事、政治据点"。而由于苏联在远东军事力量的增强，日本必须在"满洲国"部署足够的军事力量。尤其于开战之初，为能对其远东兵力予以打击，对贝加尔以东之敌至少须保持80%的兵力。同时，海军、空军的力量也应相应增强。④《大纲》在阐述了这些内容后，进一步做了如下展望：

---

① 早瀬利之『石原莞爾　満洲国合衆国』149 – 150 頁。
② 早瀬利之『石原莞爾　満洲国合衆国』146 – 147 頁。
③ 「満洲国に関する要望」（1936年6月12日）角田順編『石原莞爾資料　国防論策』178 頁。
④ 「国防国策大綱」（昭和十一年六月三十日）島田俊彦・稲葉正夫編『現代史資料8　日中戦争1』みすず書房、1964、357 頁。

表1 在"满"鲜日军与远东苏军兵力变化对比

		1931年	1932年	1933年	1934年	1935年	1936年	1937年	1938年	1939年	1940年
师团数	日本(个)	3	6	5	5	5	5	7	9	11	12
	苏联(个)	6	8	8	11	14	16	20	24	30	30
	比例(%)	50	75	63	45	36	31	35	38	37	40
飞机数	日本(架)		100	130	130	220	230	250	340	560	720
	苏联(架)		200	350	500	950	1200	1560	2000	2500	2800
	比例(%)		50	37	26	23	19	16	17	22	26
坦克数	日本(辆)		50	100	120	150	150	150	170	200	450
	苏联(辆)		250	300	650	850	1200	1500	1900	2200	2700
	比例(%)		20	33	18	18	13	10	9	9	17

注：日军占苏军兵力的情况。
资料来源：『戦史叢書』，转引自早瀬利之『石原莞爾 満洲国合衆国』202页。

如果让苏联放弃攻势或者让苏联屈服，接着就应夺取英国在东亚（包括亚洲东部、东南亚）的根据地，赶走英国的势力，由此，让亚洲东部、东南亚的被压迫民族获得独立，进而侵占新几内亚、澳大利亚、新西兰，从而排除白人对东亚的压迫，确立日本东亚保护者、领导者的地位。然后，进一步领导这些东亚各国，准备与美国进行大决战，即世界的最终战争。①

在这一大纲中，石原莞尔的世界大战观已有了较为明确的轮廓。石原莞尔较之于永田铁山，其对于日美对抗的远景认识更为深刻，并且提出了东亚联盟的概念，将日本的外交和战争策略向理论化的方向稍做推进。石原认为，日本应立足于日"满"为核心的东亚联盟，北拒苏联，东抗美英，中国和东南亚是其市场和资源来源；日本以"亚洲解放者"的身份，理所应当"领导"东亚和东南亚各国，接收原属于西方列强的势力范围。然而，石原莞尔并不能完全实现他的主张，因为他认为对苏战备更为关键，因此应优先扩充陆军

---

① 「国防国策大綱」（昭和十一年六月三十日）島田俊彦・稲葉正夫編『現代史資料8 日中戦争1』357页。

军备，这受到了海军的阻挠。因为后者更加重视"南进"的战备。在此前后，海军废弃了《华盛顿海军条约》和《伦敦海军条约》，军备不再受到条约限制，正在准备与美国进行造舰竞争。所以，他们必须优先获得建造军舰的预算。

1936年8月7日，根据《大纲》的精神，广田弘毅内阁在五相会议上决定了《国策基准》。《基准》采取的是调和的态度，主张日本当前的根本国策，应遵循外交和国防互相配合、陆军战略与海军战略互相配合的策略。关于大陆政策的实施方针，在于"希求满洲国的健全发展，日满国防的巩固，消除北方苏联的威胁，同时防范英、美，具体实现日、满、华三国的紧密合作，以促进我国的经济发展"。对东南亚地区的主要态度，是"努力促进我国民族的经济发展，一面避免刺激他国，一面以渐进的和平手段扩张势力，并与满洲国的建成相配合，力求国力的充实和加强"。①

围绕对苏战备，除向"满洲国"北部大量驻军，通过"开发""满洲"以提升日本之国力等战略外，石原还提倡发展飞机制造事业。1937年1月，石原提出《为战争准备应迅速向满洲推进帝国飞机及兵器工业的希望》，②强调应每年生产3000架飞机。该方案具体如下：

一、从战争指导上的必要和满洲国的经济价值对应考虑，应迅速将帝国的飞机及兵器工业向满洲推进，从而以最快速度促进帝国的大陆战备。为此，军队首先应致力于最大限度发挥日本国内现有的飞机及兵器的制造能力，尽量将计划扩张（含新建）的部分设置在满洲（含朝鲜）。

二、到1941年应实现的在满洲的最低限度战时生产能力如下：
飞机工业：年生产3000架（新制造飞机以侦察机和战斗机为主）
兵器工业：现有兵工厂的二分之一左右
坦克、特种汽车：年生产3000辆

---

① 「国策の基準」（昭和十一年八月七日）島田俊彦・稲葉正夫編『現代史資料8 日中戦争1』361頁。
② 「戦争準備のため帝国飛行機及び兵器工業を速かに満洲へ推進せしむるための要望」（1937年1月12日）角田順編『石原莞爾資料 国防論策』179頁。

火药工业：与现有的岩鼻、宇治工厂数量相当

如上所述，在进入参谋本部后，石原莞尔"满洲国"乃至日本的战略设想都是围绕在"满洲国"增加兵力、发展经济、巩固"国防"，以防卫苏联以及"北进"对抗苏联而展开的。这引起了海军及陆军中以武藤章为代表的南进派的不满。而这种不满也逐渐蔓延至陆军上层。众所周知，在卢沟桥事变爆发后，石原因主张"不扩大"战争，遭到参谋本部内部的"封杀"。1937年9月27日，石原辞去作战部部长一职，调任关东军副参谋长。据冈村宁次回忆说，石原在离开参谋本部后即特地到访哈尔滨，详细述说了他辞去作战部部长的经过。其主要内容是，中央部主要的气氛是轻视"满洲国"的成长，一味想在中国扩张。石原莞尔对此表示强烈不满，与持这种观点的人展开激烈辩论。

出任关东军副参谋长后，石原在苏"满"边境进行军备调查，更加深了对关东军和苏联军的战备比例的不满，向参谋次长多田骏建议关东军急需野战炮和85毫米口径高射炮，并且需要强化航空兵团，日军兵力应达到苏军的八成。石原还建议"满洲"应派驻16个师团。增加航空旅团，设置方面军司令部，准备对苏战备，开发人造石油，促进煤矿增产，强化水力发电。[①]

除提出上述围绕"满洲国"的政治、经济、军事方面的设想外，石原还在教育、文化方面也提出设想。比如在和"满洲国"军队士兵接触并了解到其缺点后，石原莞尔开始设想在"满洲国"设置和日本国内陆军大学同样的课程，培养学术优秀的"满洲国"学生的陆军学校，地点在长春西北的大通。同时，石原还设想成立"建国大学"。石原设想的"建国大学"不是一般意义上的综合大学，是其所主张的政治大学。石原认为，"满洲国"的顶层是"皇帝"，"皇帝"之下则是"协和会"和"建国大学"。两机构负责"满洲国"的财政与教育、治安、政治。"建国大学"以所谓王道学为中心，围绕这一中心主要设置三个科目，即王道政治学、王道社会学、王道经济学。王道社会学主要研究"满洲"各民族的习性，讲授民族融合

---

① 早濑利之『石原莞爾 満洲国合衆国』163頁。

的方法，寻求实现民族协和的理想社会。王道经济学以如何提升"满洲国""国防"所必要的经济实力为研究主题，同时研究如何灵活利用各民族特征，协调各民族，成立公正的经济组织。王道政治学即协和政治学，研究适合"满洲国"的民族协和政治。其他科目还有王道学、王道战争学以及辅助学。辅助学包括以"满洲国"为中心的东洋历史，"满洲帝国"史，中国台湾、朝鲜"统治史"，德国、菲律宾、外蒙古"统治史"等。大通陆军学校和伪满"建国大学"后来相继成立，不过并没有按照石原的设想，而是仅仅作为普通的军事学校和综合性大学。在学校中，也没有体现所谓的"民族协和"，而是日本人占多数和具有阶级优势。1938 年底，石原莞尔结束了短暂的关东军任期，转去舞鹤要塞任闲职。1941 年被任预备役，彻底被排挤出日本陆军。

结　语

从坚持"满蒙领有论"到主张"满洲国独立建国论"，从关东军参谋到参谋本部"中坚"再到逐渐被边缘化，石原莞尔在这一过程中提出的一系列"满洲国"设想，不外乎都是围绕在"满洲国"进行产业"开发"，为日本国内提供资源；输送日本移民，缓解日本国内经济危机；建设军事产业，强化对苏战备；通过文化洗脑，灌输"忠君王道"思想；等等。即以"满洲国"为日本对外扩张、发动侵略战争的"补给线"，而与石原莞尔所标榜的"民族协和"相去甚远。石原构想的本质就如他自己说过的："我国对中国的统治是受到中国人衷心欢迎的，我国的武力的真正价值应永远留在历史上。"① 即以帮助中国的姿态来掩盖侵略中国的事实。

1941 年，离开日本陆军的石原莞尔开始完善其"东亚联盟论"。他在《昭和维新宣言》中写道："东亚大同的方式应该是怎样的呢？东亚大同的目的，是在半决赛的时代、决赛的时代最大限度地发挥东亚的能力。为此，最好的办法就是东亚像日韩并合一样，成为同一个国家。可惜由于各种利

---

① 『太平洋戦争への道　第一卷　満洲事変前夜』384 頁。

害关系和民族感情，这种事情想都不敢想。那么退而求其次，组成一个以天皇为首的东亚各国联邦，又如何呢？这当然也是我们所期望的，在满洲国建国的时候，也为众多在满日侨所倡导。但现实问题是，汉民族的心里是无法接受这一点的。中国人虽然认可东亚大同的必要性，但他们主张的是东亚各国平等相待、共同协商的联盟。"① 虽然此时的石原已经注意到"平等"这一影响近代中日关系的关键词，但日本军国主义极端狂热，日本走向覆灭的道路已经无可避免。

---

① 石原莞爾『昭和維新宣言』東亜聯盟同志会置賜分会聯合総会、1942。

1933~1935年美国在华报刊视野下的华北危局

——以《密勒氏评论报》为中心

刘 畅[*]

九一八事变后，日本侵略者逐步立足中国东北，图谋华北。1933年元旦，日军进攻山海关，正式拉开了入侵华北的序幕。至1935年华北事变后，河北、察哈尔两省的主权大部丧失，华北局势进一步恶化。[①] 日本此举是意在逐步占领整个中国，还是将中国东北、华北作为"北进"对苏作战的大本营，时人对此进行了观察和评估。在华北危局中，日本侵略者的野蛮行径、中国爱国军民的奋勇抗争以及国民政府在抵抗与妥协间的抉择构成了这一时期的主要图景，而国内外报刊则是向国内、国际传递时局信息的重要媒介。20世纪初，在西方大国争夺远东利益的背景下，许多美国报人欲打破英国人在远东地区对国际新闻的垄断，在华办报。这些报刊的人员构成、办报精神、基本立场、对华态度等存在一定的共性。抗日战争期间，这些报刊为向世界传递中国抗日局势做出了不可忽视的贡献。

---

[*] 刘畅，复旦大学历史学系博士研究生。
[①] 1933年初，日本攻占山海关，随后侵占热河，出兵冀东。5月，在日军直冲平津的态势下，国民政府与日本签订了《塘沽停战协定》，为日军进一步侵占华北敞开了大门。1935年，一系列事件将华北争端推向高潮。1月，日军首先制造了"察东事件"，逼迫南京政府承认察哈尔沽源以东地区为"非武装区"。"河北事变"与"张北事变"后，日本迫使国民政府批准《何梅协定》与《秦土协定》。11月，日本制造"冀东事变"，策划华北五省"自治"运动，企图使华北五省成为"第二个东北"。

由记者托马斯·密勒（Thomas F. Millard）及其助手鲍威尔（J. B. Powell）创办的《密勒氏评论报》是美国人在华创办的历史最久、内容最翔实、影响力最大的报纸之一。① 与美国另一份在华报刊《大陆报》几经易手不同，《密勒氏评论报》自创办以来始终由美国专业报人执掌，而未被任何中国政治派系或外国资本收购。1922 年北京政府聘请密勒担任政府顾问，密勒将报纸股份出售给鲍威尔，自此鲍威尔主持笔政近 20 年，"并且在中国新闻界树立了很得众望的舆论权威"。② 自 1923 年 6 月起，报刊英文名改为 The China Weekly Review，中文名仍为《密勒氏评论报》。该报因太平洋战争一度于 1941~1945 年停刊，抗日战争结束后，老鲍威尔的儿子约翰·W. 鲍威尔来华恢复《密勒氏评论报》的出版，直到 1953 年彻底停刊。《密勒氏评论报》是最后一份离开中国的外国在华创设的英文报刊。

1933~1935 年，该报刊载了大量反映华北危局的文字，为读者提供了另一种观察抗日战争与远东形势的视角，折射出同时期美国在华报刊的新闻网络以及抗日观念。

一 跨国新闻网络的形成："密苏里新闻帮"在上海落地生根

1900 年，密勒以《纽约先驱报》记者的身份第一次来到中国，报道义和团运动。从 1906 年到 1931 年的 25 年时间里，密勒出版了大量介绍中国的小册子，并为美国政界人士撰写了数百份关于中国问题的备

---

① 近年来，学界对《密勒氏评论报》的价值愈发重视。较有代表性的有：马学强、王海良主编的《〈密勒氏评论报〉总目与研究》（上海书店出版社，2015）汇总了自 1917 年创刊以来各期报道的英文标题、作者，是研究该报的重要参考工具用书；郑保国《〈密勒氏评论报〉：美国在华专业报人与报格（1917~1953）》（北京大学出版社，2018）从新闻学角度，阐释了该报专业团队构成与办刊方式；魏舒歌《战场之外：租界英文报刊与中国的国际宣传（1928~1941）》（社会科学文献出版社，2020）则着力于探讨国民政府如何利用租界英文报刊进行国际宣传。该报对华北局势的观察与评估，各方如何利用《密勒氏评论报》进行政治宣传，该报成员如何亲身参与中国复杂的政治场域，这些问题仍有较大的研究空间。

② 蔡登山主编《董显光自传——报人、外交家与传道者的传奇》，曾虚白译，台北，独立作家出版社，2014，第 67 页。

忘录。① 1911 年，密勒与中国外交官伍廷芳共同创办了《大陆报》，打破了英国报刊在华垄断地位。之后，伍廷芳先后出任司法总长、外交总长，其他中国政府部门也为《大陆报》提供便利，由此《大陆报》在创办之初便掌握了获取中国政府内部信息的独家渠道。② 由于对远东局势有着敏锐的把握，并且对中国抱有同情之心，密勒曾多次出任中国历届政府外籍顾问，从 1918 年到 1923 年，密勒曾以北京政府顾问参加了巴黎和会、洛桑会议和华盛顿会议；自 1929 年起密勒正式出任国民政府外交顾问。《密勒氏评论报》曾刊登专文回顾密勒在中国的顾问生涯："迄今为止，南京政府所聘请的外籍顾问均从事具体的技术性任务。随着任务的结束，他们的任期也随之结束。在我们看来，密勒先生的任期将是长久的，其政治意味高于技术性质。"③

在密勒的感召下，越来越多受过专业新闻知识教育的美国人来到中国，打破了英国对中国新闻的垄断地位。20 世纪初，一批密苏里大学新闻学院出身、在远东工作的新闻学子被称为"密苏里新闻帮"（Missouri Mafia）。1908 年，沃尔特·威廉（Walter Williams）创办了世界上第一所专业新闻学院——密苏里大学新闻学院。鲍威尔是密苏里大学新闻学院第一届毕业生，在沃尔特·威廉的推荐下，鲍威尔来到中国担任密勒的助手，帮助其筹备出版《密勒氏评论报》。在沃尔特·威廉和鲍威尔的配合下，密苏里大学新闻学院毕业生被源源不断地输送到中国。其中就包括后来声名鹊起的著名新闻记者埃德加·斯诺（Edgar Snow）。1928 年，斯诺带着沃尔特·威廉院长的介绍信来到上海，成为《密勒氏评论报》的助理编辑。他回忆称，那时"密苏里新闻帮"人数众多，因此时常有人抱怨密苏里人垄断新闻，"多少年来，从东京到曼谷，主要通讯社和许多家美国报纸的代表人物以及主要英语报纸和杂志的编辑们都是密苏里人"。④ "密苏里新闻帮"为《密勒

---

① 郑保国：《战地记者·职业报人·政府顾问："美国在华新闻业之父"密勒研究》，《现代传播》2013 年第 11 期，第 47~48 页。
② 魏舒歌：《战场之外：租界英文报刊与中国的国际宣传（1928~1941）》，第 43~45 页。
③ "Mr. Millard's Appointment as Nationalist Adviser," *The China Weekly Review*, April 13, 1929, p. 265.
④ 〔美〕埃德加·斯诺：《斯诺文集·复始之旅》，宋久等译，新华出版社，1984，第 36 页。

氏评论报》提供了人才支持,使该报迅速走上专业化、职业化道路,《密勒氏评论报》也成了密苏里新闻学子的在华实践基地和大本营。这一跨国新闻网络,成为近代联结中美关系的特殊纽带。

除了来华美国记者,诸多从密苏里大学新闻学院毕业的中国学子,也在这一跨国新闻网络中扮演重要角色,他们后来很多成为中国新闻界及政界具有重要影响力的人士。董显光是最早从密苏里大学毕业的中国新闻学子之一,他在赴美留学前曾担任蒋介石的中学英文教师,在密苏里大学新闻学院深造时曾修读鲍威尔开设的课程,从美国学成回国后在北京创办过《庸报》、主理《大陆报》,并长期担任《密勒氏评论报》编辑,在中外记者中拥有较高威望。① 通过董显光的牵线搭桥,鲍威尔结识了包括蒋介石夫妇、宋子文、孔祥熙在内的国民政府重要官员,并长期与国民政府保持密切联系。鲍威尔曾回忆称:"我很高兴结识了他(董显光),因为我们后来注定要在他的家乡的很多戏剧性的、危险的场合彼此命运交错。"② 在抗日战争时期,由于中国不成熟的新闻传媒系统和颇受诟病的新闻检查制度,反映中国事务真实情况的新闻难以为西方世界知晓。《密勒氏评论报》就注意到了这一问题:"我们很难知道中日之间究竟发生了什么。……华盛顿几乎所有关于中日问题的消息,都来自于日本,只有极少数来自中国。"③ 为改变这一现状,与日本争夺在中日事务中的发言权,蒋介石任命董显光主管国民政府对外新闻和外国报刊审查工作。④ 除此之外,曾担任国民党中央政治学校新闻系主任、国民党党报《中央日报》社长马星野,《申报》著名记者汪英宾,《广州时报》主笔黄宪昭也都是"密苏里新闻帮"的成员,他们中很多也都曾担任《密勒氏评论报》的记者和撰稿人。⑤

燕京大学新闻系这一"密苏里新闻帮"在华重要外围组织同样不容忽

---

① 蔡登山主编《董显光自传——报人、外交家与传道者的传奇》,第26、44、70、83页。
② 郑保国:《〈密勒氏评论报〉:美国在华专业报人与报格(1917~1953)》,第65、75页。
③ "Lack of Censorship on Jap Cable Cause of Distorted News," *The China Weekly Review*, April 27, 1935, p. 274.
④ 魏舒歌:《战场之外:租界英文报刊与中国的国际宣传(1928~1941)》,第236页。
⑤ 郑保国:《〈密勒氏评论报〉专业新闻团队的跨界特征及效用》,《现代传播》2015年第4期,第60页。

视。1924年燕京大学创立新闻系，1929年起密苏里大学新闻学院开始与燕大新闻系合作办学，密苏里新闻学院院长沃尔特·威廉积极帮助燕大在美筹款，并由密苏里大学新闻学院毕业生聂士芬（Vernon Nash）主持工作。这一时期，燕京大学基本移植了密苏里大学新闻学院的办学理念、课程设置、教学方式，开设了新闻和编辑、商业管理、新闻专业技能、新闻理念等课程。借鉴密苏里模式中的"新闻周"，燕京大学举办"新闻学讨论会"，邀请中外知名学者、发行人和编辑前来演讲，沃尔特·威廉本人亦多次访问燕京大学并开办讲座。① 燕京大学以密苏里大学为模板，为中国培养了大批优秀新闻人才，其中大部分都投身于中国新闻一线工作。燕大新闻系毕业生的新闻学素养、英文素养、国家意识受到国民政府认可，改组后的国民政府中央通讯社大力聘用燕大新闻系毕业生，以满足战时对外宣传需要。例如，燕大新闻系助教王家松负责主管南京办事处，曾留学密苏里大学的燕大毕业生汤德臣、沈剑虹负责上海办事处的运行。②

1931年5月，时任驻美公使伍朝枢向密苏里大学新闻学院赠送一对石狮，以感谢其为创办燕京大学新闻系所做的贡献，"这对石狮是为了新闻学院的国际友爱而赠送的，它将密苏里和美国的友谊带到了中国"。在之后的演讲中，伍朝枢强调，外国记者的使命是"促进各民族和国家之间的相互了解，以改变民众的偏见"，这样"就不会有争斗的欲望，而会有和平，不会有怀疑或傲慢，而会有善意和同情的理解"。他批评了美国对中国的一些新闻报道，"在美国，人们获取的关于中国的新闻报道，只有关于绑架传教士、土匪和骚乱的故事。人们很少或根本没有听到关于修建铁路、公路，与文盲和疾病作斗争，以及改造中国的积极社会变革的消息"。为此，他提出美国在华记者应该是"友好的""同情的"，应该以"建设性"的方式而非"批评"的方式向美国民众介绍中国。时任国民政府实业部部长孔祥熙也在贺电中表示，中国政府所赠送的石狮是权力、安全和正义的象征，"愿

---

① 张咏、李金铨：《密苏里新闻教育模式在现代中国的移植——兼论帝国使命：美国实用主义与中国现代化》，李金铨主编《文人论政：知识分子与报刊》，广西师范大学出版社，2008，第295页。

② 魏舒歌：《战场之外：租界英文报刊与中国的国际宣传（1928~1941）》，第230~232页。

这对石狮时刻提醒着你们,你们肩负着促进世界各国之间友谊的崇高使命"。① 这表明,国民政府将国际新闻的价值定义为塑造国与国之间的友好关系,国民政府希望通过唤起美国在华记者的支持,来影响美国公众舆论。在国民政府的主动参与下,密苏里大学与燕京大学之间的合作,早已不再是单纯的学术教育交流,而成为中美国际事务协商的广阔平台。

"密苏里新闻帮"编织了一张跨越太平洋的横向新闻网络,这张网络最终得以在上海落地生根。在纵向延伸至更广大民众的过程中,《密勒氏评论报》发挥了重要作用。上海租界是在华外国侨民最为集中之地,孕育了暗流涌动的社会环境和话语权力角逐。20 世纪 30 年代早期,上海工部局所聘委员会主席费唐(R. Feetham)曾总结称:"上海租界为不同种族国家所分治,而彼此间几乎全无公共讨论。惟有报纸可流通于各处,如上海之英文报,法文报,即是如此。对于种族混居的(上海)社会来说,报纸的影响比在一般社会更重要。故上海各主要外文报纸肩负关键责任,既须传播消息,亦须刺评时事。"② 鲍威尔曾对《密勒氏评论报》的读者构成进行了调查。除了在上海传教和经商的英国人和美国人外,鲍威尔还发现了一个巨大潜在市场,"这时的上海还有很多其他国家的人,甚至还有一些来自伊拉克的犹太人,他们从印度来到上海,经过几年的发展,有的已经很富有了。这些外国人,很多人认识英文,他们迫切希望有一份报纸来传达美国的消息"。③

更令鲍威尔感到兴奋的是,他发现中国的年轻人和知识分子在《密勒氏评论报》读者中占据很大比重:"这些人很关心第一次世界大战下的世界局势,并想通过美国报纸知道美国人对待一战的态度。那时,很多中国学生都在学习英文,甚至有的学生将我们的《密勒氏评论报》当教科书来研

---

① "Presentation of Stone Lions from China and Visit of Dr. C. C. Wu, Minister of the Republic of China, to the School of Journalism of the University of Missouri," *The University of Missouri Bulletin*, *Journalism Series*, No. 64 (Columbia, Mo.: s. n., 1931), p. 17.

② 参见张咏、李金铨《半殖民主义与新闻势力范围:二十世纪早期在华的英美报业之争》,《传播与社会学刊》第 17 期,2011 年,第 171 页。

③ 〔美〕约翰·本杰明·鲍威尔:《我在中国的二十五年》,刘志俊译,译林出版社,2016,第 12 页。

读。"① 后来，鲍威尔总结道："《密勒氏评论报》的主要读者为中国精英、在华外国人以及菲律宾和英属海峡殖民地的华人。该报吸引着对国际贸易或中外关系感兴趣的中国官员、专业人士和商人，是影响他们的最佳媒介。"到 20 世纪 30 年代初，该报平均周发行量达 4000~5000 份，成为上海最重要的英文政论周刊。② 中国本土报纸也对《密勒氏评论报》报道广泛加以转载，"中国本土报纸的读者告诉我们，《密勒氏评论报》是被中国报纸引用最多的英文报纸"。此外，在中国众多学院和大学中，《密勒氏评论报》被装订成册，作为图书馆参考用书，这进一步扩大了该报的影响力。③

二 哀其不幸，怒其不争：华北局势逐步恶化

1933~1935 年，随着华北时局发展，《密勒氏评论报》对日本侵略以及中国军民抗战活动进行了翔实的报道。同时该报不断观察日本侵略性质、意图、影响，并评估华北局势走向。

1933 年元旦，日军悍然出兵山海关，正式向华北进军。《密勒氏评论报》对山海关事件进行了集中描述。对于事件的肇始，该报指出，1933 年 1 月 1 日夜，"日本人向中国人开火，中国人为了保卫阵地予以火力还击"。④ 日本人的借口则是"山海关的日本宪兵站发现了两枚炸弹"。这一报道明确了日本的侵略性质以及中国抵抗的正义性。报纸记者尤为赞美中国军队面对"来自于海陆空的骇人、挫人士气的轰炸，依旧坚持防御"，并称中国守军付出了数以千计的伤亡。⑤ 此外，记者还援引了日本公使馆发言人、军方发言人对该事件的表态以及南京国民政府的抗议内容，并强调中国政府官员对军队在山海关表现出的勇气感到骄傲。

---

① 〔美〕约翰·本杰明·鲍威尔：《我在中国的二十五年》，第 12 页。
② 魏舒歌：《战场之外：租界英文报刊与中国的国际宣传（1928~1941）》，第 53 页。
③ "Editorial Article 6," *Millard's Review of the Far East*, June 5, 1920, pp. 6-8.
④ "The Preliminaries at Shanhaikuan," *The China Weekly Review*, January 7, 1933, p. 253.
⑤ "Japanese Occupy Shanhaikwan—Intend to Destroy Kuomintang," *The China Weekly Review*, January 7, 1933, p. 251.

对于山海关事件的性质,《密勒氏评论报》记者认为日本想要将山海关事件"局部化"处理,并指出"山海关事件并非如日本人想让我们相信的那样是一个局部事件"。《密勒氏评论报》认为日军占领山海关会对华北局势产生重大影响。该报提到,山海关是连接东北和华北的战略要地。当机会来临时,日本能够"不费力地直接从山海关向北平与天津进军",于是他们可以"建立服从于他们命令的傀儡政权,从而得到对华北的霸权"。因此,记者认为侵略山海关的行为是日本侵略华北的第一步。并且,如果日本顺利完成征服华北的计划,将会"给南京国民政府的威望以毁灭性的打击",在这种情况下"国民党将会自行崩溃","日本人不需要将军事行动扩大至长江流域,就能够实现他们侵占全中国的目标"。①

攻占山海关后,日本侵略者对热河地区虎视眈眈。《密勒氏评论报》分析称,日本攻击奉天、施压"满洲"、侵略热河以及占领北平,"仅仅是日本在远东以日本帝国主义代替白人帝国主义"计划的一部分,② 并认为这代表着"日本正在实行长期向往的大陆政策"。③ 可见该报对日本侵略方针有清醒的认识。2月份,《密勒氏评论报》多次报道日本进军热河的准备情况,并指出热河形势之严峻。2月21日,日本正式对热河发起进攻。起初《密勒氏评论报》对战役细节了解较少,没有记载战斗开始的时间,称"日满军队2月23日开始大规模进犯热河地区"。④ 之后记者大致介绍了战斗结果,明确了开鲁、朝阳等城在日本轰炸中被炸毁的事实。3月3日,热河省政府主席汤玉麟不战而逃,日本军先头部队进而占领热河省会承德,并进犯长城沿线重要关口。《密勒氏评论报》对此表现出失望之情,重点报道了中国军队的溃败过程以及张学良引咎下野的事实,并对张学良与守军的无

---

① Paul K. Whang, "The Shanhaikuan Affair and Marshal Chang Hsuehliang's Dilemma," *The China Weekly Review*, January 21, 1933, p. 337.

② "Where Jehol Stands in the General Japanese Program," *The China Weekly Review*, January 21, 1933, p. 328.

③ Paul K. Whang, "The Shanhaikuan Affair and Marshal Chang Hsuehliang's Dilemma," *The China Weekly Review*, January 21, 1933, p. 337.

④ "Japanese Advance into Jehol Temporarily Checked," *The China Weekly Review*, March 4, 1933, p. 11.

能表达了愤慨。对于热河在极短时间内失守,《密勒氏评论报》表示这难以理解。尽管记者承认日本最终将占领热河,"我们不幻想我们装备糟糕的守军能有效地、无限期地抑制日军行进",但表示在军事行动开始后八天内就被攻克很"令人吃惊"。记者认为热河失守的主要原因,不是"日本军队不可战胜",而是"中国守军不愿战斗"。该报明确指出,"一些指挥官的投敌行为对中国防线的崩溃具有重要影响"。此外,该报还对张学良提出质疑,指出张学良应决心抵御日本,"不应令前线处于无准备状态,令他的常规军待在长城以内"。因此《密勒氏评论报》认为张学良对于热河失陷负有责任,甚至称"他没有做任何抵抗日本侵略的努力"。①

3月,《密勒氏评论报》大篇幅报道发生在喜峰口、古北口和石门寨等地的战役,着重展现中国军队的顽强抵抗。据报道,3月12日,喜峰口爆发激烈战斗,中日双方都认为这场战役是"整个热河战役中最激烈的",②"中国人不仅顽强抵抗,而且还不时反击"。③ 3月14日下午,日本关东军炸毁古北口北大门。3月25日,中日军队发生另一次冲突,日本陆军和空军的进攻"遭到了古北口、喜峰口附近中国军队顽强的抵抗"。④ 4月1日,日本对石门寨进行猛烈轰炸,这被认为是"长城以内最严重的一次空袭"。⑤ 4月初,日本进一步进犯长城沿线,逼近秦皇岛。之后日军攻势有所放缓。4月22日,日本陆军部宣布,"长城以南行动的日本部队已经完成了他们的任务,已经被命令停止行动,停止对败军的追逐"。⑥ 但在5月初,日本又以中国军队挑衅为名派遣军队再次进入长城以南。5月7日,日本和"满洲国"军队第二次占领了滦河以东地带。8日,迁安一带中日双方发生冲突,这被认为是"这次进军最为激烈的一次"。⑦ 此后日军不

---

① Paul K. Whang, "Jehol Is Lost," *The China Weekly Review*, March 18, 1933, p. 96.
② "Chinese Put up Strong Resistance at Hsifengkow," *The China Weekly Review*, March 18, 1933, p. 91.
③ "Chinese Troops Hold on Grimly at Hsifengkow," *The China Weekly Review*, March 25, 1933, p. 132.
④ "Chinese Continue to Resist at Kupeikow," *The China Weekly Review*, April 1, 1933, p. 168.
⑤ "Japanese Bomb Heavily Near Chinwangtao," *The China Weekly Review*, April 8, 1933, p. 209.
⑥ "Unexpected Withdrawal of Japanese Troops," *The China Weekly Review*, April 29, 1933, p. 330.
⑦ "Japanese Once More Move South of Great Wall," *The China Weekly Review*, May 13, 1933, p. 408.

断向南推进,并于 5 月中旬快速向北平和天津推进。5 月 19 日,徐廷瑶领导的军队奉命从古北口撤至北平以北,其他中国军队也向北平和天津方向撤退。

在日军的步步紧逼下,黄郛北上担任行政院驻北平政务整理委员会委员长,并与日本进行秘密协商。据《密勒氏评论报》报道,黄郛与日本达成临时和平协议,协议规定中国军队撤至延庆、昌平、顺义、高丽营、通州、香河、保定、林亭和宁河。在中日双方进一步协商后,"日本将可能撤回长城以北"。① 5 月末,记者得到确切消息,中日双方在塘沽展开秘密协商。两国间口头达成的谅解除了上述临时和平协议外,还包括双方互派代表讨论的正式和平条款。6 月 24 日,《密勒氏评论报》转引《字林西报》,首次记载《塘沽停战协定》具体内容,② 其记载属实。

《塘沽停战协定》签订至华北事变的近两年时间中,日本对华北的军事侵略放缓,甚至一度表现出亲善的姿态,但其野心并未收敛,华北局势进一步恶化。1933 年 12 月下旬,《密勒氏评论报》报道了日本的新动向——进军察哈尔省。该报洞察了日军的目的,指出日本的动机是巩固长城沿线的日本军队,意图在此地"建立一个'中立'或者非军事化的区域"。③ 4 月 17 日,日本外务省情报部部长天羽英二发布了臭名昭著的"天羽声明"。④《密勒氏评论报》对此表示不屑,引述了南京国民政府义正词严的回应,并指出该声明"引起了世界范围内的反日情绪"。⑤ 同时,《密勒氏评论报》还分析称,"天羽声明"表明日本统治者认为现在已经到了"捍卫他们所称的'亚洲门罗主义'的时刻",这意味着宣称"中国是日本在军事、经

---

① "Japanese Halt Advance as Result of Temporary Truce," *The China Weekly Review*, May 27, 1933, p. 499.

② Wen Jih-Ching, "The Tangku Armistice—A Great National Humiliation," *The China Weekly Review*, June 24, 1933, p. 160.

③ "Motives for Japan's Present Advance into Chahar Province," *The China Weekly Review*, December 23, 1933, p. 143.

④ "天羽声明"内容包括:日本与中国有特殊关系,故日本应与各国不同,要完成它在东亚的特殊责任;维护东亚和平及秩序是日本单独之责任,无须他国干涉;如果中国用以夷制夷的政策,日本就唯有加以排击;西方各国如果想对中国采取共同行动,即使在名义上是财政的或技术的援助,日本亦不得不反对。

⑤ C. Y. W. Meng, "Japan's Next Move," *The China Weekly Review*, May 26, 1934, p. 500.

济和财政方面的保护国",这相当于告诉中国,没有日本的同意,中国不能"单方面向外国借钱进行经济和财政重建,也不能为维护国家免受国内外敌人的威胁而购买任何军事设备"。记者评论称,不论日本的政策是以"亚洲门罗主义"还是"中国—'满洲国'—日本"联盟为借口,它的含义都是相同的——日本已经将支配中国未来发展的权力交予自己——这等同于"建立一个保护国"。①

1934年下半年,察哈尔省东部的局势再次恶化。几个月间,《密勒氏评论报》密切关注日本的军事动向,屡次报道中日军队的小规模冲突。面对再度恶化的时局,《密勒氏评论报》进一步明确了日本的侵华计划。报纸指出,察哈尔危机并不是日本军事行动的最终目标,所谓"华北问题"本应该在《塘沽停战协定》签订的时候就已经得到解决,但"这耻辱协定的签署过去了超过一年",华北问题不仅没有解决,而且变得比以前更严重。日本的侵略方针大致为:第一,侵占中国热河、察哈尔,并在华北建立另一个傀儡政府,将华北变成保护"满洲国"的缓冲区;第二,将华北作为侵略中国西北的基础;第三,为了实现对整个中国的侵略与征服,日本打算将中国分成北部、中部、南部,以实现"分治"目的,这才是日本所谓"华北问题"的真实含义。②

主编鲍威尔及《密勒氏评论报》在中国问题中的困境与复杂情感,深刻反映在这一时期的新闻报道之中:"既对中国革命寄予厚望,又在现实中饱受挫败;既同情中国在日本淫威下之不幸,又痛恨国民党政治派系之间无止境的内耗与争斗"。③《密勒氏评论报》一度对中国军民团结抗日寄予厚望,这种态度体现在该报对历史事件的回顾以及对中国军队抗日表现的评价上。自日本进犯山海关起,《密勒氏评论报》数次将淞沪抗战中的国民革命军第十九路军作为英勇抗战的典范。1932年初,第十九路军在供给不足的情况下浴血奋战,给予日军沉重打击。在该报看来,中国军队都应如第十九路军一样死战到底。"山海关事件"中,评论员称赞山海关守军"英勇

---

① "Japan Declares 'Protectorate' over China," *The China Weekly Review*, April 21, 1934, p. 277.
② C. Y. W. Meng, "The Problem of North China," *The China Weekly Review*, December 8, 1934, p. 52.
③ 魏舒歌:《战场之外:租界英文报刊与中国的国际宣传(1928~1941)》,第283页。

事迹可与上海的第十九路军的功绩相媲美",① 以表达对军人的崇敬。该报一直鼓励中国军队应与日本侵略者血战到底,"疯狂的日本人将不会满足于占领满洲和热河。他们会继续进军,直到占领整个中国",一旦被日本彻底征服,"没有民族能够再崛起"。② 该报指出,坚决抵抗是民族复兴的必然要求,即便中国最终失败,"残忍的侵略与无耻的胜利可能会贬低一个民族,而光荣的失败可能会复兴一个民族"。③ 可见该报认为只有血战到底才能守住民族气节,从而实现民族复兴。但中国军队在华北战场的溃不成军,使该报的期望迅速转变为失望。例如,在热河失守时,该报观察到指挥官们曾经承诺与日本决一死战,结果却毫无纪律,抵抗的诺言成为空话。于是,该报失望地表示,"当抵抗成为闹剧时,再空谈永久抵抗、守卫每一寸国土都是可笑的",④ "大部分中国军队领导腐烂透顶,我们怎能期待他们对侵略者做出强有力且有效的抵抗呢?"⑤

在此民族危亡之际,《密勒氏评论报》对中国特别是国民党内部不团结现象深感痛惜。《塘沽停战协定》签订后,《密勒氏评论报》对近年来中国军阀割据的局面展开猛烈批评:国民政府的统治范围仍局限在长江流域,只能"通过战胜政敌或是买通'灰色'军阀来努力实现国家统一"。即便国民政府的确平息了一些叛乱,"但一个大军阀的倒台总是导致许多小军阀出现",国家运行并未有任何改善。⑥ 该报呼吁:"所有中国人都要对国家如今的窘境负责","中国人一定要团结起来,以形成抗击日本侵略的坚实阵线。国家领导人一定要消除个人分歧,团结起来,为国民福祉而奋斗。……如果中国坚定不移,便没有国家能征服中国"。⑦

---

① "Japanese Occupy Shanhaikwan—Intend to Destroy Kuomintang," *The China Weekly Review*, January 7, 1933, p. 251.

② Daisy Young, "War or Surrender," *The China Weekly Review*, April 8, 1933, p. 226.

③ L. I. Tsok, "Japan's Imminent Drive on Jehol," *The China Weekly Review*, February 25, 1933, p. 510.

④ Paul K. Whang, "Jehol Is Lost," *The China Weekly Review*, March 18, 1933, p. 96.

⑤ Chen Fu Sheng, "The Way Out for China," *The China Weekly Review*, May 13, 1933, p. 416.

⑥ Paul K. Whang, "China Needs a Strong Central Government," *The China Weekly Review*, July 22, 1933, p. 324.

⑦ Chen Fu Sheng, "Some Thoughts on Shaking Hands with Tokyo Warlords," *The China Weekly Review*, July 28, 1934, p. 331.

三 福兮？祸兮？：日苏战争阴霾之下的中国抗战前途

1931年九一八事变后，日本侵略者逐步蚕食中国东北。时刻关注事态发展的苏联一方面保持相当强的警惕，防卫日本"北进"战略，另一方面也保持克制，避免激化与日本的矛盾。但自1933年初的一系列冲突起，日苏矛盾进一步升级。日苏即将爆发大战的论调在民间报刊迅速涌现，《密勒氏评论报》也予以密切关注，对日苏是否会交战、日苏关系对中国抗战前途的影响等问题进行评估。

1932年12月中苏宣告复交，打破了中日苏三国之间的微妙平衡。《密勒氏评论报》注意到日本对此反应剧烈，就在中苏复交第二天，日本外务省正式拒绝了苏联反复重申的日苏缔结互不侵犯条约的要求。① 蒋介石认为，日本自"山海关事件"起向华北进军的行动，亦与中苏建交相关，"倭既得伪满，本已自足，惟惧大战将起，防我乘机报复，故急欲强我屈服，以为与国，共防苏俄，而又惧苏俄与我联合，故强我屈服之意乃愈急"。② 由于此时中苏业已复交，中国政府一度对苏联抱有较大期待。但好景不长，随着中日关系急速恶化，日本在中国的利益扩张不可避免地导致了与苏联的冲突。进入1933年，日苏在中东铁路沿线争端不断，同时发生的还有两国军备的强化。为避免激化与日本的矛盾，1933年5月，苏联无视中国利益，以"决心消除对苏日之间现存睦邻关系起不良影响的争端的根源"为由，决定向日本出售本由中苏共管的中东铁路。③

日苏走向联合，对中国抗战前景的影响毫无疑问是毁灭性的。蒋介石得知苏联意欲向日本出售中东铁路，谴责"苏俄既主使赤匪搅我后方，今又与倭妥协使倭逼我，是可知亲日亲俄二派皆愿为他人牺牲而至

---

① "Tokyo Refuses Soviet Proposal for Pact of Non-Aggression," *The China Weekly Review*, January 21, 1933, p. 336.
② 《蒋中正总统档案：事略稿本》（18）（1933年1月4日），台北，"国史馆"，第21页。
③ 《苏联政府对日本政府的复照》（1933年5月31日），吉林省社会科学院满铁史资料编辑组编《满铁史资料》第2卷第4分册，中华书局，1979，第1216页。

死不悟"。① 向来持"反苏"立场的《密勒氏评论报》，对苏联出售中东铁路的"背叛"行为进行了猛烈抨击。该报表达了中国民众对苏联此举的震惊和失望，指责苏联只不过是"弱小国家的伪捍卫者"，"苏联已经以维护远东和平为借口与日本结盟。当她的朋友最需要她的帮助时，苏联抛弃了她的朋友"。② 该报分析认为，"莫斯科的初始动机无疑是对日本的恐惧，因为它在日本最后通牒期满前几个小时才提出要出售中东铁路"，这意味着尽管苏联反对日本侵占中国东北，但"在危机爆发时，苏联将牺牲中国与日本合作，而不是冒险与岛屿帝国彻底翻脸"。③ 评论员汪仲芳认为，苏联倒戈的直接后果将是迫使中国人向日本人投降。随着日军逼近古都，中国军队无法进行有效抵抗，"中国政府为了避免日本征服更多的领土，不得不寻求与日本人的合作，虽然在目前的关头寻求和平就等于完全投降"。鉴于当时的形势，"我们不会惊讶地看到，不久之后，中国将在日本的诱使和胁迫之下，与日本展开直接谈判"。④ 不出汪仲芳所料，5月31日中日签订《塘沽停战协定》，实际上默认了日本侵占东北三省和热河的合法性。

然而，日苏关系并未因苏联宣告出售中东铁路而缓和，反而因谈判分歧以及不断爆发的边境冲突，两国紧张关系升级。一时间，关于日苏间是否会爆发战争的讨论甚嚣尘上。在6月27日中东铁路出售谈判于东京开始后，由于双方报价相去甚远，谈判陷于停滞，至9月谈判破裂，直到1934年初才得以重启。为了扭转在中东铁路谈判中的不利局面，苏联《真理报》于10月9日"发表日本的官方文件——9月4日和9月9日日本驻伪满'大使'菱刈隆的三份秘密报告，9月19日日本驻哈尔滨总领事森岛的报

---

① 参见鹿锡俊《蒋介石的中日苏关系观与"制俄攘日"构想——兼论蒋汪分歧的一个重要侧面（1933~1934）》，《近代史研究》2003年第4期，第64页。
② Paul K. Whang, "Repercussions of the Soviet Deflection," The China Weekly Review, June 3, 1933, p. 34.
③ "Radek Exposes Soviet Motive for Sale C. E. R. to Japan," The China Weekly Review, May 27, 1933, p. 487.
④ Paul K. Whang, "Repercussions of the Soviet Deflection," The China Weekly Review, June 3, 1933, p. 34.

告——不容反驳地表明日本政府对破坏确定中东铁路合法地位的条约"。①《密勒氏评论报》则在10月28日的文章中评论道:"苏联公开日本秘密文件完全揭露了日本将军们的动机——他们关于夺取中东铁路和与苏联开战的计划。"② 同时,报纸也援引10月15日《东京日日新闻》的社论指出,"实际上日本以'满洲国'的名义强行夺取北满铁路的阴谋暴露在全世界面前"。③ 与此同时,日苏边境冲突不断,例如《日本军舰登陆苏联领土》(1933年7月1日)、《边境事件使"满洲国"与苏联关系恶化》(1933年8月5日)、《苏联和"满洲国"之间日渐增长的冲突》(1933年9月9日)、《日本狂热地准备对苏作战,满洲局势持续恶化》(1933年10月28日)的报道层出不穷。1934年8月,因双方在价格方面互不相让,中东铁路出售谈判再次中断。作为报复,日本以涉嫌破坏活动及阴谋反抗"满洲国"政府为名,逮捕了包括车站管理人员及员工在内的约70名苏联铁路雇员。④ 苏联驻日大使尤列涅夫一度悲观地认为1934年春季日本便会主动进攻。⑤ 而根据美国驻日大使格鲁(Joseph Grew)1933年9月的报告,当时"东京的外国观察员几乎一致认为,随着现在的政治条件的延续,日苏战争是不可避免的……大多数观察家将1935年春天或1936年春季作为最可能的日期"。⑥

结合当时日本在华北的军事活动,当时不少观察员认为,日本的军事目标不在于吞并整个中国,而是在为对苏作战巩固大后方。在日军入侵察哈尔前,《密勒氏评论报》就有评论员认为,"目前日本在察东的军事活动

---

① 《揭穿日本侵略者的文件——〈真理报〉社论》(1933年10月10日),《满铁史资料》第2卷第4分册,第1264页。

② "Did Roosevelt's Move Head off a Russo-Japanese War?" *The China Weekly Review*, October 28, 1933, p. 351.

③ "Soviet-Japanese Relations Grow Threatening upon Disclosure of Alleged Official Notes," *The China Weekly Review*, October 28, 1933, p. 357.

④ "Many More C. E. R. Employees Arrested by Manchurian Police-Soviets Allege Torture," *The China Weekly Review*, September 1, 1934, p. 22.

⑤ The Ambassador in Japan (Grew) to the Secretary of State, Tokyo, December 14, 1933, *Foreign Relations of the United States Diplomatic Papers 1933*, *The Far East*, Volume III (Washington: United States Government Printing Office, 1949), p. 483.

⑥ The Ambassador in Japan (Grew) to the Secretary of State, Tokyo, September 29, 1933, *Foreign Relations of the United States Diplomatic Papers 1933*, *The Far East*, Volume III, pp. 412 – 413.

并不是为了夺取察哈尔,而是针对西伯利亚的侧翼活动的一部分,以方便苏联与日本之间的战争。此举目的在于切断西伯利亚的苏联军队在战争中的联系"。① 随着日军进一步深入华北,评论员孟长泳指责日苏爆发战争是苏联自食其果。孟长泳批评称,日本从中国手中强夺察哈尔并占领蒙古的主要目的是准备对苏作战,但苏联却一味无视并纵容日本侵占中国领土,最终导致日本占领察哈尔和蒙古。其结果将是,日本在战争中可以从后方打败苏联,或者切断和孤立苏联在远东的很多战略要地。孟长泳指出,1904~1905年,为了争夺中国东北的所有权和霸权,日苏曾爆发远东地区历史上最为惨烈的一场战争。现如今,为了争夺蒙古所有权和霸权,两国将爆发另一场冲突,"这可能比前一场更为血腥"。②

如若日苏爆发战争,于中国而言是福是祸,《密勒氏评论报》对这一问题展开了讨论和分析。该报批评一些中国领导人对日苏战争抱有不切实际的幻想,"由于无法独自抵抗日本,中国领导者只能采取拖延策略,当受到日本威胁时便向其屈服,并指望什么地方发生什么事件能帮助他们缓解来自日本的压力"。③《密勒氏评论报》明确指出,中国作为一个"如此孱弱的国家",是不可能在日苏战争中"坐收渔利"的,唯一的结果只能是"城门失火,殃及池鱼"。就像1904~1905年日俄战争那样,即便日苏之间爆发新的战争,也"不会在苏联或日本领土上进行,而是完全在中国领土上进行",中国将再次遭受灾难性的破坏。④ 此外,该报还分析认为,日本即便与苏联作战,也不会放松对中国的侵略。现在日本还未完全施展其野心,便已全面控制中国东北,作为其"今后向南、向西、向北扩张的军事基地,在那片领土上的30000000名中国农民正在被强迫支撑日本进一步的大陆征服计划"。日苏爆发战争的结果,将是日本占领整个中国,作为其大陆扩张计划的大本营,"东京军部现在正转向整个中国,

---

① "Japanese Activities in Chahar Aimed at Soviets?" *The China Weekly Review*, March 31, 1934, p. 184.
② C. Y. W. Meng, "Japan Advances into Mongolia in Attempt to Attack Russia from the Rear," *The China Weekly Review*, July 20, 1935, p. 260.
③ "Relations of Japan and Soviets in the Far East—Will It Be Peace or War?" *The China Weekly Review*, January 26, 1935, p. 279.
④ C. Y. W. Meng, "Will China Cooperate with Japan Against Russia? —The Situation in the North," *The China Weekly Review*, April 28, 1934, p. 330.

目的是强迫更多的中国民众承担这一计划"。①

  1935年1月22日，日本和苏联代表在东京达成中东铁路出售协议。这使《密勒氏评论报》不少观察者意识到，日苏关系得到明显缓和，两国在短期内将不会爆发战争。该报回顾称，尽管近年来日苏之间外交风波不断，双方在照会中均采取严厉措辞，但这种紧张关系是"虚伪"的，两国"正常外交关系从未被切断，就连哪怕一点断绝外交关系的迹象都没有"。尽管日本做出了一系列侵略性行为，但这只不过是日本想要试探苏联的底线，"日本军部非常了解苏联军事实力在日本之上，因此他们无疑是不期待战争的"。② 因此，"我们不应该被误导，认为两国间将立即发生战争，苏联和日本都非常熟稔发送照会的艺术，在照会中将可能引发战争的责任推卸给另一方"，实际上两国都未做好开战准备。③ 1935年，鲍威尔前往苏联进行实地考察。从西伯利亚到莫斯科，鲍威尔察觉到日苏之间必有一战的声音明显地减弱了许多。他判断，由于德国正在蠢蠢欲动，为避免东西夹击的被动局面，苏联并不想在此时挑起与日本的战争，甚至想要主动寻求与日本的和解，"莫斯科和柏林之间的气氛尤为紧张，因此莫斯科方面高度关注与柏林的相关事宜，如此，来自中国东北的日军的威胁显得无关紧要了"。而对于日本下一步的作战计划，鲍威尔表示难以预估："各方面并不能断定日本的侵略势力将如何渗透。他们究竟是向南侵入中国内陆，还是向北进犯苏联的西伯利亚，或者是同时向南向北进发呢？"④ 对远东局势时刻保持关注的斯诺也认为，日本最终的作战目标将不是苏联，而是欧美国家，"日本侵占中国的目的并非为了向俄国开战，而是想以中国为根据地，向整个欧洲的殖民体系发起总攻"。⑤

  《密勒氏评论报》认为，中东铁路出售协议的达成，标志着苏联在华势

---

  ① "Imperial Japan Versus China and The Soviet Union," *The China Weekly Review*, February 23, 1935, p. 415.
  ② "End of Three Years of Russo-Japanese Tension Seen in Agreement for Purchase of C. E. R.," *The China Weekly Review*, October 6, 1934, p. 182.
  ③ "Soviets Send Sharp Note to Japan, Recall Many Former Border Incidents," *The China Weekly Review*, July 6, 1935, p. 180.
  ④ 〔美〕约翰·本杰明·鲍威尔：《我在中国的二十五年》，第219、283页。
  ⑤ 〔美〕埃德加·斯诺：《斯诺文集·复始之旅》，第180页。

力的全面退却,而日本将独占中国,这将使得中国的抗战前景更为暗淡。《中东铁路出售结束了沙俄在满洲的征程》一文分析称,谈判的结束"给沙皇帝国主义在远东最后的冒险画上了句号",苏联被迫向日本转交这条从沙皇时期就控制着的铁路,这"意味着日本对抗苏联的重大胜利"。同时,这一事件还意味着"日本对抗美国的重大胜利",因为在过去几十年中,美国远东政策的重要内容就是避免日本独占中东铁路,现如今这一政策显然以失败告终。① 由于中东铁路协议实际上是在苏联、日本、"满洲国"三方参与下达成的,该协议的签订实际上意味着苏联承认"满洲国","日本宣传者现在可以公开向世界宣称莫斯科现在承认了'满洲国',苏联本身可能没有这个意愿,但是日本将坚持这样解释"。② 这对中国而言,无疑是巨大的危机。

但与此同时,一股中日"亲善"的浪潮却不期而至,《密勒氏评论报》认为这无异于与虎谋皮。1935 年 1 月 22 日,日本外相广田弘毅在演说中做出积极反应,表示"日本重视同东亚其他国家的友谊,并依赖于他们参与承担维持这一地区和平与秩序的责任"。③ 南京国民政府也频频与日本使节就亲善问题进行商谈。蒋介石甚至表示对于广田的表态,"吾人认为亦具诚意,吾国朝野对此当有深切之谅解"。④ 至 5 月 17 日,中日公使馆升格,中日"亲善"达到高潮。但在这一过程中,《密勒氏评论报》保持着相对冷静的头脑。报纸指出,中日完全不具备和解的现实基础,在所谓"合作"之下,"两国关系几乎没有真正的进展"。中日之间之所以达成某些协议,于中国人而言,是由于其"弱势地位",他们被迫改变仇视日本的"外在表现",但实质上"中国人真正的或是潜在的爱国观点很少改变,或者说是根

---

① "C. E. R. Transfer Ends Century Old Russian Adventure in Manchuria," *The China Weekly Review*, March 16, 1935, p. 74.

② C. Y. W. Meng, "The C. E. R. Sale and the Russian Recognition of 'Manchukuo'," *The China Weekly Review*, November 17, 1934, p. 398.

③ "Japanese Relations Towards China Loom Prominently in Okada's and Hirota's Diet Speeches," *The China Weekly Review*, January 26, 1935, p. 284.

④ 《蒋介石对中央社记者的讲话》(1935 年 2 月 1 日),南开大学马列主义教研室中共党史教研组编《华北事变资料选编》,河南人民出版社,1983,第 83 页。

本没有改变",各地"屡禁不止"的抵制日货运动便是例证。① 于日本人而言,与中国"合作"的唯一动机是"赢得时间",② 以巩固其在中国东北的既得利益,并缓和与英美苏等大国的关系,"日本从来都不是真诚的,它是把合作当成伪装的假象,掩饰它对中国进一步的侵略"。③《密勒氏评论报》的这一番分析,似乎预示着华北的更大动荡即将来临。

四 华北事变、斯诺夫妇与"一二·九"运动

1935年5月起,日本挑起的一系列事件打破了中国人民"中日亲善"的幻影,将华北危机推向顶峰。这些事件被统称为华北事变。《密勒氏评论报》对相关史事进行了详细的记录与分析,身为该报驻京记者的斯诺夫妇还亲身参与到"一二·九"爱国学生运动中,见证了中国人民的抗日热潮。

5月初,亲日的天津《振报》主笔白逾桓与《国权报》社长胡恩溥在天津日本租界内被暗杀(史称"河北事件")。同时,孙永勤领导的抗日救国军在遭受日军沉重打击后,决定越过长城南下。5月24日,孙永勤在突围时壮烈牺牲。《密勒氏评论报》跟进两起事件进展,明确中国爱国军民抗日的正义性,并驳斥了日本的无理要求。④ 6月,《密勒氏评论报》对4名日本特务机关人员被张北县当地驻军扣留的事件(史称"张北事件")进行了报道,记录了察哈尔省代理主席秦德纯与关东军特务机关长土肥原贤二订立协定的具体内容。⑤《密勒氏评论报》对日本侵略者提出的一系列变本加厉的要求进行了总结,日本对中国的要求一开始只是罢免所谓反日官员,但之后却要求提名政府官员;一

---

① "Little Hope For Real Sino-Japanese Peace Unless Japan Quits Manchuria," *The China Weekly Review*, February 9, 1935, p. 347.
② C. Y. W. Meng, "The Tense Sino-Japanese Situation in North China," *The China Weekly Review*, May 25, 1935, p. 428.
③ Chang Tien Hu, "Only Way to Safeguard Far-Eastern Peace," *The China Weekly Review*, November 16, 1935, p. 390.
④ "Japanese Force Extension of Tangku Truce: General Chiang Assumes Charge of Situation in Chengtu," *The China Weekly Review*, June 1, 1935, p. 10.
⑤ "Peiping Uprising Suppressed—Rebel Leader Executed," *The China Weekly Review*, July 6, 1935, p. 182.

开始只要求罢免于学忠等人,但是之后竟要求罢免蒋介石、张学良等高级官员。该报预测,"在几天的相对和平之后,日本军队将寻找新的借口来逼迫中国政府接受新的要求"。① 作为这一系列事件的解决结果,"中国政府已经失去了对于华北省份的完全主权",而日本则没有动用一枪一炮,"在华北尤其在河北和察哈尔省,建立了一个类似于九一八事变前存在于满洲的政权"。②

随着时间的推移,日本"华北自治"的企图愈加明朗。继之而来的"滦州事件""香河事件"都博得了《密勒氏评论报》的关注。10月28日,日本外相广田弘毅向中国驻日大使蒋作宾提出了三点"原则"。③《密勒氏评论报》报道了"广田三原则"的内容,评论称:第一条原则将使日本通过借助镇压反日活动控制中国警察机构,并且强迫中国与日本合作以强化中日"满""联盟";第二条原则将使中国正式承认伪满洲国;第三条原则借助共同镇压华北和西北的共产主义的名义,实际上是建立军事同盟直接对抗苏联。④ 同时,《密勒氏评论报》还注意到日方于10月底披露了何应钦和梅津美治郎在夏天签订的秘密协定的内容,但是日本指责中国没能履行这项协定。⑤《密勒氏评论报》指出,"广田三原则"以及中国已经同意的《塘沽停战协定》《何梅协定》,不仅意味着中国"同意在华北建立独立政府",也意味着"同意日本控制中国其他地区"。⑥

---

① Paul K. Whang, "The Objective of Recent Japanese Moves," *The China Weekly Review*, June 15, 1935, p. 92.

② "Japanese Plans for Exploiting North China," *The China Weekly Review*, August 24, 1935, p. 438.

③ 第一,日本援助中国以消除所有反日活动,并且意识到中日经济合作的积极意义;第二,中国在外交上承认"满洲国";第三,日本、"满洲国"和中国将合作避免华北和蒙古苏维埃化。史称"广田三原则"。

④ "Another Puppet-State in the North-Will Nanking Agree?," *The China Weekly Review*, November 23, 1935, p. 411.

⑤ "Japan Prepares for Action in North While Nanking Denies Demands Received!" *The China Weekly Review*, November 2, 1935, p. 290. 据《密勒氏评论报》报道,协定内容包括:第一,废除国民党在北平、天津和河北省其他地方的党部;第二,根除包括"蓝衣社"在内的所有反日和反"满洲国"组织;第三,关闭过去黄郛领导的北平政务整理委员会;第四,罢免河北省政府主席于学忠;第五,将所有属于张学良的军队撤离华北;第六,废除所有过去由国民党维持的政治训练机构;第七,罢免长名单上的"小官员",包括张廷谔。日本外务省和日本军队同时指责中国没能履行这项协定。

⑥ "Another Puppet-State in the North-Will Nanking Agree?" *The China Weekly Review*, November 23, 1935, p. 411.

11月,《密勒氏评论报》指出日本企图在华北"建立另一个傀儡国",绥远、山西、察哈尔、河北和山东在内的五个省将被纳入新的"国家",并以"中华民国华北自治机构"名义出现。为配合这一行动,关东军在山海关以及长城其他关口集中军队和军备。在土肥原贤二等人的支持下,11月25日滦榆区行政督察专员殷汝耕等在通州宣布建立"冀东自治委员会"。据《密勒氏评论报》报道,殷汝耕称他已经向华北五省政府主席致电,并规劝他们加入华北的自治政府。次日,南京国民政府命令通缉殷汝耕,绝不承认其行动。此时,日本军队公开支持所谓华北"自治运动",称任何反对殷汝耕的行动将会被视作"违反《塘沽停战协定》"。①

自1933年至1937年北平沦陷,斯诺夫妇居住在北平,目睹了在日本蚕食下华北主权的不断丧失。在此期间,埃德加·斯诺任教于燕京大学新闻系,二人亦担任《密勒氏评论报》驻京记者,与北平进步学生保持密切联系。夫妇二人位于盔甲厂13号的家成为北平进步学生的聚集地,其中,黄华、张兆麟、陈翰伯、龚普生、李敏、张淑义、宋黎等人成为推动"一二·九"运动的中坚力量。斯诺后来在回忆录中称,"这次爱国示威就是在我们的起居室里酝酿和筹划的"。② 曾参与"一二·九"运动的陆璀也回忆称,"斯诺夫妇的住处有一个小院子和几间中式平房,那时候成了燕京、清华、北大等几所大学的地下党员和爱国学生的碰头地点和庇护所","在我的心目中,斯诺的名字往往和一二九运动联系在一起"。③

由于当时国民政府实行严格的新闻管控,关于日本侵华行动以及中日秘密谈判的消息,往往不为普通民众所知,身为记者的斯诺夫妇就成了北平进步学生了解东北抗战、华北局势的重要窗口。张兆麟曾回忆,"斯诺的家所以成为一些进步青年经常拜访的场所,是因为从斯诺口中,大家可以获得国民党统治下的报纸不能发表的内幕消息"。④ 陈翰伯也感叹道,与斯

---

① "Japanese Troops Protect Northern 'Autonomists' as Break-up Starts," *The China Weekly Review*, November 30, 1935, p. 444.
② 〔美〕埃德加·斯诺:《斯诺文集·复始之旅》,第166页。
③ 陆璀:《斯诺与一二九》,刘力群主编《纪念埃德加·斯诺》,新华出版社,1984,第41~44页。
④ 张兆麟:《埃德加·斯诺,我的良师和益友》,刘力群主编《纪念埃德加·斯诺》,第125页。

诺夫妇的交谈促使了他的觉醒,"我们从斯诺先生家里了解到时局的某些真实情况,回到校中就分别在几个学生团体里进行分析,这就引起同学们的极大愤怒:原来我们已处在沦亡的前夕"。① 此外,斯诺夫妇还将进步学生介绍给一些知名外国友好人士,如美国进步作家史沫特莱(Agnes Smedley)、上海《密勒氏评论报》主编鲍威尔,以帮助学生运动获得更多国际同情和支援。②

到1935年,斯诺夫妇感到华北局势的紧迫程度已接近极点,"日本正弯弓待发,准备随时占领华北",令二人感到欣慰的是,"就在这窒息和麻痹到达极点时,燕京的学生们向中国正在死亡的组织注射进了肾上腺素"。③ 在华北事变爆发前,海伦·斯诺(Helen Foster Snow)业已撰写了大量反法西斯文章,并将之分发给北平进步学生。1935年11月1日前后,进步学生代表将《平津十校学生自治会为抗日救国争自由宣言》交给斯诺夫妇,该宣言要求国民政府"尊重约法精神,开放言论、集会、结社自由,禁止非法逮捕学生"。④ 在斯诺的帮助下,该宣言被翻译成英文。此时正处于军事戒严时期,学生活动遭到国民政府严格管控,海伦·斯诺感慨学生此举是"在虎口里舍身冒险","最坏的事情是,学生们的出生入死而一无所获——对此未作宣传,不为人们所知。我们惊动了敌人,而自己徒劳无功",因而判断有必要将此宣言对外公布,以获得更多中外公众舆论的支持。⑤

1935年11月16日,海伦·斯诺在《密勒氏评论报》上发表题为《华北学生复活》的专题报道,抨击了国民政府对学生运动的严厉镇压,宣传了进步学生提出的正义要求,并将之形容为"自1932年以来新闻界报道的第一个重要的学生活动"。⑥ 海伦·斯诺还尝试劝说具有更大影响力的外国

---

① 陈翰伯:《告慰斯诺先生》,刘力群主编《纪念埃德加·斯诺》,第50页。
② 张兆麟:《埃德加·斯诺,我的良师和益友》,刘力群主编《纪念埃德加·斯诺》,第125页。
③ 〔美〕海伦·斯诺:《旅华岁月——海伦·斯诺回忆录》,华谊译,世界知识出版社,1985,第134、142页。
④ 孙敦恒等编《一二·九运动资料》第1辑,人民出版社,1981,第84页。
⑤ 〔美〕海伦·斯诺:《旅华岁月——海伦·斯诺回忆录》,第148~149页。
⑥ Hsueh Hai-lun, "Student Revival in North China," *The China Weekly Review*, November 16, 1935, p. 386.

报刊公开发表该宣言,在遭到英国路透社的拒绝后,她将该宣言送交美国记者 F. 麦克拉肯·费希尔并最终由合众社发表。该宣言的对外发表尽管引起了一些反响,但对于激发全民族的爱国热情来说还远远不够。海伦·斯诺建议,"必须营造一些新闻,这样报纸才能刊登故事。你也应该设法让每所学校在同一天罢课。研究五四运动,它是如何在一天内自发地开始从北大传递到其他学校……我个人认为,打印数以百计的传单,要求所有的北平学校在一定时间内罢课,并尽可能秘密地分发给学校,这将是一个好主意"。海伦·斯诺认为,此举的目的并不完全在于令南京国民政府屈服:"如果行动失败,那就更好了。如果有人被逮捕,这将是光荣的,而是南京政府的耻辱。"①

与此同时,北平进步学生正在秘密组织一次大规模学生示威,在游行前,学生代表将此次行动的游行路线、集会地点和请愿口号告知斯诺夫妇,再由斯诺负责通知各国驻北平记者。在示威运动爆发前夜,斯诺夫妇连夜将学生所提正义要求翻译为英文,并抄写了多份供外国报纸第二天发表。② 12 月 9 日,北平大中学数千名学生举行了大规模游行,反对华北自治运动,反抗日本帝国主义。16 日,北平学生决定组织更大规模示威游行,反对成立日本傀儡组织"冀察政务委员会"。

斯诺夫妇及诸多外国记者全天跟随学生游行队伍,进行拍摄和记录。专程从上海赶来的《密勒氏评论报》主编鲍威尔,在目睹如此多进步女学生参与这场历史性的学生运动时,也不禁感慨"那是我理想的革命少女"。③ 不出斯诺所料,国民政府新闻审查再也无法阻挡这场声势浩大的学生爱国运动,《密勒氏评论报》成为较早报道此次事件的新闻报刊。1935 年 12 月 21 日,该报报道称:"12 月 9 日,超过 4000 名北平学生进行示威游行,以反对在华北建立任何形式的'自治政府'。他们从校园走出,公然反抗武装的警察和宪兵队。"④

---

① 张牧云:《再论斯诺、海伦与一二九运动之关系》,《中共党史研究》2018 年第 6 期,第 90 页。
② 〔美〕埃德加·斯诺:《斯诺文集·复始之旅》,第 171~172 页。
③ 〔美〕海伦·斯诺:《旅华岁月——海伦·斯诺回忆录》,第 160 页。
④ "Peiping Students Stage Demonstration Against Autonomy Move," *The China Weekly Review*, December 21, 1935, p. 100.

在12月28日的《密勒氏评论报》上，海伦·斯诺以《北平学生运动》《北平学生运动的进一步进展》为题，详细报道了9日和16日两场"最激动人心"的游行过程。海伦称赞此次学生运动"打破了城市的沉寂，并唤起了民众的热情"，必将与著名的五四运动一道被载入历史。在海伦·斯诺的笔下，学生的形象是英勇无畏、秩序井然的。来自燕京大学、清华大学、东北大学、北平师范大学等学校的学生"举着横幅，高喊口号，大步行进"；在大部分时间里，"学生们英勇果敢，与警察和平交涉，并将传单塞进他们的口袋"；在与警察发生冲突时，"学生领袖与警察展开搏斗，遭到警察皮鞭抽打和拳打脚踢。一位勇敢的学生骑自行车全力冲向喷射中的水枪，试图抢夺警察手上的水枪"。① 海伦·斯诺还采访了一些受伤学生，以揭露警察对学生的残暴行径："当我们返回学校时，遭到了一群警察的围攻。我们躲进一条胡同，但胡同的另一头被警察封死。他们辱骂我们，接着殴打我们。他们并非全是警察，但是其中很多人是手持长刀、穿着警服的警察。他们厌恶我们，因为我们曾向他们投掷石块，他们趁着天黑借机报复我们。"②

此后，《密勒氏评论报》接连报道了全国各地的学生运动进展。12月12日，2000名中山大学学生发起示威游行，反对在日本操控下的华北"自治运动"，要求释放在北平被逮捕的27名学生。③ 12月19日，5000名南京学生发动请愿运动，反对逮捕北平学生。在上海，复旦大学自发组建"上海复旦大学学生赴京请愿讨逆团"，由上海北站乘火车前往首都南京请愿。12月22日，太原学生在主要街道上举行游行示威，高喊"反自治"口号，支持北平学生运动。④ 武汉爱国学生也组成示威请愿队伍，向当地的人力车夫、店主和市民宣传爱国思想。⑤

---

① P. F. S., "The Peiping Student Movement," *The China Weekly Review*, December 28, 1935, p. 127.
② H. F. S., "Further Movements in the Peiping Student Movement," *The China Weekly Review*, December 28, 1935, p. 130.
③ "Students in South China Agitate Against Japanese," *The China Weekly Review*, December 21, 1935, p. 100.
④ "Students in Shanghai Invade North Stations, Delay Trains," *The China Weekly Review*, December 28, 1935, p. 140.
⑤ "Patriotic Wuhan Students Clash with Government Officials," *The China Weekly Review*, December 28, 1935, p. 142.

这场学生运动的政治影响力远没有就此结束。在此次声势浩大的学生运动中，来自东北的学生发挥了重要作用。他们向民众揭露日本侵略东北的真相，同时他们自身的爱国斗争思想也得到升华。在华北学生运动暂告一段落后，大批东北学生赶赴西安张学良军部所在处，向张学良本人及其士兵传播抗日爱国思想。海伦·斯诺认为，这场学生运动最为重要的成果之一，在于"少帅张学良从他以前中国第二号法西斯分子的身份转变成积极地反对法西斯主义"。"一二·九"运动的重要参与者宋黎在示威发生后不久便赶赴西安向张学良进行汇报，"少帅不仅表示支持学生运动，而且赞成与左翼结成统一战线，并很快与红军实现了事实上的休战"。① 1936年12月，张学良、杨虎城发动了震惊中外的"西安事变"，逼迫蒋介石放弃"攘外必先安内"政策。在中共中央和周恩来的努力下，蒋介石最终同意"停止内战、联共抗日"，为抗日民族统一战线的形成奠定了基础。

五 《密勒氏评论报》对中国局势之立场

20世纪初愈来愈多的美国报人来华办报，抱有扩大美国在华话语权和影响力、维护美国国家利益的目的。《密勒氏评论报》作为美国在华刊物，其报道内容与美国利益息息相关。鲍威尔为美国辩护的倾向是十分明显的。他在该报编辑宣言中便表示，"美国主张门户开放主义，中国关税自主，取消外人之领事裁判权。美国对于中国，一向主张政治经济工业之改造，俾与欧美列强立于并驾齐驱的地位"。② 1933~1935年，《密勒氏评论报》刊发了多篇专文为美国远东事务出谋划策，或是直接探讨日本侵华时局对美国的影响。其中较为典型的文章包括《满洲：一个对美国的警告》（1933年3月4日）、《我们应该直接和日本交涉吗？》（1933年4月8日）、《美国经济计划是怎样影响远东的》（1933年6月24日）、《罗斯福更想要阻止日苏战争吗？》（1933年10月28日）、《美国必须直面日本统治太平洋的野心》

---

① 〔美〕海伦·斯诺：《旅华岁月——海伦·斯诺回忆录》，第162页。
② 转引自陈其钦《评〈密勒氏评论报〉》，《图书馆杂志》1991年第6期，第48页。

(1934年1月6日)、《美国在远东战争中的位置》(1934年5月12日)、《远东战争对美国来说不可避免》(1935年6月15日)、《美国能够在东方或其他地方置于战争之外吗?》(1935年9月28日)、《美国和中国》(1935年12月21日)等。

沃尔特·威廉曾在著名的《新闻记者的信条》中写道:"思想清晰,说理明白,正确而公允,是优良新闻业的基础","一种有益的求真求实的观念高于一切,是唯一的标准"。① 这种新闻精神为之后新闻界从业者树立了行业的职业道德准则和专业目标。在办报之初,《密勒氏评论报》便将沃尔特·威廉的新闻专业主义奉为圭臬。在创刊五周年之际,该报在重申办报宗旨及回顾过去五周年取得成果的同时,特别强调其所遵循的正是沃尔特·威廉的新闻专业主义。② 此后,该报还向中国新闻界推荐这一主张,"我们真诚希望那些认为新闻从业者可以任由出价更高者驱使,或者认为新闻从业者不需要进行伦理或价值观培养的中外编辑,认真阅读这份《新闻记者的信条》"。在这一倡议之后,《密勒氏评论报》刊登了《新闻记者的信条》全文。③

正因对客观公正的办报理念的追求,当美国政府还拘泥于外交辞令,不敢正面表达对日本侵略的反对时,《密勒氏评论报》记者们不断用严厉措辞声援中国人民,不惜表达对美国政府的批评。例如1934年"天羽声明"发布后,美国国务院向东京发出照会,空言"美国在中国有若干权利与义务","没有一个国家能够不经其他有关国家的同意,而得以达成它自己的企图",却无实质援华的作为。④ 而《密勒氏评论报》不仅指出日本企图支配中国,揭露了日本的野心,而且批评美国的回应是"漂亮的外交辞令"。⑤

根据斯诺的总结,"密苏里新闻帮"不仅具备相似的专业新闻知识背景,同时还拥有共同的价值取向:反殖反帝,支持独立,支持民族平等,

---

① Ronald T. Farrar, *A Creed for My Profession*: *Walter Williams*, *Journalist to the World*, St. Louis, Missouri: University of Missouri Press, 1998, p. 203.
② "Editorial Article 8," *The Weekly Review of the Far East*, June 4, 1921, p. 4.
③ "Schools of Journalism for China," *The China Weekly Review*, September 1, 1923, pp. 3 – 4.
④ 世界知识出版社编《中美关系资料汇编》第1辑,世界知识出版社,1957,第90页。
⑤ C. Y. W. Meng, "Japan's Next Move," *The China Weekly Review*, May 26, 1934, p. 500.

支持共和政体，支持实行自决，同时也支持美国。① 在清末创办《大陆报》之时，密勒便向美国国务院阐释了其在华办报的宗旨与原则："各国皆在中国开办报纸，伸张自身利益……却难以真正公正公平地看待中国事务。此前中国政府和民间都没有能力开办日报，来迅速且持续地表达观点，驳斥国际上对中国的误解和中伤。也就是说，'中国没有自己的声音'。"② 研究中国新闻史的彼得·兰德评价密勒时说道："他试图影响美国的对华政策……"确切地讲，是促使美国采取支持中国、反对日本的立场。③ 斯诺起初也认同美国人不应干涉中国的内部事务，但他很快意识到，为何一代代美国传教士、记者对中国抱以同情之心，并尽可能向中国伸出援助之手，"当你所爱的姑娘遭蹂躏时，你不能袖手旁观。而北京确实是一位可爱的姑娘"。④

鲍威尔也是"密苏里新闻帮"中同情中国民族主义革命、支持中国抗击外敌侵略的鲜明代表。南京惨案后，《密勒氏评论报》表示：美国总统柯立芝与记者的谈话表明，美国政府将不会加入其他国家的联合军事行动，也不会武力干涉中国革命。⑤ 这与要求对华采取强硬措施的美国商会的立场完全相反，在1927年4月26日年会上，上海美国商会董事要求《密勒氏评论报》退出商会。主编鲍威尔公开发表声明，明确拒绝退出美国商会，并再次强调他本人以及《密勒氏评论报》一直秉持的立场和方针："我始终认为，美国人民无权干涉中国人民的内部政治事务。……和美国人、英国人以及任何其他国家的人民一样，中国人民有权表达他们自己的观点。在关于这一地区的重大问题上，只要我仍在上海出版美国报刊，我就希望给他们一个与其他国家一样的平等机会。"⑥ 根据埃德加·斯诺的回忆，《密勒氏

---

① 〔美〕埃德加·斯诺：《斯诺文集·复始之旅》，第36页。
② 魏舒歌：《战场之外：租界英文报刊与中国的国际宣传（1928～1941）》，第46页。
③ 〔英〕保罗·法兰奇：《镜里看中国——从鸦片战争到毛泽东时代的驻华外国记者》，张强译，中国友谊出版公司，2011，第116页。
④ 〔美〕埃德加·斯诺：《斯诺文集·复始之旅》，第166页。
⑤ "U. S. Attitude Unchanged Despite Nanking！" *The China Weekly Review*, April 2, 1927, p. 117.
⑥ "The American Chamber of Commerce And The China Weekly Review," *The China Weekly Review*, May 7, 1927, p. 244.

评论报》是最早明确支持中国民族主义革命和反帝国主义运动的美国报刊之一,"它支持中国国民党人提出的关于废除不平等条约、和平归还公共租界和其他外国租界,以及废除治外法权的要求",鲍威尔本人则是当时少数的"亲华派",同时也是"蒋介石的热心崇拜者,从一开始就支持蒋介石,把他看作反对旧北京政府的国民革命领袖"。由于同情中国民族主义革命这一立场,《密勒氏评论报》在20年代受到中国民众的欢迎,"轻而易举地成了一份在中国最有影响的美国刊物","要不是中国人刊登广告和订阅,它就无法维持了"。①

到30年代,《密勒氏评论报》"反帝国主义"立场逐渐演变为反对日本侵华行径,"亲蒋"路线则更多表现为拥护南京国民政府的中央权威。由此,该报出现了一些独特的人物评价。九一八事变后至1933年初,《密勒氏评论报》对张学良的"不抵抗政策"颇有微词,宣扬坚决抵抗。但在《塘沽停战协定》签订后,该报反倒将张学良奉为"服从命令的典范"。该报表示,张学良的父亲张作霖是不折不扣的"日本用来侵略中国的工具",而张学良却与其父亲划清界限,宣告服从以蒋介石为首的南京国民政府,"如果他是一个追名逐利的叛国者,他本可以在日本的帮助下建立一个'傀儡政权'。……从这一点看,我们能保证将军对他的祖国一直是忠诚的"。之后,该报指出虽然张学良无能,但"我们不能完全将这一责任归咎于张学良",相反,应该受到谴责的是那些"自作主张、压榨人民的将军"。②

与此形成鲜明对比的是,《塘沽停战协定》签订后仍坚持率领民众开展抗日活动的冯玉祥遭到《密勒氏评论报》的抨击。其中,评论员汪仲芳对冯玉祥的批评尤为猛烈。汪仲芳批评冯玉祥的抗日行动不过是一场"闹剧","当实际的战争进行时,冯玉祥将军对中央政府帮助甚少,现在却决定继续抗日斗争",③ 甚至进一步批评称"这种公然反叛的恶劣情形破坏了南

---

① 〔美〕埃德加·斯诺:《斯诺文集·复始之旅》,第27~28页。
② Alfred Y. L. Keng, "Should We Blame Marshal Chang Hsueh-liang," *The China Weekly Review*, July 15, 1933, p. 282.
③ "Will Feng-Japanese Crisis in Chahar Precipitate New Civil Warfare," *The China Weekly Review*, July 29, 1933, p. 352.

京政府的好名声"。① 汪仲芳指责冯玉祥不过是一个政治投机者,在冯玉祥退隐泰山后,仍没有放弃对他的批评。汪仲芳讽刺冯玉祥向来擅长政治作秀,"当他要传教士支持时,他便拥有基督教信仰;当他渴望成为学生和劳工的偶像时,他又变成了一个布尔什维克主义者;当他想要他的士兵为他卖命,他将他的床铺和食物分给他们。现在他正在谋求中国平民的支持,于是他像农民一样吃饭穿衣"。② 《密勒氏评论报》之所以有此观点,很大程度上是由于该报此时过于希望全国上下统一于中央政府的领导,排斥有违南京政府命令的行为,忽视了冯玉祥的抗日活动代表着相当一部分民众的呼声。

尽管鲍威尔本人支持国民党、反对共产党,但他作为刊物主编,并不十分在意记者、编辑和作者的政治立场与意识形态,也并不拒绝在《密勒氏评论报》上刊登不同政见作者的稿件,因此不能将该报视为国民党政权对外发声的机构。史沫特莱曾回忆表示,她在《密勒氏评论报》工作时,"因为他(鲍威尔)不喜欢共产党,并且相信国民党,我们经常观点相左。但他是一个美国的民主人士,经常捍卫我自由思考和写作的权力。我们对英国和日本在远东的政策都怀有恐惧和仇恨。日本侵华将我们逼到了同一条战线上。他出版了我发给他的所有文章。"③ 相对于"密苏里新闻帮"其他人,斯诺具有更为明显的"左"倾倾向。在帮助北平爱国学生发动"一二·九"运动后,1936年10月,埃德加·斯诺结束在陕北中共根据地的采访后回到北平。除返回北平后不久路透社对斯诺的采访外,最早刊登相关消息的便是《密勒氏评论报》,这成为该报历史上最为浓墨重彩的一笔。④ 1936年11月14日和21日,《密勒氏评论报》以《采访共产党领袖毛泽东》为题,刊载了斯诺与毛泽东会谈中关于共产党抗日政策、联合统一战线政

---

① Paul K. Whang, "China Needs a Strong Central Government," *The China Weekly Review*, July 22, 1933, p. 324.
② Paul K. Whang, "Reflections on Marshal Feng Yu-hsiang's Hospitality," *The China Weekly Review*, September 9, 1933, p. 56.
③ 郑保国:《〈密勒氏评论报〉:美国在华专业报人与报格(1917~1953)》,第106~107页。
④ 〔日〕石川祯浩、乔君:《〈红星照耀中国〉各国版本考略》,《中共党史研究》2016年第5期,第103页。

策的部分，并配有毛泽东肖像。埃德加·斯诺的妻子海伦·斯诺回忆称，"这是报界第一次引用毛泽东的谈话。当《密勒氏评论报》发表了采访内容后，这10页文字震动了中国的知识界"。① 而后，斯诺对其采访记录进行汇总和修订，形成了轰动世界的《红星照耀中国》一书。时至今日，该书仍被视作公正反映中国工农红军及红军领袖的经典纪实性著作，斯诺的名字也与"红色中国"紧紧联系在一起。

《密勒氏评论报》还见证了中国共产党如何利用美国在华报刊进行国际宣传。孟长泳，本名孟用潜，是长期从事地下工作的中共党员。② 抗战时期孟用潜在上海的公开身份为《密勒氏评论报》编辑，1925~1953年先后为该报撰写署名文章452篇，是该报最为高产的作者。③ 孟用潜毕业于燕京大学经济系，1928年接受周恩来任命前往东北担任中共满洲省委常委、组织部部长，次年因叛徒出卖与时任中共满洲省委书记刘少奇一同被捕入狱。④ 新中国成立后，孟用潜仍以"孟长泳"的身份为《密勒氏评论报》供稿，撰有《中国第一部劳动保障法》（1951年1月1日）、《新中国经济的成型》（1951年4月1日）、《解放两年来》（1951年6月1日）、《新中国的艺术与科学》（1951年12月1日）、《集体农场》（1952年6月1日）等文，宣传新中国在外交、经济、文化等多方面取得的丰硕成果。1956年，孟用潜作为公认的资深美国问题专家，成为中国科学院国际关系研究所首任所长。

孟用潜与董显光一样，主张"润物细无声"的隐性宣传，相信"将隐藏了真正信源和意图的信息通过独立的新闻机构传递给受众的间接宣传，是传播信息的最好方式"。⑤ 在华北危局时期，孟用潜多次以"团结统一抗日"为旗帜，质疑蒋介石"攘外必先安内"的反动政策。他指出，蒋介石

---

① 〔美〕海伦·斯诺：《旅华岁月——海伦·斯诺回忆录》，第196页。
② 李敦白口述，徐秀丽撰《我是一个中国的美国人——李敦白口述历史》，九州出版社，2014，第226页。
③ 伍静：《小鲍威尔时期的〈密勒氏评论报〉（1945~1953）及其"左翼"朋友圈》，《新闻记者》2017年第11期，第66页。
④ 孟用潜：《怀念少奇同志》，《星火革命回忆录》第1辑，辽宁人民出版社，1981，第1~2页。
⑤ 魏舒歌：《战场之外：租界英文报刊与中国的国际宣传（1928~1941）》，第236页。

作为全国唯一能够指挥华北作战的军事领导人,却固守"攘外必先安内"的理论,在江西领导所谓的"剿匪运动"。在过去的几年里,中国军队中20个最优秀的师被用来镇压共产党和土匪,却没有一个师被派往华北,只剩下"志愿军"与装备精良的日本入侵者孤军奋战。孟用潜表示,遍及全国的所谓"骚乱"并非由"赤色力量"所煽动,而是由于全国的经济萧条以及中国农民的破产,这在本质上是"经济问题"而非"军事问题",因而不应当使用军事手段镇压,对于共产党应当"抚"而非"剿"。他还举例表明,德国、美国以及其他国家都有共产党,"在政治选举时,共产党与其他党派一样活跃",因而国民党政府应"允许共产党作为一个政治党派存在"。孟用潜呼吁,在此民族存亡的关键时刻,国民党政府更应"团结共产党在内的国家所有民众,统一战线抗击外国侵略,不能对内进行另一场军事战役。因为政府不可能同时面对外国侵略与共产主义威胁"。① 对于所谓的"共产主义威胁",孟用潜也予以巧妙的驳斥。他强调,"共产主义威胁"是日本为了实现自身侵略计划而有意捏造的产物,日本意欲令中国乃至全世界相信,"中国不能阻止共产主义入侵,中国的苏维埃化意味着亚洲乃至世界的苏维埃化",日本侵占中国东北"只不过是阻止亚洲共产主义的来临",而这一切都是日本的政治宣传骗局。②

由于《密勒氏评论报》一贯的反日立场,鲍威尔本很早就登上日军罗列的西方记者黑名单榜首。早在1935年,日本军部便曾对鲍威尔提出警告。《密勒氏评论报》曾为"新生事件"仗义执言,抨击日本军国主义。③ 日本军部发言人表示,"鲍威尔是该报主编,该报是在美国领事馆注册的,在外国人及中国知识分子群体中广为传播,因此这篇报道的影响力是深远的。

---

① C. Y. W. Meng, "Chiang Kai-shek Urged to Discontinue Anti-Red War: Fight Japanese!" *The China Weekly Review*, March 11, 1933, p. 54.

② C. Y. W. Meng, "The Present War Psychology," *The China Weekly Review*, September 16, 1933, p. 110.

③ 1935年5月,《新生》周刊发表编辑艾寒松的杂文《闲话皇帝》,该文从学术角度泛论古今中外君主制度,提及日本天皇,说他是个生物学家,对生物学颇有研究,如果他的精力多用于研究工作则成就将更大。日本驻上海总领事借此大做文章,以"侮辱天皇,妨害邦交"为名向上海市政府提出抗议。国民党政府屈从于日方压力,并趁机压制进步舆论,查封了《新生》周刊,法院判处该刊主编杜重远一年零两个月的徒刑。

我们相信,日本当局将很快采取行动,这一问题与'新生事件'是密切联系的,不能被轻易放过"。① 太平洋战争爆发后不久,日军迅速查封《密勒氏评论报》并逮捕了鲍威尔。鲍威尔先后被关押在大桥监狱和江湾监狱,并遭到日军的审问和虐待。直到1942年8月,鲍威尔才得以出狱返回美国。1946年,鲍威尔前往日本参加"东京审判"并出庭作证,再一次向世界昭示日本帝国主义的侵略暴行。

结　语

在租界外国报刊话语权争夺激烈的背景下,《密勒氏评论报》自创办以来,始终由"密苏里新闻帮"出身的美国职业报人执掌,这使得该报对于国际关系、日本侵华行径等具有前后相对一致的立场。"密苏里新闻帮"编织了跨越太平洋的新闻网络,不仅将中美两国新闻报人相联结,还将网络触角延伸到两国政府。《密勒氏评论报》作为"密苏里新闻帮"在中国的实践基地,生动呈现了美国专业新闻主义如何向中国移植。

1933~1935年,远东形势风云变幻。"山海关事件"后中国华北主权逐步丧失,1933年下半年,蒋介石发动对红军的第五次"围剿",工农红军被迫实行战略性转移,进行长征。对日本而言,这一时期是"五一五事件"至"二二六事件"间军部与政府势力争夺的关键期,是逐步进军华北的侵华战略过渡期,是决意退出"国联"后的国际形势新时期。对苏联而言,这是德国法西斯势力抬头、日本边境威胁增大后面临东西双线压力的外交紧张期,也是第二个五年计划初始时努力发展工业、提高军备的关键期。夹在大国斗争之中的中国,成了国际社会"失语者"。在日本发动"山海关事件"并逐步蚕食中国华北之际,苏联单方面宣布将中苏共管之中东铁路出售给日本,全然不顾中国政府的强烈抗议与合法利益。这种"失语",一方面体现在中国的利益与主张被湮没在大国争夺的阴霾之下,另一方面也

---

① "Japanese Military Threaten Action Over 'Review's' Report on New Life Case," *The China Weekly Review*, August 24, 1935, p. 427.

体现在反映中国真实情况的信息难以为世界所知。

在此过程中,《密勒氏评论报》始终坚持向世界昭示日本侵略者的暴行,为"失语者"发声。"一二·九"运动中,斯诺夫妇更是帮助中国爱国青年,利用国际报刊与国际舆论,与外来侵略者作斗争。《密勒氏评论报》的敏锐之处在于,该报始终未将华北危局视为中日之间的"局部冲突",而充分认识到这是日本"大陆征服计划"中的一部分。同时,该报也对日本军国主义者与温和派的合流有着清醒的认识。1935年,《密勒氏评论报》记者指出,"任何认为陆军省和外务省政策有差别的建议都是荒谬的,且不能被任何智商正常的人所信服",只不过日本军部相信直接的军事手段,而外务省倾向于使用更加温和的语言,"两者的目的都是控制中国"。① 到1937年,日本发动全面侵华战争,该报这一论断最终得以证实。

---

① "Japan Now Moves to Oust Generals Chiang Kaishek and Chang Hsueh-liang," *The China Weekly Review*, June 8, 1935, p. 38.

九一八事变后日本在台湾的经济统制政策（1931～1945）

冯健伦[*]

日据前期，在"工业日本、农业台湾"原则下，日本将台湾作为发展日本经济的工业原料基地，和以米、糖为主的各类农产品的供给基地。这项殖民经济政策实施近35年，其间日本资本的大力投资及开设新式工厂、推进技术研发，使台湾的农业技术得到较大程度的发展。台湾学者林志明、李力庸及大陆学者王键等人，皆对以米、糖为主的农业政策及经济形态进行了相关研究。[①]

20世纪30年代初期，台湾输日米谷业已不如20年代重要，加上南洋各地输日的工业品增加，并且日本还从南洋输入农产品，如南洋生产的砂糖替代了部分原从台湾输出的砂糖。[②] 钟淑敏等诸多学者对日本"南进"政策的准备、

---

[*] 冯健伦，中国社会科学院近代史研究所博士后。
[①] 关于日据前期米、糖农业经济研究较有代表性的成果有川野重任《日据时代台湾米谷经济论》，林英彦译，台湾银行经济研究室，1969；柯志明《殖民经济发展与阶级支配结构——日据台湾米糖相克体制的危机与重构（1925～1942）》，宋光宇主编《台湾经验（一）：历史经济篇》，台北，东大图书公司，1993；柯志明《米糖相克：日本殖民主义下台湾的发展与从属》，台北，群学出版有限公司，2003；李力庸《1930年代米谷统制与台湾的反对运动（1932～1939）——兼论林献堂在反对运动中的作用》，中国社会科学院台湾史研究中心主编《林献堂、蒋渭水与台湾历史人物及其时代学术研讨会论文集》（下），台海出版社，2009；李力庸《日本帝国殖民地的战时粮食统制体制：台湾与朝鲜的比较研究（1937～1945）》，《台湾史研究》第16卷第2期，2009年；王键《日据时期台湾米糖经济史研究》，凤凰出版社，2010；王键《"米糖相克"与总督府米糖统制——日据后期台湾殖民地农业之初探》，中国社会科学院台湾史研究中心主编《日据时期台湾殖民地史学术研讨会论文集》，九州出版社，2010；周翔鹤《宗主国中小资本在殖民地——以日据时期台湾"米糖相克"问题为例的研究》，《台湾历史研究》第3辑，社会科学文献出版社，2016。
[②] 高桥龟吉『現代台湾経済論』南天書局、1995、6頁。

台湾总督府在南洋及中国华南的调查、日本"南进"的方略及台湾"拓殖"株式会社的作用等方面，皆进行了细致的研究。① 而台湾在30年代初期也逐渐发展出以农产品加工业为基础的工业，并对中国华南及南洋各国的产业经济产生影响。

1930年之后，日本开始在中国东北策划重要产业"开发"计划。因日本战争需要，总督府对于台湾的经济重心则由农转工，日本对台经济规划开始明显转向。如1939年6月4日，时任台湾总督的小林跻造即公开表示："我自1936年9月到任以来，一直为了以农业为中心的台湾工业化而努力……（九一八）事变后，这已是国策。"② 随着战场南移，台湾军事地位提升。30年代后期，日本因战争需要，在"工业台湾、农业南洋"的新原则下，开始在台湾发展军需产业和重工业，台湾的经济形态才开始明显转变。前30余年大力发展的农产加工业也成为台湾"军需工业化"的基础。③ 战时体制下台湾的工业发展长期为台湾学界所关注，从最早的张宗汉到近期的洪绍洋、高淑媛等人，从整体制度到机械、化学、造船等各领域皆有相关探讨。④

---

① 相关研究有钟淑敏《台湾总督府档案与日治时期南进之研究》，"民国以来的史料与史学：中华民国史专题第四届讨论会"，台北，1997年12月；钟淑敏《台湾总督府与南进——以台拓在海南岛为中心》，"台湾资本主义发展学术研讨会"，台北，2001年12月；刘序枫《台湾总督府对华南调查活动初探——以对福建之调查为中心（1937～1945）》，"台湾资本主义发展学术研讨会"，台北，2001年12月；中村孝志《中村孝志教授论文集：日本南进政策与台湾》，卞凤奎译，台北，稻乡出版社，2002；梁华璜《台湾总督府南进政策导论》，台北，稻乡出版社，2003；陈艳云《日本"南进"东南亚与台湾总督府关系研究（1895～1945）》，中国言实出版社，2007；朱德兰《台湾拓殖株式会社的政商网络关系（1936～1945）》，《台湾史研究》第12卷第2期，2005年；臧运祜《台湾与日本南进政策的准备——以日据台40周年（1935年）前后为中心》，中国社会科学院台湾史研究中心主编《割让与回归：台湾光复60周年暨海峡两岸关系学术研讨会论文集》，台海出版社，2008；周婉窈《从"南支南洋"调查到南方共荣圈》，"国史馆台湾文献馆"编《台湾拓殖株式会社档案论文集》，"国史馆台湾文献馆"，2008。

② 小林跻造『台湾経営論』台湾商工会議所、1939、6～7頁。

③ 涂照彦『日本帝国主義下の台湾』東京大学出版会、1975、130頁，转引自林继文《日本据台末期（1930～1945）战争动员体系之研究》，台北，稻乡出版社，1996，第42～43页。

④ 相关研究有张宗汉《光复前台湾之工业化》，台北，联经出版事业股份有限公司，1980；林景源《台湾工业化之研究（1942～1972）：开发中国家贸易和进口替代政策之研究》，台北，中央文物供应社，1981；许松根《台湾的工业政策：日治篇》，台北，中研院经济研究所，1997；洪绍洋《战时体制下台湾机械工业的发展》，"国史馆台湾文献馆"整理组编《第六届台湾总督府档案学术研讨会论文集》，"国史馆台湾文献馆"，2011；翁嘉禧、谢惠怡《日据末期台湾的工业化及其影响》，《割让与回归：台湾光复60周年暨海峡两岸关系学术研讨会论文集》；高淑媛《台湾工业史》，台北，五南图书出版公司，2016；林文凯《晚近日治时期台湾工业史研究的进展：从帝国主义论到殖民近代论的转变》，《台湾文献》第68卷第4期，2017年。

七七事变后，日本开始在中国占领区实施全面的经济统制，执行各种扩充生产力与物资动员的计划。① 台湾因基础建设、掌控程度不同，在日本对东亚占领地区的整体规划下，虽同样实施统制经济，具体情况则多有不同。太平洋战争爆发后，日本由于战事紧张，对工业制品的需求更为迫切，为了因应扩充军备政策，依据战时总动员办法，推行第二次生产力扩充计划，注重军需工业的建设，对台湾殖民经济定位与资源配置又行调整。②

本文即尝试模糊农、工产业及战时与战前的分界，探析20世纪30年代初期至二战结束十余年间，在日本经济统制的大方针下，台湾经济重心由农到工及其经济体制的转变过程。

一 九一八事变后的统制农业形态

（一）制糖业与米谷业

1. 制糖业

为配合"军需工业化"要求，台湾总督府对制糖业实施统制，期望借"制糖业的多角化经营"种植日本所需的农作物。总督府在1939年10月颁布"台湾糖业令"，规定对制糖业实行许可制，并监督其业务。早在1939年9月，即已先将"大日本制糖"和"昭和制糖"合并；1940年8月开始

---

① 如「第一次産業經濟三ケ年計画立案指針（1939年4月7日）」「昭和十六年度支那生產擴充並ニ物動計画ノ実施ニ関スル件（1941年7月11日）」「昭和十九年度支那生產擴充及物資動員計画設定ニ関スル說明要旨（1944年1月）」等，参见宋芳芳编《日本侵华决策史料丛编》殖民经济编专题三《工商业》第3册，社会科学文献出版社，2017，第983~1061页。

② 相关研究有：林兰芳《日据末期台湾"皇民奉公"运动（1941~1945）》，"中华民国史专题论文集第三届讨论会"，台北，1996年3月；林继文《日本据台末期（1930~1945）战争动员体系之研究》；张静宜《日治末期台湾经济之发展》，"台湾历史与经济发展"研讨会，台中，2004年4月；蔡锦堂《战争体制下的台湾》，台北，日创社文化事业有限公司，2006；陈小冲《1943~1945年台湾光复前后史事述论》，福建省炎黄文化研究会、厦门市政协、厦门市炎黄文化研究会编《台湾建省与抗日战争研究：纪念抗日战争胜利60周年暨台湾建省120周年学术研讨会论文集》，鹭江出版社，2008；近藤正己《总力战与台湾：日本殖民地的崩溃》（上）（下），台北，台大出版中心，2014；王景弘《台湾走过烽火边缘（1941~1945）》，台北，玉山社，2018。

将 80 间旧式糖厂进行合并；10 月，在无事先知会的情况下，突然将"大日本制糖会社"与"帝国制糖会社"合并；1941 年 9 月将"台湾制糖会社"和"新兴制糖"① 合并。至战时统制后期，台湾制糖产业被几家日本大型会社垄断。② 同时也开始加强对品种的改良。1940 年 10 月，台湾总督府将糖业试验所育成新种 F116 至 F120，1941 年 9 月将育成新品种 F121 至 F125，发放至各制糖会社种植。③ 期望以较少的耕地，产出更多的蔗糖。

台湾本为日本可控制地域中唯一能够生产热带作物的地区，是早期糖业发展的重要原因。1940 年后日本"大东亚共荣圈"构想中的许多国家都是糖的重要产区，使日本的砂糖生产出现了供过于求的现象。

1942 年 1 月 14 日总督府殖产局召开"南方糖业恳谈会"，决定将台湾糖业往南方经济圈移动，1942 年 3 月日军占领爪哇后，台湾制糖公司即前往进驻，正式展开糖业资本产业的"南进"。

台湾本地的糖业资本，也开始配合总督府规划，开发甘蔗化学工业产品。以 1940 年制糖公司收益来源看，砂糖收益仅占制糖公司收益的四分之一，其余四分之三则来自土地赁贷、铁道收益及甘蔗衍生的化学工业产品等，可知制糖业已渐从食品工业转型成化学工业。④

税收方面，从原先已几乎式微而又重增的砂糖消费税，也可看出日据后期台湾民众在税收上的压力。

砂糖消费税自 1915 年移归日本后，此项收入顿减。但自 1936 年以后，因日本积极备战，实行经济动员，在岁入方面，一般消费品几乎皆归政府专卖，其他税源可增有限，便增收砂糖消费税。从表 1 可知，1944 年砂糖

---

① 新兴制糖为高雄陈中和等台湾商人于 1903 年合资创办的新式制糖会社。该糖厂压榨甘蔗能力每日达 150 吨（后增至 850 英吨），为日据时期台湾资本家所投资兴建的新式糖厂中规模最大者。20 世纪 20 年代为鼎盛时期，为确保原料来源扩大生产，该社会开始收购土地，主要在凤山到今日高屏溪一带，耕作土地面积达到 7300 余甲。1941 年 9 月被三井系的台湾制糖合并后，该社会所有的山仔顶制糖所在 1942 年宣告停产关闭。新兴制糖为当时唯一由台湾人经营的会社，也表示战时统制后期，台湾的制糖业也完全被日本大型会社瓜分。参见杨彦骐《台湾百年糖纪》，猫头鹰出版社，2001；台糖六十周年庆筹备委员会编《台糖六十周年纪念专刊：台湾糖业之演进与再生》，台湾糖业公司，2006。
② 楠井隆三『戦時台湾経済論』南方人文研究所、1944、101 – 102 頁。
③ 楠井隆三『戦時台湾経済論』101 – 102 頁。
④ 楠井隆三『戦時台湾経済論』359 頁。

消费税占租税收入较1936年提高了3.8个百分点，但因战时收获量日减，因此税收也较有限。

表1　1936~1944年台湾砂糖消费税及其占岁入总额和全部租税收入的比重

单位：千台元，%

年份	砂糖消费税收入	占岁入总额百分比	占租税收入百分比
1936	3461	10.1	1.9
1937	4049	9.5	1.9
1938	6702	13.7	2.9
1939	5997	9.8	2.0
1940	7101	8.7	2.0
1941	6572	6.2	1.5
1942	12370	9.0	2.4
1943	37288	17.7	5.6
1944	50442	19.5	5.7

资料来源：黄通等编《日据时代台湾之财政》，台北，联经出版事业股份有限公司，1987，第31页。

2. 米谷业

日本自1931年发布"重要产业统制法"后，即逐渐走向统制经济。台湾总督府自1933年起，实行了一连串米谷经济的统制措施。1933年7月，总督府殖产局设立"米谷统制系"；8月，日本农林省设立"米谷事务所"，企图不经台湾总督府直接控制米谷买卖；11月，台湾，以及朝鲜、日本等地全面实施"米谷统制法"；1934年3月实行"临时米谷移入调节法"；等等。加强了对台湾米谷的统制。计划性的农业统制政策，欲达成两个目标：（1）战时粮食的稳定供给；（2）积累足够农业剩余以便转移至工业部门。因此就必须提高农业产量。而提高产量的方式，不外于投入资本和技术，以及通过行政权力强制要求农民缴达一定产量。①

20世纪30年代初期发生了世界性的经济大恐慌，日本国内出现米谷供应过剩问题，因此30年代初期米谷政策主要在抑制20年代过度发展的米谷

---

① 林继文：《日本据台末期（1930~1945）战争动员体系之研究》，第110~111页。

经济，以避免打击日本本国米业及台湾糖业。为了保护日本本国农业，而减少台湾米谷输入，1935年1月，农林省即向日本国会提出"米谷自治管理法案"，主张减少从台湾输日米谷220万石。①

1937年全面侵华战争爆发后，因工业化及战时征兵，农村劳动力严重不足。征兵制的实施使军队粮食需求增加等，日本国内米量不足问题又逐渐凸显，台湾再度成为日本重要的粮食供应地。总督府在1937年10月修正"米谷检查规则"，10月通过"米谷管制案要纲"，对米谷收购、移出、贩卖、会计等具有相当控制权。②

1939年4月，日本鼓励五大米谷输出商合并成为"米谷输出组合"；同年11月，实行"台湾米谷移出管理令"，展开第二阶段的米谷统制。根据米谷移出管理令，碾米商须以州、厅为单位，组成"米谷纳入组合"，购买糙米加工后上交政府（该令规定农民只能将米谷卖给"米谷纳入组合"），再由台湾总督府米谷局负责输出。贩卖部分，碾米商及米谷商同样以州、厅为单位组成"米谷配给组合"，向"米谷纳入组合"购买米谷加工后贩卖给消费者。自此，台湾的米谷流通从生产到输出皆归组合管理，而组合又须受总督府严格监督。而后又将统制范围由原先的交易商扩大到米谷农民及地主。但在产量不足时，面对严格统制，农民也只能借由虚报产量，或私下自行加工米谷以逃避组合收购等方式，减少被征收的米谷数量。③

小林就任总督后也对行政机构进行整编。1936年10月在殖产局设立米谷课，三年后将其升格为米谷局，负责米谷管理；1938年7月设立经济保安系；1939年12月设立统制警察课，确立经济警察体系；1940年10月在州、厅分设产业部及劝业课；1941年1月扩充总督府企划部编制，设立所谓的"战时经济的指导机构"。④

1942年4月，日本农林省公布"大东亚共荣圈主要农产物对策要纲"，

---

① 林继文：《日本据台末期（1930～1945）战争动员体系之研究》，第56页。
② 台湾経済年報刊行会編『台湾経済年報』（4）台湾出版文化株式会社、1945、160-164頁。
③ 台湾経済年報刊行会編『台湾経済年報』（2）国際日本協会、1942、79-83頁。
④ 楠井隆三『戦時台湾経済論』83-86頁。

表示中国台湾和朝鲜等地须全力发展米作产业，以确保"共荣圈"的米谷供给。为了维持台湾的米谷产量，蔗作的发展须受到抑制。

战争末期，台湾总督府为确保粮食供应，在 1943 年 12 月 29 日颁布"台湾农业会令"和"台湾食粮管理令"。前者规定成立台湾农业会，完全控制粮食的生产和供应；后者规定成立"台湾食粮营团"，进行粮食配给，以达到战争期遂行的目标。①

到 1944 年，台湾粮食供应已极度不足，但台湾规定的输日米谷数量仍较前一年增加了 60 万石，因此总督府提出"第二次食粮增产对策"。为达此目标，已到"全员进入战斗配置"的地步。总督府也规定消费者须使用"米谷配给券"，强化配给制度。

由于总督府自 1943 年 12 月采取米价公定制度，因此不易从米价变化看出战争末期粮食供应问题。而从米谷每年收获量的变化，则可看出其供应状态。由表 2 可知，太平洋战争后，台湾米谷收获量锐减，1945 年水稻产量仅为 1941 年的六成，旱稻更较 1941 年减少三分之二；至台湾行政长官公署接收台湾时，"台湾食粮营团"几乎已无储米。②

表 2　1937～1945 年台湾米谷每公顷平均收获量

单位：公担（1 公担＝50 公斤）

	1937 年	1938 年	1939 年	1940 年	1941 年	1942 年	1943 年	1944 年	1945 年
水稻	25964	28941	26816	22837	23791	24422	23745	22829	14860
旱稻	14524	14524	15102	9340	13209	10209	6902	7643	4690

资料来源：台湾行政长官公署统计室编《台湾省五十一年来统计提要》，台湾省行政长官公署统计室，1946，第 551 页。

（二）台湾"拓殖"株式会社主导下的军需农业

20 世纪 30 年代中期，台湾总督府认为台湾是日本南方发展的基础，对华南、南洋具有地理以及经济上的重要影响。当时因日本工业进步、日中

---

① 『台湾経済年報』（4）167－168 页。
② 李纯青：《台湾纪行》，台湾新生报社，1946，第 20 页。

关系好转等有利条件,日本希望能振兴经济,促进中国台湾与华南地区及南洋的贸易,因此设立各种"国策会社"和组合,前者包括"东北振兴会社""台湾拓殖会社""南洋拓殖会社"等,后者则包括农业、工业、商业、工业、输出等组合,以作为国家和民间经济统制的代理机关。

1935年10月19~23日,日本为了将中国台湾、华南地区,以及南洋置于一跨地区性的组织,召开热带产业调查会,提出设立"拓殖"机构的构想,积极展开"台湾拓殖株式会社"(以下简称"台拓")的筹设工作。1936年,日本通过《台湾拓殖株式会社法》(昭和11年法律第43号),由台湾总督府与日台民间资本共同出资设立"台拓",作为落实"南进"政策的实际执行机关,12月5日正式营业,总公司设在台北。它属于台湾总督府及日台民间合资,半官方半民间的"国策公司"。由台湾总督府提供14000甲(13578.6公顷)官有地作为实物资本,日本糖业联合会及三井、三菱等财团提供资金,资本额1500万元。台拓受殖民政府严格监督,殖民政府握有其大部分股权,配合殖民政府支配民间经济活动。①

台拓的地区遍及中国台湾、华南地区和东南亚,经济业务包括台湾本岛土地及产业的"拓殖",以及办理海外移民事务,特别是为中国华南地区和南洋的日资会社提供经营资本。在台湾扩大生产,并视战局发展,在华南地区开展相关的建设事业;而南洋事业方面,则以获取必要资源为主。

台拓创立使命之一,即是利用会社的社有地扩大栽种纤维、油脂等特用植物,并依据台湾多年的热带农业经验,向华南及南洋移植,以确立农业根基。台拓也配合日本扩张需要,大面积在台栽植军用植物。

棉花

日本棉制品的输出量居世界第一,对棉花的需求很大,为确保日本纤维资源的充足,总督府早在1902年开始即在台湾试种棉花。在30年代后,因扩张需要,开始在技术等方面投入资金。1931年在台南的州立农业试验场试验适合台湾栽种的品种。② 1937年总督府提出台湾棉花十年增产计划,

---

① 台湾総督府编『台湾统治概要』台湾総督府、1945、344頁。
② 台湾経济年报刊行会编『台湾経济年报』(1)国际日本协会、1941、15頁。

计划至1946年台湾的棉花栽种面积达到5000甲（4849.5公顷），产量10.5万斤。①

台拓为配合台湾总督府棉花增产计划，自1938年起，预计用三年时间在台湾开垦1912甲（约1854公顷）土地，其中一半的面积用来种植棉花。除了在台东栽种，另拨出300万元成立子会社——台湾棉花株式会社，负责统筹台湾棉花种植及加工事业，并发展台湾和南洋等地的棉作事业。台湾棉花株式会社于1937年成立，主要经营棉花买入、棉加工及棉贩卖、棉籽油和其他植物油的制造贩卖、棉花栽培及种植奖励以及其他相关事业。②

麻类作物

苎麻除了是供应日本苎麻工业的原料外，也是飞机机翼的织布、军服和其他军用布料的原料，因此苎麻除为工业原料外，亦是重要的军用物资。③ 自明治以来，日本苎麻工业兴盛，原料多由中国湖北、湖南、江西等地进口。但九一八事变后，中国进口的原料数量大减，为确保苎麻原料不致匮乏，总督府自1933年后，开始奖励苎麻生产。④

1942年，总督府提出苎麻生产五年计划，积极奖励苎麻生产。⑤ 台拓为配合总督府的增产计划，确保日本纤维来源充足，于1938年开始在花莲的鹤冈、大里栽种，预计3年栽种1000甲（约970公顷）。另自1943年起，在台南的新化、新竹的狮潭等地开始栽种，计划栽种面积为每年200甲（约194公顷）。除扩大种植面积外，在技术方面，在1942年于花莲瑞穗设苎麻试验所，对鹤冈、大里种植的苎麻进行栽培、剥皮及制棉等相关试验，为供应军需，推动苎麻栽培及制棉技术的改进。⑥

---

① 台湾拓殖株式会社文書課『台湾拓殖株式会社事業概観』台湾拓殖株式会社、1940、31頁。

② 张静宜：《台湾拓殖株式会社之研究》，硕士学位论文，台北，中央大学历史研究所，1997，第138页。

③ 台湾総督府外事部『決戦下の台湾経済』台湾総督府、1944、4頁。

④ 『台湾経済年報』(1) 150-151頁。

⑤ 『台湾统治概要』257頁。

⑥ 张静宜：《台湾拓殖株式会社之研究》，第139~140页。

蓖麻为飞机润滑油原料，在航空事业日渐发展时，需求量便逐年增加。日本以往蓖麻皆是由印度进口，后因输入日渐困难，且为求自给自足，开始鼓励蓖麻生产。① 自1934年起，开始鼓励台湾种蓖麻，且设置蓖麻制油工厂。九一八事变后日本鉴于战事对蓖麻需求日增，总督府在1937年起推动爱国蓖麻运动，鼓励全台积极栽种蓖麻，以因应战时所需。② 台拓为响应总督府的爱国蓖麻运动，自1938年起在台湾东部栽种，为鼓励移民栽种，以每甲40元的补助金，奖励移民栽种。其栽种区域集中在花莲鹤冈、大里以及台东万安、初鹿、都兰等地，到了1939年时，已有105甲（约102公顷）的栽种面积。③

台拓成立后，扮演推动台湾工业化，以及与华南、南洋开展贸易的重要角色。在创立之初，台湾总督府即提供大量土地资产，作为台拓资本。由于台拓受政府保护，享各种特权，可经营农业、林业、水产业、矿业、工业、土地、移民及拓殖所需物品供应、产品收购加工贩卖等，可说几乎涵括所有事业。第二次世界大战爆发后，台湾总督府大量增资，台拓业务扩大，营业范围遍及今中国台湾、南海诸岛、广东等地及越南、菲律宾、泰国、新加坡、印度尼西亚等。经营范围很广，如公地出租、开垦及栽培造林、矿业、移民、贷款、投资等，岛外事业则有广东自来水及海南岛的农林开发等。④

到了1941年，已累积4875万元的资本，加上公债，拥有超过1亿元的资金。因为许多为独占事业，1942年，已有包括开发事业8家、工业事业6家、矿业7家、运输及通信4家、政策性扶植公司4家、证券公司1家，投资总额达1.67亿元。战争结束时，台拓转投资的公司已多达40家，投资额超过5亿元。这些投资超过一半集中在台湾的重化学工业。⑤ 台拓对台湾重要产业的垄断，使台湾总督府能间接控制整个产业发展方向，配合日本军

---

① 『台湾経済年報』（1）153页。
② 『台湾统治概要』262-263页。
③ 张静宜：《台湾拓殖株式会社之研究》，第140页。
④ 『台湾统治概要』344-355页。
⑤ 涂照彦『日本帝国主義下の台湾』348页。

事占领与经济开发并用的"南进"政策,也在农、工等各个领域全面影响抗日战争后的台湾经济。

二 九一八事变至太平洋战争前夕的统制工业

九一八事变后,为了确保在东亚的势力,日本一改过去的"追随外交"为"自主外交"。在这种转变下,台湾的军事重要性也愈发凸显。为了突出台湾的军事地位,日本开始对台湾工业的"开发"。①

20世纪30年代为台湾经济发展的分水岭。此前日本殖民经济政策以发展农业为主。九一八事变后,日本为了军事扩张需要,调整长期在台湾推行的以米糖农业为主的经济政策,改为"工业台湾、农业南洋"的殖民新政策,台湾作为"南进"基地,与战争有关的军事工业开始大力发展,台湾经济也从农业经济形态变为半工半农经济形态。

台湾现代经济的发展,始于20世纪30年代初。日本出于军事扩张需要,从发展米、糖经济转为发展军需工业,开始全面调查台湾产业。1930年总督府设立临时产业调查会,标示着总督府工业化政策的起步。② 九一八事变后,日本更确立了军国主义对外推行侵略扩张的政策,经济政策也随之改变,开始建设与军需工业相关的工业原料生产基地,修建日月潭水力发电工程,以满足电力资源需求,整修交通系统和港口等基础工业设施,利用台湾减轻日本工业负担,以作为日本"南进"的重要补给基地。

进入准战时经济后,台湾总督府实施了几项重要的产业政策。其一为1933年制定米谷统制法,限制台湾米外输日本,以自给自足或其他对外贸易之作物取代米的地位。其二为1934年日月潭水力发电厂完工,借以推动台湾资源自给自足和军需工业的建立,前者包括轻金属、铁、石油、瓦斯、制碱、肥料、无水酒精等工业,后者则以重工业和化学工业为主。

为了吸引日资进入台湾投资,提供稳定而廉价的电力为台湾总督府的

---

① 高桥龟吉『现代台湾经济论』13页。
② 台湾省文献委员会编《台湾近代史(经济篇)》,台湾省文献委员会,1995,第227页。

重点之一。1919年停工的日月潭水力发电厂在1931年恢复施工,1934年完成,装机容量达10万千瓦,至1936年台湾每年发电量可达5亿千瓦。充沛的电量也为日本培植各种企业提供了必要条件,纺织、钢铁、水泥、火柴等近代工业企业纷纷成立。①

九一八事变后,台湾已着手工业化准备。在中川健藏主持下,1935年11月台湾总督府成立台湾"拓殖"株式会社,初设时资本额为3000万元,后随着战局扩大不断增资,其投资领域涵盖工业、商业、矿业、运输业等领域,台湾总督府借由台拓,全面主导台湾工业的具体发展。

另外在1935年,总督府成立热带产业调查会,对南洋的经济进行全面调查,并拟定具体施政方针,利用南洋的原料发展台湾工业,同时对瓦斯、酒精等新兴工业进行试验研究,对窑业、麻织等既有工业予以扶助。②

1936年"二二六事件"后,日本为确保台湾成为"南进"军需补给基地,推进台湾地区与日本在政治、经济方面的"一体化"进程。在日本海军主导下,对台湾殖民体制进行改造。在日本海军策动下,取消台湾文官总督制,恢复武官制,以配合日本军部对台湾"南进基地"的战略方针。1936年9月2日,预备役海军大将小林跻造取代中川健藏,出任第十七任台湾总督,标志着台湾近20年的文官主政时代的结束。此后,台湾进入武官总督时期。

在日本海军与台湾总督府规划的"南进"政策中,台湾战略地位渐趋重要。日本逐渐确立了"农业南洋、工业台湾"的经济体制。③ 这个阶段一个显著的现象在于日本新兴财阀大量进入台湾。30年代中期,台湾预期将成为日本及南洋的中继基地,经济前景向好,加上各类成本相对日本本土较为低廉,新兴财阀大举进入台湾,开始时以食品加工业与轻工业为主,1937年抗日战争全面爆发后,开始涉及军需工业。1937年6月,基隆颜家的"基隆船渠会社"宣布解散后,三菱立即通过其控制的"台湾船渠会社"将之并购,控制台湾海运业。三菱于1935年创立"日本铝业"与"东台湾

---

① 台湾省文献委员会编《台湾史》,台北,众文图书公司,1980,第635~636页。
② 《台湾近代史(经济篇)》,第227页。
③ 黄通等编《日据时代之台湾财政》,台北,联经出版事业股份有限公司,1987,第68页。

电力兴业会社",掌控台湾东部的电力事业。另外运输工业也有相当发展,如丰田汽车在台湾设立"台湾国产自动车会社",到了抗战后期,1944年1月更成立"大亚航空会社",负责飞机修理及零件制造。除了财阀外,当局还成立"国策会社"(即特种公司),是一种半官方半民间性质的企业,如台湾银行和台湾电力会社皆属此种企业。1936年11月,日本将中国台湾、华南,以及南洋等地规划在一起,设立"台湾拓殖会社",也属这种性质的企业,特点为政府握有大部分股权,经营须经政府严格监督,公司在政府保护下享有许多特权。"国策会社"为30年代中期后主导台湾工业化的另一重要力量。①

表3 1935~1940年台湾重要财阀投资企业

公司名称	资金（千元）	设立年份	资本系统
日本制铝	60000	1935	三菱
南日本化工	15000	1939	日曹、台拓
旭电化	10000	1939	古河
东邦金属制炼	10000	1938	古河、赤司
台湾电化	2000	1935	电气化学
台湾电力（日月潭厂）	77400	1934	公私合营
台湾化学工业	10000	1937	日本矿业
新兴窒素	500	1939	三菱
东洋电化	5000	1939	南拓、东邦电力
开洋磷矿	1000	1938	日本矿业、台拓
台湾水泥	500	1940	浅野
台湾化成	5000	1939	台拓赤司系
台阳矿业	10000	1939	颜家、日本矿业
台湾特殊窑业	450	1939	前川
台湾硝子	3000	1940	赤司、日本硝子、大日本麦酒、麒麟麦酒
台湾高级硝子	100	1939	台湾精业工业
东台湾电力兴业	30000	1939	日本制铝、新兴窒素、东邦金属、东洋电化、盐水港制糖

资料来源:『台湾经济年报』(2) 378页。

---

① 林继文:《日本据台末期(1930~1945)战争动员体系之研究》,第131~133页。

抗日战争全面爆发后，日军相继占领上海、南京，为适应战争需要，此时日本本土已进入战时经济体制，1938年4月公布"国家总动员法"，制订生产力扩充计划和物资动员计划，计划全面扩增日本及其殖民地的生产力，以满足日后的战时所需。① 台湾也进入"国家总动员"制，在台湾总督府政策的刺激下，日本财阀纷纷在台湾设立企业，发展军需性质产业。一切设施虽以国防军事为目标，但所采方式则从扩充台湾生产力入手，以促进工业化为最主要，但不论何种工业，这类新兴工业背后都是日本财阀资本，台湾本土资本发展有限。

七七事变后，日本本国实施"高度国防国家建设"，而台湾的经济结构也发生剧烈变化，自1938年起，对各个经济部门进行严格控制。根据当时的"经济统制实体法"，统制项目有九类，分别为一般性统制、物资统制、物价统制、劳务统制、事业统制、团体统制、资金统制、贸易统制、运输统制。

1939年3月19日，小林跻造指出总督府在此阶段的施政目标为："第一是台湾岛民的皇民化运动。事变（抗日战争）爆发后……虽然已经收到显著的效果，但考虑到台湾将来在日本帝国构成上的重要性，应更加努力。第二是台湾的工业化问题。台湾的产业向来以自然成长之农业为中心，然而帝国今后一旦向南支南洋伸张，自然必须将占地利之便的台湾予以工业化，扶植以热带农产物为原料的加工工业，因此电力的开发成为当务之急。……第三是南方政策的问题。……台湾乃南方发展及对南支南洋方面经济进出之据点，必须从此一观点来考虑台湾统治。"② 发表所谓"三大方针"，以"皇民化、工业化、南进基地化"为主张。抗日战争全面爆发后，台湾已成为日本南向侵略的基地。

然此时台湾缺乏社会资金，影响工业化的推进，生产力扩充计划所需资金，依据日本动员法令制定金融统制法规，于1937年10月在台施行"临时资金调整法"，根据所需变化于1938年、1939年予以修正，1940年又施

---

① 张宗汉：《光复前台湾之工业化》，第84页。
② 《台湾日日新报》1939年5月20日。

行"银行业资金运用令",两项法令分别从长期设备及短期流动资金着手,供应工业所需资金。①

依据日本战时总动员办法,1938年总督府在台湾推行"生产力扩充五年计划",推动新兴工业与既有工业的发展,主要目的为联合日本、中国东北及台湾,全面扩充生产力,目标是重要资源至1941年时达到自给自足。计划生产范围预定钢铁、轻金属、石油等15种项目,并为各个工业项目制定预期目标。根据"生产力扩充五年计划",至1941年台湾生产目标如表4所示。

表4 台湾生产力扩充五年计划工业产品产量

工业名称	产品种类	单位	数额
钢铁	特殊铁及锻铸钢	千吨	30
钢铁	钢块	千吨	52
轻金属	铝	吨	14000
轻金属	镁	吨	300
非铁金属		吨	1000
石油	航空用汽油	千公升	1
石油	汽车用汽油	千公升	16
石油	无水酒精	千公升	69.4
碱、工业盐	工业盐	千吨	111
纸浆	制纸用	千吨	366
金	金	公斤	5555
铁路车辆	货车	辆	234

资料来源:台湾省工业研究所技术室《台湾省经济调查新稿》,1946,第296~298页。

为了日本军国主义战争需要,这些项目多着重在军需或国防性质工业,如金属、化学制品、机械制造等。另外计划也促进了资本与生产的集中,如大日本制糖与帝国制糖的合并,但国防工业以外的工业发展受到阻碍,同时加强经济统制,抑制物价。军事工业如制铝、船坞、航空等则日益增长。为补救台湾本身物资的缺乏,台湾除依赖日本外,也开始自南洋取给原料,以供工业发展之需要,因此开始建设与南洋的交通。为便利与南洋的运输,1937年开辟了台湾至菲律宾的海上航线,1939年连接了台湾与东

---

① 张宗汉:《光复前台湾之工业化》,第87页。

南亚的"南洋航线"。海上航线之外，至太平洋战争前夕，"大日本航空株式会社"也开辟了与广东、河内、曼谷等地的航线。① 第一次五年计划于1941年太平洋战争发生前已大致完成，而后因应战事变化，台湾工业也进入下一发展阶段。

三 太平洋战争至日本战败投降时期经济政策

1938年11月3日，日本首相近卫文麿发表"第二次近卫声明"，号召建立"东亚新秩序"，希望"日满中三国相互提携，建立政治、经济、文化等方面互助连环的关系"，以"大日本帝国"、东亚及东南亚"共存共荣的新秩序"为目标。1940年7月提出"大东亚共荣圈"的构想，主张扩充日本军事实力，9月与德国及意大利缔结三国同盟条约，1940年8月，近卫文麿首度明确提出"大东亚共荣圈"的名称，并指出其范围。②

1940年，日本在东南亚的主要敌人已变为美国。美国采取冻结日本资产及禁运石油的措施，随后英国等国纷纷跟进，日本在此困境下，决定向南洋各地发动攻击，以攫取当地重要资源。此时日本已将攫取东南亚的旧欧洲殖民地列为国策。美日海洋战争的爆发已是无可避免，台湾内部的经济政策也到了一个转换阶段。

1941年太平洋战争爆发后，台湾的战略位置对于日本更显重要。1942年2月，台湾总督府于1938年第一次扩充计划后，实施"第二次生产力扩充五年计划"，相较于"第一次生产力扩充五年计划"以轻工业为中心，"第二次生产力扩充五年计划"更加强军事工业，特别是化学工业的发展。鉴于台湾资金、原料不足，依据战时动员计划，实施统制配给，在军事工业方面享有优先权。

在设备方面，尽量利用日本的闲置设备，将日本本土老旧或淘汰的工

---

① 王键：《日据时期台湾总督府经济政策研究（1895～1945）》下册，第844～847页。
② 近卫提出的"大东亚共荣圈"，其范围为日本本土、"满洲国"、朝鲜、台湾、法属印度支那半岛、荷属东印度、英属印度、英属马来亚（包括新加坡）、英属香港、英属婆罗洲地区（包括砂捞越与文莱）及新几内亚、澳大利亚、新西兰等地区与国家及苏联西伯利亚东部。其中日本、伪满洲国、汪伪政府为经济共同体，东南亚作为资源供给地区，南太平洋为国防圈。

业机械运至台湾设厂,再将生产出的成品销售至东南亚,将东南亚的工业原料运到台湾生产,为配合此经济形态,设立"台湾铁工业统制会""台湾战时物资团"等执行单位,实施"台湾战力增强企业整备要纲",紧抓对各项工业资金、人力、物资的管制,全力发展军需工业。①

1938年开始的第一次生产力扩充计划,自1938年至1941年的台湾工业振兴目标,至1941年已完成。而随着战事发展,资源日减,开始有第二次生产力扩充计划的需要。因此台湾总督府在1941年10月27日召开临时台湾经济审议会,形式如之前召开的台湾产业调查会及热带产业调查会。而此次参加人员的范围较前两次更广,总督长谷川清为会长,与会者有台湾大型公司如台湾银行、三井物产的代表,及之后拟扩充或邀请投资工业的有关人士32人。此次会议邀请日本政府大藏、商工、农林、递信、铁路、拓务、外务、陆军、海军等各部及企划院代表28人列席,于31日闭会。

会中所拟具的"工业振兴再企划"及"交通设施整备与扩充方案"为生产力扩充计划的依据。工业振兴方案主要在电力资源开发、石炭资源开发、工业地区形成、科学研究机构的整顿与设立、资材和资金之供给及劳务供需调整。需振兴的重点工业涵盖甚广,制铁、造船、化学肥料、水泥、纸浆、石油等皆包括在内。

这些工业主要以东亚经济建设国策为基准,重点在如何善用台湾自有资源,并配合南方政策,以发展台湾的国防工业并确保将来南方经济圈的发展,这也是台湾将来五年的既定工业发展计划。

交通设施扩充方案则以发展陆运、海运、空运,以及通信为主,在此不赘。② 由上述两项计划可看出,总督府对台建设方针为一面继续强化国防工业重点发展化学工业,一面提高台湾的运输能力,提高日本与南方之间的物资运送能力,让日本很好地分配和运用这些工业资源。

这些计划有不少是既有建设的延续,至于制铁、机械、化学等工业发展则是新的计划。③ 日本于1941年后开始推行生产力扩充计划,期望利用提

---

① 许介鳞:《台湾史记》第1卷,文英堂,2001,第4~5页。
② 张宗汉:《光复前台湾之工业化》,第116~124页。
③ 『台湾経済年报』(4) 74-75頁。

高生产力来增强物资供给能力,计划目的在"急速增强军备及确保国民生活之最低限度",力求自给,但日本军事扩张,致使资源消耗,及物资进口被断绝,导致物资供应不足,生产力扩充计划多停留在计划阶段,效果有限。

台湾资源本就不充裕,随着太平洋战局的扭转,到后期已无久远的计划,然此阶段还是有新兴工业产生,此时新兴工业以台湾自产原料为主,规模虽较前期要小,但也引进若干新机具,并陆续增建了炼铜、石油炼制、天然瓦斯利用、海水利用等工业。① 此时台湾全体经济进入战时统制,所有农工产品、劳动力等都在严格的战时统制之下,造成台湾社会物资匮乏,且各种经济活动皆受到限制。

1943年下半年,日本在太平洋战争中逐渐转入劣势,台湾成为战争前线的补给基地,因为战线过长,海路运输交通受阻,日本战略由攻转守,台湾也陷入孤立。为配合战事,日本当局于1943年10月制定"台湾决战态势强化方策要纲",经济方面强调"迅速增强军需生产、食粮增产并实施管理配给"。并于1944年3月,依照日本的"决战非常措施要纲",制定了"台湾决战非常措置实施要纲",此要纲与1943年的内容相似,差别在于规定更为严苛,涵盖层面更为广泛,② 将其他事业的设备和人力都集中到军需工业中。③ 1944年4月后,台湾直接遭受攻击,日本于是在同年8月公布"台湾战场态势整备要纲",旨在增强台湾防卫能力与经济的整顿,在经济方面增加配给,强迫储蓄及发行债券,将人力转移至急需的工业部门,将资金转用于对其最有利之途,并成立经济动员本部,加强对经济秩序的管控。④ 在工业建设方面,到了战争末期,重要物资因台湾对外交通被盟军封

---

① 袁颖生:《光复前后的台湾经济》,台北,联经出版事业股份有限公司,1998,第30~32页。
② 与经济有关的内容为"国民生活励行节约及改善粮食配给,利用空地增加农业生产,停止一切奢侈娱乐,加强重点运输,减少客运,增加货运,增强海上运输,改善港湾装卸能力,积极建造船舶,停止政府及公共团体一切平时事务及新建工程"等,不到一年的时间,可以明显看出经济管制层面的扩大。
③ 台湾通信社编《台湾年鉴》,1944,第135页。
④ 在整理经济方面,具体办法有"紧缩或停止公私事业,将其人力物力转换至战场急需事业,民生必需物资统筹运销配给,严格限价及严禁投机、资金与货币方面则加强国民储蓄并使资金用于最有利之途、工资实物支给范围扩大,发行割增债券(到期一次支取本息之债券)"等。参见张宗汉《光复前台湾之工业化》,第140~145页;翁嘉禧《台湾光复初期的经济转型与政策(1945~1947)》,高雄复文,1998,第50~52页。

锁而极度短缺。总督府只能宣布自 1944 年 8 月起停止台电、高雄制铁、日本制铝等重点产业扩充计划，将所有的重要资源移转至军事用途上。①

战争后期，大量劳动力被征用到前线，劳动力短缺造成台湾生产明显萎缩。台湾进入战时体制后，日本实行更激烈的同化政策，驱使台湾民众"义勇奉公"效忠天皇，推展"皇民化运动"。在教育方面，为使台民有"皇国良民"的教育理念，首先于 1937 年废除公学校汉文科，颁布"国民学校令"，实行义务教育、废除书房，以积极消除台湾人的中华民族意识，使其成为真正的日本人。日本侵略大陆后，台湾虽没被划入战区，但在经济层面上，也被规划为"南进"基地，加强控制。

1937 年 8 月，刚上任的台湾军司令官古庄干郎宣布台湾进入"防卫的战时体制"。在战局逐渐转入海洋战争的第二阶段，如何提升台湾工业生产能力成为重要议题。在日据台湾末期，"皇民奉公会"为配合"新体制运动"在 1941 年成立，性质相当于日本内地的大政翼赞会。该会是以台湾为对象，确立对应紧迫的国际局势为目标。其总部设于台湾总督府，由总务长官兼任会长，总部下设有事务局、营运委员会、中央实践协力会议、地方事务局联络会议。地方上则有各州支部、厅支部、市郡分会、街庄分会、部落会、奉公班。并纳入既有的保甲制度。另设有"大日本妇人会台湾分部""台湾青少年团""台湾产业奉公会""奉公壮年团"等组织。设立目的，主要在于对台湾人民施行精神改造，企图使台湾人民彻底日本化。

除统制经济团体外，各级"皇民奉公会"也有间接推动统制经济的功能。"皇民奉公会"在 1941 成立后，8 月 12 日即召开经济恳谈会。8 月 27 日"皇民奉公会"全岛经济部部长会议议定"产业奉公运动实施要纲"。借由"皇民奉公会"各级机关的运作，可使总督府更有组织地执行统制经济政策。② 1943 年 2 月将"劳务协会"改组成"产业奉公会"，使其成为皇民奉公会的附属团体。与政府机关比较，"皇民奉公会"直接介入人民的日常

---

① 『台湾経済年報』(4) 74－75 頁。
② 『台湾経済年報』(2) 15－21 頁。

生活，因此能深入社会，与总督府相配合。

另在1938年，为配合"国家总动员法"及相关统制经济法令的施行，在社会基层协助总督府推行统制经济政策，总督府制定了经济警察制度。经济警察为了配合"国家总动员法"的实施而成立，总督府1938年9月在警务课下设立"经济保安挂"，分派巡查至各州、厅负责统制经济推行。1940年在警务局下设立经济警察课，统合各州、厅的经济警察。[①] 其管辖事项包括价格、物资、劳务、总动员物资输送、企业整备、贸易统制、电力调整、资金调整、暴利取缔、生活必需物资配给制度施行等，可说无所不包，渗透到民众生活每个角落。[②] 据统计，仅1944年一年经济警察检举经济犯罪即达34991件。[③]

战争进入末期，总督府进一步加强对金融机构的直接控制。自1944年8月起，扩大对金融机构的指导监督权，比照日本国内实施"关于普通银行之储蓄银行业务及兼营信托业务法"，其金融统制权范围相当大，所有金融活动已几乎没有总督府所不能决定者。[④] 总督府的金融统制特色，在于形式上仍维持民间经济机关存在，事实上是通过强大的行政权力以社会动员，或间接性制度控制方式达成统制经济的目的。这也是日据末期的台湾之所以能不破坏私有财产制经济，却仍能维持国家机关强大实力的原因。[⑤]

银行贷款也配合着总督府的军需工业化计划。1937年时，有近88%的放款对象为食品加工业，化学工业仅占1%。到了1942年，化学工业占比增加至17%，对电力事业的放款也增长了近2倍。[⑥]

抗日战争后期，租税收入所占比例持续增加，主要是因总督府在战时所进行的一连串增税措施。1937年施行税制改革，将原以专卖及公营事业为主的财政方针，转变为以租税为中心。新设许多税目，如营业税、资本利息税、继承税等，地方税的名目也有增加。从1937年8月开始，比

---

① 台湾総督府编『台湾事情』台湾时报、1944、67-68页。
② 『台湾统治概要』109-110页。
③ 『台湾统治概要』111-115页。
④ 『台湾経済年报』(4) 84-85页。
⑤ 林继文：《日本据台末期(1930~1945)战争动员体系之研究》，第193页。
⑥ 台湾経済年报刊行会编『台湾経済年报』(3) 国际日本协会、1943、362-368页。

如日本征收"北支（华北）事变特别税"，提高所得税和临时利得税等，并新设公司债利息税、奢侈品税等。1938年4月，将"北支事变特别税"改为"日支事变特别税"，将所得税、法人资本税、出入港税的税率提高，并且新设通行税、入场税等。1939年修正"日支事变特别税"，加重临时利得税和物品税，新设建筑税及游兴税。1941年增收间接税，其中包括砂糖消费税、出港税、印花税、通行税、物品税、建筑税、饮食游兴税等。1942年太平洋战争爆发后，再设"大东亚战争特别税"，并提高所得税、利益配当税、临时利得税、特别法人税、印花税等直接税的税率，新设清凉饮料税、广告税、马券税。1943年，对砂糖消费税、物品税等间接税进行增税，新设特别行为税。1944年直接对各种直接税和间接税进行全面增税。

由表5可知，租税指数增长速度较生产价值指数快，即生产增加的速度不及租税增加的速度，造成租税负担加重，自1938年起强迫储蓄后，负担指数上升更剧，以1942年为例，租税指数为241，而生产价值指数仅为189，相差甚远，也可知人民负担之重。

表5　1937～1944年台湾战时生产价值与租税负担增加比较

单位：千台元

年份	租税及专卖纯益		生产价值	
	数额	指数	数额	指数
1937	106360	100	841076	100
1938	121346	114	945160	112
1939	139972	132	1242874	146
1940	171936	162	1316206	156
1941	211227	200	1399119	166
1942	255058	241	1491859	189
1943	366307	345	—	—
1944	484928	455	—	—

资料来源：黄通等编《日据时代台湾之财政》，第97页。

1937～1944年的八次增税，如"北支事变特别税""日支事变特别税""大东亚战争特别税"等，都是不折不扣的战争税。这些增收税款全都拨入

"日本临时军事费特别会计",自 1937 年至 1944 年,这笔税款总额达 31402 万元。此外"上年度剩余金"中的一部分按规定也须拨付日本"一般会计"中的军事费项内。1936~1944 年,日本由此增加了 7395 万元的军事费收入。① 从吴浊流的笔下,可看出当时台湾的动员情形和社会状态:

> ……物质缺乏已到了极端,也因而有企业整备之举……随着战局的危机加深,皇民化运动愈趋炽烈,御用绅士被起用,当上了动员部部长,聘请大学教授为顾问,以强化运动……日本试图最后挣扎,把十八万满洲军调过来加入台湾军,使台湾要塞化。各地方都盖了掩体,海岸也造了栏栅。我故乡的山也给挖了洞,以备万一美军上来打游击战。另一方面物质也越来越少,动员也达到极度。六十岁以下的台湾人都给动员起来,从事盖掩体、挖地洞、建机场的作业。女人也被动员,或者采集砂石,或者当特别护士。……报纸也由于物资缺乏,由十页而八页,而六页,最后竟减缩到四页。因此文化部的篇幅已没剩下多少,大家都没事可做了……这时,台湾要塞化的呼声越来越炽烈,社会上一片喧哗,都是危惧美军登陆之声……②

但即使是在战争后期物资极度缺乏,台湾始终能每年都保持有盈余,其原因就在高度的统制经济。

抗日战争全面爆发后,日本在台湾实行战时体制。在财政方面则为岁入、岁出急剧膨胀,如以 1937 年为基准,每年仍有巨额剩余,台湾财政尚足以应付战费需要。主因之一即在于名目繁多的增税,实际上台湾对日本战争经费的贡献,除了租税外,尚有战时公债和国民储蓄,战时公债由日本发行,推行范围涵盖台湾,国民储蓄具强迫性,所储之款,亦由银行或信用合作社转购公债,故台湾对战费的实际贡献,应将财政上的支出与在台销售的日本公债两项并计。③

---

① 黄通等编《日据时代台湾之财政》,第 75~78、89 页。
② 吴浊流:《无花果》,台湾出版社,1988,第 144~147 页。
③ 黄通等编《日据时代台湾之财政》,第 65 页。

表6　1936～1944年台湾战时岁入岁出决算数额统计

单位：千台元

年份	岁入额	岁出额	岁入指数	岁出指数
1936	175771	133938	86	85
1937	202836	156144	100	100
1938	233817	183406	115	117
1939	288498	217435	142	139
1940	352908	262907	173	168
1941	414225	289708	204	185
1942	499618	372723	246	238
1943	666071	503264	328	321
1944	844031	606798	416	388

资料来源：黄通等编《日据时代台湾之财政》，第66页。

到了1944年下半年，盟军开始轰炸台湾，据国民政府调查统计，自1944年10月中旬至1945年5月中旬，仅7个月的时间内，台湾各城市遭轰炸总计75次，轰炸机超过了一万架次。其中以高雄及台南为最多，为33次，这两个城市已毁坏大半，台中、新竹、淡水、台北、屏东、嘉义、台东等地亦损失甚重。同时为了切断日本在台湾的运输，台湾四大港口高雄、基隆、马公、梧栖被密集轰炸，船集、船坞、码头设施均被炸毁，各地工厂也损毁过半，炸毁房屋超过120万栋。[1]另据台湾总督府统计，遭破坏工厂有202所，严重者有152所，多为生产重要工业及能源的工厂，其中四个发电所就有三个被炸毁。[2]

军事设备遭到轰炸破坏，海上航线被切断，恶性通货膨胀蔓延，物资匮乏，劳动力和资金不足等问题相继产生，至1945年初，农、工业生产陷于停顿状态，一时间难以恢复，至1945年上半年，军事工业生产大多被迫

---

[1] 张瑞成：《光复台湾之筹划与受降接收》，《中国现代史史料丛编》第4集，近代中国出版社，1990，第125～131页。

[2] 台湾总督府：《台湾统治概要》第2册，《中国方志丛书·台湾地区》第191号，台北，成文出版社，1990，第370～371页。

停顿。① 日本畸形改变台湾经济形态，企图将台湾打造为军国主义"南进"基地的幻想，也随着第二次世界大战的结束而破灭。

结　语

日本对台湾的经济政策，首在发展台湾农业，因此日据前期台湾产业经济形态基本以农业及相关的农产品加工业为主。

随着20世纪30年代日本对外的战争与侵略扩张，台湾的角色亦发生显著的转变。小林跻造1936年出任台湾总督后，开始以"皇民化、工业化、南进基地化"三原则统治台湾，并设立"台湾拓殖株式会社"等机构，全面统制台湾经济。以"工业台湾、农业南洋"为新原则，开始在台湾发展军需产业和重工业，台湾的经济形态开始明显转变，前30余年大力发展的农产品加工业也成了台湾"军需工业化"的基础。②

抗日战争全面爆发后，台湾在日本整体规划中的地位日益重要，总督府在台湾推行军需工业化政策的结果是，使台湾的经济、产业结构产生很大转变，当日本的主战场逐渐从中国大陆转移到太平洋地区，战略目标逐渐由扩大占领地区改为突破英美海上封锁，台湾在日本战略计划地位也由"后勤基地"转变为"前进据点"。同时由于战争影响，台湾物资短缺、物价飞涨，因此总督府从1941年开始在台湾实施物资配给，1942年8月后，进一步将各种生活必需品严格配给。③ 日本长达半世纪的殖民统治和日据后期十余年对台湾经济体制的改造，围绕军需制定的经济政策所衍生的结果，长时间的动员政策等所产生的社会遗制等，皆很大程度上影响着战后台湾的经济与社会发展。

---

① 小林英夫『「大東亜共栄圏」の形成と崩壊』御茶水書房、1992、435頁。
② 涂照彦『日本帝国主義下の台湾』130頁，转引自林继文《日据台末期（1930~1945）战争动员体系之研究》，第42~43页。
③ 戚嘉林：《台湾史》，自印，1998，第2244~2247页。

三　发动全面侵华战争及其决策

昭和天皇与卢沟桥事变再考察

——着重于《昭和天皇实录》的解读

龚 娜*

1937年7月7日夜，卢沟桥的日本驻屯军在未通知中国地方当局的情况下，径自在中国驻军阵地附近举行所谓军事演习，并诡称有一名日军士兵失踪，要求进入北平西南的宛平县城（今北京市丰台区卢沟桥乡）搜查。由于中国守军拒绝了这一无理要求，日军遂寻衅挑起战端，在卢沟桥附近与中国守军展开激战，史称七七事变，又称卢沟桥事变。这场看似偶发的、由不足道的纠纷引起的小冲突，之后演变为中日战争，乃至太平洋战争，其背后有着相应的历史背景。

中国学界普遍认为卢沟桥事变的发生在很大程度上与日本的侵华政策相关，其发生带有必然性。① 而日本学界则倾向于强调卢沟桥事变最初的枪击事件是"偶然发生的"，② 将研究重点放在"第一枪"的追查中，③ 有些学者甚至推断是中国第二十九军士兵偶然发枪引起的。④ 关于卢沟桥事变，

---

* 龚娜，天津社会科学院亚太合作与发展研究所副研究员。
① 荣维木：《日本的全面侵华战争与中国的全面抗日战争》，步平、北冈伸一主编《中日共同历史研究报告》（近代史卷），社会科学文献出版社，2014，第111页；徐勇：《卢沟桥事变之研究与思考》，臧运祜等主编《日本侵华与中国抗战——有关史料及其研究》，社会科学文献出版社，2013，第140页。
② 波多野澄雄、庄司润一郎：《日中战争——日本军的侵略与中国的抗战》，步平、北冈伸一主编《中日共同历史研究报告》（近代史卷），第270页。
③ 如安井三吉『盧溝橋事件』研文出版、1993。
④ 如秦郁彦『盧溝橋事件の研究』東京大学出版会、1996。

中日学界仍然存在较大分歧，很多方面还值得继续研究。特别是关于昭和天皇在卢沟桥事变前后发挥了何种作用的研究还相对缺乏。随着宫内厅编纂的《昭和天皇实录》（以下简称《实录》）问世，关于天皇的研究再次引起日本学者的关注和讨论，一些学者利用这部新史料，又一次将昭和天皇塑造成"和平主义者"，认为天皇在卢沟桥事变发生前后的应对中，只是迫于战场形势才继续派兵的。[1] 然而，正如有研究者注意到的，《实录》的编纂本身就有"扩大及再制造"昭和天皇即"和平主义者"之嫌。[2] 那么，天皇作为统率陆海军的大元帅，他在卢沟桥事变发生前后是怎样认识并应对的？究竟在其中发挥着怎样的作用？这些问题，仍值得我们借助新史料、进出文本内外进行深入探究。限于篇幅，本文拟在现有研究基础上，利用《实录》等史料，尝试对卢沟桥事变前后昭和天皇的思想和行动进行考察，借以对昭和天皇在卢沟桥事变中所发挥的作用，做出更接近历史真实的解读。

一 卢沟桥事变前皇权的高扬

20世纪20年代，由于大正天皇的政治无能，皇太子裕仁提前开始摄政。为挽回国民对皇室的不良印象，裕仁通过出访欧洲、简化婚礼、增加公众宣传等手段，打造出一副平民化、健康的形象，重塑了皇室的权威。然而到了30年代，由于日本国内政治环境发生改变，政党政治的崩溃与领导层势力的分裂导致皇权不断遭到削弱。为了恢复权威，昭和天皇通过平衡军政关系、召开御前会议等手段，再次加强了皇权。

（一）"二二六事件"与军事君主权威的加强

近代日本虽然建立了议会制度，但还远未发展成一个成熟的民主国家。20世纪20年代，军人与文官集团之间争夺领导权的斗争愈演愈烈。1936年

---

[1] 保阪正康『昭和天皇実録その表と裏』第3巻、毎日新聞出版、2016、75－77頁。
[2] 山田朗『日本の戦争Ⅲ：天皇と戦争責任』新日本出版社、2019、5頁。

2月26日，军队中的皇道派发动武装政变——"二二六事件",① 意图通过政变实现天皇亲政，但昭和天皇对这种行为却不买账，他并不认同天皇亲政体制，对大臣的被害感到愤怒，更对皇室及军中指责他平庸、依赖近臣感到不满。皇道派攻打到皇宫坂下门的过激行为，尤令他担心叛乱者有可能获得他的弟弟秩父宫的支持，进而对其逼宫使其退位。因此，昭和天皇从得知叛乱发生的那一刻起，就决定坚决进行镇压，更是不惜动用最高统帅权，发布紧急敕令和行政戒严令，以肃清皇道派。

关于"二二六事件"，《实录》引用了《侍从日志》等首次公开的史料，披露了昭和天皇处理此次事件的几个细节，更加证实了昭和天皇在"二二六事件"的走向上发挥了决定性的作用。

事件发生在拂晓之前，当日5点45分，相关消息已经上报给当值的宫内事务官高桥敏雄。6点20分，天皇起床后即刻知晓了事件的发生。7点10分，侍从武官长本庄繁拜谒，天皇提出"要尽早平息事件，转祸而为福"。其后三天内，天皇频繁召见本庄，26日召见14次，27日12次，28日15次，向他询问事态走向，并督促予以镇压。与此同时，天皇还于26日6次、28日7次召见侍从次长广幡忠隆了解情况。②

在事件的处理上，有一个新的时间点耐人寻味。那就是天皇在了解事态后，首先于26日10点15分召见了海军军令部总长伏见宫，然后才在11点13分向陆军大臣川岛义之发出镇压命令。③ 天皇会见川岛的时间比历来认为的要晚两个多小时。④ 天皇此举，不仅仅是为了收集多方信息以有充足的时间仔细思考应对，其真实意图还在于确保海军不会加入陆军的政变部队。天皇之所以如此重视海军的态度，是由于昭和初期，军队中存在轻视天皇权威的情况，政变发生后，陆军高层还在观望事态的演变，处理态度摇摆不定。对天皇而言，"二二六事件"的处理关系到天皇地位的稳定，因

---

① 军队之中，标榜回归天皇亲政、构建天皇制国家的一方被称为"皇道派"，与之相对立的是志在重组由军部主导的国家机构而构筑总体战体制的"统制派"。
② 宫内厅编『昭和天皇実録』第7巻、東京書籍、2015、30頁。当时侍从长铃木贯太郎身受重伤，由广幡忠隆代行其政。
③ 『昭和天皇実録』第7巻、31頁。
④ 伊藤之雄『元老——近代日本の真の指導者たち』中央公論新社、2016、266頁。

此昭和天皇要想解决这一事件，首先要确保海军的稳定，海军的支持无疑带给天皇镇压叛乱者的勇气和底气。

此外，天皇还要确认皇族军人的态度，他们是选择支持皇道派，还是站在自己这一边。根据《实录》的记载，26日当天，天皇召见了朝香宫鸠彦王、高松宫宣仁亲王、东久迩宫稔彦王。27日，天皇又召见久迩宫朝融王、梨本宫守正王、秩父宫雍仁亲王、高松宫宣仁亲王。28日下午，天皇召集雍仁亲王、宣仁亲王、博恭王、朝融王、守正王、鸠彦王、稔彦王、恒德王八位皇族军人，就对事件的看法进行讨论，但众皇族看法并不一致。① 当时，天皇与皇族军人之间的关系并不和谐，皇族军人对天皇存有一定的不信任感。并且，朝香宫、秩父宫与皇道派关系较近。秩父宫在担任步兵第三联队中队长期间，与这些参与叛乱的青年将校同吃同住，对青年将校的"革新思想"持比较宽容的态度。特别是，秩父宫非常欣赏的一名将校安藤辉三还是"二二六事件"的主谋之一。将校们非常希望秩父宫可以出面解决这一事件。然而，秩父宫在觐见天皇后，选择站到天皇的一边。② 最终，昭和天皇通过召集皇族军人统一了他们对事件的意见。

经过一系列部署和准备，在事件发生三天后的28日早上5点，天皇发出镇压叛乱者的敕令，极为强硬地表明态度，将政变部队定性为"违背天皇意思"的叛军。于是，原本处于观望状态的陆军上层选择站到天皇一边，政变部队遭到非常严厉的镇压。在这场政变的较量中，军部明显占据上风，元老西园寺公望由于难以抑制军部、维持均势而无奈远离了政界，中间内阁也无法继续维持，后被军人控制的内阁所取代。

"二二六事件"是20世纪30年代初以来日本历次法西斯政变的总汇，不但暴露了日本统治集团内部的严重矛盾，而且促使日本迅速建立起天皇制法西斯专政。③ 昭和天皇通过成功镇压政变军队，不仅稳固了自己的地位，也提高了天皇的权威，加深了天皇的神格化。经过这次事件，军部开

---

① 『昭和天皇実録』第7卷、32-41页。
② 小田部雄次『大元帥と皇族軍人（大正・昭和編）』吉川弘文館、2016、137-138页。
③ 臧运祜：《近代日本亚太政策的演变》，北京大学出版社，2009，第176页。

始最大限度地利用天皇的权威,推进以天皇为顶点的军国主义。事件解决后,昭和天皇作为军事君主的作用得到加强。随着日本国内政治的巨变,对外政策亦发生重大变化,日本迅速走向全面侵华战争的道路。

(二) 天皇首倡召开御前会议

在明治宪制下,内阁、议会、军部各自独立辅弼天皇,当这些机构能够相互协调运营时,天皇自然没有行使实权的必要。从甲午战争到九一八事变,上述各个国家机构通过相互妥协和协调,使天皇在事实上的不亲政成为可能,并由此而形成了"不累及皇室"的政治道德。但是,九一八事变之后,军部势力抬头,介入国政,当各国家机构间出现对立并难以和解时,唯有依靠天皇进行裁决。昭和天皇只能在努力坚持维护《明治宪法》的同时,以御前会议和"圣断"的形式掩盖事实上的政治参与。

从《实录》记载来看,设置御前会议这一日本国家最高战争决策机构是由天皇率先主动提出的,而后几经周折才最终得以实现。早在1932年一·二八事变爆发、日军分裂华北时,昭和天皇就曾多次提出召开御前会议,但因元老、宫中集团的反对而未能实现。《实录》记载,一·二八事变爆发时,天皇"非常担忧上海事件",于是召见犬养毅首相,听取内阁的想法。2月5日,天皇询问内大臣可否召开御前会议,在听了首相的奉答后,暂时取消了召开御前会议的决定。①

在卢沟桥事变爆发前,天皇曾就"华北问题"再次提出希望召开御前会议。《实录》记载:"1937年6月29日,天皇询问内大臣汤浅仓平,可否通过召开御前会议来决定华北对策。"内大臣认为,"即使是召开御前会议也很难期待良好的效果,重要的是只要确保统帅就可以"。于是,天皇决定7月2日向陆军大臣、参谋总长直接问询统帅事宜。《实录》还记载了天皇就此事征询元老意见的内容。"6月29日夜,内大臣委托宗秩寮总裁木户幸一向西园寺公望公爵转达天皇关于'华北问题'的想法。翌日30日,木户前往静冈县兴津的西园寺府邸,转达了天皇和内大臣的谈话内容。听完木

---

① 『昭和天皇実録』第6巻、29頁。

户转达后,西园寺就召开御前会议一事,表述了和内大臣相同的意见。"①

可见,天皇在"华北问题"上曾非常积极地提出希望召开御前会议,但内大臣和元老都对此持反对意见。西园寺等人认为,御前会议的决定万一不能实现,将会损害天皇的君权,因此主张"御前会议回避论"。

当时,主张应该由御前会议来决定根本国策、国家战略的,不仅有昭和天皇本人和参谋本部内的不扩大派,还包括许多层面。② 比如,当时在军令部第四部(通信)担任勤务的高松宫宣仁少佐曾在日记中记述"事态局势对策之召开御前会议的必要"(1937年8月4日),"事到如今,陆军统帅部依靠自己的力量已经不能决定统帅事项,并且事态局面已有很大一部分是政略的范围,至少要在御前才能决定,需要强迫执行适当的方针"。③ 通过御前会议来统一政略和战略方针的构想是高松宫的个人看法,还是军令部的议论,虽然并不明确,但仍然反映出当时在政治决策方面难以决定统一方针,从而导致陆军统帅部出现混乱的情况。同时,高松宫还明确指出:"因为是为了陆军,所以陆军统帅应在背后,恰当地根据陛下的想法实行统率。"④ 从而,一语道破御前会议的实质。

为了实现政战两略的统合,昭和天皇以卢沟桥事变的爆发为契机,再次提出召开御前会议的想法。我们可以从1937年11月11日内大臣汤浅仓平向原田熊雄转述天皇意见的谈话中窥得端倪。当时天皇问汤浅:"战况发展至今,万一对方先提出讲和,我们这边却没有什么准备。我们是否必须要做一些决定。为此,我想对总理说开启御前会议的准备如何?现在我所看到的是没有任何准备,并且也没有准备召开御前会议的计划,因此今天开始是否必须要做个计划,我想问这个问题,如何?"⑤ 这时,汤浅对由天皇来领导一事委婉地表示担忧,回答说:"此等重大事情,从前都要先听听

---

① 『昭和天皇実録』第7巻、360-361頁。
② 山田朗『昭和天皇の戦争——「昭和天皇実録」に残されたこと・消されたこと』岩波書店、2017、103頁。
③ 高松宮宣仁親王『高松宮日記』第2巻、中央公論社、1995、518頁。
④ 高松宮宣仁親王『高松宮日記』第2巻、518頁。
⑤ 原田熊雄『西園寺公と政局』第6巻、岩波書店、1951、136-137頁。

元老（西园寺公望）的意见，先咨询元老，再问问总理如何？"①

在这个问题上，西园寺再次坚持自己的一贯主张，认为不能由天皇主动提出召开御前会议。西园寺反复强调"无论如何都不能损害君权"，② 不要让天皇走到前台，天皇的发言不能原封不动地作为政策。九一八事变爆发后，西园寺也是反对召开御前会议，认为如果御前会议的决定不能实行的话会"有损陛下的圣德"。因此，这次也出于同样的考虑，主张不到万不得已不能召开。但是，和六年前不同，此时西园寺已无法压制"御前会议召开论"，这也反映出当时这种主张的扩大。

在昭和天皇多次主动建议之下，御前会议最终以天皇莅临大本营政府联席会议的形式实现。在侵华战争的决策过程中，御前会议负责行使属于天皇大权的战争指导和宣战讲和的全部决策，可谓意义重大。从体制上看，随着大本营与御前会议的出现，近代天皇制在一定程度上突破了《明治宪法》的约束，开始走向专制。

二 天皇对卢沟桥事变的认识

卢沟桥事变发生后，昭和天皇为了统合政战两略要求召开御前会议，意图积极打开局面。自始至终，昭和天皇都是侵华战争的扩大论者。虽然《实录》中很少提及天皇积极督战的一面，更多强调天皇的慎重态度，但实际上，天皇担心的只是在中国的扩张是否会引发苏联的干涉，其后来用来辩解的"对蒋妥协说"也是为了防备苏联的暂时妥协，他对中国的国民感情、抗日意识，则毫不关心。

（一）天皇认为"干岔子岛事件"是事变的起点

昭和天皇曾在 1940 年的一次发言中特意强调卢沟桥事变发生两周前"满"苏边境发生的"干岔子岛事件"。③ 干岔子岛事件是一场边境纠纷，

---

① 原田熊雄『西園寺公と政局』第 6 卷、137 頁。
② 原田熊雄『西園寺公と政局』第 6 卷、141 頁。
③ 山田朗『昭和天皇の戦争』岩波書店、2017、98 頁。

并不是很有名，但是却成为后来一系列事件爆发的伏笔，引发了不久后的"张鼓峰事件"①和"诺门坎事件"②。天皇认为这是卢沟桥事变最初的起点。

《实录》记载："1937年6月25日，侍从武官酒井康接受了天皇的问话，是关于19日发生在黑龙江干岔子岛及金阿穆河岛的苏联士兵非法入侵事件（即干岔子岛事件）。"③ 6月28日，天皇再次询问酒井"参谋总长就干岔子岛事件向关东军司令官的指示，以及事件发生后的状况"。当日，天皇让参谋总长（闲院宫）载仁亲王对关东军做出"停止攻击以及等待外交谈判的指示"。④ 29日，苏联外交人民委员李维诺夫表示对从干岔子岛、金阿穆河岛撤兵并恢复原状没有异议，日本方面也提议希望缓和事态。

干岔子岛位于中国黑龙江省北部逊克县奇克镇西黑龙江主流中国一侧。北面与苏联隔江相望，是"满洲国"北部的战略要地，由日本第一师团驻屯。根据日本方面的记载，1937年6月19日苏联士兵从干岔子岛等地登陆，尽管日本陆军中央部制止当地驻屯军采取行动，但6月30日当地的第一师团用速射炮击沉一艘、击伤一艘苏联炮艇（河川炮舰）。之后，7月2日，苏联撤回地面兵力和水上舰艇。⑤

据《实录》记载，这次炮击事件是在7月1日上报天皇的。当日，海军大臣米内光政向天皇上奏："我军在黑龙江上的苏满国境干岔子岛附近炮击非法侵入的苏联海军炮舰，导致击沉该舰艇的事件。"对此，天皇"询问对事件的预测，得到不会发展为战争的回答"。随后，军令部总长（伏见宫）博恭王拜谒，就该事件派遣海军舰船部队及其任务、行动等进行上奏。天皇也向总长"询问了关于事件的预测，他回答不会发展为战争，但估计会比较麻烦"。⑥ 天皇向海军大臣米内和军令部总长伏见宫都询问了对干岔子岛事件后续事态的预测，翌日，还向陆军大臣杉山元和参谋总长闲院宫

---

① 张鼓峰事件，亦称哈桑湖事件，1938年在东北中、苏边境发生的日军和苏军的军事冲突事件。
② 诺门坎事件，1939年5～9月在诺门坎地区发生的苏军和日军间的局部战争。
③ 『昭和天皇実録』第7巻、358頁。
④ 『昭和天皇実録』第7巻、359－360頁。
⑤ 防卫厅防卫研修所戦史室『戦史叢書27 関東軍1』朝雲新聞社、1969、329－336頁。
⑥ 『昭和天皇実録』第7巻、363頁。

询问了陆军对苏的战备状况，以及陆军对于和中国开战的预测。对此，参谋总长和陆军大臣回答："不用担忧陆军的对苏战备，万一和中国开战也能在短时间内解决。"①

在此，天皇不仅询问了苏联的动向，也询问了关于对华开战的情况，这一点非常重要。这说明天皇已经考虑到，日本推进"华北分离工作"有可能会导致日中战争的爆发。天皇对干岔子岛事件的询问仅仅是个借口，其真正的意图在于处理与中国之间的对立。这也印证了《木户幸一日记》中1940年7月11日的内容，天皇对内大臣木户幸一讲："在卢沟桥事变发生之前，我就认为和支那②最终必有一战，但是另一方面又必须防备苏维埃，那样的话就只能和支那暂时妥协。实际上，干岔子岛问题发生那会儿，我就召见总长官（闲院宫载仁）和陆相（杉山元）问过这一点。"③

（二）天皇的关注点是防范苏联与平衡军政关系

《实录》记载，卢沟桥事变爆发前的1937年7月5日，天皇一家前往叶山御用邸避暑，接连几日几乎都在海边度过。6日，参谋总长闲院宫发来书面报告，日苏两国政府正在就干岔子岛事件进行外交谈判，苏联正在从争议地区撤兵，并且参谋本部已经指示关东军应遵照外交谈判的结果行事。④

卢沟桥事变发生的次日，天皇得到有关事变情况的上奏，并进一步向武官长询问了此事。⑤ 天皇得知日中两军发生冲突后，取消了9日前往鲛岛方面采集生物标本和午餐的计划，并先后召见参谋总长载仁亲王及首相近卫文麿。《实录》记载："7月9日下午2点19分，参谋总长载仁亲王向天皇上奏，为防止北支日中两军冲突事件的扩大，昨日已对支那驻屯军司令官指示避免行使武力。2点55分，内阁总理大臣近卫文麿拜谒，约一个小

---

① 『昭和天皇実録』第7巻、365頁。
② 出于忠实原著和史料原貌的考虑，本文对于原著和所引日文资料中与中国有关的人名、地名等，一部分采用了旧称。特别是日文资料中诸如"支那""满洲国"等有悖中国历史、有损中国人民感情的歧视性表述，出于同样考虑，维持了原状。
③ 木户日记研究会『木戸幸一日記』下巻、東京大学出版会、1966、802頁。
④ 『昭和天皇実録』第7巻、367頁。
⑤ 『昭和天皇実録』第7巻、368頁。

时，上奏事件的原因、经过、阁议决定对事件采取不扩大的方针等。另外，这日黎明，根据当地和解停战谈判的结果，两军一起退出卢沟桥冲突现场。然而到翌日 10 日傍晚，两军在龙王庙附近再起冲突。"①

卢沟桥事变爆发后，天皇的关注点首先是苏联。根据《西园寺公与政局》，内大臣汤浅仓平曾对西园寺公望的秘书原田熊雄这样讲：

> 我听说（7 月）11 日陛下召见了参谋总长闲院宫载仁，便立刻拜谒，问道："在召见参谋总长前，先见见总理如何？"陛下说："满洲事变时，因为先见了总理，但之后陆军却以统帅权为由找了总理麻烦，所以这次我想稍后再召见近卫（文麿）。"因此，先召见了参谋总长。陛下问参谋总长："如果苏联从背后攻击的话，怎么办？"闲院宫回答："我想陆军会回击的。"陛下又问："那不过是陆军的武断。万一苏联发动了攻击，怎么办呢？"闲院宫只是说："那没有办法。"昭和天皇对此回答似乎非常不满意。②

天皇虽然已经预测到和中国不可避免地会有一战，但在如何使国务和统帅一致这个问题上比较苦恼。为了避免被批判"侵犯统帅权"，他先召见参谋总长，然后才召见总理大臣，根据统帅部上奏的内容再询问总理大臣的意见，并保留自己的决定，这些都体现在天皇的言行中。③

尽管内大臣汤浅进言有必要先和总理大臣近卫文麿确认一下政府的对策方针，但是昭和天皇从重视统帅权的立场出发，首先向参谋总长闲院宫载仁亲王询问了目前的状况，并对苏联有可能介入表示担忧。《实录》中是这样记述的："7 月 11 日上午 9 点 35 分，内大臣汤浅仓平拜谒。关于参谋总长希望就昨夜日中两军再次冲突而拜谒天皇一事，内大臣进言，向中国北部派兵是日本和支那的交战，但恐怕会引发日本对支那、苏联的战争。当时，天皇说，由于陆军有可能像满洲事变爆发后那样搬出干涉统帅权的

---

① 『昭和天皇実録』第 7 卷、368 – 369 頁。
② 原田熊雄『西園寺公と政局』第 6 卷、29 – 31 頁。
③ 山田朗『昭和天皇の戦争』100 – 101 頁。

说辞来，因而在参谋总长上奏后才召见总理，然后根据参谋总长的上奏内容再听取总理的意见，保留裁可。11点25分，参谋总长载仁亲王拜谒，上奏了昨夜日中两军冲突事件的状况及事件对策。对此，陛下询问了万一苏联行使武力应采取怎样的措施。"① 天皇在确认总理大臣的见解和方针之前，先听取参谋总长的上奏，从而避免被批评"干涉统帅权"，这一点与《西园寺公与政局》的记述是一致的。《实录》还增加了天皇根据军部的上奏内容咨询总理意见而保留裁可的内容，避免了裁可热河作战时的尴尬。②

（三）天皇"对蒋妥协说"的考证

天皇对中国究竟是怎么认识的呢？在《昭和天皇独白录》中，关于日本对华全面战争爆发前的状况是这样阐述的："十二年初夏间，……日支关系处于一触即发的状况，我设法与蒋介石和解，把杉山［元］陆军大臣和闲院宫参谋总长叫来了。正好那个时候在北满国境发生了干岔子岛事件，对外假称是为这件事情把他们召来的，而实际上是为了听取对支意见才把他们召来的。如果陆军的意见与我相同，我打算跟近卫说，让他与蒋介石妥协。因为我认为满洲是乡下，发生事件也没有什么大的影响，但如果是在天津、北京发生，英美的干涉一定会变得名正言顺，彼此有可能发生冲突。当时，参谋本部事实上由石原莞尔掌管。参谋总长和陆军大臣对将来的预测是：如果在天津给予一击，事件一个月内就会结束。因此我心中明白了他们与我的意见不一样。尽管很遗憾，但还是没有提起妥协的事情。就在这样的危机时刻发生了卢沟桥事件。我不认为那是由支那方面挑起的，而认为是由不足道的纠纷引发的。"③

天皇回忆当时为了避免与英美冲突曾想过和蒋介石妥协，但恰值卢沟桥事变爆发。然而，这和天皇自己所说的有关日中战争的内容存在相当大的差异。如前所述，天皇曾对木户说过他认为和中国必有一战。并且，根

---

① 『昭和天皇実録』第7巻、369-370頁。
② 在向热河发动进攻的问题上，统帅部事前没有与内阁暗中沟通好，就将问题直接拿到天皇面前，导致天皇在政府确定意向之前，裁可"热河作战"，从而陷入难以收回命令的窘况。
③ 寺崎英成編集『昭和天皇独白録』文藝春秋、1991、35-36頁。

据木户日记,在卢沟桥事变发生前,昭和天皇召见内大臣汤浅时就说过:"华北问题中央化①,已成必然,若是如此,宁可先打。"②

通过上述资料可以看出,天皇已经判断到和中国的战争不可避免,并且还是最担心苏联的动向。《昭和天皇独白录》中所记载的和蒋介石的"妥协"也是为了防备苏联的暂时妥协。从《实录》、《西园寺公与政局》以及全面侵华战争时期天皇的发言记录来看,对蒋介石"妥协"这一说法并不成立,《昭和天皇独白录》中的记述和史实存在较大出入,看来只是天皇后来的辩解之词。

实际上,卢沟桥事变的发生与扩大侵华战争绝非偶然,是日本长期计划和准备的结果。事变发生前的1936年4月17日,昭和天皇批准向日本的中国驻屯军增派士兵至5774人,人数几乎是原来驻军的3倍,不仅在丰台建立基地,还经常进行非常激烈的实战演习。③ 这次增兵成为卢沟桥事变的直接原因。此外,日本在事变前一年已经制定了占领华北和上海的《帝国军队的用兵纲领》以及《1937年度对华作战计划》,可谓处心积虑。加之,日本在外交方面,联合德国牵制苏联,为发动全面侵华战争创造条件。可以说,全面侵华战争是日本长期以来对华政策的必然结果,是天皇批准增兵、用兵、作战计划实施的必然结果。

三 天皇对卢沟桥事变的应对

日本的中国驻屯军与中国守军的战斗一直持续到7月10日,此间双方进行谈判,11日达成了停战协定。就在这一天上午,天皇召见侍从长百武三郎,由于华北方面的紧迫军情,准备返回宫城。当日下午,天皇听取并批准了关于派兵华北的决议。《实录》记载:"11日下午5点41分,首相近卫上奏,下午的临时阁议决定,在不扩大事态、现地解决的前提下向北支派兵。6点19分,陆军大臣杉山元拜谒,上奏关于北支派兵一事。7点28

---

① "中央化"是指地方领导人的权威对中央的依赖程度,基本等同于蒋介石与各地方实力派的派系博弈。
② 『木戸幸一日記』上巻、575頁。
③ 江口圭一『十五年戦争小史』青木書店、1991、108頁。

分，军令部总长博恭王拜谒，上奏关于编制海军特设联合航空队等海军作战事项。紧接着，参谋总长载仁亲王再次拜谒，上奏紧急动员朝鲜军属下的第二十师团，将该师团与关东军司令官属下部队的一部分兵力派遣至北支。另外当日5点30分，政府将这次北支发生的事件称为'北支事变'，并于6点25分，发表关于派兵北支的帝国方针。"①

根据防卫厅的《战史丛书》记载，当日近卫首相就派兵一事上奏后，得到天皇的裁可。参谋总长以及陆军大臣随后获得天皇批准的"临参命第56号"和"临参命第57号"。第56号是命令关东军派遣独立混成第一旅团、独立混成第十一旅团、飞行集团的一部以及其他部队迅速前往华北，令其隶属于中国驻屯军司令官之下。第57号是命令朝鲜军迅速派遣第二十师团到华北，隶属于中国驻屯军司令官之下。这些命令由参谋总长分别传达。②

天皇作为大元帅，对军队和舰队下达的命令，一般由两总长上奏获得天皇"允裁"（即批准）后，以"奉旨宣颁"的形式向下传达。卢沟桥事变后，所有军队出动和任务的相关命令都采用天皇批准后的"奉旨宣颁"的形式。

12日，天皇从叶山返回宫城。13日晚上7点38分，参谋总长闲院宫和陆相杉山元向天皇上奏有关卢沟桥事变的处理方针："陆军不扩大局面，坚持现地解决的方针，极力回避陷入全面战争，并监督陆军实施11日现地两军代表间签订的解决方案，内地部队的动员暂时视情况而定，但如果支那在现地解决时没有显示出诚意，又或者中央军队企图北上进攻时，将可果断决定等。"③

接下来的几日，天皇陆续听取并批准了有关增兵的汇报。在这一过程中，天皇非常谨慎地确认了政府和参谋本部之间意见的一致性，努力协调政战两略。《实录》记载："7月15日上午8点30分，参谋总长向天皇上奏

---

① 『昭和天皇実録』第7巻、370頁。
② 防衛庁防衛研修所戦史室『戦史叢書86 支那事変陸軍作戦1』朝雲新聞社、1975、167－168頁。
③ 『昭和天皇実録』第7巻、372頁。

因北支事变编成临时航空兵团以及满洲派遣命令等。天皇召见侍从长百武三郎，命令其确认政府是否了解参谋总长的上奏。不久，侍从长奉答阁议已经通过决定。"①

紧接着，天皇于 16 日接见了准备出征的航空兵团长德川好敏（男爵），17 日听取了陆军关于完成第二十师团紧急动员工作的汇报。在此期间，天皇停止了长久以来的生物学研究，专注于事变的进展。天皇的注意力主要集中在避免对苏、对英美战争，而从未有过放弃自明治天皇时期以来通过甲午战争、日俄战争而取得的"满蒙权益"，以及之后在中国取得既得权益的想法。也因为这一顽固的对华认识，天皇无视中国因民族自决而结成抗日民族统一战线的趋势，依然不断批准扩大武力，完全没有要终止陆海军作战的任何思考。

根据《实录》记载，1937 年 7 月 20 日，天皇从外相广田弘毅那里得知，当地军队与宋哲元军队达成停战协定，但国民政府对此予以拒绝，因卢沟桥方面两军再度发生战斗，故决定再动员三个师团前往中国。②

《实录》记载，从 21 日至 25 日，陆相杉山及参谋总长闲院宫向天皇汇报，因与宋哲元军继续进行交涉以及形势趋于缓和，暂时停止派兵。天皇问杉山：今后如果国民政府接受日本的解决条件，我方该怎样做？杉山回答：将不派兵。之后，由于 25 日在北平近郊廊坊、27 日在北平广安门，中日两军再起冲突，天皇同意解除日本在中国驻屯军的兵力限制，继续批准派兵。③ 这一段记载将天皇描绘为：他是希望和平的，只是迫于战场形势才继续派兵的。实际上，在华北和南京两地进行中日谈判之时，日本援军早已源源不断地开抵华北，并以无理的最后通牒的方式，蓄意挑衅中国军队，以扩大战争。

陆军省和近卫内阁派出大军，当时并未预料到会长期陷入中国战场，而是从当时的政治策略上来看，认为派出大军奋力一击，就可以迫使中国屈服，实现分离华北的目标。这种想法与长期形成的对中国的蔑视、对西

---

① 『昭和天皇実録』第 7 卷、373 頁。
② 『昭和天皇実録』第 7 卷、375 頁。
③ 『昭和天皇実録』第 7 卷、375 – 379 頁。

安事变以来中国抗日形势的误判密切相关。

7月27日，天皇批准向华北派兵，《实录》原文为："上午9点35分，陆军大臣杉山元拜谒，上奏因廊坊、广安门事件的发生，北支事态急转，请求动员第五、第六、第十、第二十各师团及其他兵力。10点36分，参谋总长载仁亲王拜谒，上奏请求批准，上述各师团的动员命令、关东军属下的部分部队及其他北支增派命令、支那驻屯军司令官的任务命令等。另外，这日，帝国政府发表声明，称我军在北支采取自卫行动是不得已而为之。"①

当日，天皇还接见了军令部总长博恭王，听取了关于海战要务令续编的商定报告。28日，海军大臣米内光政向天皇上奏因华北事变的形势而在华中、华南配备海军的状况。之后，博恭王拜谒天皇，请求增加海军兵力以及向联合舰队司令长官永野修身等发布命令。当日晚上10点，经天皇批准，军令部总长向联合舰队司令长官发出"大海令第一号"："帝国决定向北支派兵，在平津地区膺惩支那军，确保该地区各要地的稳定。"②

当日，准备就绪的日军向中国第二十九军发起全面进攻，宋哲元见战争已在所难免，唯令全军抵抗，卢沟桥事变遂演变为中日战争。在这一过程中，不断增兵是导致事件扩大的直接原因。而有关增兵的命令，是天皇在事前接受参谋总长的说明并理解后正式批准的。也就是说，天皇是自主地召见参谋总长，在反复确认和苏联的关系后，决定向中国增兵的，是基于主体意志决定对中国开战的。

结　语

"二二六事件"后，日本国内领导层势力与人事状况发生剧烈变化，导致天皇可以依靠的势力选择变得极其有限。原本的立宪政治已经难以发挥作用，取而代之的是军部政治势力的上升。昭和天皇为了提升自身权威，实质性地突破《明治宪法》下国务大臣的辅弼方式，以召开御前会议的形

---

① 『昭和天皇実録』第7巻、379-380頁。
② 『昭和天皇実録』第7巻、381-382頁。

式走向政治前台。近卫组阁后,更是不再有领导人以进行政治体制重组、促成日中停战及避免日英美战争为目标。① 这一连串的政治剧变成为日本扩大对外军事侵略的内在原因。

结合《实录》和相关史料的记载,大致可以确定:卢沟桥事变发生之前,昭和天皇已经预判到会与中国开战。但与九一八事变的事前预谋不同,卢沟桥事变是在日军不断增兵的情况下频繁制造冲突所引发的。昭和天皇在事变发生前与事变发生后,最为担忧的,不是与中国开战,而是防备苏联。苏联的崛起令日本产生危机感,日本经过多次试探,确认苏联不会出兵,遂掀起了全面侵华战争。这是因为相对于代价昂贵的战争,国家并不需要担忧如何避免廉价战争。因此,国家越以为战争廉价,就越可能选择战争,从而介入引发战争风险的危机中,并且在危机中采取冒战争风险的立场。②

《实录》中关于卢沟桥事变爆发后的记录将天皇刻意书写成"和平主义者",只是迫于战场形势才继续派兵,淡化天皇在天皇制权威结构中的作用。通过史料比对可知,昭和天皇是在反复确认对苏战备状况并得到对中国开战的乐观预测后,才决定增兵、对中国开战的,并非形势所迫。并且,在这一决策过程中,天皇和他的军队领导层持有错误的乐观主义,他们过于蔑视中国的军事能力,并由此产生了错误的战胜希望。这种错觉使他们一面回避惹上强大的苏联,一面幻想趁机迅速击败中国。昭和天皇则在其中扮演了冒险的机会主义者的角色,而非"和平主义者"。

发动战争的历史罪责,无法也不能通过美化史料来逃脱。日本政府竭尽全力地妄图通过《实录》达到淡化天皇战争责任的目的,但历史不容篡改,天皇作为国家最高统帅,对日本发动全面侵华战争负有不可推卸的责任。

---

① 坂野润治:《日本近代史》,杨汀、刘华译,新华出版社,2020,第444页。
② 斯蒂芬·范·埃弗拉:《战争的原因:权力与冲突的根源》,何曜译,上海人民出版社,2007,第18页。

战乎和乎：全面侵华战争初期近卫内阁的战略抉择

殷志强[*]

卢沟桥事变之后，中日双方都曾试图控制局面，但最终战争局势在近卫内阁与军方的各种操控下不断失控，演化为旷日持久的全面战争。究其原因，涉及中日两国在作战初期的战略构想、对局势的研判、围绕事变走向的各方博弈等诸多因素。而其中的核心问题在于日本的高层决策体制以及军政之间的利益纠葛。自古以来便没有无休止的战争，事变发生即意味着终有一天需要有人来出面终结。而问题的争议在于，究竟何时解决，以及以何种方式去解决。这是事关中日两国乃至东亚前途命运的重大问题。因此，自战争之初，战和问题就成为日本高层决策所无法回避的重要问题。以往学界已经对军政关系等问题做出深入探讨，[①] 本文将结合中日双方已有的研究成果，集中分析第一次近卫内阁的政治决策过程所存在的问题，对战争扩大化、陶德曼和谈等重大问题中日本政府的政治责任进行再探讨。

---

[*] 殷志强，首都师范大学历史学院讲师。
[①] 代表性的研究成果如：歴史学研究会編『太平洋戦争史 3』（青木書店、1972），秦郁彦『日中戦争史』（原書房、1979），安井三吉『柳条湖事件から盧溝橋事変へ』，芳井研一『難民たちの日中戦争』（吉川弘文館、2020），江口圭一『十五年戦争小史』新版（青木書店、1991），『日本帝国主義史研究』（青木書店、1998），吉田裕『天皇の軍隊と南京事件：もうひとつの日中戦争史』（青木書店、1986），加藤阳子『戦争の日本近現代史』（講談社、2002），张皓《近卫文麿与七七事变的发生与扩大》，《历史教学问题》（2015 年第 5 期），黄自进《迈向和解之路—中日战争的再检讨》，（稻香出版社、2019），臧运祜《日本侵华战争的决策体系与政策》[《北京大学学报》（哲学社会科学版）2020 年第 5 期]等。

一 围绕向中国派兵问题的争议

卢沟桥事变之后，不管是中国政府还是日本政府都宣称不希望扩大战争，而事实上双方也在为局部处理进行包括外交交涉、军队调遣乃至军事行动在内的各种或明或暗的斗争。尤其是近卫本人，一直强调坚持"不扩大方针"，希望事态尽快得以妥善解决。但是，事态仍然在争议中不断扩大，战火从卢沟桥蔓延到平津乃至整个华北地区，又延至上海、南京乃至武汉、广州。那么，事态扩大过程中，中日双方进行了哪些应对乃至相互博弈？导致事态扩大的关键点究竟为何？参与各方，尤其是近卫内阁应该承担何种责任？关于卢沟桥事变发生后日本政府的态度与相关应对，1938年6月，日本外务省东亚局第一课所编写的《日支事变处理经过》对此发展脉络有着较为清晰的记录。主要分成甲、乙两个部分，其中甲为"北支事变发生与帝国政府之方针"，乙为"与北支事件相关之南京交涉"。本节基于这些基本档案，并结合日本学界的研究成果对此进行进一步分析。

（一）近卫内阁的最初选择

1937年7月7日夜卢沟桥事变发生之后，消息很快传到东京。据风见章日记，他在接到卢沟桥事变的消息后，立刻意识到此事非同小可，在获悉停战协定未能达成后，立刻致电近卫，认为此事不能轻视。[①] 此后，又向近卫提出"内阁成员禁足令"[②]。7月9日，日本政府召开临时内阁会议，陆军大臣杉山元就事变以来的情况进行说明之后，提出从日本本土向中国派遣三个师团（约6万人）的请求并要求经费开支。但是外相广田弘毅与海相米内光政坚持不扩大与现地解决的方针，表示了反对意见。虽然杉山再三坚持，但是米内依然认为派兵会有导致事态扩大甚至发展为全面战争的危险，因此主张基于现状而言尚无派兵之必要，若情势突变，则可以再

[①] 北河賢三など編『風見章日記・関係資料』みすず書房、2008、58頁。
[②] 即禁止内阁成员私自外出。值得吟味的是杉山陆相当时认为禁足令毫无必要，打电话给风见要求取消，这被认为是杉山对事变重要性认识不足的表现。

次召开内阁会议讨论是否派兵。① 最终，内阁同意了米内的意见，并决定了如下方针：②

（1）本次事变完全是基于支那方面的不法行为。
（2）我方坚持事件不扩大方针。
（3）希望通过支那方面的反省，事态得以圆满解决。
（4）如果发现支那方面因不愿反省而出现令人忧虑的事态之危险，则应该果断采取适宜之措施。
（5）各阁僚要做好准备，随时应对临时内阁会议的召集。

虽然，这只是事变发生后日本内阁的临时性紧急应对，但从中可以窥见日本政府的基本态度：在没有任何事实依据、未经详细调查的情况下，单方面将事变的原因归于中方，全然不顾本国军队在对方国土挑衅之事实。此外，尽管提出"不扩大方针"，但同时也为事态扩大设置了前提，特别是第四条，虽然没有明示何为"适宜"之措施，但实际也为后来事态扩大埋下了隐患。

（二）扩大与不扩大

关于如何处理事变，日本陆军分成"扩大派"与"不扩大派"两派，这是日本学界经常讨论的话题。一般认为，参谋本部的作战课（课长武藤章）、"支那课"（课长永津佐比重）以及陆军省军事课（课长田中新一）等持强硬立场，主张急速派兵，试图通过对中国狠狠一击来解决事态；计划首先向中国派遣三个师团，企图通过武力威胁来让中国屈服，利用这一事件将华北变成第二个"满洲国"。与此相对，参谋本部作战部部长石原莞尔、战争指导课（课长河边虎四郎）及陆军省的军务课（课长柴山兼四郎）

---

① 黄自进主编《迈向和解之路——中日战争的再检讨》，台北，稻香出版社，2019，第205页。
② 東亜局第一課「日支事変処理経過」、JACAR（アジア歴史資料センター）Ref. B02030510700（第0170画像目から）、『支那事変関係一件　第一巻』（A1.1.0）（外務省外交史料館）。

持慎重论。他们认为必须专心对苏备战,应尽可能避免与中国之间的战争。因此,在 7 月 8 日傍晚暂且决定"不扩大方针",并将此旨意作为参谋总长之指示,电报中国驻屯军。① 不过,与此同时,也开始着手应对事态扩大的派兵准备。

当时参谋本部中,总长闲院宫是皇族军人中的最长者,参谋次长今井清、第二部部长渡久雄均卧病在床(7 月 23 日本间少将代替渡久雄,8 月 14 日多田骏中将代替今井),无法处理日常事务,因此,作为参谋本部之中枢的第一部部长石原莞尔事实上承担着参谋总长的职责。再考虑其以往之声望,在派兵问题上可以认为石原的判断与意见有极大的影响力。但是,正如后来石原所悔悟的那样,"在军部内欠缺统制的德与力",在参谋本部内,石原并非能够完全发挥其统制力,虽然第一部第二课(负责战争指导)从新国防方针的立场支持石原的意见,强调反对派兵,但是第三课(负责编成、动员、作战)公然反对石原,主张应该尽早派兵对中国加以一击,为此,与现地军相互勾连以图扩大纷争。②

对此,近卫也在手记中这样描述:"余后来问石原君,为何你作为部长提倡不扩大方针,政府也采取与此相应之行动,但却事与愿违,迈向了扩大之一途呢?石原君回答,自己也被骗了,本应该彻底执行的不扩大命令也总是被背叛,被那些表面上赞成,背后却策划扩大的两面三刀的家伙摆了一道。"③ 此外,根据田中隆吉的回忆,当时石原致力于"不扩大方针",甚至要求丰台附近的牟田口连队撤退到通州附近。但是,石原一要求"不扩大",统制派的少壮派军人便立即联络天津军的少壮参谋,要求彻底膺惩。关东军参谋长东条也急派副参谋长今村与参谋富永恭次到东京,要求彻底膺惩。占据中央要职的武藤章、田中新一、岩畔豪雄亦与之沆瀣一气,而支援石原的只有参谋次长多田骏等少数几位。为此,事变发生后仅一个月,石原就被贬至"满洲"。④

---

① 今井清一『太平洋戦争史 2　日中戦争Ⅰ』青木書店、1972、300 頁。
② 秦郁彦『日中戦争史』河出書房新社、1972、239 頁。
③ 近衛文麿『平和への努力』日本電報通信社、1946、11 頁。
④ 矢部貞治『近衛文麿』弘文館、1953、400 頁。

在这样的语境之下，近卫与石原均被视为"和平的拥护者"，俨然成为被少壮派军人所耽误的"具有悲剧性色彩的英雄"。但是事实真的如此吗？要探讨这一问题，我们还有必要回到事变之现场来探寻蛛丝马迹。

（三）现地交涉与内阁派兵

在日本政府商讨应对之策的同时，现地部队之间的交涉也在紧张中不断推进。经过彻夜谈判，7月9日，张自忠表示接受"双方于清晨5时无条件停火，从永定河西岸撤退"。① 尽管在撤退过程中双方对于某些细节存在分歧，比如撤退过程中有炮击行为，日本对中方的监视，以及牟田口廉也于10日晚擅自攻击龙王庙，等等，但是参谋次长桥本群与第二十九军副军长依然努力就停战协定展开协商，基于"不扩大方针"的指示，日方向中方提出所谓解决问题的"三条件"：②

（1）第二十九军代表向日军道歉，且承诺惩处责任人，并保证将来不再发生类似事件。

（2）中国军队撤离卢沟桥城郭及龙王庙，只留下保安队维持治安。

（3）鉴于本事件在很大程度上源于所谓蓝衣社、共产党、其他抗日关系团体的指导，因此期待将来能采取措施彻底取缔。

与此同时，驻南京的武官大城户报告"蒋介石命令中央军的一部分北上华北"，一般认为，这是石原做出派兵决定的最大要因。③ 如果说此前当第三课提出派兵案时，石原还因对事态扩大有着强烈的担忧而反对，尽管他同时也忧心现地军与毫无防备的居留民面临被中国军队包围的危险，那么此时，石原内心的天平已经明显倒向了出兵一方。

---

① 黄自进主编《迈向和解之路——中日战争的再检讨》，第231页。

② 東亜局第一課「日支事変処理経過」JACAR（アジア歴史資料センター）Ref. B02030510700（第0171画像目から）『支那事変関係一件　第一巻』（A1.1.0）（外務省外交史料館）。

③ 秦郁彦『日中戦争史』239頁。

此外，10 日晚上 11 点，风见章接到军务课课长柴山兼四郎的电话，陆军入手了重大情报，因此建议连夜召开首脑会议，并希望于 11 日早上召开临时内阁会议。这一情报就是所谓"蒋介石派兵北上之消息"。接到电话后，风见立即致电近卫首相与内务大臣马场锳一汇报情况。当时广田外相正在周末旅行，直至早上 5 点才打通电话，并且接通电话之时，广田似乎对于发生的事情一无所知，气得风见在日记中大骂外务省当局的怠慢与无能，也批判陆军完全不联络外务当局的行为太奇怪。①

11 日上午 11 点，召开了由首相、外相、陆相、海相、藏相参加的五相会议，做出一致同意向中国派兵的决定。下午 2 点，日本政府召开紧急内阁会议，审议通过《陆军省阁议请议案》。其中，军方提出两个要求：（1）以事先准备的关东军及朝鲜军部队急遽增援中国驻屯军；（2）与此同时，要动员内地所有之部队并将其急派至中国华北地区。对此要求，近卫首相与广田外相没有任何反对，仅仅由海相米内光政提出了几点附加条件，诸如"今后也要坚持局面不扩大、现地解决之方针，不放弃和平交涉之希望……在达成让支那方面谢罪及做出今后之保障的情况下，当然应该迅速停止派兵"。②

此后，近卫前往拜见正在叶山行幸的天皇，上奏内阁决定，并得到天皇承认。③ 下午 5 点 30 分，日本政府正式将事变称为"北支事变"，6 时许，发布政府声明：此次事件完全是由于中国方面的"计划性武力抗日"，基于"北支治安之维持"考虑，对于日本与"满洲国"而言派兵都是有必要的，但"政府为了今后局面不扩大，不放弃和平交涉之希望，希望通过支那方面的迅速反省以求事态之圆满解决"。④

此外，为了获得各界支持，从叶山归来的近卫内阁主要成员连夜先后召集政界、工商界、媒体界代表前往首相官邸会面。首相近卫和书记官长

---

① 北河賢三など編『風見章日記・関係資料』58－59 頁。
② 東亜局第一課「日支事変処理経過」JACAR（アジア歴史資料センター）Ref. B02030510700（第 0171 画像目から）『支那事変関係一件　第一巻』（A1.1.0）（外務省外交史料館）。
③ 矢部貞治『近衛文麿』402 頁。
④「計画的の武力抗日の歴然」『東京朝日新聞』朝刊、1937 年 7 月 12 日。

风见亲自负责接待，请求各界支持和援助日本政府的决策，以表达"举国一致"的对外态度。据风见章日记，这是他亲自精心设计的，目的是获取各界代表的"白纸委任状"并统制舆论，抢在陆军行动之前争取内阁对外界的主导权。① 不过，江口圭一则对于近卫内阁的这一反常举动有着不同的看法。他认为："相对于柳条湖事件之中由于当地军队阴谋与独断而造成战争扩大，政府层面而言还是采取了不扩大方针。但是，此次卢沟桥事件中却正好相反，尽管在当地已经达成了停战协定，政府却依然以重大决议为基础匆忙决定向华北派兵，并试图构建举国一致的战争协力体制。"②

另一方面，在近卫内阁做出派兵决定之后，很快就传来了现地签订停战协定的消息。最终，内阁在召集各界代表会议后，又立即召开五相会议。米内光政质问派兵一事如何处理，杉山回应，关东军已经下达动员令，朝鲜军预定于次日清晨下令动员，日本本土部队动员则暂缓。③

就这样，日本政府最终决定先将关东军与朝鲜军一个师团派往华北，虽然内地三个师团的动员暂时搁置，但这注定将成为促使中日战争全面化的重要一环。

（四）对石原莞尔的历史评判

石原虽然在事变后提出"不扩大方针"，主张通过和平方式来解决争端，这一思路引起日本军政各界的分歧，客观上有利于为中日纷争的解决提供多种可能性，但是，他最终依然在所谓"保护现地军与居留民"的借口下，放弃了不扩大立场，同意对华北派兵案。

对此，秦郁彦认为，"日本政府11日的派兵申明给各方面带来的影响是极为深刻的，虽然不能断定避免派兵就能防止战争的扩大化，但是毫无疑问，这几乎毁掉了至全面战争为止各方面为和平解决而付出的所有努力"。④

---

① 北河賢三など編『風見章日記・関係資料』59 頁。
② 江口圭一『十五年戦争小史』青木書店、2002、122 頁。
③ 黄自进主编《迈向和解之路——中日战争的再检讨》，第 208 页。
④ 秦郁彦『日中戦争史』241－242 頁。

佐藤也认为，卢沟桥事变之后石原坚持不扩大方针，但是，他在尚有现地解决之希望时就陆续派兵。而且，曾经在柳条湖事件后一边申明不扩大方针一边让关东军不断扩大进攻的正是石原。石原虽然此时已经担任作战部部长，口中一直高唱不扩大，但内心却希望大干一场。即便在日本内部都有这样的感觉，毫无疑问，中国方面更会有这样的推测。①

对此，北冈伸一亦有同感。他认为那种将石原莞尔塑造成"悲剧"人物的看法实在有点夸大，理由有三：（1）石原所发动的"满洲事变"，最终破坏了日本的统率，示范了一个只要结果可以，那么就能任意动用军队的先例，对于以后的"下克上"，石原应该承担主要责任；（2）铃木贞一曾经阐述，石原也认为仅仅依靠"满洲"的资源是不够的，所以，他考虑可能的话将中国全部收入囊中；（3）石原在面对来自扩大派的攻击之时，居然连"现在与那时的国际环境不同，你们连这样的道理都不懂吗"这样的话都未能表达出来。故而，北冈认为，石原本身并不是什么悲剧人物，拥有石原这样的人物，对于日本来说才是一个悲剧。②

（五）近卫内阁与昭和天皇的政治责任

战前日本的政策决定究竟是由谁通过何种方式做出的？一般情况下，大家立刻会想到暴走的军部。战后，日本一直将军部作为"恶"的代表，指责其将日本带入悲惨的战争，这一看法几乎家喻户晓。不过，过度强调让军部来承担战争的责任，意味着忽视了其他政治势力的责任。战后相当多的日本人通过批判军部，试图将自己装扮成战争的受害者，并且玩弄所谓"一亿总忏悔"这样的礼貌性言论。不过，显而易见的是，对于军部的批判意味着模糊了其他更多政策决策者的战争责任。③

至于近卫在派兵问题上的责任问题，矢部曾经这样辩解："在陆军大臣现役武官制下，陆军大臣完全是超内阁的存在，（近卫）不过是将陆军部内的意见作为国策而已。在这样的背景下，事变爆发之后，陆军向内阁所提

---

① 佐藤賢了『大東亜戦争回顧録』徳間書店、1966、411 頁。
② 北岡伸一『日本の近代 5　政党から軍部へ』中央公論新社、1999、288 - 289 頁。
③ 森山優『日本はなぜ開戦に踏み切ったか』新潮選書、2012、13 頁。

出的为了保护居留民而派遣军队的意见,在这样的名目之下,作为首相是无法反对的。"① 原田在日记中也记载了近卫当时的心境:"这时候如果不答应陆军要求的话,陆相就会辞职,内阁就会倒台,自己辞职之后也肯定有别人来接手,所以只能自己承担责任。"秦郁彦认为,近卫的辩解充分显示出他在军部面前,作为一国之首相,放弃了政治的权威和责任,被无力感包围的软弱性格。②

另一方面,陆军认为派兵决定的责任应该由近卫首相或者内阁来承担。其理由是,在这种场合之下,就手续而言,从作战用兵的角度编制的统帅部原案,要经过陆军大臣的协议,得到承认后向内阁提出,内阁再从政略的角度加以研究并最终决定其可否,阁议决定的派兵责任应该主要由内阁承担。

7月11日通过内阁决议所做出的派兵决定,在形式上也经过了上述手续,但是对于陆军的原案只有海相提出了保留条件,然后在几乎不经讨论的情况下便获得通过。不仅几乎看不到日俄战争之前朝议的激烈争论,甚至与"满洲事变"时政府与陆军间的对立相比较,此时的内阁几乎采取放任不管、任由军部处置的态度,这一点尤其值得关注。

不仅是近卫,广田外相也失去了广田三原则交涉时的霸气,而是将外交大权拱手让给陆军,自己作壁上观,尽管在内阁会议之前东亚局局长石射提出了外务省事务当局的反对派兵意见,但是广田在会场一言不发,消极应对,这被认为是对石射的一种背叛。

接下来,对于下面这几点首相和内阁也难辞其咎。

第一,海军大臣在9日的内阁会议中反对陆军的出兵论,在11日的内阁会议上依然持反对意见,但是近卫作为首相,没有考虑利用海军在某种程度上抑制陆军。尽管根据《米内手记》,近卫在利用海军这一点上花费了不少心思,但是至少在11日派兵之际看不到这种努力。

第二,近卫不仅唯唯诺诺地承认派兵案,11日夜还召集言论界代表,

---

① 矢部贞治『近衛文麿』402頁。
② 秦郁彦『日中戦争史』242頁。

请求协助,而且将事变命名为"北支事变",采取措施故意刺激、渲染战争氛围。①

除此以外,裕仁天皇在派兵决定中也扮演着至关重要的角色。

7月11日,裕仁召见参谋总长闲院宫,问道:"如果苏联在后面支持的话会如何?"闲院宫回答:"在陆军看来应该没有。"裕仁追问:"这只是陆军的独断,万一苏联支持的话怎么办?"闲院宫回答:"那就没办法了。"为此,天皇非常不满。②而且,在是否派兵问题上,天皇先后两次召见参谋总长,一次召见军令部总长。可见,天皇是事先听取了参谋总长的意见,然后再做出正式允裁。也就是说,天皇自发地召见参谋总长,在询问了苏联是否干预的情况下,决定向中国派兵,这是基于主体性意志而做出的对中国作战的决意。那么,也可以认为,裕仁天皇亦是中日战争的扩大论者。他所关心的并非中国国民的感情以及对日抗战的意欲,而只是苏联的动向。③

二 中方对派兵案的反应与日方的反制措置

相对于日方将开战的责任全部强加于中方的做法,中国方面则表示完全是日本一手策划并不断升级事态。7月27日,当日军发动廊坊事变后,中国外交部发言人发表谈话,概述了近20天中国方面的艰难处境。"自本月七日夜,日军在卢沟桥无故向我驻军袭击以来,虽其责任完全不在我方,但我当局为愿全东亚和平,始终表示愿以外交方式谋适当之解决。我外交部部长曾迭次向日方正式提议,双方约定日期同时撤兵。……乃一周以来,日军不独毫无撤退模样,且日本国内及朝鲜各地仍续派大量队伍络绎向平津出动。二十(五)日晚间,无故向我廊坊驻军袭击,继之以飞机轰炸。二十六日复向我地方长官,提出无理要求,兼在北平四处挑衅。其蓄意扩大事态,别有企图,已昭然若揭。两旬以来,我方已尽和平最大之努力,

---

① 秦郁彦『日中戦争史』243頁。
② 原田熊雄『西園寺公と政局』第6巻、岩波書店、1951、30頁。
③ 藤原彰『昭和天皇の十五年戦争』青木書店、2007、89頁。

嗣后一切事态之责任，自应完全由日方负之。"①

这一谈话相比庐山谈话时蒋介石在依然保留和平希望的前提下所陈述的抗战决心而言，更能代表中方已被逼至绝境时所发出的最后警告与呐喊。对于蒋介石而言，只要和平的希望尚在，那就不要轻言战事，但最终依然被迫在庐山发出了"最后关头"之呼吁，并于平津战役后被迫全面应战。那么，全国抗战初期中方对于日方的派兵案究竟做何反应？而日方又是如何进行反制？在这一过程之中，中日对于彼此的战略意图是否存在误读？在日本派兵之后双方是否真的没有一点和平的机会？这是本节想要探讨的问题。

（一）蒋介石的最初反应

7月8日，人在庐山的蒋介石在接到宋哲元电报后，立刻下令"宛平城应固守勿退，并须全体动员，以备事态扩大，此间已准备随时增援矣"。在安抚军心的同时，命令何应钦北上，宋哲元返回保定指挥，并通知派遣四个师团进行增援。②他在当天的日记中写道："注意：一、倭寇在卢沟桥挑衅，甲、彼将乘我准备未完成之时，使我屈服乎。二、与宋哲元为难乎，使华北独立化乎。三、决心应战，此其实时乎。四、此时倭无与我开战之利。"③可见当时，蒋介石对于日本的战略意图琢磨不透，对于是否应战也尚未决心，并认为开战也不利于日本。

不过情况在7月9日发生微妙变化，蒋介石在通报各省后提出，"乘此冲突之机，对倭可否进一步要求其撤退丰台之倭兵，或取消冀东伪组织"，初次表达了利用此次事变让日兵从丰台撤退，进而解决冀东伪政权的构想。同时，继续表示要"积极运兵北上"。④之所以这样，可能是因为当天蒋介石接到报告，中日双方军队已撤离卢沟桥，而以石友三保安队接防了之。但是，情况在10日又急转直下，他在日记中记道："三、倭寇今又反攻卢沟桥，是其不达目的不止也。四、惟我已积极运兵北上，或可戢其野心，

---

① 《外交部发言人谈廊坊事件》，《抗战文献》，独立出版社，1938，第3～4页。
② 黄自进主编《迈向和解之路——中日战争的再检讨》，第240页。
③ 《蒋介石日记》，1937年7月8日，电子版，下同。原件藏斯坦福大学胡佛研究所。
④ 《蒋介石日记》，1937年7月9日。

我军已开始北上，彼或于明日停战乎。"

至此，蒋介石开始认为，此次事变可能不是小规模冲突，日本对于卢沟桥志在必得，唯有积极运兵北上，表达我方之抗战决心，方可对其形成制约，并乐观地估计，或许这样日本将会停战。黄自进亦在研究中认为，中央军北上，蕴含两层意蕴，一是声援，二是牵制。前者代表国民政府愿与华北当局共赴国难；后者则表达国土不可随意分裂，警示华北当局不得任意与日本军部擅自订立任何丧权辱国之协定。①

但是，如前所述，蒋介石的强硬表态不仅没有吓退日军，"派兵北上"的行动反而成为日本出兵增援的借口。石原最终做出派兵决定的重要原因，即"中央军北上"的消息。不过，这消息明显存在被夸大的可能。根据7月23日军令部调查，截止到11日，北上的部队只是驻扎在河南省北部的旧商震军之一部分约2000人，其他中央军的移动大部分在13日以后，一直延续到8月中旬，行动非常缓慢。② 实际上，到7月16日前后，中央军第二十九师、第三十一师部分援军才抵达保定，而第十师、第八十三师、第三军及第五十三军更是迟至18日才开进保定。③ 那么，这样看来，石原因为"万一之可能"而选择大动干戈，显然有小题大做之嫌。

此外，持反对派兵立场的第二课课长河边亦曾劝说石原，"派兵与部长过去所坚持的方针相矛盾"，并认为"中央军北上不过是你的映像，如果取消应急派兵，停止动员准备的话，那么映像也自然会消失"。④ 参谋次长今井此后也提出训诫："中央军之北上尚未确实，需要进一步查证。"位于天津的参谋长桥本也并未提出增援的要求。但是，石原并没有听取河边的进言，而是为了应对所谓的"万一之可能"，放弃了之前的危惧感，裁决了派兵案。对此，秦郁彦指摘道，连现地军都感觉没有必要的兵力增援，却通过上级司令部得以实施，这纯粹是"政略出兵"。⑤

---

① 黄自进主编《迈向和解之路——中日战争的再检讨》，第276页。
② 秦郁彦『日中戦争史』239页。
③ 黄自进主编《迈向和解之路——中日战争的再检讨》，第249页。
④ 秦郁彦『日中戦争史』239页。
⑤ 秦郁彦『日中戦争史』240-241页。

（二）对于日本出兵的反应

7月11日，对于日本内阁决定出兵的情报，蒋介石显然有着较好的掌握。"一，倭政府态度坚强，表示作战。故倭王由叶山避暑回东京，与近卫内阁上奏之类，以及准备两师开动与关东军入关等之形势。以余观之，皆为内虚中干之表示也。二，本日倭又反攻不止，是其非克卢沟桥不止之表现，然而其结果必暴露其失败无能之弱点而已。"① 这里，蒋介石观察到了日本政府态度坚决，准备开动两个师入关等动态，但是，他并没有被这种军事讹诈所吓倒，反而认为这是日本内虚中干之表现。

7月12日，日本各媒体一同报道向华北派兵的政府声明，极大地刺激了国民的战意。而且，由于陆军省新闻班的干预，像中止内地派兵以及停战协定成立这样的新闻完全没有见诸报端，因此，包含中国在内的各国以及日本国民，一般都认为日本政府决定对中国展开大规模的军事行动。尤其是，对日本陆军抱有强烈不信任感的中国官民，判断迄今为止不断以武力进行威胁的日本，这一次终于要对华北采取具体性侵略行动，必须紧急着手进行应战准备。这又会反过来进一步强化日本及中国的强硬派势力，尤其是，刺激了第二十九军将士的积极性乃至自弃性抗战论，从而抹杀了纷争局地化的可能性。② 秦郁彦的这一判断，在具体事情上比较准确，但是在心理上与蒋介石的描述略有差异。

日本驻南京大使馆参事官在事变发生之后屡次体会政府之方针，与南京政府之间持续交涉。7月12日，该参事官会见国民政府外交部部长王宠惠，传达日本政府的最新指示。对此，王部长表示：中国方面没有扩大事件的意思，然而日方不仅出动关东军与朝鲜军，而且从日本内地派出师团，这与以上不扩大之旨趣不一致。因此，他极力主张：(1) 双方军队都返回原驻地；(2) 双方均不再增援新的部队。③

---

① 《蒋介石日记》，1937年7月11日。
② 秦郁彦『日中戦争史』241頁。
③ 東亜局第一課「日支事変処理経過」JACAR（アジア歴史資料センター）Ref. B02030510700（第0172画像目から）『支那事変関係一件　第一巻』（A1.1.0）（外務省外交史料館）。

蒋介石在13日的日记中也提到："动员全国政党与产业宣言，拥护其内阁，表示其外强中干之态度，但势必扩大，不能避战矣。"① 虽然认为战事势必扩大，已无法避免，但是再次提及日本的"外强中干"。

就在同一天，香月清司中将取代病重的田代，开始主持现地交涉。香月被认为是强硬论的代表。他当时认为，"支那驻屯军应该在第一次动员的基础上，尽快完成能够一举消灭二十九军的战略性基础配置，并随时开始作战行动，预计在20日前后完成"。② 同时，他还向中国提出交涉的七项具体要求。③

7月13日上午10点，参谋本部以第二课名义发布了"关于中央应该采取措置的意见"，提出两个重要方针：第一，内地动员暂时延期，采取既定现地解决方针；第二，为了保障停止排日而提出让中国军队从北平城撤退（天津军幕僚之意见）这样的过高要求不仅违反此时的一般方针，而且等同于要扩大事件。总而言之，要指导天津军按照既定方针推进（要尽速处置）。④

同日晚8时，陆军中央部召开了首脑会议，通过《北支事变处理方针》，做出如下指示：

（1）陆军今后坚持局面不扩大的现地解决方针，极力回避陷入全面性战争之类的行动。为此，认可向第二十九军代表提出的，并于11日8时签订的解决条件，对此要监视其实行。内地部队的动员暂时要根据状况的变化来决定。

（2）然而，在支那方面无视前项之解决条件并在实行方面未能显

---

① 《蒋介石日记》，1937年7月13日。
② 秦郁彦『日中戦争史』205頁。
③ （1）共产党策动的彻底镇压；（2）排日要人的罢免；（3）排日性中央系各机关从冀察撤离；（4）排日团体即蓝衣社、CC团等从冀察撤离；（5）排日言论及宣传机关，学生、民众的派日策动之取缔；（6）学校、军队等中排日教育之取缔；（7）北平的警备将来交给公安，不在城内驻屯军队。
④ 稲葉正夫など編『太平洋戦争への道―開戦外交史』別巻　資料編、朝日新聞社、1988、257頁。

示诚意的场合下,或者在南京中央政府陡然令中央军北上企图采取攻势的场合下,则断然做出决意。但是这种情况下支那驻屯军要事先得到中央部的承认。①

由此可知,日方的基本态度是采取暂时不扩大方针,内地部队之动员亦暂时视情况而定,根据中国方面的对应采取断然之措施。

(三) 下定决心,抗战到底

面对日方的压力,蒋介石没有太大的动摇。他在16日的日记中再次提出,"倭寇既备大战,则其权在倭王,若我宣言能感动彼倭,或可转危为安,是较之平时,权在下级与前哨者当易为力乎。其次,卢案已经发动十日,而彼倭仍徘徊威胁,未敢正式宣战,是其无意激战,志在不战而屈这一点,此其外强中干之暴露也。若果不能避免战争,则余之宣言发亦无害,故发表为有利也"。蒋认为,日本的战而不宣只是一种谋略,即通过局部的小规模战争,辅以大规模兵力动员,达到让中国不战而屈之目的。至少到7月26日为止,蒋介石没有从这种认识中出来。

7月17日记道:"倭寇使用不战而屈人之惯技,暴露无余,我必以战而不屈之决心待之,或可制彼凶暴,消弭战祸乎。"② 在蒋看来,对付战略讹诈的手段,只能表示出抵抗到底的决心,即以必胜之抗战决心应对极限施压,可以谓之精神的较量。这也意味着,此前日军对中国地方政权的那种只要兵临城下就能缔结城下之盟的手段,在蒋介石的逻辑中已经很难如愿。

从7月13日到17日,正是双方进行交涉的时期。17日,张自忠拜访桥本,承诺以下三点:(1)宋哲元亲自道歉;(2)对应该处分的责任人卢沟桥驻屯大队长冯治安予以训诫;(3)关于将来之保障,具体分为七大项目列入协议。基本满足了日本此前提出的七项要求。

此后,双方进一步就落实以上三个条件的具体办法进行了交涉,结果

---

① 稻叶正夫など编『太平洋戦争への道—開戦外交史』别卷 资料编、257页。
② 《蒋介石日记》,1937年7月17日。

是：7月18日，宋哲元偕同张自忠赴天津偕行社拜访香月清司司令官，除了道歉之外，还表示在7月21日之前罢免营长，谴责冯治安，另外的七个项目逐步推进实现。①

7月19日，蒋介石发表"最后关头"演说，以悲壮的语调陈述对日作战可能无法避免，呼吁全国民众一致抗日。但是，依然对和平保留希望。他在日记中记道："应战宣言既发，再不作倭寇回旋之想，一意应战矣。"但是，宣言书的发表，也是蒋介石的策略之一。当时，有相当一部分人认为不能刺激日本，"人人为危，阻不欲发"，但是蒋以为"转危为安，独在此举"。并且他也做了最坏的打算："此意既定，无论安危成败，在所不计。惟此为对倭寇最后之方剂耳。"②

另一方面，尽管此前中日双方签订了协定，但是由于蒋介石宣言的发表，以及连日中日之间常爆发各种小规模冲突，7月20日，近卫内阁做出决议，为防万一，决定准备动员内地三个师团，但是一度因为事态缓和而暂停动员发布。

同日，蒋介石由牯岭下山，下午5时从九江坐飞机返回南京。他在日记中提及"倭寇之五大弱点"："甲、对何梅协定不敢速提。乙、志在华北局部，而不敢扩大。丙、战事最多限于局部。丁、空军尚不敢正式使用。戊、对余宣布之演讲是否即下哀的美敦书，或进一步之强逼，当视其今明两日之态度，可以全明矣。"③ 并且质问道："本日倭在卢沟桥等处不时炮击进攻，仍不为动，则明日乃可无事乎？"

7月21日，蒋介石在日记中依然认为保持强硬的态度将能使中国在这场对日"攻心作战"中获取胜利。"倭寇虚实与和战真相，可于今日表现，如过今日尚无最后通牒或坚强动作，则我国精神战胜者十之八，而形式胜利尚在其次也。然而此次集中一点作最后之反攻，危则危矣，此乃攻心之

---

① 東亜局第一課「日支事変処理経過」JACAR（アジア歴史資料センター）Ref. B02030510700（第0171−0172画像目από）『支那事変関係一件　第一巻』（A1.1.0）（外務省外交史料館）。

② 《蒋介石日记》，1937年7月19日。

③ 《蒋介石日记》，1937年7月20日。

道，运用在乎一心也。"①

7月22日，事态的发展明显出乎蒋介石之意料，因此他在日记中屡次流露出对于宋哲元的不信任以及对何应钦的愤怒。宋哲元电报中提及的第三十八师撤退以及语焉未详的对日交涉之内容让蒋介石深感忧虑。而何应钦致梅津美治郎的书函让蒋介石尤为愤怒，以致其怒骂"何愚劣至此，诚贱种也"，并认为"应钦愚劣私陋，毋使预闻政治，否则害国误国，必此人也"。②尤其是日方向华北增援的部队抵达朝鲜，蒋介石获悉后立刻致电宋哲元："据确报，日本自22日起，其机械化部队及大量重汽车皆极秘密向华北输送。朝鲜、大连前昨日皆有大部队登陆，向关内输送。预料一星期内，必有大规模之行动，务望时刻防备，并积极布置，勿为所欺。"③希望引起宋的高度关注。

果不其然，7月26日，由于日军再起战端，制造廊坊事件，蒋终于认识到，"遭必不能免之战祸，当一意作战，勿再作避战之想矣"。④而日方亦以廊坊事件及广安门事件为借口，经由7月27日所发布的动员令，⑤使一度暂停的内地派兵方案正式生效。这意味着日本内阁事实上放弃了现地解决的"不扩大方针"，转而支持军方扩大战争规模。

由以上过程可知，虽然蒋介石对日态度随着日本军政各方与华北方面的互动有着某种程度的波动，但是有几点似乎一直比较坚定：（1）认识到此次事变非同小可，日本目标直指华北，要占据中国的心脏，因此，从一开始就严阵以待；（2）识破了日本的军事讹诈伎俩，并向日本示以抗战到底的决心，至于是"战"是"和"，交由日本方面去抉择。

---

① 《蒋介石日记》，1937年7月21日。
② 《蒋介石日记》，1937年7月22日。
③ 《蒋委员长致军事委员会参谋次长熊斌转冀察绥靖主任宋哲元告以日军机械化部队向华北输送预料大规模行动应时刻防备电》（1937年7月24日），《革命文献·卢沟桥事变史料》上册，第230页。
④ 《蒋介石日记》，1937年7月26日。
⑤ 東亜局第一課「日支事変処理経過」JACAR（アジア歴史資料センター）Ref. B02030510700（第0171画像目から）『支那事変関係一件　第一巻』（A1.1.0）（外務省外交史料館）。

三 陶德曼和谈与外交关系的终结（1937年8月9日～1938年1月16日）

（一）近卫的"和平尝试"

如前所述，卢沟桥事变发生后，除了军方之间的直接交涉外，日本驻南京大使馆参事官与中国外交部部长王宠惠、亚洲司司长高宗武也在通过外交渠道进行接触，但是均未取得明显成效。与此同时，近卫内阁也在暗中摸索与蒋介石政府进行直接交涉的可能性。

7月14日，石原莞尔致电风见章，表示"此次事态非同寻常，近卫首相应该迅速飞往南京与蒋介石当面交涉，谋划事端之解决，除此以外别无他法"。① 接到电话的风见并未立即做出答复，于傍晚时分访问卧病在床的近卫，并报告石原的请求。近卫当即表示，如果真能够通过与蒋介石直接谈判来解决问题，获得东亚之和平的话，愿意与风见共赴南京。但是，风见在了解了近卫之想法后，做出如下思考：第一，蒋介石必须对中国有完全指导权。即，中国军队的动止进退要完全取决于蒋之意愿。不然，近卫即便与蒋达成协议，也将不过是口头协议，最终会沦为一纸空文，果真如此则南京之行毫无意义。第二，同时日本亦然，需要让军部处于完全统制之下，保证在动止进退问题上不违反命令。而过去并非如此，时常出现被所谓"派出机关"（デサキ）绑架之事例。因此，在缺少保障的前提下，来之不易的近卫南京之行将极有可能招致"画饼"之结果。而且，提出让首相到南京进行政治性接触的只有石原，陆相不仅没有这种意愿，而且明确表达反对之意向。即日本军部并未统一意见，多数持有与石原相反之见解，况且石原甚至不能使此意见在军部达成共识，即只能秘密通过风见希望近卫对军方进行指导。②

---

① 北河贤三など编『风见章日记・关系资料』60页。
② 北河贤三など编『风见章日记・关系资料』61页。

基于以上想法，同时考虑到陆、外相如上之意向，蒋介石缺乏对中国军队的指导力，日本军部也受派出机关的影响专念于取胜等，风见最终决定近卫中国之行至少有必要延期，没有必要立即施行。① 就这样，作为近卫内阁运营之中心人物的风见，拒绝了石原的提案，转而试图通过内阁来解决统帅部的不统一问题，谋求内阁权限的不断强化。②

　　除此之外，近卫还曾经试图派遣宫崎龙介和秋山定辅作为密使前往南京会见蒋介石。宫崎龙介是宫崎滔天的儿子，与蒋作宾之间一直保持着密切联系。秋山定辅则资格更老，据说他曾经于1914年促使孙中山与桂太郎之间以其构想为基础达成"密约"。根据秋山当时的构想，将中国交给孙中山，而由日本获取"满洲"，并与德国结盟，与俄罗斯协调。这次，秋山希望重现当年之构想，将近卫当作新的桂太郎、蒋介石当作新的孙中山，使近卫与蒋介石像桂与孙那样相互"提携"，构建新的中日"同盟"。因此，近卫与这两人商量后，很快得到响应。秋山通过驻日高级武官萧叔宣与蒋介石取得联系，蒋回答，如果来的话就见面，并让秋山告知乘坐船名。不过，这一情报被日本陆军所截获。宫崎于7月23日从东京出发前往神户，24日在神户乘船时被日本宪兵逮捕，秋山也随即在东京被捕。③

　　关于这段经历，近卫在手记中也有所体现。他回忆当初做出这一选择的理由："事件之后的某次内阁会议中讨论不扩大方针，同盟通信社社长岩永裕吉非常担心，对阁僚提出应该'学习俾斯麦之故智'。"普奥战争时，俾斯麦为了将来能打败法国，尽管对奥地利之战取得重大胜利，却兵临奥地利首都维也纳之城下而不攻，④ 采取宽大的处理方式，最终双方握手言和，以备日后。近卫认为，岩永所举俾斯麦之例与自己此前试图派遣宫崎、

---

① 北河賢三など編『風見章日記・関係資料』61頁。
② 芳井研一『難民たちの日中戦争』吉川弘文館、2020、17頁。
③ 矢部貞治『近衛文麿』402頁。
④ 尽管当时普鲁士国王威廉和一些将领要求继续进军，攻占维也纳，彻底打败奥地利，但是俾斯麦深谋远虑，一方面担心战争拖延下去会遭到法国干涉，另一方面害怕奥地利被彻底打败后恐发生革命，影响普鲁士统一德国的计划，而且过分伤害奥地利人的感情，迫使他们孤注一掷，将不利于在未来普法战争中争取奥地利的中立，为此，俾斯麦力排众议，主张立即缔结和平条约。最终，双方于1866年7月26日缔结《尼科尔斯堡预备和约》，8月23日，双方正式签订《布拉格和约》。

秋山前往南京的想法如出一辙。①

8月初，近卫又探讨派遣头山满到中国会见蒋介石的方案。日本外务省也与中国协商，派遣原外交官船津辰一郎到上海，但同一天爆发了上海事变。②

近卫内阁的这些所谓和平的尝试要么无疾而终，要么中途夭折，最终无一成功。尤其值得关注的是，虽然近卫提及俾斯麦围而不攻的大智慧，但是，他后来面临日军即将攻陷南京的局势时却做出了截然不同的抉择。

（二）淞沪事变

8月9日大山事件之后，事态进一步严重化，尽管日方口头坚持事态"不扩大方针"，但是鉴于事态不断恶化，8月13日的内阁会议决定下达动员令，向上海派兵，至于动员时间及兵数则另外决定。日本政府进而训令川越大使：紧急奔赴南京，就上海危机之解消与南京当局直接交涉。南京外交部也于13日训令，将派高宗武急赴上海会见川越大使，以求收拾事态。但是由于13日以来上海、南京间交通不畅，最终川越大使之赴宁以及高之入沪均未实现，为解决事态的交涉被迫停止，中日两军在上海不得不陷入全面性冲突。③ 于是，9月2日，近卫内阁将"北支事变"改称为"支那事变"，事实上承认了中日战争局势完全失控，小冲突逐渐演变为一场旷日持久的全面战争。

但是，出乎日本意料的是，这次蒋介石有备而来，在上海投入重兵顽强抵抗，迫使日本数次增兵，虽投入巨大却依然无法快速终结战争。此外，日本在上海的作战触及列强在华的权益，随着事态的发展，英美法意各国的干预日益强硬。在这种背景下，日本方面也开始寻求战争之外的解决途径。

---

① 近衛文麿『平和への努力』6頁。
② 古川隆久『近衛文麿』吉川弘文館、2015、110頁。
③ 東亜局第一課「日支事変処理経過」JACAR（アジア歴史資料センター）Ref. B02030510700（第0173画像目から）『支那事変関係一件・第一巻』（A1.1.0）（外務省外交史料館）。

（三）列强态度的变化

卢沟桥事变爆发之初，由于日本政府对外宣称所谓不扩大方针，而且并未正式对华宣战，因此，英美等西方国家态度相对冷静，并未对日本采取外交干涉。特别是美国舆论界，一般只是将日本之行动视为九一八事变以来惯用手段之一种而加以批评，美国政府亦采取慎重姿态。7月16日，赫尔国务卿发表声明："通过武力的敌对行为会影响美国的权益，因此，美国应该致力于通过和平的实际的方法来推行政策，避免行使武力，通过和平的协定来进行国际诸问题之调整，拥护尊重他国权利的诸原则。"① 日本外务省认为，这一声明只是阐明了美国政府的一般性方针，并未公开指称中日两国。

但是，随着战火波及上海，8月11日，驻南京之英、美、德、法、意五国大使对中日双方表示，为了谋求上海之外国人生命财产之安全，要尽量采取措施不使该地成为战火之巷。② 对此，日方提出先决条件，要求中国军队及保安队撤退到交战距离以外，并撤废租界附近之军事设施。8月13日，美、英、法三国驻上海总领事联名提出就中日停战举行中日间的直接交涉，但同日中午，中日双方发生激战，上海成为"战火之巷"。

在这种情况之下，英国更是于8月18日发出声明："日支两国政府撤退双方之兵力，共同租界及越界路在住日本臣民之保护委任给外国，英国政府及其他国家一致行动对此承担责任。"法国政府亦于19日发表声明支持英国政府之请求。在此之前，美国政府也表达了希望停止在上海的战斗。③对此，日方坚持认为，此次上海事变的原因在于中国违反上海停战协定，

---

① 「枢密院ニ於ケル廣田外務大臣ノ日支事変外交経過ニ関スル説明資料」JACAR（アジア歴史資料センター）Ref. B02030511800（第0359画像目から）『支那事変関係一件 第一巻』（A1.1.0）（外務省外交史料館）。

② 「枢密院ニ於ケル廣田外務大臣ノ日支事変外交経過ニ関スル説明資料」JACAR（アジア歴史資料センター）Ref. B02030511800（第0359画像目から）『支那事変関係一件 第一巻』（A1.1.0）（外務省外交史料館）。

③ 「枢密院ニ於ケル廣田外務大臣ノ日支事変外交経過ニ関スル説明資料」JACAR（アジア歴史資料センター）Ref. B02030511800（第0360画像目から）『支那事変関係一件 第一巻』（A1.1.0）（外務省外交史料館）。

必须要将中国军队撤退作为先决条件,况且兵力不多的外国方面很难担负日本居留民保护之重任,以此为由拒绝各国要求。

此外,随着日本开始空袭南京,英、美、德、法、意五国驻南京大使于 21 日协议后提出,为了保证这些国家的大使馆及舰船之安全,在南京设置非空袭地带,并正式向日本政府提交申请。美国政府基于在华权益及居留民保护亦对日提出请求,8 月 23 日国务卿赫尔发表第二次声明:

(1) 美国所关心的并不仅仅限于自国臣民之生命财产之安全;
(2) 要求日中两国都不要诉诸战争;
(3) 第一次声明之诸原则包括九国条约、不战条约等原则。①

非常明显,相比于第一次声明又前进了一步。对此,日方答复,在南京各国大使馆之安全为其最为顾念之处,已经训令相关机关对这些事情尽可能注意。然而这些地方多位于中国军事要塞,存在军事性设施与军事机关,因此,日方必须采取必要之措施。同时,为了避免各国大使馆等之损害,请务必设置能够在空中明确得以识别的标示。但是,悬挂标示就能避免日军伤害吗?

8 月 26 日,英国驻华大使许阁森由南京奔赴上海,与随员分乘两台汽车,悬挂英国国旗,在距离上海约四十哩、太仓西北约八哩之地点时,遭受到来自日本军机的机关枪扫射,其中一枚子弹贯穿下腹部,触及脊髓,身受重伤,此为"许阁森事件"。8 月 29 日,英国代理大使通过公文,对于日本飞机对非战斗员的攻击向日本提出严重抗议,作为纠正措施,要求:(1) 正式道歉;(2) 惩处责任人;(3) 对将来做出保证。② 日本方面也通过外交途径,立即对上海、东京及伦敦表达了深切慰问,另外,由海军及

---

① 「枢密院ニ於ケル廣田外務大臣ノ日支事変外交経過ニ関スル説明資料」JACAR(アジア歴史資料センター)Ref. B02030511800(第 0361 画像目から)『支那事変関係一件 第一巻』(A1.1.0)(外務省外交史料館)。

② 「枢密院ニ於ケル廣田外務大臣ノ日支事変外交経過ニ関スル説明資料」JACAR(アジア歴史資料センター)Ref. B02030511800(第 0365 画像目から)『支那事変関係一件 第一巻』(A1.1.0)(外務省外交史料館)。

外务省训令现地官宪立即对事件真相开展调查。不过，最终日方仍然以缺乏足够证据为由，不承认是由日军造成的伤害，仅由山本五十六出面表示歉意，英国政府对此结果虽然不满，但也只能不了了之。不过，无可否认的是，此事无论是对日英政府间的关系，还是对两国国民感情都带来消极影响。

此后，12月12日，日军在攻击南京之际，海军飞机击沉了在长江航行的美国炮舰"帕奈号"，陆军则炮击了英国的炮舰"瓢虫号"。虽然这极有可能是故意为之，但是日本政府坚持认为只是误炸。日本驻美大使斋藤博立即通过广播表达歉意，日本政府也立即向英美道歉，事情很快得以平息。①

由此可见，随着战争的扩大化，虽然西方国家对于日本的干预有所加强，但是依然停留在相对软弱理性的阶段，即便其驻外大使以及军舰遭到日军的袭击，却依然从对日关系的大局出发，尽量保持克制。当然，这样的"绥靖政策"也进一步刺激了日本的侵略欲望，客观上为日本犯下更为严重的罪行埋下隐患。正如北冈伸一所说："这样的事情毫无疑问让英美的舆论更加强硬，此外，也造成一个无法忽视的事实，那就是日本方面产生了一种错误的轻侮之念，将英美视为那种即便军舰被袭击也毫无作为的国家。"②

（四）《支那事变对处要纲》的提出

尽管战争不断扩大，但是不管是在华北开始战争之际，还是战争扩大到上海之后，日本政府和军方高层都未预想到会有长期的全面性战争，而是期待在狠狠地一击之后再来调整对华关系。但是，中国方面的顽强抵抗粉碎了日方"一击论"的企图。陷入上海苦战的日军中央部认为，如果能够确保《淞沪停战协定》的停战区域便可以转向寻求政治解决。

日本方面最初的设想是："凭借北支及上海方面的战斗稳步朝着有利于我

---

① 北岡伸一『日本の近代5　政党から軍部へ』294頁。
② 北岡伸一『日本の近代5　政党から軍部へ』295頁。

方的方向发展，于是陆海外三省开始推进协议，考虑在军事行动取得进展的同时开始解决和平问题，结果，大体上将支那军从河北省（《何梅协定》协议区域）以及《淞沪停战协定》协议地域驱逐，以此为契机，开始考虑有必要与南京政府之间进行和平交涉以图收拾时局。9月1日，近卫、广田、杉山、米内召开的四相会议内定了《支那事变对处要纲案》。"该要纲主要由本文、具体的方策、国交调整同时应该交涉的诸事项①三部分构成。

10月1日，总理、陆相、海相、外相召开"四相会议"，四大臣在决定《支那事变对处要纲》之际进行了如下意见交换与讨论：②

（1）本要纲应该只适用于南京政府拥有同帝国政府交涉能力的场合。如果该政府溃灭或者事态出现重大变化，各自可以采取其他的处理方案，四大臣就这一点达成一致意见。但是，陆军大臣认为，即使是在这样的场合，也不应该变更本要纲的根本观念。

（2）关于内蒙古，海军大臣陈述道：将来军方是否会无视南京政府之意向，扶持德王入侵锡察两盟以外之地区？陆军大臣回答道：不必担心这样的事情。

（3）陆军方面主张其他条件中的赔款包含战费，但是关于这一点意见并不一致，决定按照本要纲执行。

至于和谈的具体条件，主要在《事变对处要纲附属及其具体方策》③ 中进行了详细规定。包括在华北、上海设定非武装地带，驻扎日本军队，正式承认"满洲国"，缔结"日支防共协定"等。

---

① 東亜局第一課「日支事変処理経過」JACAR（アジア歴史資料センター）Ref. B02030510700（第0174画像目から）『支那事変関係一件 第一巻』（A1.1.0）（外務省外交史料館）。

② 東亜局第一課「日支事変処理経過」、JACAR（アジア歴史資料センター）Ref. B02030510700（第0175画像目から）『支那事変関係一件 第一巻』（A1.1.0）（外務省外交史料館）。

③ 東亜局第一課「日支事変処理経過」JACAR（アジア歴史資料センター）Ref. B02030510700（第0178画像目から）『支那事変関係一件 第一巻』（A1.1.0）（外務省外交史料館）。

（五）中日会谈抑或第三国调停

事变后，日方一直采取排斥第三国干涉、坚持中日直接交涉的方针。不过，中国方面则试图引起国际社会关注，对日本施压，故而以日方违反联盟规约、不战条约以及九国公约为由，向国联提起公诉。9月28日，联盟通过谴责日本无差别轰炸的决议，10月6日，通过日本之行动乃违反不战条约及九国公约之决议。① 而日本政府也已经预料到必定遭受国际社会干预，因此很快制定了应对之策，这就是1937年10月22日制定的《帝国政府应针对第三国对日支事变的斡旋乃至干涉所应采取的方针决定之件》。②

该文件判断，随着中日战争不断扩大，英、美、苏等国逐渐显示干预之态度，因此才逐渐出现国际联盟之决议、九国条约会议之邀请等。但其认为，这种行为似乎是"从一开始就将帝国置于被告之地位的干涉乃至调停，当然应该遭到排斥"。并且乐观地估计，"只要我方军事行动之目的略有达成，南京政府大概难以耐受其压力，虽然表面上装出强硬的态度，但是内心还是很希望求和"。因此，最终得出结论："在这种情况之下，英美等其他第三国如果希望进行善意斡旋，只要其方法等合适，则可以将其作为吸引中国的工具来加以利用，特别是与日本关系友好的德意两国，倘若中国方面提出申请由其进行斡旋的话，那么实在是妙不可言。"此外，对何时及如何接受第三国调停等具体细节做如下安排：

一、尽管要极力预防、排除第三国对于日支事变的过早干涉乃至调停，但是在对支军事行动之目的略微达成这种时机之中，则不妨受理第三国之公正的、和平劝告的斡旋。

二、以上方针可以在必要之时训令至外使臣，依此开展相关工作。但是如果将其过早地公布或者向外国政府提出申请，则容易给人一种

---

① 北冈伸一『日本の近代5 政党から軍部へ』294頁。
② 東亜局第一課「日支事変処理経過」JACAR（アジア歴史資料センター）Ref. B02030510700（第0196画像目から）『支那事変関係一件 第一巻』（A1.1.0）（外務省外交史料館）。

帝国政府很软弱、急于收拾事态的印象，要尽量避免这种失策之举。不过，对于德意两国，可以开展工作，寻找适当的时机，事先传达以上方针，并以此使其符合帝国政府之希望。

三、关于上述对支军事行动之目的略微达成的时机之认定以及向德意两国传达本方针的时机，由陆、海、外三省经过协商之后加以决定。①

就这样，10月22日，召开的陆、海、外三相会议正式决定接受第三国的和平斡旋。在此基础上，外相广田弘毅向德国驻日大使狄克逊提出希望德国作为和谈中介。②11月2日，广田外相向狄克逊表示以10月1日四相会议的决定作为和谈条件，包括：（1）在内蒙古建立"自治"政府，其国际地位同于外蒙古；（2）在华北，于"满洲国"境到天津、北平一线设置非武装地带，由中国警察队负责治安维持；如果立即达成和平，则华北的全部行政权存于南京政府之手，但这种情况下，希望行政长官为亲日人物；如果不能立即达成和平，则有必要创设新的行政机关，这一新的行政机关即便在缔结和平条约之后依然继续其职能；关于经济问题，希望事变之前就处于交涉中的矿产权之委让能有让日本满意的结果；（3）扩大上海的非武装地带，设置国际警察队管理，对其他没有变更之意图；（4）废除排日政策，这一点与1935年张群、川越会谈相同；（5）共同防共，但不与《中苏互不侵犯条约》相抵触；（6）降低日本商品关税；（7）尊重在华外国人权利；等等。③

11月5日，德国驻华大使陶德曼向蒋介石传达了这一和平条件，和平工作正式开始。

不过，收到和平调停的蒋介石对陶德曼明确表示："如果日本无意回复

---

① 東亜局第一課「日支事変処理経過」JACAR（アジア歴史資料センター）Ref. B02030510700（第01794～1797画像から）『支那事変関係一件　第一巻』（A1.1.0）（外務省外交史料館）。
② 佐藤元英『御前会議と対外政略2』原書房、2011、71頁。
③ 矢部貞治『近衞文麿』458頁。

到事变之前的状态，则作为中国政府而言，不可能接受日本的任何要求。"此外，由于"布鲁塞尔会议正在进行之中，在结果明确之前，日本的提案并不值得考虑"。据此可知，此时蒋介石认为恢复到事变之前的状态是双方谈判的基础，而且对布鲁塞尔会议中列国通过对日制裁的决议案抱有很大期待。① 然而，11月3日在布鲁塞尔召开的九国公约会议，虽然认定日本违反了国际法，但是由于英美对于直接介入中日问题持消极的"绥靖"态度，最终会议没有取得任何成果，反而助长了日本对于国际社会的乐观情绪。② 加之日军一举扭转上海战场形势，兵临南京城下，蒋介石的态度开始动摇。陶德曼大使也在德国政府命令下各方奔走，11月28日会见了行政院院长孔祥熙，29日会见了外交部部长王宠惠，12月2日赴南京面见蒋介石。同日，蒋介石向陶德曼表示，如果能够保全领土主权，则愿意接受日本方面的要求作为和平会谈之基础，并表示希望知晓日方的和谈条件是否还与原案一致。③ 此后，蒋介石立即召集将领召开会议，顾祝同、白崇禧、唐生智、徐永昌等出席。会议一致认为，如果日本的条件不会导致亡国，则不应该拒绝陶德曼调停。白崇禧甚至说道："如果日方的条件只如此，吾人究竟正为何而战乎？"④ 不过，显然蒋介石最大的担忧还是源自对日本尤其是陆军无法信任，同时对日本国内意见的统一性亦缺乏信赖。

（六）杭州湾登陆后日方态度的变化

如上文所述，在"八一三事变"之初，日本政府相关的方针为：（1）通过非武装地带之设定，缓和将来中日间军事冲突的危险；（2）通过国交之全盘调整，铲除盘踞在两国之间的相克之原因，基于新型国交关系，期待树立真正明朗的中日关系。因此，即便中日存在诸多悬案，但是如果开始上述明朗的国交关系，则依据中日双方之一般性（常道性）对话，其能够取得圆满解决。

---

① 今井清一『太平洋戦争史3　日中戦争Ⅰ』青木書店、1972、48頁。
② 北岡伸一『日本の近代5　政党から軍部へ』296頁。
③ 今井清一『太平洋戦争史3　日中戦争Ⅰ』48頁。
④ 矢部貞治『近衛文麿』458頁。

当时日军在杭州湾登陆之后，一举扭转了上海战局，也极大地激发了日本民众的战胜欲，导致他们对于战果之期待不断增大。在这种情况下，一般性对话已经无法满足他们，陷入战争狂热中的国民热切期望能够获得赔偿等物质性条件。所以，基于对国内民意的考虑，尤其是考虑到日俄战争之时"日比谷烧打事件"的前车之鉴，近卫内阁不得不在可能的范围内违背前述"大乘性"之精神，在国交调整交涉的同时对以下事项提出交涉。这些要求集中表现在《在国交调整的同时应该交涉之诸事项》[1]之中，主要包括赔偿，日中在海运、航空、铁道、矿业、农业等多领域建立联合公司，推进悬案之解决等内容。

12月7日，狄克逊向广田转达中方有意在日本提出的条件基础上进行会谈。[2] 在内阁会议中，广田外相首先发言："在付出诸多牺牲的今日，就以如此轻易的条件（和谈）是难以容忍的。"杉山陆相持相同意见，近卫也表示完全同意。

在这一内阁决议之时，参谋本部内部出现强烈的反对，主张促进媾和的不扩大派希望缓和条件，即时交涉，但是并未能影响上层的强硬论者。

南京陷落的第二天，1937年12月14日，在不断高涨的战胜狂热情绪中召开了大本营政府联络会议，对媾和条件进行再检讨。政府和国民陶醉于南京的陷落，欲望越来越大，不仅在华北成立"临时政府"，甚至提出不承认蒋政权。[3] 因此，会议中支持上述原案的只有军令部次长古贺峰一中将与海相米内光政，其他都持强硬的意见，最终提出的媾和条件非常严苛。

比如，在原有基础上追加战费赔偿，日本将在华北、华中以及内蒙古驻兵，在华北、内蒙古设立"自治"政权，不仅在华北，在华中也要设定"特殊权益"等。

---

[1] 東亜局第一課「日支事変処理経過」JACAR（アジア歴史資料センター）Ref. B02030510700（第0181画像目から）『支那事変関係一件 第一巻』（A1.1.0）（外務省外交史料館）.

[2] 北岡伸一『日本の近代5 政党から軍部へ』296頁。

[3] 堀场一雄：《日本对华战争指导史》，王培岚等译，世界知识出版社，2017，第63页。

21 日，经过内阁决议《支那事变对处要纲》，媾和条件正式确立，从整体上看简直就是胜利者对于失败者的要求。①

12月22日，日方向德国驻日大使狄克逊提出以下四项条件作为媾和的基础，并请其向国民政府转达希望来年（1938）1月5日或6日能够得到答复。

1. 支那放弃容共抗日满政策，为日满两国之防共政策提供协助。
2. 在所要之地域设置非武装地带，且在该地方设定特殊之机构。
3. 日满支三国之间缔结紧密的经济协定。
4. 支那对帝国进行赔偿。②

不过，12月23日，收到这些条款的狄克逊认为，恐怕中国方面很难接受这些条件。事实上，26日从陶德曼处了解到这些条件的宋美龄（当时蒋介石生病）与财政部部长孔祥熙非常震惊。

就这样，由于日方提出的条件实在过于苛刻，中方一时无法回答，而近卫也在等待中度过新年。1938年1月4日，因为狄克逊报告中国方面没有什么反应，内阁及陆军中止和谈的意见愈发强烈。但是参谋本部意识到日本战斗力的极限，希望抑制强硬派来谋求解决之道。③

（七）陶德曼和谈破裂

对于参谋本部谋求通过外交途径尽快解决事变的想法，近卫在『講和問題に関する所信』中表达出强硬的态度，提出从政府立场而言，期待"这次事变能够在将来不留丝毫祸根，得以彻底解决"，并且"极力排除姑息之妥协"，明确表达出彻底击溃国民政府以及敲打军方的想法。同时，对

---

① 今井清一『太平洋戦争史3 日中戦争Ⅰ』49 頁。
② 「獨逸政府ヲ仲介トスル日支平和交渉経緯」JACAR（アジア歴史資料センター）Ref. B02030509700（第 0040 画像目から）『支那事変重要記録/1、支那事変関係一件、第一巻』（A1.1.0）（外務省外交史料館）。
③ 佐藤元英『御前会議と対外政略2』74 頁。

于陆军方面的和谈条件,近卫亦表示不满:"作为政府一方,实在苦于理解军部为何如此急于媾和之真意。"并提出如果"支那方面对于我们最小限度的要求都不能满足的话,则当下之交涉理所当然应该中止"。而且,如果军部不能给出令人信服的理由就急于和谈的话,那么"作为政府全体将只有选择与军部不同之道路继续迈进"。①

在一片争议声中,1938 年 1 月 11 日,昭和天皇召开第一次御前会议,决定了《支那事变处理根本方针》,并确认《日支媾和交涉条件细目》。这一交涉条件比去年日方向狄克逊提出的更为严酷:(1) 承认"满洲国";(2) 放弃排日及反"满"政策;(3) 在华北及内蒙古设置非武装地带;(4) 在华北进行中日"满""支"三方的实际经济合作;(5) 在内蒙古设立"防共自治政府";(6) 中国确立防共政策,并对日"满"政策提供协助;(7) 在华中设立非武装地带;(8) 中日"满""支"三国在资源开发、关税、贸易、航空、交通、通信等领域缔结所需之协定;(9) 进行战争赔偿;等等。②

1 月 13 日,国民政府外交部部长对德国驻华大使提出,前述帝国政府之条件范围过于宽泛,为了让中国方面下最后决心,希望知道更为详尽的内容。受此通报,日本政府对德国驻东京大使表示,上述媾和基础条件已经于 1937 年 12 月 22 日后数次向中国方面做了详细说明,且国民政府也表示充分承知,如今却出尔反尔,其回答丝毫不见媾和之诚意,单纯采取拖延之策而已。为此,日本政府于 1 月 15 日做出决议:今后以国民政府为对手将难以期待事变解决,助长新兴中国政权之成立与发展,并与其调整国交,协助建立新中国。16 日将以上主旨对国内外发表并通告德国驻东京大使,鉴于中国方面毫无诚意之态度,决定终止日中和平交涉。③ 至此,陶德曼和谈以破裂告终。

---

① 臼井勝美、稲葉正夫解説『現代史資料 9・日中戦争 2』みすず書房、1976、104 – 105 頁。
② 外務省編『日本外交年表竝主要文書 1840 ~ 1945』下、原書房、1966、385 – 386 頁。
③ 「獨逸政府ヲ仲介トスル日支平和交渉経緯」JACAR(アジア歴史資料センター)Ref. B02030509700(第 0041 画像目から)『支那事変重要記録/1、支那事変関係一件、第一巻』(A1.1.0)(外務省外交史料館)。

小　结

正如佐藤认为的那样,"战争是意志与意志的战斗",这是一条铁律,如果在冲突之前尚可讨论和谈,在两国军队开战之后则只能凭借武力,其余的任何构想都只是美辞丽句,不可能在枪林弹雨中发挥作用。唯一可以做的就是摧毁敌人的战斗意志。① 这个道理,近卫文麿懂,蒋介石更懂。

事变之初,日本内部围绕事变的处置出现严重分歧。战争不扩大论认为:"如今,日华相战,满洲国之育成,日华之提携,军备之充实,生产扩充等一切国防政策,以及内地之革新也会全部崩溃,因此,必须消灭在萌芽状态。""扩大论者"认为,在国共合作结成抗日民族统一战线,共同抵御外敌入侵的前提下,如果日本承认错误并通过撤兵来平息事态的话,中国不仅可以将日本赶出华北,并且将"迫使"日本放弃"满洲"。日本只能持续对华极限施压,握手言和是不可能实现的,他们担心中国"得陇望蜀",一旦对中国示弱,将会出现日本好不容易建立的殖民帝国的轰然倒塌,这是他们最不想看到的结局。似乎唯一的选择,就是不停地打下去。

至于近卫内阁,显然应该在战争的扩大化中承担重要的政治责任,尤其是在南京陷落之后,日本政府试图彻底推翻蒋介石政权,反对参谋本部的战争终结方案,刻意提高和谈条件,主动关闭和谈大门。这种抉择被日本历史学家视为"昭和史上最大的愚行",② 同时也是中日历史上令人叹息的悲剧。

---

① 佐藤賢了『大東亜戦争回顧録』86 頁。
② 北岡伸一『日本の近代 5　政党から軍部へ』299 頁。

贺屋兴宣与日本全面侵华初期的战时经济运营

崔金柱*

国内抗日战争史学界对日本战时决策、战时体制运营的研究集中于与侵华战争直接相关的军事史和外交史领域,① 关于战时经济运营问题的研究相对薄弱。② 日本学界对日本战时经济的研究积累丰富,主要分为两大课题:一是发动全面侵华战争至 1939 年为止日军对占领区的经济控制;③ 二是 1940 年后日本国内的经济统制,特别是从企划院至大东亚省再到军需省的经济统制问题。④ 相对而言,日本学界对全面侵华战争初期的战时经济运营并未给予足够重视,尤其对大藏省在这一阶段的战时经济运营鲜少关注。

---

* 崔金柱,首都师范大学历史学院讲师。
① 相关主要研究中,雷国山《日本侵华决策史研究(1937~1945)》(学林出版社,2006)虽以 1937 年开始,但正文的考察始于 1938 年 11 月第二次近卫内阁提出的"东亚新秩序",并未考察全面侵华战争初期的决策。臧运祜《近代日本亚太政策的演变》(北京大学出版社,2009)、《七七事变前的日本对华政策》(社会科学文献出版社,2017)以及陆伟《日本对外决策的政治学:昭和前期决策机制与过程的考察》(人民出版社,2010)主要集中于军事和外交领域。
② 少量对日本战时经济的研究以探讨日本国内经济体制的历史变迁及特性为课题,并未将其与侵华战争联系考察。如雷鸣《日本战时统制经济研究》(人民出版社,2007)主要探析战时日本经济在整个近代经济史中的位置与特征。
③ 代表性研究有:中村隆英『戦時日本の華北経済支配』山川出版社、1983;柴田善雅『占領地通貨金融政策の展開』日本経済評論社、1999;半沢純太『日中戦争の金融と軍事』信山社、2008。
④ 代表性研究有:小林英夫『大東亜共栄圏の形成と崩壊』お茶の水書房、1975;下谷政弘・長島修編著『戦時日本経済の研究』晃洋書房、1992;山崎志郎『戦時経済総動員体制の研究』日本経済評論者、2011;原朗『日本戦時経済研究』東京大学出版会、2013;山崎志郎『太平洋戦争期の物資動員計画』日本経済評論社、2016。

考虑到彼时中日两国国力差距之大，这似乎被视为理所当然之事，进而降低了研究中日战争史的学者探析这一时期日本战时经济运营过程与作用的意愿。但七七事变后，日本不仅在军事与外交上进入战时状态，也要求经济部门在为战争提供充足保障的同时不影响国内经济稳定，这两个目标之间存在矛盾，并非轻而易举即能同步实现。而在第一次近卫内阁期间，大藏省主导的战时经济运营在顺利支撑全面侵华作战的同时，基本维持了国内经济的稳定。本文拟以全面侵华战争初期在近卫内阁执掌财经大权的大藏大臣贺屋兴宣为考察中心，分析全面侵华战争初期日本战时经济运营的逻辑、过程及效果，以期深化对日本侵华史的理解与认知。

一 贺屋兴宣的晋升之路

贺屋兴宣是远东国际军事法庭审判裁定的28名甲级战犯之一。此外，他最为人熟知的，一是二战期间担任东条英机内阁藏相，领导了日本战时经济动员；二是他从巢鸭监狱被释放后，立即回归政界，并以极端反共立场成为日本国会"台湾帮"的大佬。不过相较于近卫文麿、广田弘毅、东条英机等政客以及石原莞尔、松井石根、板垣征四郎等战时将领，作为经济官僚的贺屋受关注度较低，相关研究更少。因此，简要追述全面侵华战争爆发前，贺屋兴宣的成长历程与知识谱系，有助于我们理解其在战时进行经济运营的认知逻辑。

贺屋兴宣（1889~1977年）生于广岛，旧姓藤井，其父稜威为国学者，母亲则为汉学者。其4岁时，被其母的伯父收为养子而改姓贺屋。而过继他的贺屋家则是神学者家庭。这种宗教与知识人的家庭背景，让贺屋自幼即受到良好的教育。在其回忆录中，贺屋自谓4岁可绘山水，5岁学会围棋，9岁阅读报纸，并对报纸上的连载小说、政治评论等都能理解。他还写道："从自己口中说出来虽有些奇怪，但我从小就是神童。"[1] 这样的成长经历，让贺屋终其一生保有智识上的高度自负。中学阶段的贺屋是一名十足的军

---

[1] 贺屋正雄・贺屋和子编『渦の中：賀屋興宣遺稿抄』1979、59頁。

事迷，大量阅读与军事相关的书，熟记当时日、英、法、俄等国军舰的名称和性能。1908 年，贺屋兴宣升入当时的旧制第一高等学校①，他曾在一高听演讲时醉酒大闹会场。当时，一高时常邀请名流和东京大学在校生演讲。在某次演讲会现场，时任校长濑户虎记发言说："现在一高的学生完全没有规矩，惰性十足。你们绝对不能阅读社会主义之类的书。"对此，贺屋借着酒劲跳上讲台，高声反驳说："不管多认真用功，脑子笨也不行。一高学生将来是要成为日本的领导人的。如果医生不研究痢疾和鼠疫，那么永远不会弄清楚这些疾病多么可怕，也不可能找到治疗方法。同样，虽说社会主义是邪恶的，但如果不研究它的话，就不会知道其邪恶之处，也不可能找到解决之策吧。别把一高学生当傻瓜！"② 可以看到，贺屋具有强烈的精英意识和自我意识，同时对新的思想和学说亦有独立的态度。但若从当时的社会氛围来说，可能有些"叛逆青年"的模样。不过，这一片段与后文所述贺屋就战时经济统制与军方合作时的思考和沟通方式颇为类似。

1911 年秋，贺屋通过东京大学考试，进入法学部政治学科学习。在东大学习期间，对贺屋影响最大的老师是宪法学者筧克彦和货币学者山崎觉二郎。筧克彦继承了穗积八束和上杉慎吉的天皇主权说，是君权至上的国体论信徒。他自 1908 年起担任东京大学法理学的讲座教授，但讲授的内容却以佛教原理为主。筧以法理学讲义为基础，于 1911 年出版了其法理学著作第一卷《佛教哲理》，开篇即提出"作为法学研究者，扩充既往普我意识中之佛教原理，对其施以新的解释，以此向法律生活和政治活动提供根据，方为法理研究之所在"。③ 同时，筧克彦还是倡导古神道和"惟神之道"的关键人物，发展出独特的天皇崇拜和国体护持思想。在 1913 年出版的《古神道大义》④ 中，筧氏将古神道看作由天照大神确定，并透过神武天皇而在现世实行之道。而皇国（日本）的政治、法律、道德、美术、风俗、

---

① 日本旧制第一高等学校（简称一高）原为东京大学预备校，绝大部分毕业生可不经考试升入东京大学法学部和医学部之外的学部。近卫文麿 1909 年入学一高，是贺屋的学弟。
② 宫村三郎『評伝賀屋興宣』おりじん書房、1977、39 頁。
③ 筧克彦『仏教哲理』有斐閣、1911、序。
④ 筧克彦『古神道大義——皇國之根柢邦萬之精華』清水書店、1913。

习惯等一切都是古神道的彰显。贺屋将筧氏视为"永远的师长",认为选修了筧氏的法理学讲座课后才具备了思考何为国家、社会、人生的能力,大有醍醐灌顶之感。而山崎货币论讲义的核心内容之一,是批判当时被经济学视为圭臬的金本位货币制度,鼓吹管理通货论。这一思想被贺屋吸收,并在其主掌大藏省时运用于战时货币资金改革和管理中。① 可以说,在东大的学习塑造了贺屋的精神世界与知识谱系,对其此后的职业生涯影响至巨。

从东京大学法学部毕业后,贺屋进入大藏省临时调查局工作,初步了解如何以国家、政府视角认识财政、金融等事项。在入省第二年的1918年,贺屋以财务官助理身份出洋考察,分别在美国和欧洲停留一年半,这对年轻的大藏省官僚而言不仅是难得的学习机会,也表明贺屋进入了省内重点考察、提拔序列。三年的海外生活不仅充实了贺屋国际金融和国际经济方面的知识,而且使其能直观地感受第一次世界大战后德国马克汇率崩溃和恶性通货膨胀导致的人民生活之惨状,这令他在此后担任大藏省领导人时极为关注日元汇率稳定以及通胀问题。在考察结束后,他被分配至主计局②,历任主计官、主计课长、主计局长,可谓平步青云。贺屋自言,在主计局的十余年"相当张狂跋扈,只要是自己负责的事务,在研究了上司的想法和具体问题后,便会坚定方针信念,满怀信心,行己之所以为是,阻己之所以为非","虽为下属,时而直接给大藏大臣打电话,时而委托其他省的大臣帮忙"。③ 贺屋之所以能如此"跋扈",除了当时大藏省主计局诸多东大法学部的前辈照顾,更为重要的原因是其作为经济官僚出色的行政能力。在任职期间,他担任过包括大藏、陆军、海军、农林、商工、递信、司法、文部、铁道等几乎所有省及殖民地的预算编成,并且通过努力研究各省的政策与行政成为全能型技术官僚。当时,贺屋兴宣与青木一男、石渡庄太郎被誉为"大藏省三杰"。当时闻名世界的财政家高桥是清也曾对人说:"大藏省里能看懂数字的家伙只有两个。一个是藤井真

---

① 贺屋正雄・贺屋和子编『渦の中:賀屋興宣遺稿抄』66-67頁。
② 大藏省主计局主管国家预算编成,权限巨大,可谓核心省中的核心部门。
③ 贺屋正雄・贺屋和子编『渦の中:賀屋興宣遺稿抄』70頁。

信，另一个是长得有点黑的男子。"据说，在高桥多年的藏相生涯中，几乎从不记得下属姓名。而他说的这个"长得有点黑的男子"即为贺屋兴宣。①

"二二六"事件后成立的广田内阁将"充实国防"作为第一国策，军部势力对日本政府的影响力剧增。马场锳一接替遇刺的高桥是清出任藏相，他为迎合军部增加军费的意志，一改高桥健全的财政政策，转而实行激进的扩张财政，同时对大藏省人事进行大清洗。前述青木和石渡都被调出大藏省，而曾被高桥赏识的贺屋兴宣却被留任。马场将自己的财政方针总结为"决心增加国家收入，把如何实现以军费为中心的扩张性财政支出作为财政出发点。为此，通过根本性税制改革增加税收，放弃公债渐减主义，并为消化公债而实行低利率政策"。②尽管贺屋自辩其政策理念未迎合军部，并称自己当时"宛若独木在军部支配与迎合军部的狂风中摇曳"，③但他仍协助马场完成了昭和11年度（1936）的执行预算。不久，广田内阁因所谓"切腹问答"倒台，但其倒台的真正原因是马场激进的财政政策和空前规模的增税扩军计划无法获得议会批准，而"切腹问答"只不过是其总辞职的借口而已。④

1937年2月林铣十郎内阁成立，出身安田财阀的结城丰太郎出任藏相。当时的议会被政党控制，而政党又代表着财阀的利益。结城通过缩小前任藏相马场的预算规模，并调整激进的税制改革计划，让林内阁提出的昭和12年度预算得到议会批准。但在预算通过后，林铣十郎首相迅速宣布解散议会，这被当时的舆论戏称为"霸王餐解散"。不过重新选举后的议会仍为政党控制，林内阁在成立不足四个月的5月31日宣布总辞职。耐人寻味的是，贺屋兴宣被林内阁任命为大藏次官，并在此后的第一次近卫内阁中被拔擢为藏相。在短短一年内从主计局局长变成主掌日本国家财政经济的最高领导人，这与军部的信任和认可密不可分。

---

① 宮村三郎『評伝賀屋興宣』195 – 196 頁。
② 大藏省財政金融研究所財政史室編『大藏省史』第2卷、1998、144 頁。
③ 賀屋正雄・賀屋和子編『渦の中：賀屋興宣遺稿抄』92 頁。
④ 中村隆英『昭和史Ⅰ・1926 – 1945』東洋経済新報社、1993、209 頁。

二 贺屋财经三原则与战时经济立法

要了解贺屋在全面侵华初期的战时经济运营，首先要弄清其对当时风行的统制经济论的态度。20世纪30年代前期，日本的统制经济思潮兴起，中村隆英认为其原因有二：一是解决当时社会经济危机的现实需求，二是革新右翼势力在意识形态上主张模仿德意及苏联等国的新经济思想以解决自由经济体制的矛盾。① 当时日本的财阀、学者、革新官僚及军部等势力都对统制经济有各自的解释和主张，其中影响力最大的是陆军统制派与商工省革新官僚。陆军统制派代表人物永田铁山在1934年发布了题为《国防本义及其强化之提倡》② 的小册子。当时担任读卖新闻社论说委员的石浜知行认为，"军部的意向是计划通过改革现存机构中的统制组织以建立新的结构"，但"这本小册子除了抽象的极权主义、统制主义之外，完全没有讨论如何施行的现实对策"。③ 换言之，尽管陆军中坚急于将日本向统制经济引导，但在如何实现统制经济的问题上缺乏可行的具体政策。贺屋兴宣对军部的改造主张也持类似看法。1936年秋，贺屋在编制次年预算期间，面对庞大的军事开支要求，将陆海军负责会计事务的负责人招至大藏省，就军事预算问题进行了如下对话：④

贺屋：你们真正需要的不是资金，而是武器弹药及其生产设备。日本缺少铁、铜、镍等金属以及石油、皮革、木材等原料。这些物资必须大量进口。大藏省光做出预算是不能确保获得这些资源和材料的。你们是否清楚陆海军预算中需要进口的重要物资的数量？

军部会计：不清楚。

---

① 中村隆英「『準戦時』から『戦時』経済統制への移行」近代日本研究会編『年報・近代日本研究9 戦時経済』山川出版社、1987、3頁。
② 陸軍省新聞班『国防の本義と其強化の提唱』1934。
③ 石浜知行「軍部の経済思想」『中央公論』第563号、1934年11月、143頁。
④ 宮村三郎『評伝賀屋興宣』250-251頁。

贺屋：我想你们也不清楚。现在开始你们要重视这个问题，并且至少要算出今年所需重要物资的增加额。

通过上述对话，可以看到贺屋对陆海军的经济认知颇不以为然。不仅如此，贺屋甚至认为"当时提倡统制经济论的人，连统制的 ABC 都没搞清楚",① 如果由这些人主导统制经济的话，国际收支均衡将被打破，汇率会暴跌，进而引发恶性通货膨胀。② 贺屋绝非盲目自负。基于对日本财政及国际收支等核心经济数据的全面把握，他认为在军部不愿缩减军费预算的前提下，为保持日本经济的稳定，最现实的对策是必须提前制订统制计划。另一方面，贺屋认为当时的日本官僚体系不具备实行统制经济的能力，而民间也不具备被统制的能力。为此，贺屋自信能担此大任者只有自己。1937年 5 月底，贺屋召集迫水久常、森永贞一郎、伊原隆、爱知揆一等大藏省精英官僚，就如何实现统制经济开会讨论，最终完成了后来被称为贺屋财政经济三原则的经济构想。③ 该构想最初的表述为："第一，策划制定进口能力的限度；第二，物资供需的适合；第三，生产力扩充的具体方策。"贺屋对第一条的解释为："确定包含军事力在内的一切国家性、综合性的紧要程度，明确在其限度内的进口能力以及所有物资进口限度的比例。据此实行进口许可制。"对第二条的解释是："综合国内生产的物资及进口物资，在最小限度维持国民生活的同时，最大限度充实军备。为此，明确需求限度至为关键。（政府）要清楚各种物资生产的最大限度，以及如何对军事、国民生活及生产力扩充等不可或缺的领域进行分配。同时，根据紧急程度变更进口种类。"贺屋对第三条的解释为："根据生产扩充的紧要程度，确定具体的生产种类及其限度。"④ 1937 年 6 月 4 日，贺屋兴宣被任命为第一次近卫内阁藏相，而上述财经三原则经阁议讨论通过，正式成为推行新经济政策的基本纲领。6 月 15 日其正式公布的内容为：第一，确定生产力扩充

---

① 贺屋正雄・贺屋和子编『渦の中：賀屋興宣遺稿抄』97 頁。
② 宮村三郎『評伝賀屋興宣』314 頁。
③ 宮村三郎『評伝賀屋興宣』275–277 頁。
④ 宮村三郎『評伝賀屋興宣』316–317 頁。

的具体方策;第二,确定维持国际收支均衡的具体方策;第三,树立调整物资供需的具体方策。① 即最初构想的第一条"策划制定进口能力的限度"被扩展为"维持国际收支均衡"。对于这三者间的关系,政策制定者认为"国际收支之适合乃诸般政策之枢轴",为"一切国策之基准",② 明确将维持国际收支均衡作为政策重点。关于该三原则的目标,用贺屋本人的战后回顾可以总结为"革新经济论因人而异,虽然并不一定清楚把握了其真实形态,但通过创造'国防国家'概念来说明全部经济都要用于充实国防实力"。③ 也就是说,贺屋的决策逻辑是要实现"国防国家"这一根本目标就须投入全部经济资源,而为了实现对全部经济资源的有效利用,必须实行计划与统制,否则军事预算很难被国内消化。

近卫内阁成立一个月后,日本发动了全面侵华战争。为适应战争需要,日本政府在贺屋兴宣等主导下迅速制定了《临时资金调整法》、《进出口品级临时措施法》和《军需工业动员法之适用法》,并于当年9月初经第72届临时议会审议通过。这三部战时经济法律是贺屋财经三原则的具体实施方案,也是藏相贺屋兴宣在日本全面侵华初期所做出的最主要经济决策。其中,《军需工业动员法之适用法》是对1918年《军需工业动员法》的激活,确认了后者条款中的"战时规定适用于中国事变,并自公布之日起施行"。④《进出口品级临时措施法》作为战时物资调配的指导性文件,授权日本政府能够根据战争需要发布行政命令指定出口或禁止进口。国际收支平衡始终是大藏省最为忧心的问题,这是因为当时日本虽然在对华贸易中一直处于黑字状态,但对英美却保持出超,并且对英美的进口以石油、铁屑、机械等日本国内极为短缺的重工业物资为主。如表1所示,1936~1939年的四年间,日本对非日元经济圈的贸易赤字始终没有改善,虽然同期对日

---

① 『大藏省史』第2卷、153页。
② 大藏省『国際収支適合策ニ関スル書類』(原朗個人蔵),转引自原著『日本戦時経済研究』東京大学出版会、2013、164页。
③ 大藏省大臣官房調査企画課『戦時財政金融史』昭和財政史史談会記録第2号、1978、25页。
④ 昭和12年法律第88号『軍需工業動員法ノ適用ニ関スル件』アジア歴史資料センター、Ref. A03022078500、1937年9月9日作成。

元经济圈出口增长迅猛，但因为中国实行银本位制，而英美实行金本位制，所以对华出超并不能够提升日本的外汇盈余。在自由市场调节状况下，日本要么选择下调日元汇率以促进出口，要么选择向英美出口黄金实物以获取重要物资的进口。资金统制以及间接实现的物资统制便被贺屋及大藏省视为最关键、最急迫的战时经济手段。以下将以《临时资金调整法》的制定与实施为例，分析贺屋兴宣主导的战时决策及其实际运作。

表1　日本国际收支状况（1936~1939年）

单位：百万日元

年份	贸易对象	进口额	出口额	贸易收支
1936	日元经济圈	410	634	224
	非日元经济圈	2515	2166	-349
1937	日元经济圈	469	795	326
	非日元经济圈	3485	2522	-963
1938	日元经济圈	637	1234	597
	非日元经济圈	2198	1661	-537
1939	日元经济圈	728	1838	1110
	非日元经济圈	2398	2091	-307

注：日元经济圈主要包括日本与伪满及华北的贸易。
资料来源：山沢逸平・山本有造編『長期経済統計14　貿易と国際収支』東京経済新聞社、1979、41頁。

1937年8月15日，大藏省会议决定为实施对资金与物资的一体化统制，采取立法措施，立即着手制定《资金统制案大纲》。9月1日提交给内阁的法案缘由指出，"随着中国事变的发展，将有相当多的经费散布于国内。这将刺激企业对生产资料的需求，而我国目前的国际收支状况难以无限制地满足进口需求。如果不调整这些需求，恐将导致军事物资及时局急需物资的供给不足。因此，要在抑制非必要资料使用的同时，保证时局最为需要的部分。通过资金统制减少不急不用的物资需求，引导物资集中于有用的领域"。[①] 对于法案名称，当时日本经济界对"经济统制"感到恐惧，

---

① 『臨時資金調整法制定の件（附属要綱）』アジア歴史資料センター、Ref. A16110942400、1937年9月1日作成。

因而有强烈的抵触情绪。① 在民政党总裁町田忠治对贺屋提出建议后，法案改名为《临时资金调整法》，② 并在 9 月 9 日经议会批准后作为法律第 86 号颁布。

该法第 1 条规定："本法之目的是，为促进有关中国事变物资及资金的供需适合，调整国内资金的使用。"③ 即政府可直接统制资金供给，而对资金的统制又可间接调节物资的供需。这使得该法成为此后战时资金统制的根本法。

《临时资金调整法》④ 的内容大致分为四个部分：第 2~4 条规定了为防止资金进入非急用领域而对产业资金的调整；第 6~10 条规定了为积极增加必要领域而对产业资金的供给；第 13~15 条是关于吸收浮动购买力的规定；第 5、11、12 及 16~21 条是关于具体实施技术的规定。其中关于调整和供给产业资金的内容最为重要。第 2 条从对资金供给方的统制角度出发，规定金融机构对新增设备、扩充产能、证券发行等的贷款，必须得到政府许可；第 3 条规定"金融机构在遵守本法之目的，并得政府认可情况下，可成为资金自治调整机构"。第 4 条则是从对资金需求方的统制角度出发，规定公司创立，增加资本、设备、公司债及公司合并等必须得到政府许可。大藏省制定了《基于临时资金调整法的产业资金调整标准》，⑤ 根据各产业与生产力扩充计划之关系、与军需之关系、与国际收支改善之关系以及与其他产能之关系将所有产业分为甲、乙、丙三类，并列出详细目录。甲类是指在不影响国际收支的前提下应许可并尽力确保其融资的产业，主要包括金属、煤炭和石油开采、钢铁冶炼、非铁金属冶炼、航空制造、武器制造等。乙类是指经政府调查许可后方可融资的产业，主要包括人造棉丝纺织和机械制造、非铁金属品制造等。丙类是被禁止融资的产业，如棉麻毛纺织、

---

① 『大藏省史』第 2 卷、167 頁。
② 贺屋正雄・贺屋和子編『渦の中：贺屋興宣遺稿抄』108 頁。
③ 昭和 12 年法律第 86 号『臨時資金調整法』アジア歴史資料センター、Ref. A03022078300、1937 年 9 月 9 日作成。
④ 法案条款来自昭和 12 年法律第 86 号『臨時資金調整法』。
⑤ 大藏省『臨時資金調整法に基く事業資金調整標準』アジア歴史資料センター、Ref. A09050629900、1937 年 9 月作成。

白银产业以及被视为奢侈和浪费的娱乐、旅游业等。

《临时资金调整法》的实施成效如何呢？如表2所示，在该法实施的前三年，每年全产业设备投资总资金的约65%进入工业领域，此外还有超过20%的资金被调整到矿业和交通业。而农林业、水产业及商业几乎难以得到扩张资金。也就是说，该法的施行实现了将经济资源集中于国防军事领域的目标，客观上为全面侵华作战提供了经济保障。

表2　各产业设备资金调整总额（1937~1939年）

单位：百万日元

产业	1937年(9~12月)	1938年	1939年
矿业	96.4	404.6	587
工业	872.3	1904.8	2724.9
农林业	0.1	1.6	10.3
水产业	10.9	29.3	13.7
交通业	240.4	288.9	499.7
商业	54.5	87.8	42.3
杂业	15.7	34.1	103
其他产业	10.9	63.7	234.1
合计	1301.2	2814.8	4215

资料来源：原朗『日本戦時経済研究』東京大学出版会、2013、354頁。

1937年9月的经济立法主要针对产业界和金融界，那么对于民间的个人资金该如何统制呢？对此，贺屋认为："在对金融和产业施行强制性资金统制外，欲实现战时财政经济运营目标，必须实行奖励国民储蓄运动。"[①]

三　贺屋兴宣与储蓄奖励运动

为支持日军全面侵华作战，日本议会在1937年7月至9月三次批准对华军费预算合计高达25.4亿日元，[②] 而1937年度中央政府一般预算总额才

[①] 賀屋正雄・賀屋和子編『渦の中：賀屋興宣遺稿抄』103頁。
[②] 大蔵省昭和財政史編集室編集『昭和財政史』第4巻「臨時軍事費」東洋経済新報社、1955、35頁。

28.7亿日元。① 如此规模的军费支出和生产力扩充支出，绝大部分会在较短时间内通过购买物资及服务流入日本国内市场，最终成为企业和个人收入。尽管前述《临时资金调整法》的施行，有力地统制了金融界和产业界的资金流向，但随着个人和家庭持有资金数量的增加，也极容易引发需求过剩、进口增加和通货膨胀，最终导致日本国际收支失衡和物价飞涨。藏相贺屋兴宣对此种潜在危机有清醒的认知，并拟定了应对之策。

在完成了统制三法的立法工作后，贺屋认为随着战争开支不断向民间散布，有必要吸收不断增加的民间资金，为此他投入极大精力推动储蓄奖励运动。根据他亲自制订的计划，自1937年年中开始实行宽松的金融政策，从1938年开始就要储蓄奖励。因为身为大藏大臣，贺屋掌握着全国资金的动态。在全面侵华战争爆发前，日本国民每年的储蓄额约为30亿日元，而加上因对华作战扩大的支出，那么必须另外吸收40亿到50亿日元的储蓄，因此贺屋确定的1938年度储蓄目标为70亿到80亿日元。② 为顺利完成该计划，贺屋认为需要出台相关法律、建立储蓄合作社、创立新的管理机关，并且不能仅依靠大藏省的力量，而是将其发展为全体国民的运动。③ 就其具体操作而言，首先在贺屋兴宣的推动下，大藏省在4月19日制定了《关于国民储蓄奖励的文件》并得到阁议通过，该文件的基本方针有四项，核心原则是为推行战时经济而"顺畅地实现扩充生产力资金的供给"与防止"因巨额政府资金在国内散布而产生的临时性国民收入进入消费领域"，要将这些民间所得向储蓄引导，并把1938年储蓄增加额设定为80亿日元。④ 此外，根据时任内阁书记官长风见章向枢密院提交的说明文件，国民储蓄奖励运动的宗旨是："消化巨额国债以保证生产力扩充资金供给，防止国民因临时收入而增加消费导致的物资不足、物价飞涨

---

① 『大藏省史』第2卷、151頁。
② 宫村三郎『評伝賀屋興宣』346頁。
③ 賀屋正雄・賀屋和子編『渦の中：賀屋興宣遺稿抄』110頁。
④ 大藏省『国民貯金奨励ニ関スル件』アジア歴史資料センター、Ref. A18110406700、1938年4月作成、1-5頁。

及影响军需。最为紧要的是促使国民最大限度地储蓄,把国民收入中超出事变前的部分全部吸纳为储蓄。"① 也就是说,贺屋首先通过立法程序,将其储蓄奖励吸纳民间资金的构想变为政府的战时政策。

与此同时,为了让国民了解和支持储蓄奖励运动,1938年春贺屋分别在大阪中之岛公会堂和东京日比谷公会堂发表储蓄奖励演说,成为该运动发出的第一声。② 该运动虽被视为自发性的国民运动,但作为战时国民精神总动员运动的重要一环,在"储蓄报国"的口号下,实际上是官方主导的运动。以《关于国民储蓄奖励的文件》为基础,大藏省在1938年4月下旬经天皇敕裁设立国民储蓄奖励局,并在该局设置国民储蓄奖励委员会。该委员会吸纳各省次官、两院议员、知名学者为委员,并为该局制订综合性计划和制定储蓄目标额提供政策建议。6月9日,国民储蓄奖励委员会召开第一次会议,讨论制定实现前述储蓄奖励文件方针目标的具体措施。对于设定1938年吸纳80亿日元储蓄的目标,大藏省次官石渡庄太郎所做说明指出,"1938年度的政府通常预算与临时军事费预算总额超过80亿日元,其中有56亿日元来自国债","除了消化国债之外,还需要至少30亿日元的生产资金,这些资金除依靠国民储蓄外别无他途筹措",因此将该年度储蓄目标设定为80亿日元得到了委员会的赞成。③ 不过,也有国民储蓄奖励委员对于能否顺利实现目标深表担忧。知名经济学家高桥龟吉即质疑这种节约要求实际上是"半强制性的",会加重国民负担,最终导致难以实现增储目标。对此,政府方面的回应为:"高桥先生提出的半强制性的问题,政府也考虑到了这一点",不过政府"不会对不储蓄的人罚款或者施加惩处,因此从半强制性的意义来看,是希望奖励储蓄"。④ 也就是说,贺屋兴宣及大藏省力倡的这项储蓄奖励运动至少在名义上是一场国民自主自发的运动。然而,实际上却并非如此。

大藏省依托内务省在各县市町村的机构设置国民储蓄奖励分局,而由

---

① 内閣書記官長風見章『国民貯蓄奨励ニ関スル件内閣書記官長通牒』アジア歴史資料センター、Ref. A06050796600、1938年4月19日作成。
② 賀屋正雄・賀屋和子編『渦の中:賀屋興宣遺稿抄』110頁。
③ 国民貯蓄奨励局『国民貯金奨励委員会会議事録(一)』アジア歴史資料センター、Ref. A18110408200、1938年6月作成、10-11頁。
④ 『国民貯金奨励委員会会議事録(一)』69-71頁。

国民储蓄奖励局制定的储蓄合作社规约，将该运动彻底组织化，储蓄合作社从而成为在第一线吸收储蓄的核心机构。中央政府机构、工商业团体、青年团体和地方市町村在1938年底前成立了31万个储蓄合作社，成员多达1900万人①。换言之，从工作单位到居住地以及社交团体，日本国民在工作、生活、社交的各个环节都被纳入名为"储蓄合作社"的网络中来。而这种储蓄合作社的存在，无形中赋予了名义上自主进行的储蓄活动集团主义的强制性。日本近卫内阁在1938年6月4日改组，贺屋卸任大藏大臣，继任者为财界大佬池田成彬。不久，政府在6月21日至27日发起"国民精神总动员储蓄报国强调周"，以唤醒国民储蓄报国的观念。贺屋虽不再担任大藏大臣，但他仍然到日本全国各地巡回演说，鼓吹储蓄奖励运动。

关于储蓄奖励运动实施后的效果，我们可通过表3得出比较直观的结论。日本发动全面侵华战争后的最初三年内，大藏省设定的储蓄增加额分别为80亿日元、100亿日元和120亿日元，除1938年略低于目标额外，储蓄增加目标全都完成。凭借对日本经济状况的精准把握以及高超的行政和决策能力，贺屋兴宣设计的储蓄计划得到了完美实现，这有力地支撑了日本全面侵华作战。而且储蓄奖励政策在二战期间被以后的历任日本内阁所继承，成为其战时经济运营的重要一环。但由于超负荷的储蓄要求和严苛的物资统制，战时日本国民的消费需求完全被压制，因此仅能维持最低限度的生活水平。

表3 储蓄增加额（1937~1940年）

单位：百万日元

	1937年	1938年	1939年	1940年
邮政存款	401	815	1384	1715
简易保险准备金	173	195	247	332
邮政年金准备金	16	20	39	80
银行存款	1453	3062	4908	4981
信用合作社存款	209	414	963	1259
资金信托	40	224	297	323
保险公司贷款	431	391	472	767

① 『大藏省史』第2卷、329頁。

续表

	1937年	1938年	1939年	1940年
信贷公司资金	40	61	104	196
证券投资	1344	2151	1788	3164
合计	4107	7333	10202	12817
存款增加目标额		8000	10000	12000

资料来源：『大藏省史』第2卷、215页。

小 结

贺屋兴宣是昭和初期日本国内公认的杰出财经管理权威。20世纪30年代统制经济思潮在日本泛起之际，贺屋批判统制经济论鼓吹者无知，并认为当时日本的行政官僚和国民不具备实行统制经济的能力。但"二二六"兵变后，贺屋却得到陆军统制派的信赖，进而被快速擢升。日本全面侵华战争初期，贺屋兴宣及其领导的大藏省做出的战时经济运营和经济立法工作，对支撑日军侵华作战和维持国内经济稳定均发挥了主导性作用。贺屋兴宣身居大藏大臣，能够准确把握日本经济状况。他将维持国际收支平衡视为重点目标，凭借其高超的行政技艺，设计了统制资金与物资，同时促使国民储蓄以降低民间需求的战时经济运营体系。在这种体系下，大藏省和其主导的日本银行通过大量增发国债以及纸币迅速解决了战时资金需求；为控制流动性过剩可能引发的通货膨胀、物资短缺乃至国际收支失衡，大藏省通过立法强制规定资金和物资的流向，在保证战争所需物资的大前提下，最大限度地维持与军需相关产业的正常生产；紧接着，贺屋兴宣大力倡导国民储蓄奖励运动，通过表面上自主自发、实质上"半强制"的方式让广大日本国民厉行节约、积极储蓄，使个人资金回流到银行，从而实现了资金流动的闭环。诚然，贺屋在日本全面侵华初期的战时经济运营实现了将资源优先分配至国防，支持日军在华作战的目标，但这种经济运营的代价是日本国民的生活被维持在最低水平，而其支持的侵华日军更是给中国人民造成了难以估量的苦难。

全面侵华时期日本在内蒙古地区的
情报搜集和调查活动研究

赵秀宁*

内蒙古和察哈尔等地是推行"满蒙政策"的重要地区，早在九一八事变之前日本就已将触角伸向此地，利用领事馆等机构开展情报搜集工作，大量搜集当地政治、军事、经济等方面的情报，为侵略扩张做准备。全面侵华战争爆发后，日本占领了察南、晋北、内蒙古东部等地区，在扶植成立察南、晋北、绥远等伪政权之后，又组织成立"蒙疆联合委员会"[①]。扶植成立伪政权、确立殖民统治后，日本并未放松对"蒙疆地区"[②]的情报工作，在延续情报搜集工作外，还开展了大规模的调查活动，关东军、驻蒙军、各地伪使领馆、满铁、"兴亚院"[③]以及伪政权等均参与进来，形成了庞大的情报搜集和调查系统，获取了大量的情报和调查资料，为日本实施殖民统治及对苏备战提供信息支持。本文以日本亚洲历史资料中心馆藏档案为基础，拟初步考察全面侵华时期日本在蒙疆地区的情报搜集和调查活动，以期对日本的情报搜集、调查活动及其内容和目的等有更进一步的了解。

---

* 赵秀宁，河北师范大学历史文化学院讲师。
① 为行文方便，日伪在"蒙疆地区"设立的伪政权及伪机构在本文第一次出现时加引号，再次出现时引号从略。
② "蒙疆地区"大致相当于内蒙古地区，为当时日军侵占并通过伪政权实施殖民统治的日本方面的说法，以下不再一一注明。
③ 此为服务日本侵华的机构，为行文方便，下文引号从略。

一　情报搜集

全面侵华战争爆发前，日本散布在蒙疆地区重要城市的领事馆是其主要的情报搜集机关，这一状况在日本占领蒙疆地区后得以延续，情报搜集主要指向蒙疆地区的政治情势。战前的经济情势等相关情报改由军方主导通过大规模的调查获取，关东军及之后的驻蒙军实施了大规模的现地调查，以获取战备资料。外务及军方关注重点相异，形成了相互配合之势。

伪蒙疆政权的政治动向及其所辖地区的政治情势始终是日本方面的关注重点，各领事馆也都及时搜集上报相关情报。"张家口领事馆"渡边"总领事"在1940年底向外相松冈洋右呈送以蒙古"独立"运动为目的策动的"蒙古青年结盟党"情报，其中所附之报告由该领事馆警察署署长小长谷亮主笔完成。报告主要介绍了"蒙古青年结盟党"的主旨、发起者、主要党员，在蒙古、伪满的策动活动及其组织大纲等，并以图表的形式详列了该党在伪满各地的党员发展情况，包括"新京"、奉天、兴安西省、兴安北省、海拉尔、哈尔滨等地的党员情况，内列党员之本籍、住所、职业等，并着重指出兴安西省省长在1月加入。[①] 可见日方对蒙疆地区本土政治组织及政治情势的掌握程度，亦显示出日本领事馆警察署的渗透和情报搜集能力。

蒙旗方面的动向也受到各领事馆的重点关注，是日本情报搜集活动的重要指向。1941年6月，"厚和领事馆"向松冈汇报了汇集"达蒸旗"蒙古青年的"蒙古建设运动"，及其以"兴蒙青年团"为旗帜反对封建王侯和藏传佛教的活动，[②] 而在民族意识觉醒及事变以来经济危机促成下，在锡林郭勒盟东苏尼特也同样有反王侯运动抬头的倾向，受到蒙军参谋长及兴亚院蒙疆联络部部长的默许。[③]

---

① JACAR（アジア歴史資料センター）Ref. B02031786900『満蒙政況関係雑纂/内蒙古関係第五巻』(A-6-1-2-1_14_005)（外務省外交史料館）。
② JACAR（アジア歴史資料センター）Ref. B02031787000『満蒙政況関係雑纂/内蒙古関係第五巻』(A-6-1-2-1_14_005)（外務省外交史料館）。
③ JACAR（アジア歴史資料センター）Ref. B02031787000『満蒙政況関係雑纂/内蒙古関係第五巻』(A-6-1-2-1_14_005)（外務省外交史料館）。

1942年3月，驻厚和"代理总领事"望月向外务大臣东乡茂德报告11日召开的蒙古王侯会议情况，重点关注了德王在会上的表现及其引起的反响，[1] 然后着重说明了会议主要内容：一是对16～40岁的喇嘛进行考试，不适当者将还俗，以后将根据各户男子数量限定喇嘛数量，并采用许可制，同时统合整理喇嘛庙；二是不论贵族、平民，所有家畜均须以现金向旗公署纳税；三是制定政策的主旨在于抑制王侯贵族的专横等。[2] 5月，张家口总领事馆又向外务部汇报内蒙古扎萨克会议决定事项。[3] 8月，渡边又向东乡报告伪蒙古联合政府召开第五次蒙古大会改正现行组织法，及全体一致推戴德王和李守信、于品卿分别为主席和副主席之情报。[4] 紧接着汇报了伪蒙古政府官吏任免情况，大桥忠一任总务厅长，深井总务厅次长及西岛总务厅长秘书官免职。[5]

1943年3月，厚和总领事馆向大东亚大臣青木报告了乌兰察布盟茂明安旗叛乱事件情况，该旗保安队30余人在杀死梅林后，盘踞在县西北方，与八路军合流。该事件源于上一年的旗主通谍事件，当时旗主自杀，通谍首犯逃亡外蒙古，致使该地域情况复杂，与本次叛乱相关。[6] 5月，厚和方面报告了茂明安旗叛乱中保安队对唐古特喀尔喀旗保安队的袭击等后续行动，该部寄居傅作义方面，此次叛乱也是傅作义方面唆使，以扰乱人心，同时该地旗民穷乏，受去年外蒙古通谍事件及旗主自杀影响，旗民日益动摇。[7]

张家口领事馆在5月的汇报中重点关注了蒙疆地区的政治、军事情报。

---

[1] JACAR（アジア歴史資料センター）Ref. B02031787100『満蒙政況関係雑纂/内蒙古関係第五巻』（A-6-1-2-1_14_005）（外務省外交史料館）。

[2] JACAR（アジア歴史資料センター）Ref. B02031787100『満蒙政況関係雑纂/内蒙古関係第五巻』（A-6-1-2-1_14_005）（外務省外交史料館）。

[3] JACAR（アジア歴史資料センター）Ref. B02031787100『満蒙政況関係雑纂/内蒙古関係第五巻』（A-6-1-2-1_14_005）（外務省外交史料館）。

[4] JACAR（アジア歴史資料センター）Ref. B02031787100『満蒙政況関係雑纂/内蒙古関係第五巻』（A-6-1-2-1_14_005）（外務省外交史料館）。

[5] JACAR（アジア歴史資料センター）Ref. B02031787100『満蒙政況関係雑纂/内蒙古関係第五巻』（A-6-1-2-1_14_005）（外務省外交史料館）。

[6] JACAR（アジア歴史資料センター）Ref. B02031787200『満蒙政況関係雑纂/内蒙古関係第五巻』（A-6-1-2-1_14_005）（外務省外交史料館）。

[7] JACAR（アジア歴史資料センター）Ref. B02031787200『満蒙政況関係雑纂/内蒙古関係第五巻』（A-6-1-2-1_14_005）（外務省外交史料館）。

第一是沙王对重庆方面积极汉化政策的反抗,其保安队袭击了扎萨克旗重庆方面的蒙旗指导机关,杀死汉人职员40余名;第二是陈长捷部"侵入"扎萨克旗的战斗情况及沙王部队在日骑兵第七师的支援下与陈长捷部的战斗;第三是傅作义部对沙王工作的失败,以及沙王的崛起;第四,报告了贺龙一部北上准备趁蒙汉两族的纷争收渔翁之利;第五,沙王与德王间的关系及秘密联系等。①

6月,厚和总领事馆方面向大东亚大臣报告了17日在乌兰察布盟西北地区发生越境事件,致使外蒙古监视兵和该盟警察队交战,一名警察队员负伤。② 7月,驻包头副领事向外务大臣重光葵报告进入蒙古的贫民情况,该报告由厚和日本领事馆"包头分馆"警察署署长、大东亚省警部米泽丰完成,详细汇报了4月以来经由后套地区流动而来的贫民数量,其中按月表列了贫民出生地、职业、性别及数量和目的地等信息。③ 8月,藤野再次向大东亚大臣和外务大臣报告7月入蒙贫民状况,该报告仍系米泽丰呈报,具体内容同前次。④

7月,驻张家口岩崎"公使"向青木报告了沙王的动静,指出沙王最近与几个旗长同处一地,并向德王派出密使。⑤ 8月,驻包头副领事藤野进分别向大东亚大臣青木一男和外务大臣重光葵送达来自扎萨克旗的密书。该密书系沙王及扎萨克旗旗长致伊克昭盟阿王密信的日文译件,内容与伊克昭盟扎萨克旗的扰乱状况相关,具体呈报人是厚和总领事馆包头分馆警察署署长、大东亚省警部米泽丰。⑥ 沙王致阿王之密信被领事馆警察机构全文翻译上报大东亚省和外务省,说明日本情报机关在蒙疆地区的

---

① JACAR(アジア歴史資料センター)Ref. B02031787200『満蒙政況関係雑纂/内蒙古関係第五巻』(A-6-1-2-1_ 14_ 005)(外務省外交史料館)。

② JACAR(アジア歴史資料センター)Ref. B02031787500『満蒙政況関係雑纂/内蒙古関係第五巻』(A-6-1-2-1_ 14_ 005)(外務省外交史料館)。

③ JACAR(アジア歴史資料センター)Ref. B02031787700『満蒙政況関係雑纂/内蒙古関係第五巻』(A-6-1-2-1_ 14_ 005)(外務省外交史料館)。

④ JACAR(アジア歴史資料センター)Ref. B02031787700『満蒙政況関係雑纂/内蒙古関係第五巻』(A-6-1-2-1_ 14_ 005)(外務省外交史料館)。

⑤ JACAR(アジア歴史資料センター)Ref. B02031787700『満蒙政況関係雑纂/内蒙古関係第五巻』(A-6-1-2-1_ 14_ 005)(外務省外交史料館)。

⑥ JACAR(アジア歴史資料センター)Ref. B02031787700『満蒙政況関係雑纂/内蒙古関係第五巻』(A-6-1-2-1_ 14_ 005)(外務省外交史料館)。

渗透和情报获取能力非同一般,也显示出日本现地警察机关的能力和作用不可忽视。

兴亚院成立之后,在蒙疆地区设立"兴亚院蒙疆联络部"(以下简称"蒙疆联络部"),根据其指导系统,"蒙疆联络部"在直接受兴亚院领导之外,还受到隶属陆军省的驻蒙军的指导,对伪蒙古政府在一般政务上做出指导。① 蒙疆联络部成立之后,成为日本在蒙疆地区的重要机关,其中重要的工作内容之一就是搜集情报,供日本中央机关决策参考。

1940年,在汪伪政权成立之后,兴亚院政务部第三课对"新政权"主要人物做了调查,形成调查表。其中第二部分在利用伪蒙疆联合自治政府组织系统图列明德王、李守信、于品卿等24位主要蒙汉人物的职位后,将该24人的主要信息全部表列于后,其主要履历载明其中,② 显示出日本的情报搜集能力和信息积累程度。因其在蒙疆地区的行政地位和职能关系,蒙疆联络部的情报搜集更多指向政治、经济等常规内容。以其在1941年4月呈报给兴亚院政务官的《状况报告》为例,报告内容非常系统,分为政务相关事项和财政、经济相关事项两大类,政务相关事项包括政府机构的改正、一般政情、内蒙古思想的状况等少数内容,财政、经济相关事项包括政府财政状态、贸易关系、金融关系、和华北的经济关联性、矿产资源开发现况、农业、林业、畜产业等众多内容。③ 在21页正文内容中,政务相关事项仅占7页半的篇幅,剩余内容是财政、经济相关事项。相较之下,各领事馆依旧是处在第一线的情报搜集机关,是外务省、兴亚院等上级机关的情报来源。

与蒙疆接壤的新疆和外蒙古也是日本的重点关注对象。1935年3月,日本陆军新闻班对外蒙古及新疆的近况做了汇总报告。该报告在介绍了两

---

① 「興亜院蒙疆連絡部『状況報告』」(昭和16年4月)JACAR(アジア歴史資料センター)Ref. B02030528300『支那事変関係一件 第五巻』(A-1-1-0-30_005)(外務省外交史料館)。
② 「支那新政権 主要人物調査(第一編)」JACAR(アジア歴史資料センター)Ref. B02031648100『各国ニ於ケル有力者ノ経歴調査関係一件/中華民国ノ部 第七巻』(A-6-0-0-8_2_007)(外務省外交史料館)。
③ 「状況報告」(昭和16年4月)JACAR(アジア歴史資料センター)Ref. B02030528300『支那事変関係一件 第五巻』(A-1-1-0-30_005)(外務省外交史料館)。

地区的地形、人文等一般情况后,重点关注了历史上苏联在外蒙古和新疆地区势力的消长以及两地现况。① 在两地现况中,报告简要介绍了外蒙古的行政区划、行政组织结构、军事情况、与苏联的关系、政治军事势力、交通政策、经济文化政策等,对英苏在新疆纠葛下的交通政策、经济的进出、政治的接近以及新疆的兵乱、英苏对兵乱的态度、苏联"新疆政策"的真正意图等也做了简要介绍。

1940年8月,驻张家口总领事渡边向外务大臣松冈综合汇报了与锡林郭勒盟边境相近地方日军的斡旋及最近旅行之际获得的情报。具体内容方面,首先是关于非法越境问题,最近外蒙古方面态度慎重,锡林郭勒方面则增加了警备队,增强了其相互间的联系,严加防备;其次,内蒙古本地因狩猎放牧而越境者最近归还;最后,内蒙古方面物资缺乏影响民心,而政府禁止家畜运出加剧了不满。②

通过以上这些情报及其搜集状况可以看到,日本外务省利用驻在张家口、厚和、包头等地的"领事馆",在蒙疆地区构建了一张情报网,对伪蒙疆政权内部情势、各地政军情报等尽力搜集,以期掌握、掌控蒙疆地区的政治发展趋势。各领事馆的警察署是重要的情报搜集机关,具有强大的渗透和情报搜集能力。兴亚院蒙疆联络部将注意力集中在财政、经济等事务上,并重点关注了伪蒙疆政权的财政状态、贸易关系,尤其是矿产资源的开发和畜产业状况。经历过汪伪政权的成立及伪蒙疆联合政府的成立等事务后,伪蒙疆政权已经处在一种相对稳定的状态,而日本则在"南下"与"北进"之间徘徊。若"北进",蒙疆地区将成为日本进攻苏联的重要基地,若"南下",蒙疆地区将成为重要的资源供给地。在此战略之下,日本在极力保持蒙疆地区情势稳定的同时,开展了大规模的兵要资源调查,为其下一步行动做准备。

---

① JACAR(アジア歴史資料センター)Ref. C15120504200『陸軍省新聞班パンフレット(13冊)昭和9年~昭和13年』(防衛省防衛研究所)。
② JACAR(アジア歴史資料センター)Ref. B02031786900『満蒙政況関係雑纂/内蒙古関係 第五卷』(A-6-1-2-1_14_005)(外務省外交史料館)。

二 驻蒙军的系统调查

对苏作战准备是日本关东军及驻蒙军的重要任务。为此，关东军及驻蒙军展开了一系列调查，以获取地理、资源、气候等战备情报资料，并形成了大量调查资料汇编。这为我们了解日军的战略意图和战备活动提供了观察窗口。

1938年2月，在"蒙情命第二号"命令中，驻蒙军提出实施兵要地理及资源调查事项，该命令根据调查进展状况将第一号命令中的调查结束时间从1939年3月末提前至1938年12月10日。[①] 命令所附的各类表格明确了主要调查目标、调查要纲和调查事项。第一部分是兵要地理，调查要纲分三部分，其一是对五原、宁夏、兰州方面作战路径的价值判断，其二是对河曲、榆林附近至黄河两岸地区的离石、肤施等方面作战路径的价值判断，其三是对作战地附近的宿营、给养及交通等的调查，具体调查事项包括道路及地形和地质、宿营给养、交通、通信、航空、气象、卫生等内容，[②] 目的在于为日军提供战备信息。

在资源调查中，调查要纲也分三部分，其一，对附图中的都市及其腹地的作战用资源、搬运材料及矿物资源的生产、现存数、输出入数量等进行调查；其二，兵团参谋部调查班预定于1939年4月编纂"关于蒙疆的国防用资源调查书"；其三，各特务机关根据编纂之目的实施调查，资源调查项目包括地方车辆、汽车、主要食品、马粮、副食品、调味品和加给品、作战用燃料（除液体燃料）、液体燃料、被服材料、阵地构筑材料、露营材料、矿物资源、作战及动员用人的资源等。[③] 随后是各个特务机关的调查计划表，除了调查要纲因地制宜外，其他内容与总计划一致。

---

① JACAR（アジア歴史資料センター）Ref. C04120255200『支受大日記（密）其10 昭和13年自3月3日至3月11日』（防衛省防衛研究所）。
② JACAR（アジア歴史資料センター）Ref. C04120255200『支受大日記（密）其10 昭和13年自3月3日至3月11日』（防衛省防衛研究所）。
③ JACAR（アジア歴史資料センター）Ref. C04120255200『支受大日記（密）其10 昭和13年自3月3日至3月11日』（防衛省防衛研究所）。

7月底，驻蒙军司令官在致陆军少将酒井隆的"蒙情命第三号"命令中，指出张家口特务机关、驻屯的军队、邻接特务机关、蒙古军顾问部等要密切联络，对察南地区、察哈尔盟、锡林郭勒盟及锡林郭勒盟西端至西库伦—贝加尔湖西端一线以东的外蒙古及苏联地区实行谍报任务，为搜集对苏、对华作战谋略资料及实施谋略做准备。① 同日的"蒙情命第四号"重申苏联及外蒙古方面是搜集情报的重点指向，要扩充情报网，充实该方面的谍报，同时活用伪蒙疆联合委员会及伪察南自治政府防谍、侦谍，实行积极的对抗手段，实施各项必要的调查及秘密准备工作，实施1938年1月末及2月初的"蒙情命第一号"及"第二号"关于兵要地理资源的调查活动。②

1938年下半年，为准备对苏作战，关东军参谋部在伪满西部、察哈尔省境等与外蒙古接壤地区实施了以作战为目的的兵要地志调查，在年底编成《满洲西部·察哈尔省境地方兵要地志资料》。该资料分《对于干燥期的特别调查、林东街—西乌珠穆沁王府间、林东街—昆都街—鲁北间兵要地志调查报告》（以下简称报告一）和《对于干燥期的特别调查·醴泉（突泉）—鲁北间、鲁北—东乌珠穆沁勒府间、鲁北—太平川间兵要地志调查报告》（以下简称报告二）两部分。两份报告均言调查目的为出于对外蒙古作战及外蒙古军的入侵的顾虑，对主要作战路径的价值进行具体调查，实则针对苏联，为其"北进"做准备，调查时间均是9月下旬至10月上旬，约20天。

报告一明确在调查的基础上综合判断敌人的企图，首先是预计敌人的进攻路线，其次是判断敌人的兵力，根据地形地势预测来攻敌人的机械化程度。在判断敌人之外，报告一更多的还是调查当地地形、道路及宿营给养能力、给水、季节的交感，尤其是季节交感中沙尘期对射击等带来的影响。③ 各部分

---

① JACAR（アジア歴史資料センター）Ref. C01003370300、昭和13年『満受大日記』（防衛省防衛研究所）。

② JACAR（アジア歴史資料センター）Ref. C01003370300、昭和13年『満受大日記』（防衛省防衛研究所）。

③ 関東軍参謀部「乾燥期に於ける特別調査：林東街—西烏珠穆沁王府間　林東街—崑都街—魯北間　兵要地誌調査報告書」（昭和13年12月）JACAR（アジア歴史資料センター）Ref. C01003426200、昭和14年『満受大日記第3号』（防衛省防衛研究所）。

均附有内容详细的地图或表格,并在地图上注有基本的调查结论,供使用者参考决断,地图包括地形图、行程图等。在兵要卫生给水调查中,按表格分别列明了鲁北街、开鲁街、昆都街、林东街、西乌珠穆沁街、白塔子街、查布杆庙街等主要地点的卫生状况、建筑情况、最近几年详细到月别的传染病发生情况及其对策、最近几年详细到月别的风土病及多发疾病发生状况及其原因和对策、病原不明疾患及其对人体的毒害以及动物和有毒植物的状况等,给水调查重点调查各处水源、水深以及水质等问题。在开鲁街的调查中还包括了当地的卫生机关、卫生材料、能够作为卫生机关使用的建筑物等。① 其他几个地点的调查也都涵盖以上要点,主要指向气候、传染病、水源等对军队和军事行动有较大影响的因素。

报告二是对察哈尔省东部的调查情况,调查地域相对要小很多,篇幅也少了很多。调查内容包括察哈尔省境内各种地形的作战判断、道路、道路沿线的宿营给养能力、卫生、季节的交感以及地形图、水质检查表、资源调查表、行动间气温表、气象表、附有调查结论的地图等各种图表。②

关东军对此所谓干燥期的调查,在一定程度上显示出日本有意于这一气候相对温和的时段内对外蒙古甚至苏联发动军事攻击。驻蒙军成立之后将此调查接续下来,并扩大了规模。

驻蒙军1940年度的兵要地理调查计划,规划了调查要纲、调查方针和调查要领,并制定了详细的调查计划。调查方针指出鉴于驻蒙军的地位及境遇,调查的重点指向与外蒙古接壤地区及与西方日占区接壤地区,以努力把握用兵观察的适确判断,扩张实施对苏联、外蒙古及西方地区(宁夏、甘肃、青海、新疆方面)的调查。调查要纲确定了调查区域及调查重点:蒙疆地区,详查北方作战的阴山山脉北方地区和河套地区(五原平地及伊

---

① 「別冊第2 開魯街兵要衛生調査」JACAR(アジア歴史資料センター)Ref. C01003426200、昭和14年『満受大日記第3号』(防衛省防衛研究所)。

② 関東軍参謀部「乾燥期に於ける特別調査:醴泉(突泉)一魯北間 魯北一東烏珠穆沁勒府間 魯北一太平川間 兵要地誌調査報告書」(昭和13年12月)JACAR(アジア歴史資料センター)Ref. C01003426200、昭和14年『満受大日記第3号』(防衛省防衛研究所)。

克昭盟）；外蒙古地区，调查与内蒙古接壤地区主要作战路线沿线地区及军事根据地，利用望远照片实施深入调查，以期调查的适确；西方地区，主要交通线的沿线地区及连接苏联的交通网。调查要领确定实施调查的机关包括兵团、特务机关及其他调查机关，在接壤地域可以派遣特别调查队，军方主要负责详查警备地区内及行动地带，特务机关主要负责各兵团驻屯区域附近外侧及其谍报担任区域的搜集资料、获取文献等任务，各兵团及特务机关所负责的调查要目均有附表详细列明，调查经费从临时军事费中支出。① 第一张附表是该年度驻蒙军兵要地理资料整备计划，规划了资料完成日期，规定了资料区分、整备要领及各区分部分的完成日期，资料根据地区做出不同划分，大致分为伊克昭盟、乌兰察布盟北部外蒙古接壤地区等蒙疆地区以及黄河沿线的交通网、宁夏省等。② 之后的附表分别是驻蒙军司令部、第二十六师团、骑兵集团、独立混成第二旅团、各特务机关负责的调查事项和军司令部及各特务机关负责的外蒙古相关调查事项。各表规定了各机关的调查区域划分、主要调查事项及调查日期和提交报告日期。

1940 年 2 月，《蒙疆兵要资源调查书》编成，该调查之目的在于搜集蒙疆兵要资源的现况资料，以资作战计划及作战部队现地物资利用。该调查系动员伪蒙古政府和其他现地机关参与完成，分察南、晋北、巴彦塔拉、察哈尔等区分别完成，调查对象包括主食品、马粮及代用品、家畜、副食品、调味料及加给品、燃料、被服原料、露营材料、油脂、油脂原料、药材、筑营材料、铁资材、矿产品、运搬材料、特业者等，内容广泛。

在晋北地方调查中，调查地域即晋北政厅管内之 13 个县，调查内容包括衣粮、露营、筑营资源在各县的输出入数量、生产数量、库存及市场平时存货数量、消费数量、总搜集数量、各期别搜集数量、各期别区分、度

---

① 駐蒙軍司令部「昭和15年度駐蒙軍兵要地理調査計画」（昭和15年2月）JACAR（アジア歴史資料センター）Ref. C04123882200『陸支密大日記 第54号 昭和17年』（防衛省防衛研究所）。

② 「附表第1 昭和15年度駐蒙軍兵要地理資料整備計画」JACAR（アジア歴史資料センター）Ref. C04123882200『陸支密大日記 第54号 昭和17年』（防衛省防衛研究所）。

量衡等，在此基础上形成了《晋北地方作战用资源调查表》。① 随后是对人口、各类车辆、特业者及劳工的调查，最后是对大同和阳高县的调查结果。

在众多调查中，日军对蒙疆地区的汽车保有量进行了长时段的连续性调查，以确保随时掌握蒙疆地域内的汽车现况。根据计划，日军每年实施四次调查，分别在1月、4月、7月、10月。揣其目的，不外乎确保日军展开军事行动时能够及时获取足够的交通工具，支持军事行动顺利进行。

1940年2月，驻蒙军参谋部编成的《蒙调资定第1号》就是关于汽车现势的调查结果。调查机关包括日本总领事馆、伪蒙古联合自治政府、蒙疆汽车公司，调查结果共计799辆汽车，其中550辆货车，249辆乘用车，而伪蒙疆联合自治政府和蒙疆汽车公司分别拥有184辆和272辆。报告还对蒙疆各地方的货车和乘用车的数量、车况等详细列表，并详述了蒙疆汽车公司的运营状况、道路状况、蒙疆汽车公司的客货运输状况、各主要城市的公交车运营情况等。②

1941年7月，该年度第二次汽车调查报告出炉，调查对象为军部除外的蒙疆地域内各种汽车，伪蒙古政府、伪日本领事馆、蒙疆汽车公司也参与调查报告的编写，除军部外，各种汽车共计1348辆，其中982辆货车，289辆乘用车，77辆公交车，各种车辆主要散布在京包沿线主要城市，张家口、大同、厚和等占有大半，而负有统制经营职责的蒙疆汽车公司拥有355辆，约占全部车辆的27%，在修路增加的基础上，最近一年的车辆大约增加了35%。③ 随后是记录各项统计数据的表格，包括自1940年9月至1941年4月8个月间各类车辆的增减情况、主要所有者及其车辆数目、各类车辆不同月份的增减表、所有车辆的现有数量及其所占比重、各地方的货车和

---

① 驻蒙军参谋部「蒙調資定—第3号·（其二）晋北地方」（昭和15年2月）JACAR（アジア歴史資料センター）Ref. C04122005000『陸支密大日記　第13号　3/3　昭和15年』（防衛省防衛研究所）。

② 驻蒙军参谋部「蒙調資定—第1号·蒙疆に於ける自動車現勢調査」（昭和15年2月）JACAR（アジア歴史資料センター）Ref. C04121983600『陸支密大日記　第11号　1/3　昭和15年』（防衛省防衛研究所）。

③ 驻蒙军参谋部「蒙調資定—第37号·蒙疆に於ける自動車報告書（昭和十六、四現在）」（昭和16年7月）JACAR（アジア歴史資料センター）Ref. C04123318800『陸支密大日記　第36号　1/3　昭和16年』（防衛省防衛研究所）。

乘用车种别及其数量、主要城市的车辆统计数量、各县货车统计数据等。此次调查比之第一次调查更加深入，所获信息也更加详细。

1941年10月，驻蒙军参谋部编成7月末以来蒙疆地区的汽车报告书。此次调查结果除了说明各类车辆数量外，随附各表载明了汽车所有者及其数量、主要车种及其数量、各地方货车车况及数量、各地方乘用车车况及数量、各县（旗）货车车况及数量、各县（旗）乘用车车况及数量、各县特殊用途车辆等具体信息。① 1942年8月，该年度第三次汽车调查报告编成。此次调查增加了按燃料分类统计，之后就是1942年3月以来车别车辆数量比较表、各车辆的车况（甲、乙、丙）比较表，1942年1月末至7月末车别车辆数量增减表、主要所有者车别数量比较表，随后是更加详细的各地区车辆统计表，具体到县一级。② 通过连续调查，驻蒙军能够及时掌握蒙疆地区的汽车保有状况，为其征调使用汽车提供支持。在驻蒙军关于兵要资源的一系列调查中，车辆调查也是其中一编。

1941年3月，驻蒙军参谋部完成了大规模的调查汇编，编成了一系列调查报告，笔者仅就搜集到的其中数编做简要介绍。第八编是露营材料调查。该编主要调查露营材料及油脂类现况，明了其取得量，供作战计划及作战部队利用物资时参考。具体调查内容包括动植物油脂及植物性油脂原料，露营材料重点调查磷寸制造情况。③ 最终形成了包含蒙疆及所辖各地域相关调查数据的各种表格，详细载明了调查结果，供日军参考。第十编是筑城资材调查。该编主要针对蒙疆地域内水泥、石灰、砖、麻袋等建筑用材料展开调查，形成了包含各类材料输出入数量、生产数量、库存量、消费数量、各期搜集数量等信息的调查统计表以及1940年度军需物资调办实

---

① 驻蒙军参谋部「蒙調資定—第29号・蒙疆に於ける自動車報告書（昭和十六、七末現在）」（昭和16年10月）JACAR（アジア歴史資料センター）Ref. C04123569700『陸支密大日記 第60号 1/4 昭和16年』（防衛省防衛研究所）。
② 戊集団参謀部「蒙調資定—第43号・蒙疆に於ける自動車報告書（昭和十七、七末現在）」（昭和17年8月）JACAR（アジア歴史資料センター）Ref. C04123828300『陸支密大日記 第37号 昭和17年』（防衛省防衛研究所）。
③ 駐蒙軍参謀部「蒙調資定—第17号・蒙疆兵要資源調書・第八編・露營材料」（昭和16年3月）JACAR（アジア歴史資料センター）Ref. C04123163500『陸支密大日記 第30号 3/3 昭和16年』（防衛省防衛研究所）。

绩表，各类调查表详细到县域，载明调查数据，内容细致，可以为日军搜集物资提供详细指导。① 该调查亦如汽车调查，每年进行四次。

第十三编是物资流动景况图。该编在地图上绘制出精米、小麦、面粉、粟、盐、清酒、煤炭、羊毛、羊皮、牛皮、棉布、砖等21类物资的流通状况，涉及生产量、输入量、消费量等，② 能够直观显示各类物资在"蒙疆"不同地区的流通情况，是日军大量调查成果的汇总。第十五编是对大同工厂的调查。该编对大同地区的重要工厂进行了调查和统计，包括面粉厂、水泥厂、砖厂等，调查内容包括工厂名称、所在地、组织、资本额、资本系统、营业开始时间等工厂信息，以及最近一年的生产状况、主要的机器、工具、动力、其他设备以及建筑、员工等生产运营信息，③ 调查内容详细，范围极广，所获信息非常丰富，为日军征用工厂提供了指南。

此次调查规模很大，但由于未能将此次调查结果搜集完全，不能窥其全貌，然而日军在次年又进行了大规模调查。1942年，戊集团参谋部再次对蒙疆地区进行了比较全面的兵要资源调查，以备作战计划及作战部队的现地各类物资取得，形成了涵盖多重调查名目的《蒙疆兵要资源调书》，显示出日本在太平洋战争爆发之后为进行长期作战，计划将蒙疆地区建成兵站基地，期待支持其扩大和持续侵略战争。

第三编是调味、加给品调查。该调查目的在于获取蒙疆地域军用调味及加给品的搜集取得量信息，调查由全蒙地域内分散配置的伪蒙古政府及其他现地机关实行，并规定了各类物品的计量单位。调查目标是盐、酱油、味噌、日本酒、中国酒、汽水、果实、烟草等的生产、需要状况。④ 调查结

---

① 駐蒙軍参謀部「蒙調資定—第19号・蒙疆兵要資源調書・第十編・築城資材」（昭和16年3月）JACAR（アジア歴史資料センター）Ref. C04123163600『陸支密大日記　第30号　3/3　昭和16年』（防衛省防衛研究所）.

② 駐蒙軍参謀部「蒙調資定—第22号・蒙疆兵要資源調書・第十三編・物資流動景況図」（昭和16年3月）https：//www. digital. archives. go. jp/das/image/F0000000000000218687.

③ 駐蒙軍参謀部「蒙調資定—第24号・蒙疆兵要資源調書・第十五編・工場（大同）」（昭和16年3月）https：//www. digital. archives. go. jp/das/image/F0000000000000218688.

④ 駐蒙軍参謀部「蒙調資定—第12号・蒙疆兵要資源調書・第三編・調味、加給品」（昭和16年3月）JACAR（アジア歴史資料センター）Ref. C04123264800『陸支密大日記　第30号　2/3　昭和16年』（防衛省防衛研究所）.

果汇总成调查表，载明以上各类物品的输入量、库存量、生产量以及输出量、消费量等，还有各时期的搜集数量、市场在货数量、主要输出地及其数量、主要流向地及其数量等。① 具体调查涉及各县输出入量、上年度库存数量、滚存数量及市场当时存货量、消费数量、总采集数量、各期别采集数量等各项重要数据，形成了各类物资的县别数量统计表。

第四编是被服材料调查。该编是对蒙疆军用被服材料的现况及其搜集取得量进行调查的结果，调查机关也如同前几编。作为被服材料的调查对象包括羊毛、骆驼毛、绵羊毛皮、山羊毛皮、羔子皮、牛皮、马皮、杂毛皮类、其他皮类、棉布、棉丝、麻布、毛制品、绢布、棉花、麻类等主要物资。调查地域以伪蒙古政府行政区划为基础，包括察南、晋北、巴彦塔拉、蒙旗除外的察哈尔管内等，主要调查各县从 1939 年 10 月至 1940 年 9 月利用铁路及铁路以外车马的输出入数量，1940 年度的生产数量、消费数量、总搜集数量、各期别搜集数量等内容。② 最终形成了记录总调结果的对全蒙疆被服材料调查表、1940 年度全蒙疆军调办实绩以及具体到县级的各类数量调查表等。

第五编是地方车辆调查。该调查从 1941 年 7 月末开始，日军对"蒙疆"地域的察南、晋北、巴彦塔拉、察哈尔等地的大车、花毂车、牛车、轿车、橡胶轮胎车等车辆，按县和区分别调查，总计 94963 辆，包括大车 21099 辆，花毂车 10400 辆，橡胶轮胎车 2043 辆，牛车 60643 辆，轿车 778 辆，其中大车、花毂车、牛车、橡胶轮胎车的军事利用价值较大，可以作为军事车辆征用。③ 调查要求在排除老朽车辆外尽可能地搜集，从时间和场所等方面决定征用比例，在征用时以使用未满两年的车辆为主，并根据驾驶者技术、道路状况、气候、季节、货物种类等推算各类车辆的载重量和

---

① JACAR（アジア歴史資料センター）Ref. C04123264800『陸支密大日記　第 30 号　2/3　昭和 16 年』（防衛省防衛研究所）。

② 駐蒙軍参謀部「蒙調資定—第 13 号・蒙疆兵要資源調書・第四編・被服材料」（昭和 16 年 3 月）JACAR（アジア歴史資料センター）Ref. C04123264900『陸支密大日記　第 30 号　2/3　昭和 16 年』（防衛省防衛研究所）。

③ 戊集団参謀部「蒙調資定—第 34 号・蒙疆兵要資源調書・第五編・地方車輛」（昭和 17 年 2 月）JACAR（アジア歴史資料センター）Ref. C11111460100（防衛省防衛研究所）。

行驶里程，以为征用做准备。最终，调查形成了《各车辆地方别现在数》、《各县别调查表》、《各区别调查表》以及关于地方车辆制造业的调查表等，① 比较全面地涵盖了蒙疆地区的车辆存有状况。根据调查结果，日军实施作战时便可迅速征调各类车辆。

第六编是汽车调查。此次调查从 1941 年 1 月末开始，对除日军外的全蒙疆各种汽车进行全面调查，经调查蒙疆地域内共计有各种汽车 1325 辆，其中货车 1000 辆，乘用车 258 辆，公交车 67 辆，张家口、大同、厚和三市占了大半，尤其是乘用车和公交车，另外蒙疆汽车公司辖有汽车 363 辆，汽车修理工厂主要分布在张家口、大同、厚和、包头等城市。② 这次调查并对 1939 年 10 月以来的车辆增减状况、车辆出产类别、所有者等做了统计。随后表列了各政厅、盟所有货车、乘用车调查结果，各市、县、旗货车调查结果等内容，清晰地列明了各地区、各机关持有的各类别的汽车数量、车况等信息。③ 调查最后附有 1941 年度各月汽车所用汽油消费量，总计消耗 12763000 加仑。

第八编是燃料调查。该编调查目的在于明了军用燃料的现况及收集取得量，供作战计划及作战部队的现地物资利用参考。军用燃料的主要调查对象有煤炭、汽油、木炭、挥发油、轻油、重油等，甚至还有木柴。煤炭作为军需使用及对日输出的极度利用物资，该编对其收集数量实绩的算定日期是 1940 年 4 月至 1941 年 3 月。调查形成了煤炭调查表、需给状况、主要煤矿出煤实绩等载明煤炭储存量、需求量、产量等数据的详表。④ 具体调查结果中除了蒙疆地域各燃料供给状况外，还有汇总各地域调查结果、详细载明调查数据的各类表格，具体到县域。

---

① 戊集团参谋部「蒙調资定－第 34 号・蒙疆兵要資源調書・第五編・地方車輛」（昭和 17 年 2 月）JACAR（アジア歴史資料センター）Ref. C11111460400（防衛省防衛研究所）。

② 戊集团参谋部「蒙調资定－第 35 号・蒙疆兵要資源調書・第六編・自動車」（昭和 17 年 2 月）JACAR（アジア歴史資料センター）Ref. C13021589400（防衛省防衛研究所）。

③ 戊集团参谋部「第 3 昭和 16 年度蒙疆に於ける各月別自動車用『ガソリン』消費量」（昭和 17 年 2 月）JACAR（アジア歴史資料センター）Ref. C13021589600『蒙古兵要資源調書（自動車）昭和 17 年 2 月』（防衛省防衛研究所）。

④ 戊集团参谋部「蒙調资定－第 37 号・蒙疆兵要資源調書・第八編・燃料」（昭和 17 年 3 月）https：//www. digital. archives. go. jp/das/image/F0000000000000218686。

第九编是筑城资材调查。日军在本编"序言"中直言对蒙疆地区筑城资材现况信息进行搜集，以便于作战部队实施作战计划时的现地物资利用。该调查主要针对筑城资材中的水泥、煤炭、砖、麻袋、铁板、钉子、木料等进行，其中水泥、煤炭、砖、木材等地域内生产的物资处于需要充足但生产不足的状态，其他本地皆不生产，全靠外地输入。调查按伪蒙古政府行政区划进行，即察南、晋北、巴彦塔拉、除蒙旗之外的察哈尔管内等，主要调查前述物资在各县输出入数量，1940年10月至1941年9月的生产数量、遗留数量、滚存数量及库存数量、消费数量以及总收集数量等。根据调查结果形成了全蒙疆区域内的筑城资材调查表和各行政区的调查表，详细载明了各项调查数据，各县都有相应的调查数据，并以扇形图的形式将各项主要材料的供给量和需求量直观展示出来。[①] 除此之外，还对各重要工厂会社对各项资材的需求情况，例如主要会社对铁线类及电柱、枕木需给状况等，做了简要调查。

第十编是输出入物资统计。该报告调查了1938年至1941年除蒙疆地域军用外主要物资输出入状况，从农产品生产周期考虑，年度区分为10月至次年9月，调查通过铁路及车马输出入的农产品状况，以张家口铁路局及各特务机关和伪蒙古政府、蒙疆银行、各商社的调查报告为基础。[②] 报告以表格形式呈现主要调查结果，包括铁道输出入物资统计品目表、经铁道输出的重要物资数量及金额年别比较表、铁道输出和输入主要物资年别数量比较表、各地区主要物资铁道输出和输入统计表，最后附有蒙地交易概见图，附注1941年度对蒙旗供给物资数量表和蒙地产出物资移入数量表。

通过大规模的系统调查，日军能够掌握蒙疆地区的重要物资现况，并据此迅速获取相应物资，为其战备提供有力支持。同时，这些调查也非一

---

① 戊集団参謀部「蒙調資定－第38号・蒙疆兵要資源調書・第九編・築城資材」（昭和17年3月）JACAR（アジア歴史資料センター）Ref. C11111459400（防衛省防衛研究所）。

② 戊集団参謀部「蒙調資定－第39号・蒙疆兵要資源調書・第十編・輸出入物資統計」（昭和17年3月）JACAR（アジア歴史資料センター）Ref. C04123882700『陸支密大日記　第54号　昭和17年』（防衛省防衛研究所）。

次性的，大致每年都会进行，其中与战备密切相关的，比如汽车等，每年可能会进行数次，以确保日军能够及时掌握战备资源状况，也反映出日军备战之严密。

三 其他各类调查活动

在驻蒙军的系统调查之外，外务系统方面多以长途旅行的方式进行实地考察，形成考察报告。满铁等机关进行了以资源调查为主要内容的专门调查活动。在实施调查之外，日本还利用地方伪政权汇总整理地方状况资料，借以迅速掌握各地情况。通过这些个案调查，日本获取了详细的情报资料。

蒙疆地域广大，资源丰富，日本觊觎已久。资源调查是日本情报搜集活动的重要组成部分。1937年底，南满洲铁道株式会社调查部即对占领未久的察哈尔等地展开煤矿调查，形成了调查报告，为掠夺开采做准备。除了察哈尔辖下怀来县八宝山煤田和宣化县玉带山南部煤田外，该报告还涉及河北、江苏、福建等地的煤田。以八宝山煤田的调查报告为例，首先绘明了煤田位置图，标明附近的交通状况，主要调查内容包括煤田的位置、交通、沿革及现况、地形及地质、炭层、炭质、埋藏量等，还有采炭计划要旨、采掘区域的埋藏炭量及可采炭量、煤田作业方针、企业费估计、山主原价等，并在不同部分附有坑内平面图、各区炭层埋藏量计算图等，报告最后还附有绘制详细的八宝山煤田地质图、煤田夹炭层柱状图、煤田区分图等。[①] 这份报告为该煤矿的开采提供了基本指导。对玉带山南部煤田的调查大致相同，内容详细。

在报告中，各煤田的埋藏量、煤质、可开采面积、炭层等重要的开采信息都有详细数据和结论，并以此为基础编成了详细的开采计划和煤田作业方针，用以指导后续的开采工作。这是日本情报搜集的重要组成部分，

---

① 南満洲鉄道株式会社調査部「察哈爾及其他炭田調査資料」（昭和12年12月）JACAR（アジア歴史資料センター）Ref. C04120575000『支受大日記（密）其55　73冊の内　昭和13年自10月5日至10月11日』（防衛省防衛研究所）。

也是日本大规模开采掠夺当地资源的序曲。

1939年,戊集团军医部在锡林郭勒盟贝子庙附近进行了详尽的调查,获取了大量情报资料。该调查由张家口陆军医院陆军军医中尉吉村松雄和岛田千寻主持,对贝子庙附近兵要、卫生、蒙古人生活状态等实施现地调查,形成内容丰富的调查报告。①

调查报告第一部分详述了贝子庙附近的风俗习惯,包括分娩、婚姻、葬礼以及不良习惯等。第二部分关于蒙古人的服装。第三部分重点调查了贝子庙附近的汉族商人,首先以表格详细列明一般日用品在各主要商号的价格,认为此处物价较北京、张家口高出十到十五成;其次对主要商别分布、经营种类、商业方法等做了介绍。第四部分是针对蒙古军的调查,涉及服装、给养、卫生、住宿、士兵体格检查结果等。第五部分调查了蒙古包和天幕的保温能力,进行了采暖检验,测试蒙古包和天幕的保温能力。第六部分关于喇嘛医,首先提出蒙古族民生发展的燃眉之急包括民生向上之策、藏传佛教的改革、确立教育制度、卫生思想向上等,进而介绍了蒙古族对喇嘛医的依赖及喇嘛医的医疗水平,并从确立教育制度等方面提出了改革对策。第七部分是贝子庙以北的兵要卫生地志,对地理位置、地形、喇嘛庙、村庄据点等做了详细调查。第八部分对内蒙古作战的卫生勤务做了设想,主要关于伤病者的收容治疗。以上各部分基本都附有照片,使调查内容更加形象。最后所附地图、表格更能反映出其情报搜集的性质,涉及战争初期卫生机关的配备、主要交通线、给水地点、贝子庙以北兵要卫生地志、贝子庙附近地形图、贝子庙附近的井户、蒙古军身体检查一览表、气候观测记录、诊疗所患者患病类别、贝子庙附近重要公路距离、部分喇嘛庙地图、与伪满接壤地带地图、西苏尼特至贝子庙道路略图等。

吉村松雄等还对西苏尼特附近的兵要、卫生等蒙古人生活实态进行了调查。调查主要内容分为地文、人文、给水、宿营、卫生、患者的收疗、

---

① 戊集团军医部「内蒙古贝子廟附近兵要衛生 蒙古人生活状態調査資料(内蒙古調査資料其三)」(昭和14年10月) JACAR(アジア歴史資料センター) Ref. C13021452500(防衛省防衛研究所)。

兽疫生物、蒙古军的卫生指导、蒙古人的体格检查、德化兵要卫生、土木鲁台兵要卫生等部分。地文包括内蒙古的概况、气象、动植物等；人文包括人口及面积、住民的性情、行政、风俗习惯、被服、食物嗜好、住居、燃料、藏传佛教；卫生方面包括在住日本人的健康障碍、喇嘛医、蒙古人的疾病、特殊疾病、风土病等，其他各章主题相对单一。[1] 此次调查对西苏尼特附近的地理特性有了比较详细的了解，认为移送病患以汽车和飞机最为适当；因为气候和水质的关系，虽然夏季健康障碍易于克服，但是下痢频发，原因是水含盐分甚多，水质不好，因此有必要编成给水班；在夏季七八月雨期，连日阴雨下不良建筑物会倒塌、天幕漏水；气候酷热温差大，易对呼吸系统和消化系统造成不良影响；急性传染病有赤痢、猩红热、痘疮等，慢性传染病则有结核、梅毒等，夏季多急性肠炎，与人类关系较大的兽疫有狂犬病、炭疽等；蒙古人口的动态调查十分困难，在出生率低下的状况下人口不可能增加，蒙军骑乘训练精到，富有攻击精神，但是体力及筋骨薄弱，如果给养改善会有积极变化等。[2] 报告中还附有各类调查表格。

地理调查在日本情报工作中占有重要地位，是其实施"北进"战略的重要准备工作。为此，日方在占领蒙疆地区之后即对锡林郭勒盟东北部、达里岗崖、锡林郭勒盟西北部、乌兰察布盟东部、乌兰察布盟西部等内外蒙古交接地带进行了大量地理调查，涉及地形地貌、道路交通、河流等影响军事行动的因素。[3] 外务系统也以旅行视察等方式实施调查，获取了大量地理信息资料。

外务省调查局第二课从1942年底至1943年3月对蒙疆腹地进行了深入考察，涉及从张家口到包头的广大地带，行程达4600余公里，关注了向来作为防共特殊地域的蒙疆地区民心把握程度，西北、外蒙古等的向背等有

---

[1] 駐蒙軍軍医部「内蒙古西蘇尼特附近兵要衛生・蒙古人生活状態調査資料」（昭和14年8月）JACAR（アジア歴史資料センター）Ref. C13021454100（防衛省防衛研究所）。

[2] 「内蒙古西蘇尼特附近兵要衛生・蒙古人生活状態調査資料」JACAR（アジア歴史資料センター）Ref. C13021454400（防衛省防衛研究所）。

[3] 駐蒙軍司令部附陸軍歩兵少佐 矢野光二「内外蒙境界に関する考察」（昭和15年9月）JACAR（アジア歴史資料センター）Ref. C13010643900（防衛省防衛研究所）。

重大影响的问题，在6月形成了《最近的蒙疆情势——视察中间报告》，由厚和领事馆方面以极密信件送至外务大臣重光葵。报告正文将近60页，内容丰富。绪言部分介绍了一般行政和藏传佛教。第二部分"出张经过"列明行动日程及旅行里程、旅行略图。第三部分介绍蒙疆的物资和华北。从第四部分开始说明本次视察蒙疆地区所获情报。第四部分名为"蒙人的动态和对日感情"，包括伪政府蒙人和现地蒙人的动向及其对日感情。第五部分关于治安情况，涉及德化附近、四子王旗及席勒图旗方面、茂明安旗及东公旗南部、中公旗方面等四部分。第六部分论及内外蒙古情况，包括内外蒙古警备情况和活动情况。第七部分专论藏传佛教，包括伪蒙疆政府的藏传佛教政策、现地扎萨克会议对藏传佛教的政策、乌盟和锡盟方面藏传佛教政策的实施情况等。①

厚和领事馆方面在1943年5月向大东亚大臣青木一男提交了《内蒙古及内外蒙国境视察报告书》，该报告书系古川圆书记生在4月20日至5月10日间赴乌兰察布盟北方内外蒙古地带考察旅行后提出的，这次旅行的目的就是视察乌盟内部及其北方内外蒙古状况。② 报告书总共14页，总体上分作三部分，首先叙述了乌盟北方地区内外蒙古状况，其次是外蒙古关系调查表，最后论述了乌盟情势并提出对蒙施策。③

除了在"蒙疆"地域内展开大规模调查外，县域作为日本实施侵略和统治的重要区域，也是日本调查的重要对象。以察南涞源县为例，通过日本实施调查的各类统计表，可以看到其关注重点所在。首先，地理始终是重要的关注点，在涞源县地图中，详细地列明域内县城、镇、主要村庄、编村、山脉、河流、长城、省界、县界、区界、大道、山岭、寺庙等重要

---

① 外務省調査局第二課「最近ノ蒙疆情勢 視察中間報告」（昭和18年6月）、JACAR（アジア歴史資料センター）Ref. B02031787400『満蒙政況関係雑纂/内蒙古関係 第五巻』（A-6-1-2-1_14_005）（外務省外交史料館）。

② JACAR（アジア歴史資料センター）Ref. B02031787300『満蒙政況関係雑纂/内蒙古関係 第五巻』（A-6-1-2-1_14_005）（外務省外交史料館）。

③ 古川圓「内蒙古及内外蒙国境視察報告書」（昭和18年5月）JACAR（アジア歴史資料センター）Ref. B02031787300『満蒙政況関係雑纂/内蒙古関係 第五巻』（A-6-1-2-1_14_005）（外務省外交史料館）。

标识，十分清楚，是其实施宣抚等统治措施的重要基础。①

其次，重点关注当地经济情况。在1939年底汇报了涞源县商会会员名簿，对商会人员的营业种类、商店名称、经理人姓名、商店所在地、使用人数、开店时间等均有详细调查，②据此即可对县城商业情况一目了然。此外，还有对本县经济情况的统计，内容更加全面复杂，涉及整个县域，包括户口、耕地、谷类收获数量、物资输出入数量及交易路径、商人会员在库品及交易费调查、输出入金额、物价指数表等内容。③户口、耕地等分区统计，五个区总计人口81813人，计有132个村，耕地面计201435亩，收获量为69614石，亩均约3.45斗。谷类收获数量的调查涉及小米、黑豆、黄豆、小豆、高粱等当地主要粮食作物以及鸦片、大麻、烟草等成瘾类作物，包括耕种面积、收获数量、亩均产量等。在物资输出入数量调查方面，除了上述谷物和成瘾类作物外，还增加了油脂类作物、蔬菜、瓜果、草药、畜产品、生活日用品、生活必需品、文具、牲畜等，涵盖面极广，几乎涉及所有交易物品。随后的输出入金额表则详细记载了输出入金额、单价等。商会员在库品的调查主要是生活必需品，包括布类、皮毛、煤油、火柴、盐、面粉、白糖、纸烟、白酒、调味品等，表列物品的在货数量、交易数量、价格、交易金额等记载详细。最后，物价指数表详列了粮食及生活日用品在该年度各月份的具体价格，价格波动情况尽显无余。所附涞源县道路要图标示了该县的交通要道。

地方伪政权也是日本获取地方政情资料的重要渠道，主要通过命令各地伪政权编纂当地概况，汇编成册上报供参考，可使日方迅速掌控当地政经情况。以"巴彦塔拉盟公署"在1939年底所编《巴彦塔拉盟概况》为

---

① 察南南境辨事处宣撫班「宣撫工作報告書」（成纪734年12月14日）JACAR（アジア歴史資料センター）Ref. C11111456600『涞源県共産匪討伐に伴ふ政治工作関係書類 昭和14~15年』（2分冊の1）（防衛省防衛研究所）.

② 察南南境辨事处「涞源縣商会員名簿」（成纪734年12月調査）JACAR（アジア歴史資料センター）Ref. C11111457000『涞源県共産匪討伐に伴ふ政治工作関係書類 昭和14~15年』（2分冊の1）（防衛省防衛研究所）.

③ 察南南境辨事处「涞源縣経済統計表」（成纪734年12月調査）JACAR（アジア歴史資料センター）Ref. C11111457100『涞源県共産匪討伐に伴ふ政治工作関係書類 昭和14~15年』（2分冊の1）（防衛省防衛研究所）.

例，其介绍了巴盟的地理、行政、治安、资源、农牧业、财政、教育等诸多方面的总体状况。地理上，面积 399226 平方公里，总人口 1236324 人，其中蒙古人 220000 人。行政组织方面，由厚和市的巴彦塔拉盟公署掌管各类行政，辖下有 11 个县公署及所属乡镇公署，另外还有土默特旗等五旗，各县旗的面积、人口及行政组织等均以详列表明，"巴盟盟长"为补英达赖，顾问是泽井铁马，下设伪官房、民政厅、畜产厅、保安厅，各县公署辖总务、财务、保安三科，旗伪公署辖总务、财务、教育、保安、生计等五科。治安状况方面，涉及马占山、傅作义部等抗战势力，伪保安队的编组情况，伪保安机关的预算及职员的薪俸，保甲的推广，情报网等。此外还有交通、产业、财务等经济资源情况和教育、宗教概况等内容。① 这类情报虽然是概括性的，内容偏向于全面而缺少深度，却是日本迅速掌握当地情况不可或缺的材料。

日本占领蒙疆地区后，为实现长期殖民统治和"北进"战略，通过大规模的调查、旅行考察、地方伪政权汇报等方式方法，获取关于蒙疆地区的气候、地形地势、资源、水源、人口、疾病、贸易等地理、人文、商业方面的大量情报信息，为其实施殖民统治、掠夺资源、对苏备战等方面奠定了情报基础。

小　结

日本处心积虑搜集情报、实施调查，根本目的是为其侵略战争和殖民统治做准备。北平陆军机关在七七事变前编成《冀察案内》，清晰地呈现出国民政府的行政组织结构、省市县的行政系统、地方政府组织系统；对冀察政务委员会的组织和人员构成以及第二十九军的组织系统、各级将领、部队编制及驻军地点、各团团长等重要军事信息也都了如指掌，表列其中；冀察绥靖公署、建设委员会、经济委员会、法制委员会、外交委员会的组

---

① 「巴彦塔拉盟概况」（成纪 733 年 11 月）JACAR（アジア歴史資料センター）Ref. C13021591600『駐蒙憲兵隊資料・写真技術に就て・入所訓練生名簿・地方人検挙予定者・状況報告・巴彦塔拉盟概況　昭和 13～14 年』（防衛省防衛研究所）。

织设置和人事安排，河北省政府和察哈尔省政府的组织机构和人事安排，两省所辖各县及县级行政系统，北平市政府的行政组织系统和人事安排等行政信息尽在日军掌握之中。① 这就解释了日军在占领北平、天津两市之后何以能够迅速扶植成立傀儡政权。

七七事变发生后，日本陆军省根据 1928～1936 年调查获得的资料，在 8 月迅速编成《北支兵要卫生概要》，为侵略战争服务。概要在正文中先后介绍了河北省、山东省的要旨，以及山地、平地、道路、河川、湖沼，华北的气象和传染病、地方流行病及风土病等情况后，又详细介绍了两省主要都市。附录部分主要是绥远省和察哈尔省的情报汇总，占据了大半的篇幅。对绥远省和察哈尔省的概况分章详细介绍。② 最后所附两省内水质检查表颇能反映日本在当地搜集情报所下功夫之深。在绥远省水质检查中，日本对境内水井、河流、湖泊等超过 170 处水源地水质进行了大规模的采集检验，从清浊、色、臭气、味道、反应、亚硝酸、硝酸等方面检查水质，③ 以确认是否适宜饮用，为日军行军用水提供指向。在察哈尔省的水质检查中，增加了水深及周围环境、气候、气温、水温等项目，检查水源地超过 50 处，并在备考中注明适宜煮沸饮用等信息，④ 极大地便利了日军获取水源。概要最后还附有《绥远省要图》和《察哈尔省要图》。

在诺门坎事件发生之后，关东军利用既有资料迅速编成《南部呼伦贝尔东部外蒙古兵要地志概说资料》，为各兵团、机关提供事变地点附近的作战资料。该资料对本地区的地形地势、道路、河川、湖沼、湿地等地理状况都有介绍，并为宿营、给养等提供了基本信息，对与军事行动密切的交通、航空、通信、气象、卫生、地图、军用资源等业都有概说，并附有地

---

① 北平特务机関「冀察案内」（昭和 12 年 3 月 1 日）JACAR（アジア歴史資料センター）Ref. C11111461600『冀察案内 昭和 12 年 3 月 1 日』（防衛省防衛研究所）。
② 陸軍省「北支兵要衛生概要」（昭和 12 年）JACAR（アジア歴史資料センター）Ref. C13032701500『北支兵要衛生概要 昭和 12 年』（防衛省防衛研究所）。
③ 「附表第 1 綏遠省内水質検査成績表」JACAR（アジア歴史資料センター）Ref. C13032704100『北支兵要衛生概要 昭和 12 年』（防衛省防衛研究所）。
④ 「附表第 2 察哈爾省水質検査」JACAR（アジア歴史資料センター）Ref. C13032704200『北支兵要衛生概要 昭和 12 年』（防衛省防衛研究所）。

名解说和兵要地图,① 能够为参战日军提供地理和信息支持。这一事例很好地说明了日本搜集情报的目的所在，即为其侵略战争服务，其平日的情报搜集和积累，使相关单位能够以之为基础为侵略决策机关提供情报支持，使前线日军部队省却了非常多的侦察、测绘等前期工作。

---

① 関東軍参謀部「「ノモンハン」事件関係兵要地誌資料　南部呼倫貝爾東部外蒙古　兵要地誌概説資料」（昭和 14 年 6 月）JACAR（アジア歴史資料センター）Ref. C13010411400『「ノモンハン」事件関係兵要地誌資料　南部呼倫貝爾東部外蒙古　兵要地誌概説資料　昭和 14 年 6 月』（防衛省防衛研究所）。

太平洋战争爆发后日本
对华外交决策的变化

张 展[*]

1938年1月日本宣布"不以国民政府为对手"后，中日官方外交关系实质上断绝，但日本外交部门仍然在对国民政府的"和平工作"，以及扶植伪政权方面发挥作用。由于中日处于战争状态，日本对华外交与军方关系密切，但仍然有其独立性，并因此影响了日本整体对华政策的发展，这在太平洋战争后也有突出反映。太平洋战争爆发后，日本对华外交决策基本上分为三个阶段。一是着眼于太平洋战争，要求汪伪政府配合日本的战略需要，与日军协调采取战时态势。针对汪伪政府的"参战"请求，外务省与军部担忧会影响日本在华权益，未予同意。二是部分外务官僚在侵华实践中发现，日本在华占领区采取竭泽而渔的掠夺政策，不仅不利于收买人心，也有碍于日本的长期侵略利益。这些外务官僚掌握外务省实权后，推动"对华新政策"，而日军鉴于太平洋战争走向失败，同意了外务省意见，试图借汪伪"参战"与"对华新政策"打开侵华困局。三是战争末期日本再次尝试与国民政府进行"和平工作"，而随着日本的无条件投降，汪伪政府自然消灭，中日一胜一败，无对等外交之余地，日本的对华外交也暂时中止。在这个过程中，日本对华外交决策受到太平洋战争的巨大影响，但也表现出其及中国战场的相对独立性。目前学界对太平洋战

---

* 张展，南开大学历史学院副教授。

争后的日本对华外交,尚缺乏以外交部门角度进行的集中考察,而多聚焦于整体日汪关系、"和平工作"方面,或对具体事件进行考察。① 而本文则以外务省的角度,兼顾日本军政当局整体决策,来对该问题进行更详细的探索。

一 太平洋战争与日本对华政策

1941年12月8日上午7时,在南京,中国派遣军总司令西尾寿造、总参谋长板垣征四郎、汪伪政府最高军事顾问影佐祯昭等人,与汪精卫等会见,告知汪精卫"日本与英美已处于交战状态"。① 与之同时,在东京,日本外务大臣东乡茂德紧急约见汪伪驻日大使徐良,告知日本已经与英美等国开战。② 之前日本同美国谈判的详细过程,日本当局并未及时告知汪精卫。一直到12月8日当天,日本政府才通过代理驻汪伪大使日高信六郎,向汪精卫告知"到今日为止(日美)的交涉情况,以及帝国努力用和平方式解决太平洋各问题的经过,并简述了以帝国为中心的国际关系"。③

针对太平洋战争爆发的新形势,日本外务省在对汪伪政府的通报中,并未提出新的对汪方针。在东乡茂德向徐良的通报中,东乡强调,"随着战局扩大,更要根据既定方针,日华两国紧密提携,借此强化国民政府的基础,诱导和促进国民政府的自主活动","希望贵国政府能继续信赖帝国,

---

① 对该时期的日汪关系,有代表性的作品如:张生等《日伪关系研究——以华东地区为中心》,南京出版社,2003;余子道等《汪伪政权全史》,上海人民出版社,2006;等等。日本方面的研究状况,可参见许郭铭《日本有关汪精卫及汪伪政权之研究状况》,《抗日战争研究》1999年第1期。对该时期日本对国民政府的"和平工作",臧运祜《抗战中后期日本的"重庆工作"述论(1941~1945)》(《抗日战争研究》2008年第2期)进行了较为详尽的总结。而对汪伪"参战"这一日汪关系的重要事件,相关研究有石源华《论日本对华新政策下的日汪关系》,《历史研究》1996年第2期;石源华《汪伪政府对英、美"宣战"述论》,《军事历史研究》1999年第4期;张展《日本对汪伪政府参战问题的决策探析》,《抗日战争研究》2020年第3期。
① 「汪兆銘に対し開戦の通告及び南京国民政府不参戦等を要望について」(1941年12月8日)外務省『日本外交文書・太平洋戦争第一冊』六一書房、2010、137頁。
② 東郷外務大臣「対米英開戦に関し在本邦中国大使への説明振り」(1941年12月8日)『日本外交文書・太平洋戦争第一冊』14頁。
③ 「汪兆銘に対し開戦の通告及び南京国民政府不参戦等を要望について」(1941年12月8日)『日本外交文書・太平洋戦争第一冊』137頁。

与帝国紧密协力，共度时艰"。① 东乡所谓要"强化国民政府的基础，诱导和促进国民政府的自主活动"，却未能提出具体的相关措施。

就太平洋战争后的对华政策，日本当局计划在维持现状的基础上，利用新的国际形势诱使国民政府屈服。1941 年 11 月 15 日，日本当局召开大本营政府联络会议，通过《关于促进对美英荷蒋战争完结的腹案》，提出要"采取更为积极的措施，促进蒋政权的屈服，进而与德意相提携，力图英国的屈服，从而让美国失去继续战争的意志"。② 也就是将中国问题置于日本的世界战略中进行考虑："重庆工作开始是以和蒋介石妥协为目标，日美开战后，在大东亚主义的大构想中，策动与蒋介石政府的和平，进而求得与英美的和平。"③ 其中，促使重庆国民政府屈服的具体方法，在于"活用对美英荷蒋作战的成果，禁绝援蒋行为，掌握在华租界而削减其抗战力，利导南洋华侨，强化作战等政略、战略手段，促进重庆政权的屈服"。④ 12 月 24 日的大本营政府联络会议上，《关于随形势变化而对重庆进行的屈服工作》得以通过，其内容要求，"根据《关于促进对美英荷蒋战争完结的腹案》，随着形势推移，活用作战的成果，把握好机会，促使重庆政权屈服"，为此，"首先设定对重庆的谍报路线"，"适时将谍报工作转为使其屈服的工作"。⑤

在日本准备诱降国民政府的同时，国民政府在太平洋战争爆发后，表现出以整个轴心国为敌，加入英美阵营的姿态。1941 年 12 月 9 日，国民政府同时向日、德、意三国宣战。蒋介石认为："此次世界战局将来必作整个之总解决，决不容各个分别之媾和，否则虽成亦败矣。"⑥ 对于重庆国民政

---

① 「対米英開戦に関し在本邦中国大使への説明振り」(1941 年 12 月 8 日)『日本外交文書・太平洋戦争第一冊』14 頁。

② 「対米英蘭蒋戦争終末促進に関する腹案」(1941 年 11 月 15 日) 外務省編纂『終戦実録（上）』山手書房新社、1991、3 頁。

③ 来栖三郎『泡沫の三十五年』161-170 頁；外務省編纂『日本の選択——第二次世界大戦終戦史録（上巻）』95 頁。

④ 「対米英蘭蒋戦争終末促進に関する腹案」(1941 年 11 月 15 日)『日本の選択——第二次世界大戦終戦史録』(上巻) 3 頁。

⑤ 「情勢ノ推移ニ伴フ対重慶屈伏工作ニ関スル件」(1941 年 12 月 24 日) JACAR (アジア歴史資料センター) Ref. C12120060000『支那事変戦争指導関係綴 其の 2 昭和 13 年 1 月～昭和 17 年 11 月』(防衛省防衛研究所)。

⑥ 《蒋中正总统档案・事略稿本》(47) (1941 年 12 月 9 日)，台北，"国史馆"，2010，第 639 页。

府对日宣战一事，日本当局不予理睬，并未对应地发表宣战声明。驻汪伪代理大使日高信六郎向外务省建议："据说重庆政府对我国发布了宣战布告，鉴于我国已经承认了（南京）国民政府，因此应将这一布告'默杀（注：不发表意见，使其自然沉静下去）'或'笑杀（注：一笑置之）'，与（南京）国民政府一起，不采取任何措施为宜。"① 日本当局采纳了这一建议。

日本外务省在向汪伪政府通报对英美开战情况的同时，告知汪伪政府不要参战。东乡茂德向徐良表示："帝国对英美开战，鉴于日华特殊关系和日华'基本条约'等，国民政府自然也要有与帝国紧密一致的施策，但帝国政府认为国民政府没有参战的必要。"② 日高信六郎代表日本政府，向汪精卫提出了三点要求，包括：

一、国民政府不参战；
二、汪主席明确国民政府立场，防止人心动摇，进而掌握人心，为此需要发表声明。
三、外交部发表声明，否认英美领事在国府治下行使职权。③

在太平洋战争爆发之前，外务省条约部门研究过汪伪政府"参战"对日本的利弊。研究认为，汪伪政府如果"参战"，可以让汪伪政府在废除"帝国权益"上更为方便，并"缉拿敌船、敌国私有飞机"，"禁止一切中国人与中立国人同敌国人的交易和援助"，"根绝敌国援蒋物资"，与之同时，也让汪伪政府与日本的配合更为方便。但不利之处，则在于"来自敌国的金融、物资、技术等对中国的供给断绝""在敌国的华侨汇款断绝""帝国无法通过中国从中立国获取物资""中国受到攻击时无法自卫，需要帝国保

---

① 「重慶政権による対日宣戦布告は黙殺するとの方針について」（1941 年 12 月 9 日）『日本外交文書・太平洋戦争第一冊』16 頁。
② 「対米英開戦に関し在本邦中国大使への説明振り」（1941 年 12 月 8 日）『日本外交文書・太平洋戦争第一冊』14 頁。
③ 「汪兆銘に対し開戦の通告及び南京国民政府不参戦等を要望について」（1941 年 12 月 8 日）『日本外交文書・太平洋戦争第一冊』137 頁。

护"等。①

最终，日本当局拒绝汪伪政府"参战"。据外务省情报局在后来的总结，之所以"不让国民政府参战"，主要包括以下原因：

一、当下国民政府的施政，必须主要着眼于在占领区渗透政治力量，不应徒劳追求恢复国权，在参战等对外施策上要避免如此。

二、国民政府参战，必然会刺激其恢复国权，乃至回收敌方权益的欲望，可能会影响帝国为进行战争所必要的对在华敌国权益的处理。

三、如果国民政府参战，为了增强其政治的效果，必须要让其实现某种程度的恢复国权，但其尚未做好准备。

四、国民政府参战也会诱使满洲国参战，可能会影响对苏关系。

五、国民政府参战，可能会成为该政府成立以来，一直致力进行的全面和平工作的障碍。②

可以看到，日本当局不让汪伪政府"参战"，主要原因还是认为此举利于汪而不利于自己。其中尤为突出的，在于汪伪政府所谓"回收敌方权益"和"恢复国权"的问题，实质上也就是日汪间争夺利益的问题。但在拒绝此事后，如何对待汪伪政府，是否要采取相应的安抚措施，日本当局内部并未达成稳固的统一共识，这也成了在未来同意汪伪政府"参战"的契机。

虽然拒绝了汪伪政府"参战"的请求，但日本当局认为，汪伪政府必然会继续要求"参战"。日本驻汪伪代理大使日高信六郎认为，汪伪政府积极要求"参战"，也有与日本争夺利益的企图，因为其不"参战"就无法参与英美权益分配，而事实上太平洋战争爆发后，在上海等地接收租界等英美权益时，日本刻意排斥了汪伪的介入，由日本完全继承英美权益。"按照

---

① 「帝国参戦ノ場合中国ヲ参戦セシムル利害」（1941 年 11 月 18 日）JACAR（アジア歴史資料センター）Ref. B02032969400『大東亜戦争関係一件/開戦関係重要事項集』（A-7-0-0-9_51）（外務省外交史料館）。

② 情報局「国民政府ノ参戦ト日支新関係ニ関スル啓発宣伝指導要領（説明）」（1943 年 1 月 12 日）JACAR（アジア歴史資料センター）Ref. B02032949700『大東亜戦争関係一件/中華民国国民政府参戦関係　第二巻』（A-7-0-0-9_41_002）（外務省外交史料館）。

今天的势头发展，据观察将来还是避免不了参战。"日高从外务方面的角度分析，对日军独占英美在华权益的行为提出质疑，认为不利于日本的宣传，"无论是否让其参战，都有必要设法向其显示本次战争是东亚解放战争，双方利害是共同的"。①

外务省驻华机关提出建议，向汪伪政府形式上返还英美在华权益，从而增强汪伪政府的影响力。除驻南京的驻汪伪大使外，驻北京参事官土田也向外务省提议，表示现在"中央准备在我方完成接收在华英美权益后，则不妨碍其参战"，但是无论汪伪是否参战，都要使之与日本相亲近融合，应该明确原则上要返还英美在华权益，并逐渐付诸实施，这样更符合日本的长远利益。②

1942年1月20日，日本大本营政府联络会议通过《关于在华接收敌性权益与国民政府之间的调整》。文件要求将天津英租界和广州英租界的行政，交付汪伪政府管理，时机待定。将敌国的文化设施，如教会、学校、医院等，非日本所需之设施，以及上海共同租界的特区法院和重庆方面的文化设施等，交给汪伪政府管理。对于上海共同租界及接收的敌方权益，在不妨碍日本施策的前提下，促使汪伪政府积极参加与协力。但是这些方针不能引起汪伪政府回收权益的冲动，而要其"欣然协助我完成战争"。③

总而言之，在太平洋战争爆发后，围绕英美在华权益问题，日本虽然意识到要有一定的对汪让渡，但从根本上并不愿放弃权益。在战争一开始，日军全盘接收英美在华权益，拒绝汪伪政府插手，而外务省方面提出不同意见后，日本决策当局进行了微调，决定将一些日本不需要的权益让渡给汪伪。从此也可以看出日本对汪伪政府的政策，即连英美在华权益等都不愿让渡，希望在华全盘掌控各种权益，在这种情况下，日本极端的侵略政策也使汪伪政府无法得到足够的发展资源，进而影响了日本从中国战场脱

---

① 「南京国民政府の参戦を差当り待機させるための説明振りにつき請訓」（1941年12月21日）『日本外交文書・太平洋戦争第一冊』157頁。

② 「南京国民政府参戦等に関する華北連絡部長官の意向につき報告」（1941年12月23日）『日本外交文書・太平洋戦争第一冊』160頁。

③ 「在支接収敵性権益ト国民政府トノ調整ニ関スル件」（1942年1月20日）『日本外交文書・太平洋戦争第一冊』164頁。

身的前景。随着日本太平洋战争局势的恶化，日本将不得不对这种政策进行部分调整。

1942年7月，汪伪行政院副院长周佛海访日，向日本外相东乡茂德提出："奉汪主席之命，要与阁下商量中国对英美参战问题。"周佛海向东乡强调，国民政府只是为了尽义务责任，不需要日本方面的报答，并不需要返还租界、废除领事裁判权等报答措施。① 7月29日，通过联络会议谅解后，日本当局决定让东乡茂德以"要研究参战问题对于各方面的影响，帝国要从实现战争的全局角度，进行进一步的慎重研讨"②为由，敷衍了周佛海提出的"参战"要求。对此周佛海只能再次表示，"汪主席的意见也不是要现在立即参战，而是在充分研究的基础上，跟从日本的指示"。③

汪伪政府"参战"的要求，又一次被搁置。周佛海对东乡的讲话进行了解读，认为就汪伪政府"参战"问题，日本似乎在等待时机，东乡所谓"对于中国参战仍表示是否得策及有无必要，须就遂行战争全盘考虑，但谓国际形势变化极快，中日两国须急研究中国参战问题，以便随时可以应付"，其具体的时机在于，"察其意，似正待德、苏战局之结果也"。④ 但实际上，影响汪伪政府能否"参战"、何时"参战"的核心因素，并非苏德战局，而是日本当局秘密准备发动的进攻重庆等地的"五号作战"。日本之所以此时阻止汪伪政府"参战"，是因为"陆军统帅部，准备在五号作战的第一期后，在适当的时期，通过宽大的条件，引导中日走向全面和平，而国民政府的参战会加深双方的相互对立，并不妥当"，但"如果五号作战不实施了，就是时候让国民政府参战，坚持长期战了"。⑤

1942年初，日本外相东乡茂德，主张抓住了"解决中国问题"的时机：

---

① 「東郷外務大臣周仏海財政部長会談録」（1942年7月17日）『日本外交文書・太平洋戦争第一冊』166–172頁。

② 連絡会議了解「国民政府の参戦に関する件」（1942年7月29日）JACAR（アジア歴史資料センター）Ref. C12120245100『重要国策決定綴　巻2　昭和16年12月–17年7月』（防衛省防衛研究所）。

③ 「東郷外務大臣周仏海財政部長会談録」（1942年7月29日）『日本外交文書・太平洋戦争第一冊』173–175頁。

④ 蔡德金编注《周佛海日记全编》（下），1942年7月29日，中国文联出版社，2003，第631页。

⑤ 『戦史叢書——大本営陸軍部（5）』119頁。

"在我方战果让重庆陷入困境的今天,应该利用合理的条件,来解决中国问题。"东乡在"3 月的联络会议上,提出了相关议题",强调在缓和对华条件的同时,"对重庆政权进行武力的压迫"。① 然而,日军作战部门坦承,无力进攻重庆。在 3 月 7 日的联络会议上,② 外相东乡茂德质问,在"中国问题"上,"对重庆政权进行所谓的'设定谍报路线'就完了吗","难道在军事上就没什么办法吗"。参谋次长回答:"不能光考虑对中国的军事问题,要把对北、对南的形势都考虑进来,说实话,进攻重庆是实现不了的,当然,发起局部进攻是没什么问题的。"③ 虽然日军的能力只能进行"局部进攻",但由于"天皇表现出对中国战场很感兴趣,于是积极进攻的意见也开始得以抬头"。④

军部内进攻论者认为,太平洋战争后,形势发生了变化:"重庆政府在大东亚战争爆发后,起初由于英美等国与之加入同一阵营,使其强化了抗战的意志,愈发梦想我方败退。但开战以来,战况与其预期的相反,转向对我极有利的形势,于是重庆政府逐渐冷静下来,认识到长期战的结果,对反轴心方面不利",在这种情况下,虽然重庆政府"对内强化长期持久战态势,对外努力加强与英美的关系,还试图拉拢苏联",但日军仍然认为有机可乘,并准备开始发起针对重庆的新一轮进攻,即"五号作战"。⑤

然而,正在日军准备进攻重庆之际,日军在太平洋上遭遇重挫。1942 年 6 月,中途岛战役以日军的失败而告终,8 月,美军对日发起反攻,开始登陆瓜岛,美日两军在瓜岛展开了拉锯战,消耗了日军大量物资。随着战局急转直下,日军战争物资供应紧张,"五号作战"能否实行,颇有疑问。9 月 19 日,陆军省收到中国派遣军拨付弹药用于"五号作战"的要求。⑥

---

① 東郷茂徳『時代の一面——東郷茂徳外交手記』原書房、1967、301、302 頁。
② 「今後採ルベキ戦争指導ノ大綱」(1942 年 3 月 7 日) JACAR (アジア歴史資料センター) Ref. B02032972000『大東亜戦争関係一件/戦時中ノ重要国策決定文書集』(A-7-0-0-9_52)(外務省外交史料館)。
③ 「第 92 回連絡会議」(1942 年 3 月 7 日) JACAR (アジア歴史資料センター) Ref. C12120259200『大本営政府連絡会議議事録 其 3 昭和 17 年 1 月 10 日~18 年 1 月 30 日』(防衛省防衛研究所)。
④ 『戦史叢書——大本営陸軍部 (3)』594 頁。
⑤ 『戦史叢書——大本営陸軍部 (3)』598 頁。
⑥ 陸軍省「五号作戦用弾薬前送の件」(1942 年 9 月 19 日) JACAR (アジア歴史資料センター) Ref. C01000654900『昭和 17 年 陸亜密大日記 第 42 号 1/2』(防衛省防衛研究所)。

数日后，陆军省回复表示，拨付弹药一事需要延期进行。① 大本营告知中国派遣军，由于军需品不能按时拨付，延期进行"五号作战"。但中国派遣军还是希望继续进行。② 11月7日，参谋本部告知中国派遣军，表示"五号作战就全体形势推进来看，于1943年内是很难实施的。现在不但无法向中国增加兵力，甚至要考虑在未来，抽调一部分部队和资材到其他方面"。③ 12月初，日军大本营要求，"从中国迅速将第六师团、第十七师团、第五十七师团派往菲律宾、新几内亚方面"。④ 中国派遣军认识到，"当中央抽调预定用于这次作战的有力部队第六师团时，就已经知道预定计划是不可能实行了，只是没有接到明确的终止的指示"。⑤ 12月10日，参谋次长正式告知派遣军，中止"五号作战"。⑥

"五号作战"与汪伪政府"参战"有着密切关联。裕仁天皇也曾关心，"国民政府的参战，会不会成为全面和平的障碍"。但"五号作战"的中止，相当于宣告日军武力实现"全面和平"已经没有了希望，如参谋本部第一部部长及第七课课长所认为的，"就国民政府参战的工作，目前暂时不做，而要在对重庆工作没有希望时再做，换句话说，也就是五号作战停止时，让其参战也未尝不可"。也就是说，"如果五号作战不实施了，是时候让国民政府参战，到了坚持长期战的时候了"。⑦

二 日本允许汪伪政府"参战"与"对华新政策"

由于对华事务由军部主导，因此日军的战略变化决定了日本对华方针的调整。1942年11月末，"五号作战"的准备正式终止后，参谋本部第一

---

① 陆军省「五号作戦用弾薬前送延期の件」（1942年9月28日）JACAR（アジア歴史資料センター）Ref. C01000676800『昭和17年　陸亜密大日記　第43号　3/3』（防衛省防衛研究所）。
② 『戦史叢書——大本営陸軍部（5）』185頁。
③ 『戦史叢書——大本営陸軍部（5）』423頁。
④ 種村佐孝「大本営機密日誌」（1942年12月21日）144頁。
⑤ 『戦史叢書——大本営陸軍部（5）』425頁。
⑥ 与之同时，军部要求中国派遣军在原有的基础上，继续进行相关研究，为未来的作战做好准备。『戦史叢書——大本営陸軍部（5）』578頁。
⑦ 『戦史叢書——大本営陸軍部（5）』116-119頁。

部部长田中新一判定:"通过军事进攻解决中国事变的希望已经没有了。今后处理中国事变,只能舍弃原有的因缘与习惯,指望政略施策了","最重要的是,为了完成战争,就必须将中国四亿民心引导到我方这里来,必须加紧研究借此解决重庆问题的方法"。① 而陆军参谋本部第十五课也判断,"与英美的战争期间,要让重庆政府屈服,没有别的办法,只有将之从大陆驱逐出去,将中国四百余州归入帝国领有之下,但显而易见,这是帝国当下无法立即实现的难事",由于无法通过武力进攻达成目的,"因此帝国剩下的对华处理,只剩下一条路,即把握中国占领地的民心","把握民心的途径只有一条",即"通过强化国民政府的政治力量,把握民心,使其能够与我方同甘共苦,自发地进行协助"。②

日本外务部门对日军的政策本就存在不满。资深外务官僚重光葵就任驻汪"大使"后,综合各种情况后判断,日本统治中国犯有"根本错误","文化工作,根本就不值一提";经济方面"完全失败",对中国"本部"的政策是"片面的掠夺","所谓日华经济提携,共存共荣,随着掠取中国更多的物资,在实际上已经变成对中国经济的榨取了"。③ "比起物资问题来,更重要的是,失去了占领地区的民心,居民抱有抗日的感情,被诱导着倒向抗日的态度。"④ 重光葵的意见在日本对汪机关中并非孤例,"每周两次同汪精卫讨论施政"⑤ 的驻汪最高经济顾问青木一男也认为,日本对占领区的掠夺过分:"统制的工作,本应该尽量让中国人去做。结果,现在都是日本人、日本人团体,把统制的资源都拿在了手里。从中国人角度来看,铁山和煤矿等大企业,被日本人拿走也就罢了,连小商业都被日本人夺走了。"⑥

---

① 種村佐孝「大本営機密日誌」(1942 年 12 月 21 日) 144 頁。
② 「対支情勢判断ニ関スル研究」(1942 年 12 月 2 日) JACAR (アジア歴史資料センター) Ref. B02032947700『大東亜戦争関係一件/中華民国国民政府参戦関係 第一巻』(A-7-0-0-9_41_001)(外務省外交史料館)。
③ 重光葵:《日本侵华内幕(昭和的动乱)》,齐福霖等译,解放军出版社,1987,第 327 页。
④ 「決戦態勢と支那問題 (第五編)」(1943 年 2 月 24 日) 重光葵記念館編・武田知己監修『重光葵外交意見書集』第 2 巻、177 頁。
⑤ 青木一男『わが九十年の生涯を顧みて』講談社、1981、160 頁。
⑥ 『戦史叢書——大本営陸軍部 (5)』432 頁。

时任外相的东乡茂德也认为,"兴亚院的治理成绩乏善可陈","尤其在获取在华物资上","存在驻屯军强行收购粮草,不顾中国人抱怨的报告","我对陆军大臣兼兴亚院总裁的东条表示,中国人对我军和兴亚院这样的作为,普遍抱有不满,这样下去对华政策是不可能真正加以实行的"。①

占领区状况不仅不如日本当局之意,日军的掠夺政策也缺乏可持续性。重光葵认为,日本在占领地的统治"不管做什么,所凭借的都是强力"。②"所谓日本物资贫乏,必须从中国多多获取原料品等物资,说这样的话,不过是为了依靠强力,低价从中国获取物资来张目。在日本人的势力下,设立了各种特权会社,用来收集物资,其背景也是靠的强力力量。"③日军将这种强力发挥到极致,已经难以继续加强:"军部对中国物资的榨取","已经到了山穷水尽的地步"。④"物资的运出,以中国为代表,占领区域由于强压的政策已经越来越难,到了甚至连战争直接必要的物资也很难获取的地步。"⑤

此外,重庆国民政府与英美交涉调整不平等条约,也成了促使日本不得不改变对华政策的一个因素。1942年10月,"大使馆"参事官土田丰自北平发电,呼吁日本中央采取措施,应对英美的"政治进攻":"本次英美撤销在华治外法权(重庆方面也在宣传正在斡旋法国等采取同英美一样的措施),不仅给重庆方面,也对中国方面普遍的心理造成重大影响。我方在日华基本条约中,确定了撤销治外法权和返还租界的方针,我方也一直在强调东亚的解放,但这次对抗英美的政治进攻,所做的只有宣传而已,对于实质地促进中国方面协力的措施,什么都没有做。中国方面普遍怀疑我方诚意,恐怕导致对把握中国方面民心的不利影响(甚至理解我方的有力

---

① 東郷茂德『時代の一面——東郷茂德外交手記』301頁。
② 「大東亜戦争と支那問題(第一編)」(1942年3月8日)『重光葵外交意見書集』第2卷、16頁。
③ 「大東亜戦争と支那問題(第一編)」(1942年3月8日)『重光葵外交意見書集』第2卷、16頁。
④ 重光葵:《日本侵华内幕(昭和的动乱)》,第330页。
⑤ 「決戦態勢と支那問題(第五編)」(1943年2月24日)『重光葵外交意見書集』第2卷、177頁。

要人方面,也认为大东亚战争爆发以来,日本取得了赫赫战果,但是一般的中国民众没有任何利益均沾。相反由于物资不足和物价上涨等,生活上的困难增大了,如果放任如此的话,中国方面的把握民心工作可能会更加困难)。因此,在此际处理租界和治外法权问题,根本改善在华占领地政治,从战争指导的大局出发,也是非常迫切的措施,至少要在占领地地区,促使中国民心脱离重庆乃至共产党方面,接近我方,诱导这样的大势,这可能是最符时宜的办法。"①

在这种情况下,日本只能调整对占领地的政策,试图改变状况,这就是所谓的"对华新政策"。所谓"对华新政策",就是1942年12月21日,"御前会议决定的《为完成大东亚战争之对华处理根本方针》(简称《对华处理根本方针》)"。② 而"对华新政策"的提出,是"11月27日的联络会议上,铃木企划院总裁和大东亚大臣的发言,让国民政府参战,成为中日间打开局面的一大转机的政策的萌芽"。③ 也就是说,11月27日召开的第121次政府大本营联络会议是日本决定推行"对华新政策"的关键之一。

在会议之前的11月3日,外相谷正之、大东亚相青木一男、驻汪"大使"重光葵举行会晤,共同认为"目前大东亚战争形势日益严峻,需要中国的协助也日益切实,因此需要接受国民政府的期望,实现其参战一事,唤起中国官民对帝国协助的热情,强化国民政府政治力,整顿协助帝国的体制,这是为完成大东亚战争所需要的紧急对策","相关对策要注意政治上的考虑,要想办法让中国官民能衷心协助大东亚战争","在决定相关事宜后,需要由中央统御,政府各机关一体配合,当地各机关也达成一致"。三人还确定了几条对汪伪政府的主要方针:

1. 协助安定民生和复兴产业;
2. 返还重庆敌产和英美等敌产,对中国方面以好意进行处理;

---

① 在北京土田参事官より谷外務大臣宛電報「租界及び治外法権問題につき大局の措置が必要である旨意見具申」(1942年10月15日)『日本外交文書・太平洋戦争第一冊』175、176頁。
② 種村佐孝「大本営機密日誌」(1942年12月21日) 144頁。
③ 『戦史叢書——大本営陸軍部(5)』481頁。

3. 返还租界（包括斡旋法、意租界返还）；

4. 撤销治外法权，修订其他不平等条约。①

对外务省与大东亚省等提出的调整对华方针的意见，军部内部存在较强的反对声音，但最终军部却成了"对华新政策"的推动者。一方面，军部内部有人意识到，战争形势已趋不利，不得不调整对华政策。通过实行一系列向汪伪政府放权的"对华新政策"，"军部借此减轻中国的重担，将中国引为同伴，使其得以作为兵站基地利用，从而可以专心于对美作战"。② 10 月末，参谋本部第一部部长田中新一认为，"瓜岛恶战，不仅为美国担心重庆对日妥协的忧虑打上了休止符，也让南京国民政府对战争前途真正产生了忧虑"，更重要的是裕仁天皇要求调整对华政策，在其指示下，日本首相东条英机推动召开御前会议，确定"对华新政策"方针。东条主张，"以往各项御前会议通过的决定，都是在大东亚战争发生前确定的，但目前情况已经发生了很大改变"，③因此需要重新确定最高方针，而"御前会议来决定的话，比联络会议更为稳固，于是决定召开御前会议"。④

1942 年 12 月 21 日，日本召开第九次御前会议，通过《为完成大东亚战争之对华处理根本方针》。裕仁天皇对本次会议极为重视，据内大臣木户记录，"圣上表示，今天御前会议要决定对中国的根本政策，极为重要，大家一定要全部出席"。⑤ 由于天皇的重视，各军政首脑在会议上表现积极。会议上，枢密院议长强调"大东亚战争发生后的今日，日本处于真正的生死关头，官民必须一致努力，实行本方针"，"自己最为担心的是实行的问题……如果以往能够真正完全实行中日亲善的根本方针，就不会走到今天这一步"，

---

① 「谷、青木、重光会談ノ記録・国民政府参戦問題」(1942 年 11 月 3 日) JACAR（アジア歴史資料センター）Ref. B02032947200『大東亜戦争関係一件/中華民国国民政府参戦関係　第一巻』(A-7-0-0-9_41_001)（外務省外交史料館）。

② 柴田紳一『昭和期の皇室と政治外交』原書房、1995、126 頁。

③ 御前会議議題「『大東亜戦争完遂ノ為ノ対支処理根本方針』ニ関スル内閣総理大臣提案理由説明」JACAR（アジア歴史資料センター）Ref. B02030534100『支那事変関係一件　第十一巻』(A-1-1-0-30_011)（外務省外交史料館）。

④ 『戦史叢書——大本営陸軍部（5）』487 頁。

⑤ 『木戸日記』(1942 年 12 月 21 日) 1001 頁。

并要求"军方一定要努力切实实行,希望能明确表决心"。质问之后,军部各首脑随即在天皇面前表明决心。东条表示"我自己有着坚决的决心,我明白,没有这一决心,是完成不了大东亚战争的"。海相岛田繁太郎表示,海军与陆军完全一致。参谋总长杉山元表示,"统帅部也完全一致,一定将方针加以贯彻实施,准备在24日召集中国派遣军总参谋长和以下相关各军参谋长及相关幕僚来东京,要求其彻底贯彻相关方针"。军令部部长永野修身也表示:"要全力以赴贯彻这一方针。"而根据日本当局讨论的结果,将汪伪"参战"与"对华新政策"共同推出,从而将政治宣传效果最大化。①

根据外相谷正之、大东亚相青木一男、驻汪"大使"重光葵的商议决定,国民政府参战的手续顺序如下:

1. 总理大臣赴华②,向国民政府通报同意其参战要求,并透露到时候帝国所采取的措施;

2. 国民政府与重光大使讨论后,尽快完成内部手续,在适当的时期发表参战宣言,帝国政府与之同时公布所要采取的措施,两国约定进行普遍的军事合作;

3. 帝国政府与国民政府达成协议,尽快实现所公布的措施。③

外务省对汪伪政府"参战"设定的具体时间表如下:

11月15日,重光大使通知汪主席帝国政府的决定。
12月5日,中日双方制订完成国民政府对英美宣战布告文书协议。

---

① 「第9回御前会議」(1942年12月21日) JACAR(アジア歴史資料センター) Ref. C12120263100『大本営政府連絡会議議事録 其3 昭和17年1月10日~18年1月30日』(防衛省防衛研究所)。

② 「東条首相、国府訪問、日華の『決戦協力』固し」『大阪朝日新聞』1943年3月16日、神戸大学図書館新聞記事文庫。

③ 「谷、青木、重光会談ノ記録・国民政府参戦問題」(1942年11月3日) JACAR(アジア歴史資料センター) Ref. B02032947200『大東亜戦争関係一件/中華民国国民政府参戦関係 第一巻』(A-7-0-0-9_41_001)(外務省外交史料館)。

12月10日，完成为完成战争的日华协力的共同宣言。

12月15日，在上述两项准备后，汪主席来东京，进一步阐明我方方针。

来年1月上旬，帝国向德意通告国民政府参战事宜及相关联的帝国采取的措施。

来年1月15日左右，在上述各项准备完成后，抓住适当时机，国民政府正式向英美宣战。

国民政府宣战布告发表一两日后，发表日华共同宣言、交还租界协定和处理敌产事宜。①

12月21日上午11时至11时50分，日本召开第九次御前会议，通过《为完成大东亚战争之对华处理根本方针》，会上东条等人在裕仁天皇面前许诺，对"对华新政策"有"坚定决心"。② 12月25日，汪精卫同东条举行会谈。汪精卫表示，"准备于1月20日参战"，而东条则主张，"我方认为1月15日为宜，20日召开议会，可以在全国民中贯彻之"，汪精卫表示同意。③ 日汪间便以1月15日为期限，准备"参战"工作。1942年12月29日，外相谷正之与大东亚大臣青木一男训令驻汪"大使"重光葵，开始与汪伪政府就各种"新政策"内容展开交涉，要求"在1月7日之前，双方确定方案"，"在1月14日后，要处于随时可以签署的状态"。④ 1943年1月初，日汪双方展开了密切交涉。

然而，1943年1月6日，日军大本营截获美国电报，得知"关于美国

---

① 「支那側参戦ノ為ノ諸措置段階案（外務案）」（1942年11月25日）JACAR（アジア歴史資料センター）Ref. B02032947400『大東亜戦争関係一件/中華民国国民政府参戦関係　第一巻』（A-7-0-0-9_41_001）（外務省外交史料館）。

② 「第9回御前会議」（1942年12月21日）JACAR（アジア歴史資料センター）Ref. C12120263100『大本営政府連絡会議議事録　其3　昭和17年1月10日-18年1月30日』（防衛省防衛研究所）。

③ 「東条総理汪主席会談要録」（1942年12月25日）JACAR（アジア歴史資料センター）Ref. B02032947900『大東亜戦争関係一件/中華民国国民政府参戦関係　第一巻』（A-7-0-0-9_41_001）（外務省外交史料館）。

④ 「日中間諸取極締結に関する交渉開始方訓令」（1942年12月29日）『日本外交文書・太平洋戦争　第一冊』207頁。

对中国撤销治外法权一事,中美两国间签署的条约和附带交换文书(内容相当广泛)将在最近通过参议院审议,正式发生效力"。① 1943 年 1 月 7 日,日本当局召开第 125 次政府大本营联络会议,讨论海军提出的三个方案。外相谷正之主张,为了能够制美国之先,可以选择第二个方案,将"对华新政策"与汪伪政府"参战"相分离,立即发布声明。其他人却认为,与汪方达成协议用不了多久时间,与"参战"相分离,过早发表"新政策"的声明,会打草惊蛇,让美国提前发表协定全文,也会让"参战"失去震撼力和政治影响等。最终,联络会议决定采用第一个方案,即让汪伪政府提前发表"参战"声明,并根据处理相关手续的最短时间,决定进一步提前到 1 月 9 日发表。②

当日深夜,驻汪"大使"重光葵紧急会见汪精卫。重光葵与汪精卫"讨论了参战问题以及各种措施和签字问题",并告诉汪"英美和重庆等地方似乎有所行动,与此相对应的时间要提前到 9 日,得到了对方同意"。③

1943 年 1 月 9 日,日汪签订《日华共同宣言》,汪伪政府正式对英美宣战。

所谓"对华新政策",是日本当局为了适应太平洋战争后的新形势,在对华政策上一揽子的调整方案,其主要内容就是 1942 年 12 月 21 日第九次御前会议上通过的《为完成大东亚战争之对华处理根本方针》。事实上,"这份御前会议决定的《完成大东亚战争之对华处理根本方针》,也就是所谓对华新政策"。④ 如首相东条英机的提案理由所言,太平洋战争爆发后,日本还没有确立新的"最高对华方针",这份文件正是日本确立对华"新政策"的产物。⑤

---

① 『戦史叢書——大本営陸軍部 (6)』150 頁。
② 「第 125 回連絡会議」(1943 年 1 月 7 日) JACAR (アジア歴史資料センター) Ref. C12120263300『大本営政府連絡会議議事録 其 3 昭和 17 年 1 月 10 日 - 18 年 1 月 30 日』(防衛省防衛研究所)。
③ 「重光大使より谷外務大臣宛電報」(1943 年 1 月 8 日) JACAR (アジア歴史資料センター) Ref. B02032948600『大東亜戦争関係一件/中華民国国民政府参戦関係 第二巻』(A-7-0-0-9_41_002)(外務省外交史料館)。
④ 種村佐孝『大本営機密日誌』(1942 年 12 月 21 日)、143 頁。
⑤ 「御前会議議題「大東亜戦争完遂ノ為ノ対支処理根本方針」ニ関スル内閣総理大臣提案理由説明」(1942 年 12 月 21 日) JACAR (アジア歴史資料センター) Ref. C12120192000『大東亜戦争完遂の為の対支処理根本方針 御前会議議事録 昭和 17 年 12 月 21 日』(防衛省防衛研究所)。

日本当局"对华新政策"要求,"力戒日本方面的垄断",将部分经济权力交还给中国人,并不意味着其侵华经济政策有了根本变化。日本当局核心的考量仍然是获取中国物资,满足战争需要,但也试图进行部分技术性调整,从而收买占领地民心,促进经济发展:"毋庸赘言,加强帝国物质上的实力,是国家现在面临的最重要的事情。为了增强帝国战力,对中国方面的期待越来越紧切,对华经济政策的重点,要对此加以明确。政府与统帅部相呼应,做好了倾注全力的准备,但是获取和统制中国物资,固然要增加数量,也要考虑利于民生,为此要将物资统制合理化,物资购买价格适当化。"[①]

1943 年 1 月 30 日,大本营政府联络会议决定,"为了增大国民政府参战的整治效果,帝国同意从中华民国国旗上除去表示反共和平等的布片"。[②] 2 月起,汪伪政府得以使用去除了黄色布片的青天白日旗,"华北政务委员会"也根据日本当局要求,将五色旗完全替换为青天白日旗。

1943 年 1 月 9 日,汪伪政府向英美"宣战",并宣布组建所谓"国防最高会议"。同日,日汪间签署《关于为完成战争而相互合作的日华共同宣言》。[③] 并在同日签订了《关于返还租界和撤销治外法权等的日本国中华民国间协定》。[④]

汪伪政府"参战"后,日本政府发表声明,宣布准备实施一系列的"对华新政策":"帝国以日华合作的基本精神,期待两国关系得到划时代的发展,同时以中国的独立自主与国民政府发挥政治力为基础,冀念新中国

---

① 「御前会議議題「大東亜戦争完遂ノ為ノ対支処理根本方針」ニ関スル大東亜大臣説明」(1942 年 12 月 21 日)JACAR(アジア歴史資料センター)Ref. C12120061300『支那事変戦争指導関係綴 其の 2 昭和 13 年 1 月~昭和 17 年 11 月』(防衛省防衛研究所)。

② 「新支那の国旗に関する件」(1943 年 1 月 30 日)JACAR(アジア歴史資料センター)Ref. C12120218700『重要国策決定綴 其 4 昭和 18 年 1 月 14 日 – 18 年 9 月 29 日』(防衛省防衛研究所)。

③ 「戦争完遂に付ての協力に関する日華共同宣言」(1943 年 1 月 9 日)JACAR(アジア歴史資料センター)Ref. B13090931700『租界還付及治外法権撤廃等に関する日本国中華民国間協定』(B – C65)(外務省外交史料館)。

④ 「租界還付及治外法権撤廃等ニ関スル日本国中華民国間協定」(1943 年 1 月 9 日)JACAR(アジア歴史資料センター)Ref. A03022887600『御署名原本・昭和十八年・条約第二号・租界還付及治外法権撤廃等ニ関スル日本国中華民国間協定』(国立公文書館)。

建设的加速，为此向中华民国返还帝国所有的专管租界，承认中华民国回收上海、厦门的共同租界，及北京公使馆区域，实行撤销治外法权，并出台种种好意之措施，极力支援新中国之建设。"①

根据外相重光葵在1943年2月5日提出的方案——《处理对华问题的根本方针具体策略的实施要领腹案》，这份计划基本上与《对华处理根本方针》相契合，包括了取消治外法权、返还租界等加强汪伪政府政权、进行对外政治宣传的一干措施。既然日本的中央方针已经得以确定，具体事项的实施就不再成为大的问题。据日本南京"大使馆"观察，在"政治方面的新政策"，"实施交还租界、撤销治外法权等工作，由我方确定措施方案，国民政府对此加以接受即可，其相关施策基本上按照预定进行，应该没有问题"。②

重光葵认为，"对华新政策"的实施，不仅能提升汪伪政府的实力，甚至也会诱使重庆国民政府前来媾和："要一下子将重庆政权同英美切断联系，与南京国民政府全面和平，确实比较困难。但帝国政府从本年初开始实行对华新政策后，中国人普遍对日观念逐渐变化，对日战争的名目已经消除，这一思想在全国范围内逐渐抬头，这也是事实。国民政府自不消说，重庆政权也面临着不得不认真考虑上述风潮的形势，加上经济愈发困难，民生愈见压迫，为此民众也希望能够促进和平。因此今后要更加强力地推行新政策，和平气氛也会更加浓厚。"③

然而，在乐观情绪之外，重光葵也看到，贯彻"对华新政策"面临着两个困难："中国方面政府的无力，是实行新政策的大障碍"，"一般人民对日恶感，是更大的难关"，而究其原因是"政府的无力和一般民众对日的反感，要说谁该负责，当然是日本方面"。④

---

① 「日華一体征戦へ邁進、帝国政府声明」『東京朝日新聞』夕刊、1943年1月10日、第1面。
② 南京大使館「新政策実施の見透し」（1943年6月4日）『日本外交文書・太平洋戦争第一冊』287、288頁。
③ 「帝国戦時外交の基調に就て」（1943年10月1日）『重光葵外交意見書集』第2巻、286、287頁。
④ 「決戦態勢と支那問題（第五編）」（1943年2月24日）『重光葵外交意見書集』第2巻、175、176頁。

在"对华新政策"开始实施后,重光葵便提出,准备与汪伪政府签署"同盟条约",来替代"基本条约":"随着实行新政策,中日之间的障碍已经逐渐撤废,交换租界、撤销治外法权之类事项已经得以实现,应该进而对过去时期的遗物——中日基本条约,进行根本的改订。站在共同战线上的中日两国,居于完全同等的立场上,签订同盟条约是适当的。随着日本整理同中国的关系,中国同各外国的关系有必要进行全部整理。"① "既然变更了对华政策,那么带有暂时性性质的基本条约,当然也要改变。必须废止基本条约,签订立足于平等关系的同盟条约。当然也要承认中央政府在中国全土的权威。"②

1943年5月末,大本营政府联络会议上,通过了准备与汪伪政府签订"同盟条约"的方案。5月31日的御前会议上,确定要"更加彻底地实现《对华处理根本方针》,从而修改日华'基本条约',缔结日华'同盟条约'"。③ 在经过一系列讨论后,1943年9月18日,在"今天的联络会议上,确定了修改日华基本条约的基本方针"。④ 日军大本营认为,"这个决定最大的看点包括两个:一是过去通过条约等确定的驻兵权全部放弃,二是一旦同中国全面成功讲和,就果断实行撤兵。全面和平后大东亚战争还继续进行的话,则要确保根据日华共同宣言的军事合作。于是日华基本条约的最大难点,关于驻兵和撤兵问题,就此得以彻底解决"。⑤

1943年10月30日,日汪正式签订《日汪同盟条约》,宣布"关于中华民国日本国间基本关系条约连同其一切附属文书一并失效",并在"附属议定书"中规定,在"日本国约定于两国间恢复全面和平、战争状态终了时,撤去其派在中华民国领域内之日本国军队","日本根据北清事变北京议定

---

① 「決戦態勢と支那問題(第五編)」(1943年2月24日)『重光葵外交意見書集』第2巻、182頁。
② 「世界戦争と対支新政策」(1943年3月24日)『重光葵外交意見書集』第2巻、229頁。
③ 「『大東亜政略指導大綱』御前会議議事録・第10回御前会議に於ける内閣総理大臣説明」(1943年5月31日)JACAR(アジア歴史資料センター)Ref. C12120193900『大東亜政略指導大綱 御前会議議事録 昭和18年5月31日』(防衛省防衛研究所)。
④ 種村佐孝『大本営機密日誌』(1943年9月18日)152頁。
⑤ 種村佐孝『大本営機密日誌』(1943年9月18日)152頁。

条款及其有关之文书所有之驻兵权概予放弃"。① 就日汪间反复争执的驻兵问题,日本为实现笼络目的,做出调整,并通过"对华新政策",一定宽缓了对汪伪的条件。

三 战争末期日本对华政策的变化与"和平工作"

在调整对汪政策的同时,1943年8月,外务省重新梳理了太平洋战争爆发后的"重庆和平工作"概况,② 并提出了《对重庆工作的试案》。方案要求,"要在下次取得相当战果之际,抓住机会,发动对重庆的和平工作",到时候"以改订条约的条件来同重庆政府商谈"。外务省考虑到联系重庆政府的方式,表示"一旦有了希望,则公开对记者发表","这样做的不利点在于,英美苏等第三国可能干涉,并且让对方看到日本的孱弱,也让南京国民政府产生动摇,有利点则是可以直接将日本意向送交重庆方面"。而汪伪政府也被外务省视为交涉中介,到时候"将南京、重庆两方关系当作中国国内问题交其自行处理"。③

然而,对于是否要同重庆政府进行接触,日本高层的意见并不统一。1943年5月31日,在讨论香港问题时,枢密院议长原嘉道表示,香港并非重要资源的供给源,将来应该如何对待。首相东条回复说,准备将香港作为"重庆工作最后的礼物",也就是说,东条迟早要进行"重庆工作"。外相重光葵则表示,并无进行"重庆工作"的准备。与会的参谋次长秦彦三郎判断,"从本会议的气氛来看,各大臣并非完全思想一致,尤其是在对华方策上,今后具体问题的处理上,预计也会遇到很大困难,为避免这种情

---

① 「日本国中華民国間同盟条約締結及関係公文交換ノ件ヲ定ム」(1943年10月30日)国立公文書館、http://www.digital.archives.go.jp/das/image/M0000000000001774136。
② 「太平洋戦争爆発后的对重庆和平工作」(1943年8月)JACAR(アジア歴史資料センター)Ref. B02032985600『大東亜戦争関係一件/本邦ノ対重慶工作関係』(A-7-0-365)(外務省外交史料館)。
③ 「対重慶工作試案(研究中)」(1943年8月11日)JACAR(アジア歴史資料センター)Ref. B02032985600『大東亜戦争関係一件/本邦ノ対重慶工作関係』(A-7-0-365)(外務省外交史料館)。

况，有必要进行思想调整"。①

1943年8月13日，在总理官邸内，内阁书记官长、大东亚次官、陆海军军务局局长、外务省政务局局长等事务负责官僚，对重启"重庆工作"进行了讨论。讨论最终决定，"开始积极进行对重庆工作"，并考虑"以蒋为对手的全局和平"与"分化重庆工作"两种方式，根据情况，从速灵活进行。② 8月16日，日本最高战争指导会议上，东条等人主张"从速发动和平工作，力图解决中国问题"。外相重光葵主张，以"考虑"代替"发动"二字，结果方案未能通过，但东条等人继续活动。③

1943年9月18日，东条面见裕仁天皇，报告其与驻汪"大使"谷正之的谈话。东条表示，"南京政府"势不可倚，虽然"汪仍然有足够热情"，但"中国人成立南京政府，本来是以全面和平为目的的，但今日小成即安，失去热心"，而此时中国国内形势已经发生变化，"一方面，重庆方面清算向来的容共政策，选择打倒共产党的方针，另一方面，就算日德都被打倒，最终只能依靠英美，战争的结果如何也是有疑问的，也有说法认为，中国战争的现阶段，已经不是破坏而是该建设了"，东条最终借汪精卫的说法表示："在过去，与蒋全面和平的希望很少，但现在，汪精卫对此抱有很大希望。"④

同日，大本营政府联络会议正式决定："从此利用国民政府，开始对重庆政府的政治工作。"⑤ 9月20日，大本营政府联络会议研究了关于"重庆工作"的步骤和条件，准备以"汪精卫为中介，向重庆政府交涉和平"，

---

① 「『大東亜政略指導大綱』御前会議議事録・第10回御前会議経過概要（次長口述）」（1943年5月31日）JACAR（アジア歴史資料センター）Ref. C12120194100『大東亜政略指導大綱御前会議議事録　昭和18年5月31日』（防衛省防衛研究所）。
② 「次期の重要政略に関する件」（1943年8月13日）JACAR（アジア歴史資料センター）Ref. B02032985600『大東亜戦争関係一件/本邦ノ対重慶工作関係』（A-7-0-365）（外務省外交史料館）。
③ 「最高戦争指導会議記録」（1944年8月16日）伊藤隆・武田知己编『重光葵最高戦争指導会議記録・手記』。
④ 『木戸日記』（1943年9月18日）1053、1054頁。
⑤ 「対重慶工作に関する件」（1943年9月18日）JACAR（アジア歴史資料センター）Ref. B02032985600『大東亜戦争関係一件/本邦ノ対重慶工作関係』（A-7-0-365）（外務省外交史料館）。本件由联络会议决定，要求于兹开始对重庆"政治工作"。

"一旦重庆政府驱逐在华英美军队,断绝同美英的交通,即视为向日本表现和平诚意。日本不逼迫重庆方面向英美宣战,只要实质上协力大东亚战争即可"。①

9月24日,大本营政府联络会议决定,"以内阁总理大臣直接与汪精卫的联系为主,当地派遣机关若无中央指示,则仅从事必要的通信传达工作"。② 也就是说,由汪伪政府负责与重庆方面的联系,日本则由首相直接与汪精卫联系,防止当地派遣机关自作主张,避免之前的"和平工作"政出多头、相互影响的弊端。对于此次进行的"和平工作"能否成功,日本当局内部抱有疑问。日本在"分化工作"效果不彰的基础上,超越"分化工作",直接诱降重庆政府,必然面临重重困难。

驻汪"大使"谷正之认为,"根据国际形势、蒋与英美的密切关系,全面和平不容乐观"。③ 代理"大使"堀内干城报告:"在和谈之前,要确定汪精卫主席的真实意思和计划,以及重庆是否假装寻求和平","蒋介石目前不可能求和。因为蒋介石认为强大的日本是中国的威胁,即便日本说要撤离中国,但目前日本战时经济对华依存的情况恐怕难以改变,而且英美即便失败,仍会有强大实力,何况当前英美给予中国以相当的发言权"。④

对"重庆工作"态度谨慎的外相重光葵认为,还是要通过"对华新政策这样的正攻法,踏实前进,不能急于解决中国问题,不能立即就向重庆发出呼唤",但同时认为,"帝国政府从本年初开始实行的对华新政策,中国人普遍对日观念逐渐变化,对日战争的名目已经消灭,这一思想在全国范围内逐渐抬头,这也是事实。国民政府自不消说,重庆政权也面临着不

---

① 「対重慶工作に関する件」(1943年9月20日)JACAR(アジア歴史資料センター) Ref. B02032985600 『大東亜戦争関係一件/本邦ノ対重慶工作関係』(A-7-0-365)(外務省外交史料館)。

② 「対重慶工作に関する件」(1943年9月24日)JACAR(アジア歴史資料センター) Ref. B02032986000 『大東亜戦争関係一件/本邦ノ対重慶工作関係』(A-7-0-365)(外務省外交史料館)。

③ 『木戸日記』(1943年9月21日)1054、1055頁。

④ 「帝国ノ採ルヘキ対重慶政治工作」(1943年9月21日)JACAR(アジア歴史資料センター)Ref. B02032985900 『大東亜戦争関係一件/本邦ノ対重慶工作関係』(A-7-0-365)(外務省外交史料館)。

得不认真考虑上述风潮的形势,加上经济困难的加重和民生的压迫,为此民众也希望能够促进和平。因此今后更加强力地推行新政策,和平气氛也会更加浓厚"。① 重光葵同时强调,"重庆工作不应由日本出手,而是要将之当作国内问题",② 确认了"以内阁总理大臣直接与汪精卫的联系为主"的基本方针。

为了向重庆方面直接喊话,日汪在媒体上公开发出了一轮表态。汪精卫强调,"日本准备缔结的新条约,以善邻友邦的精神为出发点,以独立自主、平等互惠为根本原则,日本与中国同心协力,要斩断英美的锁链,完成大东亚战争,此外全无要求。因此,抗战的意义今天已经丧失,只剩下了有国父昭示的大亚洲主义",汪精卫要求重庆政府,对继续抗战进行"反省"。③ 驻汪"大使"谷正之则以"中国统一"的呼吁,近乎明言期待重庆政府前来交涉:"关于中国事变的处理,帝国有识人士的舆论完全一致,都认为要从早解决东亚的祸事伤痕,促进中华民国的统一。"④ 《东京朝日新闻》也发表社论,表示"所谓中国的复兴和独立自主,都是以国家全体为对象的。帝国以中国全体国民为对手,期待对大东亚建设的合作"。⑤ 12月,汪精卫再次呼吁,"蒋介石也应该率直地认识过去的错误,注意到民心所向,取消抗日政权,进而挺身解放大东亚的事业"。⑥

然而,日汪间的一系列动作,并未能引起重庆国民政府的积极回应。1944年初,日本媒体直言,汪伪政府与重庆政府势不两立,转入武装斗争:"根据国府的参战,对重庆的关系为之一变。正如同长期以来,要求停止中国内战的标语'中国人不打中国人',对于重庆也一直有各种的理论斗争。

---

① 「帝国戦時外交の基調に就て」(1943年10月1日)『重光葵外交意見書集』第2卷、286、287頁。
② 「帝国戦時外交の基調に就て」(1943年10月1日)『重光葵外交意見書集』第2卷、287頁。
③ 「日華衝突の原因消滅、汪主席重慶の反省を要望」『東京朝日新聞』朝刊、1943年10月2日、第2面。
④ 「中国の統一促進、谷大使談政府と意見一致」『東京朝日新聞』朝刊、1943年10月2日、第2面。
⑤ 「社説/中国を中国人の手へ」『東京朝日新聞』朝刊、1943年10月28日、第2面。
⑥ 「社説/重慶の勇断を求む」『東京朝日新聞』朝刊、1943年12月11日、第2面。

但随着国民政府的参战,宣言'为和平不惜流血'、'东亚的叛逆者不是同胞,发起问罪之师'。国府对重庆的态度,从此完全变为战斗的态度,由理论斗争转入武力斗争。"① 日本在 1943 年通过汪伪政府诱降重庆政府的计划,就这样没有下文,无疾而终。

随着"对华新政策"的推进,日本再次准备向国民政府诱和。1944 年 6 月 2 日,外相重光葵联系大本营的种村佐孝大佐表示:"要对重庆政治工作活跃化,为此需要公开帝国意图,现在正在研究类似于'近卫声明'的事项。"② 在经过反复讨论后,日本当局决定,围绕着正在进行的"一号作战",发表一份展示日本政府意志的政府声明。7 月 5 日,日本政府发表关于"一号作战"的"帝国政府声明",其中表示:"我军本次在中国的军事行动,是为了摧毁英美侵略称霸的企图,中国民众固然是我们的朋友,只要排除与英美方面的合作,即便是重庆方面的军队,我们也不会以之为敌。"③

1944 年 7 月 22 日,小矶国昭接替东条英机,担任日本首相。8 月 4 日,大本营政府联络会议决定设置最高战争指导会议,作为日本指导战争的最高机关。④ 据外相重光葵记载,"在小矶任平沼内阁的拓相时,就反对让汪精卫出马,据说其意见至今仍然维持。他主张南京政府解体论,来进行重庆工作",重光葵认为,这是小矶"既不懂对华新政策,也不懂大东亚宣言"的表现。⑤ 小矶国昭的主张是:"让蒋返回南京,约定将之作为政府首脑加以迎接,可以当作一个引诱蒋的条件。"⑥ 如果这一条件得以实现,则意味着汪伪政府的解体。小矶国昭以此为底牌,准备推动"重庆工作"。1944 年 8 月 26 日,日本最高战争指导会议决定,"从速发动有统制的对重

---

① 「社説/国府参戦1周年を迎う」『東京朝日新聞』朝刊、1944 年 1 月 9 日、第 2 面。
② 「機密戦争日誌」(1944 年 6 月 2 日)JACAR(アジア歴史資料センター)Ref. C12120325100『機密戦争日誌 其 8 昭和 19 年 5 月 21 日 – 19 年 2 月 7 日』(防衛省防衛研究所)。
③ 「帝国政府声明」『東京朝日新聞』朝刊、1944 年 7 月 6 日、第 1 面。
④ 「機密戦争日誌」(1944 年 8 月 4 日)JACAR(アジア歴史資料センター)Ref. C12120324300『機密戦争日誌 其 7 昭和 18 年 12 月 8 日 – 19 年 5 月 20 日』(防衛省防衛研究所)。
⑤ 「繆斌事件」『重光葵手記』486 頁。
⑥ 「最高戦争指導会議記録」(1944 年 8 月 30 日)伊藤隆・武田知己編『重光葵最高戦争指導会議記録・手記』36 頁。

庆政治工作","对于通过国民政府进行重庆工作达成了意见一致,必要之际召唤顾问等,与外相讨论进行,工作方法上要通报在华大使和陆海军代表者,通过派出机关,与国民政府密切协作"。①

根据小矶国昭的计划,此次准备进行的"重庆工作"意义重大,除了一如既往地诱使重庆国民政府与日媾和外,小矶还计划"工作要点是利用重庆,向英美提议停止战争。如果这一点实现不了,可以诱导重庆驱逐英美军,不一定要重庆向英美军宣战,保持中立即可"。② 在小矶国昭的推动下,"重庆工作"准备直接由日本最高层进行联络。8月30日召开的最高战争指导会议决定,"重庆工作"的方式为"总理大臣通过外务大臣联络国民政府,以其自发的形式实施,本工作这一系统之外的一切工作,禁止实施"。③

针对"重庆工作"可能面临的困难,外相重光葵表示,要提高"重庆工作"成功的可能性,引诱蒋介石对日谈判,就要坚持"对华新政策":"第一,要让蒋更容易复归,就要准备相应的背景,而运用我对华新政策是根本方式,有必要借此消除蒋介石对日本的不信任。帝国过去一年以来,一直按照这个方向全力努力着。第二,对重庆的直接交涉,现在是通过国民政府进行,但周佛海说,'满洲问题'是难以解决的肿瘤,不易进行。因此,今后的重庆工作,第一要贯彻从来的政策,并促使其进步,来逐渐消释蒋对日本的不信任,通过国民政府联系重庆,要使蒋认识到,复归东亚符合他自身和中国的利益。蒋个人的地位保障自不用说,但要考虑到,靠这一条件从未取得成功,因此重要的是,要利用重庆对英美的反感和国共间的倾轧。"④

1944年8月30日,重光葵报驻汪"大使"谷正之,要求从速开展"重

---

① 「最高戦争指導会議記録」(1944年8月26日)伊藤隆・武田知己編『重光葵最高戦争指導会議記録・手記』32頁。

② 「最高戦争指導会議記録」(1944年8月30日)伊藤隆・武田知己編『重光葵最高戦争指導会議記録・手記』36頁。

③ 「対重慶政治工作実施要綱」(1944年8月30日)JACAR(アジア歴史資料センター)Ref. B02032985800『大東亜戦争関係一件/本邦ノ対重慶工作関係』(A-7-0-365)(外務省外交史料館)。

④ 「最高戦争指導会議記録」(1944年8月30日)伊藤隆・武田知己編『重光葵最高戦争指導会議記録・手記』37頁。

庆工作","从而结束事变",要求"以南京国民政府自发的形式进行,由首相和外相密切联系,大使及当地陆海军最高指挥官提供协助"。①

8月31日,外务省提出"重庆工作"的方案。②9月3日,联络会议讨论此方案的修改案,修改案去掉了对伪满洲国和台湾、澎湖列岛的相应处置,加上了一条,"防止重庆方面假装和平"。③由于考虑到"首先要了解重庆方面有无和平意向,最初的工作会很困难",因此"上述和平条件的帝国腹案,虽然不至于一开始就都拿出来,但要先将相当程度的内容透露出来,国民政府也要从一开始,就非常明确地着手相关工作"。④

日本当局原本准备直接利用汪伪政府进行"重庆工作",将相关的线索统合于汪伪政府之下。然而,汪伪政府对进行"重庆工作"的意愿并不高,对于汪伪政府要人是否有进行"重庆工作"的办法,日本当局也不甚了了。矢崎勘十在日本最高战争指导会议上报告说:"虽然周佛海确实向重庆方面发去了电报,但周、陈是否与重庆方面存在无线电联系,还并不明朗。"⑤

1944年10月下旬,急切进行"重庆工作"的首相小矶国昭,主张"重新讨论以南京政府为联系重庆的唯一通道的方针",小矶认为,"汪精卫被人称为汉奸,现在只能通过周佛海一条线和重庆方面相连,如果这一工作通过南京政府方面不能有效进行,可以考虑其他联系方法,包括华北的王克敏乃至延安方面"。然而,外相重光葵在最高战争指导会议上坚持:"重庆工作是关乎全局大问题,要小心破坏全局,导致对我不利的境况","不

---

① 《重光外务大臣发驻华谷大使要求从速进行重庆工作电》(1944年8月30日)JACAR(アジア歴史資料センター)Ref. B02032985800『大東亜戦争関係一件/本邦ノ対重慶工作関係』(A-7-0-365)(外務省外交史料館)。
② 「重慶工作実施二関スル件」(1944年8月31日)JACAR(アジア歴史資料センター)Ref. B02032986000『大東亜戦争関係一件/本邦ノ対重慶工作関係』(A-7-0-0-9_61)(外務省外交史料館)。
③ 「最高戦争指導会議記録」(1944年9月3日)伊藤隆・武田知己編『重光葵最高戦争指導会議記録・手記』45頁。
④ 「最高戦争指導会議記録」(1944年9月3日)伊藤隆・武田知己編『重光葵最高戦争指導会議記録・手記』46頁。
⑤ 「最高戦争指導会議記録」(1944年10月19日)伊藤隆・武田知己編『重光葵最高戦争指導会議記録・手記』157頁。

是想的那么简单的",①"虽然国府确实热情不足,但是如果通过其他方式,可能会暴露我方的虚弱,被敌方趁机扰乱,因此利用国府行动仍然是最好的方法"。②

结果,日本当局暂时继续通过汪伪政府进行"重庆工作"。11月1日,周佛海得知"今后一切均由我与重庆接洽","闻悉之下,至为心焦。全面和平之门极不易开,日本以之期待于我政府,终必有使其失望之一日。故余常向日本表示,和平运动之目的在全面和平,此为中国,非为日本,故日本即不期待我政府,我亦必多方进行"。③

就在日本高层对汪伪政府的关注点集中于利用汪伪政府进行"重庆工作"之际,汪精卫的病情日益恶化。11月10日上午6时20分,汪精卫在名古屋宣告病亡,日军大本营感慨"国民政府前途黯淡"。④ 在汪精卫死亡之际,日本当局采取紧急对应措施。由外相重光葵紧急前往名古屋,抚慰陈璧君、周隆庠,重光葵对其表示:"汪主席死后,日本对华政策坚持既定方针不变。"得到这一承诺后,"二人露出了感激和放心的样子"。⑤ 但实际上,日本准备调整对华政策。

在汪精卫死后,日本首相小矶国昭提出,汪伪政府已无前途,应放弃汪伪政府,全力与国民政府媾和,但外务省提出了反对。外相重光葵表示:"我同意中国联邦的主张,但现在考虑到中国的大局和小局,最重要的是,如何为完成战争,而将中国化为我方战力。现在日本承认南京政府为中国政府,通过其引领全国,维持治安,在政治上、经济和其他方面采取政策,对日合作","国府确实很虚弱,但我们的政策要通过这一政府,来加于中国国民之身,只有承认这一政府,我们的对华政策才具有大义名分","作

---

① 「最高戦争指導会議記録」(1944年10月19日)伊藤隆・武田知己编『重光葵最高戦争指導会議記録・手記』159頁。

② 「最高戦争指導会議記録」(1944年10月25日)伊藤隆・武田知己编『重光葵最高戦争指導会議記録・手記』170頁。

③ 蔡德金编注《周佛海日记全编》(下),1944年11月1日,第945页。

④ 「機密戦争日誌」(1944年11月10日)JACAR(アジア歴史資料センター)Ref. C12120325700『機密戦争日誌 其8 昭和19年5月21日-19年2月7日』(防衛省防衛研究所)。

⑤ 「最高戦争指導会議記録」(1944年11月17日)伊藤隆・武田知己编『重光葵最高戦争指導会議記録・手記』195頁。

为外相，我觉得联系重庆方面只是重庆工作的一部分，真正的大的重庆工作，要让蒋介石意识到全面和平是救国之道，因此我认为要先贯彻以往的政策，再通盘考虑英美苏的关系，（而非只是联系重庆方面）"。①

在重光葵等人的反对下，小矶国昭企图变易对汪政策的要求未能得到通过。但小矶并未放弃"重庆工作"。12 月 14 日，小矶在与汪伪驻日"大使"蔡培的会谈中，不仅重复了"就算故去的汪先生和蒋介石政见不同，最后统一中国的还是蒋介石"的观点，更是反复询问，"宋子文会来投吗？""孔祥熙会来吗？""何应钦会到上海出马吗？"②

在小矶的主导下，日本政府推动了以汪伪考试院副院长缪斌为中心的"缪斌工作"。经最高战争指导会议通过后，"缪斌工作"成为日本主要的尝试媾和的渠道。③ 然而，外相重光葵认为，"缪斌的目标是，让重庆方面切实知道和平地区内日本方面的内幕，其次是离间南京政府与日本方面的关系，扰乱日本施策，进而将中国事变，全面按照中国方面的希望来解决"。结果，"缪斌工作""遭到了陆军方面和外相重光葵的反对，最终未能取得成果"。④ 历经数月接触后，"缪斌工作"无果而终，内外交困的小矶内阁也受此影响，最终下台。

到了 1945 年，对于败局已定的日本，投降只是时间问题。1945 年 5 月，日本的法西斯盟友德国宣告投降，日本在国际上彻底成了孤家寡人。而这一时期的日本对华政策，着力于维护表面上的稳定，防止人心动摇。

1945 年 4 月 17 日，以中国派遣军总司令冈村宁次为首，中国方面舰队司令长官、驻汪伪大使在南京召开了"最高指导会议"，决定"根据战局和

---

① 「最高戦争指導会議記録」（1944 年 12 月 13 日）伊藤隆・武田知己編『重光葵最高戦争指導会議記録・手記』231 頁。

② 「小磯総理大臣蔡培大使会談要領」（1944 年 12 月 14 日）JACAR（アジア歴史資料センター）Ref. B02031748000『支那事変ニ際シ新支那中央政府成立一件　第二巻』（A‒6‒1‒1‒9_002）（外務省外交史料館）。

③ 「繆斌工作をめぐる最高戦争指導会議での討議模様について」（1945 年 3 月 21 日）『日本外交文書・太平洋戦争』454‒458 頁。

④ 「対日和平折衝ニ関スル国民政府考試院副院長繆斌ノ内話」（1945 年 5 月 16 日）JACAR（アジア歴史資料センター）Ref. B02032986900『大東亜戦争関係一件/本邦ノ対重慶工作関係』（A‒7‒0‒365）（外務省外交史料館）。

当地的形势，着力于强力推进施策"，驻汪伪大使馆则发表声明，表明继续推进既定政策："眼下严酷的战局下，当地三机关要浑然一体，坚持对华新方针，强力果敢地推行各种对华政策，继续进行各种措施，强化国民政府政治力，把握其统治下的民心。"①

在对华宣传中，日本媒体不仅宣扬其对华政策的稳定，更强调美苏对中国的威胁，企图煽动中国人的危机感，抵消日本节节败退的影响。日本媒体鼓吹："抗日中国成为国际殖民地，延安和重庆的冲突，是苏联和美国冲突的反映。"②这一宣传口径一直续到日本投降之日。在日本宣布投降的8月15日，日本媒体仍然强调："现在作为战胜国末席的重庆支那，其对延安的关系，是中国的内政，但也有着国际性。中国民众说是胜利国国民，但实际上被险恶风浪所捉弄，将由于国外势力对国内的操纵，而陷入同胞相残的凄惨处境。"③

5月25日，铃木贯太郎内阁成立后，外相东乡茂德确认："铃木内阁的对华政策，坚守既定方针，继续各种政策，支援中国统一和独立自主的完成。坚持双方政治平等，经济互惠，来确立日华间亲善的关系。"④ 到了这个时候，日本当局仍然对"重庆工作"抱有一丝希望。最高战争指导会议的《世界形势判断》认为："就重庆和美国关系的现况来看，要实现中日间的全面和平确实困难"，"但是重庆方面，对美国完胜导致美国称霸东亚会有一丝不安，其中苏联压力也可能增大"。⑤ 蔡培也告诉东乡茂德："南京政府和重庆政府共同点在于反共，蒋介石受共产党所逼进行抗日，和谈的可能性不是没有，希望日本明示条件。"⑥

---

① 「対華新政策　強力に推進／大使館情報部長談」『東京朝日新聞』朝刊、1945年4月20日、第1面。
② 「社説／抗日支那の植民地化」『東京朝日新聞』朝刊、1945年4月28日、第1面。
③ 「死せず『亜細亜の魂』　東亜解放の途へ団結」『東京朝日新聞』朝刊、1945年8月15日、第1面。
④ 「対華政策　既定方針を堅持　外相、打合会で強調」『東京朝日新聞』朝刊、1945年5月25日、第1面。
⑤ 最高戦争指導会議綴「世界情勢判断」（1945年6月6日）JACAR（アジア歴史資料センター）Ref. C12120388300『最高戦争指導会議綴　昭和19年8月~20年6月』（防衛省防衛研究所）。
⑥ 「外務大臣対蔡培授勲并就重慶工作の会談記録」（1945年5月10日）JACAR（アジア歴史資料センター）Ref. B02032986600『大東亜戦争関係一件／本邦ノ対重慶工作関係』（A－7－0－365）（外務省外交史料館）。

1945年8月9日，日本准备接受《波茨坦公告》，而在华日本军政机关此时仍不愿接受失败的事实。8月12日，日本驻汪"大使馆"报告："敌方报道，日本政府请求接受波茨坦公告，等着联合国方面的回答。这样的消息传播，导致中国方面的政府机关乃至军队的动摇、反叛难以防止，准备与陆海军一起，应对最坏的情况。"① 而以冈村宁次为首的中国派遣军则认为，《波茨坦公告》限制日本国土于本土之内，将放弃朝鲜、中国台湾等地，这对日本民族而言意味着失去足够的生存空间，因此是不可接受的，在"还有数百万精锐力量的情况下"，不应投降，应该战争到底。② 冈村宁次通过参谋总长上奏表示："皇军七百万还在大陆和本土，相信能够死中求活，屈辱的和平，会抹杀光荣灿烂的帝国，中国派遣军绝对不可能加以实行。"14日夜，冈村宁次准备向陆、海军大臣，两总长进行第三次意见报告，结果第二日凌晨接到次长电报表明要由天皇亲自进行广播，于是停止提出意见。15日中午，冈村宁次听到诏书后，本着承诏必谨的原则，接受事实进行投降。③

8月15日，日本天皇发表"玉音放送"，正式宣布接受《波茨坦公告》，日本各在华机关只能"拜受诏书"。④ 随后，汪伪政府宣布取消，对日本外交部门而言，"随着帝国接受波茨坦公告，南京政府失去其存在之支柱，随之以自发取消的方式而自然消灭，本大使也失去对外的交涉对象"，由于日本已经无条件投降，中日之间已无对等外交的基础，因此"重庆方面理应不会以大使馆为对手，对军方，重庆方面期待的也不过是维持治安，防止行政机关混乱而已"。⑤ 9月1日，日本政府及大本营发布命令，要求侵

---

① 谷大使より東郷大東亜大臣宛電「日本『ポツダム宣言』受諾二関スル件」（1945年8月12日）『大東省来電』来往電綴515、外務省外交史料館蔵。

② 「ポツダム宣言受諾に関し支那派遣軍の意向を考慮方意見具申」（1945年8月14日）『日本外交文書・太平洋戦争　第三冊』1955頁。

③ 「終戦時期に於ける統帥」JACAR（アジア歴史資料センター）Ref. C13031904200『支那派遣軍の統帥　（支那方面作戦記録原稿）　昭和18年8月–20年8月』（防衛省防衛研究所）。

④ 山本大使より東郷大東亜大臣宛電「詔書御渙発二関スル件」（1945年8月15日）『大東省来電』来往電綴515、外務省外交史料館蔵。

⑤ 「重慶側代表到着後における大使館及び総領事館の役割等につき意見具申」（1945年8月26日）『日本外交文書・太平洋戦争　第三冊』1972頁。

华日军,除中国东北外,其余地区的"一切陆上、海上、航空部队向蒋介石总帅投降",同时对投降细则、投降后各项事务的对处方针等进行了详尽规定。① 9月2日,日本正式向美、中、英、苏等国投降,日外相重光葵、陆军参谋总长梅津美治郎在美军密苏里号上签订了投降文书。投降文书中表示,日本向联合国无条件投降,服从联合国最高指挥官的命令,忠实履行《波茨坦公告》等。9月3日,中国战区日军正式向国民政府投降,9月9日,日军在南京向中国代表呈递投降书,抗战宣告完全胜利而结束。

---

① 「政府及大本営布告一般命令第一号(陸、海軍)布告ノ件」(1945年9月1日)JACAR(アジア歴史資料センター) Ref. A03010250100『公文類聚・第六十九編・昭和二十年・第五十三巻・軍事二・海軍・防空・国民義勇隊・終戦関係・雑載』(国立公文書館)。

近代日本的中国留日学生政策思考

徐志民*

近代留学已不再是简单的、纯粹的科学文化知识和人类优秀文明成果的传播与交流，而被卷入列强瓜分世界殖民地的狂潮之中，掺杂了太多的政治性因素。这种以国益为主的国策性留学教育，违背了留学教育以推动人类文明进步与世界和平发展为根本目的的宗旨。近代日本对中国留日学生的接受政策、教育政策、管理政策，甚至回国安置政策，无不体现着日本侵华扩张的策略与目的，并作为日本对华外交政策的重要一环发挥着辅助性作用。欧美列强对中国留学生的政策，虽在服务国策的目的上与日本并无二致，但由于它们对华政策、留学环境等不同，留学效果也有所不同。①笔者拟以日本的中国留日学生政策为例，总结其政策特点，研判其政策效果，在古今中外留学生政策的对比中梳理留学生、留学政策、国际关系、文化交流之间彼此联动、相互影响的复杂关系，思考留学在新时代文明交流互鉴方面的特殊意义与现实价值。

一 四大特点

无论近代日本大亚洲主义者对中国人赴日留学的"欢迎"，还是日本政

---

* 徐志民，中国社会科学院历史理论研究所、中国历史研究院中国历史学学科体系学术体系话语体系研究中心研究员。

① 鉴于不少人总是纠结近代日本对中国留日学生政策的"成败"，以及自觉不自觉地与欧美各国对中国留学生政策的成效进行比对，笔者在《近代日本的中国留日学生政策史》（中国社会科学出版社，2020）中已对此进行阐述。此次单独成文，意在专门说明。

府总体上对中国留学生坚持相对宽松的接受条件，都使"积极接受"成为近代日本对中国留日学生政策的鲜明特点。清政府、北京政府、国民政府都曾不断提高赴日留学资格，但日本政府对此置若罔闻，即使国民政府打着"革命外交"旗号的强硬交涉也无济于事。日本政府坚持招收达不到中国政府规定留学资格的留学者，一个原因是为扩大"日中亲善"的情感基础，培养各类亲日人才，而坚持接受优秀或具有特殊身份、地位之留学生，是"相信"他们对日本扩张在华权益具有更大的作用。随着近代中日关系变化和留日学生与日本政府冲突愈演愈烈，日本对中国留日学生的接受政策也适时适势地进行了一些调整与变通。如战时日本在中国占领区尽量多招收理、工、农、医等实科留学生，主要是为了培养配合其殖民地资源开发与利用的实用性技术人才；在蒙疆地区积极招收蒙古族学生和青年喇嘛的野心更是显而易见。总之，中国留日学生积极接受政策①是形成近代中国留日运动数次高潮的重要原因，有别于欧美列强对中国留学生接受政策，以扩张日本"国益"为目的是其显著特征之一。

面对蜂拥而来的中国留日学生，近代日本不负责任的消极教育态度，是其中国留日学生政策的又一鲜明特点。日本政府和学校对入学官立高等学校或帝国大学的中国留学生不仅设置较高门槛，而且出现"拒收"现象，将他们更多地驱向私立学校或简易学校，接受速成教育或基础教育。即使中日学生同堂授课，在涉及中国问题或重要内容时，往往要求中国学生"退堂"，或酌量取消关键内容，② 建立严格的教学保密制度。对此，中国留日学生曾批评日本学校"平日稍关重要之学科，胥皆秘不教授"，更有教师擅改教学科目，③ 以致有人因此罢课回国。曾在日本学医的杨步伟回忆："有一样最欺人的地方，就是在解剖派班的时候……给中国人全体派到最后……有时还给我们颗粒结核性的尸体用"，但当时"用病体做生理解剖是

---

① 徐志民：《接受留学与日本"国益"——近代日本的中国留学生接受政策》，《江苏师范大学学报》（哲学社会科学版）2016年第6期。

② 「清国陸軍学生入隊並入校の件」『壹大日記』明治36年12月；「清、韓学生教育の件」『壹大日記』明治42年6月、防衛省防衛研究所蔵、アジア歴史資料センター、レファレンスコード、C04013939900、C04014502700。

③ 《留日士官学校华学生退学宣言》，《教育杂志》第19卷第1号，1927年1月20日。

犯法的";"做化学试验、组织学标本等等时候,也是一到分派到我们中国人头上,种种材料不是这样份量缺乏,就是那样材料没有了。但是收我们中国人的实习费则不少,只有多";"这样大大小小的刺激,我们在日本是天天的家常饭菜"。① 这种教学保密、知识封闭、社会歧视,使中国留日学生很难学到真正先进的科学文化知识。

近代日本政府狭隘的留学教育心态,相当程度上是唯恐中国留日学生掌握现代科学文化知识后成为其向大陆侵略扩张的潜在威胁与竞争对手的一种反映。在日本侵华不断加剧的时代环境下,虽有部分日本人出于善意,提倡改进中国留日学生待遇,真心实意地教授中国留日学生,如松本龟次郎、藤野严九郎等,但这毕竟只是支流,既无法改变日本政府的中国留日学生政策,也无力影响当时日本社会弥漫的蔑华观和侵华论。实藤惠秀指出中国留日学生的确从日本学习了不少近代知识,但这并非出于日本政府和学校真心实意的教育,而主要是他们在日本社会歧视和教学保密的夹缝中"发愤自学成功的"。② 如此留学环境下的中国学生,有人因日本教师、同学或身边其他日本人的"善意"而感动,有人发愤图强,埋头攻读,自学成才,有人浑浑噩噩,吃喝游乐,放纵自我,但总体而言,他们大多感受的是辛酸、屈辱与悲愤,并以各种形式进行抗争。可以说,中国留日学生与日本政府的冲突次数之多,规模之大,斗争之激烈,③ 在近代中国留学史上绝无仅有。

因此,对培养中国留日学生的成效本身并不那么自信的日本政府,一方面将留日学生管理政策视作与中国政府交涉的砝码,根据对华外交政策决定是否配合中国政府的留日学生管理工作;另一方面不断强化对中国留日学生的调查与监控,既在留日学生各派系之间纵横捭阖,又监控他们的对日言行和思想动态,必要时不惜逮捕和驱逐留日学生。始终以侵华扩张利益为根本追求的利己性、投机性管理,是近代日本对中国留日学生政策的第三大特点。

---

① 杨步伟:《一个女人的自传》,广西师范大学出版社,2014,第189、190、191页。
② 実藤惠秀『中国人日本留学史』519-520頁。
③ 参见谢忠宇《战前中国留日学生与日本的矛盾冲突考略》,《日本学论坛》2004年第3期;张海鹏《中国留日学生与祖国的历史命运》,《中国社会科学》1996年第6期。

这一特点既决定了有部分留学生，尤其是具有特殊身份、地位和政治军事背景的留学生，在日期间受到日本政府的资助、日本学校的特别"关照"，并在毕业回国后将日本引为"外援"，加强地方实力派与日本之间的联系；又决定了大部分留日学生不甘受日本摆布，从"以日为师""留学救国"走向"师日长技以制日"，在列强侵华的近代世界将日本列为"头号大敌"。无论九一八事变前，还是日本侵华战争开始后，都有不少留日学生无惧日本政府的监控和镇压，毅然在日游行示威，① 成立中共东京支部、反战情报组、"东北留日青年救亡会"等，② 积极投身全民族抗战的洪流之中。

为全面掌控中国留日学生的动向，日本政府从近代中国留日运动之初，就高度重视对中国留日学生和其他国家中国留学生的比较、调查与监控。具体而言，日本政府主要通过以下三种途径进行这项工作：一是日本外务省、文部省、内务省、警视厅、陆军省、海军省、各地方政府、各学校以及半官方的民间组织等，单独或联合调查在日中国留学生人数、家庭出身、就读学校、地域分布、学习科目、成绩、思想状况、政治派系、生活条件、资助费别、社会活动等方面情况。③ 二是日本驻华使领馆、特务机关、学校或半官方民间组织等机构的外派人员，调查中国政府选拔、派遣、管理和安置留日学生的各项规则和基本情况；搜集中国政府调查的中国留学其他国家学生的各种情况，以及中国政府、国民和留日学生对日本政府留学教育政策的各种观点与看法。④ 三是日本政府驻外使领馆工作人员或专家学者利用出国考察的机会，调查在欧美诸国中国留学生的人数、地域出身、入学方式、学费费别、学生团体、杂志，以及留学国政府对其教育方式、特

---

① 王宜田、丁伟：《中共党史上的"东京事件"》，《中共党史资料》2009 年第 4 期。
② 徐志民：《中共东京支部考论》，《中国社会科学》2019 年第 5 期。
③ 徐志民：《九一八事变后日本政府对中国留日学生监控政策述略》，《抗战史料研究》2012 年第 1 辑。
④ 参见「清国革命動乱ノ際本邦有志者ニ於テ支那留学生同情会組織並同会事業状況関係雑纂」外務省外交史料館蔵、アジア歴史資料センター、レファレンスコード、B12081641600；「分割 1」「分割 2」『在本邦清国留学生関係雑纂/雑之部』第 2 卷、外務省外交史料館蔵、アジア歴史資料センター、レファレンスコード、B12081629700、B12081629800；「32. 雑/分割 2」『在本邦清国留学生関係雑纂/雑之部』第 1 卷、外務省外交史料館蔵、アジア歴史資料センター、レファレンスコード、B12081625700；等等。

点等方面情况，向本国政府提出注意事项和参考建议。① 日本政府不仅对中国留日学生，而且对中国留学其他国家学生，也建立如此严密的调查监控体系，在世界留学史上也是极为罕见的。

　　近代日本政府还高度关注和积极斡旋中国留日学生的回国就职，因为这事关日本接受和培养中国留日学生的成效以及日本扩大在华势力和影响的根本目的，这也是近代日本对中国留日学生政策的第四大特点。如日本陆军参谋本部批评清政府在《选派陆军学生分班游学章程》中规定毕业回国的留日学生授予千总、把总之职，指出留日陆军毕业生在日军中所授之职已与清政府的守备相等，岂可降为千、把总，① 期望留日陆军学生尽快获得军事实权。1911年6月10日，日本外务省照会清政府外务部，亲自为谢刚哲等7名留学日本海军学校的毕业生谋求官职，赞扬各生品学兼优，"归国以后，甚望该管衙门任以相当之官职，不负其数年勤学，并使研究前途发展之道。不胜盼望之至，请即转达"。② 希望中国海军部能委任他们以较高职位。日本在侵华战争期间更是将毕业回国的留日学生安插到伪政权或日军各个部门或岗位，以服务于侵华战争政策。如毕格勒图和那木四郎任伪蒙古军司令部副官，暴德章任德王亲卫队队长等，③ 伪满洲国、汪伪政权

---

① 参见「支那人教育ニ関スル欧米諸国及本邦ノ事業現況概要」『支那政見雑纂』第3巻、外務省外交史料館蔵、アジア歴史資料センター、レファレンスコード、B03030276500；「日本及諸外国ニ於ケル支那留学生ノ調査　西田書記官　自大正十五年五月」『参考資料関係雑件/学校及学生関係』第1巻、外務省外交史料館蔵、アジア歴史資料センター、レファレンスコード、B05016096300；「附欧州諸国ニ於ケル支那人状態並ニ里昂中法大学及ニ学術団体」『支那ニ関係アル諸外国公私団体及外国人ニ関スル調査／[欧米、亜細亜（支那ヲ除ク）及ビ南洋ノ部]』外務省外交史料館蔵、アジア歴史資料センター、レファレンスコード、B02130906200；「北米合衆国ニ於ケル支那留学生ノ教育状況調査　奥田寛太郎　自昭和五年二月」『参考資料関係雑件/学校及学生関係』第1巻、外務省外交史料館蔵、アジア歴史資料センター、レファレンスコード、B05016097400；「欧州ニ於ケル中国留学生ノ研究科目ニ関スル件　昭和五年三月」『民国政府ノ外国留学ニ対スル諸調査関係雑件』外務省外交史料館蔵、アジア歴史資料センター、レファレンスコード、B05016090900；「欧米諸国ニ於ケル支那留学生ノ状況調査ニ関スル件」『外国ニ於ケル支那留学生調査関係雑件/状況調査関係』外務省外交史料館蔵、アジア歴史資料センター、レファレンスコード、B05016089300；等等。

① 《教育》，《东方杂志》第1卷第9期，1904年11月2日，第215页。
② 张侠、杨志本、罗澍伟、王苏波、张利民合编《清末海军史料》，海洋出版社，1982，第427页。
③ 田中剛「"蒙疆政権"の留学生事業とモンゴル人留学生」『歴史研究』第38号、2000年3月。

的高官中，留日学生出身者更多，① 从这个层面说，日本的中国留日学生政策并非全无"效果"。

二 效果分析

日本政府积极招收中国留日学生的目的不管如何掩饰，在中国人眼中都是那么"直白"与"赤裸裸"，根本原因具体体现在以下几方面。

一是期望借助接受和培养中国留日学生，改善中国人的对日感情。任何国家接受和教育留学生，都希望通过培养留学生来改善留学生母国对本国的感情，从而便于发展两国之间的友好合作关系。矢野文雄认为培养中国留日学生将使"清之官民对我依赖之情，亦必胜于今日十倍"，② 就是从教育中国留日学生而借以改善中国人对日感情的角度出发的。日本政府颁布一系列改善中国留日学生待遇的法案，提供学费资助，发展预备教育等，也是希望借此平息留日学生和中国民众的反日情绪与活动。这虽赢得个别或少部分留日学生的"好感"，但日本政府"改善"中国留日学生学习和生活环境，往往伴随着剧烈、频繁且日益扩大的侵华行动，既要中国留日学生亲善日本，又不断侵略他们的祖国，鱼和熊掌岂可兼得？

二是在教育中国留日学生时，重点培养"中日亲善"情感和亲日分子。日本外务省在1925年分配庚款资金时指出："为了日中两国国交的亲善，实现共存共荣的壮举，促进彼我两国国民的相互理解和感情融和，使中国人真正了解日本的文化及实力……根本性的解决办法就是通过教育之力招聘优秀的留学生，施以完全的教育，恳切地指导，使他们回国后获得在朝野的重要地位。"③ 以此培养所谓"中日亲善"合作的"模范"，或者配合日本侵华扩张的"协力者"。日本学校和留学生机构组织中国学生参拜神

---

① 汪朝光：《抗战时期伪政权高级官员情况的统计与分析》，《抗日战争研究》1999年第1期。
② 《清国留学生招聘策》，《近代史资料》第74号，中国社会科学出版社，1989，第95页。
③ 「团匪赔偿金処分案」『東方文化事業部関係会計雑件』第1卷、外務省外交史料館蔵、アジア歴史資料センター、レファレンスコード、B05015064300。

宫、神社，前往日本各地修学旅行，参观日本陆海军的军事基地，组织留日学生与日本学生的亲睦交流或联欢活动，目的都是不断增强留日学生的亲日、崇日感情，使之加深对日本的"理解"和"认识"，以便毕业回国后自觉服务于"中日亲善"事业。

三是以中国留日学生政策配合或辅助对华政策与战略。无论日本借助中国留日学生政策改善中国人的对日感情，还是以此培植亲日分子与亲日势力，根本目的是配合其侵华扩张政策。近代日本千方百计地推进"大陆政策"，通过中国留日学生使"受我感化之人才播布于其古老帝国之中，实为将来在东亚大陆树立我势力之良策"。① 按照今天的观点来看，当时一些日本人已经认识到"软实力"在国策中的重要意义，游说清政府选派学生赴日留学，推动日本政府和学校积极接受中国留日学生，并试图改善中国学生在日本的学习和生活环境。② 日本政府一方面与中国留日学生中的各派系建立密切关系，另一方面不停地挑拨他们之间的关系，从而影响其背后的各地实力派或政治军事集团的关系，竭力制造中国割据混战局面，配合其"大陆政策"。③ 日本还极力拉拢蒙古、西藏等地少数民族留日学生，培养"独立意识"，妄图分裂中国的野心昭然若揭。④ 日本侵华战争时期对伪满洲国、伪蒙疆政权、伪中华民国选派的留日学生"分而育之"，分别实施同化教育、分化教育和奴化教育，已赤裸裸地成为其"以华制华""分而治之"的侵华战争政策和在华占领区殖民统治政策的一部分。⑤

近代欧美各国接受和教育中国留学生也希望借机改善中国人对本国的感情，向中国输出本国文化，从而延伸在华权益。英、法、德等国都曾鼓励中国人赴本国留学。1906年美国伊利诺伊大学校长詹姆斯（Edmund

---

① 《清国留学生招聘策》，《近代史资料》第74号，第95页。
② 徐志民：《1918～1926年日本政府改善中国留日学生政策初探》，《史学月刊》2010年第3期。
③ 徐志民：《九一八事变前夕中日交涉留日学生问题探析》，王建朗、栾景河主编《近代中国：政治与外交》下卷，社会科学文献出版社，2010，第725～731页。
④ 秦永章：《擦珠·阿旺罗桑——西藏历史上第一位赴日留学生》，《中国西藏》（中文版）2004年第1期；徐志民：《近代日本政府对伪蒙疆政权留学生政策探微》，《抗日战争研究》2008年第2期。
⑤ 徐志民：《日本的中国留日学生政策（1937～1945）》，《历史研究》2013年第3期。

J. James）向罗斯福总统进言："中国正面临一次革命……哪一个国家能够做到教育这一代青年中国人，哪一个国家就能由于这方面所付出的努力，而在精神和商业的影响上取回最大的收获……我们相信，只要花极小的努力，就可极大地而且是极为满意地赢得中国人的善意……为了扩张精神上的影响而花一些钱，即从物质意义上说，也能够比用别的方法收获更多。追随精神上的支配，比追随军旗更可靠。"① 清楚无疑地表露了美国政府接受和教育中国留学生的真实目的。1909 年，美国率先"退还"部分庚款，资助中国学生赴美留学，取得所谓"留美者亲美"的效果，遂有 1924 年美国二次"退还"庚款和 20 世纪 20 年代英、法、荷兰等国的"退款兴学"潮。日本于 1923 年决定"退款兴学"，但牢牢掌控"退还"庚款的主导权，特别是留日学生补给事务的控制权，引起中国政府和留日学生的强烈不满与反对，结果是东施效颦，"留日者反日"之风愈演愈烈。

相较日本而言，近代欧美列强在一定程度上"改善"了中国留学生对本国的感情。究其原因有以下几个方面。一是前往欧美诸国留学的中国学生，在国内大多就读于欧美列强所办的教会学校，故本身已有相当的知识基础。② 赴欧美各国后，他们可以较快地适应留学国的生活和学习。二是欧美各国相对宽松的生活环境、自由活泼的教学方式、对外国人的排斥相对较轻，都使他们比较方便地融入当地社会。三是欧美列强进入 20 世纪以来忙于欧洲事务，无暇东顾，其侵华野心和行动较少表现为直接的军事战争或赤裸裸地割占领土，而是更多地维护其既得的商业利益和政治地位，使中国留欧学生、留美学生不如留日学生对国际政治和国际关系那么"敏感"。四是欧美各国多通过驻华使领馆或其他机构，与毕业回国后的中国留学生保持密切联系，为他们的工作和生活提供必要帮助，甚至在中国经常举办一些所谓的"联谊"活动，建立长效互动机制，进一步增强他们对留学国的感情。

---

① Arthur H. Smith, *China and America*, *Today*, New York, 1907, pp. 213–218.
② 「北米合衆国ニ於ケル支那留学生ノ教育状況調査　奥田寬太郎　自昭和五年二月」『参考資料関係雑件/学校及学生関係』第 1 巻、外務省外交史料館蔵、アジア歴史資料センター、レファレンスコード、B05016097400。

与欧美列强相对"温和"的对华政策和较为宽松的留学环境相比，近代日本过于功利的中国留日学生政策和侵华战争政策自然难以实现"日中亲善"的目的。日本政府一方面割占中国台湾、参加八国联军、提出"二十一条要求"、四次出兵山东、挑起九一八事变、扶植伪满洲国、策动"华北五省自治运动"、发动全面侵华战争，对中国占领区的各伪政权分而治之；另一方面积极接受中国留学生，宣扬所谓"日中亲善""东亚共荣"。中国留日学生身处"虎穴""狼窝"，一方面不得不虚与委蛇、强颜欢笑，尤其是各伪政权派遣的留日学生，被迫参加各种所谓"亲善"活动或宣扬、支持"大东亚圣战"的活动；① 另一方面发愤图强，埋头学习，或暗中开展抗日活动，以支持祖国的抗日战争。② 日本政府自相矛盾的中国留日学生政策，无论如何"改善"中国留日学生待遇，无论怎样效法美国"退款兴学"与资助留日学生学费，都不可能换来真正的"日中亲善"。1945年8月日本战败投降后，其中国留日学生政策归于失败的历史已经证明。

三 理论思考

留学教育作为国际文化交流的一种重要方式，在促进不同文明或文化之间的交流与发展中发挥着越来越重要的作用。彼得大帝求学西欧推动了俄国社会的变革发展，玄奘西游留下了中印文化交流史上的传奇佳话，日本遣唐留学生直接移植了许多先进的大唐文化等，都验证了留学教育在促进世界各国和平发展和友好交流中的重要作用。近代中国西学欧美，东采日本，出现了大规模的留欧、留美、留日运动，特别是留日运动规模最大，人数最多，与中日两国政府的关系也最复杂。近代中国留学运动的兴起，既有落后挨打的近代中国急需向外国学习的迫切需求，也有欧美列强输出本国文化和积极扩张在华影响力的劝诱拉拢。但是，这在客观上毕竟为中国人培养了近代首批新型知识分子，引入了西方先进的科学文化知识和新

---

① 徐志民：《日本的中国留日学生政策（1937～1945）》，《历史研究》2013年第3期。
② 徐志民：《敌国留学——抗战时期在日中国留学生的生活实态》，《近代史研究》2015年第5期。

思想、新技术、新制度，开阔了中国人的视野。蓬勃发展的留学运动，还为近代中国社会变革奠定了思想基础、准备了舆论导向、培养了组织领导人才。近代中国思潮激荡，社会主张纷繁，各种政治势力争相登台亮相，其领军人物多有留学背景就证明了这一点。

留学生政策作为留学国涉外文化教育政策的一部分，必然体现留学国的文化战略目的，反映其对留学生母国的外交政策和利益诉求。无论欧美诸国还是日本，都曾积极地招收中国留学生，甚至不惜开展国际竞争，以抢夺中国留学生的教育权。其目的如前所述，不仅是输出本国文化，增强中国人对本国的友好感情，更重要的是借此培养与中国进一步发展关系的"亲善"人才，从而影响未来的双边关系，甚至控制中国未来的发展方向，谋求最大限度的在华权益。为此，近代欧美列强采取了比较积极的政策与措施，如"退还"庚款资助优秀的中国留学生，为中国留学生的入学、生活和教育提供便利，加强与归国留学毕业生之间的联系等。日本政府支持和资助日华学会为中国留日学生提供留学方便，[①] 效法美国"退款兴学"，建立留日学生学费补给制度，修建接受留日学生入住的宿舍，完善一些教学设施。[②] 这在客观上确实使一些留日学生受益，解决了部分经济困难者的后顾之忧，方便了他们在异国他乡的求学生活，同时也以种种手段收买个别留日学生，[③] 赢得部分留日学生的"芳心"。杨步伟指出："日本留学生回国分两部，一部极恨日本，一部做汉奸卖国，都是从这种因果上得来的。"[④] 因而，日本侵华战争期间有部分留日出身者自甘附逆也就不足为怪了。

留学生母国与留学国关系的变化，必然波及作为国策的留学生政策，且导致其相应的调整与变化。近代中国留学运动的兴起，始于清政府在两次鸦片战争中的失败。美国的退款兴学既与1905年中国爆发的抵制美货运动有关，也源于清政府驻美公使梁诚之对美交涉。[⑤] 清政府的甲午惨败致使

---

① 砂田実編『日華学会二十年史』東京、日華学会、1939、5-6頁。
② 徐志民：《1918~1926年日本政府改善中国留日学生政策初探》，《史学月刊》2010年第3期。
③ 《留日士官生退学救国团消息》，《申报》1931年10月22日。
④ 杨步伟：《一个女人的自传》，第191页。
⑤ 程新国：《庚款留学百年》，东方出版中心，2006，第9页。

中日关系易位，翌年便有中国人赴日留学之举。民初以后，日本分别接受中国南北双方和各地实力派的留日学生，对他们从放任自流转向优待主义。① 第一次世界大战结束后，欧美列强重返东亚，1921 年底至 1922 年 2 月召开华盛顿会议，构建凡尔赛—华盛顿体制，打破了第一次世界大战期间日本独霸中国的局面。日本政府为抢夺中国留学生教育权和在凡尔赛—华盛顿体制下开展外交，被迫顺应国际上美、英、法等国"退还"庚款的大势，调整中国留日学生政策，改善中国留日学生待遇，建立庚款补给中国留日学生制度。奉行所谓"协调主义"的日本外相币原喜重郎，曾就庚款补给中国留日学生制度、是否全数退还庚款等问题与南京国民政府交涉，但随着九一八事变和日本侵华战争的爆发，日本不仅彻底垄断庚款补给中国留日学生事务，② 而且根据中日关系变化和侵华战争政策的需要，对各伪政权留日学生分别采取同化、分化、奴化政策，"分而育之"。可见，留学生母国与留学国的关系，是决定留学生政策变化的根本性因素。

　　友善的社会氛围、适宜的住居和生活条件、良好的教育环境、严格而不失公正的管理方式，直接影响着留学生对留学国的感情，也间接影响着两国关系的发展。近代欧美诸国相较日本而言，对中国留学生采取了比较温和与友善的政策，也相应地得到了他们积极的回报。日本政府在改善中国留日学生待遇的同时，往往附加种种苛刻条件，如留日学生在接受其所谓"退还"庚款补助时，需签署含有"不忘日本政府深厚恩典，尽力于中日亲善"等类似内容的"誓约书"，③ 引起留日学界的轩然大波，受到他们的批判、抵制和反抗。部分留日学生虽因生活所迫签署"誓约书"，但在其内心充满了屈辱和愤懑。其实，中国留学生心中自有衡量各国留学生政策的"天平"。他们中的很多人后来成为各方面的重要人物，甚至是未来中国的领路人，在发展本国与留学国关系上，不可避免地掺杂曾经深印脑海中

---

① 徐志民：《放任自流与优待主义——日本对民国初期留日学生的政策（1912～1917）》，《民国档案》2019 年第 2 期。
② 徐志民：《日本政府的庚款补给中国留日学生政策研究》，《抗日战争研究》2012 年第 3 期。
③ 阿部洋『「対支文化事業」の研究—戦前期日中教育文化交流の展開と挫折』東京、汲古書院、2004、346－347 頁。

的留学印象与情感。在近代中国，无论国民党方面还是共产党方面，不管民主党派还是汪精卫叛国集团，其核心领导层大多有各国留学出身者，在发展与留学国关系方面发挥着举足轻重的作用。

通过比对近代日本与欧美诸国对中国留学生政策的异同，兼及思考古代中外文化教育交流，就会发现近代的留学运动已远远超出留学教育传播科学文化知识和进行文化学术交流的范畴，突破其推动文明交流互鉴与世界和平发展的根本宗旨与目的，而被卷入列强瓜分世界的狂潮之中，成为列强殖民扩张、殖民统治和辅助外交的一项重要国策。如前所述，留学生对留学国的感情或直接或间接地影响着留学生母国与留学国的关系，而两国关系的变动必然触及留学生政策的调整和变化，直接影响着留学生的学习、生活、社会活动及其对留学国的感情。环环相扣的互动连锁关系，使近代中国的留学运动异彩纷呈，千姿百态，各不相同。无论勤工俭学的留法运动，还是追求革命真理的留苏运动；无论留学感情相对融洽的留美运动，还是与留学国政府剧烈冲突的留日运动，虽在某种程度上促进了中外文明的交流与互鉴，推动了近代中国社会的进步与发展，但这些留学运动受制于留学国与中国关系变化、留学教育环境优劣等因素，特别是受与留学生直接相关的各国留学生政策的影响，导致它们所发挥的历史作用也有所差异。

1949年10月1日中华人民共和国成立以来，尊重和遵循留学教育传播科学文化知识和促进人类文明进步的基本规律与宗旨，高度重视留学教育在促进不同文明交流互鉴与推动世界和平发展中的重要作用。新中国在改革开放前虽主要与其他社会主义国家互换留学生，但也向已经建交的资本主义国家选派留学生；1978年12月党的十一届三中全会决定改革开放后，中国恢复向世界各国派遣留学生。① 中国改革开放取得的伟大成就，吸引着世界各国青年学生前来学习与交流。新时代的中国既是留学生派遣大国，也是留学生接受大国，更是各种文明交流互鉴的重要平台。2014年3月27

---

① 参见苗丹国《出国留学六十年——当代中国的出国留学政策与引导在外留学人员回国政策的形成、变革与发展》，中央文献出版社，2010。

日,习近平主席在联合国教科文组织总部的演讲中指出:"文明因交流而多彩,文明因互鉴而丰富。文明交流互鉴,是推动人类文明进步和世界和平发展的重要动力。"① 2019 年 5 月 15 日,习近平主席在亚洲文明对话大会开幕式上发表主旨演讲,强调"文明因多样而交流,因交流而互鉴,因互鉴而发展。我们要加强世界上不同国家、不同民族、不同文化的交流互鉴,夯实共建亚洲命运共同体、人类命运共同体的人文基础"。② 留学作为文明交流互鉴的一种重要途径和方式,承担着推进世界和平发展与打造"人类命运共同体"的崇高使命与责任。

随着当今交通、通信的便利和科技日新月异的发展,世界各国的留学运动风起云涌。近代日本的中国留日学生政策已经证明,任何违背留学交流的基本规律与宗旨,幻想通过接受和培养留学生而谋求政治私利的企图只能适得其反,事与愿违。只有相互尊重、平等相待的留学教育,才能更好地推动留学国与留学生母国关系的顺利发展,才有助于科学文化知识的传播和交流。只有创造良好的留学教育环境,真心实意地教授留学生先进的科学文化知识与技术,才能赢得他们的尊重和信赖。只有开放包容、严格管理,密切与毕业留学生的联系,建立长效互动机制,才能吸引更多的优秀留学生,也才能赢得留学生母国人民的真诚友谊,从而加深两国人民的相互理解,促进两国人民的友好往来,进一步深化两国的友好合作关系。近代社会主要存在于精英阶层的留学,如今"飞入寻常百姓家"。我们相信在"一带一路"建设和世界各国的"互联互通"中,通过留学交流播撒下的种子,将会开出更加绚烂的文明之花、和平之花。

---

① 习近平:《文明交流互鉴是推动人类文明进步和世界和平发展的重要动力》,《求是》2019年第 5 期。
② 习近平:《深化文明交流互鉴 共建亚洲命运共同体——在亚洲文明对话大会开幕式上的主旨演讲》,2019 年 5 月 15 日。

图书在版编目(CIP)数据

九一八事变与日本侵华战争 / 臧运祜主编 . - - 北京：社会科学文献出版社，2023.6（2025.9重印）
ISBN 978 - 7 - 5228 - 1561 - 9

Ⅰ.①九… Ⅱ.①臧… Ⅲ.①九·一八事变-文集 Ⅳ.①K264.207-53

中国国家版本馆CIP数据核字（2023）第065426号

九一八事变与日本侵华战争

主　　编 / 臧运祜
出 版 人 / 冀祥德
责任编辑 / 李丽丽
文稿编辑 / 汪延平　徐　花　侯婧怡
责任印制 / 岳　阳

出　　版 / 社会科学文献出版社·历史学分社（010）59367256
地址：北京市北三环中路甲29号院华龙大厦　邮编：100029
网址：www.ssap.com.cn
发　　行 / 社会科学文献出版社（010）59367028
印　　装 / 唐山玺诚印务有限公司
规　　格 / 开　本：787mm×1092mm　1/16
印　张：29　字　数：439千字
版　　次 / 2023年6月第1版　2025年9月第3次印刷
书　　号 / ISBN 978 - 7 - 5228 - 1561 - 9
定　　价 / 138.00元

读者服务电话：4008918866

版权所有 翻印必究